Beck-Rechtsberater:
Rechtsbegriffe des täglichen Lebens von A–Z

Beck-Rechtsberater:
Rechtsbegriffe des täglichen Lebens von A–Z

Von Walther J. Friedrich
Erster Staatsanwalt

9., erweiterte und aktualisierte Auflage
Stand: 1. Mai 1992

Deutscher
Taschenbuch
Verlag

Redaktionelle Verantwortung: Verlag C. H. Beck, München
Umschlaggestaltung: Celestino Piatti
Umschlagbild: Birgit Koch
Gesamtherstellung: C. H. Beck'sche Buchdruckerei, Nördlingen
ISBN 3 423 05045 4 (dtv)
ISBN 3 406 36230 3 (C. H. Beck)

Stichwortverzeichnis

Abänderungsklage
ABC-Geschäft
Abfallbeseitigung
Abfindung
Abfindungsguthaben
Abgaben
Abgabenordnung
Ablehnung
Ablehnungsandrohung
Abmahnung
Abmeldung
Abnahme
Abnahme der geschuldeten
   Leistung
Abrechnung
Abruf
Abschiebung
Abschlagszahlung
Abschlußzwang
Abschöpfung
Abschreibung
Abschreibungsgesellschaften
Absetzung für Abnutzung
Absichtsanfechtung
Absonderung
Abstandszahlung
Abtretung
Abwesenheitspflegschaft
Abzahlungsgeschäft
Abzugsteuern
Acht Tage
Adäquater Zusammenhang
Adoption
Agenturvertrag
Aids
AKB
Akkordarbeit
Akkreditiv
Akteneinsicht
Aktie

Aktiengesellschaft
Aktueller Rentenwert
Akzept
Alkoholdelikte
Alleinauftrag
Alleingesellschafter
Allgemeine Geschäftsbedingun-
   gen
Allgemeine Rentenbemessungs-
   grundlage
Altersentlastungsbetrag
Altersfreibetrag
Altershilfe
Altersrente
Altersübergangsgeld
Altlasten
Amortisationshypothek
Amtshaftung
Amtsgericht
Amtspflegschaft
Amtspflichtverletzung
Amtsvormundschaft
Anderkonto
Änderungskündigung
Aneignung
Anerkenntnis
Anfechtung von Willenserklä-
   rungen
Anfechtung von Entscheidungen
Anfechtungsgesetz
Anfechtungsklage
Angebot
Angehörige
Angestelltenversicherung
Angriff
Angstklausel
Ankauf gestohlener Sachen
Ankaufsrecht
Anklageerzwingung
Anlageberatung

Stichwortverzeichnis

Anleihe
Anlernverhältnis
Annahme
Annahme als Kind
Annahme der Erbschaft
Annahmeverzug
Annuität
Anrechnungsfähige Versicherungsjahre
Anrechnungszeiten
Anscheinsbeweis
Anscheinvollmacht
Ansichtssendung
Anspruch
Anstandsschenkung
Anteilscheine
Antrag
Anwachsung
Anwaltsprozeß
Anwaltsvergleich
Anwartschaft
Anweisung
Anzeigepflicht
Arbeiterrentenversicherung
Arbeitgeberanteil
Arbeitnehmeranteil
Arbeitnehmererfindung
Arbeitnehmerpauschbetrag
Arbeitnehmerüberlassung
Arbeitsförderung
Arbeitsgericht
Arbeitslosengeld
Arbeitslosenhilfe
Arbeitslosenversicherung
Arbeitsplatzschutz
Arbeitsplatzteilung
Arbeitsunfall
Arbeitsvermittlung
Arbeitsvertrag
Arbeitszeit
Architektenvertrag
ARGE
Arglistige Täuschung
Armenrecht

Arrest
Arztvertrag
Asylrecht
Aufbewahrung
Aufenthaltsbeschränkung
Aufenthaltsbestimmung
Aufenthaltsgenehmigung
Aufgebot
Aufklärungs- und Auskunftspflicht/Behörden
Aufklärungspflicht/Arzt
Aufklärungspflicht/Vertrag
Auflage
Auflassung
Auflassungsvormerkung
Auflösende Bedingung
Aufrechnung
Aufschiebende Bedingung
Aufsicht
Aufsichtsbeschwerde
Aufsichtspflicht
Auftrag
Aufwandsentschädigung
Aufwendungsersatz
Aufwertung
Ausbildungsförderung
Ausbildungsfreibetrag
Ausbildungshilfe
Ausbildungsvertrag
Ausbildungszeiten
Auseinandersetzung
Ausfallbürgschaft
Ausgleichsanspruch
Ausgleichspflicht
Ausgleichsquittung
Auskunft
Auskunftei
Auskunftsverweigerungsrecht
Ausländer
Auslegung
Auslobung
Ausschlagung der Erbschaft
Ausschließlicher Gerichtsstand
Ausschließlichkeitsverträge

Ausschließung
Außenprüfung
Außergewöhnliche Belastung
Außerordentliche Kündigung
Außerordentliches Testament
Aussonderung
Aussperrung
Ausspielung
Ausspielvertrag
Ausstattung
Austauschpfändung
Ausweisung
Automatenaufstellung
Aval

Babyjahr
Bagatellverfahren
Bankgeheimnis
Bankrott
Bargeld, Bargebot
Barkauf
Barscheck
Barzahlungsnachlaß
Baubetreuung
Baugenehmigung
Baurecht
Bauherrenmodell
Baukindergeld
Baukostenzuschuß
Bausparkassen
Bausparvertrag
Bauvertrag
Beamtenhaftung
Bedienungsgeld
Bedingte Entlassung
Bedingter Vorsatz
Bedingung
Beerdigungskosten
Beförderungsvertrag
Begebungsvertrag
Beglaubigung
Beherbergungsvertrag
Beherrschungsvertrag
Behinderten-Pauschbetrag

Beistand
Beitragsbemessungsgrenze
Beitragsfreie Zeiten
Beitritt
Belastung eines Grundstücks
Belohnung
Beratung
Beratungshilfe
Bereicherung
Bergbau
Berichtigung
Berliner Testament
Berlinförderung
Berufsausbildungsvertrag
Berufsunfähigkeitsrente
Berufung
Beschaffungsschuld
Beschäftigungspflicht
Beschränkt persönliche Dienstbarkeit
Beschränkte Erbenhaftung
Beschränkte Geschäftsfähigkeit
Beschwerde
Besitz
Besorgung fremder Geschäfte
Besorgung fremder Rechtsangelegenheiten
Bestandteil
Bestätigung
Bestätigungsschreiben
Bestattungsort
Bestechung
Bestellvertrag
Betreuung
Betriebliche Altersversorgung
Betriebsgefahr
Betriebsrat
Betriebsrisiko
Betriebsübergang
Betriebsvereinbarung
Betriebswohnung
Betrug
Beurkundung
Bevollmächtigung

Stichwortverzeichnis

Beweislast
Beweissicherung
Bewirtungskosten
Bewußte Fahrlässigkeit
Bezirksgericht
Bezogener
Bezugsrecht
Bezugsvertrag
Bierlieferungsvertrag
Bilanz
Bildschirmtext
Bildungsurlaub
Billigkeitshaftung
Blankoindossament
Blankoquittung
Blankoscheck
Blankowechsel
Blankozession
Blutprobe
Bon
Börsentermingeschäft
Bote
Brautgeschenk
Briefgrundschuld
Briefhypothek
Bringschuld
Bruchteilseigentum
Brutto für Netto
Buchersitzung
Buchgrundschuld
Buchhypothek
Bürgermeistertestament
Bürgschaft
Bundesländer
Bundesrat
Bundestag
Bußgeldbescheid

Chartervertrag
Clearing
Computerbetrug
Condictio
Courtage
Culpa in contrahendo

Darlehen
Datenschutz
Datowechsel
Dauerschuldverhältnis
Dauerwohnrecht
Deckungsverhältnis
Deckungszusage
Deliktsfähigkeit
Delkrederehaftung
Depotgeschäft
Devisen
Dienstaufsichtsbeschwerde
Dienstbarkeiten
Dienstberechtigter
Dienstverpflichteter
Dienstverschaffungsvertrag
Dienstvertrag
Dienstwohnung
Differenzgeschäft
Diligentia quam in suis
Direktionsrecht
Direktversicherung
Disagio
Diskont
Diskontierung
Dissens
Dividende
Dividendenschein
DM-Bilanzgesetz
Draufgabe
Dreimonatseinrede
Dreißigster
Dreizeugentestament
Drittschadensliquidation
Drittschuldner
Drohung
Droschken
Duldungsvollmacht
Durchgriffshaftung

ECU
Effektenverwahrung
Ehe
Ehebruch

Eheähnliche Gemeinschaft
Eheaufhebung
Ehefrau, Ehemann
Ehegattenerbrecht
Eheliche Lebensgemeinschaft
Ehelichkeitsanfechtung
Ehenichtigkeit
Ehescheidung
Ehestörung
Ehevermittlung
Ehevertrag
Eigenbedarf
Eigenschaftsirrtum
Eigentum
Eigentümergrundschuld
Eigentümerhypothek
Eigentumsherausgabe
Eigentumsvermutung
Eigentumsvorbehalt
Eigentumswohnung
Einbauten des Mieters
Einbenennung
Einbürgerung
Eingebrachte Sachen
Eingetragener Verein
Einheitsmietvertrag
Einigung
Einigungsmangel
Eingliederungshilfe
Einkommen
Einkommensteuerpflicht
Einkünfte
Einlage
Einnahmen
Ein-Mann-Gesellschaft
Einreden
Einrede der Vorausklage
Einspruch
Einstellplatz
Einstweilige Anordnung
Einstweilige Verfügung
Einwendungen
Einwilligungsvorbehalt
Einziehungsermächtigung

Einzugsermächtigung
Eisenbahnbenutzung
Eisenbahnhaftung
Elterliche Sorge
Empfehlung
Enteignung
Enterbung
Entgangener Gewinn
Entlassung
Entleiher
Entmündigung
Entnahmerecht
Entschädigung
Erbanfall
Erbausgleich
Erbbaurecht
Erbbiologisches Gutachten
Erbe
Erbeinsetzung
Erbengemeinschaft
Erbenhaftung
Erbensucher
Erbersatzanspruch
Erbfähigkeit
Erbfall
Erbfolge
Erblasser
Erbschaft
Erbschaftsbesitzer
Erbschaftsteuer
Erbschaftskauf
Erbschein
Erbunwürdigkeit
Erbvertrag
Erbverzichtsvertrag
Erfolgshaftung
Erfolgshonorar
Erfüllung
Erfüllungsgehilfe
Erfüllungshalber
Erfüllungsinteresse
Erfüllungsort
Erfüllungs Statt
Ergebnisabführungsvertrag

Stichwortverzeichnis

Erinnerung
Erklärungsirrtum
Erklärungswille
Erlaß
Erlaßvergleich
Ermessen
Ersatzerbe
Ersatzzeiten
Ersatzzustellung
Erschließungsaufwand
Ersitzung
Ertrag
Erwerbsunfähigkeitsrente
Erziehungsbeistandschaft
Erziehungsgeld
Erziehungshilfe
Erziehungsrente
Erziehungsurlaub
Erzwingungshaft
Europ. Binnenmarkt
Europ. Wirtschaftsraum
Europ. Gemeinschaftsrecht
Euroscheck
Eventualaufrechnung

Factoringvertrag
Fahrerlaubnis
Fahrlässigkeit
Fahrtkosten
Fahrverbot
Faksimile
Faktische Gesellschaft
Fälligkeit
Fehler
Feiertage
Feriensachen
Fernsehen
Festnahme
Finanzgerichte
Finanzierungsleasing
Finanzierungsvertrag
Finder
Firma
Fischereipacht

Fixgeschäft
Flaschenpfand
Flexible Altersgrenze
Folgerecht
Fonds
Forderung
Forderungsgarantie
Forderungskauf
Forderungsübergang
Forderungsverletzung
Form
Formularverträge
Fortgesetzte Gütergemeinschaft
Frachtvertrag
Franchisevertrag
Freibeträge
Freibleibend
Freigrenzen
Frei Haus
Freiwillige Gerichtsbarkeit
Freiwillige Versicherung
Freizeichnungsklauseln
Fristenberechnung
Fruchterwerb
Führerschein
Führungszeugnis
Fund
Fürsorgeerziehung
Fürsorgepflicht
Fußballtoto

Garage
Garantiegeschäft
Garantievertrag
Garderobenmarke
Gastaufnahmevertrag
Gattungskauf
Gattungssachen
Gattungsvermächtnis
Gebäudeeigentum
Gebäudehaftung
Gebrauchsmuster
Gebrauchtwagenkauf
Gebrechlichkeitspflegschaft

Gebühren
Gefährdungshaftung
Gefahrgeneigte Arbeit
Gefahrübergang
Gefälligkeitsfahrt
Gefälligkeitsvertrag
Gefälligkeitswechsel
Gegenseitiger Vertrag
Geheimer Vorbehalt
Geh- und Fahrtrecht
Geisterfahrer
Geisteskrankheit
Geistesschwäche
Gekreuzter Scheck
Gelegenheitsgesellschaft
GEMA
Gemeinschaft
Gemeinschaftliches Testament
Gemeinschuldner
Gemischter Vertrag
Genehmigung
Genomananaylse
Genossenschaft
Gentechnik
Gepäckschein
Gerichtliche Zuständigkeit
Gerichtsferien
Gerichtskosten
Gerichtsvollzieher
Geringfügig Beschäftigte
Geringstes Gebot
Gesamtgläubigerschaft
Gesamtgut
Gesamthandsgemeinschaft
Gesamthandsvermögen
Gesamthypothek
Gesamtrechtsnachfolge
Gesamtschuld
Gesamtschuldner
Geschäftsanteil
Geschäftsbedingungen
Geschäftsbesorgung
Geschäftsfähigkeit
Geschäftsführer

Geschäftsführung ohne Auftrag
Geschäftsgrundlage
Geschäftsirrtum
Geschäftsordnung
Geschäftsschädigung
Geschäftsunfähigkeit
Geschenk
Geschmacksmuster
Gesellschaft bürgerlichen Rechts
Gesellschafterdarlehen
Gesetzlicher Erbe
Gesetzlicher Güterstand
Gesetzlicher Vertreter
Gesetzliches Erbrecht
Gesetzliches Schuldverhältnis
Gesetzliches Verbot
Gesetzwidrige Rechtsgeschäfte
Gestaltungsrechte
Getrenntleben
Gewährfrist
Gewährleistung
Gewährvertrag
Gewahrsam
Gewerbe
Gewerbezentralregister
Gewerbezulassung
Gewerkschaften
Gewinn
Gewinnabführungsvertrag
Gewinnanteil
Girokonto
Girovertrag
Glaubhaftmachung
Gläubiger
Gläubigeranfechtung
Gläubigerausschuß
Gläubigerbegünstigung
Gläubigerverzeichnis
Gläubigerverzug
Gleichberechtigung
Globalzession
Glücksspiel
GmbH
GmbH & Co. KG

Stichwortverzeichnis

GmbH und Stille Gesellschaft
Gnadenerweis
good will
Gratifikation
Grobe Fahrlässigkeit
Grober Undank
Grundbuch
Grunddienstbarkeit
Grundpfandrechte
Grundrechte
Grundschuld
Grundstückskaufvertrag
Guter Glaube
Gütergemeinschaft
Güterstände
Gütertrennung
Güteverfahren
Gutglaubensschutz
Gutgläubiger Erwerb
Gutschein

Haftbefehl
Haftentschädigung
Haftgrund
Haftpflicht
Haftung
Halbleiterschutz
Halbwaisen
Halten von Tieren
Handelsbriefe
Handelsgesellschaft
Handelskauf
Handelsvertreter
Handgeld
Handgepäck
Handlungsgehilfe
Handschenkung
Handwerker
Hardware
Hausgehilfen
Haushaltsfreibetrag
Haushaltsgeld
Haushaltshilfe
Häusliche Pflege

Häuslicher Wirkungskreis
Hausrat
Haustier
Haustürgeschäfte
Heilung fehlerhafter Rechtsgeschäfte
Heimarbeiter
Heimbewohnerfreibetrag
Heimfall
Heiratsvermittlung
Herausgabeanspruch
Hermeskredite
Heuervertrag
Hinterbliebenen-Pauschbetrag
Hinterbliebenenversorgung
Hinterlegung
Höchstbetragshypothek
Höfeordnung
Höherversicherung
Hoffnungskauf
Holschuld
Honorar
Hotel
Hypothek
Hypothekenbrief
Hypothekenpfandbriefe

Immissionsschutz
Immobilien
Impfschäden
Indossament
Inhaberpapier
Inhaberschuldverschreibung
Inhaberzeichen
Inhaltsirrtum
Inkasso
Inkassobüro
Inkassovollmacht
Inkassozession
Inkognitoadoption
Innengesellschaft
Inobhutnahme
Insemination
Insichgeschäft

Insolvenzrecht
Instandhaltung
Interessenkollision
Intimsphäre
Inventar
Inventur
Investmentgesellschaft
Investmentzertifikate
Irrtum

Jagdpacht
Jagdschaden
Jahresarbeitsverdienst
Job sharing
Joint-venture-Vertrag
Jugendamt
Juristische Person
Justizverwaltungsakt

Kaduzierung
Kalkulationsirrtum
Kapitalanteil
Kapitalertragsteuer
Kapitalgesellschaften
Karenzzeit
Kartell
Kaskoversicherung
Kassation
Kassenskonto
Kauf
Kaufanwärtervertrag
Kaufmännischer Verpflichtungs-
schein
Kaufmännisches Zurückbehal-
tungsrecht
Kaufscheinhandel
Kaufzwang
Kausalzusammenhang
Kaution
Kellerwechsel
Kennenmüssen
Kettenarbeitsvertrag
Kettenbrief
Kilometerpauschale

Kinderarbeit
Kinderbetreuungskosten
Kindererziehungszeiten
Kinderfreibetrag
Kindergeld
Kinder- und Jugendhilfe
Kinderzulage
Kinderzuschuß
Kindesannahme
Klage
Klageerzwingung
Klaglose Forderungen
Kleingarten
Knappschaftsversicherung
Knebelungsvertrag
Kommanditaktionär
Kommanditgesellschaft
Kommanditgesellschaft auf
Aktien
Kommanditist
Kommissionsvertrag
Komplementär
Kondiktion
Konditionsgeschäft
Konkurrenzklausel
Konkurs
Konkursanfechtung
Konkursausfallgeld
Konkursfähigkeit
Konnexität
Konnossement
Konsolidierung
Kontokorrent
Kontrahierungszwang
Konventionalstrafe
Konzession
Koppelungsgeschäfte
Korrespektive letztwillige Verfü-
gung
Kostenanschlag
Kostenfestsetzung
Kraftfahrzeugbrief
Kraftfahrzeugversicherung
Krankengeld

Stichwortverzeichnis

Krankenhausvertrag
Krankenhilfe
Krankenschein
Krankenversicherung
Krankenversicherungskarte
Kranzgeld
Kredit
Kreditauftrag
Kreditbrief
Kreditbürgschaft
Kreditgefährdung
Kreditkarte
Kreditvertrag
Kreisgericht
Kriegsdienstverweigerer
Kronzeuge
Kündigung
Kündigungsschutz
Kunstfehler
Künstliche Samenübertragung
Kupon
Kuren
Kurzarbeitergeld

Ladenangestellte
Ladenschluß
Ladeschein
Ladung
Lagerschein
Lagervertrag
Landabgabenrente
Landgericht
Landpachtverträge
Lastschriftverfahren
Laufende Rechnung
Leasingvertrag
Lebensalter
Lebensversicherung
Lebzeitiges Eigeninteresse
Legitimation
Legitimationspapiere
Legitimationszeichen
Lehrvertrag
Leibrente

Leiharbeitsvertrag
Leihe
Leihhaus
Leihmutter
Leistungsort
Leistungsstörung
Leistungsverweigerung
Leistungsverzug
Leistungszeit
Lenkzeit
Letztwillige Verfügung
Lichtreklame
Lieferschein
Lieferungsbedingungen
Liquidation
Liquidatoren
Lizenzvertrag
Lohn
Lohnfortzahlung
Lohnpfändung
Lohnschiebungsvertrag
Lohnsteuerjahresausgleich
Lohnsteuerkarte
Lohnsteuerklassen
Lombardgeschäft
Löschung
Löschungsfähige Quittung
Lotterie
Lotterielos
Lotto
Luftreinhaltung
Luftverkehrshaftung

Mahnbescheid
Mahnung
Mäkler
Mäklervertrag
Mangel
Mangelfolgeschaden
Mängelrüge
Mankohaftung
Mehrarbeit
Mehrheitswahl
Mehrwertsteuer

Meistgebot
Meldepflicht
Mengenrabatt
Merkantiler Minderwert
Miete
Miete, Kündigung
Miete, Pfandrecht
Miete, Veräußerung
Miete, Vertragspflichten
Mieter
Mietgericht
Mietkauf
Mietkaution
Mietvorauszahlung
Mietwagen
Mietwagenkosten
Mietwucher
Mietzins
Minderjähriger
Minderung
Mindestgebot
Mißtrauensvotum
Mitarbeit
Mitbestimmung
Mitbürge
Miteigentum
Miterbe
Mitfahren
Mittelbare Stellvertretung
Mittelbarer Besitz
Mitverschulden
Monopolbetrieb
Motivirrtum
Mündel
Musikaufführungen
Musikautomaten
Musterung
Mutterschaftshilfe
Mutterschaftsurlaub
Mutterschutz
Nachbarrecht
Nachbarschutz
Nachbesserungsanspruch
Nachbürge

Nachentrichtung
Nacherbe
Nachfrist
Nachlaß
Nachlaßgericht
Nachlaßkonkurs
Nachlaßpflegschaft
Nachlaßteilung
Nachlaßverbindlichkeit
Nachlaßverwaltung
Nachlaßverzeichnis
Nachlieferungsanspruch
Nachnahmesendung
Nachschußpflicht
Nachsichtwechsel
Nachvermächtnis
Nachversicherung
Namensänderung
Namensangabe
Naturalherstellung
Natürliche Personen
Nebenkläger
Negatives Interesse
Negatives Schuldanerkenntnis
Netto Kasse
Nettorente
Netzfahndung
Neu für alt
Nichtberechtigter
Nichteheliche Kinder
Nichtehel. Lebensgemeinschaft
Nichterfüllung
Nichtigkeit
Nichtigkeitsfälle
Nicht rechtsfähiger Verein
Nichtvermögenschaden
Niederschlagung
Nießbrauch
Nötigung
Normierter Vertrag
Notarielle Beurkundung
Notbedarf
Notstand
Nottestament

Stichwortverzeichnis

Notweg
Notwehr
Nutzungen
Nutzungsberechtigung
Nutzungspfand

Oberlandesgericht
Oberschrift
Obhutspflicht
Obliegenheit
Obligation
Offenbarungseid
Offene Handelsgesellschaft
Öffentliche Beglaubigung
Öffentliches Testament
Öffentlich-rechtlicher Vertrag
Offerte
Ohne Obligo
Opferentschädigung
Optionsrecht
Ordentliche Gerichte
Orderklausel
Orderpapier
Ordnungsgeld
Ordnungshaft
Ordnungswidrigkeiten
Organisationsmangel
Organverpflanzung

Pacht
Pächter
Pachtkredit
Parken
Partei
Parteien
Parteifähigkeit
Parteiverrat
Partiarisches Darlehen
Partiarisches Rechtsverhältnis
Partnerschaftsvertrag
Patent
Person
Personalausweis
Personensorge

Persönliche Entgeltpunkte
Persönlichkeitsrecht
Petitionsrecht
Pfandbrief
Pfandkehr
Pfandleihe
Pfandrecht
Pfandreife
Pfandschein
Pfändung
Pfändungsfreigrenzen
Pfändungspfandrecht
Pfändungsschutz
Pferderennwetten
Pflegegeld
Pflegekinder
Pflege-Pauschbetrag
Pflegezeiten
Pflegschaft
Pflichtteil
Pflichtteilrestanspruch
Pflichtversicherung
Pflichtverteidiger
Popularklage
Positive Vertragsverletzung
Positives Interesse
Postscheck
Praktikant
Prämie
Prämienanleihe
Preisausschreiben
Preisbindung
Preise
Preisempfehlung
Privatklage
Probearbeitsverhältnis
Probekauf
Produktpiraterie
Produzentenhaftung
Prokura
Prolongation
Prospekthaftung
Protest
Provision

Prozeßbevollmächtigte
Prozeßfähigkeit
Prozeßkostenhilfe
Prozeßkostenvorschuß
Prozeßvergleich
Prozeßzinsen

Quellensteuer
Quittung
Quotenregelung
Quotenvermächtnis
Quotenvorrecht

Rabatt
Rang
Rat
Ratengeschäft
Ratenkreditvertrag
Ratenzahlung
Räumungsschutz
Rauschtat
Realkredit
Reallast
Realsplitting
Rechenschaftslegung
Rechnung
Recht
Recht auf Arbeit
Rechtfertigungsgründe
Rechtliches Gehör
Rechtsanspruch
Rechtsanwaltsvertrag
Rechtsberatung
Rechtsbeschwerde
Rechtsbeugung
Rechtsfähigkeit
Rechtsgeschäft
Rechtshängigkeit
Rechtskraft
Rechtsmangel
Rechtsmittel
Rechtsnachfolger
Rechtsschutzbedürfnis
Rechtsschutzversicherung

Rechtsweggarantie
Rechtswidrigkeit
Rediskont
Regelbedarf
Rehabilitation
Reisegepäck
Reisegewerbe
Reisescheck
Reisevermittlung
Reisevertrag
Reklame
Rektapapier
Relative Unwirksamkeit
Remittent
Rentenanpassung
Rentenmarktfaktor
Rentenauskunft
Rentenbemessungsgrundlage
Rentenberater
Rentenbesteuerung
Rentenformel 1992
Rentenschuld
Rentensplitting
Rentenversicherung
Rentnerkrankenversicherung
Restkaufgeldhypothek
Reugeld
Revision
Rezeptgebühr
Ringfahndung
Rückbürge
Rückgriff
Rückkauf
Rücklage
Rücktritt
Rückvergütung
Rückzahlungsklausel
Ruhegehalt
Rundfunk

Sache
Sacheinlage
Sachgesamtheit
Sachmangel

Stichwortverzeichnis

Safemiete
Saldo
Saldoanerkenntnis
Sammelverwahrung
Säumniszuschlag
Schaden
Schadengeneigte Arbeit
Schadensberechnung
Schadensersatz
Schadensersatz wegen Nichter-
    füllung
Schadensminderungspflicht
Schatz
Schätzung
Schaufensterauslagen
Scheck
Scheckbürge
Scheckkarte
Scheckprotest
Scheingeschäft
Scheingesellschaft
Scheinvollmacht
Schenkung
Schenkungsanfechtung
Schenkungsteuer
Schenkungsversprechen
Schenkung von Todes wegen
Scherzgeschäft
Schickschuld
Schiedsvertrag
Schikane
Schlechterfüllung
Schlechtwettergeld
Schließfach
Schlüsselgewalt
Schlußerbe
Schlüssigkeit
Schmerzensgeld
Schöffen
Schönheitsreparaturen
Schrebergarten
Schriftform
Schufa
Schuld

Schuldanerkenntnis
Schuldausschließungsgründe
Schuldmitübernahme
Schuldner
Schuldnerliste
Schuldnerverzeichnis
Schuldnerverzug
Schuldschein
Schuldübernahme
Schuldverhältnis
Schuldversprechen
Schulpflicht
Schutzbrief
Schutzgesetz
Schwangerschaftsabbruch
Schwarzarbeit
Schwarzfahrer
Schwarzhören/Schwarzsehen
Schwarzkauf
Schwebende Unwirksamkeit
Schweigen
Selbstanzeige
Selbstbedienungsladen
Selbsteintritt
Selbstgenutzte Wohnung
Selbsthilfeverkauf
Selbstkontrahieren
Selbstmord
Selbstschuldnerische Bürgschaft
Sicherheitsgurt
Sicherheitsleistung
Sicherungsabtretung
Sicherungshypothek
Sicherungsübereignung
Sichtwechsel
Sittenwidrigkeit
Skiunfall
Skonto
Sofortige Beschwerde
Software
Solawechsel
Sonderausgaben
Sondereigentum
Sondergut

Sondernachlaß
Sondernutzung
Sonderverwahrung
Sonntagsverkauf
Sorgfalt in eigenen Angelegenheiten
Soziales Jahr
Sozialgerichte
Sozialhilfe
Sozialplan
Sozialwohnung
Sozialversicherung
Sozialversicherungsausweis
Sozialversicherungsbeiträge
Sozialzuschlag
Sozietät
Sparbuch
Sparerfreibetrag
Sparprämien
Speditionsvertrag
Spekulationsgewinne
Spenden
Sperrfrist
Spezieskauf
Spezifikationskauf
Spiel
Spielgeräte
Splittingverfahren
Sportverletzung
Sprungregreß
Sprungrevision
Staatsangehörigkeit
Staatshaftung
Stammaktie
Stammeinlage
Stammkapital
Stehendes Gewerbe
Stellvertretung
Sterbegeld
Sterbehilfe
Sterilisation
Steuerberatervertrag
Steuerbescheid
Steuern

Stiftung
Stille Gesellschaft
Stille Reserven
Stimmbindungsvertrag
Strafantrag
Strafanzeige
Strafaussetzung zur Bewährung
Strafbefehl
Strafentschädigung
Strafmündigkeit
Strafregister
Strafzinsen
Straßenbahnbenutzung
Straßencafé
Streifbanddepot
Streik
Streitgegenstand
Streitwert
Streupflicht
Strohmann
Stufenführerschein
Stufenklage
Stundenbuchhalter
Stundung
Substitut
Sühneversuch
Sukzessivlieferungsvertrag
Summenverwahrung
Surrogat
Syndikus

Tafelgeschäft
Talon
Tantieme
Tara
Tariffreibetrag
Tarifvertrag
Taschengeld
Taschenpfändung
Tätige Reue
Tausch
Täuschung
Taxi
Teileigentum

Stichwortverzeichnis

Teilerbschein
Teilkasko
Teilnichtigkeit
Teilrente
Teilungsanordnung
Teilvergütung
Teilzahlungskredite
Teilzahlungsvertrag
Teilzeitarbeit
Telefax
Telefonsex
Telekommunikation
Testament
Testamentsvollstreckung
Testierfähigkeit
Testierfreiheit
Theaterabonnement
Theaterkarte
Tierhalterhaftung
Tierschutz
Tilgung
Tilgungsdarlehen
Tilgungshypothek
Titel
Tombola
Tonbandaufnahmen
Totalisator
Traditionspapier
Transportrisiko
Transsexualität
Tratte
Travellerscheck
Treuepflicht
Treuevergütung
Treuhandeigentum
Treuhandvermögen
Treu und Glauben
Trinkgeld

Überbau
Übereignung
Überfahrtsvertrag
Überfallfrüchte
Übergangsbeihilfe

Übergangsgeld
Überhang
Übermittlungsirrtum
Übernahme einer Schuld
Übernahme eines Geschäftes
Überpfändung
Übersicherung
Übertragung des Eigentums
Überweisung
Überziehungskredit
Umdeutung
Umgangsrecht
Umsatzsteuer
Umtauschvertrag
Umweltschutz
Unbedenklichkeitsbescheinigung
Unbestellte Waren
Unbewußte Fahrlässigkeit
Undank
Unentgeltlichkeit
Unerlaubte Handlung
Unerlaubte Werbung
Unfallflucht
Unfallrente
Unfallversicherung
Ungerechtfertigte Bereicherung
Unlauterer Wettbewerb
Unmöglichkeit der Leistung
Unpfändbarkeit
Unregelmäßiger Verwahrungs-
  vertrag
Untätigkeitsklage
Unterbrechung der Verjährung
Unterbringung
Unterhalt, nichteheliche Mutter
Unterhalt, nichteheliches Kind
Unterhalt, Verwandte
Unterhaltsgeld
Unterhaltspflicht
Unterhaltsverzicht
Unterhaltsvorschuß
Unterlassene Hilfeleistung
Unterlassungsanspruch
Untermiete

Unternehmer
Untersuchungshaft
Untervermietung
Unterverpachtung
Unterwerfungsklausel
Unvermögen
Unverzüglich
Unvollkommene Verbindlichkeiten
Unwirksamkeit
Unzulässige Rechtsausübung
Unzurechnungsfähigkeit
Urheberrecht
Urkunde
Urlaub
Urlaubsabgeltung
Urlaubsentgelt
Urlaubsgeld
Ursächlicher Zusammenhang

Valutaverhältnis
Vaterschaftsanerkenntnis
Verantwortlichkeit
Verarbeitung
Veräußerung
Veräußerungsverbot
Verbindlichkeit
Verbindung
Verbraucherkredit
Verdienstsicherungsklausel
Verdingungsordnung für Bauleistungen
Verein
Verfallklausel
Verfassungsbeschwerde
Verfügung
Verfügung von Todes wegen
Verfügungsbefugnis
Vergleich
Vergleichende Werbung
Vergleichsverfahren
Verhältniswahl
Verjährung
Verkauf an Sonntagen

Verkehrssicherungspflicht
Verkehrssitte
Verkehrszentralregister
Verlagsvertrag
Verleger
Verletztenrente
Verlobung
Verlobungsgeschenke
Verlustausgleich
Vermächtnis
Vermietung
Vermischung
Vermittler
Vermittlungsagent
Vermögensbildung
Vermögensfragen (ehem. DDR)
Vermögenssorge
Vermögensschaden
Vermögensteuer
Vermögensübernahme
Verpachtung
Verpächter
Verpfändung
Verpflichtungsgeschäft
Verrechnungsscheck
Verrichtungsgehilfe
Versäumnisurteil
Verschulden
Verschulden bei Vertragsschluß
Versendungskauf
Versicherungspflicht
Versicherungsvertrag
Versicherungsvertreter
Versicherungszeiten
Versorgungsausgleich
Versorgungsbezüge
Versorgungsfreibetrag
Verspätungszuschlag
Versteigerer
Versteigerung
Vertrag
Vertrag mit Schutzwirkungen für Dritte
Vertrag zugunsten Dritter

Stichwortverzeichnis

Vertragsfreiheit
Vertragsstrafe
Vertragsverletzung
Vertrauensgrundsatz
Vertrauensinteresse
Vertreter
Vertretung
Vertretungszwang
Verwahrung
Verwaltungsakt
Verwaltungsbeirat
Verwaltungsgerichte
Verwaltungsvertrag
Verwandtschaft
Verwarnung
Verwarnung mit Strafvorbehalt
Verwendungen
Verwertungsgesellschaft
Verwirkung
Verwirkungsklausel
Verzicht
Verzug
Videotext
Viehkauf
VOB
Volljährigkeit
Vollkaufmann
Vollmacht
Vollmacht über den Tod hinaus
Vollrausch
Vollstreckung
Vollstreckungsabwehrklage
Vollstreckungsbescheid
Vollstreckungserinnerung
Vollstreckungsgericht
Vollstreckungsschutz
Vollstreckungsvoraussetzungen
Vollzugsgeschäft
Volontärvertrag
Voraus
Vorausklage
Vorausvermächtnis
Vordatierter Scheck
Vorerbe

Vorgesellschaft
Vorkauf
Vorläufige Betreuung
Vorläufige Deckungszusage
Vorlegungsfrist
Vorleistungspflicht
Vormerkung
Vormundschaft
Vorratspfändung
Vorruhestandsregelung
Vorsatz
Vorschuß
Vorsorgeaufwendungen
Vorsorgende Betreuungsverfügung
Vorsorgeuntersuchungen
Vorteilsausgleichung
Vorvertrag
Vorweggenommene Erbfolge
Vorzeitiger Erbausgleich
Vorzeitiger Zugewinnausgleich
Vorzugsaktien
Vorzugsweise Befriedigung

Waffenbesitz
Wahlschuld
Waisengeld
Waisenrente
Wandelschuldverschreibung
Wandelung
Warenprobe
Warentermingeschäft
Warenwechsel
Warenzeichen
Wartezeit
Wechsel
Wechselreiterei
Wegnahmerecht des Mieters
Weitere Beschwerde
Werbungskosten
Werkdienstwohnung
Werklieferungsvertrag
Werkmietwohnung
Werkvertrag

Wertpapier
Wertsicherungsklauseln
Wettbewerbsbeschränkung
Wettbewerbsverbot
Wette
Wichtiger Grund
Widerklage
Widerrechtlichkeit
Widerruf
Widerspruch im Grundbuch
Widerspruch im Zivilprozeß
Widerspruchsklage
Widerspruchsverfahren
Wiederaufnahme des Verfahrens
Wiedereinsetzung
Wiederkauf
Wiederkehrschuldverhältnis
Wiedervereinigung
Wiederverheiratungsklausel
Wildschaden
Willenserklärung
Wirtschaftsgeld
Witwen(r)geld
Wohnbesitz
Wohngeld
Wohnsitz
Wohnungsbauprämie
Wohnungseigentum
Wohnungsrecht
Wohnungsvermittlung
Wucher

Zahlenlotto
Zahlungen
Zahlungsempfänger
Zahnersatz
Zedent
Zeitbestimmung

Zeitbürgerschaft
Zeitrente
Zerrüttung
Zession
Zessionar
Zeugnis
Zeugnisverweigerungsrecht
Zinsabschlagsteuer
Zinsen
Zinseszins
Zivildienst
Zubehör
Zufallshaftung
Zugabe
Zugangsfaktor
Zugesicherte Eigenschaft
Zugewinn
Zugewinnausgleich
Zugewinngemeinschaft
Zug-um-Zug-Leistung
Zurechnungsfähigkeit
Zurückbehaltungsrecht
Zusammentreffen
Zusammenveranlagung
Zuschlag
Zusenden von Waren
Zusicherung
Zustellungsbevollmächtigter
Zustimmung
Zuzahlungen
Zwangsvergleich
Zwangsversteigerung
Zwangsvollstreckung
Zweckentfremdung
Zweitwohnungssteuer
Zwischenfinanzierung
Zwischenkredit
Zwischenschein
Zwischenzins

Abkürzungen

Paragraphen im Text ohne Gesetzesangabe sind solche des BGB. Römische Zahlen bezeichnen den Absatz, arabische die einzelnen Sätze von angeführten Paragraphen oder Absätzen.

AbzG.	Abzahlungsgesetz
AGBG	Gesetz über Allgemeine Geschäftsbedingungen
AFG	Arbeitsförderungsgesetz
AktG.	Aktiengesetz
AnfG	Anfechtungsgesetz
AO	Abgabenordnung
ArbGG	Arbeitsgerichtsgesetz
Art.	Artikel
AVG	Angestelltenversicherungsgesetz
AZO	Arbeitszeitordnung
BAnz.	Bundesanzeiger
BauGB.	Baugesetzbuch
BGB	Bürgerliches Gesetzbuch
BGBl. I	Bundesgesetzblatt Teil I
BJagdG	Bundesjagdgesetz
BRAGO.	Bundesrechtsanwaltsgebührenordnung
BRAO.	Bundesrechtsanwaltsordnung
BSHG	Bundessozialhilfegesetz
BBesG	Bundesbesoldungsgesetz
BV	Bayer. Verfassung
BVerfGG	Gesetz über das Bundesverfassungsgericht
bzw.	beziehungsweise
EG	Einführungsgesetz bzw. Europ. Gemeinschaft
EGBGB	Einführungsgesetz zum BGB
EheG	Ehegesetz
EStG	Einkommensteuergesetz
etc.	und so weiter
EV	Einigungsvertrag 31. 8. 90, BGBl. II 889
EVO	Eisenbahnverordnung
FGG	Gesetz über die freiwillige Gerichtsbarkeit
FGO	Finanzgerichtsordnung
G	Gesetz
GBl.	Gesetzblatt (DDR)
GBO	Grundbuchordnung
GG	Grundgesetz

Abkürzungen

ggf.	gegebenenfalls
ggü.	gegenüber
GKG	Gerichtskostengesetz
GmbHG	Gesetz über die Gesellschaft mit beschränkter Haftung
GenG	Genossenschaftsgesetz
GewO	Gewerbeordnung
GVG	Gerichtsverfassungsgesetz
GWB	Kartellgesetz
HGB	Handelsgesetzbuch
i. d. F.	in der Fassung
i. d. R.	In der Regel
ImSchG	ImmissionsschutzG
KJHG	Kinder- und Jugendhilfegesetz
KO	Konkursordnung
KostO	Kostenordnung
KSchG	Kündigungsschutzgesetz
LuftVG	LuftverkehrsG
MHG	Gesetz zur Regelung der Miethöhe
NJW	Neue Juristische Wochenschrift
OWiG	Ordnungswidrigkeitengesetz
PatG	Patentgesetz
RBerG	Rechtsberatungsgesetz
RGBl.	Reichsgesetzblatt
RPflG	Rechtspflegergesetz
RVO	Reichsversicherungsordnung
SGB	Sozialgesetzbuch (V = Krankenversicherung, VI = Rentenversicherung)
SGG	Sozialgerichtsgesetz
StbGebO	Steuerberatergebührenordnung
StGB	Strafgesetzbuch
StPO	Strafprozeßordnung
StVG	Straßenverkehrsgesetz
SVG	Soldatenversorgungsgesetz
UrhG	Urhebergesetz
UWG	Gesetz gegen unlauteren Wettbewerb
VerbrKrG	Verbraucherkreditgesetz
VerlG	Verlagsgesetz
VVG	Versicherungsvertragsgesetz
VwGO	Verwaltungsgerichtsordnung
VwVfG	Verwaltungsverfahrensgesetz
VwZG	Verwaltungszustellungsgesetz
WBO	Wehrbeschwerdeordnung
WDO	Wehrdisziplinarordnung

WG	Wechselgesetz
WEG	Wohnungseigentumsgesetz
WoBiG	Wohnungsbindungsgesetz
WoGG	Wohngeldgesetz
WPO	Wirtschaftsprüferordnung
ZPO	Zivilprozeßordnung
ZVG	Zwangsversteigerungsgesetz

„In ehem. DDR" heißt: im Gebiet der Bundesländer Brandenburg, Mecklenburg-Vorpommern, Sachsen, Sachsen-Anhalt und Thüringen sowie dem bisherigen Ost-Berlin gilt die bei dem jeweiligen Stichwort angeführte Sonderregelung.

Paragraphenangaben ohne Gesetzeszitat sind solche des BGB.

Einführung

Von dieser Krankheit, die „Gesetz und Recht" heißt, sind wir alle befallen; denn das Zusammenleben in der Gesellschaft erfordert bestimmte allgemeingültige Regeln, an die wir uns zu halten haben. Aber gerade für den Nichtjuristen ist es oft schwer, diese Regeln zu kennen, geschweige denn, sie zu beherrschen. Trotzdem wird er tagtäglich mit dem „Gesetz" in irgendeiner Form konfrontiert, ohne es zu merken. Wer denkt z. B. schon daran, wenn er während des Nachbarn Urlaub dessen Zimmerpflanzen in der eigenen Wohnung betreut, daß er jetzt – sofern nicht ein reines Gefälligkeitsverhältnis vorliegt – einen „Verwahrungsvertrag" geschlossen hat, auf Grund dessen er sogar schadensersatzpflichtig werden kann, wenn er ihn nicht richtig erfüllt. Auf der anderen Seite ist man sich zwar oft bewußt, rechtlich bedeutsame Erklärungen abzugeben (z. B. bei Abfassung eines Testaments), weiß aber vielfach nicht, wie dies im einzelnen und nach welchen gesetzlichen Vorschriften es zu geschehen hat. Hier in möglichst vielen der alltäglich auftauchenden Rechtsfragen dem juristischen Laien eine Auskunft und klare Hilfe zu geben, hat sich dieses Buch zur Aufgabe gemacht. Die Vielschichtigkeit des Rechtslebens erfordert ein rasches Zurechtfinden und Entscheiden, was die Kenntnis der Gesetzessprache und ein Verstehen der verwendeten Begriffe voraussetzt. Erfolg durch Wissen – dieses Ziel verfolgt das vorliegende, im Hinblick auf die neue Gesetzgebung und obergerichtliche Rechtsprechung überarbeitete Lexikon.

Meist sind es Willenserklärungen oder Anträge, mit denen im täglichen Leben rechtliche Erfolge bezweckt werden, vor allem sind es Verträge. Der darin steckende Begriff des Rechtsgeschäftes ist daher eingehend erläutert. Da diese Geschäfte aber eng mit anderen Rechtshandlungen zusammenhängen, sind auch diese Bereiche erfaßt worden einschließlich des sozialen und prozessualen Umfeldes. Zum Zurechtfinden im Alltag und zur Wahrung der eigenen Rechte gehört auch die Anfechtung behördlicher Entscheidungen, weshalb die Rechtsmittel bei den jeweiligen Stichworten mit erwähnt wurden. Ferner sind die unerlaubten Handlungen einschließlich der darüber hinausgehenden Produzentenhaftung und andere Schadensersatzansprüche aufgenommen worden.

Es kommt bei all dem entscheidend darauf an, die rechtlichen Folgen des mitmenschlichen Verhaltens zu erkennen und Nachteile für sich zu vermeiden. Daher sind viele Rechtsbegriffe schlagwortartig erklärt und erfaßt, auch wenn sie über den engen Bereich eines bloßen Rechtsgeschäftes hinausgehen.

Die Fülle gesetzgeberischer Neuerungen, die Erweiterung des Verbraucher- und Umweltschutzes sowie die Zunahme neuer, einprägsamer Schlagworte haben zum Zwecke der Aktualisierung die Aufnahme einer Vielzahl neuer Stichworte insbesondere aus dem Bereich des Sozial- und Steuerrechtes erforderlich gemacht. Auch die zum 1. 1. 1992 in Kraft getretene Rentenreform mit ihren neuen Begriffen einschließlich der neuen Rentenformel, das G zur Reform des Vormundschaftswesens, das neue Kinder- und JugendhilfeG sind neben den zahlreichen Änderungen des Bürgerlichen Gesetzbuchs erfaßt.

Vor allem ist der durch die *Wiedervereinigung* entstandenen neuen Rechtslage Rechnung getragen worden, indem auf die dadurch in ganz Deutschland erfolgten Rechtsänderungen, das im Gebiet der ehemaligen DDR (d. h. den 5 neuen Bundesländern) fortgeltende und im Raum Groß-Berlin anzuwendende Recht hingewiesen wurde. Dem Grundsatz nach gilt das Recht der Bundesrepublik im Gebiet der ehemaligen DDR ab 3. 10. 1990.

Nur der jeweils auf dem neuesten Stand von Gesetz und Recht stehende Bürger ist vor Übervorteilung ausreichend geschützt. Dieses Lexikon soll sein Begleiter, Informant und zuverlässiger Berater sein. Zu diesem Zweck wurden auch wichtige Leitsatzentscheidungen der Obergerichte in die Begriffserläuterungen mit aufgenommen.

München, im Mai 1992

Der Verfasser

A

Abänderungsklage (§ 323 ZPO). Damit kann ein Urteil auf künftige, wiederkehrende Leistungen (Unterhalt) abgeändert werden, wenn sich die tatsächlichen Verhältnisse (Lebenshaltungskosten) wesentlich geändert haben. Besonderheiten gelten für → Unterhalt gegenüber Kindern.

A B C – Geschäft → Teilzahlungskredite.

Abfallbeseitigung (G 27. 8. 86, BGBl. I 1410). Abfälle, deren man sich entledigen will oder muß, dürfen nur in dazu zugelassenen Anlagen behandelt oder gelagert werden. Die menschliche Gesundheit muß geschont, Tiere dürfen nicht gefährdet, Gewässer, Boden und Pflanzen nicht schädlich beeinflußt werden. Maßgebend sind die Landesgesetze und das AbfallG. Sonderregeln enthalten die Vorschriften über Fleischhygiene, Tierseuchen, Pflanzenschutz, Bergrecht, Tierkörperbeseitigung, Abwasserbeseitigung und Atomanlagen. Wer seinen Hund auf einer Spiel- oder Liegewiese abkoten läßt und den Kot nicht beseitigt, macht sich wegen umweltgefährdender Abfallbeseitigung strafbar.

In ehem. DDR werden A-Anlagen besonders auf ihre Zulässigkeit geprüft (§ 8a AbfallG); nachträgliche Auflagen und Stillegung sind zulässig.

Abfindung. Einmalige Geldleistung zur Ablösung von Ansprüchen (z. B. bei Ausscheiden aus einer → Gesellschaft, bei Kündigung eines Arbeitsverhältnisses, wegen Unterhalts nach → Scheidung, eines nicht ehelichen Kindes, bei → Erbverzicht, → Versorgungsausgleich oder Soldaten nach Laufbahnende).

Wer in der gesetzlichen → Rentenversicherung Witwen(r)rente bezieht, erhält bei Wiederverheiratung an Stelle der Rente eine A. in Höhe des 2fachen Jahresbetrages der bisher bezogenen Rente. Endet die neue Ehe, lebt die Rente auf Antrag unter Anrechnung des Erhaltenen und etwaiger neuer Ansprüche wieder auf.

In der Sozialversicherung können Ansprüche auf → Krankenhilfe, → Mutterschaftshilfe und Familienhilfe abgefunden werden, wenn der Versicherte nach Eintritt des Versicherungsfalles ins Ausland zieht.

In der → Unfallversicherung können Verletzte oder ihre Hinterbliebenen anstelle der Rente eine Kapitalabfindung erhalten; bei vorläufiger Rente nach Abschluß der Heilbehandlung in Höhe des voraussichtlichen Rentenaufwandes; bei Dauerrenten und Erwerbsminderung unter 30% in Höhe des Kapitalwertes der Rente; bei Erwerbsminderung über 30% wird A. nur bei Existenzgründung, Entschuldung, Finanzierung eines Bausparvertrages, Erwerbs eines Dauerwohnrechts oder Grundstücks bewilligt, wenn der Betroffene zwischen 21 und 55 Jahre alt ist. Ansprüche von Kriegs- und Wehrdienstopfern auf Beschäftigtenrente können durch einmalige Zahlung für die 10 Jahre lang zustehende Grundrente abgefunden werden, und zwar mit dem 9fachen Jahresbetrag; A. erhält eine Witwe bei Wiederheirat in Höhe der 50fachen monatlichen Grundrechte.

Abfindungsguthaben ist der Anspruch eines Gesellschafters in Geld gegen seine(n) Mitgesellschafter, wenn er aus einer → Gesellschaft bürgerlichen Rechts, → OHG oder → KG ausscheidet (§ 738). Das A. besteht in Höhe des wirklichen Wertes des Gesellschaftsanteils am Tag des Ausscheidens.

Abgaben. Alle Geldleistungen, die der Bürger kraft öffentlichen Rechts zahlen muß: Steuern, Zölle, Gebühren, Beiträge.

Abgabenordnung. Erklärt Steuerbegriffe, regelt das Steuerschuldrecht und enthält Verfahrensvorschriften für die Finanzbehörden und -gerichte. Für Fristen vor dem 3. 10. 90 gilt in ehem. DDR die dortige Abgabenordnung vom 22. 6. 90, GBl. I Nr. 1428.

Ablehnung. Von Gerichts- und Amtspersonen (Rechtspfleger, Urkundsbeamten, Sachverständigen, Schiedsrichter, Dolmetscher) wegen Besorgnis der Befangenheit und Zweifeln an seiner Objektivität (§ 42 ZPO, § 24 StPO, § 54 VwGO, § 51 FGO, § 60 SGG, § 19 BVerfGG). Erforderlich ist ein Antrag, über den das Gericht ohne die abgelehnte Person entscheidet. Selbstablehnung ist zulässig.

Ablehnungsandrohung → Verzug.

Abmahnung ist Hinweis auf ein pflicht-, treue- oder vertragswidriges Verhalten mit Androhung von Sanktionen im Wiederholungsfall *(Verwarnung)*. A. ist erforderlich vor Dienstvertragskündigung, Kündigung aus wichtigem Grund, Unterlassungsklage gegen → Allgemeine Geschäftsbedingungen, Rücktritt vom → Erbvertrag und bei Wettbewerbsverstößen. A. ist unberechtigt vor Schutzrechtsverletzung von Hersteller zu Hersteller, vor Gebrauchsmuster- oder Patentverletzung oder vor Verletzung eines Firmenrechts, da es sich hier um einen unzulässigen Eingriff in den Gewerbebetrieb des Abgemahnten handelt, was zu → Schadensersatz wegen → unerlaubter Handlung führen kann, falls der Abgemahnte der Verwarnung nachkommt. Wettbewerbsrechtliche Abmahnkosten verjähren in 6 Monaten.

Abmeldung von Kfz. a) Bei vorübergehender Stillegung Rückgabe des Kfz-Scheins an Zulassungsstelle, Entstempelung der Kennzeichen, Vermerk der Abmeldung im Kfz-Brief (Kfz-Steuer entfällt). b) Bei längerer Stillegung als 1 Jahr Rückgabe des Kfz-Scheins und -briefes, Entstempelung der Kennzeichen. Brief wird für Neuzulassung an Halter zurückgegeben.

Abnahme → Kauf (Anm.: II b), Werkvertrag (Anm.: 4, 6): Entgegennahme des Gekauften bzw. Bestellten; hierzu ist der Käufer bzw. Besteller einer Sache verpflichtet, sonst gerät er in → Verzug.

Abnahme der geschuldeten Leistung → Verzug.

Abrechnung kann, wenn von beiden Vertragsparteien gebilligt, → Schuldanerkenntnis oder → Vergleich sein. Im Arbeitsrecht hat jeder Arbeitnehmer Anspruch darauf, daß ihm die Zusammensetzung seines Einkommens erklärt wird.

Abruf → Kauf auf A. Durch A. entsteht Fälligkeit = der Zeitpunkt des Leistenmüssens.

Abschiebung nach AuslG vom 9. 7. 90, BGBl. I 1354, wenn bei einem ausreisepflichtigen Ausländer (der keine → Aufenthaltsgenehmigung besitzt, unerlaubt eingereist ist) die freiwillige Ausreise nicht gesichert ist, er sich in Haft befindet, ausgewiesen worden ist, mittellos ist, keinen Paß besitzt oder unrichtige Personalien angegeben hat. Politisch Verfolgte dürfen nicht dorthin abgeschoben werden, wo ihnen politische Repressalien drohen. Falls die A. rechtlich oder tatsächlich nicht möglich ist, wird dem Ausländer eine *Duldung* des Aufenthalts bis zu 1 Jahr erteilt. Zur Vorbereitung der A. ist Haft bis zu 6 Monaten auf Grund richterlicher Anordnung zulässig.

Abschlagszahlung (= Teilzahlung) → Verjährung → Versicherungsvertrag; sie ist Zahlung auf schon geleistete, aber noch nicht abgerechnete Arbeit; nicht zu verwechseln mit → Darlehen und → Vorschuß.

Abschlußzwang (Kontrahierungszwang) → Vertragsfreiheit.

Abschöpfung. Ist eine → Abgabe, die beim Warenverkehr von Agrarerzeugnissen über Zollgrenzen hinweg nach festen Sätzen erhoben wird. Sie dient dem inländischen Agrarmarkt und bewirkt eine Preisangleichung mit den anderen europäischen Ländern in der EG (VO 4. 4. 62, Amtsbl. EG, S. 933) und schafft auf dem europäischen Agrarmarkt einheitliche Preise (G 25. 7. 62, BGBl. I 453). Der Abschöpfungssatz wird von der Bundesanstalt für Landwirtschaftliche Marktordnung nach einem sog. Schwellenpreis in den nach dem Außenwirtschaftsgesetz zu erteilenden Einfuhrgenehmigungen fest-

Abschreibung

gesetzt. Dagegen ist der Rechtsweg zu den → Finanzgerichten eröffnet (§ 33 FGO).

Abschreibung. Ist in der Handelsbilanz die Verteilung der Anschaffungs- und Herstellungskosten für abnutzbare Investitionsgüter auf die Geschäftsjahre der voraussichtlichen Nutzung (§ 253 II HGB). Dadurch wird der zu versteuernde Gewinn gemindert. In der Steuerbilanz entspricht die A. der → Absetzung für Abnutzung, Absetzung für Substanzverringerung und der Teilwertabschreibung.

Abschreibungsgesellschaften sind meist → GmbH & Co KG. Als Mitunternehmer weist die A. den → Kommanditisten Verluste aus ihrem Gewerbebetrieb zu (§ 15 I 2 EStG), damit sie mit anderen positiven Einkünften verrechnet und die Steuerlast insgesamt gemindert werden kann. Gemäß § 15a EStG ist der Verlustausgleich auf das steuerliche Kapital des Kommanditisten beschränkt. A. erzielen Verluste durch Sonderabschreibungen z. B. nach BerlinförderungsG, durch Geschäftsführergehälter, Beratungshonorare, Zinsen aus Fremdfinanzierung. Fällt die A. in → Konkurs, verliert der Kommanditist seine Einlage und muß in Höhe seines negativen Kapitalkontos seinen sog. Veräußerungsgewinn versteuern (§ 16 EStG). Ebenso Gewinnzuweisungen. Verlustzuweisungen sind auf die Höhe der geleisteten Einlage oder (die meist höhere) Haftsumme beschränkt. Verlustzuweisungen von A., die ohne Gewinnabsicht tätig werden, werden steuerlich nicht anerkannt; bloßes Streben nach Steuerersparnis stellt keine Gewinnerzielungsabsicht dar.

Absetzung für Abnutzung (AfA) in der Steuerbilanz ist bei abnutzbaren Wirtschaftsgütern des Anlagevermögens die Verteilung der Anschaffungs- oder Herstellungskosten auf die gewöhnliche Nutzungsdauer. Bei der *linearen* AfA ergibt sich der jährlich absetzbare Betrag aus der Teilung der Anschaffungs- oder Herstellungskosten durch die Jahre der gewöhnlichen Nutzung (§ 7 I EStG). Die *degressive* AfA bei beweglichen Anlagegütern beträgt 30% der Anschaffungs- oder Herstellungskosten, höchstens das Dreifache der linearen AfA (§ 7 II EStG). Bei seit 1925 fertiggestellten *Gebäuden* beträgt die lineare AfA 2% pro Jahr, bei Wirtschaftsgebäuden 4%, falls der Bauantrag nach dem 31. 3. 85 gestellt wurde; die degressive GebäudeAfA für Bauherrn oder Erwerber im Jahr der Fertigstellung beträgt in den ersten 8 Jahren 5%, den folgenden 6 Jahren 2,5% und in den letzten 36 Jahren 1,25%. Bei Wirtschaftsgebäuden beträgt die degressive AfA in den ersten 4 Jahren 10%, den folgenden 3 Jahren 5% und den letzten 18 Jahren 2,5%, bei *Wohngebäuden* mit Bauantrag nach 28. 2. 89 in den ersten 4 Jahren 7%, den folgenden 6 Jahren 5% und den letzten 24 Jahren 1,25%.

Nach § 10e EStG kann ein Steuerpflichtiger beim Erwerb eines selbstbewohnten, im Inland gelegenen Eigenheimes von den Herstellungskosten und der Hälfte der Anschaffungskosten des dazugehörigen Grundstücks im Jahr der Fertigstellung und den 3 Folgejahren 6% (höchstens DM 19800.–) und in den nächsten 4 Jahren 5% (höchstens DM 16500.–) wie Sonderausgaben absetzen (wenn der Gesamtbetrag der Einkünfte DM 120000.– (bei Eheleuten DM 240000.–) nicht übersteigt. Gleiches gilt bei unentgeltlicher Überlassung einer zu Wohnzwecken genutzten Wohnung an einen Angehörigen (Bauantrag nach 30. 9. 91). Diese AfA ist pro Person nur bei einem Objekt möglich; wird vor 1. 1. 95 ein weiteres in ehem. DDR zu Dauerwohnzwecken erworben, besteht für dieses zusätzlich die volle AfA.

Besondere Regeln in ehem. DDR gem. Kap. IV/B/II/16 EV. Die degressive Gebäude AfA gilt nur für nach 31. 12. 90 angeschaffte oder hergestellte Gebäude.

Absonderung ist die abgesonderte Befriedigung eines Gläubigers außerhalb des Konkursverfahrens; der Gläubiger ist also nicht – wie der einfache Konkursgläubiger – auf die sog. Konkursquote beschränkt. Voraussetzung ist, daß der Gläubiger wegen seiner Forderung an einem zur Konkursmasse gehörenden Gegenstand durch ein dingliches → Recht (z. B. → Hypothek, → Grundschuld, → Pfandrecht, → Sicherungsübereignung) gesichert ist. Dieses Recht muß nach den dafür geltenden Vorschriften außerhalb des Konkursverfahrens gegenüber dem Konkursverwalter geltend gemacht werden. Anders als bei der → *Aussonderung* verbleibt der betreffende Gegenstand jedoch in der Konkursmasse. Vgl. §§ 4, 47–49 KO.

Abstandszahlung → Baukostenzuschuß.

Abtretung, auch Zession genannt, ist der Vertrag zwischen dem Gläubiger *(Zedent)* einer Forderung und einem anderen *(Zessionar),* durch den eine bestimmte oder bestimmbare Forderung vom Gläubiger auf den anderen übertragen wird (§ 398). Unter diesen Voraussetzungen können auch künftige und bedingte Forderungen abgetreten werden *(Vorausabtretung).* Eine sog. *Globalzession* liegt vor, wenn ein Schuldner aus seinem Geschäftsbetrieb sämtliche bestehenden wie auch künftigen Forderungen, soweit sie genügend bestimmt sind, abtritt. Eine Globalzession erfolgt meist zu Sicherungszwecken, z. B. zur Sicherung eines Bankkredits. Zulässig ist weiterhin eine sog. *Blankozession,* bei der der Empfänger berechtigt ist, durch Ausfüllen der unvollständigen A.-Urkunde den neuen Gläubiger zu bestimmen. Die Zustimmung des Schuldners ist zur A. nicht erforderlich.

Zahlreiche Forderungen können jedoch kraft gesetzlicher Regelung nicht abgetreten werden, z. B. unpfändbare Forderungen

Abtretung

(§ 400). Gehaltsansprüche, Entgelt für Überstunden, Urlaubsgeld, Weihnachtsgratifikationen u. ä. können daher nicht unbeschränkt abgetreten werden, sondern nur bis zu einem Betrag, der die gesetzlich festgelegte Pfändungsgrenze überschreitet (§§ 850 aff ZPO). Auch die durch Vertrag ausgeschlossene A. verhindert eine Zession; unübertragbar sind ferner Ansprüche auf Dienstleistungen oder Unterhalt. In der → Sozialversicherung können Ansprüche auf Geld- bzw. Rentenleistungen nur zugunsten von → Darlehen oder → Aufwendungen übertragen werden, die im Vorgriff auf fällige Sozialleistungen für eine angemessene Lebensführung gewährt werden oder wenn dies im Interesse des Berechtigten liegt; hierüber entscheidet der Sozialleistungsträger. Ansprüche auf Dienst- oder Sachleistungen sind unübertragbar (§ 53 SGB). Die A. ist formlos möglich, selbst wenn zur Begründung der abgetretenen Forderung die Einhaltung einer → Form erforderlich war.

Durch die A. erwirbt der Zessionar die volle Gläubigerstellung einschließlich etwaiger Nebenrechte (Hypothek, Pfandrecht, Bürgschaft, § 401), während die Rechtsstellung des Schuldners nicht verschlechtert wird. Er kann dem neuen Gläubiger die gleichen Einwendungen entgegensetzen, die zum Zeitpunkt der A. gegen den bisherigen Gläubiger begründet waren, z. B. Teilleistung, → Verjährung (§ 404); dies gilt auch, wenn der neue Gläubiger hiervon nichts gewußt hat; ein → gutgläubiger Forderungserwerb ist ausgeschlossen (hat aber der Schuldner eine Urkunde über seine → Verbindlichkeit ausgestellt, kann er sich nicht auf → Scheingeschäft oder vertraglich verbotene Abtretung berufen, § 405). Insbesondere kann der Schuldner mit einer eigenen Forderung, die gegen den bisherigen Gläubiger besteht, aufrechnen, sofern diese Forderung schon zum Zeitpunkt der A. bestand (§ 406). Eine Zahlung, die der Schuldner in Unkenntnis der A. an den bisherigen Gläubiger leistet, muß der Zessionar gegen sich gelten lassen (§ 407). Das gleiche gilt, wenn der Zedent die Forderung nochmals an einen Dritten abtritt. Wenn der Schuldner dann in Unkenntnis der ersten A. an den Dritten leistet, muß der rechtmäßige Inhaber der Forderung die Zahlung gegen sich gelten lassen (§ 408). Für den Zessionar empfiehlt sich daher sofortige Mitteilung von der A. an den Schuldner.

Wenn der Gläubiger dem Schuldner anzeigt, daß er die Forderung abgetreten hat, kann sich der Schuldner auf die Richtigkeit dieser Anzeige verlassen und an den ihm bekanntgegebenen neuen Gläubiger mit schuldbefreiender Wirkung leisten. Das gilt auch dann, wenn die A. tatsächlich nicht erfolgt oder unwirksam ist. Die gleiche Wirkung wie durch Anzeige der A. wird durch Vorlage einer Abtretungsurkunde erreicht, in der der Zessionar namentlich bezeichnet ist (§ 409). Die Anzeige kann nur zurückgenommen werden, wenn der als neuer Gläubiger bezeichnete zustimmt (§ 409 II).

Wenn der Zedent dem Schuldner die A. nicht schriftlich angezeigt hat, ist der Schuldner dem Zessionar gegenüber nur dann zur Leistung verpflichtet, wenn dieser ihm eine vom Zedenten ausgestellte Urkunde über die A. aushändigt. Vorher ist auch eine Kündigung oder Mahnung des Zessionars unwirksam, wenn der Schuldner sie aus diesem Grunde zurückweist (§ 410).

Eine echte A. liegt nach außen auch bei der A. nur zu Sicherungszwecken *(Sicherungszession)* oder zum Zweck der Einziehung der Forderung *(Inkassozession)* vor, während die Beteiligten am Innenverhältnis an die zwischen ihnen getroffenen (treuhänderischen) Vereinbarungen gebunden sind, der neue Gläubiger in aller Regel also nur beschränkt zur Verwertung der Forderung berechtigt ist.

Hiervon zu unterscheiden ist die bloße sog. Einziehungsermächtigung *(Inkassovollmacht)*. Hier verbleibt die Forderung selbst beim Ermächtigenden; der Ermächtigte ist nur zur Einziehung der Forderung berechtigt, ggf. zu ihrer klageweisen Durchsetzung. Er muß hieran jedoch ein eigenes schutzwürdiges rechtliches Interesse haben (wirtschaftlicher Gewinn des Inkassoinstitutes).

Abwesenheitspflegschaft → Pflegschaft.

Abzahlungsgeschäft ist der gegenseitige → Vertrag, der auf die Übereignung beweglicher Sachen (→ Kauf) oder deren dauernde Besitzüberlassung gerichtet ist, wobei der Erwerber die Sache sofort erhält, seine Gegenleistung jedoch in Raten erbringen kann; andererseits behält der Veräußerer sich das Recht vor, vom Vertrag zurückzutreten, wenn der Erwerber seine vertraglichen Verpflichtungen nicht erfüllt. Die Vereinbarung eines → Eigentumsvorbehalts ist zwar die Regel, aber nicht Voraussetzung eines A. Falls aber eine solche Vereinbarung getroffen ist, gilt die Rücknahme der Sache durch den Veräußerer als → Rücktritt vom Vertrag.

Die Beziehungen der Vertragspartner untereinander sind im Verbraucherkreditgesetz vom 17. 12. 90, BGBl. I 2840, (VerbrKrG) geregelt. Obwohl dieses Gesetz in § 1 nur von Kreditverträgen und Kreditvermittlungsverträgen spricht, gilt es auch für alle anderen Verträge, die den gleichen Erfolg bezwecken (§ 9). A.e sind daher auch → Tausch-, Werklieferungsverträge, Zeitungsabonnement, Buchgemeinschaft, Fernlehrkurs, Mietkauf- und → Leasingverträge u. a., sofern die oben genannten Voraussetzungen vorliegen. Auch ein Kaufvertrag, der mit einem → Finanzierungsvertrag verbunden ist, ist ein A; auf ihn finden keine Anwendung: §§ 4 I 2, 3 ; 6; 13 III; 14.

Abzahlungsgeschäft

Das VerbrKrG bezweckt, den meist wirtschaftlich schwächeren Verbraucher vor durch den Abzahlungsverkäufer diktierten drückenden Vertragsbedingungen zu schützen. Deshalb kann der Verbraucher jede von ihm abgegebene Vertragserklärung (nicht nur bei → Haustürgeschäften) innerhalb 1 Woche schriftlich ohne Angabe von Gründen *widerrufen* (§ 7 VerbrKrG). Im Katalogversandhandel kann statt dessen ein uneingeschränktes Warenrückgaberecht gesetzt werden. Über dieses Widerrufsrecht hat der Verkäufer, Kreditgeber oder Kreditvermittler den Käufer gegen Unterschrift deutlich zu belehren, sonst läuft die Widerrufsfrist nicht. Im Fall des Widerrufes sind die empfangenen Leistungen zurückzugeben; für schuldhafte Beschädigung oder den Untergang der Kaufsache haftet der Käufer; er hat Nutzungsentschädigung zu zahlen und dem Verkäufer nachgewiesene → Aufwendungen (Transportkosten) zu ersetzen. Darüber hinaus ist durch das VerbrKrG im einzelnen zwingend vorgeschrieben:

1. Die zum Vertragsabschluß führende Erklärung muß in *schriftlicher* → Form erfolgen, wobei die Vertragsurkunde den Barzahlungspreis, den Teilzahlungspreis (= Summe der Anzahlung und aller Raten, einschließl. Zinsen und Kosten) sowie den Betrag, die Zahl und die Fälligkeit der einzelnen Raten, den effektiven Jahreszins und die Kosten für eine etwaige Versicherung enthalten muß (§ 4 I 2). Genügt die Urkunde diesen Anforderungen nicht, ist der Vertrag nichtig. Handelt es sich um einen bloßen Kreditvertrag ohne gleichzeitige Lieferung einer Sache, muß der Vertrag angeben: den Nettokreditbetrag (ggf. die Höchstgrenze), den Gesamtbetrag aller vom Verbraucher zu erbringenden Teilzahlungen, Art und Weise der Rückzahlung, den Zinssatz, den effektiven Jahreszins und etwaige Versicherungskosten; fehlt ein Punkt, ist der Vertrag nichtig (§ 6). Er wird nur gültig, wenn der Verbraucher das Darlehen erhält, den Kredit in Anspruch nimmt oder die Kaufsache ihm übergeben wird.

Die Formerfordernisse entfallen jedoch, wenn der Käufer auf Grund eines Prospektes bestellt, in dem Barzahlungs- und Teilzahlungspreis, Zahl u. Fälligkeit der einzelnen Raten angegeben sind (§ 8).

2. Der Kreditgeber kann den Vertrag nur *kündigen,* wenn der Verbraucher mit mindestens zwei aufeinanderfolgenden Raten in Verzug ist, die 10% des Kreditbetrages oder des Teilzahlungspreises betragen müssen (bei längerer Laufzeit als 3 Jahre: 5%) und wenn er dem Verbraucher erfolglos eine zweiwöchige Zahlungsfrist mit Kündigungsandrohung gesetzt hat (§ 12).

3. Unter denselben Voraussetzungen kann der Kreditgeber *zurücktreten* (§ 13). Die sich aus dem *Rücktritt* ergebenden Folgen sind, daß jeder Vertragspartner verpflichtet ist, dem anderen Teil die empfan-

genen Leistungen zurückzugewähren. Der Verbraucher kann die Rückzahlung des Darlehens *verweigern,* soweit er aus einem damit verbundenen Kauf Einwendungen gegenüber dem Verkäufer hat (und der Kaufpreis über DM 400.– liegt). Darüber hinaus ist dem Abzahlungsverkäufer jedoch Ersatz zu leisten für die von ihm gemachten Aufwendungen (z. B. Transport- und Verpackungskosten) sowie für die vom Abzahlungskäufer verschuldeten Beschädigungen der Sache. Der Wert der Überlassung des Gebrauchs oder der Benutzung der Sache sowie eine inzwischen eingetretene Wertminderung ist zu vergüten. Die Höhe dieser Vergütung entspricht i. d. R. dem Betrag, der für die Zeit der Überlassung als Miete bezahlt werden müßte. Die Vereinbarung einer höheren Vergütung ist nichtig. Diese gesetzliche Regelung kann nicht durch Vereinbarungen der Vertragspartner abgeändert werden (§ 18).

Macht der Abzahlungsverkäufer von seinem Rücktrittsrecht keinen Gebrauch, so kann er → Erfüllung oder → *Schadensersatz wegen Nichterfüllung* nebst Verzugszinsen (5% über Bundesbankdiskont) verlangen; wird aber i. d. R. unzweckmäßig sein, da oft nicht realisierbar, weil die Einstellung der Ratenzahlungen meist auf der wirtschaftlichen Schwäche des Abzahlungskäufers beruht.

4. Für den Fall der Nichterfüllung der dem Abzahlungskäufer obliegenden Verpflichtungen kann eine → *Vertragsstrafe* vereinbart werden. Erfüllt der Verbraucher vorzeitig seine Verbindlichkeit, mindert sich der Teilzahlungspreis um die Zinsen und laufzeitunabhängigen Kosten.

5. Auch ein Kreditvermittlungsvertrag bedarf der Schriftform. In den Vertrag ist insbesondere die Vergütung des Vermittlers nach % anzugeben; hat der Vermittler auch mit dem Kreditgeber eine Provision vereinbart, muß er auch sie angeben. Der Vermittlungsvertrag darf nicht mit dem Darlehensantrag verbunden werden. Die Vergütung ist erst fällig, wenn das Darlehen infolge der Bemühung des Maklers ausgereicht worden und die einwöchige Widerrufsfrist verstrichen ist.

6. Klagen aus dem A. können nur bei dem für den → Wohnsitz des Verbrauchers zuständigen Gericht anhängig gemacht werden. Ein → Mahnbescheid ergeht nicht, wenn der effektive Jahreszins den Diskontsatz der Bundesbank zuzüglich 12% übersteigt oder eine Gegenleistung aussteht.

7. Eine Vereinbarung, durch die der Verbraucher auf das Recht verzichtet, Einwendungen gegenüber dem Kreditgeber, Vermittler oder Verkäufer (bzw. dessen Gläubiger) geltend zu machen, oder aufzurechnen, ist unwirksam. Im übrigen darf der Verbraucher nicht verpflichtet werden, Schecks oder Wechsel zur Sicherung auszustellen.

Abzugsteuern

Das VerbrKrG gilt nicht für Verträge unter DM 400.–, Kredite (über DM 100000.–) zur Gründung einer selbständigen beruflichen Existenz, Zahlungsaufschub unter drei Monaten, Arbeitgeber-Arbeitnehmerverträge (wenn der Zins niedriger als der Marktzins ist). Die §§ 7, 9, 11–13 finden keine Anwendung auf Kreditverträge, die von einer Hypothek oder Grundschuld abhängig sind; §§ 4–7, 9 II gelten nicht für Kreditverträge, die durch gerichtliches Protokoll (Vergleich) oder notarielle Urkunde zustandegekommen sind.

Abzugsteuern → Quellensteuern → Zinsabschlagsteuer.

Acht Tage. Wenn im *Handelsverkehr* eine Frist von acht Tagen vereinbart ist, sind im Zweifel darunter volle acht Tage zu verstehen (§ 359 II HGB). In anderen Fällen muß im Wege der Auslegung entschieden werden, ob nicht mit der genannten Frist eine solche von einer Woche gemeint ist.

Adäquater Zusammenhang → Schadensersatz.

Adoption → Annahme als Kind.

Agenturvertrag. Anders als beim Maklervertrag hat der Agent das Geschäft nicht nur zu vermitteln, sondern auch für seinen Auftraggeber abzuschließen. Es liegt eine → Geschäftsbesorgung (Vertrag) vor.

Aids, erworbene Immunschwäche. Verhütung und Bekämpfung nach BundesseuchenG. HIV-Antikörpertest bei Einstellungen und Bewerbungen nur auf Grund gesetzlicher Grundlage zulässig. Arzt unterliegt der Schweigepflicht. Bei heimlichem oder negativem Aids-Test kein Schmerzensgeldanspruch. Strafrechtlich ist bei Gefährdung des gutgläubigen Sexualpartners eine Infektion mit HIV-Viren versuchte, bei erfolgter Ansteckung vollendete Körperverletzung, bei Tod des Angesteckten ist ein Tötungsdelikt gegeben.

AKB (Allgemeine Bedingungen für die Kraftverkehrsversicherung) → Kraftfahrzeugversicherung.

Akkordarbeit, wenn der Lohn nach dem Arbeitsergebnis bemessen wird (z. B. der Zahl der fertiggestellten Stücke, sog. Stücklohn). Festsetzung der Lohnsätze durch Arbeitsvertrag oder → Betriebsvereinbarung. Bei Jugendlichen unter 18 Jahren ist A. grundsätzlich verboten.

Akkreditiv ist der Auftrag an eine Bank, einen bestimmten Geldbetrag an eine andere Person zu zahlen. I. d. R. dient das A. zur Vermittlung von Kaufpreiszahlungen; es kann auch zur Kreditgewährung gestellt werden. Seine Ausführung erfolgt üblicherweise durch zwei Banken. Die Bank des Zahlungsempfängers wird über die Bank des Zahlungspflichtigen von diesem mit der Akkreditierung beauftragt. Die Leistung des A. ist erst bewirkt mit der Mitteilung der akkreditierten Bank über den Eingang und die Annahme des Auftrags an den Zahlungsempfänger. Das A. kann nicht widerrufen werden. Die Bestätigung des A. enthält ein → Schuldversprechen der Bank gegenüber dem Zahlungsempfänger. Die Bank kann aus ihrem Verhältnis zum Zahlungspflichtigen keine Einwendungen gegenüber dem Zahlungsempfänger geltend machen, z. B. daß der Zahlungspflichtige nicht die erforderliche Deckung geleistet habe. Das gleiche gilt für die ihr u. U. abgetretenen Ansprüche des Zahlungspflichtigen gegen den Zahlungsempfänger.

Akteneinsicht. a) im Zivilprozeß dürfen die Verfahrensbeteiligten oder sonstige Interessenten die behördlichen Akten selbst einsehen (§§ 299, 760 ZPO). b) in der → freiwilligen Gerichtsbarkeit ist A. für jedermann zulässig, der ein berechtigtes Interesse → glaubhaft macht (§ 34 FGG). c) Einsicht in Strafakten darf grundsätzlich nur ein bevollmächtigter Rechtsanwalt nehmen (§§ 147, 406 e StPO). d) Akten der Verwaltungsgerichte können die Beteiligten selbst einsehen (§ 100 VwGO, § 120 SGG, § 78 FGO). e) Gegenüber Finanzbehörden besteht wegen des Steuergeheimnisses grundsätzlich kein Recht auf A., insbesondere kein Recht auf Auskunft über den Anzeigeerstatter. f) Im Verwaltungsverfahren hat jeder Beteiligte Recht auf A., soweit zur Wahrung seiner Rechte nötig (§ 29 VwVfG).

Aktie. Das Grundkapital einer Aktiengesellschaft oder einer Kommanditgesellschaft auf Aktien ist in A. zerlegt. Die A. müssen auf einen bestimmten Nennbetrag lauten (mindestens 50 DM, höhere Nennbeträge auf volle 100 DM). Sie sind → Wertpapiere und verschaffen dem Aktionär entsprechend ihrem Nennbetrag einen Anteil am Vermögen der Aktiengesellschaft. Sie verbriefen gleichzeitig die dem einzelnen Aktionär zustehenden *Mitgliedschaftsrechte,* z. B. Stimmrecht, Recht auf → Dividende. Es ist zulässig, daß die A. derselben Aktiengesellschaft unterschiedliche Rechte gewähren. So können bestimmte A. zum Bezug einer höheren Dividende berechtigen *(Vorzugsaktien).* A. ohne Vorrechte nennt man *Stammaktien.* I. d. R. lauten die A. auf den Inhaber. Sie sind dann → Inhaberpapiere und werden durch Einigung und Übergabe übertragen. Sie können aber auch auf den Namen einer bestimmten Person lauten (Namensaktien). Sämtliche namentlich bezeichneten Aktionäre müssen in einem *Aktienbuch* eingetragen werden. Namensaktien sind als → Wertpapiere → Orderpapiere. Sie werden durch Indossament übertragen (→ Wechsel II). Die Übertragung der A. kann durch Satzung an die Zustimmung der AG gebunden werden *(vinkulierte A.).*

Aktiengesellschaft

Aktiengesellschaft ist eine handelsrechtliche → Gesellschaft auf Kapitalbasis, die mit Eintragung im Handelsregister → Rechtsfähigkeit erlangt und für deren Schulden nur das in → Aktien zerlegte *Grundkapital* (mindestens DM 100000.–) haftet. Die Gründer (mindestens 5) müssen alle Aktien übernehmen, eine notariell beurkundete Satzung dem Amtsgericht vorlegen, um im Handelsregister eingetragen zu werden. Auf die Aktien müssen zu diesem Zeitpunkt ¼ des Nennbetrages bezahlt sein. Organe sind der Vorstand (Geschäftsführer und Vertreter), Aufsichtsrat (der den Vorstand ernennt, überwacht und abberuft) und die Hauptversammlung. Der Aufsichtsrat besteht nach dem Mitbestimmungsgesetz ab 2000 Arbeitnehmern aus einer gleichen Anzahl Arbeitnehmer- und Arbeitgeber-Vertreter; ist eine Mehrheit nicht erzielbar, entscheidet im 2. Abstimmungsgang der Vorsitzende, den die Anteilseigner stellen. Vorstand und Aufsichtsrat haften für pflichtwidrig herbeigeführte Schäden auf Ersatz, können jedoch von der Hauptversammlung entlastet werden. Erwerb eigener Aktien ist nur begrenzt möglich (§§ 56, 71 ff AktG).

Aktueller Rentenwert (AR) sichert die Anpassung der Renten an den Lebensstandard der aktiven Generation. AR ist der Betrag, der einer monatlichen Rente wegen Alters entspricht, die sich aus Beiträgen auf Grund eines Durchschnittsentgeltes für ein Kalenderjahr ergibt. Grundsatz: gleichgewichtige Entwicklung von Renten und verfügbarem Arbeitsentgelt (§§ 68, 255 a, 309 SGB VI).

Akzept → Wechsel (III).

Alkoholdelikte im Straßenverkehr: folgenlose Trunkenheitsfahrt (Freiheitsstrafe bis 1 Jahr oder Geldstrafe und Entzug der → Fahrerlaubnis), Gefährdung von Leib und Leben oder von Sachen mit bedeutendem Wert (Freiheitsstrafe bis 5 Jahren oder Geldstrafe und Entzug der Fahrerlaubnis), wenn jemand ein Fahrzeug (Kfz, Fahrrad, Schienenfahrzeug) führt, obwohl er infolge vorangegangenen Alkoholgenusses dazu nicht mehr in der Lage ist. *Absolute* Fahruntauglichkeit ab 1,1‰ bei Kfz, Motorrad und Mofa; 1,5‰ bei Radfahrer; *relative* Fahruntauglichkeit schon bei geringeren ‰-Werten, wenn besondere Umstände festgestellt werden wie Übermüdung, Schwanken, Lallen, unsichere Fahrweise etc. Bei Fahrten mit über 0,8‰: Geldbuße bis DM 3000.– und Fahrverbot von 1 bis 3 Monaten (§ 24a StVG). In ehem. DDR gilt im Straßenverkehr absolutes Alkoholverbot bis 31. 12. 92.

Alleinauftrag → Mäklervertrag.

Alleingesellschafter → Ein-Mann-Gesellschaft.

Allgemeine Geschäftsbedingungen (AGB) werden von Angehörigen bestimmter Wirtschaftsgruppen wie auch von einzelnen Teilnehmern am Wirtschaftsverkehr auf Grund ihrer wirtschaftlichen Machtstellung (z. B. Banken, Reisebüros, Spediteure) einseitig ihren Geschäftsabschlüssen zu Grunde gelegt. Bestandteil des Einzelvertrages werden sie aber erst, wenn nach § 2 AGBG der Verbraucher unmißverständlich auf ihr Vorhandensein hingewiesen wurde (ausdrücklich oder durch Aushang), von den AGB ohne Schwierigkeiten Kenntnis nehmen konnte und mit ihnen einverstanden ist. In den §§ 9, 10, 11 ist ein Katalog verbotener Klauseln aufgestellt worden: Ausschluß von Leistungsverweigerungsrechten, Aufrechnungsverboten, pauschalen Schadenersatzansprüchen, Vertragsstrafeklauseln, Ausschluß von Rechten bei Verzug und Unmöglichkeit oder von Gewährleistungsansprüchen, Freizeichnungsklauseln, Kostenpflicht bei Nachbesserung, übermäßiger Bindung an Lieferverträge, Abwälzung der Beweislast. Diese nichtigen Klauseln können durch gezielte Einzelvereinbarung Inhalt des Vertrages werden (§ 4). Anfechtbar ist die Verwendung nichtiger Klauseln nur durch Interessenverbände vor dem Landgericht am Wohnsitz des Verwenders.

Das AGBG gilt nicht für Kaufleute.

Allgemeine Rentenbemessungsgrundlage. Sie war ein wichtiger Faktor bei der → Rentenberechnung; dadurch wurde die Rente dem Lohnniveau des Versicherungsfalles angepaßt. Sie richtete sich nach dem durchschnittlichen Bruttojahresarbeitsentgelt aller Versicherten der Arbeiter- und Angestelltenversicherung. Die A. R. wurde jährlich durch Verordnung bekannt gegeben (§ 1255 RVO, § 32 AVG). Sie betrug bis 30. 6. 1989 DM 29814.–, ab 1. 7. 1989 DM 30709.– und bis 30. 6. 91 DM 31661.– (in der Knappschaftsversicherung bis 30. 6. 91 DM 31995.–). Ab 1. 1. 92 ist sie durch den → Aktuellen Rentenwert ersetzt.

Altersentlastungsbetrag ist bei der Einkommensteuer in Höhe von 40% des Arbeitslohnes (ohne → Versorgungsbezüge und ohne → Leibrenten) und der positiven Summe der → Einkünfte (die keine Arbeitseinkünfte sind) vom Steuerpflichtigen, der bei Beginn des Kalenderjahres das 64. Lebensjahr vollendet hat, maximal ab 1990: DM 3720.– von der Summe der Einkünfte abzuziehen. Bei Ehegatten stets getrennte Berechnung.

Altersfreibetrag bei der Vermögensteuer erhalten Steuerpflichtige einen A. von DM 10000.–, falls das 60., von DM 50000.– falls das 65. Lebensjahr vollendet ist (§ 6 VStG) und das Gesamtvermögen DM 150000.–, (bei Eheleuten DM 300000.–) nicht übersteigt; bei zusammen veranlagten Ehegatten verdoppelt sich der A.

Altershilfe für Landwirte

Altershilfe für Landwirte. G 20. 1. 87, BGBl. I 401. Sie ist gesetzliche Altershilfe für selbständige Landwirte und mitarbeitende Familienangehörige nach dem Prinzip der → Sozialversicherung mit Beitragspflicht (stationäre Heilbehandlung, Betriebs-, Haushaltshilfe, Altersgeld, Witwen-, Waisengeld, Landabgaberente, Übergangshilfe).

Altersrente (ab 1992), §§ 35 ff. SGB VI. (a) als *Regelaltersrente* erhält, wer 65 Jahre alt ist und die allgemeine → Wartezeit von 5 Jahren erfüllt hat. Unbeschränkter Hinzuverdienst. (b) für langjährig Versicherte, wer *63 Jahre* alt ist (ab 2001: 65 Jahre alt) und eine Wartezeit von 35 Jahren erfüllt hat. Beschränkter Hinzuverdienst bei Vollrente bis zum 65. Lebensjahr DM 470.– (für 1990). (c) für Schwerbehinderte (mind. 50%), Berufsunfähige oder Erwerbsunfähige, wer *60 Jahre* alt ist und eine Wartezeit von 35 Jahren erfüllt hat. Beschränkter Hinzuverdienst. (d) wegen Arbeitslosigkeit, wer *60 Jahre* alt ist (ab 2001: 65 Jahre alt), arbeitslos ist, vor Rentenbeginn in 1½ Jahren 52 Wochen arbeitslos war, in den letzten 10 Jahren 8 Jahre Pflichtbeiträge gezahlt hat oder eine Wartezeit von 15 Jahren erfüllt hat. Beschränkter Hinzuverdienst. (e) für Frauen, wer *60 Jahre alt* ist (ab 2001: 65 Jahre alt), nach dem 40. Lebensjahr mehr als 10 Pflichtbeitragszeiten und eine Wartezeit von 15 Jahren erfüllt hat. Begrenzter Hinzuverdienst. (f) für *Bergleute,* wer 60 Jahre alt ist, eine Wartezeit von 25 Jahren erfüllt hat. Begrenzter Hinzuverdienst; bis zum 65. Lebensjahr: DM 500.– monatlich, danach unbeschränkt. Wer am 31. 12. 91 sog. flexibles Altersruhegeld bezogen hat und monatlich DM 1000,– hinzuverdienen durfte, weil er das 63. Lebensjahr oder als Schwerbehinderter, Berufs- oder Erwerbsunfähiger das 62. Lebensjahr vollendet hatte, darf auch ab 1992 diese DM 1000,– zuverdienen.

Altersübergangsgeld wird auf Antrag Bürgern der ehem. DDR gewährt, die zwischen 3. 10. 90 und 31. 12. 92 nach dem 57. Lebensjahr aus einer versicherungspflichtigen Tätigkeit ausscheiden, arbeitslos sind und dem Arbeitsamt gemeldet sind. Dauer: 936 Tage; Höhe: 65% des Nettoarbeitsentgelts (Frauen: 55. Lebensjahr, für 1560 Tage).

Altlasten sind Umweltschäden an Grundstücken, die durch Ablagerungen und Industrieproduktion entstanden sind (Altdeponien). Haftung aus → Gewährleistung, → unerlaubter Handlung oder als Störer nach den Landespolizeigesetzen.

Amortisationshypothek ist eine im Gesetz nicht geregelte Art der → Hypothek, bei der die zugrundeliegende Forderung durch jährliche gleichbleibende Leistungen (sog. *Annuitäten)* fortlaufend getilgt wird. Dementsprechend fällt der jährliche Zinsbetrag und steigen die Tilgungsleistungen.

Amtshaftung → Amtspflichtverletzung.

Amtsgericht ist die unterste Stufe der ordentlichen Gerichtsbarkeit. Es entscheidet durch Einzelrichter (§ 22 GVG) oder Rechtspfleger. In bürgerlichen Streitigkeiten (zwischen Parteien auf gleicher Ebene) ist es zuständig für vermögensrechtliche Streitfälle bis zu DM 6000.– (darüber das Landgericht), Miet-, Kindschafts-, Familien-, Unterhaltssachen und wird tätig als Zivil-, Straf-, Konkurs-, Vergleichs-, Vollstreckungs-, Versteigerungs-, Nachlaß-, Vormundschafts-, Familien- und Registergericht. Urteile sind anfechtbar mit → Berufung zum Landgericht, → Revision zum Oberlandesgericht bzw. Bundesgerichtshof, Beschlüsse durch → Beschwerde und → weitere Beschwerde. → Schöffen(gericht).

In ehem. DDR treten bis zur (inzwischen begonnenen) Schaffung einer neuen Gerichtsbarkeit die Kreisgerichte (darüber die Bezirksgerichte) an ihre Stelle. In ganz Berlin gilt West-Recht.

Amtspflegschaft → Pflegschaft über nicht eheliche Kinder.

Amtspflichtverletzung. Die Ersatzpflicht für schuldhaft widerrechtliche Schadenszufügung ist für Beamte in § 839 innerhalb der Bestimmungen über die → unerlaubte Handlung (§§ 823 ff.) im Gesetz gesondert geregelt. Danach haftet ein Beamter für *jede* Verletzung seiner Amtspflichten; allerdings kann ein Beamter, dem lediglich Fahrlässigkeit (→ Verschulden) zur Last liegt, nur dann in Anspruch genommen werden, wenn der Verletzte sich nicht auf andere Weise Ersatz verschaffen kann (§ 839 I 2); ein Richter ist für eine A. bei einer gerichtlichen Entscheidung (Urteil oder sonstige Streitentscheidung) nur dann verantwortlich, wenn er sich durch die Pflichtverletzung einer strafbaren Handlung schuldig gemacht hat, z. B. der Rechtsbeugung (§ 839 II; = vorsätzliche falsche Rechtsanwendung zugunsten oder ungunsten einer Partei). Schließlich tritt eine Ersatzpflicht dann nicht ein, wenn der Verletzte es schuldhaft unterlassen hat, den Schaden durch Einlegung eines Rechtsmittels, wie Beschwerde, Einspruch, Aufsichtsbeschwerde usw. abzuwenden (§ 839 III).

Die unmittelbare Inanspruchnahme eines Beamten ist ausgeschlossen, wenn er in Ausübung hoheitlicher Tätigkeit gehandelt hat, z. B. als Polizeibeamter (Art. 34 GG). Hiernach trifft die Verantwortlichkeit für eine A. eines Beamten den Staat oder die Körperschaft, in deren Dienst der Beamte steht *(Staatshaftung)*. Hat der Beamte vorsätzlich oder grob fahrlässig gehandelt, kann er im Wege des Rückgriffs vom Staat in Anspruch genommen werden.

Amtsvormundschaft

Auch wenn der Beamte innerhalb des privatrechtlichen Geschäftskreises des öffentlich-rechtlichen Dienstherrn gehandelt hat, z. B. anläßlich des Kaufs eines Grundstücks, haftet der Staat für unerlaubte Handlungen des Beamten nach §§ 89, 30, 31, 831, daneben der Beamte zusätzlich persönlich, wobei er sich auf den Staat als Ersatzpflichtigen berufen (§ 839 I 2) kann.

In ehem. DDR gilt für A. vor 3. 10. 90 das StaatshaftungsG vom 12. 5. 69, GBl. I 34 als Landesrecht fort (vgl. Anlage II Kap. III/B/III/1 EV).

Amtsvormundschaft → Vormundschaft über Minderjährige nur, wenn kein geeigneter anderer → Vormund vorhanden ist. V. über nicht eheliche Kinder übt das Jugendamt aus, solange die Mutter minderjährig und ein anderer Vormund vor Geburt nicht bestellt ist (§ 1791c BGB; §§ 55, 56 KJHG).

Anderkonto wird häufig ein Sonderkonto zur Verwaltung fremden Vermögens genannt, z. B. von Mündelgeldern eines Vormunds oder Kaufgeldern eines Notars. Das A. wird treuhänderisch zwar unter dem Namen des Verwalters geführt, gehört aber nicht zu dessen Vermögen. Der Verwalter ist aber verfügungsbefugt.

Änderungskündigung ist die → Kündigung eines → Dauerschuldverhältnisses, bei der dem bisherigen Vertragspartner gleichzeitig der Abschluß eines neuen Vertrages mit anderen Bedingungen angeboten wird. Hauptanwendungsfälle der Ä. sind → Arbeits- und → Mietverträge. Sie unterliegt dem → Kündigungsschutz für Arbeitnehmer (§§ 2, 8 KüSchG).

Aneignung ist der Eigentumserwerb an einer herrenlosen Sache, in dem jemand die Sache an sich nimmt in der Absicht, sie als ihm gehörend zu behalten (§ 958). Die A. ist nur zulässig an *herrenlosen* Sachen, nicht an lediglich *besitzlosen*. Herrenlos sind solche Sachen, an denen noch niemals ein → Eigentum bestanden hat oder an denen das Eigentum aufgegeben wurde (*Dereliktion* § 959), z. B. wilde Tiere, die sich in Freiheit befinden (§ 960), bergbaufreie Mineralien. Die A. herrenloser Sachen ist jedoch ausgeschlossen, wenn sie entweder gesetzlich verboten ist (z. B. durch das Naturschutzgesetz bei gewissen Alpenpflanzen), oder ein Aneignungsrecht anderer besteht (insbes. der Jagd- und Fischereiberechtigten). So hat der Jagdpächter ein Aneignungsrecht nicht nur hinsichtlich der im Jagdrevier lebenden jagdbaren Tiere, sondern auch an schon verendetem Wild, an Teilen davon (Abwurfstangen), an Vogeleiern u. a. m. Daher kann auch ein Kraftfahrer, der ein jagdbares Tier auf der Straße tödlich überfahren hat, sich dieses nicht rechtswirksam aneignen. Bei herrenlosen Grundstücken hat nur der Staat ein Recht zur A. (§ 928).

Anfechtung (von Willenserklärungen)

Besitzlos sind Sachen, die zufällig einem anderen abhandengekommen sind, ohne daß dieser sein Eigentum daran aufgegeben hat. An derartigen Sachen ist eine A. nicht möglich (→ Fund).

Anders als die Eigentumsaufgabe ist die A. keine rechtsgeschäftliche, sondern eine tatsächliche Handlung (Realakt), sodaß für sie → Geschäftsfähigkeit nicht erforderlich ist.

Anerkenntnis → Schuldanerkenntnis. Im Zivilprozeß bedeutet es die Anerkennung des Beklagten, daß der gegen ihn erhobene Anspruch zu Recht besteht (§ 307 ZPO). Im Verwaltungs- und Finanzgerichtsverfahren werden Anerkenntnisurteile für unzulässig gehalten. In der Sozialgerichtsbarkeit erledigt das A. den Rechtsstreit; das A. selbst wird wie ein vollstreckbares Urteil behandelt (§§ 101, 199 SGG).

Anfechtung (von Willenserklärungen) ist die Beseitigung zunächst gültiger, aber fehlerhaft zustandegekommener → Rechtsgeschäfte durch Erklärung eines Beteiligten mit der Wirkung, daß das angefochtene Rechtsgeschäft rückwirkend nichtig wird. Ein Rechtsgeschäft ist dann anfechtbar, wenn die Willenserklärung eines Beteiligten durch Irrtum, Täuschung oder Drohung beeinflußt wurde (§§ 119, 120, 123).

Irrtum ist das unbewußte Auseinanderfallen von dem in Wirklichkeit Gewollten und dem tatsächlich Erklärten bei der → Willenserklärung. Das kann dadurch geschehen, daß der Erklärende eine rechtserhebliche Erklärung abgeben wollte, bei der Abgabe der Erklärung sich aber versprochen oder verschrieben hat (Beispiel: ein gebrauchter PKW wird zum Preise von 1500.– DM anstatt 15000.– DM vom Verkäufer angeboten. – Wird ein Bild auf Grund einer veralteten Preisliste verkauft, liegt kein Anfechtungsgrund vor). Diesem *Erklärungsirrtum* steht der sog. *Übermittlungsirrtum* (§ 120) gleich, also der unabsichtlich falschen Übermittlung der Willenserklärung z. B. durch die Post bei der falschen Wiedergabe eines Telegrammtextes.

Ein Irrtum liegt auch vor, wenn der Erklärende die Erklärung ihrem Wortlaut nach abgeben wollte, aber angenommen hat, er bringe damit etwas anderes zum Ausdruck, z. B. er spricht von → Leihe und meint → Miete *(Inhalts- oder Geschäftsirrtum);* ferner bei Irrtum über die Person des Partners (z. B. bei Kreditgewährung). Ein Irrtum über den angestrebten Erfolg *(Motivirrtum)* ist nur dann beachtlich und berechtigt zur Anfechtung, wenn der Beweggrund erkennbar für die Beteiligten zur Geschäftsvoraussetzung gemacht wurde (z. B. Handelsvertreter erwirbt einen PKW, weil er Aussicht auf eine Stellung hat, diese aber nachher nicht erlangt); ebenso der Irrtum über den Wert des Vertragsgegenstandes oder in der Preisgestaltung *(Kal-*

kulationsirrtum). Schließlich kommt noch der sog. *Eigenschaftsirrtum* (§ 119 II) in Betracht, d. h. der Irrtum über solche Eigenschaften einer Person oder einer Sache, die im Verkehr als wesentlich angesehen werden, z. B. u. U. Vorstrafen, Zahlungsfähigkeit des Geschäftspartners, Echtheit eines Kunstwerks, Bebaubarkeit eines Grundstücks.

Wer wegen Irrtums anficht, ist dem Vertragspartner zum *Schadensersatz* (Spesen) verpflichtet, es sei denn, dieser hat den Anfechtungsgrund gekannt oder hätte ihn kennen müssen (§ 122).

Der *beiderseitige Irrtum* berechtigt nicht zur Anfechtung. Unbeachtlich ist hier die nur falsche Bezeichnung des von beiden Seiten tatsächlich Gewollten. Falls aber der beiderseitige Irrtum dazu führt, daß nicht über sämtliche Punkte des Rechtsgeschäfts eine Einigung erzielt wird (Einigungsmangel, *Dissens;* → Vertrag), wird das Rechtsgeschäft nicht wirksam.

Arglistige Täuschung ist das Hervorrufen oder Aufrechterhalten eines Irrtums durch Vorspiegelung falscher oder Unterdrückung wahrer Tatsachen in Kenntnis des Umstandes, daß dadurch auf den rechtserheblichen Erklärungswillen eines anderen eingewirkt wird; z. B. Verschweigen eines dem Verkäufer bekannten erheblichen Defekts beim Verkauf eines Gebrauchtwagens. Hat durch eine arglistige Täuschung der Getäuschte einen Schaden erlitten, kann er ihn daneben geltend machen (§§ 826; 463 BGB).

Unter *Drohung* versteht man die widerrechtliche ernsthafte Ankündigung eines Nachteils für den Fall, daß die Willenserklärung nicht abgegeben wird, z. B. Androhung der Bloßstellung eines säumigen Schuldners in der Öffentlichkeit, nicht aber Klageandrohung hinsichtlich der Schuld.

Anfechtungsberechtigt ist grundsätzlich derjenige, der die fehlerhafte → Willenserklärung abgegeben hat. Etwas anderes gilt bei der Anfechtung eines → *Testaments,* wo derjenige zur Anfechtung berechtigt ist, dem der Wegfall des Testaments unmittelbar zustatten kommen würde (§ 2080), wer also z. B. gesetzlicher Erbe anstelle des Testamentserben sein würde. → Erbverträge und → Ehegattentestamente können auch vom Erblasser angefochten werden; Anfechtungsgründe sind Irrtum (einschließlich *Motivirrtum*). Täuschung, Bedrohung des Erblassers und Unkenntnis über einen → Pflichtteilsberechtigten (§§ 2078, 2079).

Wenn der Anfechtungsberechtigte von seinem Anfechtungsrecht keinen Gebrauch macht, bleibt das anfechtbare Rechtsgeschäft gültig. bestätigt er das anfechtbare Rechtsgeschäft, so verliert er sein Anfechtungsrecht (§ 144). Die A. erfolgt durch Erklärung gegenüber dem Anfechtungsgegner (§ 143) also dem Vertragspartner, Täuschenden, Drohenden bzw. dem, der einen Vorteil daraus erhalten hat; bei einseitigen Rechtsgeschäften demgegenüber die Willenserklärung abzugeben war, oder wer aus ihr unmittelbar einen Vorteil gezogen hat.

Die A. muß grundsätzlich *unverzüglich,* d. h. ohne schuldhaftes Zögern, nach Kenntnis des Anfechtungsgrundes erfolgen (§ 121). In den Fällen der Täuschung oder Drohung und in Erbschaftsangelegenheiten beträgt die Anfechtungsfrist 1 Jahr (§§ 124, 2082, 2283).

Die A. hat die Wirkung, daß das anfechtbare Rechtsgeschäft als von Anfang an nichtig anzusehen ist (§ 142). Anders nur bei Gesellschaftsverträgen und Arbeitsverhältnissen, die zwischenzeitlich ausgeführt worden sind; hier wirkt die A. wie eine Kündigung, d. h. sie löst Gesellschafts- und Arbeitsverhältnis nur für die Zukunft auf.

Wer die Anfechtbarkeit kannte oder hätte kennen müssen wird nach erfolgter A. so behandelt, als wenn er die Nichtigkeit des Rechtsgeschäfts gekannt hätte oder hätte kennen müssen (§ 142 II), d. h., er kann z. B. an einem Gegenstand, den er auf Grund eines anfechtbaren Kaufvertrages in Besitz genommen hat, auch gutgläubig kein Eigentum erwerben. – vgl. → Gläubigeranfechtung → Konkursanfechtung.

Anfechtung von Entscheidungen der Gerichte nennt man Rechtsmittel (→ Berufung → Revision → Beschwerde). Für jeden sachlichen Bereich gibt es verschiedene Gerichte (→ ordentliche-, Arbeits-, Finanz-, Verwaltungs-, Sozialgerichte). In ehem. DDR entscheiden generell noch die Kreis- und Bezirksgerichte. Berufung führt zur vollen tatsächlichen und rechtlichen Überprüfung des Sachverhalts, Revision nur zur Kontrolle bzw. rechtlicher Fehler.

A. von Entscheidungen der Verwaltungsbehörden → Verwaltungsakte.

Anfechtungsgesetz → Gläubigeranfechtung (außerhalb eines → Konkurses), → Schenkungsanfechtung.

Anfechtungsklage. →Verwaltungsakte können, nachdem der binnen 1 Monats ab Zustellung einzulegende Widerspruch erfolglos geblieben ist, innerhalb eines weiteren Monats nach Zustellung des Widerspruchsbescheides mit A. zum → Verwaltungsgericht (oder → Finanzgericht oder → Sozialgericht) angefochten werden. Ziel: Aufhebung des belastenden Verwaltungsaktes.

A. ferner gegen Vaterschaftsanerkenntnis (§ 1600 l), gegen Ausschlußurteil im → Aufgebotsverfahren, gegen Beschlüsse der Generalversammlung der → Genossenschaft (§§ 51, 52 GenG), der Hauptversammlung der Aktiengesellschaft (§§ 246, 247 AktG), gegen die Ehelichkeit eines Kindes (§ 1599; §§ 640 ff. ZPO), gegen Entmündigungsbeschluß (§ 115; §§ 664 ff., 684 ZPO).

Angebot → (Offerte) → Vertrag.

Angehörige

Angehörige umfaßt im Zivilrecht Ehegatten, Verwandte, Verschwägerte (auch Adoptiv- und Pflegeeltern), im Strafrecht auch Verlobte, im Steuerrecht neben Verlobten auch geschiedene Ehepartner, Geschwister (und deren Kinder). A. haben in Prozessen Aussage- und Zeugnisverweigerungsrecht.

Angestelltenversicherung, RentenreformG '92 vom 18. 12. 89, BGBl. I 2261 (Besonderheiten in ehem. DDR: G 25. 7. 91, BGBl. I 1606), Zweig der → Sozialpflichtversicherung für Angestellte, Behinderte, Geistliche, Wehrpflichtige, Zivildienstleistende, Sozialleistungsempfänger, selbständige Lehrer, Artisten, Hebammen, Künstler, Publizisten, Hausgewerbler, Handwerker und Krankenpfleger. Versicherungsfrei sind Beamte, Richter, Werkstudenten, Zeitsoldaten, Altersruhegeldempfänger. Auf Grund von Beitragszahlungen (50% Arbeitgeber und 50% Arbeitnehmer) besteht Anspruch auf Leistungen wie Rehabilitationsmaßnahmen, Übergangsgeld (einschließlich ergänzender Leistungen), Altersrente, Berufs-, Erwerbsunfähigkeitsrente, Hinterbliebenenversorgung, Erziehungsrente, Zuschüsse für die Rentnerkrankenversicherung, Abfindung und Witwen(r)renten und Beitragserstattungen. Voraussetzung ist weiter der Nachweis bestimmter → Versicherungszeiten. Träger ist die Bundesversicherungsanstalt für Angestellte und die Bundesknappschaft. Beitragsbemessungsgrenzen Ost: DM 4800.– pro Monat (Bergleute DM 5900.–), West: DM 6800.– (Bergleute DM 8400.–).

Angriff → Notwehr.

Angstklausel → „ohne Obligo".

Ankauf gestohlener Sachen → Gutgläubiger Erwerb. Bei Vorsatz strafbar als Hehlerei.

Ankaufsrecht → Optionsrecht.

Anklageerzwingung. Hat die Staatsanwaltschaft entgegen einer Anzeige die Anklageerhebung abgelehnt, kann der durch die angezeigte Straftat Verletzte binnen 2 Wochen nach Bekanntgabe der Ablehnung der Anklage Beschwerde an den vorgesetzten Staatsanwalt einlegen. Gegen dessen ablehnenden Bescheid kann er durch einen Rechtsanwalt die Entscheidung des → OLG innerhalb 1 Monats nach Zusendung der Beschwerdeentscheidung beantragen (§ 172 StPO). → Prozeßkostenhilfe kann gewährt werden.

Anlageberatung. Gewerbsmäßige Vermittlung von Anteilscheinen einer Kapitalgesellschaft (AG, GmbH), öffentlich angebotenen Vermögensanlagen etc.; sie bedarf als → Maklertätigkeit der Gewerbezulassung (§ 34c I 1b GewO). Vielfach ist A. auch Neben-pflicht der Banken oder eigener Vertrag.

Anleihe ist Kreditaufnahme (→ Darlehen) gegen – Inhaberschuld-verschreibungen durch Bund, Länder und Gemeinden. Die A. bedarf der Genehmigung des Bundeswirtschaftsministeriums und der ober-sten Landesbehörde (Min.). Der Bund ist gem. Art. 115 GG nur auf Grund eines Gesetzes (Haushalt) befugt.

Anlernverhältnis ist ein Arbeitsverhältnis (→ Arbeitsvertrag), in dem der Arbeitnehmer in der Ausübung bestimmter Tätigkeiten un-terwiesen wird, ohne dadurch eine abgeschlossene Berufsausbildung zu erhalten. Hierin unterscheidet sich das A. vom Lehrverhältnis (→ Lehrvertrag). Der Arbeitnehmer, der zunächst meist nur Hilfsarbei-ter ist, wird dann zum angelernten Arbeiter (z.B. Kranführer, Rau-penfahrer). Falls, was in der Praxis kaum der Fall sein wird, ein Arbeitsverhältnis nicht vereinbart ist, gelten für das A. im wesentli-chen die gleichen Bestimmungen wie für den → Ausbildungsvertrag (§ 19 Berufsbildungsgesetz). Die Probezeit kann abgekürzt werden. Schriftform ist entbehrlich.

Annahme → Vertrag → Adoption, → Wechselakzept.

Annahme als Kind → Adoption (§§ 1741ff. BGB). Sie erfolgt durch Beschluß des Vormundschaftsgerichtes, dem ein notarieller *Antrag* zugrunde liegen muß (§ 1752). Der Annehmende soll das Kind eine Zeitlang in Pflege gehabt haben. Die A. bedarf der Einwil-ligung des Kindes bzw. unter 14 Jahren seines gesetzlichen Vertre-ters, bei ehelichen Kindern darüber hinaus der der Eltern, bei nicht ehelichen Kindern der der Mutter in notariell beurkundeter Form. Durch die A. erlangt der *minderjährige* Adoptierte in vollem Umfang die rechtliche Stellung eines ehelichen Kindes des Annehmenden. Das Verwandtschaftsverhältnis zu den bisherigen Eltern erlischt; zu-vor begründete Versorgungsansprüche bleiben aber bestehen. Der Annehmende muß unbeschränkt geschäftsfähig und mindestens 25 Jahre alt, bei annehmenden Ehepaaren der andere Gatte minde-stens 21 Jahre alt sein. Ledige können ein Kind allein annehmen, ebenso der Vater oder die Mutter das eigene nicht eheliche Kind bzw. das des anderen Ehegatten. Vermittlung der Annahme durch Jugendämter und Wohlfahrtverbände. Durch die A. untersteht der Adoptierte dem elterlichen Sorgerecht des Annehmenden und er-langt gegen ihn einen Unterhalts- und Erbanspruch. Er erhält auch den Familiennamen und die Staatsangehörigkeit des Annehmenden; einen Zusatz des bisherigen Familiennamens und eine Änderung des Vornamens kann das Vormundschaftsgericht zulassen. Die A. eines *Volljährigen* bewirkt nur eine verwandtschaftliche und erbrechtliche

Annahme der Erbschaft

Beziehung zwischen dem Adoptierenden und dem Adoptierten; die bisherigen Verwandtschaftsverhältnisse des Adoptierten bleiben bestehen (also Doppelerbrecht, § 1770). Eine gerichtliche Aufhebung der A. ist nur auf Antrag und unter besonderen Voraussetzungen möglich (fehlender Antrag, fehlende Einwilligung, Gefährdung des Kindeswohles etc.); die Aufhebung wirkt nur für die Zukunft; das frühere elterliche Sorgerecht wird neu begründet.

In ehem. DDR gelten die §§ 1755 I 2, 1756, 1760 II e und §§ 1767–1772 über die Adoption Volljähriger nicht (Art. 234 EGBGB).

Aufhebung auf Antrag eines Beteiligten (Frist: 1 Jahr, § 1762), falls eine Willenserklärung unwirksam war oder gefehlt hat sowie aus wichtigem Grund (§§ 1761, 1771).

Annahme der Erbschaft wird für den Erbanfall nicht vorausgesetzt; sie ist eine formlose → Willenserklärung, die → Geschäftsfähigkeit voraussetzt und auch stillschweigend erklärt werden kann. Sie schließt die Ausschlagung aus (§ 1943), kann aber wegen Irrtums binnen 6 Wochen ab Kenntnis des Ausschlagungsgrundes angefochten werden (§ 1954); sonst ist sie unwiderruflich.

Annahmeverzug → Verzug des Gläubigers.

Annuität → Amortisationshypothek, → Tilgungshypothek.

Anrechnungsfähige Versicherungsjahre → Versicherungszeiten. Ausfallzeiten heißen ab 1992 Anrechnungszeiten.

Anrechnungszeiten in der Rentenversicherung sind Zeiten der Arbeitslosigkeit und Krankheit (vom Ende des Krankengeldbezuges an und wenn keine Arbeitslosenhilfe gezahlt wird); Schul-, Fachschul-, Hochschulausbildungszeiten werden bis zu einer Gesamtdauer von 7 Jahren angerechnet (bei Fach- und Hochschulausbildung ist ein Abschluß erforderlich). §§ 58, 252 ff. SGB VI.

Anscheinsbeweis, wenn ein Sachverhalt nach der Lebenserfahrung den Rückschluß auf einen bestimmten Geschehensablauf zuläßt. Dann kann aus einer Ursache eine bestimmte Folge abgeleitet werden oder umgekehrt. Die Behauptung gilt dann als bewiesen (z. B. wer von rückwärts auffährt, gilt als schuldig an dem Unfall; er muß das Gegenteil beweisen).

Anscheinsvollmacht → Vollmacht.

Ansichtssendung. Wenn eine Sache auf Grund einer vertraglichen Vereinbarung jemandem zur Ansicht zugesandt worden ist, muß der Empfänger die Sache ordnungsgemäß verwahren und mangels anderweitiger Vereinbarung auf seine eigenen Kosten zurückschicken. Die Rücksendungspflicht trifft ihn bei der Zusendung → *unbestellter*

Waren nicht; sie enthält ein Angebot zum Abschluß eines Vertrages. Schweigen des Empfängers (der mit dem Absender nicht in ständiger Geschäftsverbindung steht) gilt nicht als Annahme des Angebots (selbst nicht bei Zusätzen wie „Sollte die Ware nicht binnen 4 Wochen zurückgesandt sein, gilt die Ware als angenommen").

Anspruch ist das → Recht, von einem anderen ein Tun (Handlung, Willenserklärung, Leistung, Herausgabe, Zahlung, Schadensersatz) oder ein Unterlassen (auch Dulden) zu verlangen. Dieses Recht kann notfalls mit einer Klage durchgesetzt werden. Dem A. können u. U. → Einwendungen oder → Einreden entgegengehalten werden. Er unterliegt grundsätzlich der → Verjährung.

Anstandsschenkung → Schenkung.

Anteilscheine sind auf den Inhaber oder eine bestimmte Person lautende Urkunden, die die Ansprüche der Kapitalanleger gegen eine Gesellschaft enthalten (z. B. Investmentzertifikate). Sie dürfen nur gegen volle Zahlung des Ausgabepreises ausgegeben werden, so z. B. durch → Zwischenscheine, die den Aktionären vor Ausgabe der → Aktien erteilt werden.

Antrag (Offerte) → Vertrag. Im Verwaltungsrecht versteht man darunter ein an eine Behörde (oder Gericht) gerichtetes, bestimmtes Begehren (z. B. Baugenehmigungsantrag; Beweisantrag). – Für strafrechtliche Verfolgung von Beleidigung, Körperverletzung, Sachbeschädigung und Hausfriedensbruch ist → Strafantrag (Frist: 3 Monate) nötig; ferner insbes. bei Verführung von Mädchen unter 16 Jahren, Verletzung der Privatsphäre, Kindesentziehung, Verführung, Familiendiebstahl, Diebstahl und Unterschlagung geringwertiger Sachen, Beförderungserschleichung, Vereitelung der Zwangsvollstreckung.

Anwachsung ist der Übergang des Anteils eines Gesellschafters am Gesellschaftsvermögen bei seinem Ausscheiden aus der → Gesellschaft auf die verbleibenden Gesellschafter (§ 738). Die A. setzt das Fortbestehen der Gesellschaft voraus. Der ausscheidende Gesellschafter erwirbt als Ausgleich einen schuldrechtlichen Anspruch gegen die Gesellschaft und die Gesellschafter auf Befreiung von den Gesellschaftsschulden und auf Zahlung des Betrages, den er erhalten würde, wenn die Gesellschaft aufgelöst werden würde (Abfindungsanspruch), ferner auf Rückgabe der zur Benutzung eingebrachten Gegenstände. Zur Ermittlung dieses Betrages ist die Erstellung einer besonderen Auseinandersetzungsbilanz erforderlich. Die gesetzliche Regelung der A. ist nicht zwingend. Durch den Gesellschaftsvertrag kann eine von § 738 abweichende Regelung getroffen werden.

Anwaltsprozeß

A. tritt auch innerhalb einer Erbengemeinschaft ein, wenn einer von mehreren testamentarischen Erben vor oder nach dem Eintritt des Erbfalls wegfällt (§§ 2094 ff.), z. B. durch Tod vor dem Erbfall, → Ausschlagung, → Erbunwürdigkeit, → Anfechtung, → Erbverzicht. Der Erblasser kann die A. aber ausschließen, indem er einen Ersatzerben einsetzt.

Anwaltsprozeß. Vor dem Familiengericht, den Landgerichten, Oberlandesgerichten, Bayer. Obersten Landesgericht und dem Bundesgerichtshof müssen sich die streitenden Parteien durch einen zugelassenen Rechtsanwalt vertreten lassen (§ 78 ZPO), sonst ist die Klage unzulässig. Ähnliches gilt für die anderen Gerichtszweige.

Anwaltsvergleich. Der von den streitenden → Parteien und ihren Anwälten unterschriebene → Vergleich ist ein vollstreckbarer → Titel, in dem sich der Schuldner der sofortigen → Zwangsvollstreckung unterwirft. Erfüllt er seine Verpflichtung nicht, kann der Gläubiger mit gerichtlicher oder notarieller Vollstreckbarkeitserklärung nach einer Wartefrist von 2 Wochen vollstrecken.

Anwartschaft wird die Rechtsstellung einer Person genannt, deren Rechtserwerb vom Eintritt einer → Bedingung abhängig ist, z. B. beim Kauf einer Sache unter → Eigentumsvorbehalt die Position des Käufers bis zur endgültigen Bezahlung des Kaufpreises. Die A. ist bereits ein Vermögensrecht und kann daher wie dieses *übertragen*, vererbt und verpfändet werden. Hierbei ist jedoch ggf. die gleiche → Form zu wahren, die für eine Verfügung über das Recht selbst zu beachten ist, z. B. notarielle Beurkundung beim Grundstückskauf. *Gepfändet* wird die A. wie ein Recht (§ 857 ZPO). Verfügt der Inhaber der A. über sie (z. B. als → Sicherungsübereignung), handelt er als Berechtigter. Im Falle des Bedingungseintritts (Zahlung) wird die A. automatisch in der Person des Erwerbers zum Vollrecht (Eigentum); ein Durchgangserwerb in der Person z. B. des Vorbehaltskäufers findet nicht statt; eine Pfändung der A.-Sache durch einen Gläubiger des A.-Veräußerers ist nach Übertragung nicht haltbar.

Beispiel: A verkauft LKW unter Eigentumsvorbehalt an B. B übereignet den LKW zur Sicherheit an C. Ein Gläubiger des B pfändet bei B den LKW. a) Hat B das ihm nicht gehörende Eigentum veräußert, ist C nicht Eigentümer geworden (§§ 930, 933); A kann der Pfändung widersprechen. Zahlt jemand den Kaufpreis, entsteht Eigentum bei B, die Pfändung wird erfolgreich und das so belastete Eigentum geht auf C über; C muß die Vollstreckung dulden. b) Hat B sein A. auf C übertragen, können A und C der Pfändung der Sache widersprechen (§ 771 ZPO). c) Dem Gläubiger ist zu raten, Sache und A. zu pfänden.

Sie spielt auch in der → Kranken- und → Rentenversicherung sowie beim → Versorgungsausgleich und im → Nacherbenrecht eine Rolle.

Anweisung ist die an den Schuldner gerichtete Aufforderung eine bestimmte Leistung an einen Dritten zu bewirken (§§ 783 ff.).

Die A. kann schriftlich oder mündlich erfolgen und ermächtigt den Dritten, die Leistung bei dem Angewiesenen im eigenen Namen zu verlangen. Sie ermächtigt den Angewiesenen, für Rechnung des Anweisenden an den Anweisungsempfänger zu leisten. Zu dieser Leistung ist der Angewiesene verpflichtet, sobald er die *Annahme* der A. durch schriftlichen Vermerk auf dieser erklärt hat. Für die aus der A. sich ergebenden Rechte und Pflichten sind die der A. zu Grunde liegenden Schuldverhältnisse zwischen dem Anweisenden und dem Angewiesenen *(Deckungsverhältnis)* sowie zwischen dem Anweisenden und dem Anweisungsempfänger *(Valutaverhältnis)* ohne Bedeutung. Einwendungen aus diesen Schuldverhältnissen können gegenüber der A. nicht gebracht werden; von Bedeutung können sie nur für das Innenverhältnis der Beteiligten sein. Fehlt eine dieser Rechtsbeziehungen, kann der Leistende wegen → ungerechtfertigter Bereicherung Rückzahlung begehren.

Die wirtschaftliche Bedeutung der A. ist heute nur noch sehr gering. An ihre Stelle ist der → Scheck und → Wechsel sowie die kaufmännische → Anweisung (§§ 363 ff. HGB) getreten.

Anzeigepflicht mittels Formular bei Aufnahme eines → stehenden *Gewerbes* (§ 14 GewO), der Eröffnung einer Zweigniederlassung, Betriebsverlegung, Gewerbeänderung, Betriebsaufgabe und Reisegewerbe (§ 55 c GewO). Wer der Unfallversicherung unterliegt, muß die Betriebseröffnung binnen 1 Woche der zuständigen Berufsgenossenschaft anzeigen (§§ 659, 661 RVO). *Steuerliche* A. gegenüber dem Finanzamt nach §§ 20, 137, 138, 139 AO. Zur Vermeidung *strafgerichtlicher* Verurteilung sind gesicherte Erkenntnisse von geplanten oder nicht beendeten Straftaten (Landesverrat, Mord, Geldfälschung, Raub, Verschleppung, Geiselnahme, Brandstiftung, Teilnahme an terroristischer Vereinigung) der Polizei anzuzeigen. Im *Arbeitsrecht* A. bei geplanter Massenentlassung in einem Betrieb gegenüber dem Arbeitsamt (§ 17 KSchG).

Arbeiterrentenversicherung. RentenreformG '92 vom 18. 12. 89, BGBl. I 2261 (Besonderheiten in ehem. DDR: G 25. 7. 91, BGBl. I 1606). Zweig der Sozialpflichtversicherung für Arbeiter und Handwerker. Beitragsbemessungsgrenze Ost: DM 4800.– pro Monat (Bergleute DM 5900.–), West: DM 6800.– (Bergleute DM 8400.–). Versicherungsfrei sind z. B. Werkstudenten, Rentner, Pensionäre, Beamte und Geringverdiener (bis DM 500.– pro Monat). Träger sind die Landesversicherungsanstalten und die Bundesbahnversicherungsanstalt, die Bundesknappschaft für Bergleute und die Seekasse für Seeleute.

Arbeitgeberanteil

Arbeitgeberanteil in der Sozialversicherung (Kranken- und Rentenversicherung) 50% des Beitrags, in der Knappschaft: 15,1% des Monatsbezuges. In der Arbeitslosenversicherung ab 1. 1. 92: 3,15%. Der Arbeitgeber hat den Beitrag bis zu ½ der monatlichen → Bezugsgröße allein zu tragen, ferner bei Ableistung eines sozialen Jahres und → Nachversicherung in der Rentenversicherung.

Arbeitnehmeranteil in der Sozialversicherung → Arbeitgeberanteil. Nur in der Knappschaft beträgt sein Anteil 9,35%.

Arbeitnehmererfindung. Patent- und gebrauchsmusterfähige Erfindungen von Arbeitnehmern, Beamten und Soldaten unterliegen dem G vom 25. 7. 57, BGBl. I 756. Man unterscheidet Dienst- und freie Erfindungen. Das Erfinderrecht entsteht in der Person des Erfinders, die Erfindung muß er dem Arbeitgeber mitteilen. Diensterfindungen nützt der Arbeitgeber gegen Vergütung, ansonsten wird sie für den Erfinder frei verwertbar (im Streitfall entscheidet die Schiedsstelle beim Patentamt oder die Patentstreitkammer am Landgericht).

Arbeitnehmerpauschbetrag wird in Höhe von DM 2000.– bei Einkommen- und Lohnsteuer von den Einnahmen aus nicht selbständiger Tätigkeit abgezogen. → Werbungskosten können nur abgezogen werden, wenn sie den A. übersteigen.

Arbeitnehmerüberlassung → Leiharbeitsvertrag.

Arbeitsförderung. G 25. 6. 69, BGBl. I 582 regelt Arbeitsvermittlung, Arbeitslosenversicherung, Arbeitslosenhilfe, Berufsberatung und die daraus hergeleiteten Leistungen der Bundesanstalt für Arbeit: Maßnahmen zur Förderung der beruflichen Eingliederung Behinderter und ganzjährige Beschäftigung in der Bauwirtschaft.

In ehem. DDR gelten Förderungen aus dem G vom 22. 6. 90, GBl. I Nr. 36 S. 403; Sonderbestimmungen enthalten §§ 249d, e AFG vom 25. 6. 69 und Anlage II Kap. VIII E I, III EV sowie LeistungsVO 6. 12. 90, BGBl. I 2647.

Arbeitsgericht ist das Gericht des ersten Rechtszuges für Streitigkeiten aus dem Arbeitsverhältnis, dem Betriebsverfassungs- und Tarifvertragsgesetz. Gegen seine Urteile sind → Berufung und → Revision, gegen seine Beschlüsse Beschwerde und Rechtsbeschwerde zum Landesarbeitsgericht bzw. Bundesarbeitsgericht gegeben.

In ehem. DDR sind bis zur Schaffung einer selbständigen Arbeitsgerichtsbarkeit die Kreis- und Bezirksgerichte zuständig. Das Arbeitsgesetzbuch vom 16. 6. 77, GBl. I Nr. 18 S. 185, gilt zum Teil fort (vgl. Anlage II Kap. VIII A II, III; C III, H III EV). In ganz Berlin gilt Westrecht.

Arbeitslosengeld erhält auf Antrag, wer arbeitslos ist, sich beim Arbeitsamt gemeldet hat, arbeitsfähig und arbeitswillig ist, noch nicht 65 Jahre alt ist und innerhalb der letzten 3 Jahre mindestens 360 Tage versicherungspflichtig beschäftigt war. Es beträgt in der Regel 63%, bei mindestens 1 Kind 68% des letzten Nettogehalts; die Höhe wird jährlich durch Rechtsverordnung bekanntgegeben. Bezugsdauer: 156–312 Tage; ab 42. Lebensjahr 364 Tage gestaffelt bis längstens 832 Tage (§ 100 AFG). Gilt auch für Studenten.

Arbeitslosenhilfe erhalten bedürftige Arbeitslose, die keinen Anspruch auf → Arbeitslosengeld haben und entweder im letzten Jahr vor Antragstellung Arbeitslosengeld bezogen oder mindestens 150 Tage in entlohnter Beschäftigung gestanden haben (bei Erlöschen des letzten Anspruchs auf Arbeitslosengeld 240 Tage). Sie beträgt 56%, bei mindestens 1 Kind 58% des ausgefallenen Nettoarbeitsentgeltes für längstens 1 Jahr (§§ 134 ff. AFG). Danach greift die → Sozialhilfe ein.

Arbeitslosenversicherung. G 25. 6. 69, BGBl. I 582. Sie ist Teil der → Sozialversicherung. Leistungen (→ Kurzarbeiter-, Schlechtwetter-, Arbeitslosengeld, Winterbauförderung, Arbeitsbeschaffung, → Konkursausfallgeld und Arbeitslosenhilfe) werden auf Grund von Beiträgen gewährt (je 3,15% des Arbeitsentgelts durch Arbeitnehmer und Arbeitgeber). Träger ist die Bundesanstalt für Arbeit in Nürnberg mit den (Landes-)Arbeitsämtern.

Arbeitsplatzschutz für Wehrdienstleistende (G 14. 4. 80, BGBl. I 425) durch Ruhen unbefristeter Arbeitsverhältnisse, Kündigungsverbot, Weitergewährung von Wohnraum und Sachbezügen, zusätzliche Alters- und Hinterbliebenenversorgung, Anrechnung der Wehrdienstzeit im späteren Berufsleben.

Arbeitsplatzteilung ist die Besetzung eines Arbeitsplatzes durch 2 oder mehr Arbeitnehmer im Rahmen der → Teilzeitarbeit. Bei Ausfall eines Arbeitnehmers besteht weder eine Vertretungspflicht der Kollegen noch ein Kündigungsrecht des Arbeitgebers (G 26. 4. 85, BGBl. I 710).

Arbeitsunfall. Wenn ein Versicherter bei Ausübung seiner beruflichen Tätigkeit, auf dem kürzesten Weg von oder zur Arbeit, zum Arzt, Polizei, Bank, bei der Pflege von Arbeitsgerät einen Unfall oder eine Berufskrankheit erleidet. Versichert sind Arbeitnehmer, Schüler, Kinder im Kindergarten, Studenten (§§ 548, 555 RVO). Sie haben Anspruch auf → Unfallversicherung.

Arbeitsvermittlung dient der Zusammenführung von Arbeitsuchenden und Arbeitgebern sowie der gewerbsmäßigen Arbeitneh-

merüberlassung z. B. durch Herausgabe, Vertrieb oder Aushang von
Stellenangeboten durch die Bundesanstalt für Arbeit oder die von ihr
(auf Antrag) beauftragten Personen oder Berufsgruppen. → Leihar-
beitsverhältnis.

Arbeitsvertrag ist der → Vertrag, durch den sich ein Arbeitnehmer gegenüber einem Arbeitgeber zur Arbeitsleistung gegen Entgelt
verpflichtet. Er ist eine besondere Art des → Dienstvertrages und hat
die Leistung abhängiger Arbeit zum Inhalt. Der Arbeitnehmer ist
i. d. R. in einen Betrieb organisatorisch eingegliedert und wirtschaftlich und persönlich abhängig. Er unterliegt der Weisungsbefugnis,
dem *Direktionsrecht* des Arbeitgebers. Demgegenüber steht dessen
Fürsorgepflicht insbesondere die Gewährung der vereinbarten Vergütung und ihre richtige Berechnung, die Gewährung von Urlaub,
Haftung für das Eigentum und für Sachschäden des Dienstleistenden
bei der Arbeit. Auf der Fürsorgepflicht des Arbeitgebers beruht auch
seine Pflicht, den Arbeitnehmer zu beschäftigen.
    Der Abschluß des A. ist formfrei. Sein Inhalt wird weitgehend
durch Tarifverträge und Betriebsvereinbarungen mitbestimmt.
Künftig werden Männer und Frauen am Arbeitsplatz gleichbehandelt
(§ 611a ff. BGB), wie es das EG-Anpassungsgesetz vorsieht. Die
Vorschriften des BGB über den Dienstvertrag finden nur ergänzend
Anwendung, da zahlreiche Sonderbestimmungen bestehen, so z. B.
im HGB für Handlungsgehilfen und Handelsvertreter und in der
Gewerbeordnung für Arbeiter und technische Angestellte.
    Wenn der Arbeitgeber schuldhaft die ihm angebotenen Dienste
des Arbeitnehmers nicht annimmt, behält der Arbeitnehmer seinen
Anspruch auf die Vergütung, muß sich hierauf aber einen möglichen
anderweitigen Verdienst oder ersparte Aufwendungen (z. B. Fahrtkosten) anrechnen lassen. Zur Nachholung seiner Dienstleistung ist
er nicht verpflichtet (§ 615).
    Auch bei unverschuldeter → Unmöglichkeit der Annahme der
angebotenen Leistung trägt der Arbeitgeber i. d. R. das sog. *Betriebsrisiko,* was zur Folge hat, daß er zur Weiterzahlung des Lohnes verpflichtet ist, auch wenn z. B. die Arbeit wegen Überproduktion oder
Ausfall von Maschinen eingestellt wurde.
    Wenn der Arbeitnehmer schuldlos für kurze Zeit durch einen in
seiner Person liegenden Grund ohne sein Verschulden (z. B. Erkrankung oder Tod eines nahen Verwandten) an der Arbeitsleistung verhindert ist, behält er seinen Vergütungsanspruch ebenfalls (§ 616 für
Angestellte und → Lohnfortzahlungsgesetz für Arbeiter).
    Die *Beendigung des A.* tritt durch → Kündigung, Zeitablauf, Auf-
hebungsvertrag oder durch den Tod des Arbeitnehmers ein, jedoch
nicht durch den Tod des Arbeitgebers; bei Übergang des Betriebs auf

einen anderen Unternehmer besteht der A. gegenüber dem neuen Arbeitgeber fort, neben dem der bisherige für die vor dem Übergang entstehenden Verpflichtungen haftet (§ 613a). Die *Kündigung* kann, wenn nicht die Voraussetzungen einer fristlosen Kündigung vorliegen (wichtiger Grund), nur unter Einhaltung bestimmter Fristen erklärt werden. Die Frist beträgt z. B. bei Angestellten 6 Wochen, wobei nur zum Schluß eines Kalendervierteljahres gekündigt werden kann. Einzelvertraglich kann auch eine kürzere Frist vereinbart werden, die jedoch einen Monat nicht unterschreiten darf. In diesem Fall ist die Kündigung nur für den Schluß eines Kalendermonats zulässig (§ 622 I).

Für das Arbeitsverhältnis eines Arbeiters ist die Kündigungsfrist nach einem Beschluß des Bundesverfassungsgerichts vom 30. 5. 90 ebenso lang wie bei Angestellten. Hat das Arbeitsverhältnis in demselben Betrieb oder Unternehmen 10 Jahre bestanden, erhöht sich die Kündigungsfrist auf 2 Monate zum Monatsende, bei 20 Jahren auf drei Monate zum Ende eines Kalendervierteljahres. Unberücksichtigt bleiben bei der Berechnung der Beschäftigungsdauer solche Zeiten, die vor der Vollendung des 35. Lebensjahres liegen (§ 622 II). Weiteren → Kündigungsschutz gewährt das KüSchutzG.

Kürzere als die genannten Kündigungsfristen können sowohl für Arbeiter als auch für Angestellte nur durch Tarifvertrag vereinbart werden (§ 622 III), für lediglich zur Aushilfe eingestellte Arbeitnehmer aber auch durch Einzelvertrag, sofern das Arbeitsverhältnis nicht über 3 Monate hinaus fortgesetzt wird (§ 622 IV).

Schließlich darf einzelvertraglich für den Arbeitnehmer keine längere Frist für die Kündigung des Arbeitsverhältnisses vereinbart werden als für den Arbeitgeber (§ 622 V).

§ 622 gilt nicht in ehem. DDR.

Nach der Kündigung des A. muß der Arbeitgeber dem Arbeitnehmer auf Verlangen eine angemessene Zeit zum Aufsuchen eines anderen Arbeitsverhältnisses gewähren (§ 629) und auf Verlangen ein Zeugnis erteilen (§ 630).

Arbeitszeit beträgt höchstens 8 Stunden pro Tag, 48 pro Woche und 96 pro Doppelwoche mit Pausen. Verlängerung an 30 Tagen im Jahr um 2 Stunden bis höchstens 10 Stunden täglich ebenso wie Verkürzung durch → Tarifvertrag zulässig. Für geleistete Mehrarbeit besteht Vergütungsanspruch. Bei Festlegung von Beginn, Ende oder gleitender A. hat Betriebsrat ein Mitbestimmungsrecht. Beschäftigungsverbot für Frauen in Bergwerken, Salinen, Hochöfen und Walzwerken, während das Verbot der Nachtarbeit für Arbeiterinnen verfassungswidrig ist. Sonderregelung durch → LadenschlußG, für Bäcker, Kraftfahrer, Krankenpfleger und Seeleute. Diese A. gilt nicht in der Land- und Forstwirtschaft, Luftfahrt, für Unternehmensvertreter, leitende Angestellte und angestellte Apotheker.

Architektenvertrag → Werkvertrag (Anm.: 10); maßgebend ist die Honorarordnung vom 4. 3. 91, BGBl. I 533.

ARGE, Zusammenschluß mehrerer Bauunternehmer zu einer → Gesellschaft bürgerlichen Rechts zwecks gemeinsamer Durchführung eines Bauprojekts unter gemeinsamem Namen. Die Mitglieder werden steuerlich als Unternehmer behandelt.

Arglistige Täuschung → Anfechtung.

Armenrecht → Prozeßkostenhilfe.

Arrest. Dient der Sicherung der → Zwangsvollstreckung wegen eines Geldanspruches (§ 916 ZPO), der glaubhaft gemacht werden und gefährdet sein muß. Dinglicher Arrest ist Beschlagnahme von Vermögen des Schuldners (§ 928 ZPO), persönlicher Arrest besteht in Haft (§ 933 ZPO). Auf Antrag des Gläubigers erläßt entweder das zur Entscheidung über den Anspruch zuständige Gericht oder das → Amtsgericht, in dessen Bezirk sich der zu beschlagnahmende Gegenstand befindet (§ 919 ZPO) einen Arrestbefehl durch Urteil (dagegen → Berufung oder → Revision) oder durch Beschluß (dagegen unbefristeter Widerspruch, § 924 ZPO; daraufhin ergeht Urteil; dagegen Berufung oder Revision). Der Arrest wird vollzogen durch → Pfändung, Eintragung einer Hypothek oder Haft.

Im Jugendstrafrecht bedeutet A. Freiheitsentzug (§ 16 JGG).

Im Disziplinarverfahren bedeutet A. eine Disziplinarmaßnahme.

Im Wehrstrafrecht wird A. statt Geldstrafe verhängt (§§ 12, 14a WStG).

Arztvertrag → Dienstvertrag oder → Werkvertrag. Haftung für Kosten → Schlüsselgewalt.

Asylrecht. Politisch verfolgte Ausländer nach dem Gesetz vom 26. 6. 92, BGBl. I 1126 werden auf Antrag nicht ausgeliefert (Art. 16 II GG). Es entscheidet über den Asylantrag das Bundesamt für die Anerkennung ausländischer Flüchtlinge durch → Verwaltungsakt, der binnen 2 Wochen mit Anfechtungsklage zum Verwaltungsgericht angefochten werden kann (§§ 74 ff).

Diese hat, falls gegen Widerruf oder Rücknahme der Anerkennung als Aylberechtigter gerichtet, aufschiebende Wirkung. Asylberechtigte erhalten eine Aufenthaltserlaubnis. Sie sind, solange sie in einer Aufnahmeeinrichtung wohnen, nicht arbeitsberechtigt. Ist ein Asylantrag unbeachtlich (§§ 29, 30) oder offensichtlich unbegründet („Wirtschaftsasylant") und wird er abgelehnt, fordert die Ausländerbehörde den Ausländer zur Ausreise auf, setzt ihm eine Frist von 2 Wochen und droht → Abschiebung an.

Wer in ehem. DDR Asylrecht erhalten hat, gilt auch nach dem 3. 10. 90 als asylberechtigt.

Aufbewahrung → Verwahrung.

Aufenthaltsbeschränkung. Ausländer bedürfen zum Aufenthalt in der Bundesrepublik einer → Aufenthaltsgenehmigung, die zeitlich und räumlich beschränkt oder bedingt erteilt werden kann. Das gilt nicht für heimatlose Ausländer und EG-Bürger (G 31. 1. 80, BGBl. I 116).

Aufenthaltsbestimmung. Recht hierzu hat jede natürliche geschäftsfähige Person, ansonsten im Rahmen der → Personensorge die Eltern, der Vormund oder Pfleger.

Aufenthaltsgenehmigung wird nach dem AuslG vom 9. 7. 90, BGBl. I 1354 als Aufenthaltserlaubnis (bei Familiennachzug, in Deutschland geborenen Kindern, Ehegatten), Aufenthaltsberechtigung (bei 8jähriger Aufenthaltserlaubnis, unbefristeter Aufenthaltserlaubnis, Eigenunterhalt, 60 Monatsbeiträgen zur gesetzlichen Rentenversicherung, Straflosigkeit, Arbeitsplatz, Wohnraum und Deutschkenntnissen), Aufenthaltsbewilligung (bei vorübergehendem Aufenthalt; mit Ehegatten, falls sozialhilfefreier Lebensunterhalt und Wohnraum vorhanden) bis zu 2 Jahren oder Aufenthaltsbefugnis (aus politischen oder humanitären Gründen) bis zu 2 Jahren erteilt. Visum und Paß sind erforderlich. Gegen die Versagung der A. Widerspruch und Klage zum Verwaltungsgericht; beide haben keine aufschiebende Wirkung. EG-Bürger bedürfen keiner A. (G 31. 1. 80, BGBl. I 116). Ausländern, die seit mindestens 5 Jahren hier leben und sich eingegliedert haben, kann eine unbefristete Aufenthaltserlaubnis erteilt werden; sie und die A. erlöschen durch Widerruf, wenn der Ausländer seinen gültigen Paß oder seine Staatsangehörigkeit verliert bzw. wechselt, Bundesrepublik nicht nur vorübergehend verläßt, ausgewiesen wird oder seine Anerkennung als Asylberechtigter bzw. ausländischer Flüchtling verliert.

Aufenthaltsrechte in ehem. DDR werden in A. übergeführt. In ehem. DDR gilt für dortige Ausländer das G vom 28. 6. 79, GBl. I Nr. 17 S. 149, die AO S. 154, die VO vom 11. 7. 90, GBl. I Nr. 48 S. 869.

Aufgebot ist die gerichtliche öffentliche Aufforderung zur Anmeldung von Rechten (z. B. der Gläubiger eines Verstorbenen) mit der Wirkung, daß die Geltendmachung der Ansprüche nach Ablauf der Frist nicht mehr möglich ist. Ferner dient das A. der Auffindung verlorener Urkunden. Im Eherecht ist es die Bekanntmachung der beabsichtigten Eheschließung. Verfahren: §§ 946 ff. ZPO; §§ 927, 1170.

Aufklärungs- und Auskunftspflicht/Behörden. Alle Behörden haben dem Betroffenen Auskünfte nach bestem Wissen sorgfältig zu erteilen, ihn über seine Rechte und Pflichten zu belehren (§ 25 VwVfG), Gelegenheit zur Berichtigung von Formfehlern und Stellung von Beweisanträgen zu geben. Sie obliegt auch dem Richter im Prozeß (§ 139 ZPO; § 238, 244 StPO; § 86 III VwGO; § 76 II FGO; § 106 SGG). Gleiches gilt für Sozialleistungsträger (§ 13 SGB). Eine *Bindung* an die Auskunft besteht, falls sie schriftlich gegeben wird, nicht aber, wenn sie erkennbar nur vorläufigen Charakter hat oder sich die Sach- und Rechtslage nachträglich ändert (§ 38 VwVfG); im übrigen sind verbindlich der Vorbescheid im Baugenehmigungsverfahren, die Auskunft in Sozialversicherungsangelegenheiten (§ 15 SGB; Auskunftspflicht ferner nach §§ 196, 270 a SGB VI; § 22 AFG; § 89 AO), die Lohnsteueranrufungs- und Zolltarifauskunft (§ 42 e EStG; § 23 ZollG).

Aufklärungspflicht/Arzt. Ärzte benötigen zu Eingriffen in die körperliche Unversehrtheit der *Einwilligung* des Patienten; sie ist nur wirksam, wenn sie in Kenntnis etwaiger Gefahren und Folgen des Eingriffs erteilt wird, setzt also A. voraus. Diese braucht sich nur auf die wesentlichen Punkte des Befundes, Eingriffs und seine typischen Folgen zu erstrecken. *Teilaufklärung* reicht bei Gefährdung der Gesundheit des Patienten bzw. Behandlungserfolges; ist auch sie nicht vertretbar, müssen mindestens die Angehörigen aufgeklärt werden.

Aufklärungspflicht/Vertrag. Vielfach ist die A. Nebenpflicht zur eigentlichen Vertragsleistung (z. B. Wertpapierkauf bei Banken). Je unwissender der Kunde, desto größer die A.

Auflage → bei Testamenten; bei → Verwaltungsakten; im Strafverfahren bei Strafaussetzung zur Bewährung; im Druckgewerbe Zahl der Druckerzeugnisse.

Auflassung ist die zur Übertragung des → Eigentums an einem Grundstück erforderliche Einigung des Veräußerers und des Erwerbers (§ 925); sie bedarf notarieller (bzw. gerichtlicher) → Form.

Auflassungsvormerkung ist eine grundbuchrechtliche Eintragung über das Recht des Käufers eines Grundstücks auf demnächstigen Eigentumserwerb; sie verhindert eine nochmalige wirksame Veräußerung der Grundstücke. → Vormerkung (§ 883).

Auflösende Bedingung → Bedingung.

Aufrechnung (§§ 387 ff.) ist die durch Verrechnung erfolgende wechselseitige Tilgung zweier sich gegenüberstehender Forderungen. Die Forderungen brauchen nicht miteinander in einem rechtlichen Zusammenhang zu stehen. Sie müssen jedoch *gleichartig, gegenseitig, fällig* und *gültig* sein. Die A. erfolgt durch Erklärung gegenüber dem anderen Teil, nicht unter einer Bedingung oder Zeitbestimmung. Zulässig ist aber die sog. Eventualaufrechnung im Prozeß, d. h. die Erklärung der A. neben dem Bestreiten der Klageforderung oder dem Vorbringen von Einwendungen nur für den Fall, daß die Einwendungen gegen die Klageforderung nicht Erfolg haben.

Die A. bewirkt, daß die Forderungen, soweit sie sich decken, als erloschen gelten, und zwar zurückbezogen bereits auf den Zeitpunkt, in dem sie sich als zur A. geeignet gegenüberstanden. Ausgeschlossen ist die A. *gegenüber* unpfändbaren Forderung und solchen aus → unerlaubter Handlung. *Mit* derartigen Forderungen kann jedoch aufgerechnet werden. Auch gegenüber beschlagnahmten (gepfändeten) Forderungen kann aufgerechnet werden, wenn die Aufrechnungsmöglichkeit schon vor der Beschlagnahme bestand. Ebenso kann mit einer verjährten Forderung aufgerechnet werden, wenn sie zu der Zeit, zu der sie erstmals gegen die andere Forderung aufgerechnet werden konnte, noch nicht verjährt war. Im übrigen ist die A. ausgeschlossen, falls vertraglich vereinbart oder wenn der Forderung eine → Einrede (Stundung) entgegensteht. Wird der sich aus einem → Kontokorrent ergebende Saldo anerkannt (§ 355 HGB), dient er der A.

Aufschiebende Bedingung → Bedingung.

Aufschiebende → **Einreden** des Erben sind die Dreimonatseinrede (§ 2015) und die Aufgebotseinrede (§ 2016).

Aufsicht nach Sondergesetzen. Vor allem über Apotheken, Bausparkassen, Bundesregierung, Hochschulen, Konkursverwalter, Krankenkassen, Kreditinstitute, Lohnsteuerhilfevereine, Sozialversicherungsträger, Versicherungsunternehmen, Vormund und Zwangsverwalter.

Aufsichtsbeschwerde ist die form- und fristlose → Beschwerde mit dem Antrag, den angegriffenen Rechtsakt auf seine sachliche Richtigkeit hin erneut zu überprüfen.

Aufsichtspflicht. Sie besteht über Minderjährige und solche Personen, die wegen ihres geistigen oder körperlichen Zustandes der Beaufsichtigung bedürfen. Sie wird begründet durch Gesetz (z. B. für Eltern, Vormund) oder durch Vertrag (z. B. Krankenpfleger, Kindermädchen). Die A. beinhaltet den Schutz Dritter vor Schädigungen durch den Aufsichtsbedürftigen. Nach § 832 ist der Aufsichtspflichtige zum Ersatz des Schadens verpflichtet, den der Aufsichtsbedürftige widerrechtlich einem Dritten zugefügt hat, es sei denn, er hat seiner A. genügt oder der Schaden wäre auch bei gehöriger Aufsichtsführung entstanden.

Aufsichtspflichtige kraft Vertrages haften neben solchen kraft Gesetzes als → Gesamtschuldner, so z. B. die Eltern eines Kindes und das Kindermädchen. Der Umfang der A. richtet sich nach den tatsächlichen Umständen. Es werden um so größere Anforderungen an die A. gestellt, je mehr mit einem unvernünftigen und gefährlichen Verhalten des Aufsichtsbedürftigen gerechnet werden muß. Ein kleines oder ein zu unvernünftigem Verhalten neigendes Kind muß daher umfassender beaufsichtigt werden als z. B. ein 17jähriger, der bereits im Berufsleben steht. Typische Fälle für eine Verletzung der A. sind z. B. das Spielenlassen kleiner Kinder auf der Straße oder mit gefährlichem Spielzeug (Steinschleuder, Pfeil und Bogen) oder nicht genügende Absicherung eines Kraftfahrzeugs gegen unbefugten Gebrauch durch Familienangehörige, die keinen Führerschein haben.

→ Unerlaubte Handlung. Bestrafung bei Verletzung der Fürsorge-, Erziehungs- und Obhutspflicht (§§ 170d, 223b StGB) und von Betriebspflichten (§ 130 OWiG).

Auftrag ist ein formloser, stillschweigend möglicher Vertrag, durch den der Beauftragte verpflichtet wird, ein ihm von dem Auftraggeber übertragenes Geschäft für diesen unentgeltlich zu besorgen (§ 662). Eine Verpflichtung wird somit nur für den Beauftragten begründet.

Falls keine abweichende Vereinbarung getroffen wurde, darf der Beauftragte die Ausführung des A. nicht einem anderen übertragen (§ 664). Der Beauftragte ist an die *Weisungen* des Auftraggebers gebunden, darf jedoch abweichen, wenn er nach den Umständen annehmen darf, daß der Auftraggeber bei Kenntnis der Sachlage die Abweichung billigen würde, z. B. Absehen vom Kauf von Aktien wegen plötzlicher erheblicher Kurssteigerung. Soweit dies ohne Gefahr möglich ist, hat der Beauftragte von der beabsichtigten Abweichung den Auftraggeber zu benachrichtigen und dessen Entschließung abzuwarten. Auf jeden Fall muß er ihn nachträglich unterrichten (§ 665).

Der Beauftragte muß dem Auftraggeber die erforderlichen Nachrichten geben, ihm auf Verlangen Auskunft über den Stand des Geschäfts erteilen und nach der Ausführung des A. Rechenschaft ablegen (§ 666). Der Beauftragte ist verpflichtet, dem Auftraggeber alles was er zur Ausführung des Auftrags erhalten und was er aus der Ausführung des Auftrags erlangt hat, herauszugeben (§ 667). Er selbst kann für die erforderlichen *Aufwendungen* (nicht für Zeitverlust) Ersatz und ggf. auch einen Vorschuß verlangen (§§ 669, 670).

Unter Aufwendungen sind nicht nur Vermögensopfer, sondern auch die bei Ausführung des Auftrags entstehenden Körperverletzungen (Zufallsschäden) zu verstehen. Erleidet der Beauftragte in Ausübung des Auftrags den Tod, haben seine Hinterbliebenen einen Rentenanspruch gegenüber dem Auftraggeber.

Der *Beauftragte haftet* bei schuldhafter Verletzung der übernommenen Verpflichtungen dem Auftraggeber auf Schadensersatz, ferner wenn bei der ausdrücklich gestatteten Übertragung der Ausführung des Auftrags auf einen Dritten eine erkennbar nicht vertrauenswürdige Person weiterbeauftragt oder sie falsch einweist oder unterrichtet. Wenn sich der Beauftragte zu seiner Unterstützung eines Gehilfen bedient, so haftet er für dessen Verschulden (§ 664, → Erfüllungsgehilfe).

Der A. kann von beiden Vertragspartnern jederzeit durch entsprechende Erklärungen *beendet* werden, vom Beauftragten jedoch nur so, daß der Auftraggeber für die Besorgung des Geschäfts rechtzeitig andere geeignete Maßnahmen treffen kann. Anderenfalls macht sich der Beauftragte schadensersatzpflichtig, sofern er nicht einen wichtigen Grund zur → Kündigung hat (§ 671). Der A. erlischt auch, falls nicht eine andere Vereinbarung getroffen wurde, durch den Tod des Beauftragten, nicht dagegen durch den Tod des Auftraggebers (§ 673), wohl aber, wenn letzterer in Konkurs fällt (§ 23 KO). Mit dem Auftrag erlischt auch eine etwaige → Vollmacht (§ 168).

Bedeutsam ist die entgeltliche *Geschäftsbesorgung,* auf die die wesentlichen Bestimmungen des Auftragsrechts Anwendung finden (§ 675). Bei der Geschäftsbesorgung handelt es sich um → Dienst- oder → Werkverträge, die auf eine selbständige Tätigkeit wirtschaftlicher Art gerichtet sind und die für einen anderen und in dessen Interesse gegen Entgelt vorgenommen werden, z. B. die Tätigkeit des Rechtsanwalts, Treuhänders oder der Bank.

Für solche Verträge ist auch § 663 bedeutsam, wonach derjenige, der öffentlich zur Besorgung bestimmter Geschäfte bestellt ist oder sich dazu erboten hat (z. B. Bank durch Inserat), einen ihm zugegangenen A., den er nicht ausführen will, ausdrücklich und unverzüglich ablehnen muß; andernfalls ist er schadensersatzpflichtig, (→ Vertrauensinteresse).

Unter Kaufleuten bedeutet *Schweigen* auf ein Angebot Zustimmung und Zustandekommen eines Vertrages (§ 362 HGB).

Aufwandsentschädigung ist Vergütung für Aufwendungen, die durch die Berufsausübung entstehen: Reisekosten, Umzugskosten, Mehrausgaben durch doppelte Haushaltsführung, Werkzeuggeld, Berufskleidung, Beförderung zur Arbeit, Auslagenersatz. Für

Aufwendungsersatz

Übungsleiter, Erzieher oder Pfleger ist A. bis DM 2400.– pro Jahr steuerfrei.

Aufwendungsersatz → Auftrag.

Aufwertung (der DM) erhöht den Außenwert einer Währung; sie verbilligt Reisen und Einfuhr, verteuert die Ausfuhr; bekämpft das Zuviel an Geldumlauf und steigert die Wareneinfuhr.

Ausbildungsförderung (G 6. 6. 83, BGBl. I 645) bedeutet individuelle Förderung von Personen, die keine eigenen Mittel für Lebensunterhalt und Ausbildung haben durch Zuschüsse und Darlehen zum Schulbesuch mit Praktikum. Eigenes und Einkommen des Ehegatten wird angerechnet. Begünstigt sind vor allem Studenten. Zuständig sind die Ämter für A. (meist bei den Kreisverwaltungsbehörden).

In ehem. DDR sind die monatlichen Bedarfssätze für Schüler, Azubi und für Härtefälle gem. Kap. XVI B II EV neu festgesetzt. Die Regelung über Ausbildungsbeihilfen und Stipendien gilt fort (Anlage II Kap. XVI A III EV).

Ausbildungsfreibetrag. Erwachsen einem Steuerpflichtigen Aufwendungen für Unterhalt und Berufsausbildung eines Kindes, für das er einen → Kinderfreibetrag erhält oder erhielte, wird auf Antrag ein A. vom Gesamtbetrag der Einkünfte in Höhe von DM 1800.– bis zum 18. Lebensjahr bei auswärtiger Unterbringung und von DM 2400.– ab dem 18. Lebensjahr gewährt; letzterer Betrag erhöht sich auf DM 4200.– bei auswärtiger Unterbringung. Das gleiche gilt, wenn der Steuerpflichtige keinen Kinderfreibetrag erhält, das Kind aber Grundwehrdienst, oder Zivildienst geleistet hat. Der A. vermindert sich um die eigenen Einkünfte des Kindes, falls sie DM 3600.– pro Jahr übersteigen (§ 33a EStG).

Steht dem Steuerpflichtigen kein Kinderfreibetrag zu, kann er für sein in Ausbildung stehendes, noch nicht 18 Jahre altes Kind DM 4104.–, danach DM 6300.– in Ansatz bringen.

Ausbildungshilfe wird im Rahmen der → Sozialhilfe sowie der → Sozialversicherung als Berufshilfe und Berufsförderung gewährt; sie umfaßt Hilfe zur Ausbildung für einen angemessenen Beruf oder Besuch bestimmter Schulen und Hilfe zum Lebensunterhalt (§§ 31 ff., 96 ff. BSHG).

Ausbildungsvertrag ist ein gegenseitiger → Vertrag, durch den ein Berufsausbildungsverhältnis begründet wird. Für ihn gelten die §§ 3–18 des Berufsbildungsgesetzes vom 14. 8. 1969 (BGBl. I 1112). Danach muß der wesentliche Inhalt des Vertrages schriftlich niedergelegt werden. Diese Niederschrift muß mindestens Angaben enthalten über Art, Beginn und Dauer der Berufsausbildung, Zahlung und Höhe der Vergütung, Dauer des Urlaubs, der regelmäßigen täglichen Ausbildungszeit und der Probezeit und über die Ausbildungsmaßnahmen außerhalb der Ausbildungsstätte sowie über die Voraussetzungen, unter denen der A. gekündigt werden kann. Sie ist vom Ausbildenden und vom Auszubildenden sowie dessen gesetzlichem Vertreter zu unterzeichnen.

Ein → *Wettbewerbsverbot* ist grundsätzlich nichtig. Das gleiche gilt für eine Vereinbarung über eine Verpflichtung des Auszubildenden für die Ausbildung eine *Entschädigung* zu bezahlen, über *Vertragsstrafen* und über den Ausschluß oder die Beschränkung von Schadensersatzansprüchen sowie über die Festsetzung der Höhe eines Schadensersatzes in Pauschbeträgen.

Der Ausbildende ist verpflichtet, den Auszubildenden ordnungsgemäß auszubilden, ihn zum Besuch der Berufsschule anzuhalten und dafür zu sorgen, daß er charakterlich gefördert und sittlich und körperlich nicht gefährdet wird. Dem Auszubildenden dürfen nur solche Arbeiten übertragen werden, die dem Ausbildungszweck dienen und seinen körperlichen Kräften angemessen sind. Bei Beendigung des Vertragsverhältnisses ist dem Auszubildenden ein Zeugnis auszustellen.

Der Auszubildende ist während der Dauer des Ausbildungsverhältnisses verpflichtet, die ihm übertragenen Aufgaben sorgfältig auszuführen, die Berufsschule zu besuchen, den ihm im Rahmen der Ausbildung vom Ausbilder erteilten Weisungen Folge zu leisten und über Betriebs- und Geschäftsgeheimnisse Stillschweigen zu bewahren. Der Auszubildende hat Anspruch auf eine angemessene Vergütung, und zwar bis zur Dauer von 6 Wochen auch für den Fall, daß er ohne eigenes Verschulden daran gehindert ist, seine Pflichten aus dem Ausbildungsverhältnis zu erfüllen, oder daß eine Berufsausbildung nicht stattfindet.

Das Ausbildungsverhältnis beginnt mit der *Probezeit,* die mindestens 1 Monat und höchstens 3 Monate beträgt. Es endet mit dem Ablauf der vereinbarten *Ausbildungszeit* oder vor deren Ablauf mit dem Bestehen einer Abschlußprüfung. Besteht der Auszubildende die Abschlußprüfung nicht, so verlängert sich auf sein Verlangen das Ausbildungsverhältnis um höchstens 1 Jahr.

Während der Probezeit kann das Ausbildungsverhältnis jederzeit ohne Einhalten einer Kündigungsfrist gekündigt werden (→ Kündigung). Nach der Probezeit ist Kündigung nur zulässig, wenn ein wichtiger Grund vorliegt. Der Auszubildende kann darüber hinaus mit einer Kündigungsfrist von 4 Wochen kündigen, wenn er die Berufsausbildung aufgeben will.

Eine Abweichung von den Vorschriften des Berufsbildungsgesetzes ist nichtig. Sie gelten im wesentlichen auch für *Praktikanten-* oder *Volontärverhältnisse.* In diesen Fällen kann jedoch die Probezeit abgekürzt und auf die schriftliche Niederlegung des Vertragsinhalts verzichtet werden. Das Berufsbildungsgesetz findet jedoch keine Anwendung, soweit ein Arbeitsverhältnis vereinbart ist, was in aller Regel beim → Anlernverhältnis der Fall ist.

Nach Art. 12 GG hat jeder Deutsche das Recht, Beruf, Arbeitsplatz und Ausbildungsstätte frei zu wählen; garantiert ist der Zugang zu allen berufsvorbereitenden Bildungseinrichtungen. Zum Schutz der Berufsfreiheit kann auch der Zugang beschränkt werden (z. B. numerus clausus). Die Ausübung des Berufes darf ebenfalls eingeschränkt oder an *Zulassungsvoraussetzungen* (Meisterprüfung) gebunden werden. Im übrigen ist ein → Minderjähriger, der mit Zustimmung seiner Eltern ein Arbeitsverhältnis eingeht, für alle Rechtshandlungen daraus als → Volljähriger zu behandeln (§ 113).

Ausbildungszeiten an einer Schule, Fachschule oder Hochschule nach dem 16. Lebensjahr werden ab 1992 bis zu 7 Jahren maximal als → Versicherungszeit in der Rentenversicherung angerechnet.

Auseinandersetzung → Gesellschaft → Erbengemeinschaft → Gütergemeinschaft → Zugewinngemeinschaft.

Ausfallbürgschaft → Bürgschaft.

Ausgleichsanspruch. Handelsvertreter haben bei Beendigung der vertraglichen Beziehungen einen Zahlungsanspruch gegen den Unternehmer von maximal 1 Jahresprovision nach dem Durchschnitt der letzten 5 Jahre für intensive Kundenwerbung (§ 89 b HGB).

Ausgleichspflicht → Erbausgleich → Zugewinnausgleich.

Ausgleichsquittung. Bei der Beendigung eines Arbeitsverhältnisses (→ Arbeitsvertrag) erfolgt vielfach die Zahlung des Restlohnes und die Aushändigung der Arbeitspapiere durch den Arbeitgeber gegen Unterzeichnung einer entsprechenden Erklärung durch den Arbeitnehmer. Diese sog. A. enthält die Erklärung des Arbeitnehmers, daß er keine Ansprüche mehr habe, und die Einigung darüber, daß das Arbeitsverhältnis mit dem genannten Zeitpunkt beendet ist.

Auskunft → Aufklärungspflicht.

Auskunftei, Detektei. Die gewerbliche Auskunfterteilung über Vermögensverhältnisse und persönliche Angelegenheiten bedarf keiner Zulassung nach der GewO. Manche Länder haben jedoch besondere Buchführungs-, Auskunfts- und Duldungspflichten durch Verordnung festgelegt. Der A.-Vertrag ist → Werkvertrag, Geschäftsbesorgungsvertrag oder → Dienstvertrag.

Auskunftsverweigerungsrecht. Jeder Zeuge kann im Strafprozeß die Antwort auf bestimmte Fragen verweigern, wenn er durch die wahrheitsgemäße Beantwortung sich oder einen Angehörigen der Gefahr strafrechtlicher Verfolgung aussetzen würde (§ 55 StPO); ansonsten, wenn die Auskunft ihm oder einem Angehörigen einen Vermögensnachteil verursachen oder zur Unehre gereichen würde (§ 384 ZPO) hat er ein → Zeugnisverweigerungsrecht. In Steuersachen besteht A. für Berufsgeheimnisträger und bei Selbstgefährdung (§§ 101 ff. AO).

Ausländer ist jeder, der nicht Deutscher i. S. Art. 116 GG ist, d. h. weder die deutsche Staatsangehörigkeit besitzt, noch als Flüchtling oder Vertriebener Volkszugehörigkeit (bzw. sein Ehegatte oder Abkömmling) im Gebiet des Deutschen Reiches nach dem Stand vom 31. 12. 37 Aufnahme gefunden habt. Es wird zwischen privilegierten A. (heimatlose A., ausländische Flüchtlinge, EG-Staatsbürger) und den übrigen A. unterschieden; sie bedürfen einer → Aufenthaltserlaubnis (§§ 15, 17 AuslG 9. 7. 90, BGBl. I 1355), unterliegen der Ausweispflicht und sind nur beschränkt politisch handlungsbefugt, können abgeschoben und ausgewiesen werden. Sie haben Anspruch auf → Sozialhilfe. Zur Eheschließung benötigen sie Ehefähigkeitszeugnis und Ehemündigkeitsattest (von dem nur bei Staatenlosen mit gewöhnlichem Aufenthalt in Deutschland durch das Vormundschaftsgericht befreit werden kann). Sie haben (auch bei Kommunalwahlen) kein Wahlrecht.

Auslegung → Rechtsgeschäfte müssen häufig ausgelegt werden, vor allem, wenn sie mehrdeutig sind. Man unterscheidet die grammatikalische, logische, auf Sinn und Zweck beruhende A. Bei → Willenserklärungen (z. B. Testament) ist nicht am Buchstaben zu haften, sondern der wahre Wille zu erforschen (§ 133); Verträge sind nach Treu und Glauben und der Verkehrsanschauung auszulegen (§ 157). Im Erbrecht gibt es darüberhinaus weitere gesetzliche Auslegungsregeln (§§ 2084, 2086, 2066 ff.).

Auslobung (§§ 657 ff.) ist eine öffentliche Bekanntmachung, durch die bindend eine Belohnung für die Vornahme einer Handlung versprochen wird, insbes. für die Herbeiführung eines Erfolges, z. B. Wiederbeschaffung verlorener Gegenstände. Auch die im polizeilichen Steckbrief ausgesetzte Belohnung ist eine A. Die A. muß öffentlich bekannt gemacht werden, z. B. durch die Presse. Sie kann bis zur Vornahme der betreffenden Handlung widerrufen werden. Der Widerruf muß jedoch in derselben Weise wie die Bekanntmachung erfolgen oder durch eine besondere Mitteilung.

Der Anspruch auf die Belohnung entsteht auch dann, wenn die Handlung ohne Rücksicht auf die A. vorgenommen wurde, z. B. wenn diese dem Handelnden nicht bekannt war. Die Belohnung

Ausschlagung der Erbschaft

gebührt unter mehreren Personen demjenigen, der die Handlung zuerst vorgenommen hat; wenn mehrere gemeinsam mitgewirkt haben, ist die Belohnung anteilsmäßig unter ihnen zu verteilen.

Ein Sonderfall der A. ist das *Preisausschreiben*. Hier wird die Belohnung nur demjenigen versprochen, der sich innerhalb einer zu bestimmenden Frist um sie bewirbt. Der Anspruch auf den ausgesetzten Preis wird erst durch die Entscheidung des Preisrichters darüber, ob die gestellten Bedingungen erfüllt sind bzw. welche von mehreren eingereichten Lösungen die beste ist, begründet. Bei mehreren gleich guten (richtigen) Lösungen entscheidet das Los.

Diese Entscheidung kann nicht gerichtlich nachgeprüft werden, was auch die häufig gebrauchte Klausel „Unter Ausschluß des Rechtsweges" besagt.

Ausschlagung der Erbschaft → Nachlaß.

Ausschließlicher Gerichtsstand → gerichtliche Zuständigkeit.

Ausschließlichkeitsverträge sind Verträge zwischen Unternehmern über Waren oder Leistungen, die einen Vertragsteil in der Verwendung dieser oder anderer Waren (Ersatzteile) oder in der Weitergabe an Dritte beschränken (sog. Vertriebsbindungen) oder ihn verpflichten, nicht dazugehörende andere Waren oder Leistungen abzunehmen. Bei sittenwidriger Knebelung sind solche Verträge nichtig (§ 138); → Koppelungsgeschäfte.

Ausschließung von Gerichtspersonen (Richter) wegen Angehörigeneigenschaft zum Verletzten bzw. Angeklagten oder früherer Mitwirkung in demselben Verfahren an anderer Stelle: § 41 ZPO, §§ 22, 23 StPO, § 54 VwGO, § 51 FGO, § 60 SGG. Urkundsbeamte: § 49 ZPO, § 31 StPO. Gerichtsvollzieher: § 155 GVG.

Außenprüfung ist Betriebs-, Umsatz-, Lohnsteuerprüfung etc. durch Finanzamt im Rahmen des Besteuerungsverfahrens bei Steuerpflichtigen, die einen gewerblichen, land- und forstwirtschaftlichen Betrieb unterhalten oder freiberuflich tätig sind (§ 193 AO). Bis zur A. kann Straflosigkeit durch *Selbstanzeige* erreicht werden (§ 371 AO).

Außergewöhnliche Belastung. Erwachsen einem Steuerpflichtigen zwangsläufig größere Aufwendungen als der Mehrzahl der Steuerpflichtigen gleicher Einkommens-, Vermögens- und Familienverhältnisse, wird die Einkommensteuer auf Antrag dadurch ermäßigt, daß der Teil der Ausgaben, der die sog. zumutbare Eigenbelastung (§ 33 EStG) übersteigt, vom Gesamtbetrag der → Einkünfte abgezogen wird. Bei zusätzlichen Aufwendungen für Unterhalt oder Berufsausbildung einer Person, für die kein → Kinderfreibetrag besteht, kann der Steuerpflichtige bis DM 6300.–, sofern der Unterstützte noch nicht 18 Jahre alt ist, 4104.– abziehen. → Ausbildungsfreibetrag. Bei zusätzlichen Kosten infolge Pflege einer hilflosen Person dürfen DM 1800.– pro Jahr abgezogen werden; → Haushaltsfreibetrag; bei Heimunterbringung des Steuerpflichtigen DM 1200.–, seines Ehegatten DM 1800.–. Behinderte erhalten einen Pauschbetrag zwischen DM 600.– und 7200.–, Hinterbliebene DM 720.–, für Pflegepersonal DM 1800.–.

Außerordentliche Kündigung → Kündigung. Stets bei wichtigem Grund ohne Fristeinhaltung zulässig. Wichtiger Grund, wenn einem Vertragspartner das weitere Festhalten am Vertrag nicht mehr zugemutet werden kann.

Außerordentliches Testament → Testament.

Aussonderung ist im Konkursverfahren die Herausnahme solcher Gegenstände aus der Konkursmasse, die nicht dem Gemeinschuldner, sondern Dritten gehören (§ 43 KO). Ein Recht zur A. begründet insbes. das → Eigentum (auch wenn nur ein → Eigentumsvorbehalt besteht, nicht dagegen im Fall der → Sicherungsübereignung). Der Anspruch auf A. ist keine Konkursforderung und wird außerhalb des Konkursverfahrens gegenüber dem Konkursverwalter geltend gemacht (Sicherungseigentum unterliegt der → *Absonderung*).

Aussperrung, wenn bei → Streik der Arbeitgeber das Arbeitsverhältnis aufhebt. A. ist keine → Kündigung. Nach Beendigung des Arbeitskampfes erfolgt Wiederbeschäftigung. Nur zulässig zur Abwehr von flächendeckenden Streiks. Keine Beschränkung auf Gewerkschaftsmitglieder. Krankenkassenmitgliedschaft bleibt bestehen, ebenso das Sozialversicherungsverhältnis.

Ausspielung, Lotterie, ist eine → unvollkommene Verbindlichkeit.

Ausspielvertrag → unvollkommene Verbindlichkeit.

Ausstattung (§ 1624) ist alles, was ein Kind mit Rücksicht auf eine selbständige Lebensstellung von den Eltern zugewendet erhält (Heiratsgut, Berufsbildungskosten, Geschäftsgründungshilfe). Auf A. besteht kein Anspruch. Gilt nur insoweit, als Schenkung, als sie die Vermögensverhältnisse der Eltern übersteigt. A.-Versprechen ist formlos gültig. Vormund und Betreuer bedürfen der Genehmigung des Vormundschaftsgerichts.

Austauschpfändung, wenn der Gläubiger in der Zwangsvollstreckung dem Schuldner für dessen höherwertige unpfändbare Sache ein Ersatzstück oder Geld für ein Ersatzstück zur Verfügung

Ausweisung

stellt, um die einen höheren Wert als die eigentliche Forderung verkörpernde Sache pfänden und versteigern lassen zu können.

Ausweisung eines → Ausländers ist zulässig, wenn er die freiheitliche demokratische Grundordnung oder Sicherheit der Bundesrepublik gefährdet, wenn einer strafbaren Handlung rechtskräftig verurteilt ist, gegen Steuer-, Zoll-, Außenwirtschafts-, Berufsausübungs- oder Aufenthaltsbestimmungen verstoßen hat, unrichtige Personalien angegeben hat, sich prostituiert, die öffentliche Gesundheit oder Sittlichkeit gefährdet, gegen das BetäubungsmittelG verstoßen hat oder Unterhalt für sich und seine Familie nicht bestreiten kann. *Ausn.:* Asylberechtigte, heimatlose Ausländer und EG-Bürger. Ausweisungsschutz bei Aufenthaltsberechtigung, anerkanntem Asylrecht und familiären Bindungen.

Automatenaufstellung. Die Aufstellung von Automaten aller Art (Waren-, Leistungs-, Unterhaltungsautomaten) kann als selbständiges Gewerbe betrieben werden, muß aber entsprechend den Vorschriften der Gewerbeordnung (§ 14 GewO) angezeigt werden. Warenautomaten gelten als Verkaufsstellen i. S. des Ladenschlußgesetzes. Sie dürfen außerhalb der allgemeinen Ladenschlußzeiten benutzbar sein. Ihre Aufstellung ist als Antrag zum Abschluß eines Kaufvertrages mit dem Kunden anzusehen (→ Vertrag).

Der Vertrag zwischen dem Automatenaufsteller und dem Inhaber der Räume, in oder an denen der Automat angebracht ist, ist gesetzlich nicht geregelt. Sein Inhalt kann sich nach Grundsätzen des Miet- bzw. Gesellschaftsrechts bestimmen.

Das *Erschleichen* einer Automatenleistung (z. B. durch Einwerfen präparierter Münzen) wird mit Freiheitsstrafe bis zu 1 Jahr oder Geldstrafe geahndet; wird der Automat auf diese Weise geleert, liegt Diebstahl vor. Behauptet ein Bankkunde, ein *Geldautomat* habe zu wenig ausbezahlt, muß er dies beweisen.

Aval → Wechselbürgschaft (→ Wechsel, Anm.: IV 3).

B

Babyjahr ist die seit 1986 eingeführte Anrechnung eines Kindererziehungsjahres in der → Rentenversicherung, ab 1. 1. 92: 3 Jahre.

Bagatellverfahren. In *Bagatellverfahren* (nicht Familiensachen) kann das Amtsgericht bei Streitwert nicht über DM 1000.– das Verfahren nach seinem Ermessen bestimmen (§ 495a ZPO), z. B. schriftlich und ohne mündliche Verhandlung entscheiden; auf Antrag einer Partei muß aber mündlich verhandelt werden. Beweise können schriftlich oder telefonisch erhoben werden. Nur gegen ein sog. 2. Versäumnisurteil und vor Schiffahrtsgerichten ist immer eine Berufung statthaft (sonst wegen der Berufungssumme von DM 1200.– nicht). Das Bagatellverfahren gilt nicht für Arrest, einstweilige Verfügung, Mahnverfahren, Urkunden- und Wechselprozeß.

Bankgeheimnis. Kreditinstitute sind aus dem Vertrag mit dem Kunden verpflichtet, dessen Vermögensverhältnisse vor Dritten geheim zu halten und Auskünfte zu verweigern. *Ausn.:* Auskunftspflicht gegenüber Bundesaufsichtsamt für Kreditwesen, Finanzämtern (§ 93 AO), Steuerfahndungs- und Strafermittlungsbehörden. Als Verwalter fremden Vermögens haben die Banken beim Tod eines Kunden dem Erbschaftsteuerfinanzamt vorhandene Vermögensstücke wie Wertpapiere etc. und Guthaben sowie die Tatsache anzuzeigen, daß der Kunde ein Depot oder Schließfach unterhalten hat. Das B. begründet für Bankangestellte im Zivilprozeß ein → Zeugnisverweigerungsrecht, nicht jedoch im Strafprozeß.

Bankrott bedeutet Zahlungsunfähigkeit des Schuldners gegenüber seinen Gläubigern. Hat Schuldner seine Zahlungen eingestellt oder ist über sein Vermögen der → Konkurs eröffnet, kann er wegen B. strafbar sein.

Bargeld, Bargebot. Ist bei → Zwangsversteigerung der Teil des → Meistgebotes, der in bar zu entrichten ist (§ 49 ZVG). Das B. besteht aus dem Betrag des Meistgebotes, der das → geringste Gebot übersteigt, und den Verfahrenskosten (sowie den Ansprüchen nach §§ 10 Nr. 1–3, 12 Nr. 1 und 2 ZVG). Im *Vergleichsverfahren* muß der im Vergleichsvorschlag den Gläubigern angebotene Mindestprozentsatz ihrer Forderungen ebenfalls in bar entrichtet werden.

Barkauf ist die gebräuchlichste Art des → Kaufs, bei der der Kaufpreis Zug um Zug gegen Übereignung der Kaufsache bezahlt wird. Andere Zahlungsmodalitäten können vereinbart werden, z. B. Ratenzahlung (→ *Abzahlungsgeschäft*).

Barscheck ist ein → Scheck, der vom Schuldner (Bezogener) in bar einzulösen ist. Gegensatz ist der → Verrechnungsscheck.

Barzahlungsnachlaß → Rabatt.

Baubetreuung. Die gewerbsmäßige Bauerrichtung und B. bedürfen der gewerberechtlichen Erlaubnis (§ 34 c GewO), die an die Zuverlässigkeit des Antragstellers gebunden ist (keine Vorstrafen, geordnete Vermögensverhältnisse). Der Baubetreuer ist verpflichtet, das Haus für den Bauherrn zu errichten, den Bau finanziell abzuwikkeln; ist eine schlüsselfertige Übergabe vereinbart, bedarf die Übereignung der notariellen Beurkundung.

Baugenehmigung. Errichtung, Änderung und Abbruch baulicher Anlagen bedürfen der vorherigen Genehmigung (= → Verwaltungsakt). Das B.-Verfahren wird auf schriftlichen Antrag eingeleitet, der mit den Bauvorlagen (Plänen etc.) i. d. R. bei der Gemeinde zur Stellungnahme einzureichen ist (Bauamt). Es entscheidet in kreisangehörigen Gemeinden das Landratsamt. Die Genehmigung muß erteilt werden, wenn das Projekt denöffentlich-rechtlichen Vorschriften entspricht (GewO, WasserG, Immissionsschutz etc.), mit dem gemeindlichen Bebauungsplan oder der örtlichen Bebauung übereinstimmt und den Landesbauordnungen bezüglich Bausausführung, Baugestaltung entspricht. Von nicht zwingenden Verboten kann unter Auflagen eine Ausnahme erteilt werden. Die B. ergeht unbeschadet etwaiger Rechte Dritter; diese können privatrechtliche Einwendungen gegen das Bauvorhaben auch nach Erteilung der Baugenehmigung geltend machen. Die B. selbst kann als → Verwaltungsakt mit Widerspruch und Anfechtungsklage (die beide bauhemmende Wirkung haben) angegriffen werden. Mit Bauausführung darf erst begonnen werden, wenn die B. unanfechtbar geworden oder ihre sofortige Vollziehung (§ 80 VwGO) angeordnet worden ist. Ein genehmigungsloser Schwarzbau wird nur dann abgerissen, wenn er nicht genehmigungsfähig ist.

Bauherrenmodell. Kapitalanleger schließen sich über einen Treuhänder zu einer Bauherrengemeinschaft als → Gesellschaft des bürgerlichen Rechts zusammen, um Eigentumswohnungen zu bauen (nicht: erwerben!) und später zu vermieten. Durch hohe → Werbungskosten in den Jahren der Errichtung (Vermittlungs-, Baubetreuungs-, Treuhandgebühren und Zinsen) werden bei den Einkünften aus Vermietung und Verpachtung Verluste erzielt, die es dem Bauherrn ermöglichen, das Eigenkapital für den Erwerb der Eigentumswohnung aus Steuerersparnissen zu finanzieren: die Verluste aus Vermietung und Verpachtung werden mit anderen positiven Einkünften saldiert und mindern die Steuerlast. *Ausn.:* bei *Miet-Kauf-Modell,* d. h. wenn bis zum Ende der Verlustphase die Veräußerung an den 1. Mieter oder seinen Nachfolger bereits vertraglich vorgesehen ist. – Zivilrechtlich haftet jedes Mitglied der Bauherrengemeinschaft aus den mit den Bauhandwerkern geschlossenen Verträgen unmittelbar auf Zahlung, auch wenn mit dem Baubetreuer ein Festpreis vereinbart worden ist.

Baukindergeld. Für jedes Kind im Haushalt des Steuerpflichtigen können DM 750.–, für die ab 1991 hergestellte, angeschaffte und selbst genutzte Wohnung DM 1000.– von der Steuerschuld abgezogen werden (§ 34f EStG). B. kann auch für eine Zweitwohnung beansprucht werden.

Baukostenzuschuß ist eine einmalige Zahlung eines Mieters an den Vermieter für den Neubau oder Ausbau eines Gebäudes im Hinblick auf das Mietrecht an einer zu errichtenden Wohnung.

Der noch nicht abgewohnte Teil eines B. ist bei Beendigung des Mietverhältnisses zurückzuzahlen (§ 557a). Der Anspruch auf Rückzahlung verjährt 1 Jahr nach Beendigung des Mietverhältnisses.

Als B. werden vielfach auch *Mietvorauszahlungen* und *Mieterdarlehen* verstanden, die i. d. R. zinslos gewährt werden. Nicht abgewohnte Teile zahlt der Vermieter bei Mietende zurück oder ein nachfolgender Mieter leistet an den ausscheidenden Mieter eine *Abstandszahlung* wenn er in das Mietverhältnis eintritt. Abstandszahlungen an den Vermieter zum Zweck der Erlangung einer Wohnung sind dagegen ihrer Natur nach in Wirklichkeit verlorene B. und als solche unzulässig; sofern sie bereits geleistet sind, wie solche zurückzuzahlen. Anders bei → Mietkaution.

Sondervorschriften gelten im *sozialen Wohnungsbau;* hier sind Mietvorauszahlungen nur zulässig, soweit sie von der Bewilligungsbehörde nicht ausgeschlossen sind; es gibt keinen verlorenen B (§ 9 WoBiG).

Soweit Wohnungen den Bestimmungen über die Preisbindung von Mieträumen nicht oder nicht mehr unterliegen, kann im Rahmen der → Vertragsfreiheit ein verlorener B. wirksam vereinbart werden.

Baurecht (Baugesetzbuch 8. 12. 86, BGBl. I 2253) regelt die Bebauung durch vorbereitenden (sog. *Flächennutzungsplan*) und endgültigen (sog. *Bebauungsplan*) Bauleitplan, den die Gemeinden als durch die Regierung genehmigungsbedürftige Satzung beschließen (anfechtbar mit Normenkontrolle vor dem Oberverwaltungsgericht). B. enthält Vorschriften für Erschließungskosten, Vorkaufsrechte der Gemeinde, Veränderungssperre (behördliche Satzung, daß in einem Planbereich keine oder nur bestimmte bauliche Veränderungen vorgenommen werden dürfen; bei längerer Dauer als 4 Jahre wird der Betroffene entschädigt), die bauliche Nutzung (Zulässigkeit von Bauvorhaben während der Bebauungsplanaufstellung, im Bereich bebauter Flächen und außerhalb) und Entschädigung wegen Enteignung. B. beinhaltet ferner das Städtebaurecht und das Verfahren vor den Kammern für Baulandsachen an den Landgerichten. Einzelheiten der Bebauung sowie das Baugenehmigungsverfahren regeln die Bauordnungen der Bundesländer.

Sonderregelung für ehem. DDR gem. Anlage I Kap. XIV II EV

Bausparkassen

bezüglich der Bauleitplanung, Genehmigungspflicht, Veränderungssperre, gemeindlichen Vorkaufsrechts und Entschädigung; für das Verfahren sind die Kreis- und Bezirksgerichte bis auf weiteres zuständig.

Bausparkassen sind Kreditinstitute, deren Geschäftsbetrieb darauf gerichtet ist, Einlagen von Bausparern entgegenzunehmen und aus den angesammelten Beträgen den Bausparern für wohnungswirtschaftliche Maßnahmen Gelddarlehen (Bauspardarlehen) zu gewähren (§ 1 des Ges. über Bausparkassen vom 15. 2. 91, BGBl. I 454). Private B. dürfen nur in der Rechtsform der Aktiengesellschaft betrieben werden. B. müssen ihrem Geschäftsbetrieb Allgemeine Geschäftsgrundsätze und Allgemeine Bedingungen für Bausparverträge zugrunde legen, die u. a. Bestimmungen enthalten müssen über die Berechnungen für die Abwicklung der Bausparverträge, das Zuteilungsverfahren und über die Höhe und Fälligkeit der Leistungen des Bausparers und der B.

Bausparvertrag ist der → Vertrag mit einer Bausparkasse, durch den der Bausparer zur Leistung bestimmter Beträge, die Bausparkasse zur Gewährung günstiger Kredite zur Beschaffung oder Verbesserung von Wohnraum verpflichtet wird. Die hierzu erforderlichen finanziellen Mittel der Bausparkassen werden durch die Leistungen der einzelnen Vertragspartner *(„Mitglieder")* aufgebracht. Die im Vertrag vereinbarte Bausparsumme setzt sich zusammen aus dem durch die einzelnen Beiträge des Bausparers angesammelten *Sparguthaben* (meist 40% der Bausparsumme) und dem *Bauspardarlehen* (meist 60% der Bausparsumme). Nach Ablauf einer bestimmten Wartefrist (18 Monate) und nach Erreichen des Mindestsparguthabens erfolgt die *Zuteilung* der Vertragssumme. Diese wird unter Gewährung des Bauspardarlehens ausgezahlt. Eine vorzeitige Zuteilung kann durch → Zwischenfinanzierung erreicht werden. Der B. verschafft dem Bausparer zusätzliche Vorteile bei der Berechnung der Lohn- und Einkommensteuer. Beiträge zu Bausparkassen sind bei der Einkommensteuer zu 50% als → Sonderausgaben abzugsfähig (falls nicht eine Prämie nach dem → WohnungsbauprämienG in Anspruch genommen wird); während einer Sperrfrist von 10 Jahren darf über die Bausparsumme nur zu Wohnungsbau-, Erwerbs- oder Renovierungszwecken im Inland verfügt werden. Das Darlehen wird durch eine → Grundschuld an 2. Rangstelle gesichert.

Bauvertrag → Werkvertrag (V).

Beamtenhaftung → Amtshaftung.

Bedienungsgeld → Trinkgeld.

Bedingte Entlassung → Strafaussetzung zur Bewährung.

Bedingter Vorsatz → Verschulden.

Bedingung (§§ 158 ff.). Die Wirkung eines → Rechtsgeschäfts kann von B.en abhängig gemacht werden. Unter B. in diesem Sinne versteht man ein *zukünftiges* Ereignis, dessen Eintritt *ungewiß* ist. Keine B. ist deshalb eine *Zeitbestimmung* („nach Ablauf von 3 Monaten"), weil hier das zukünftige Ereignis bestimmt eintritt. Auch die sog. *Rechtsbedingung,* die lediglich gesetzliche Voraussetzungen in Form einer B. wiederholt, ist keine echte B. („vorbehaltlich der Genehmigung des Vormundschaftsgerichtes").

Bedingungsfeindliche Rechtsgeschäfte sind z. B. die meisten familienrechtlichen Rechtsgeschäfte wie Eheschließung und Adoption, ferner → Kündigung, → Anfechtung, → Rücktritt, → Aufrechnung, → Auflassung eines Grundstücks.

Zu unterscheiden sind *aufschiebende (Suspensiv-)* und *auflösende (Resolutiv-)* B.en. Im ersteren Fall tritt die von der B. abhängig gemachte Wirkung erst mit dem Eintritt der B. ein (z. B. der Eigentumsübergang beim → Eigentumsvorbehalt mit Bezahlung des Kaufpreises), im letzteren Fall endet die Wirkung des Rechtsgeschäfts mit dem Eintritt der B., so daß der frühere Rechtszustand wieder eintritt (z. B. durch Ausübung eines vereinbarten Rücktrittsrechts). Das bedingte Rechtsgeschäft selbst ist vollgültig, lediglich die bezweckten Wirkungen sind vom Eintritt der B. abhängig. Die Rechtsstellung desjenigen, der durch den Eintritt der B. berechtigt wird, bezeichnet man als → Anwartschaft. Die Anwartschaft wird dadurch geschützt, daß der Berechtigte bei Eintritt der B. Schadensersatz verlangen kann, wenn der andere Teil während der Schwebezeit das von der B. abhängige Recht schuldhaft vereitelt oder beeinträchtigt hat, z. B. durch Beschädigung der unter Eigentumsvorbehalt gekauften Sache (§ 160). Auch ist jede weitere Verfügung über einen Gegenstand, über den bereits unter einer B. verfügt wurde, nach Eintritt der B. insoweit unwirksam, als dadurch die von der B. abhängig gemachte Wirkung vereitelt oder beeinträchtigt werden würde, z. B. durch anderweitige Übereignung der bereits unter Eigentumsvorbehalt verkauften Sache (§ 161). Soweit jedoch gutgläubiger Erwerb des weiteren Erwerbers in Betracht kommt, verliert der ursprünglich Berechtigte seine Anwartschaft. Wird der Bedingungseintritt wider Treu und Glauben verhindert, gilt die B. trotzdem als eingetreten (§ 162).

Beerdigungskosten → Nachlaß. Sie trägt der Erbe. → Sterbegeld.

Beförderungsvertrag ist ein → Werkvertrag, der die Beförderung von Personen oder Sachen zum Inhalt hat. Für ihn gelten zahlreiche

Begebungsvertrag

Sondervorschriften (→ Droschke). Bei Benutzung öffentlicher Verkehrsmittel wie Straßenbahn und Eisenbahn kommt ein B. bereits durch die Inanspruchnahme dieser Beförderungsmittel zustande. Der Fahrgast unterwirft sich dadurch den allgemeinen Beförderungsbedingungen, die insbes. Bestimmungen über den Fahrpreis (Tarif) und eventuelle Strafzahlungen bei unbefugt unentgeltlicher Benutzung („Schwarzfahrt") enthalten. Sondervorschriften nach PersonenbeförderungsG, Eisenbahnverkehrsordnung, GüterkraftverkehrsG, LuftverkehrsG und für die Binnenschiffahrt.

Begebungsvertrag, stammt aus dem Wertpapierrecht. Durch ihn entsteht einerseits die im → Wertpapier verbriefte → Verbindlichkeit und wird andrerseits das verbriefte Recht wie eine bewegliche Sache durch Einigung und Übergabe des Papiers (§ 929) übertragen.

Beglaubigung, öffentliche → Form.

Beherbergungsvertrag (Gastaufnahmevertrag); gegenseitiger schuldrechtlicher → Vertrag, der im Gesetz nicht ausdrücklich geregelt ist. Er hat die Beherbergung von Personen zum Inhalt, weshalb die Vorschriften über → Miete, → Kauf, → Dienst- und → Werkvertrag nebeneinander zur Anwendung kommen können.

Hinsichtlich der Haftung des Gastwirts (nicht Schank- oder Speisewirt, sondern Hotel etc.) für → Schadensersatz ist in § 701 eine gesetzliche Regelung getroffen worden. Danach haftet ein Gastwirt *auch ohne eigenes → Verschulden* für jeden Schaden, den ein zur Beherbergung aufgenommener Gast (also nicht nur Besucher eines Restaurants) an den von ihm eingebrachten Sachen erleidet. Eingebracht sind solche Sachen, die der Gast dem Gastwirt oder seinem Personal übergeben hat, das den Umständen nach zur Entgegennahme berechtigt erscheint; z. B. begründet die Übergabe der Koffer an den Portier die Haftung, auch wenn der Portier zur Entgegennahme nicht ausdrücklich vom Gastwirt ermächtigt ist. Eingebracht sind auch die Sachen, die der Gast bei sich führt. Die Ersatzpflicht erstreckt sich aber nicht auf Fahrzeuge, auf Sachen, die in einem Fahrzeug belassen worden sind und auf lebende Tiere.

Der Gastwirt haftet nur bis zu einem Betrag, der dem 100fachen des Beherbergungspreises für einen Tag entspricht, mindestens jedoch bis 1000.– DM, höchstens bis 6000.– DM. Bei Geld, Wertpapieren und Kostbarkeiten beträgt die Höchstgrenze nur 1500.– DM, da der Gast hier die Möglichkeit hat, diese Sachen beim Gastwirt verwahren zu lassen, wozu dieser grundsätzlich verpflichtet ist. Diese Höchstgrenzen gelten nicht, wenn der Schaden vom Gastwirt oder seinem Personal verschuldet ist, wenn es sich um eingebrachte Sachen handelt, deren Verwahrung er übernommen hat oder um solche, deren Übernahme zur Verwahrung er abgelehnt hat, obwohl er dazu verpflichtet gewesen wäre (§ 702).

Durch einen einfachen Anschlag in den Räumen des Gastwirts kann sich dieser seiner Haftung nicht entziehen. Ein Haftungsausschluß ist jedoch möglich durch eine ausdrückliche schriftliche Vereinbarung zwischen Gastwirt und Gast, aber nur bis zu den genannten Höchstgrenzen und nur, soweit nicht Vorsatz oder grobe Fahrlässigkeit des Gastwirts oder seines Personals in Betracht kommt und es sich nicht um Sachen handelt, die der Gastwirt entgegen seiner Verpflichtung nicht zur Aufbewahrung übernommen hat (§ 702a).

An den eingebrachten Sachen des Gastes hat der Gastwirt für seine Forderungen ein gesetzliches → Pfandrecht, für das die Vorschriften über das Vermieterpfandrecht (→ Miete) gelten.

Beherrschungsvertrag, stammt aus dem Aktienrecht; durch ihn, der meist Gewinnabführung vorsieht, wird ein Unternehmen organisatorisch in ein anderes eingegliedert, das die wirtschaftliche Leitung übernimmt (z. B. zu Sanierungszwecken oder im Rahmen eines Konzerns), § 291 AktG.

Beistand. Das Vormundschaftsgericht kann den Eltern als Erziehungshilfe einen B. zur Seite stellen (§ 1685); wird ihm die Geltendmachung von Unterhaltsansprüchen oder die Vermögensverwaltung übertragen, hat er die Stellung eines Pflegers (§ 1690).

Besitzt ein B. die Erlaubnis rechtsberatend tätig zu sein, ist er als *Rechtsbeistand* Rechtspflegeorgan. Die Erlaubnis setzt Nachweis der Sachkunde voraus (§ 1ff. RBerG) und wird von dem Präsidenten des Amts- bzw. Landgerichts der Niederlassung erteilt. → Rechtsberatung.

Im Prozeßrecht kann jede Partei einen B. zuziehen, der neben ihr oder ihrem sonstigen Prozeßbevollmächtigten auftritt; er muß prozeß- und geschäftsfähig sein. Im Strafverfahren ist der Ehepartner oder der gesetzliche Vertreter des Angeklagten in einer Hauptverhandlung als B. zuzulassen.

Behinderten-Pauschbetrag wird einem Steuerpflichtigen gewährt, wenn er ihn an Stelle einer Steuerermäßigung im Rahmen der → außergewöhnlichen Belastung beantragt. Er beträgt bis 30% Behinderung DM 600.– und erhöht sich bis 100% Behinderung auf DM 2760.– pro Jahr.

Beitragsbemessungsgrenze in der → Sozialversicherung ist der Bruttohöchstbetrag, bis zu dem die Einkünfte zur Beitragsleistung (z. B. Krankenversicherung) herangezogen werden (§§ 159, 260, 275a; 287, 287a SGB VI). Sie beträgt in der Renten- und Arbeitslosenversicherung der Arbeiter und Angestellten für Ostdeutschland

Beitragsfreie Zeiten

pro Monat DM 4800.– (Bergleute DM 5900.–), Westdeutschland DM 6800.– (Bergleute DM 8400.–). Der Höchstbeitrag in der Rentenversicherung der Arbeiter und Angestellten beträgt DM 1203,60 pro Monat, die Mindestbeiträge sind für freiwillig Versicherte DM 88,50 pro Monat. Der Regelbeitragssatz beträgt bis etwa 1995: 18,7%; bis 2000: 20,1%; bis 2010: 21,4%; für pflichtversicherte Selbständige Ost: DM 371,70 (bei Aufnahme der Tätigkeit DM 185,85), West: DM 619,50 (bei Aufnahme der Tätigkeit DM 309, 75) pro Monat. Grundlage der Beitragsbemessung ist das beitragspflichtige Einkommen, für freiwillig Versicherte jeder Betrag zwischen der Mindestbeitragsbemessungsgrundlage und der B. (§§ 161 ff., 275 a ff.; 278, 279 b, 287 SGB VI). B. in der Krankenversicherung: DM 5100.–.

Beitragsfreie Zeiten werden auf die → Wartezeit (als Voraussetzung für einen Rentenanspruch) angerechnet. Das sind ab 1992 → Ausfallzeiten (wie Krankheit, → Ausbildung, Arbeitslosigkeit), → Ersatzzeiten (wie Kriegsdienst), → Zurechnungszeiten (beitragsfreie Zeiten für Frührentner und Hinterbliebene), → Kindererziehungszeiten (für Geburten ab 1992: 3 Jahre) und → Pflegezeiten.

Beitritt → Verein.

Belastung eines Grundstücks → Grundpfandrechte (z. B. Hypothek, Grundschuld, Rentenschuld, Nießbrauch, Dienstbarkeit, Vorkaufsrecht, Erbbaurecht).

Belohnung → Auslobung.

Beratung → Raterteilung → Aufklärungs-/Auskunftspflicht der Verwaltungs- und Sozialbehörden.

Beratungshilfe (G 18. 6. 1980, BGBl. I 689) gewährt das Amtsgericht auf Antrag durch Ausstellung eines Berechtigungsscheines für Beratung und Vertretung durch einen Anwalt nach eigener Wahl in Zivil-, Verwaltungs-, und Verfassungsfragen (nicht im Bereich des Arbeitsrechts); im Straf- und Ordnungswidrigkeitenrecht nur für Beratung. Gegen die Zurückweisung des Antrags: *Erinnerung. Voraussetzungen:* keine eigenen Mittel (die persönlichen und wirtschaftlichen Verhältnisse sind glaubhaft zu machen); keine anderweitige Hilfe; keine mutwillige Rechtsverfolgung.

Bereicherung → ungerechtfertigte Bereicherung.

Bergbau ist Gewinnung von Bodenschätzen; das BBergG v. 31. 8. 80 (BGBl. I 1310) regelt Bergbauberechtigungen, wozu (widerrufliche) Erlaubnisse nötig sind. Sie und das Bergwerkseigentum berechtigen zur B.nutzung. Sonderregeln zur Förderung des Steinkohlebergbaus und in ehem. DDR durch Anlage I Kap. V D III EV; das BergG der ehem. DDR vom 12. 5. 69, GBl. I S. 29, gilt zum Teil fort.

Berichtigung des Grundbuchs (§ 894). Stimmt die Eintragung im Grundbuch mit der tatsächlichen Rechtslage nicht überein (z. B. falscher Eigentümer), kann der wahre Berechtigte dem Grundbuchamt gegenüber die Unrichtigkeit durch *öffentliche Urkunden* (Erbschein) nachweisen (worauf das Grundbuchamt von Amts wegen tätig wird) oder von dem zu Unrecht Eingetragenen Zustimmung zur Berichtigung verlangen. Der Betroffene muß zustimmen. Weigert er sich, kann er auf Zustimmung verklagt werden; das Urteil ersetzt die Zustimmung (§ 894 ZPO). Zur Sicherung des eigenen nicht oder falsch eingetragenen Rechts kann man die Eintragung eines → Widerspruches im Grundbuch beantragen (§ 899). → Gerichtliche und behördliche Entscheidungen können nur bei offenbaren Unrichtigkeiten, Schreib-, Rechenfehlern, Ausbesserungen etc. berichtigt und ergänzt werden.

Berliner Testament → Testament, in dem sich Eheleute gegenseitig zu Erben einsetzen und (meist) ihre Kinder zum Erben nur des zuletzt Versterbenden bestimmen. Nach dem zuerst Versterbenden erhalten sie lediglich den → Pflichtteil (§ 2269); die Eltern können im Testament anordnen, daß dann, wenn der Pflichtteil nach dem zuerst Verstorbenen geltend gemacht wird, auch nach dem Tod des zuletzt Verstorbenen bloß der Pflichtteil gezahlt wird.

Berlinförderung (wird bis 31. 12. 94 abgebaut) gewährt folgende Steuervergünstigungen:

Unternehmer in West-Berlin können für Umsätze im Bundesgebiet ihre *Umsatzsteuerschuld* zwischen 2 und 10% kürzen. Diese Kürzung mindert sich für Umsätze zwischen 1. 1. und 30. 6. 92 um 30%, zwischen 1. 7. und 31. 12. 92 um 50% und für Umsätze in 1993 um 75%. – Für Baumaßnahmen an Gebäuden zu Mietzwecken gibt es *erhöhte AfA*. – *Tarifermäßigung* der Einkommen-, Lohn- und Körperschaftsteuer bei Einkünften aus Berlin, die ab 1. 10. 91 bis 31. 12. 94 ebenfalls stufenweise gemindert wird (die 20% Steuerermäßigung für Darlehen zur Baufinanzierung in Berlin sind entfallen).

Berufsausbildungsvertrag → Ausbildungsvertrag.

Berufsunfähigkeitsrente ist eine monatliche Zahlung der Rentenversicherung bei Minderung der Erwerbsfähigkeit durch Krankheit, geistige Schwäche auf weniger als die Hälfte der Erwerbsfähigkeit eines gesunden Menschen bei gleichen Fähigkeiten. Vor Eintritt der Berufsunfähigkeit muß man eine versicherungspflichtige Tätigkeit ausgeübt und ohne allgemeine → Wartezeit von 5 Jahren erfüllt haben (§ 43 SGB VI), wovon mindestens 3 Jahre Pflichtbeiträge gezahlt sein müssen.

Ab 1992 beträgt die B. ⅔ der → Erwerbsunfähigkeitsrente. Der Zeitraum von 60 Monaten verlängert sich um die → Ersatzzeiten, → Ausfallzeiten, → Kindererziehungszeiten und → Pflegezeiten. Pflichtbeitragszeit von 36 Monaten ist nicht erforderlich, wenn die Berufsunfähigkeit auf Grund eines Umstandes eingetreten ist, durch den die allgemeine → Wartezeit als vorzeitig erfüllt gilt (z. B. Arbeitsunfall). Ab dem 65. Lebensjahr besteht Anspruch auf Regelaltersrente.

Berufung ist das Rechtsmittel gegen Urteile der 1. Instanz. Der Prozeß wird völlig neu aufgerollt. Die Berufungsfrist beträgt in Zivil-, Verwaltungs-, Sozialgerichts- und Arbeitsgerichtsverfahren 1 Monat ab Zustellung (spätestens 5 Monate nach Verkündung), im Strafprozeß 1 Woche ab Verkündung des Urteils. Die B. ist an eine Wertgrenze von mehr als DM 1200.– im Zivil-, und von mehr als DM 800.– im arbeitsgerichtlichen Verfahren gebunden. Eine Begründung ist nur im Zivilprozeß vorgeschrieben (binnen 1 Monats ab Einlegung).

Beschaffungsschuld bedeutet die Pflicht des Schuldners, dem Gläubiger mit *eigenen* Geldmitteln vereinbarungsgemäß bestimmte Gegenstände zu beschaffen, z. B. Pkw eines bestimmten Typs. Auf die B. finden die Vorschriften über die → Gattungsschuld Anwendung, d. h., der Schuldner hat lediglich eine Sache von mittlerer Art und Güte zu leisten (§ 243).

Beschäftigungspflicht → Arbeitsvertrag.

Beschränkt persönliche Dienstbarkeit → Grunddienstbarkeit.

Beschränkte Erbenhaftung. Für Schulden des Verstorbenen haftet der Erbe mit ererbtem und privatem Vermögen (§ 1967). Er kann seine Haftung auf die Erbmasse beschränken, indem er ein → Aufgebots-, → Konkurs-, Vergleichsverfahren, Nachlaßverwaltung beantragt oder auf die Dürftigkeit bzw. Überschuldung des Nachlasses oder Fristablauf (5 Jahre) hinweist (§§ 1970ff.). Dieses Beschränkungsrecht verliert der Erbe, falls er ein Nachlaßverzeichnis (Inventar) nicht innerhalb der vom Nachlaßgericht gesetzten Frist oder unrichtig errichtet oder die Beeidigung der Richtigkeit verweigert. Wird der Erbe für seine Schuld des Erblassers verklagt, muß er, um seine Haftung auf den Nachlaß zu beschränken, im Prozeß die Einrede erheben, daß er sich die Beschränkung seiner Haftung vorbehalte; nur wenn ein solcher Vorbehalt im Urteil steht, kann der Erbe einem

Vollstreckungsversuch mit → Vollstreckungsabwehrklage begegnen (§§ 780, 781, 785, 767 ZPO).

Beschränkte Geschäftsfähigkeit → Geschäftsfähigkeit.

Beschwerde ist das Rechtsmittel gegen Beschlüsse und Verfügungen der Gerichte, die nicht nur behördeninterne oder prozeßleitende Wirkung haben. Sie ist in allen Verfahrensarten zulässig (§ 567 ZPO; § 146 VwGO; § 305 StPO; § 128 FGO; § 172 SGG; § 19 FGG). Im Arbeitsrecht ist die B. wie die Berufung ausgestaltet (§§ 80 ff ArbGG), im *Steuerverfahren* ist sie ein Vorschaltverfahren zur Klageerhebung (§ 348 AO). Anschlußbeschwerde ist zulässig (§ 577 a ZPO).

Besitz ist die tatsächliche Herrschaft einer Person über eine → Sache (§§ 854 ff.). Er ist vom → Eigentum scharf zu unterscheiden, da er kein Rechtsverhältnis, sondern lediglich eine tatsächliche Beziehung zwischen einer Person und einer Sache darstellt. Ein Dieb erlangt zwar den Besitz an der von ihm gestohlenen Sache, nicht aber deren Eigentum.

Erworben wird der Besitz durch die Erlangung der tatsächlichen Gewalt über die Sache für eine gewisse Zeit und mit dem Willen zu ihrer tatsächlichen Beherrschung (also nicht schon z. B. bei kurzfristiger Überlassung einer Zeitschrift durch einen Mitreisenden in der Eisenbahn). Der Besitzerwerb ist ein rein tatsächlicher Vorgang, der keine → Geschäftsfähigkeit voraussetzt. Er kann daher nicht durch einen Vertreter (→ Stellvertretung), wohl aber durch einen sog. *Besitzdiener* erfolgen (§ 855). Besitzdiener ist, wer zwar die tatsächliche Gewalt über eine Sache hat, sie aber im Haushalt oder Erwerbsgeschäft eines anderen weisungsgebunden und sozial abhängig ausübt (z. B. Hausangestellte). Wirklicher Besitzer ist hier nur der Weisungsbefugte. Wenn der Erwerber in der Lage ist, die tatsächliche Gewalt über die Sache auszuüben (z. B. bei bereits geschlagenem Holz im Wald), genügt zum Besitzerwerb die bloße Einigung. Diese ist im Gegensatz zur tatsächlichen Besitzergreifung ein → Rechtsgeschäft.

Gegen die widerrechtliche Entziehung oder Störung darf sich der Besitzer gewaltsam zur Wehr setzen und sich der entzogenen Sache sofort nach der Entziehung selbst wieder bemächtigen (z. B. bei unmittelbarer Verfolgung des Täters, § 859). Außer dem *Selbsthilferecht* hat er einen klagbaren Anspruch auf Wiedereinräumung des B. bzw. Beseitigung der Störung und bei Wiederholungsgefahr auf Unterlassung der Störung (§§ 861, 862). Besitzentziehung begründet ferner Schadensersatz wegen → unerlaubter Handlung und Herausgabe aus → ungerechtfertigter Bereicherung.

Besorgung fremder Geschäfte

Der B. endet durch freiwillige Besitzaufgabe und durch dauernden Verlust der tatsächlichen Herrschaftsgewalt.

Zu unterscheiden sind: a) *Alleinbesitz* und *Mitbesitz;* beim Alleinbesitz übt einer allein die Herrschaftsgewalt aus, beim Mitbesitz mehrere gemeinschaftlich und gleichberechtigt (z. B. Ehegatten an der gemeinsamen Wohnung). b) *Vollbesitz* (uneingeschränkter B. an der gesamten Sache) und *Teilbesitz* (insbes. an einzelnen Räumen einer Wohnung). c) *Eigenbesitz* und *Fremdbesitz;* Eigenbesitzer ist, wer eine Sache als ihm gehörend besitzt, gleichgültig ob rechtmäßig oder widerrechtlich, Fremdbesitzer, wer eine Sache als Fremder in B. hat, z. B. als Mieter. d) *Unmittelbarer* und *mittelbarer B.;* unmittelbarer Besitzer ist, wer eine Sache tatsächlich selbst in B. hat (Mieter), mittelbarer Besitzer, wer einem anderen auf Grund eines bestimmten Rechtsverhältnisses, z. B. Mietvertrag, den unmittelbaren B. überläßt (Vermieter). Besondere Bedeutung hat der mittelbare B. bei der → *Sicherungsübereignung.*

Besorgung fremder Geschäfte (Geschäftsbesorgung) → Auftrag.

Besorgung fremder Rechtsangelegenheiten → Beistand → Rechtsberatung.

Bestandteil ist jeder Teil einer → Sache, der ihre Eigentümlichkeit ausmacht (Schraube ist B. der Maschine); der B. hat dasselbe rechtliche Schicksal wie die Sache selbst. Auch wesentliche B.e einer Sache (solche, die nicht getrennt werden können, ohne daß eine Zerstörung oder Wesensveränderung eintritt, z. B. Tapeten) oder eines Grundstücks (solche, die mit Grund und Boden fest verbunden sind: Gebäude, Pflanzen; letztere nur bis zur Ernte) oder eines Gebäudes (solche, die zu seiner Herstellung typischerweise eingefügt sind) können nicht Gegenstand besonderer Rechte sein (§§ 93, 94). Eigentumsvorbehalte erlöschen, z. B. durch Einbau gelieferter Ziegel in ein Haus; Ausgleich in Geld. → Verbindung. *Ausn.:* was nur vorübergehend eingefügt ist (z. B. bei → Pacht) oder das → Zubehör kann ein eigenes rechtliches Schicksal haben.

In ehem. DDR konnten Grundstücke zur gärtnerischen Nutzung oder Erholung überlassen werden. Die errichteten Baulichkeiten sind keine B., also wie bewegliche Sachen durch Einigung und Übergabe zu übertragen. Etwaige an Grundstücken bestehende Nutzungsrechte wurden im Grundbuch nicht eingetragen; die auf Grund solcher Punkte errichtete Gebäude haben ein vom Grundstück getrenntes rechtliches Schicksal und können über Grund und Boden übertragen werden.

Bestätigung nichtiger → Rechtsgeschäfte ist i. d. R. als Neuvornahme zu beurteilen (§ 141), falls der Nichtigkeitsgrund behebbar ist.

Bestätigungsschreiben, kaufmännisches → Vertrag.

Bestattungsort. Bestimmt mangels Regelung im Testament der überlebende Ehegatte.

Bestechung begeht, wer einem Amtsträger, Soldaten oder im öffentlichen Dienst Verpflichteten einen Vorteil anbietet, verspricht oder gewährt, um ihn zu einer Dienstpflichtverletzung zu veranlassen; Freiheitsstrafe bis 5 Jahre. Geschieht dies für eine pflichtgemäße Amtshandlung: Freiheitsstrafe bis 2 Jahre. Der Annehmende wird ebenso (wegen Bestechlichkeit) bestraft.

Bestellvertrag. Bestellt jemand (z. B. Zeitungsverlag) ein geistiges Werk, wobei er dem Autor Inhalt, Art und Weise genau vorschreibt, liegt ein Geschäftsbesorgungsvertrag (→ Auftrag) vor. Der B. verpflichtet den Verlag nur zur Zahlung der Vergütung, nicht zum Absatz (§ 47 VerlG).

Betreuung. Ab 1. 1. 92 werden Volljährige nicht mehr wegen Geistesschwäche, Krankheit, Verschwendung, Trunksucht oder Rauschgiftsucht entmündigt, nicht mehr als geschäftsunfähig bzw. beschränkt geschäftsfähig behandelt, nicht mehr unter Vormundschaft oder Gebrechlichkeitspflegschaft gestellt.

Kann ein Volljähriger auf Grund einer psychischen Krankheit, körperlichen, geistigen oder seelischen Behinderung seine Angelegenheiten ganz oder zum Teil nicht besorgen und reicht Erinnerung eines Bevollmächtigten nicht aus, bestellt das Vormundschaftsgericht auf Antrag oder von Amts wegen einen Betreuer, und zwar für den Aufgabenkreis, in dem die Betreuung erforderlich wird (§ 1896 BGB). Bestellt wird eine natürliche Person oder Mitarbeiter eines anerkannten Betreuungsvereins; sie sind zur Amtsübernahme verpflichtet. Vorschlägen des Volljährigen soll entsprochen, ansonsten sollen verwandtschaftliche oder persönliche Beziehungen berücksichtigt werden. Das Vormundschaftsgericht kann anordnen, daß der Betreute für eine Willenserklärung, die den Aufgabenkreis des Betreuers betrifft und die dem Betreuten nicht lediglich rechtliche Vorteile bringt, seiner *Einwilligung* bedarf, falls Gefahr für Person und Vermögen des Betreuten dies erforderlich macht (§ 1903); dann sind Willenserklärungen des Betreuten bis zur Einwilligung des Betreuers schwebend unwirksam. Ein solcher Einwilligungsvorbehalt erstreckt sich nicht auf Eingehung der Ehe und letztwillige Verfügungen. Besondere Genehmigung durch das Vormundschaftsgericht für Post- und Fernmeldeverkehr, → Sterilisation, ärztliche Untersuchung, Unterbringung, Wohnungskündigung und Leistung einer Aussteuer aus dem Vermögen des Betreuten. In seinem Aufgabenbereich *vertritt* der Betreuer den Betreuten gerichtlich und außergerichtlich; letzterer bleibt geschäfts-, testier- und erbfähig. → Vorsorgende Betreuungsverfügung.

Der Betreuer ist bei Ungeeignetheit oder auf seinen Antrag zu entlassen (§ 1918 b). Fallen die Voraussetzungen für die B. weg, wird sie aufgehoben. Im übrigen finden die Vorschriften über die Vormundschaft Anwendung (§ 1918 i).

Gegen die Entscheidungen des Vormundschaftsgerichts ist → Beschwerde zulässig, die der Betroffene, sein Ehegatte und nahe Angehörige einlegen können (§ 69 g FGG).

Betriebliche Altersversorgung. Arbeitnehmer, Auszubildende sowie Heimarbeiter können durch vertragliche Vereinbarung mit Arbeitgeber bei Eintritt eines bestimmten Versorgungsfalles (Alter, Tod) Betriebsrente oder Ruhegeld aus einer Pensionskasse oder Leistungen einer betrieblichen Unterstützungskasse erhalten. Das Recht auf die Rente verfällt auch bei vorzeitigem Ausscheiden nicht, falls der Arbeitnehmer 35 Jahre alt und die Rentenregelung mit ihm mindestens 10 Jahre bestanden hat (oder 3 Jahre bei 12jähriger Betriebszugehörigkeit). Andere Versicherungsleistungen werden auf die B. nicht angerechnet. Ist im Versorgungsfall der Arbeitgeber zahlungsunfähig, tritt eine Insolvenzsicherung aus Mitteln des Pensions-Sicherungs-Vereins ein.

Betriebsgefahr, die von einem maschinell angetriebenen Fahrzeug ausgeht, führt zur Haftung des Halters oder Fahrers auch, wenn ihn kein Verschulden trifft (§ 7 StVG, § 33 LuftVG); gilt auch für Schienen- und Seilbahnen sowie Energieanlagen.

Betriebsrat. Ist das von den Arbeitnehmern eines Betriebes (mindestens 5 über 18 Jahre alten Mitgliedern) gewählte Organ, das im Zusammenwirken mit den im Betrieb vertretenen Gewerkschaften und Arbeitgebervereinigungen die Interessen der Arbeitnehmer vertritt: in sozialen, personellen, wirtschaftlichen und arbeitsplatztechnischen Fragen. Amtszeit: 4 Jahre. Tätigkeit: ehrenamtlich mit Aufwendungsersatz. Eine ordentliche → Kündigung ist bis 1 Jahr nach Ende der Amtszeit unzulässig. Eine außerordentliche, fristlose Kündigung bedarf der (durch Entscheidung des Arbeitsgerichts ersetzbaren) Zustimmung des Betriebsrates. Die Interessen von mindestens 5 noch nicht 18 Jahre alten Arbeitnehmern oder 5 Azubi unter 25 Jahren werden von der Jugend- und Azubivertretung innerhalb des B. wahrgenommen. Bei Meinungsverschiedenheiten zwischen Arbeitgeber und B. entscheidet eine paritätisch besetzte Einigungsstelle abschließend.

Betriebsrisiko → Arbeitsvertrag.

Betriebsübergang → Arbeitsvertrag, § 613a. Erwerber übernimmt alle Rechte und Pflichten aus den z. Z. des B. bestehenden Arbeitsverhältnissen. Gilt auch bei B. im Konkurs. Kündigung anläßlich einer B. ist unzulässig.

Betriebsvereinbarung. Ist ein privatrechtlicher schriftlicher Vertrag zwischen Arbeitgeber und → Betriebsrat, der Angelegenheiten des Betriebes und der Belegschaft regelt: Aufwandsentschädigung; Abschluß, Inhalt und Beendigung von Arbeitsverhältnissen; Lohn; Arbeitszeit; Wohlfahrts- und Unfallversicherungsfragen. Tarifverträge haben Vorrang!, auch wenn B. günstigere Arbeitsbedingungen enthält. Kündigung einer B. mit einer Frist von 3 Monaten möglich.

Betriebswohnung (Werkdienstwohnung) → Miete (V), Dienstvertrag.

Betrug. Strafbar nach § 263 StGB mit Freihaftstrafe bis 5 Jahren, wer einen anderen von Anfang an täuscht, bei dem Getäuschten einen Irrtum und eine darauf berechnende Vermögensverfügung verursacht, die zu einem Schaden führt. Vermögensgefährdung genügt. Der vom Täter erstrebte Vermögensvorteil muß rechtswidrig sein; hat er auf die Leistung Anspruch, kein B. Der Täter muß wissen, daß der erstrebte Vorteil rechtswidrig ist und diesen konkret beabsichtigen. *Anstellungsbetrug,* wenn jemand einer übernommenen Tätigkeit nicht gewachsen ist. *Prozeßbetrug,* wenn durch Lügen ein Rechtsstreit gewonnen wird.

Beurkundung, öffentliche → Form.

Bevollmächtigung → Vollmacht.

Beweislast. Grundsätzlich muß jede Partei im Zivilprozeß die von ihr behaupteten und ihr günstigen Tatsachen beweisen. Die B. kann aber durch gesetzliche Vorschriften (z. B. § 363), nicht aber durch → allgemeine Geschäftsbedingungen umgekehrt sein. Steht nach Beweiswürdigung (in der das Gericht frei ist) nicht fest, ob die behauptete Tatsache wahr oder unwahr ist, wird zu ungunsten dessen entschieden, der die B. trägt. Der von einer Partei geführte Beweis kann durch Gegenbeweis der anderen Partei widerlegt werden.

Beweissicherung ist vorsorgliche Beweisaufnahme (durch Zeugen-, Sachverständigenvernehmung, Begutachtung des Zustandes von Personen, Sachen, der Schadensursache, von Reparaturkosten und durch Augenschein) vor oder während eines Prozesses, falls

Bewirtungskosten

Verlust des Beweismittels (z. B. lebensbedrohende Erkrankung) oder Veränderung des Beweisgegenstandes droht (§§ 485ff ZPO, § 98 VwGO, § 118 SGG, § 82 FGO). Ein Antrag auf B. ist in Eilfällen beim örtlichen Amtsgericht (Kreisgericht) zu stellen; kein Anwaltszwang. Gerichtlicher → Vergleich ist möglich. Gericht kann dem Antragsteller Frist zur Klageerhebung setzen.

Bewirtungskosten sind als Betriebsausgaben bei den Einkommen-, Körperschaft- und Gewerbesteuern mit 80% abzugsfähig, soweit sie angemessen und gesondert aufgezeichnet sind und ein betrieblicher Anlaß (z. B. Werbeessen) bestand. B. in der Wohnung des Steuerpflichtigen sind nicht abzugsfähig.

Bewußte Fahrlässigkeit → Verschulden.

Bezirksgericht → Amtsgericht.

Bezogener → Wechsel (I).

Bezugsrecht. Gibt eine AG bei Kapitalerhöhung neue → Aktien aus, hat jeder Aktionär das Recht, daß ihm seinen bisherigen Aktien entsprechend neue Aktien zugeteilt werden (§ 186 AktG). Das B. kann im Kapitalerhöhungsbeschluß der Mitgliederversammlung ausgeschlossen werden.

Bezugsvertrag → Dauerschuldverhältnis.

Bierlieferungsvertrag → Dauerschuldverhältnis.

Bilanz. 1) Handelsbilanz ist ein Vermögensvergleich zwischen Bestandsvermögen und Schuldposten. Die Bilanzpflicht bestimmt sich nach Betriebsgröße und erwirtschaftetem Gewinn (§§ 242ff; 266ff; 279ff HGB). Aktivseite (Einlagen, Anlagevermögen, Umlaufvermögen, Rechnungsabgrenzungsposten, Bilanzverlust) und Passivseite (Grundkapital, Rücklage, Wertberichtigungen, Rückstellungen, Verbindlichkeiten, Rechnungsbegrenzungsposten, Bilanzgewinn) müssen zum Ausgleich gebracht werden. Die B., die 10 Jahre lang aufbewahrt werden muß, und die gesondert zu erstellende Gewinn- und Verlustrechnung bilden den sog. *Jahresabschluß.* 2) Steuerbilanz dient der Gewinnermittlung für Land-, Forstwirte, Selbständige und Gewerbetreibende. Sie stellt eine Ertrags- bzw. Vermögensbilanz dar.

Bildschirmtext (Btx). Durch Länderstaatsvertrag vom 18. 3. 83 sind Informationen für Teilnehmer und Anbieter elektronisch gespeichert; sie können über das von der Bundespost betriebene öffentliche Fernsprechnetz abgerufen und auf einem Bildschirm sichtbar gemacht werden. Bewegte Bilder sind verboten. Ausländische Anbieter müssen inländischen Btx-Bevollmächtigten bestellen, sonstige Teilnehmer und inländische Anbieter können sich frei beteiligen.

Bildungsurlaub. Anspruch auf bezahlten B. haben Betriebsräte und alle Arbeitnehmer zur politischen, beruflichen oder allgemeinen Weiterbildung. Meist durch → Tarifvertrag oder → Betriebsvereinbarung geregelt. In einigen Ländern gesetzlich bestimmt (z. B. Hessen, Niedersachsen).

Billigkeitshaftung. Unzurechnungsfähige Personen sowie Kinder und Jugendliche unter 18 Jahren, denen zur Erkenntnis ihrer Verantwortlichkeit die erforderliche Einsicht fehlt, sind für die von ihnen verursachen → *unerlaubten Handlungen* nicht verantwortlich. Falls der Ersatz des von ihnen angerichteten Schadens nicht von einem aufsichtspflichtigen Dritten (→Aufsichtspflicht) erlangt werden kann, haben sie selbst den Schaden insoweit zu ersetzen, als es der Billigkeit entspricht (§ 829: Kind besitzt erhebliches eigenes Vermögen). Der angemessene Unterhalt des Schädigers sowie die Erfüllung seiner gesetzlichen Unterhaltspflichten dürfen durch die Schadensersatzleistung jedoch nicht beeinträchtigt werden.

Blankoindossament → Wechsel (Anm.: II 3).

Blankoquittung → Quittung.

Blankoscheck → Scheck.

Blankowechsel → Wechsel (I).

Blankozession → Abtretung.

Blutprobe. Sie dient der Feststellung des Alkoholgehalts im Blut. Wer infolge Alkohols (oder anderer berauschender Mittel) nicht mehr in der Lage ist, ein Kfz. sicher im Straßenverkehr zu führen, wird bestraft.

1) Wer mit einer Blutalkoholkonzentration (BAK) von mehr als 0,8‰–1,1‰ sicher fährt, begeht eine Ordnungswidrigkeit und wird mit Geldbuße bis 3000.– DM und → Fahrverbot zwischen 1 und 3 Monaten belegt.

2) Wer zwischen 0,8 und 1,1‰ unsicher fährt, wird wegen eines Vergehens der Trunkenheit im Verkehr mit Freiheitsstrafe bis 1 Jahr, bei verursachtem Unfall bis 5 Jahren oder Geldstrafe und → Entzug der Fahrerlaubnis bestraft.

3) Wer eine BAK über 1,1‰ hat, ist auch bei sicherer Fahrweise absolut fahruntauglich und wird wie bei 2) bestraft.

Die Entnahme von Blut durch einen Arzt ist bei einem Tatverdächtigen auch gegen seinen Willen zulässig (§ 81a StPO).

4) In ehem. DDR gilt im Straßenverkehr bis 31. 12. 92 absolutes Alkoholverbot.

Bon

Bon → Inhaberzeichen.

Börsentermingeschäft ist ein → Kaufvertrag über Waren oder → Wertpapiere, die einen Börsenpreis haben. Der Kaufpreis wird sofort gezahlt, die Erfüllung auf einen späteren Zeitpunkt festgesetzt. Zweck, bis zur Leistung eine Preissteigerung zu erzielen und mit Gewinn weiterzuverkaufen.

Bote ist jemand, der eine → Willenserklärung eines anderen lediglich übermittelt. Er ist vom Vertreter (→ Stellvertretung) zu unterscheiden, der einen eigenen Willen bildet und eine entsprechende Erklärung, wenn auch im Namen eines anderen, abgibt. Wer „i. V." unterschreibt, ist Vertreter, wer „i. A." unterschreibt, ist Bote. Für die Wirksamkeit der Willenserklärung kommt es nicht auf die Person des B. an, sondern nur auf die Person desjenigen, von dem die Willenserklärung stammt. Deshalb kann B. auch ein Kind sein, dem z. B. die Ausrichtung einer Bestellung aufgetragen wird. Man unterscheidet den *Erklärungsboten* und den *Empfangsboten*. Der Empfangsbote muß von seinem Auftraggeber entsprechend beauftragt sein. Eine ihm gegenüber abgegebene Willenserklärung gilt dann sofort als seinem Auftraggeber zugegangen. Anders beim Erklärungsboten. Hier kommt es darauf an, daß dieser die Willenserklärung tatsächlich weitergibt. Eine durch den Erklärungsboten unrichtig übermittelte Willenserklärung kann der Auftraggeber anfechten (→ Anfechtung).

Brautgeschenk → Schenkung bei Verlöbnis.

Briefgrundschuld → Grundschuld.

Briefhypothek → Hypothek.

Bringschuld ist eine Schuld (→ Schuldverhältnis), die auf Grund besonderer *Vereinbarung* zwischen den Beteiligten – abweichend von der grundsätzlichen gesetzlichen Regelung (§ 269) – nicht am Ort des Wohnsitzes oder der gewerblichen Niederlassung des Schuldners zu erfüllen ist, sondern am Wohnsitz des Gläubigers (→ Erfüllungsort). Beispiel: Verkäufer eines Fernsehers (Schuldner) verspricht Lieferung am Wohnsitz des Käufers (Gläubigers).

Bruchteilseigentum → Gemeinschaft nach Bruchteilen (§§ 741 ff).

Brutto für netto. Zwischen Kaufleuten übliche Klausel, wonach der Kaufpreis nach dem Gewicht, einschließlich Verpackung berechnet wird.

Buchersitzung (§ 900). Wer zu Unrecht als Eigentümer eines Grundstücks im Grundbuch eingetragen ist, erwirbt nach 30jährigem Besitz das Eigentum. Guter Glaube ist nicht erforderlich. Der wirkliche Eigentümer kann durch → Aufgebotsverfahren mit seinem Recht ausgeschlossen werden (§ 927).

Buchgrundschuld → Grundschuld.

Buchhypothek → Hypothek.

Bundesländer. Deutschland ist ein *Bundesstaat,* d. h. im Bundesgebiet gibt es Länder mit eigener Staatlichkeit und eigener Verfassung: Baden-Württemberg, Bayern, Berlin, Brandenburg, Bremen, Hamburg, Hessen, Mecklenburg-Vorpommern, Niedersachsen, Nordrhein-Westfalen, Rheinland-Pfalz, Saarland, Sachsen, Sachsen-Anhalt, Schleswig-Holstein, Thüringen. Sie haben den republikanischen, demokratischen und sozialen Grundvorstellungen zu entsprechen. Die B. wirken durch den → Bundesrat bei der Gesetzgebung und Verwaltung des Bundes mit. Neben eigenen Kompetenzen (wie Beamtenrecht, Rechtsprechung, Schul-, Wasserrecht, Innere Sicherheit) obliegt den B. die Ausführung der Bundesgesetze. In ehem. DDR wurden B. durch G vom 22. 7. 90, GBl. I Nr. 51 S. 955 eingeführt, ergänzt durch G über Selbstverwaltung der Gemeinden und Landkreise vom 17. 5. 90, GBl. I Nr. 28 S. 255.

Bundesrat. Durch ihn wirken die 16 → Bundesländer an der Gesetzgebung und Verwaltung des Bundes mit (Art. 50 GG; Art. 4 EV). – Er besteht aus Mitgliedern der Landesregierungen, die weisungsgebunden sind. Der B. ist nicht nur eine zweite Kammer, sondern hat ein eigenes Gesetzesinitiativrecht. Nach Art. 51 GG, Art. 4 EV hat jedes Land mind. 3 Stimmen, Länder mit mehr als 2 Mio. Einwohnern 4, mehr als 6 Mio. 5 und mit mehr als 7 Mio. 6 Stimmen.

Bundestag ist die Volksvertretung Deutschlands. Er besteht aus in allgemeiner, unmittelbarer, freier, gleicher und geheimer Wahl gewählten 622 Abgeordneten. Seine Aufgaben sind die Gesetzgebung, Mitwirkung bei der Wahl des Kanzlers, der Verfassungsrichter, Bundesrichter und der Bundesversammlung, Feststellung des Haushaltsplans und Kontrolle der Exekutive.

Bürgermeistertestament → Testament.

Bürgschaft ist der → Vertrag zwischen dem Gläubiger einer Verbindlichkeit und einem Dritten *(Bürge),* in dem sich dieser verpflichtet, gegenüber dem Gläubiger für die Erfüllung der Verbindlichkeit des Schuldners (Hauptschuldner) einzustehen (§ 765). Hauptschuld und Hauptschuldner müssen im B.-Vertrag klar umrissen angegeben sein, sonst ist er nichtig. Eine → Abtretung der Rechte aus der B. ohne die Hauptforderung ist unwirksam; wird die Hauptforderung ohne die B. abgetreten, erlischt die B. Mehrere Bürgen haften hinsichtlich derselben Verbindlichkeit als → Gesamtschuldner (§ 769). Eine B. für einen Unternehmenskredit ist nicht schon deshalb nichtig und sittenwidrig, weil die bürgende Ehefrau des Geschäftsführers außer einer geringen Beteiligung am Unternehmen kein nennenswertes Vermögen hat; sie haftet auch nach Ehescheidung weiter.

Die B. kann auch für eine künftige *(Kreditbürgschaft)* oder bedingte Verbindlichkeit übernommen werden. Sie kann auf eine bestimmte Zeit befristet werden, ist jedoch grundsätzlich unwiderruflich.

Für die Erteilung der Bürgschaftserklärung ist *Schriftform* erforderlich (§ 766). Das gilt allerdings nicht für den Vollkaufmann, der im Rahmen des Betriebes seines Handelsgewerbes auch mündlich bürgen kann (§ 350 HGB).

Wenn die B. nicht durch Vertrag auf eine bestimmte Summe beschränkt wird, haftet der Bürge in Höhe des jeweiligen Bestandes der Hauptverbindlichkeit. Die B. umfaßt dann auch die Schadensersatzverpflichtungen, die durch → Verschulden des Hauptschuldners entstehen, nicht aber solche Erhöhungen der Hauptschuld, die durch späteren Vertrag des Hauptschuldners mit seinem Gläubiger entstehen (§ 767). Der Bürge haftet nicht für diejenigen Verbindlichkeiten, die erst nach Aufhebung zwischen dem Gläubiger und dem Hauptschuldner begründet sind. Einreden, die dem Hauptschuldner dem Gläubiger gegenüber zustehen, kann auch der Bürge geltend machen, z. B. die → Verjährung. Jedoch kann sich der Bürge beim Tod des Hauptschuldners nicht darauf berufen, daß dessen Erben für die Verbindlichkeit nur beschränkt haften (Einrede der beschränkten Erbenhaftung, §§ 1975 ff.), da die B. den Gläubiger gerade davor bewahren soll, daß die Hauptschuld, die zu Recht besteht, nicht erfüllt wird (§ 768 I). Selbst wenn der Hauptschuldner auf die ihm zustehenden Einreden verzichten sollte, verliert sie der Bürge nicht (§ 768 II). Vor Fälligkeit der Hauptschuld hat eine Gläubiger-Bank keinerlei Ansprüche gegen den Bürgen.

Der Bürge ist ferner befugt, die Befriedigung des Gläubigers solange zu verweigern, als der Hauptschuldner das seiner Verbindlichkeit zugrundeliegende Rechtsgeschäft anfechten oder gegenüber der Forderung die → Aufrechnung erklären kann (§ 770) und solange der Gläubiger nicht die Zwangsvollstreckung in die bewegliche Habe des Hauptschuldners ohne Erfolg versucht hat *(Einrede der Vorausklage, § 771). Ausnahme:* die Zwangsvollstreckung ist von vorne herein aussichtslos oder ihre Durchführung wesentlich erschwert (§ 772). Im Rahmen der → Vertragsfreiheit kann jedoch vereinbart werden, daß auf den Bürgen erst dann zurückgegriffen werden darf, wenn die

Zwangsvollstreckung nach allen Richtungen hin erfolglos geblieben ist *(Ausfallbürgschaft)*. Andererseits kann und wird in aller Regel die Haftung des Bürgen vertraglich (meist in → Formularverträgen) dadurch erschwert, daß er auf die Einrede der Vorausklage verzichtet, d. h. der Bürge kann, wenn der Hauptschuldner nicht zahlt, sofort in Anspruch genommen werden *(selbstschuldnerische Bürgschaft § 773)*. Hauptanwendungsfall hierfür ist die Bürgschaftserteilung bei der Gewährung von → Darlehen durch Banken und andere Geldverleiher. Die kaufmännische B. ist gemäß § 349 HGB i. d. R. selbstschuldnerisch.

In dem Umfang, in dem der Bürge den Gläubiger befriedigt, geht dessen Forderung gegen den Hauptschuldner kraft Gesetzes (§ 774) auf den Bürgen über. Mit übergehen etwaige bestehende andere Sicherungsrechte (z. B. Hypothek, §§ 412, 401). Gegenüber dieser Forderung kann der Hauptschuldner dann solche Einwendungen geltend machen, die ihm gegenüber dem Bürgen zustehen, z. B. Aufrechnung erklären, Schenkung einwenden.

Bei einer wesentlichen Verschlechterung der wirtschaftlichen Verhältnisse des Hauptschuldners (z. B. Zahlungseinstellung, Zahlungsverzug) kann der Bürge vom Hauptschuldner Befreiung von seiner B. verlangen *(Befreiungsanspruch)* oder, falls die Forderung noch nicht fällig ist, die Leistung einer Sicherheit (§ 775). → Kreditauftrag. Bürgen mehrere für dieselbe Schuld, sind sie als *Mitbürgen* untereinander ausgleichspflichtig. Verbürgt sich ein weiterer Bürge nicht für den Schuldner, sondern für den 1. Bürgen *(Nachbürge),* hat er bei Bezahlung des Gläubigers einen Ersatzanspruch gegen den Hauptschuldner. Hat sich aber ein Bürge gegen seine Inanspruchnahme oder für den Fall der Zahlungsunfähigkeit des Hauptschuldners durch einen Bürgen *(Rückbürge)* abgesichert, kann der 1. Bürge von dem Rückbürgen gegebenenfalls Ersatz verlangen; der Rückbürge hat seinerseits nur dann einen Ersatzanspruch gegen den Hauptschuldner, wenn der 1. Bürge ihm die durch Befriedigung des Gläubigers erworbene Forderung gegen den Hauptschuldner abtritt.

Ein Zahlungsversprechen ist als formlos gültige → Schuldmitübernahme anzusehen, wenn sie eine selbständige Zusage enthält, dagegen als B., wenn sie an eine bestehende Schuld angelehnt ist. Bei Befristung → Zeitbürgschaft.

Bußgeldbescheid → Ordnungswidrigkeiten.

Bußgeldkatalog. Der seit 1. 1. 1990 für Ordnungswidrigkeiten im Straßenverkehr geltende *Bußgeldkatalog* enthält folgende Neuerungen:
– Überschreitung des Tempolimits um 26 km/h und weitere Überschreitung innerhalb eines Jahres: Fahrverbot von 1 Monat und DM 100.– Geldbuße.

Chartervertrag

- Heranfahren von weniger als 10 m bei 100 km/h an Vordermann: Fahrverbot und DM 200.– Geldbuße.
- Weniger als 13 m Abstand bei 130 km/h: Fahrverbot und DM 250.– Geldbuße.
- Geschwindigkeitsüberschreitungen um mehr als 41–50 km/h: Fahrverbot von 1 Monat und DM 200.– Geldbuße.
- Geschwindigkeitsüberschreitungen durch LKW innerorts von 31–40 km/h: Fahrverbot von 1 Monat und DM 250.– Geldbuße.
- Ständiges Linksfahren: DM 80.– Geldbuße.
- Nicht angepaßte Geschwindigkeit bei Nebel und Dunkelheit: DM 100.– Geldbuße.
- Gefährdung von Kindern, Alten und Hilfsbedürftigen: DM 120.– Geldbuße.
- Fußgängergefährdung beim Abbiegen: DM 80.–, an Fußgänger- überweg DM 100.– Geldbuße.
- Überschreitung der Parkzeit bis zu 30 Minuten: DM 10.– Geld- buße, bis zu 1 Stunde DM 20.–, bis zu 2 Stunden DM 30.–, bis zu 3 Stunden DM 40.– und länger DM 50.– Geldbuße.

C

Chartervertrag. Es wird ein Schiff oder Flugzeug für 1 oder meh- rere Reisen bzw. auf Zeit ganz oder teilweise durch schriftlichen Vertrag gemietet (§ 557 HGB); er heißt *Charterpartie* und ist eine Beweisurkunde.

Clearing ist eine bargeldlose Zahlung im Wege der → Aufrechnung zwischen den Angehörigen eines bestimmten Kreises von Teilneh- mern am Wirtschaftsverkehr (z. B. Banken).

Computerbetrug begeht, wer in der Absicht rechtswidriger Vor- teilserlangung fremdes Vermögen dadurch beschädigt, daß er das Ergebnis eines Datenverarbeitungsvorgangs durch unrichtige Pro- grammgestaltung, Verwendung falscher oder unvollständiger Daten oder andere unbefugte Eingriffe beeinflußt (strafbar nach § 263a StGB). Beschädigung einer Datenanlage oder ihre Veränderung ist als *Computersabotage* strafbar (§ 303 b StGB).

Condictio → ungerechtfertigte Bereicherung.

Courtage ist eine andere Bezeichnung für die Vermittlungsprovi- sion der Makler (→ Mäklervertrag) und der Banken bei der Kredit- vermittlung und im Wertpapiergeschäft.

Culpa in contrahendo → Verschulden bei → Vertragsschluß.

D

Darlehen ist der schuldrechtliche → Vertrag, der die Übereignung von Geld, selten die Übereignung anderer vertretbarer → Sachen (z. B. 10 Eier vom Nachbarn), vom Darlehensgeber auf den Darlehensnehmer und die Verpflichtung des Darlehensnehmers zum Inhalt hat, denselben Geldbetrag oder gleichartige und gleichwertige vertretbare Sachen an den Darlehensgeber zurückzugewähren (§ 607). Das D. ähnelt somit der → Leihe, da dem Darlehensnehmer der Darlehenswert tatsächlich nur vorübergehend zur Verfügung steht, weil er zur Rückerstattung gleichwertiger Sachen verpflichtet ist.

Das D., wie es im Gesetz geregelt ist, ist ein → Konsensualvertrag, d. h. daß mit Bewilligung (Darlehenszusage) der Vertrag bereits zustandekommt und die Hingabe des D. die Vertragspflicht ist, und nicht eine bloße Voraussetzung für das Vorliegen eines Darlehensverhältnisses.

Ein D. kann auch durch die Vereinbarung begründet werden, daß aus einem anderen Grund, z. B. als Kaufpreis, bereits geschuldetes Geld oder andere vertretbare Sachen nunmehr als D. geschuldet werden sollen (§ 607 II).

Zum Wesen des D. gehört es nicht unbedingt, daß *Zinsen* ausbedungen werden. Die Verzinslichkeit des D. bedarf einer besonderen Abrede. Sie macht das D. zu einem gegenseitigen Vertrag. Etwas anderes gilt nur für Kaufleute, die auch ohne besondere Vereinbarung Zinsen verlangen können (§ 354 II HGB). Die Verzinsung beträgt mangels anderweitiger Vereinbarung 4% jährlich (§ 246). Bei überhöhtem Zinssatz ist D. nichtig (z. B. 8,52% Marktzins, aber 16,53% Darlehenszinsen). Wer sich auf die Nichtigkeit beruft, muß sie beweisen. Die *Rückerstattung* des D. muß entweder zu dem hierzu vereinbarten Termin erfolgen oder, wenn kein Termin bestimmt ist, nach Kündigung durch den Darlehensgeber oder den Darlehensnehmer. Mangels abweichender Vereinbarung beträgt die Kündigungsfrist bei D. von mehr als 300 DM 3 Monate, bei geringerem Betrag 1 Monat. Zinslose Darlehen können vom Schuldner auch ohne Kündigung zurückerstattet werden (§ 609).

Die bei der Vergabe von Geschäftskrediten banktypische Praxis, den vermögenslosen, nicht berufstätigen Ehepartner des Kunden als Darlehensnehmer mitzuverpflichten, ist nichtig.

Festverzinsliche Darlehen können vom Schuldner wie folgt gekündigt werden:

a) endet die vereinbarte Zinsbindung vor dem Rückzahlungstermin, Kündigungsfrist von 1 Monat frühestens für den Tag, an dem die Bindung an den festen Zinssatz endet;

Datenschutz

b) ist eine Zinsanpassung bis zu 1 Jahr im voraus vereinbart, Kündigungsfrist von 1 Monat für den Ablauf des Tages, an dem die Bindung an den vereinbarten Zinssatz endet (sog. roll-over-Kredite);

c) sind die Zinsperioden länger als 1 Jahr, gilt die Regelung a);

d) Verbraucherkredite, die nicht durch → Grundschuld oder → Hypothek gesichert sind und nicht überwiegend gewerblichen oder beruflichen Zwecken dienen, können nach 6 Monaten ab vollständiger Auszahlung oder Gutschrift der Darlehenssumme unter Einhaltung einer Frist von 3 Monaten gekündigt werden;

e) langfristige Kredite: Kündigung nach 10 Jahren ab vollständiger Auszahlung oder Gutschrift der Darlehenssumme unter Einhaltung einer Frist von 6 Monaten;

f) wird Rückzahlungszeitpunkt nachträglich verlängert, beginnt bei langfristigen Krediten die 10-Jahres-Frist (vgl. e) neu zu laufen; Kündigung nach 10 Jahren ab dieser Vereinbarung unter Einhaltung einer Frist von 6 Monaten.

Darlehen mit *jederzeit* veränderlichem Zinssatz kann der Schuldner jederzeit unter Einhaltung einer Frist von 3 Monaten kündigen (§ 609 a): z. B. Kündigung am 14. 2. wirkt zum Ablauf des 14. 5.

Dieses *ordentliche* Kündigungsrecht des Schuldners kann vertraglich nicht ausgeschlossen werden. Daneben bleibt die *außerordentliche* Kündigung aus wichtigem Grund für Darlehensgeber und Darlehensnehmer zulässig; Frist 2 Wochen ab Kenntnis vom Kündigungsgrund. Nachschieben von Gründen ist zulässig.

Ist das D. noch nicht gewährt, aber versprochen, so kann dieses Versprechen widerrufen werden, wenn die Vermögensverhältnisse des anderen Teils sich derart verschlechtern, daß dadurch der Anspruch auf die Rückerstattung gefährdet wird (§ 610).

Eine Sonderform des D. stellt das sog. *partiarische D.* dar. Hier erhält der Darlehensgeber anstelle einer festen Verzinsung oder zusätzlich dazu eine Gewinnbeteiligung. Das partiarische D. ähnelt insofern der → *stillen Gesellschaft*. Es unterscheidet sich von ihr aber dadurch, daß der Darlehensgeber nur am Gewinn, niemals aber auch am Verlust beteiligt ist, wie das beim stillen Gesellschafter der Fall sein kann.

Datenschutz. (G 20. 12. 90, BGBl. I 2954) Sichert gespeicherte personenbezogene Daten vor Mißbrauch durch Einsicht, Verwertung, Veränderung. Wer mit Datenerfassung betraut ist, unterliegt der Geheimhaltung. Nur der Betroffene hat ein Recht auf Auskunft. Ein Arzt darf beim Verkauf seiner Praxis die Patientenkartei ohne Einwilligung der betroffenen Patienten nicht an seinen Nachfolger übergeben. Vom D. ausgenommen sind Daten, die behördeninternem Gebrauch dienen. Nichtöffentliche Stellen dürfen Daten nur für eigene Zwecke und nur im Rahmen eines Vertragsverhältnisses oder zur Wahrung berechtigter Interessen speichern (§§ 22 ff.). Zu dem vom D.-Beauftragten zu führenden D.-Register haben die Behörden die von ihnen geführten Dateien zu melden. Unbefugte Verwertung ist strafbar als Ausspähen von Daten (§ 202a StGB), Computerbetrug (§ 263a StGB), Computersabotage (§ 303b StGB), Datenveränderung (§ 303a StGB). Es bestehen daneben Ansprüche auf Unterlassung und Schadensersatz. Der Betroffene hat Recht auf Auskunft, er kann bei Unrichtigkeit Sperrung oder Löschung beantragen. Übergangsregelung in ehem. DDR bis 31. 12. 91.

Datowechsel ist ein → Wechsel, der eine bestimmte Zeit nach Ausstellung fällig ist. Soll die Frist nicht ab Ausstellung, sondern später zu laufen beginnen, muß dies auf dem Wechsel datumsmäßig genau angegeben werden (Art. 34 WG).

Dauerschuldverhältnis ist eine schuldrechtliche Beziehung, die nicht eine einmalige Leistung, sondern entweder ein andauerndes oder ein wiederkehrendes Verhalten zum Inhalt hat, z. B. → Miete, → Leihe, → Dienstvertrag. Es bestehen auf beiden Seiten erhöhte Pflichten, die über die rein schuldrechtlichen Beziehungen hinausgehen. Nach dem Grundsatz von → Treu und Glauben besteht deshalb bei Verletzung dieser Pflichten ein Recht auf fristlose → Kündigung. Eine besondere Art ist der Bezugsvertrag *(Sukzessivlieferungsvertrag)*. Es handelt sich dabei um einen einheitlichen Vertrag, in dem der eine Partner zur ratenweisen Lieferung einer von dem anderen Vertragspartner zu bestimmenden Warenmenge, der andere zur Zahlung, in aller Regel ebenfalls ratenweise, verpflichtet ist. *(Bierlieferungsvertrag* zwischen Brauerei und Gastwirt). Vereinbaren die Vertragsparteien eine 30jährige Bindung, ist der Vertrag sittenwidrig und nichtig. Beim Bezugsvertrag kann der Gläubiger bereits dann → Schadensersatz wegen Nichterfüllung des *ganzen* Vertrages verlangen oder den → Rücktritt vom ganzen Vertrag erklären, wenn durch die Verspätung oder Schlechterfüllung auch nur einer einzigen nicht ganz geringfügigen Leistung die Erfüllung des gesamten Vertragszwecks derart gefährdet wird, daß ihm die Fortsetzung des Vertrages nicht mehr zugemutet werden kann. Der Rücktritt wirkt nur für die Zukunft, beseitigt also den Vertrag nicht rückwirkend.

Vom Sukzessivlieferungsvertrag zu unterscheiden ist das *Wiederkehrschuldverhältnis,* das keinen einheitlichen Vertrag zur Grundlage hat, sondern das auf Grund jeweils neuer, wenn auch nur stillschweigender Wiederholung des Vertragsabschlusses für jeweils neue Zeitabschnitte und neue Warenmengen fortgesetzt wird, z. B. Bezug von Wasser, Gas, Strom.

Dauerwohnrecht

Dauerwohnrecht → Wohnungseigentum.

Deckungsverhältnis → Anweisung.

Deckungszusage → Versicherungsvertrag.

Deliktsfähigkeit (Verantwortlichkeit für einen angerichteten Schaden; Straffähigkeit) → Verschulden.

Delkrederehaftung ist eine bestimmte Form des → Garantievertrages. → Handelsvertreter oder → Kommissionäre haften dem Auftraggeber dafür, daß der Kunde seine Verbindlichkeit gegenüber dem Unternehmer erfüllt (Garantie für dessen Zahlungsfähigkeit). Die D. gibt Anspruch auf erhöhte Provision (§§ 86 b II, 394 II HGB).

Depotgeschäft ist die Verwahrung von Effekten (bestimmte Arten von Wertpapieren wie → Aktien, → Inhaberschuldverschreibungen, nicht aber z. B. → Wechsel) bei einem Kaufmann, der im Rahmen seines Handelsgewerbes Verwahrungsgeschäfte vornimmt (insbes. Banken). Für das D. (*Effektenverwahrung*) gelten zusätzlich zu den Vorschriften über die → Verwahrung die Bestimmungen des Depotgesetzes vom 4. 2. 1937 (RGBl. I 171). Wenn die Effekten dem Verwahrer unverschlossen übergeben werden, spricht man von einem *offenen* D. Die übergebenen Wertpapiere müssen gesondert von den eigenen Beständen und den anderer aufbewahrt werden *(Sonderverwahrung)*. Zu diesem Zweck muß ein eigenes *Depotkonto* geführt werden. Die Wertpapiere werden mit einem Streifband versehen, auf dem Art und Zahl der hinterlegten Effekten und der Name des Inhabers angegeben sind *(Streifbanddepot)*. Der Eigentümer behält sein Eigentum an den zur Verwahrung gegebenen Wertpapieren. Vertretbare Wertpapiere können statt dessen auf Grund ausdrücklicher Vereinbarung zwischen den Parteien in *Sammelverwahrung* genommen werden. Hier kann sie der Verwahrer auch ungetrennt von eigenen Beständen derselben Art aufbewahren. Bei der Sammelverwahrung entsteht jedoch Miteigentum nach Bruchteilen zwischen dem Verwahrer und dem Hinterleger (im Verhältnis des Nennbetrages der Papiere oder ihrer Stückzahl). Der Hinterleger hat dann nur noch Anspruch auf Herausgabe einer entsprechenden Anzahl der zusammen verwahrten Papiere. Bei der ebenfalls ausdrücklich zu vereinbarenden *Tauschverwahrung* dürfen vom Verwahrer auch gleichwertige andere Wertpapiere zurückgegeben werden.

Das Depotgesetz gilt nicht bei der verschlossenen Übergabe von Wertpapieren *(geschlossenes D.)* da es sich hierbei um reine → Verwahrung handelt. Wird im Rahmen des D. neben der Verwahrung von Wertpapieren noch deren Verwaltung, Einziehung von Zinsen und Dividenden u.ä. übernommen, gelten zusätzlich die Bestimmungen über die Geschäftsbesorgung (→ Auftrag).

Im → Konkurs haben die Hinterleger ein Recht auf vorzugsweise Befriedigung, soweit sie nicht ohnehin als Eigentümer → Aussonderung beanspruchen können. Der Depothinterleger erhält ein *Depotverzeichnis*. Übersendet er dieses an einen Dritten, geht damit bei entsprechendem Willen beider das Eigentum auf ihn über.

Devisen. Sind Ansprüche auf Zahlung in fremder Währung an ausländischen Orten, wobei Guthaben bei ausländischen Banken bestehen, sowie im Ausland zahlbare Wechsel und Schecks. Landläufig versteht man unter D. auch die fremde Währung selbst. Wird der Zahlungsverkehr zwischen verschiedenen Ländern staatlich gelenkt (durch Kontrolle des Außenhandels, mengenmäßige Beschränkung des Umtausch-, Ein- und Ausfuhrrechts von Währungen), spricht man von D.-Bewirtschaftung.

Dienstaufsichtsbeschwerde ist der an die übergeordnete Behörde gerichtete Antrag, eine Entscheidung oder ein Verhalten von Beamten in bezug auf seine Person sachlich oder dienstrechtlich auf seine Richtigkeit zu überprüfen.

Dienstbarkeiten → Grunddienstbarkeit.

Dienstberechtigter → Arbeitsvertrag, Dienstvertrag.

Dienstverpflichteter → Arbeitsvertrag, Dienstvertrag.

Dienstverschaffungsvertrag ist die Verpflichtung, Dienste durch andere leisten zu lassen (Agenturvertrag). Mit Stellung der fremden Arbeitskraft ist der D. erfüllt. Zwischen den vermittelten Arbeitnehmern und dem, der die Dienste begehrt, kommt kein Vertrag zustande.

Dienstvertrag ist der gegenseitige schuldrechtliche → Vertrag, in dem sich der eine Partner zur Leistung einer vereinbarten Tätigkeit (nicht zur Erbringung eines bestimmten Erfolges), der andere zur Gewährung der vereinbarten Vergütung (Lohn) verpflichtet (§ 611). Arbeitnehmer dürfen nicht benachteiligt werden (§ 611a); andernfalls ist Anspruch auf Schadenersatz gegeben, der in 2 Jahren verjährt. Im Gegensatz zum → Werkvertrag ist beim D. die Tätigkeit als solche Vertragsinhalt, nicht ein bestimmter durch die Tätigkeit herbeizuführender Erfolg. Die Vergütung kann in Geld oder anderen Leistungen bestehen, z.B. durch die Gewährung mietfreien Wohnens (Hausmeister).

Als Dienstleistungen kommen sowohl Dienste niederer wie auch

Dienstvertrag

höherer Art in Betracht. Allerdings gilt für letztere, wenn es sich bei ihnen um eine sog. Geschäftsbesorgung handelt, in aller Regel Auftragsrecht (→ Auftrag).

Die Dienstleistung kann in Form selbständiger wie auch abhängiger Arbeit bestehen. In den Fällen selbständiger Arbeit ist der Dienstleistende wirtschaftlich und sozial unabhängig. Hierher gehören z. B. der Arzt und der Rechtsanwalt (§ 675). Ihre Tätigkeit kann sich allerdings u. U. auch als → Werkvertrag darstellen, z. B. bei einer Operation oder Gutachtenerstattung. Die Tätigkeit des Architekten unterliegt je nach ihrer Art den Vorschriften über den D. oder den Werkvertrag (im einzelnen s. dort unter 10). Ob selbständige oder abhängige Arbeit vorliegt, richtet sich nach der tatsächlichen Ausgestaltung des Vertragsverhältnisses (wegen abhängiger Arbeit → Arbeitsvertrag).

Der *Abschluß* des D. ist formlos. Wenn eine Vergütung nicht ausdrücklich abgesprochen ist, gilt sie als stillschweigend vereinbart, wenn die Dienstleistung den Umständen nach nur gegen eine Vergütung zu erwarten ist (§ 612). Die Höhe richtet sich nach den als üblich anzusehenden Sätzen.

Der zur Dienstleistung Verpflichtete kann seine Dienste nur persönlich erbringen, der Dienstberechtigte seinen Anspruch auf die ihm geschuldeten Dienste nicht auf einen anderen übertragen (§ 613; § 613 a sieht bei *Betriebsveräußerung* vor, daß der Erwerber voll in die bestehenden Arbeitsverhältnisse eintritt; für seine sich daraus ergebende Pflichterfüllung haftet den Arbeitnehmern der bisherige Arbeitgeber weiter. Nimmt ein Dienstherr die ihm angebotenen Dienste auch schuldlos nicht an (Stromausfall), kann der Dienstverpflichtete die vereinbarte Vergütung verlangen, ohne seine Dienstleistung nachholen zu müssen (§ 615).

Bei kurzzeitiger unverschuldeter (z. B. krankheitsbedingter) Abwesenheit besteht → Lohnfortzahlungsanspruch (der diese Regelung enthaltende § 616 II, III gilt in ehem. DDR nicht). Der Arbeitgeber hat ferner die Pflicht, für Leib und Leben seiner Dienstverpflichteten einzustehen, indem er für die Sicherheit am Arbeitsplatz zu sorgen hat; tut er dies nicht, haftet er auf *Schadensersatz* (§ 618).

Die *Beendigung* des Vertragsverhältnisses tritt grundsätzlich durch Ablauf der Zeit ein, für die es eingegangen wurde, durch Leistung der vereinbarten Dienste, durch eine entsprechende Vereinbarung der Vertragsparteien oder durch → Kündigung eines Vertragspartners. Falls hierzu nichts anderes vereinbart ist, ist die ordentliche, an Fristen gebundene Kündigung nur zulässig,

1. wenn die Vergütung nach Tagen bemessen ist, an jedem Tag für den Ablauf des folgenden Tages;
2. wenn die Vergütung nach Wochen bemessen ist, spätestens am

ersten Werktag einer Woche für den Ablauf des folgenden Sonnabends;

3. wenn die Vergütung nach Monaten bemessen ist, spätestens am 15. eines Monats für den Schluß des Kalendermonats;

4. wenn die Vergütung nach Vierteljahren oder längeren Zeitabschnitten bemessen ist, unter Einhaltung einer Kündigungsfrist von sechs Wochen für den Schluß eines Kalendervierteljahres;

5. wenn die Vergütung nicht nach Zeitabschnitten bemessen ist, jederzeit; bei einem die Erwerbstätigkeit des Verpflichteten vollständig oder hauptsächlich in Anspruch nehmenden Dienstverhältnis ist jedoch eine Kündigungsfrist von zwei Wochen einzuhalten.

Der D. kann fristlos bei Vorliegen wichtiger Gründe, die schriftlich mitzuteilen sind (§ 626), unter Einhaltung einer 2-Wochenfrist gekündigt werden. Leitende Angestellte (§ 627) brauchen diese Formalitäten nicht einzuhalten; kündigen sie jedoch zur Unzeit, haften sie dem Arbeitgeber auf Schadensersatz (es sei denn, sie haben ihrerseits einen wichtigen Grund für die sofortige → Kündigung).

Nach der Kündigung eines dauernden D. muß der Dienstberechtigte dem Dienstverpflichteten auf Verlangen eine angemessene Zeit zum Aufsuchen eines anderen D. gewähren (§ 629) und ihm ein Zeugnis erteilen (§ 630).

Die Lohnansprüche aus Dauerdienstverhältnissen und die Honoraransprüche der Ärzte, Architekten und Rechtsanwälte verjähren in 2 Jahren. Die Verjährung beginnt mit Schluß des Jahres, in dem der Anspruch entstanden ist. Im übrigen verjähren die Ansprüche aus Dienstleistungen in 30 Jahren nach ihrer Entstehung (§§ 195, 196, 201).

Dienstwohnung (Werkdienstwohnung) → Miete (V), → Dienstvertrag.

Differenzgeschäft ist ein → Vertrag auf Lieferung von Waren oder → Wertpapieren; im Zeitpunkt der → Fälligkeit soll aber nicht geliefert, sondern nur die Differenz zwischen dem vereinbarten und dem Börsenpreis gezahlt werden. Eine echte, einklagbare – Verbindlichkeit wird nicht begründet; umgekehrt kann eine erbrachte Leistung aber nicht zurückgefordert werden (§ 764).

Diligentia quam in suis. Haftung für fremde Interessen nur im Rahmen der Sorgfalt, die man in eigenen Angelegenheiten anzuwenden pflegt (§ 277), z. B. bei → Verwahrung (§ 690), Haftung der Eltern gegenüber ihrem Kind (§ 1664), Gesellschaftern einer BGB-Gesellschaft.

Direktionsrecht → Arbeitsvertrag.

Direktversicherung

Direktversicherung ist eine → Lebensversicherung auf das Leben des Arbeitnehmers, die durch den Arbeitgeber abgeschlossen wird. Die Beiträge mindern als Betriebsausgaben den Gewinn des Arbeitgebers; für den Arbeitnehmer sind die Beiträge Arbeitslohn (§ 2 II[3] LStDV). Bis 3000.– DM jährlich können bei der Lohnsteuer mit 15% pauschal versteuert werden. Im Versorgungsfall bezieht der Begünstigte eine → Leibrente, bei der er jedoch einen Teil seines Sparguthabens einbüßt. In der Regel besteht die Versicherungssumme aus dem eingezahlten Kapital und 3% Verzinsung; je nach Gewinnentwicklung wird eine Dividende zusätzlich ausgezahlt.

Disagio. Werden Darlehen nicht zu ihrem vollen Nennwert, sondern darunter ausgegeben, muß der Schuldner aber den vollen Wert bezahlen, gebührt dieses D. als Verdienst dem Gläubiger (Bank). Bei fremder Währung muß der Kunde häufig ein Aufgeld zur effektiven Kaufkraft bezahlen, ebenso bei Wertpapieren.

Diskont wird der Zwischenzins einer Schuld bei Bezahlung vor ihrer Fälligkeit genannt. Zum Abzug dieses Zwischenzinses ist der Schuldner einer *unverzinslichen* Forderung grundsätzlich nicht berechtigt (§ 272). Ausnahmen können durch Vereinbarung (im Bankgeschäft üblich, → Diskontierung) oder kraft gesetzlicher Anordnung getroffen werden (z. B. im Konkursverfahren, §§ 65, 70 KO, und im Hypothekenrecht, § 1133).

Diskontierung ist der Ankauf von Wechseln und Schecks durch eine Bank (oder die Übernahme zur Einziehung) unter Abzug der Zinsen für die Zeit von der Einreichung des Wechsels bis zum Verfalltag. Die Höhe der abzuziehenden Zinsen wird durch den *Diskontsatz* bestimmt. Er wird von der Deutschen Bundesbank festgesetzt. Der Diskontsatz ist ein kreditpolitisches Instrument, da ein hoher Diskontsatz eine Verteuerung, ein niedriger eine Verbilligung der Kredite bewirkt. Der Ankauf von Wechseln (die bestimmte Anforderungen erfüllen müssen) durch die Landeszentralbanken von anderen Banken wird *Rediskontierung* genannt, der hier maßgebliche Zwischenzins *Rediskont*.

Dissens (Einigungsmangel) → Vertrag.

Dividende ist der den Aktionären zustehende Anteil am Bilanzgewinn einer Aktiengesellschaft. Ihre Höhe wird in der Hauptversammlung festgesetzt und bestimmt sich nach einem Prozentsatz des Nennbetrags der → Aktien. Die Berechtigung zur Entgegennahme der D. wird durch die der Aktie beigegebenen Dividendenscheine (sog. → Talons) nachgewiesen. D. darf nur aus dem Reingewinn (Jahresüberschuß) verteilt werden.

Dividendenschein → Dividende.

DM-Bilanzgesetz. In ehem. DDR gilt ab 3. 10. 90 das G über die Eröffnungsbilanz in DM und die Kapitalneufestsetzung, wonach Unternehmen in ehem. DDR verpflichtet sind, zum 1. 7. 90 eine Bilanz und ein Inventar aufzustellen und die im G genannten Bewertungsvorschriften (z. B. Grund und Boden mit Verkehrswert) einzuhalten (Anlage II Kap. II D I EV). Die AO über den Abschluß der Buchführung vom 27. 6. 90, GBl. I Nr. 40 S. 593 bleibt in Kraft.

Doppelte Haushaltführung. Lebt und arbeitet ein verheirateter Steuerpflichtiger an verschiedenen Orten und kann er nicht täglich nach Hause fahren, kann er die Kosten für eine zweite Haushaltsführung als → Werbungskosten bei seinem zu versteuernden Einkommen absetzen. Das gilt auch bei → nichtehelicher Lebensgemeinschaft, wenn ein gemeinsames Kind in der gemeinsamen Wohnung lebt.

Draufgabe ist die zusätzliche Übergabe irgendwelcher Gegenstände, meist von Geld („Handgeld"), anläßlich des Abschlusses eines Vertrages, ohne daß über den zugewendeten Gegenstand eine Abmachung getroffen wird (§ 336). Wenn nichts anderes vereinbart wurde, gilt die D. nicht als → Reugeld (§ 359), d. h. ihr Verfallenlassen bzw. ihre Rückgabe gibt weder dem Geber noch dem Empfänger ein ihm sonst nicht zustehendes Rücktrittsrecht. Sie ist im Zweifel nicht als Zugabe über die eigentliche Vertragsleistung des Gebers hinaus anzusehen, sondern bei der Erfüllung anzurechnen oder bei einer eventuellen Vertragsanfechtung oder -aufhebung zurückzugeben (§ 337). Kommt es jedoch wegen eines Verschuldens des Gebers nicht zur Vertragserfüllung, darf der Empfänger die D. behalten. Verlangt der Empfänger Schadensersatz wegen Nichterfüllung, muß er sich die erhaltene D. im Zweifel anrechnen lassen (§ 338).

Dreimonatseinrede. Der Erbe ist berechtigt, die Befriedigung von Nachlaßgläubigern bis zu 3 Monaten nach Annahme der Erbschaft oder Bestellung eines Nachlaßpflegers zu verweigern (*Ausn.:* er hat das Recht, seine Haftung auf den Nachlaß zu beschränken, bereits verloren → beschränkte Erbenhaftung), §§ 2014, 2016, 2017.

Dreißigster ist der Anspruch der zum Haushalt des Erblassers gehörenden Familienangehörigen gegen den Erben, ihnen bis 30 Tage nach dem Tod des Erblassers denselben Unterhalt zu gewähren, wie ihn der Erblasser ihnen gewährt hat (§ 1969). Zu den Anspruchsberechtigten zählt auch der Partner einer nicht ehelichen Lebensgemeinschaft.

Dreizeugentestament → Testament.

Drittschadensliquidation

Drittschadensliquidation bedeutet die Geltendmachung eines fremden Schadens im eigenen Namen. *Beispiel:* V aus München versendet Porzellan an K in Hamburg, indem er S mit dem Transport beauftragt. Kommt Porzellan beschädigt an, weil S zu schnell gefahren ist, kann K seinen Schaden weder von V (der den Vertrag bereits erfüllt hat) noch (mangels Vertrag) von S verlangen. Hier ist V verpflichtet, den dem K entstandenen Schaden bei S auf Grund des Beförderungsvertrages zu „liquidieren".

Anwendungsbereich: → Versendungskauf, → Stellvertretung, → Kommission.

Drittschuldner. Betreibt ein Gläubiger die → Pfändung einer seinem Schuldner zustehenden Forderung (z. B. auf Arbeitslohn), so ist D. die Person, gegen die sich die Forderung des Schuldners richtet (z. B. der Arbeitgeber). Der D. darf nach Mitteilung der Pfändung die gepfändete Forderung nicht mehr an den Schuldner (z. B. Arbeitnehmer), sondern nur noch an den pfändenden Gläubiger auszahlen (§ 829 ZPO).

Drohung → Anfechtung. Im Strafrecht als Nötigung, Bedrohung, Raub oder Erpressung strafbar.

Droschken (Kraftdroschken, Taxi) sind Kraftfahrzeuge, die von einem Unternehmer auf öffentlichen Straßen und Plätzen *bereitgestellt* werden und die der Beförderung von Fahrgästen zu einem von diesen bestimmten Ziel dienen. Zwischen dem Unternehmer und dem Fahrgast wird ein → *Beförderungsvertrag* geschlossen. D. sind als solche äußerlich stets durch die Bezeichnung „Taxi" kenntlich gemacht. Haftung des Halters für Verletzungen oder Tötung der beförderten Insassen auch ohne Verschulden, ebenso für Beschädigung der vom Fahrgast mitgeführten Sachen; Ausschluß oder Beschränkung der Haftung ist unzulässig.

Der gewerblichen Personenbeförderung dienen auch *Mietwagen*. Im Gegensatz zu den D. werden sie nicht öffentlich bereitgestellt, sondern müssen im Einzelfall angemietet werden. Zwischen den Beteiligten besteht ein *Mietvertrag* (→ Miete). Mietwagen müssen als solche äußerlich nicht besonders kenntlich gemacht werden. Während D. jederzeit und überall Fahrgäste aufnehmen dürfen, ist dies den Mietwagen i. d. R. nicht gestattet.

Beide Arten der Personenbeförderung sind genehmigungspflichtig. Für sie gelten die Bestimmungen des Personenbeförderungsgesetzes v. 8. 8. 90, BGBl. I 1690. Die Genehmigung wird auf die Dauer von höchstens 4 Jahren erteilt, bei D. auch nur dann (anders bei Mietwagen), wenn durch die Zulassung neuer D. nicht das *gesamte* örtliche Droschkengewerbe in seiner Existenz bedroht wird. Die

Vermietung von Kraftfahrzeugen an Selbstfahrer gehört nicht hierher. Für deren gewerbsmäßige Ausübung gilt nicht das Personenbeförderungsgesetz, sondern die Gewerbeordnung mit Sonderbestimmungen.

Duldungsvollmacht → Vollmacht.

Durchgriffshaftung. Wegen der Selbständigkeit der eingetragenen Vereine, AG, GmbH haften ihre Mitglieder und Organe nicht persönlich für die → Verbindlichkeiten der Gesellschaft. Eine D. findet nur gegenüber den Gründern einer Gesellschaft, ferner dann statt, wenn die Gesellschaft bewußt vermögenslos gestellt wird, um die Gläubiger zu benachteiligen, wenn der Kommanditist einer → Kommanditgesellschaft seine Einlage noch nicht (voll) bezahlt hat oder wenn die Mutter- die Tochtergesellschaft wirtschaftlich und finanziell völlig beherrscht (ab 1. 1. 81 haften die GmbH-Gesellschafter auch bei unrichtiger Anmeldung und falscher Vermögensbewertung sowie bei Verschmelzung).

E

ECU (= European Currency Unit) ist eine Verrechnungseinheit im europäischen Währungssystem und eine Abrechnungsgröße des Europäischen Gemeinschaftshaushalts, um einen einheitlichen Kapitalmarkt und später eine europäische Währung zu schaffen. ECU-Zahlungsmittel gibt es nur in Belgien; ECU-Anleihen sind allgemein anerkannt.

Effektenverwahrung → Depotgeschäft.

Ehe ist die rechtlich anerkannte, grunds. auf Lebenszeit vor dem Standesbeamten eingegangene Gemeinschaft (§ 1353) zwischen Mann und Frau. Sie erzeugt → Unterhalts- und Beistandspflichten, Mitbesitz und → Erbrecht. Das gemeinsame Vermögen kann durch notariellen → Ehevertrag (§ 1410) entweder getrennt bleiben (→ Gütertrennung, § 1414), oder beiden gemeinsam gehören (→ Gütergemeinschaft, § 1415 ff) oder der Überschuß bei Scheidung geteilt werden (→ Zugewinngemeinschaft (§§ 1363 ff). Der Ehename ist wie die berufliche Betätigung frei wählbar.

In ehem. DDR gelten die §§ 1–21, 28–37 EheG nicht.

Eheähnliche Gemeinschaft begründet keine → Unterhaltsansprüche, keinen Anspruch auf → Witwenrente. Gemeinsames Eigentum kann gebildet werden. Vertragliche Regelung empfiehlt sich. Kinder sind nicht ehelich. Eine vertraglich festgelegte Abfindungssumme für den Fall des Scheiterns ist sittenwidrig und nichtig. Testament und Erbvertrag sind zulässig. Anspruch auf den → Dreißigsten besteht. → Nichteheliche Lebensgemeinschaft. Unterhaltsansprüche sind steuerlich nicht berücksichtigungsfähig.

Eheaufhebung ist Beseitigung der → Ehe für die Zukunft. Aufhebungsgründe sind fehlende Einwilligung des gesetzlichen Vertreters bei Eheschließung Minderjähriger, Willensmängel (Irrtum), Wiederverheiratung bei unrichtiger Todeserklärung, arglistige Täuschung, Drohung (§ 28 ff EheG) Auf eine nur binnen 1 Jahres ab Kenntnis vom Aufhebungsgrund mögliche Klage hebt das Familiengericht am → Amtsgericht die Ehe auf (§§ 606 ff ZPO). Die Folgen sind dieselben wie nach → Ehescheidung; der gutgläubige Ehegatte kann aber durch Erklärung binnen 6 Monaten ab Rechtskraft des Aufhebungsurteils die vermögensrechtlichen Folgen der Ehescheidung ausschließen (§ 37 EheG).

Ehebruch ist der willentlich ausgeführte Geschlechtsverkehr eines gültig verheirateten Ehepartners mit einer anderen Person. E. ist weder strafbar noch ein absoluter Scheidungsgrund; er berechtigt die Schwiegereltern grundsätzlich nicht zum Widerruf von Geschenken.

Ehefrau, Ehemann, Rechtsgeschäfte → Schlüsselgewalt.

Ehegattenerbrecht. Ist kein → Testament oder → Erbvertrag vorhanden, erhält der überlebende in gültiger Ehe verheiratete Ehepartner:

1) neben ehelichen, nicht ehelichen, adoptierten Kindern des Verstorbenen bei → Zugewinngemeinschaft ½.

2) neben diesen Kindern des Verstorbenen bei → Gütergemeinschaft ¼.

3) neben diesen Kindern des Verstorbenen bei → Gütertrennung ½ neben 1 Kind, ⅓ neben 2 Kindern, ¼ ab dem 3. Kind.

4) neben Eltern, Geschwistern, Nichten und Neffen des Verstorbenen bei Zugewinngemeinschaft ¾ (bei Gütergemeinschaft oder Gütertrennung ½).

5) neben Großeltern, Onkel, Tanten und Cousins des Verstorbenen bei Zugewinngemeinschaft ¾ und den Anteil, den neben einem Großelternteil Onkel, Tante oder Cousin erhalten würden (bei Gütergemeinschaft oder Gütertrennung ½ und den Teil, den neben einem Großelternteil Onkel, Tante oder Cousin erhalten würden).

6) neben Urgroßeltern des Verstorbenen ¹⁄₁.

Eheliche Lebensgemeinschaft (§ 1353) umfaßt die Pflicht zum Zusammenleben, zur häuslichen Gemeinschaft, gegenseitigen Treue und Achtung, ehelichen Verkehr, Sorge für den anderen, Sorge für die (auch vorehelichen) Kinder, Unterstützung im Beruf und Haushalt (vor allem bei beiderseitiger Berufstätigkeit), frei wählbarer Namensführung und gegenseitigen Unterhalt. Klage auf Herstellung der E. L. möglich, nicht jedoch die Vollstreckung. In der Entscheidung seiner persönlichen Dinge (Beruf, Lebensstil) ist jeder Gatte frei. Gegenseitiges Vertretungsrecht nur im Rahmen der (früher sog.) → Schlüsselgewalt. Haftung für schadensersatzpflichtige Handlungen des Ehepartners nur bei → Gütergemeinschaft. Verletzung der Pflicht zur E. L. begründet Schadensersatzansprüche (es sei denn, es handelt sich um Pflichten, die zum höchstpersönlichen Bereich der Ehe gehören).

Ehelichkeitsanfechtung. Die Nichtehelichkeit eines Kindes, das während der Ehe oder binnen 302 Tagen nach Auflösung der Ehe geboren ist (Empfängniszeit), kann nur durch gerichtliche Anfechtung (§§ 640ff ZPO) geltend gemacht werden (§ 1594). Anfechtungsfrist: für Ehemann 2 Jahre ab Kenntnis der für die Nichtehelichkeit sprechenden Umstände, für Eltern des verstorbenen Ehemannes bzw. die Kindesmutter 1 Jahr ab Kenntnis vom Tod des Mannes und der Geburt des Kindes, für Kind 2 Jahre ab Kenntnis (auch wenn die Ehe seiner Mutter noch besteht). Die Zweijahresfrist für die E. durch das volljährige Kind beginnt aber mit dem 18. Lebensjahr zu laufen, auch wenn das Kind zu diesem Zeitpunkt noch keine Kenntnis vom Anfechtungsgrund hat. Ist die Nichtehelichkeit rechtskräftig festgestellt, kann der sog. Scheinvater vom Erzeuger den bisher für das Kind gezahlten Unterhalt und die Entbindungskosten verlangen.

Ehenichtigkeit ist die rückwirkende Beseitigung der Ehe durch Urteil des Familiengerichts bei mangelnder Form der Eheschließung (Heilung nach 5 Jahren), fehlender Geschäftsfähigkeit, Geistesstörung, Doppelehe, Geschwister- oder Verschwägertenehe (Befreiung möglich), §§ 16ff EheG. Die Nichtigkeitsklage kann jeder Ehegatte (und die Staatsanwaltschaft) erheben. Kinder aus nichtigen Ehen bleiben ehelich.

Ehescheidung (§§ 1564ff). Ist die Ehe zerrüttet (Verschulden spielt keine Rolle), was Antragsteller beweisen oder beide übereinstimmend darlegen müssen, oder leben die Eheleute getrennt, so wird bei 1jähriger Trennung auf übereinstimmenden Antrag, nach 3 Jahren auf einseitigen Antrag die Ehe durch das Familiengericht geschieden. *Ausnahme:* bei sozialer oder seelischer Härte oder vorhandenen minderjährigen Kindern wird in der Regel nach längstens 5 jähriger Trennung geschieden (§ 1568). Unterbringung eines Ehegatten in einem Pflegeheim ist kein Hinweis auf gescheiterte Ehe und kein Getrenntleben. *Rechtsfolgen:* Ausgleich des → Zugewinns, der Altersversorgung (→ Versorgungsausgleich), Hausratteilung, Ende der gemeinsamen elterlichen Sorge für minderjährige Kinder, Ende der → Unterhaltspflicht. Kein gesetzliches Erbrecht; Erbeinsetzung entfällt dann, wenn sie unter der Voraussetzung des Verheiratetbleibens erfolgt ist. Vereinbarungen über den → Zugewinnausgleich, → Versorgungsausgleich und die → Unterhaltspflicht sind zulässig. *Verfahren:* §§ 662ff ZPO. Es herrscht Anwaltszwang. In der Regel wird zugleich über das Sorgerecht bez. der Kinder, Unterhalt, Zugewinn und Versorgungsausgleich sowie Hausratteilung (sog. Scheidungsfolgesachen) mit entschieden. Kinder bleiben ehelich. Hat ein Gatte dem anderen während der Ehe die Aufnahme von Krediten durch Übernahme der persönlichen Haftung oder Einräumung von Hypotheken- bzw. Grundschulden ermöglicht, kann er nach Scheitern der Ehe Befreiung von solchen Verbindlichkeiten gemäß § 670 BGB verlangen.

Für die in ehem. DDR vor 3. 10. 90 geschiedenen Ehen gilt das dortige Unterhaltsrecht weiter; wird die Ehe nach 1. 1. 92 geschieden, findet ein Versorgungsausgleich statt (*Ausn.:* anderslautende Vereinbarung vor 3. 10. 90).

Ehestörung durch Dritte gibt einen (nicht vollstreckbaren) Anspruch gegen den Ehepartner auf Unterlassung, aber kein Recht auf Schadensersatz gegen den Ehebrecher und kein Recht auf Ersatz der Scheidungs- oder Ehelichkeitsanfechtungskosten, wohl auf Ersatz der Unterhaltskosten, die dem Scheinvater durch Zahlung an das vermutlich eheliche Kind entstanden sind. Ein Ehegatte kann dann nicht die Entfernung des Ehebrechers aus der Ehehwohnung verlangen, wenn er zuvor mit einem Partnertausch einverstanden war.

Ehevermittlung. Für den Nachweis der Gelegenheit zur Eingehung einer Ehe oder für die Vermittlung ihres Zustandekommens kann ein Entgelt nicht rechtswirksam vereinbart werden (§ 656). Eine entsprechende Vereinbarung wäre nichtig. Das gilt auch für ein dem Vermittler gegebenes → Schuldanerkenntnis. Wurde Ehemaklerlohn bezahlt, kann er nicht wegen → ungerechtfertigter Bereicherung zurückverlangt werden. Aus diesem Grund wird von Ehevermittlungsinstituten Vorauszahlung verlangt. Wird der Vermittler trotz Zahlung nicht tätig, ist er auf Schadensersatz wegen → positiver Vertragsverletzung in Anspruch zu nehmen. Wird der Ehemäklerlohn durch einen Dritten finanziert (z. B. Bank), so kann der Schuldner solche Einwendungen nur bei enger Geschäftsverbindung zwischen dem Ehemäkler und dem Dritten auch diesem gegenüber geltend machen. Ein Bekanntschaftsvermittlungsdienstvertrag (Partnerservice) ist aber echter → Geschäftsbesorgungsvertrag.

Ehevertrag ist ein → Vertrag zwischen Ehegatten oder Verlobten über ihre *güterrechtlichen* Verhältnisse (§ 1408). Der Abschluß kann nur bei gleichzeitiger Anwesenheit beider Teile (die sich allerdings vertreten lassen können, → Stellvertretung) vor einem Notar erfolgen. Beschränkt geschäftsfähige Ehegatten bedürfen der Genehmigung ihres gesetzlichen Vertreters (→ Geschäftsfähigkeit, Stellvertretung). Für geschäftsunfähige Ehegatten kann nur deren gesetzlicher Vertreter handeln, der seinerseits der Genehmigung des Vormundschaftsgerichts bedarf. Das gilt auch für Vormund und Betreuer. Durch den E. können nur die güterrechtlichen Beziehungen der Beteiligten, die sich aus der Eheschließung ergeben, nicht auch sonstige rechtliche Beziehungen geregelt werden (z. B. statt → *Zugewinngemeinschaft* → *Gütergemeinschaft*, Beseitigung von Verfügungsbeschränkungen, andere Berechnung und Verteilung des Zugewinns, Regelung der Vermögensverwaltung, Unterhalts- und Versorgungsausgleichsvereinbarung). Wird der gesetzl. Güterstand der → Zugewinngemeinschaft durch E. ausgeschlossen, empfiehlt sich Eintragung im Güterrechtsregister des Amtsgerichts, weil sich sonst Dritte u. U. auf Nichtkenntnis der Änderung bei Rechtsgeschäften mit einem Ehegatten berufen können (§ 1412). Wird kein neuer Güterstand vereinbart, tritt → Gütertrennung ein. Zulässig ist auch der gleichzeitige Abschluß eines → Erbvertrages in derselben Urkunde.

Eigenbedarf → Mietvertrag.

Eigenschaftsirrtum → Anfechtung.

Eigentum ist das umfassendste und grundsätzlich unbeschränkte Herrschaftsrecht über eine → Sache, das denjenigen, dem es zusteht (Eigentümer), dazu berechtigt, über die Sache beliebig zu verfügen (§ 903), z. B. sie auf andere zu übereignen, sie zu verpfänden oder auch zu vernichten. E. ist wegen dieser umfassenden Bedeutung streng vom → *Besitz* zu unterscheiden.

Das E. ist jedoch sozialgebunden (Art. 14: „Eigentum verpflichtet. Sein Gebrauch soll zugleich dem Wohle der Allgemeinheit dienen. Inhalt und Schranken werden durch die Gesetze bestimmt"). Derartige Schranken finden sich im Privatrecht wie auch im öffentlichen Recht (Verbot der mißbräuchlichen Rechtsausübung, Baubeschränkungen, Genehmigungsbedürftigkeit von Baumaßnahmen u. a. m.).

Bei *Grundstücken* erstreckt sich das E. auch auf den Raum über und unter der Oberfläche. Einwirkungen anderer auf diesen Bereich kann der Eigentümer dann nicht untersagen, wenn sie in einer solchen Höhe oder Tiefe erfolgen, daß die schutzwürdigen Interessen des Eigentümers dadurch nicht beeinträchtigt werden (z. B. Überfliegen mit Flugzeugen).

Eigentum

Formen: *Alleineigentum, Miteigentum* nach Bruchteilen (→ Gemeinschaft), *Gesamthandseigentum* (→ Gesamthandsvermögen), *Sicherungseigentum* (→ Sicherungsübereignung), *Vorbehaltseigentum* (→ Eigentumsvorbehalt), → Wohnungseigentum.

Erwerb des E. durch Rechtsgeschäft ist auf verschiedene Weise möglich. Zunächst gibt es den abgeleiteten *(derivativen)* Erwerb durch Eigentumsübertragung. Bei *beweglichen* Sachen ist hierzu die Einigung zwischen dem veräußernden Eigentümer und dem Erwerber über den Eigentumsübergang und die Übergabe der Sache selbst erforderlich. Ist der Veräußernde nicht der Eigentümer, der Erwerber diesbezüglich aber gutgläubig, erwirbt er trotzdem Eigentum, es sei denn die Sache ist gestohlen, verloren oder gegen den Willen des früheren unmittelbaren Besitzers abhandengekommen. Bei Geld oder → Inhaberpapieren entscheidet jedoch allein der gute Glaube über den Eigentumserwerb (§ 935). Die Übergabe besteht in der Einräumung des unmittelbaren → Besitzes (§ 929). Wenn der Erwerber in der Lage ist, die tatsächliche Gewalt über die Sache auszuüben, wird die Übergabe ersetzt durch die Einigung über den Besitzübergang (z. B. beim Kauf von Holz, das sich noch im Wald befindet). Hat der Erwerber bereits den tatsächlichen Besitz an der Sache (z. B. bei einem geliehenen Buch oder gemieteten Pkw), ist nur die Einigung erforderlich. Will andererseits der bisherige Eigentümer den unmittelbaren Besitz an der Sache nicht aufgeben, kann die Übergabe dadurch ersetzt werden, daß zwischen ihm und dem Erwerber ein bestimmtes Rechtsverhältnis vereinbart wird *(Besitzkonstitut),* durch das der Erwerber den mittelbaren Besitz erlangt (z. B. → Miete, → Leihe). Der wichtigste Fall ist die *Sicherungsübereignung,* bei der z. B. ein Fabrikant die für die Aufrechterhaltung der Produktion notwendigen Maschinen in seinem Betrieb behält, das E. an ihnen aber zu Sicherungszwecken auf einen Kreditgeber übertragen hat. Wenn weder der Erwerber noch der Veräußerer die Sache besitzt, sondern ein Dritter (z. B. einen Pkw auf Grund eines Mietvertrages), kann die Übergabe dadurch ersetzt werden, daß der bisherige Eigentümer seinen Anspruch gegen den Dritten auf Herausgabe der Sache an den Erwerber abtritt (→ Abtretung).

Bei der *Einigung* über den Eigentumsübergang, die ein → Rechtsgeschäft ist, kann sich der Erwerber durch einen anderen vertreten lassen (→ Stellvertretung). Hinsichtlich der *Übergabe* ist eine Vertretung nicht möglich, da es sich bei ihr um eine tatsächliche Handlung (Realakt) handelt. Der bei der Einigung Vertretene erwirbt den Besitz der Sache deshalb unmittelbar nur dann, wenn der Vertreter auch *Besitzdiener* (→ Besitz) war; sonst muß der Besitz zur Vollendung der Übergabe vom Vertreter auf den Vertretenen übertragen werden. Wenn der Vertreter sich nicht als solcher zu erkennen gibt (mittelbare → Stellvertretung), erwirbt er selbst das E. und muß es dann erst auf den Vertretenen weiter übertragen. Bei den meisten Barkäufen des täglichen Lebens, bei denen es dem Verkäufer i. d. R. gleichgültig ist, auf wen das E. übergehen soll (z. B. beim Kauf von Gegenständen des täglichen Bedarfs im Laden), richtet sich sein Übertragungswille auf den tatsächlichen Geschäftsherrn (z. B. beim Einkauf der Hausangestellten für den Haushalt.) Man spricht hier von einer sog. *Übereignung an den, den es angeht;* wer hiernach Eigentümer werden soll, wird es unmittelbar durch den Kaufabschluß seines Stellvertreters.

Bei *Grundstücken* ist zum Eigentumsübergang nach §§ 873, 925 die notariell zu beurkundende Einigung zwischen dem Veräußerer und Erwerber, hier → Auflassung genannt, und die *Eintragung* des Eigentumsübergangs *im Grundbuch* erforderlich (→ Grundstückskaufvertrag). In der Zeit zwischen der Auflassung und der Eintragung hat der Erwerber aber bereits ein Anwartschaftsrecht (→ Anwartschaft), das durch → Vormerkung im Grundbuch gesichert wird.

Hinsichtlich des Erwerbs vom *Nichtberechtigten* entscheidet bei Grundstücken und anderen Immobiliarrechten der gute Glaube und der Eintrag im Grundbuch (§ 892). → *gutgläubiger Erwerb*.

Außer dem abgeleiteten Erwerb gibt es noch den ursprünglichen *originären)* Erwerb. Hierher gehören die Fälle der (→ Aneignung herrenloser Sachen, der → Ersitzung, → Verbindung, Vermischung, Verarbeitung und des sog. → Fruchterwerbs. Weiterhin kann E. durch Gesamtrechtsnachfolge auf Grund einer Erbschaft, durch Vereinbarung einer → Gütergemeinschaft sowie durch Staatsakt z. B. in der Zwangsversteigerung (→ Versteigerung) erworben werden.

Der *Verlust des E.* kann außer in den Fällen, die zum Eigentumserwerb eines anderen führen, auch durch einseitige Eigentumsaufgabe *(Dereliktion)* eintreten. Die Eigentumsaufgabe ist ein Rechtsgeschäft und verlangt daher → Geschäftsfähigkeit des Aufgebenden. Sie erfolgt bei beweglichen Sachen durch Aufgabe des Besitzes (z. B. Wegwerfen oder absichtliches Liegenlassen), bei Grundstücken durch Verzicht gegenüber dem Grundbuchamt und Eintragung des Verzichts im Grundbuch (§ 928). Miteigentümer nach Bruchteilen kann nicht wirksam verzichten; er ist auf Antrag des anderen Miteigentümers zur Löschung des Verzichtseintrages im Grundbuch verpflichtet. Als Folge der Eigentumsaufgabe wird die Sache herrenlos und unterliegt von da ab dem Aneignungsrecht (→ Aneignung), das bei Grundstücken aber nur dem Fiskus zusteht.

Für das in ehem. DDR begründete sozialistische Eigentum gelten bez. Voraussetzungen, Inhalt und Umfang seit 3. 10. 90 die Vorschriften des BGB. Der Eigentumsübergang richtet sich nach Gesetz über besondere Investitionen und zur Regelung offener Vermögensfragen.

Eigentümergrundschuld

Eigentümergrundschuld ist eine → Grundschuld, die dem Eigentümer des belasteten Grundstücks zusteht (Gläubiger = Eigentümer); sie kann vom Eigentümer durch einseitige Erklärung gegenüber dem Grundbuchamt und Eintragung bestellt werden; sie entsteht ferner, wenn die einer → Hypothek zugrundeliegende Forderung (durch Zahlung) weggefallen ist (§§ 1163, 1177), sowie durch Zahlung auf die Grundschuld selbst (nicht auf die gesicherte Forderung). – Gibt es in ehem. DDR nicht.

Eigentümerhypothek. Eine → Hypothek kann auch dem Grundstückseigentümer zustehen, falls die abzusichernde Forderung noch nicht entstanden ist (z. B. das Darlehen noch nicht ausbezahlt wurde), der Hypothekenbrief dem Hypothekengläubiger noch nicht übergeben wurde, die Hypothek durch Tilgung erlischt (wobei Schuldner der Forderung und Schuldner der Hypothek verschieden sind) oder der Gläubiger auf die Hypothek verzichtet. Die E. kann zur → Zwischenfinanzierung verwendet werden.

Eigentumsherausgabe (§§ 985, 1007). Der nicht besitzende Eigentümer kann von einem unberechtigten Besitzer die Herausgabe einer Sache verlangen, ferner die ab Erhebung der Herausgabeklage oder sonst unberechtigt gezogenen Nutzungen, sowie Schadensersatz für Sachbeschädigung etc (sofern der Besitzer verklagt oder anderweit bösgläubig ist).

Eigentumsvermutung. Zugunsten des Besitzers einer Sache wird (widerlegbar) vermutet, daß er der Eigentümer ist. Zugunsten der Gläubiger von Eheleuten wird vermutet, daß bewegliche Sachen, die sich im Besitz eines oder beider Gatten befinden, dem jeweiligen Schuldner gehören (§ 1362). Ist z. B. der Mann der Schuldner und will sein Gläubiger in ein Bild der Ehewohnung vollstrecken, kann die Frau dem nur widersprechen (durch → Widerspruchsklage), wenn sie ihr Eigentum nachweist; im Konkurs ist darüber hinaus noch der Nachweis erforderlich, daß die Sache nicht mit Mitteln des → Gemeinschuldners erworben worden ist. Leben die Eheleute getrennt, gilt diese Vermutung nicht; ferner nicht bei Gegenständen, die zum höchstpersönlichen Gebrauch eines Gatten bestimmt sind (Kleidung).

Eigentumsvorbehalt ist die beim → Kauf beweglicher Sachen entweder im Kaufvertrag oder bei Übereignung der Kaufsache einseitig abgegebene Erklärung des Verkäufers, daß das Eigentum an der Ware erst mit der vollständigen Bezahlung des Kaufpreises auf den Käufer übergeht (§ 455). Der Kaufvertrag (Verpflichtungsgeschäft) wird also ohne → Bedingung geschlossen; der Eigentumsübergang an der Ware (Verfügungsgeschäft) ist an die Bedingung der vollständigen Zahlung des Kaufpreises geknüpft. Bis dahin hat der Käufer nur den Besitz und ein → Anwartschaftsrecht auf das Eigentum an der Sache. Üblich ist der E. bei → Abzahlungsgeschäften. Wenn E. vereinbart ist, hat der Verkäufer das Recht, bei → Verzug des Käufers mit der Zahlung des Kaufpreises vom Vertrag zurückzutreten und die gelieferte Ware zurückzufordern; bei Pfändung der Ware durch Dritte kann er ihre Freigabe im Wege der sog. → Widerspruchsklage (§ 771 ZPO) und, wenn der Käufer in Konkurs geraten ist, die → Aussonderung verlangen. Der E. erlischt durch die Bezahlung des Kaufpreises, ferner durch Verarbeitung, Verbrauch oder Vermischung mit anderen Waren sowie durch Verkauf an einen gutgläubigen Dritten; ein solcher kann auch ein Pfandrecht erwerben.

Durch entsprechende Abrede können Sonderformen des E. vereinbart werden, so z. B. 1. *verlängerter E.:* Der Käufer darf die Ware seinerseits weiterverkaufen oder verarbeiten, muß aber dafür dem Verkäufer die Kaufpreisforderung abtreten bzw. das Eigentum an den hergestellten Gütern übertragen. 2. *Weitergeleiteter E.:* Der Käufer darf die unter E. gekaufte Sache weiterverkaufen, muß aber dem neuen Käufer den bestehenden E. mitteilen. 3. *Kontokorrentvorbehalt:* Die Eigentumsübertragung erfolgt unter der Bedingung, daß der Erwerber alle Verbindlichkeiten aus anderen, auch künftigen, Geschäften erfüllt. 4. *Konzernvorbehalt:* Der Eigentumsübergang erfolgt erst nach Tilgung der Ansprüche aller Konzerngläubiger.

Eigentumswohnung → Wohnungseigentum.

Einbauten des Mieters → Miete (IV).

Einbenennung. Nicht eheliche Kinder tragen bei Geburt den Familiennamen der Mutter. Der Erzeuger bzw. die Mutter und ihr Ehemann können mit Einwilligung des Kindes und der Mutter durch öffentlich beglaubigte Erklärung gegenüber dem Standesbeamten dem Kind ihren Namen geben (§ 1618). Weitere Wirkungen hat die E. nicht; sie ist kein → Vaterschaftsanerkenntnis.

Einbürgerung. Die Deutsche Staatsangehörigkeit wird nicht nur durch Geburt (falls ein Elternteil Deutscher ist; bei nicht ehelichem Kind die Mutter), sondern auch durch E. erworben. Ein → Ausländer, der sich in der Bundesrepublik niedergelassen hat, kann auf seinen Antrag eingebürgert werden, wenn er unbeschränkt geschäftsfähig ist (sonst auf Antrag seines gesetzlichen Vertreters), einen unbescholtenen Lebenswandel führt, am Ort seiner Niederlassung eine eigene Wohnung hat und er sich und seine Angehörigen ernähren kann. Erleichterung für E. des ausländischen Ehegatten eines Deutschen. E. ist ein → Verwaltungsakt, der im Ermessen der Einbürgerungsbehörde liegt. Maßgebend ist nur das Interesse des

Eingebrachte Sachen

Aufnahmestaates. Ein → Ausländer, der nach seinem 16. und vor seinem 23. Lebensjahr die E. beantragt, ist i. d. R. einzubürgern, wenn er seine bisherige → Staatsangehörigkeit aufgibt oder verliert, seit 8 Jahren rechtmäßig in Deutschland wohnt und 6 Jahre eine deutsche Schule besucht hat. Ansonsten ist ein Ausländer regelmäßig einzubürgern, wenn er seit 15 Jahren ständig in Deutschland wohnt, bis 31. 12. 95 seine E. beantragt hat, seine bisherige Staatsangehörigkeit aufgibt oder verliert, nicht wegen einer Straftat verurteilt ist und den Lebensunterhalt für sich und seine Familie ohne Inanspruchnahme von Sozialleistungen bestreiten kann. *Anspruch* auf E. für nicht eheliche Kinder von Deutschen, wenn sie seit 3 Jahren in Deutschland ansässig und noch nicht 23 Jahre alt sind sowie für die in Deutschland geborenen, 5 Jahre ansässigen und noch keine 21 Jahre alten Staatenlosen.

Eingebrachte Sachen → Beherbergungsvertrag, Miete (IV).

Eingetragener Verein → Verein.

Einheitsmietvertrag → Miete (I).

Einigung → Vertrag.

Einigungsmangel (Dissens) → Vertrag.

Eingliederungshilfe als → Sozialhilfe erhalten körperlich, geistig oder seelisch Behinderte, wenn sie keinen ähnlichen Anspruch gegen andere haben, zur Eingliederung in Beruf und Gesellschaft, als medizinische und berufliche Hilfe von der → Rentenversicherung, Unfallversicherung und Kriegsopferversorgung.

Einkommen ist der Gesamtbetrag der Einkünfte, vermindert um die → Sonderausgaben und die → außergewöhnlichen Belastungen.

Einkommensteuerpflicht bei jährlichen Einnahmen ab 1990 über DM 27000.– bzw. bei zusammen veranlagten Eheleuten ab 1990 über DM 54000.–, d. h. Veranlagung durch das Finanzamt und Pflicht zur Abgabe einer Einkommensteuererklärung; bereits bezahlte Lohnsteuer wird angerechnet.

Einkünfte. Sind (steuerlich) a) bei Land-, Forstwirtschaft, Gewerbebetrieb und selbständiger Tätigkeit der Gewinn (oder Verlust) aus dem Betriebsvermögen am Schluß dieses und des vorherigen Wirtschaftsjahres; b) bei nicht selbständiger Arbeit, Kapitalvermögen, Vermietung oder Verpachtung und Spekulationsgeschäften der Überschuß der → Einnahmen über die → Werbungskosten.

Einlage ist der Betrag eines Gesellschafters (oder Aktionärs), den er als Beteiligung an einer → Gesellschaft bürgerlichen Rechts, →

OHG, → KG oder → Stillen Gesellschaft leistet. Meist in Geld, kann aber auch in der Übertragung von Sachwerten oder Rechten bestehen. Die E. ist Maßstab für Haftung, Gewinn- und Verlustbeteiligung sowie das Stimmrecht.

Einnahmen. Sind alles, was in Geld oder Geldeswert besteht und dem Steuerpflichtigen aus nicht selbständiger Arbeit, Kapitalvermögen, Vermietung und Verpachtung sowie Spekulationsgeschäften als Überschuß zufließt.

Ein-Mann-Gesellschaft. Ist nur bei einer → Aktengesellschaft, → GmbH oder GmbH & Co. KG möglich, indem ein Gesellschafter bei Gründung oder später durch Erwerb sämtliche Akten oder Geschäftsanteile besitzt. Bei der → GmbH & Co. KG gründet eine Person zunächst eine GmbH, deren Geschäftsführer sie wird, gründet dann als Vertreter der GmbH durch Vertrag mit sich selbst eine → KG, deren → Komplementär die GmbH und deren → Kommanditist er selber wird; die Geschäfte der KG führt die GmbH, in Wirklichkeit aber ihr Geschäftsführer.

Einreden sind Gegenrechte des Schuldners, sog. Leistungsverweigerungsrechte (nicht erfüllter Vertrag, Zurückbehaltungsrecht, Stundung, Recht zum Besitz, Verjährung, ungerechtfertigte Bereicherung, Haftungsverweigerung des Erben, Verstoß gegen Treu und Glauben, Verwirkung). Sie werden in einem Prozeß nicht von Amts wegen berücksichtigt, sondern müssen vorgebracht werden.

Einrede der Vorausklage → Bürgschaft.

Einspruch ist ein Rechtsbehelf gegen → Versäumnisurteile (§ 338 ZPO) und Vollstreckungsbescheide (→ Mahnbescheid, § 700 ZPO), der schriftlich mit Begründung (z. B. falsche Ladung, keine Säumnis) binnen 2 Wochen ab Zustellung eingelegt werden kann. Gegen → Strafbefehl auch binnen 2 Wochen ab Zustellung. Gegen die Erteilung eines → Patents binnen 3 Monaten nach Veröffentlichung (die hierauf ergehende Entscheidung ist ein → Verwaltungsakt, der mit → Beschwerde zum Patentgericht anfechtbar ist). Gegen Steuerbescheide gem. §§ 348, 367 AO binnen 1 Monats ab Bekanntgabe.

Einstellplatz → Garage.

Einstweilige Anordnung ist eine vorläufige Entscheidung innerhalb eines Prozesses durch das Bundesverfassungsgericht, das Familiengericht in Ehesachen (§ 620 ZPO: Getrenntleben, Unterhalt, Personensorge für minderjährige Kinder, Prozeßkostenvorschuß), das Vollstreckungsgericht (durch das die → Zwangsvollstreckung einstweilen eingestellt wird, §§ 707, 719, 732 II, 766, 767, 769, 771 ZPO),

Einstweilige Verfügung

das Strafgericht (bei → Wiedereinsetzung und → Wiederaufnahme), das Verwaltungsgericht (§ 123 VwGO) und das Finanzgericht (§ 114 FGO).

Einstweilige Verfügung ist eine vorläufige ermessensfreie Anordnung des Gerichts, die der Sicherung eines Anspruchs oder dem Rechtsfrieden dient (§ 935 ZPO). Vorausgesetzt ist ein *Individualanspruch* (z. B. Herausgabe einer Sache) und die begründete Befürchtung, daß bei weiterem Zuwarten der Anspruch gefährdet ist (z. B. bei Auswanderung des Schuldners). Beides muß glaubhaft gemacht werden. In dringenden Fällen entscheidet das → Amtsgericht, in dessen Bereich sich die streitbefangene Sache befindet, bei einem Wert über DM 6000,– eine Zivilkammer des Landgerichts, in dringenden Fällen deren Vorsitzender. Für das Verfahren gelten die Vorschriften über den → Arrest.

Einwendungen, rechtshindernde (Nichtigkeit, Geschäftsunfähigkeit, Formfehler, gutgläubiger Erwerb) und rechtsvernichtende (Anfechtung, Rücktritt, Kündigung, Aufrechnung, Abtretung, Hinterlegung, Erlaß, Ersitzung, Schuldübernahme, Erfüllung) werden im Prozeß von Amts wegen berücksichtigt.

Einwilligungsvorbehalt → Betreuung.

Einziehungsermächtigung → Abtretung zwecks Beitreibung eigener Forderungen.

Einzugsermächtigung. Sie ist im Rahmen eines → Girovertrages eine Form des bargeldlosen Zahlungsverkehrs. Gibt der Gläubiger seiner Bank eine Forderung bekannt, erteilt sie ihm eine vorläufige Gutschrift und zieht den Betrag von der Bank des Schuldners ein, die das Konto des Schuldners belastet. Hat der Schuldner seine Bank ermächtigt (Abbuchungsverfahren), kann er diesen *Auftrag* für die Zukunft jederzeit widerrufen; hat er seinen Gläubiger ermächtigt (= E.), hat er nur diesem gegenüber ein Widerrufsrecht. Wird eine Forderung z. B. wegen Überziehung nicht eingelöst, muß die Bank den Schuldner spätestens mit Rückgabe der Lastschrift an den Gläubiger unterrichten.

Eisenbahnbenutzung → Beförderungsvertrag, → Reisegepäck.

Eisenbahnhaftung. Wird bei dem Betrieb einer Schienen- oder Schwebebahn ein Mensch getötet oder verletzt, haftet der Unternehmer ohne Rücksicht auf Verschulden, es sei denn der Schaden ist durch höhere Gewalt (Lawine) oder Verschulden des Geschädigten entstanden § 1 HaftPflG 4. 1. 78, BGBl. I 145. Entschädigungshöchstsätze: Jahresrente DM 30000.–, für Sachschäden

DM 100000.–. Anspruch verjährt in 3 Jahren. Gleiche Haftung für Gas-, Elektrizitätswerke, Bergwerke, Steinbruch oder sonstige Fabrikationsbetriebe.

Elterliche Sorge. Den Eltern eines ehelichen oder adoptierten minderjährigen Kindes obliegt gemeinsam die Personen- und Vermögenssorge (§ 1629). Sie sind beide zusammen der gesetzliche Vertreter. Einigen sie sich in einer Frage nicht, kann das *Vormundschaftsgericht* einem Elternteil die Entscheidung übertragen. Für unsachgemäße Interessenwahrnehmung haften die Eltern dem Kind (§§ 1624, 277). Bei → Rechtsgeschäften zwischen dem Kind und seinen Eltern sind sie zur Vertretung nur berechtigt, wenn sie in Erfüllung ihrer gesetzlichen Pflicht handeln oder dem Kind ein lediglich rechtlicher Vorteil erwächst. Bei anderen Interessengegensätzen muß für das Kind ein Pfleger bestellt werden (§ 1630). Für wichtige Geschäfte ist die Zustimmung des Vormundschaftsgerichts erforderlich (§§ 1821, 1822, 1643). Selbst tätigen kann das minderjährige Kind vor allem einen → Ehevertrag, → Erbvertrag, – eine → Adoption und ein → Testament. Gefährden die Eltern das Wohl des Kindes, oder ist ein Elternteil verhindert, hat das Vormundschaftsgericht für Abhilfe zu sorgen (§ 1666). E. S. endet ferner durch Tod, → Volljährigkeit, → Adoption und (allerdings nur die Vermögenssorge) bei Heirat. Vgl. → nicht eheliche Kinder.

In ehem. DDR steht die e. S. dem zu, der nach bisherigem Recht das Erziehungsrecht hatte; war dies der Vater eines nicht ehelichen Kindes oder ein anderer als die ehelichen Eltern, hat er nur die Stellung eines → Vormunds.

Empfehlung → Rat.

Enteignung (Art. 14 GG) ist jeder unmittelbare, eine Person ungleich treffende Eingriff der öffentlichen Gewalt in vermögenswerte Gegenstände (Substanzentzug, Bausperre, Entzug der Bebauung nach Natur- oder Denkmalschutzgesetz, Inanspruchnahme nach BundesleistungsG). E. ist nur zum Wohl der Allgemeinheit, kraft Gesetzes und gegen Entschädigung zulässig. E. ist möglich nach Baugesetzbuch, Landbeschaffungs-, Energiewirtschafts-, Bundesbahn-, Postverwaltungs-, Luftverkehrsgesetz und Landesgesetzen. Gegen die E. ist Klage zum Verwaltungsgericht, gegen die Höhe der Entschädigung zu den → ordentlichen Gerichten gegeben.

Eigentumsbeschränkung kann aber als *Sozialbindung* zulässig sein.

Enterbung → Testament.

Entgangener Gewinn → Schadensersatz.

Entlassung

Entlassung ist die Beendigung eines Arbeitsverhältnisses (→ Arbeitsvertrag) im Wege der → Kündigung durch den Arbeitgeber.

Entleiher → Leihe.

Entmündigung ist abgeschafft.

Neuregelung für Volljährige durch → BetreuungsG 12. 9. 90, BGBl. I 2002 ab 1. 1. 92.

Entnahmerecht → OHG-Gesellschafter → Komplementär.

Entschädigung. Man unterscheidet die gesetzlich geregelte E. der Abgeordneten, ehrenamtlichen Richter, Kriegsgefangenen, Opfer strafrechtlicher Gewalttaten, E. für zugefügten Schaden durch einen Schädiger, bei Amtspflichtverletzung, Opfern nationalsozialistischer Verfolgung, ungerechtfertigter Strafverfolgung, E. von Zeugen, Sachverständigen, Kfz-Unfallgeschädigten und E. bei → Enteignung.

Erbanfall. Die Erbschaft (Nachlaß) geht mit dem E. (→ Erbfall) von selbst als Ganzes auf den/die Erben über, ohne daß es einer ausdrücklichen Annahmeerklärung bedarf. Der Erbe kann jedoch binnen 6 Wochen ausschlagen (lebte Erblasser im Ausland: 6 Monate).

Erbausgleich. Abkömmlinge die → gesetzliche Erben werden oder testamentarisch ihren gesetzlichen Erbteil zugewendet erhalten haben, sind verpflichtet, → Ausstattungen, Zuschüsse zum Lebensunterhalt oder zur Berufsausbildung, die sie vom Verstorbenen erhalten haben, sich bei der → Auseinandersetzung *anrechnen* zu lassen (es sei denn, der Erblasser hat etwas anderes bestimmt). Andere Zuwendungen werden nur dann ausgeglichen, wenn es der Erblasser ausdrücklich angeordnet hat (§ 2050). Umgekehrt gilt dies auch, wenn ein Abkömmling durch längere Pflege oder Hilfe im Geschäft des Verstorbenen eigene Einbußen zu verzeichnen hat (§ 2057a). Die auszugleichenden Leistungen werden von dem Erbteil bzw. → Erbersatzanspruch abgezogen (§ 2055), Mehrbeträge sind nicht zurückzuzahlen. → Vorzeitiger Erbausgleich.

Erbbaurecht ist das veräußerliche und vererbliche → Recht, für eine bestimmte Zeit auf oder unter fremdem Grund und Boden ein Bauwerk zu haben, ErbVO vom 15. 1. 1919 (RGBl. 72). Die Bestellung eines E. bedarf der Einigung der Beteiligten und der Eintragung im Grundbuch. Für das E. wird im Grundbuch ein besonderes Blatt angelegt. Auch der schuldrechtliche Verpflichtungsvertrag bedarf der notariellen → Form des → Grundstückskaufvertrages. Das E. selbst ist wie ein Grundstück übertragbar und mit dinglichen Rechten (z. B. → Hypothek) belastbar. Das Entgelt für das E. besteht in regelmäßig wiederkehrenden Leistungen, dem sog. *Erbbauzins,* der bestimmt sein muß und auf den die Vorschriften über die → Reallast entsprechende Anwendung finden. Bei *Wohnbauwerken* darf Erhöhung des Erbbauzinses vertraglich nur vorgesehen werden, soweit sie nicht unbillig ist. Bei Anpassung an eine Bemessungsgrundlage darf sie über die allgemeine wirtschaftliche Entwicklung nicht hinausgehen. Auch darf sie nur in Abständen von jeweils 3 Jahren verlangt werden.

Solange das E. besteht, steht das auf ihm errichtete Bauwerk im Eigentum des Erbbauberechtigten, nicht des Grundstückseigentümers. Mit Erlöschen des E. geht das Eigentum an dem Bauwerk automatisch auf den Grundstückseigentümer über, während der bisherige Erbbauberechtigte Anspruch auf eine entsprechende Entschädigung hat.

Das E. erlischt durch Zeitablauf oder vertragliche Aufhebung. Außerdem kann vertraglich eine Verpflichtung des Erbbauberechtigten begründet werden, das E. bei Vorliegen bestimmter Voraussetzungen auf den Grundstückseigentümer zu übertragen, z. B. bei Vernachlässigung des Bauwerks oder Verzug des Erbbauberechtigten mit Zahlung des Erbbauzinses für mindestens 2 Jahre. Dieser sog. *Heimfall* bewirkt im Gegensatz zum Zeitablauf nicht das Erlöschen des E. Dieses geht auf den Grundstückseigentümer über, der es neu übertragen kann. Falls vertraglich nichts anderes bestimmt ist, erfolgt der Heimfall gegen eine entsprechende Vergütung.

Erbbiologisches Gutachten dient der Feststellung der Abstammung einer Person von einer anderen durch Blutgruppenuntersuchung, erbkundliche Untersuchung und Wirbelsäulenvergleich. Pflicht des Beteiligten gem. §§ 1591, 1600o die Untersuchung zu dulden; bei Weigerung Ordnungsgeld oder unmittelbarer Zwang.

Erbe wird man durch letztwillige Verfügung oder kraft Gesetzes (§ 1924). Bei → Annahme der Erbschaft geht das aktive und passive Vermögen des Verstorbenen *von selbst* unmittelbar als Ganzes auf die Erben über (§ 1922). Miterben → Erbengemeinschaft, haften bis zur Auseinandersetzung den Nachlaßgläubigern quotenmäßig. Will der Gläubiger in den gesamten, ungeteilten Nachlaß vollstrecken, benötigt er ein Urteil gegen alle Erben (§§ 2058, 2059).

Erbeinsetzung bei Einsetzung einer Person auf den ganzen oder einen Bruchteil des → Nachlasses; bei Zuwendung einzelner Gegenstände oder einer Geldsumme liegt ein → Vermächtnis vor (§ 2092).

Erbengemeinschaft. Hinterläßt der Erblasser mehrere Erben, wird der Nachlaß bis zur Auseinandersetzung *gemeinschaftliches* Ver-

Erbenhaftung

mögen aller Erben (§§ 2032 ff). Jeder kann über seinen gesamten Anteil notariell beurkundet *verfügen* (§§ 2371, 2033), nicht aber über seinen Anteil an einzelnen Gegenständen; gleiches gilt für eine Pfändung (§ 859 ZPO). Die Resterben haben ein auf 2 Monate befristetes → Vorkaufsrecht. Die Verwaltung und Verfügung des Nachlasses steht allen Erben gemeinsam zu, Notfälle ausgenommen. Bei Forderungen, die zum Nachlaß gehören, kann jeder Erbe im eigenen Namen Leistung an alle verlangen und sie einklagen (§ 2039); zu Rechtsmitteln gegen eine dem Nachbarn erteilte Baugenehmigung ist er nicht befugt.

Jeder Erbe kann jederzeit *Auseinandersetzung* verlangen (§ 2042). *Ausn.*: es steht die Geburt eines Miterben bevor oder es sind unbekannte Nachlaßgläubiger vorhanden. Über Teilungsanordnungen und -verbote des Erblassers können sich die Erben bei Einstimmigkeit hinwegsetzen. Die Aufteilung erfolgt 1) durch Auseinandersetzungsvertrag 2) Testamentsvollstrecker 3) Vermittlung des Nachlaßgerichts (§§ 82 ff FGG) oder 4) Vorlage eines Teilungsplanes durch einen Erben und Klageerhebung gegen die übrigen auf Zustimmung. In jedem Fall werden zuerst die Nachlaßverbindlichkeiten berichtigt; der Rest gebührt den Erben nach dem Verhältnis ihrer Erbteile.

Erbenhaftung → beschränkte Erbenhaftung.

Erbensucher ist, wer gegen Entgelt unbekannte Erben ermittelt. Läßt er sich gegen → Erfolgshonorar mit der Erbschaftsabwicklung beauftragen, bedarf er hierfür der Erlaubnis nach dem G über → Rechtsberatung.

Erbersatzanspruch. Das nicht eheliche Kind ist mit seinem Erzeuger verwandt und steht erbrechtlich den ehelichen Kindern gleich; es erhält aber (falls es an einer letzwilligen Verfügung fehlt) neben ehelichen Kindern seines verstorbenen Erzeugers bzw. dessen Ehegatten keinen → gesetzlichen Erbteil, sondern nur einen E., d. h. einen schuldrechtlichen Anspruch in Höhe des Teiles, der ihm zustünde, falls es ehelich wäre (§§ 1934 a ff). Der E. führt also nur neben Stiefgeschwistern und Stiefelternteil nicht zur Erbenstellung, sondern muß notfalls klageweise durchgesetzt werden. Trifft das nichteheliche Kind mit anderen Verwandten seines Erzeugers zusammen, wird es Erbe. Voraussetzung ist immer, daß die *Vaterschaft anerkannt* oder gerichtlich festgestellt ist (§ 1600 a). Ist das nicht eheliche Kind letztwillig enterbt, erhält es einen → Pflichtteilsanspruch (§ 2338 a). Stets kann das nicht eheliche Kind aber testamentarisch zum Erben eingesetzt werden.

Zu Lebzeiten des Erzeugers kann das nicht eheliche Kind zwischen dem 21. und 27. Lebensjahr gegen einen *vorzeitigen Erbausgleich* auf seinen E. verzichten; dieser beläuft sich auf das Drei- bis Zwölffache des Unterhalts, den der Erzeuger in den letzten 5 Jahren erbracht hat (§ 1934d). Beim Tod seines Vaters erhält es dann weder einen E. noch einen Pflichtteil.

Umgekehrt steht beim Tod eines nicht ehelichen Kindes seinem Vater (und dessen Abkömmlingen) neben der Mutter (und ihren ehelichen Kindern) ebenfalls nur ein E. zu.

Erbfähigkeit besitzt, wer z. Z. des Erbfalls lebt oder später lebend geboren wird, § 1923, also z. Z. des → Erbfalls schon erzeugt war. Eine noch nicht erzeugte Person kann nur als → Nacherbe eingesetzt werden. E. sind auch → juristische Personen und → Stiftungen.

Erbfall ist der Tod einer Person, mit dem deren ganzes Vermögen (ohne die höchstpersönlichen Rechte wie z. B. Titel) einschließlich der Schulden von selbst als Ganzes auf eine oder mehrere Personen (→ Erben) übergehen.

Anders der Nacherbfall (→ Vorerbe): der vom → Erblasser bestimmte Zeitpunkt, spätestens der Tod des → Vorerben.

Erbfolge. Man unterscheidet die *gesetzliche* und die *gewillkürte* E. (Testament, Erbvertrag, Ehegattentestament). Erstere greift nur ein, wenn keine Verfügung von Todes wegen vorhanden ist; es erben zuerst die Kinder und Enkel des Verstorbenen nach Stämmen zu gleichen Teilen (z. B. es leben Sohn S und 2 Enkel einer vorverstorbenen Tochter T; S und T bilden einen Stamm, der je ½ erbt; für T erben die Enkel zu je ¼). Sind keine Kinder vorhanden, erben die Eltern, bei ihrem Wegfall die Geschwister des Verstorbenen und ihre Kinder zu gleichen Teilen. Sind auch keine Eltern und Geschwister vorhanden, erben die Großeltern, Onkel und Tanten des Erblassers, ersatzweise deren Kinder zu gleichen Teilen (§§ 1924ff). Vgl. → Ehegattenerbrecht.

Erblasser ist, wer verstirbt.

Erbschaft (Annahme, Ausschlagung, Inbesitznahme) → Nachlaß.

Erbschaftsbesitzer ist jeder, der auf Grund eines ihm in Wirklichkeit nicht zustehenden Erbrechts etwas aus der Erbschaft erlangt hat und (irrig) ein Erbrecht beansprucht. Der wirkliche Erbe kann Herausgabe des Erlangten, der gezogenen → Früchte und → Nutzungen (abzüglich der vom E. gemachten Aufwendungen) verlangen (§§ 2018ff), sofern der E. noch → bereichert ist.

Erbschaftskauf. Der Erbe kann seinen Erbteil durch notariellen Vertrag veräußern (§ 2371), ohne für Sachmängel zu haften. Den Gläubigern des Verstorbenen haften Erbe und Erwerber. Nichtig ist der Vertrag über den Nachlaß eines noch lebenden Dritten (*Ausn.*: notariell beurkundete Auseinandersetzung unter künftigen gesetzlichen Erben über ihren gesetzlichen Erbteil oder → Pflichtteil (§ 312).

Erbschaftsteuer (= *Schenkungsteuer*). War der → Erblasser Inländer (wer Wohnsitz in der Bundesrepublik hat), ist der ganze Vermögensanfall steuerpflichtig, sonst nur das Inlandsvermögen oder Nutzungsrechte daran. E. Wird in 4 Steuerklassen erhoben: I Ehegatte, Kinder, Kinder verstorbener Kinder; II Enkel, Urenkel; III Eltern, Voreltern, Geschwister, Neffen, Nichten, Schwiegereltern, Schwiegerkinder, geschiedener Ehegatte; IV Onkel, Tanten und alle übrigen Personen.

Eltern und Voreltern fallen in II, wenn sie Kinder beerben.

Für I Freibetrag von DM 90000.–, für Ehegatten DM 250000; daneben Versorgungsfreibetrag für Ehegatten von DM 250000.– und für Kinder gestaffelt zwischen DM 50000.– und DM 10000.–.

Für II Freibetrag von DM 50000.–, für III von DM 10000.–, für IV von DM 3000.–.

Steuersatz von 3% in I (bei einem Nachlaßwert von bis DM 50000.–) bis 70% in IV (bei einem Nachlaßwert von über DM 100 Mio).

Ab 1993 soll ererbtes Kapitalvermögen bis DM 100000.– von der E. befreit sein.

Erbschein ist das Zeugnis des Nachlaßgerichts über die quotenmäßige Beteiligung am Nachlaß (§ 2353). Es wird auf Antrag erteilt, der Sachverhalt von Amts wegen erforscht. Der E. dient dem Beweis des Erbrechts bei Banken, Grundbuchamt und im Geschäftsleben. Gegen den E. ist eine → Beschwerde unzulässig; möglich ist Antrag auf Einziehung; die ergehende Entscheidung ist mit Beschwerde anfechtbar. Auf seine Richtigkeit darf ein gutgläubiger Dritter vertrauen, d. h. ein Erwerb ist auch dann wirksam, wenn der ES inhaltlich unrichtig ist, es sei denn der Erwerber kannte die Unrichtigkeit.

Erbunwürdigkeit. Hat sich ein Erbe gegen den Erblasser strafrechtlich vergangen, ihn an der Errichtung eines → Testamentes (durch Täuschung, Drohung oder Gewalt) gehindert oder ein solches gefälscht und der Erblasser ihm nicht verziehen, kann er durch *Erbunwürdigkeitsklage* von jeglicher Beteiligung am Nachlaß ausgeschlossen werden (§ 2339). Klagefrist 1 Jahr ab Kenntnis der Anfechtungsgründe. Antragsberechtigt ist jeder, der irgendeinen Vorteil aus dem Wegfall des Erbunwürdigen hat. Zuständig ist das Prozeßgericht. Das Gleiche gilt für unwürdige *Vermächtnisnehmer* und *Pflichtteilsberechtigte*.

Erbvertrag (§§ 2274 ff.) ist eine → Verfügung von Todes wegen. *Einseitig* kann darin der Erblasser jede Verfügung treffen, die er auch in einem → Testament hätte treffen können, und derartige Verfügungen auch widerrufen. Darüber hinaus kann jedoch der Erblasser durch E. mit vertragsmäßig ihn bindender Wirkung einen Erben einsetzen, ein Vermächtnis oder eine Auflage anordnen, wobei der als Erbe oder Vermächtnisnehmer Bedachte sowohl der Vertragspartner als auch ein Dritter sein kann.

Der Abschluß des E. muß bei gleichzeitiger Anwesenheit beider Vertragspartner, wobei sich der Erblasser im Gegensatz zum anderen Teil nicht vertreten (→ Stellvertretung) lassen kann, vor einem Notar stattfinden. Der Erblasser muß grundsätzlich unbeschränkt geschäftsfähig (→ Geschäftsfähigkeit) sein. Lediglich wenn er den E. mit seinem Ehegatten oder Verlobten schließt, genügt bereits beschränkte Geschäftsfähigkeit. In diesem Fall ist aber die Genehmigung des gesetzlichen Vertreters erforderlich (§ 2275). Zwischen Ehegatten und Verlobten kann der E. auch mit einem → Ehevertrag verbunden werden.

Durch den E. wird der Erblasser hinsichtlich seiner Verfügungen von Todes wegen beschränkt. Frühere letztwillige Verfügungen gelten als aufgehoben, soweit sie ein Recht des vertragsmäßig Bedachten beeinträchtigen würden. Spätere abweichende Verfügungen sind insoweit unwirksam (§ 2289). Dagegen wird das Recht des Erblassers, durch → Rechtsgeschäft unter Lebenden über sein Vermögen zu verfügen, nicht beeinträchtigt (§ 2286). *Ausnahmen* gelten bei beabsichtigter Beeinträchtigung des Bedachten, so wenn der Erblasser nachträglich anderen Sinnes wird und, weil er nicht einseitig vom E. zurücktreten kann, Vermögensteile verschenkt, um sie dem Bedachten zu entziehen (§§ 2287, 2288); der Erbe kann sie binnen 3 Jahren nach dem Erbfall vom Beschenkten herausverlangen, sofern dieser noch → bereichert ist; hatte der Erblasser aber ein sog. → *lebzeitiges Eigeninteresse* (z. B. Schenkung, um sich seine Pflege zu sichern), keine Rückforderung; auch eine unbenannte Zuwendung unter Ehegatten ist als solche Schenkung zu behandeln.

Wegen Irrtums, Täuschung oder Drohung kann der E. auch vom Erblasser *angefochten* werden. Die → Anfechtung muß innerhalb 1 Jahres nach Kenntnis vom Anfechtungsgrund erfolgen und bedarf der notariellen Beurkundung (§§ 2078, 2079, 2282, 2283). Dritte können nach dem Tod des Erblassers nur anfechten, wenn die Frist für den Erblasser noch nicht abgelaufen ist.

Die bindenden vertraglichen Verfügungen des E. können grundsätzlich nur durch einen *Aufhebungsvertrag* mit dem anderen Vertragspartner unter den gleichen Voraussetzungen wie beim Abschluß

Erbverzichtsvertrag

des E. beseitigt werden (§ 2290) oder durch *Rücktritt,* falls der Erblasser ihn sich vorbehalten oder der Bedachte eine Straftat gegenüber dem Erblasser begangen hat; der Rücktritt muß dem Partner des Erblassers notariell beurkundet mitgeteilt werden; ist der Vertragspartner verstorben, erfolgt Rücktritt durch Testament. Ein zwischen Eheleuten geschlossener E. kann auch durch → gemeinschaftliches Testament aufgehoben oder geändert werden.

Erbverzichtsvertrag. Verwandte und der Ehegatte des Erblassers können durch notariellen Vertrag (gegen *Abfindung*) auf ihr Erbrecht und/oder Pflichtteil verzichten. Verzichten gesetzliche Erben (→ Erbfolge), erstreckt sich der Verzicht auch auf ihre Kinder (§§ 2345 ff.). Trotz E. ist spätere letztwillige Zuwendung möglich. Sind bei vorweggenommener Erbfolge einige Kinder von ihren Eltern besser bedacht, sind sie aber gegenüber ihren Geschwistern zu Ausgleichszahlungen verpflichtet, haften hierfür auch die Eltern.

Erfolgshaftung → Schadensersatz ohne Rücksicht auf Verschulden.

Erfolgshonorar. Solche Vereinbarung mit einem → Rechtsanwalt ist standeswidrig und nichtig.

Erfüllung ist Tilgung einer Schuld durch Bewirken der geschuldeten Leistung, § 362. Erfolgt eine Leistung an Erfüllungs statt, erlischt das alte Schuldverhältnis (z. B. an Stelle des Kaufpreises tritt die Verpflichtung zur Übereignung eines Bildes); erfolgt die Leistung erfüllungshalber (Scheck, Wechsel), bleibt das alte Schuldverhältnis bestehen, bis das neue erfüllt wird. Hat der Schuldner mehrere Verbindlichkeiten bei demselben Gläubiger zu erfüllen, wird zunächst die Schuld getilgt, die er bei der Leistung bestimmt; trifft er keine Entscheidung, werden zuerst angefallene Kosten, dann Zinsen und zuletzt die Schuld selbst getilgt. Von mehreren Schulden wird die als erste fällige, von mehreren zugleich fälligen, die mit den geringeren Sicherheiten, von mehreren gleich sicheren die dem Schuldner lästigere und unter mehreren gleich lästigen die älteste Schuld zuerst getilgt (§ 366). – Auch eine Leistung unter *Vorbehalt* ist E., die der Gläubiger annehmen muß (z. B. zur Abwendung bevorstehender Zwangsvollstreckung). – Ist der Schuldner *höchstpersönlich* zur Leistung verpflichtet (z. B. Porträtist), kann sein Gläubiger E. durch andere Person zurückweisen.

Erfüllungsgehilfe ist die Bezeichnung für denjenigen, dessen sich ein Schuldner zur Erfüllung *seiner* → Verbindlichkeit bedient, z. B. Gehilfe eines Handwerkers. Für das → Verschulden des E. bei der Abwicklung eines bestehenden Schuldverhältnisses, bei oder vor

Abschluß eines Vertrages haftet der Schuldner wie für eigenes Verschulden (§ 278). Das gleiche gilt hinsichtlich der Haftung für den gesetzlichen Vertreter (→ Stellvertretung) des Schuldners (z. B. Vater, Mutter, Vormund).

E. ist, wer mit Willen des Schuldners rein tatsächlich bei der Erfüllung von dessen Verpflichtungen tätig wird, z. B. eine Bank, die vom Schuldner angewiesen wird, eine Zahlung zu leisten. Eine Haftung für den E. kommt nur dann in Betracht, wenn dieser schuldhaft gehandelt hat und seine Tätigkeit mit der Erfüllungshandlung in einem unmittelbaren inneren Zusammenhang steht (§ 831). Der Klempnermeister haftet, wenn der Geselle bei einer Reparatur schuldhaft Einrichtungsgegenstände beschädigt, nicht wenn er einen Diebstahl begeht. (Verrichtungsgehilfe → unerlaubte Handlung.)

Erfüllungshalber. Eine Leistung nur e. ist keine Erfüllung des Vertrages; sie liegt vor, wenn dem Gläubiger zusätzlich ein Gegenstand überlassen wird, aus dem er seine Befriedigung suchen soll (z. B. Wechselhingabe zur Sicherung der Kaufpreisforderung). Das ursprüngliche Schuldverhältnis (Kauf) erlischt erst, wenn aus dem e. überlassenen Gegenstand (Wechsel) dem Gläubiger Mittel zufließen (§ 364 II).

Erfüllungsinteresse → Schadensersatz wegen Nichterfüllung einschließlich des entgangenen Gewinns.

Erfüllungsort (Leistungsort) ist der Ort, an dem im Rahmen eines → Schuldverhältnisses die Leistungs*handlung,* z. B. Übergabe der gekauften Sache, zu erfolgen hat (§ 269). Der E. kann durch *Vereinbarung* der Parteien bestimmt werden, auch stillschweigend (einseitige Bestimmung, z. B. durch bloßen entsprechenden Vermerk auf der Rechnung, ist jedoch unwirksam). Bei Fehlen einer Vereinbarung kann sich der E. aus den näheren Umständen des Schuldverhältnisses ergeben (z. B. bei Reparaturarbeiten an bestimmten Gebäuden). Ist auch das nicht der Fall, so ist E. der Wohnsitz oder der Ort der gewerblichen Niederlassung des Schuldners; wenn Gläubiger und Schuldner am gleichen Ort wohnen (sog. *Platzgeschäft*), ist E. die Wohnung des Schuldners bzw. sein Geschäftslokal.

Der Schuldner ist verpflichtet, seine Leistungshandlung am E. vorzunehmen. Tut er das nicht, gerät er in Schuldnerverzug (→ Verzug). → Holschuld, Bringschuld, Schickschuld.

Der E. ist für den Gerichtsstand von Bedeutung (→ gerichtliche Zuständigkeit), bei internationalen Rechtsgeschäften auch für die Frage, welche Rechtsanordnung zur Anwendung kommt (deutsches oder ausländisches Recht).

Erfüllungs Statt. Wird eine andere als die geschuldete Leistung bewirkt, liegt noch keine Erfüllung vor. Nimmt sie der Gläubiger jedoch an, erlischt das ursprüngliche Schuldverhältnis (z. B. Gläubiger nimmt statt Kaufpreis eine Uhr in Zahlung), § 364 I.

Ergänzungspfleger wird auf Antrag vom Vormundschaftsgericht bestellt, wenn Eltern oder Vormund an der Ausübung ihres Sorgerechts gehindert sind (Krankheit, Abwesenheit, Entziehung, Rechtsgeschäften zwischen Kind und Eltern bzw. Vormund).

Ergebnisabführungsvertrag → Beherrschung, Gewinnabführung.

Erinnerung ist ein Rechtsbehelf gegen Entscheidungen des Rechtspflegers (§§ 11, 21, 23 RechtspflegerG), gegen Ansatz von Gerichtsvollzieherkosten (§ 9 GvKostG), gegen die Art und Weise der Zwangsvollstreckung (§ 766 ZPO), gegen Kostenfestsetzungsbeschlüsse (§§ 104, 107 ZPO) und in Kostensachen (§ 5 GKG, § 14 KostO). → Vollstreckungserinnerung.

Erklärungsirrtum → Anfechtung.

Erklärungswille → Willenserklärung.

Erlaß einer Schuld tritt nach § 397 dadurch ein, daß der Gläubiger durch → Vertrag mit dem Schuldner auf eine ihm gegenüber dem Schuldner zustehende Forderung verzichtet. Sie erlischt dadurch. Der E. kann nur durch *Vertrag* erfolgen; ein einseitiger Verzicht des Gläubigers ist unwirksam, weil der Schuldner ein Interesse daran haben kann, sich den Erlaß nicht aufdrängen zu lassen. Der Erlaßvertrag bedarf keiner → Form; er ist auch durch eine schlüssige Handlung möglich, z. B. durch Rückgabe und Annahme des Schuldscheins. Der E. kann auch in der Weise vorgenommen werden, daß der Gläubiger durch Vertrag mit dem Schuldner anerkennt, daß ein Schuldverhältnis nicht besteht (sog. *negatives Schuldanerkenntnis*).

Erlaßvergleich. Im Vergleichsverfahren (infolge Zahlungsunfähigkeit des Schuldners) wird meist ein E. angestrebt. Durch den Vergleichsvorschlag wird den Gläubigern eine Befriedigung ihrer Forderungen zu mindestens 35% in bar angeboten. Diese Quote erhöht sich auf 40%, wenn der Schuldner Zahlungsaufschub von mehr als 1 Jahr beansprucht.

Ermessen. Im öffentlichen Recht ist den Behörden häufig ein Entscheidungsspielraum eingeräumt, insbesondere, wenn es im Gesetz heißt: soll, darf, kann etc. Das E. muß sachgerecht, fehlerfrei, ohne Willkür und mißbrauchsfrei ausgeübt werden. Darauf hat jeder betroffene Bürger einen Rechtsanspruch, den er nach erfolglosem Widerspruch (Frist 1 Monat) mit Anfechtungsklage vor den → Verwaltungsgerichten (oder mit Verpflichtungsklage) durchsetzen kann. Eine Zweckmäßigkeitsüberprüfung findet nicht statt (§ 114 VwGO); insbesondere kann kein Gericht seine Ermessensentscheidung an die Stelle des Ermessens der Behörde setzen. *Unbestimmte Rechtsbegriffe* (wie öffentliches Wohl, Zuverlässigkeit) sind dagegen gerichtlich voll nachprüfbar. Häufig besteht jedoch ein *Beurteilungsspielraum* (z. B. bei Prüfungsentscheidungen), der gerichtlich ebenfalls überprüfbar ist.

Ersatzerbe. Der Erblasser kann für den Fall, daß einer seiner Erben vor oder nach dem Erbfall wegfällt (z. B. durch Tod, Ausschlagung, Anfechtung, Nichtigkeit, Verzicht, Erbunwürdigkeit) einen E. bestimmen (§ 2096). Fällt ein Abkömmling des Erblassers weg, sind dessen Kinder im Zweifel Erben (§ 2069).

Ersatzzeiten sind in der → Rentenversicherung Zeiten, die auch ohne Beitragsleistungen bei der Rentenberechnung (→ Wartezeit) mitgezählt werden: Militärdienst, Kriegsgefangenschaft, Freiheitsentziehung, Arbeitslosigkeit, Kindererziehung.

Ersatzzustellung. Mit der Zustellung amtlicher Schreiben (= Übergabe an den Empfänger) wird in der Regel eine Frist in Lauf gesetzt (z. B. Berufung). Wird der Empfänger nicht angetroffen, findet E. statt: Übergabe an haushaltsangehörige erwachsene Familienmitglieder, Personal, Vermieter oder Niederlegung des zuzustellenden Schriftstücks bei der Postanstalt des tatsächlichen Wohnsitzes (§§ 181 ff. ZPO; § 13 VwZG). E. an den nicht ehelichen Lebensgefährten ist wirksam, wenn der Adressat nicht nur mit ihm, sondern seiner Familie zusammenlebt. Wird die Annahme verweigert, darf das Schreiben einfach dagelassen werden.

Erschließungsaufwand. Die für die Erschließung von Bauland (Straßen, Wege, Plätze, Parkflächen, Grünanlagen) erforderlichen Kosten (einschließlich Grunderwerb und erste Herstellung der erforderlichen Anlagen, z. B. Kanalisation) können von den Gemeinden bis zu 90% auf die betroffenen Grundstückseigentümer und Erbbauberechtigten ab endgültiger Herstellung umgelegt werden (§ 123 Baugesetzbuch). Teilbeträge und Vorauszahlungen können verlangt werden. Der Anspruch eines mit der Erschließung eines Baugeländes beauftragten Baubetreuers gegen die Grundstückserwerber auf Erstattung des E. entsteht erst, wenn die Kosten der Erschließung abschließend abgerechnet und umgelegt werden können.

Ersitzung. Wer eine fremde *bewegliche* Sache 10 Jahre lang besessen hat (→ Besitz) in der Meinung, sie gehöre ihm, erwirbt an ihr das

Ertrag

→ Eigentum (§§ 937 ff.). Der Eigentumserwerb ist ausgeschlossen, wenn der Besitzer im Zeitpunkt des Besitzerwerbes wußte oder grob fahrlässig (→ Verschulden) nicht wußte, daß er nicht Eigentümer wird (z. B. beim Ankauf offensichtlich gestohlenen Schmucks), oder wenn er nachträglich erfährt, daß ihm das Eigentum an der Sache nicht zusteht. Sie hat Bedeutung beim Erwerb abhandengekommener Sachen (→ gutgläubiger Erwerb).

Wer als Eigentümer eines *Grundstücks* oder eines *Grundstücksrechts*, das zum Besitz berechtigt (z. B. → Grunddienstbarkeit, nicht aber → Grundschuld oder → Hypothek), 30 Jahre lang im Grundbuch eingetragen war, ohne tatsächlich das Eigentum oder das sonstige Recht erworben zu haben (z. B. wegen Geisteskrankheit des Veräußerers), erwirbt das Eigentum, wenn er während dieser Zeit das Grundstück als ihm gehörend in Besitz gehabt hat (sog. → *Buch*- oder *Tabularersitzung*). Im Gegensatz zur Ersitzung beweglicher Sachen spielt es hier keine Rolle, daß der Besitzer wußte, daß ihm das Eigentum oder das sonstige Recht nicht zusteht (§ 900).

Ertrag → Pacht.

Erwerbsunfähigkeitsrente. Versicherte der gesetzlichen Renten- und Knappschaftsversicherung erhalten auf Antrag E., wenn infolge Krankheit, Gebrechen oder geistiger bzw. körperlicher Schwäche auf nicht absehbare Zeit eine regelmäßige Erwerbstätigkeit nicht mehr ausgeübt oder nur geringe Einkünfte ($1/7$ der monatlichen Bezugsgröße; für 1992: DM 500.–) erzielt werden können, die sog. allgemeine → Wartezeit von 5 Jahren erfüllt ist und zuletzt vor Eintritt der Erwerbsunfähigkeit eine versicherungspflichtige Beschäftigung ausgeübt worden ist. Die E. beträgt das 1,5fache der → Berufsunfähigkeitsrente; Selbständige habenn keinen Anspruch auf E. Bei Eintritt der Erwerbsunfähigkeit müssen in den letzten 5 Jahren davor mindestens 3 Jahre lang Pflichtbeiträge gezahlt worden sein.

Ab 1992 verlängert sich der Zeitraum von 5 Jahren um → Ersatzzeiten, → Anrechnungszeiten, → Kindererziehungszeiten, → Pflegezeiten. Die Pflichtbeitragszeit von 3 Jahren entfällt, wenn die Erwerbsunfähigkeit auf Grund eines Umstandes eingetreten ist, durch den die allgemeine → Wartezeit als vorzeitig erfüllt gilt (z. B. Arbeitsunfall). Versicherte, die vor Erfüllung der 5 Jahre Wartezeit erwerbsunfähig waren und es ununterbrochen sind, können einen Rentenanspruch auch durch freiwillige Beiträge erwerben; sie haben Anspruch auf E., wenn sie die Wartezeit von 20 Jahren mit Beitragszeiten, Ersatzzeiten oder Zeiten aus einem → Versorgungsausgleich erfüllt haben (§ 44 SGB VI).

Erziehungsbeistandschaft. Für einen Minderjährigen, dessen leibliche, geistige oder seelische Entwicklung gefährdet oder geschädigt ist, wird auf Antrag des personensorgeberechtigten Elternteils, des Jugendamtes oder Vormundes vom Jugendamt bzw. Vormundschaftsgericht/Jugendgericht E. angeordnet (§§ 30, 58 KJHG). Im Strafrecht entscheidet der Jugendrichter.

Erziehungsgeld → Mutterschutz.

Erziehungshilfe → Kinder-, Jugendhilfe.

Erziehungsrente. Ab 1992 hat Anspruch auf E. bis zur Vollendung des 65. Lebensjahres, wessen Ehe nach dem 30. 6. 77 geschieden wurde, wessen geschiedener Ehegatte gestorben ist, wer sein eigenes Kind oder eines des geschiedenen Gatten erzieht, ledig geblieben ist und bis zum Tod des geschiedenen Gatten eine → Wartezeit von 5 Jahren erfüllt hat (§ 47 SGB VI). Werden die für die → Witwen(-r)rente geltenden Freibeträge überschritten, werden 40% des übersteigenden Betrages auf die E. angerechnet, die in Höhe der → Erwerbsunfähigkeitsrente gezahlt wird.

Erziehungsurlaub → Mutterschutz. Bei Kindern vom Geburtsjahrgang 1992 an können Eltern 3 Jahre E. nehmen; auch Väter nichtehelicher Kinder, wenn die Mutter einverstanden ist und alle in einem Haushalt leben. Während des E. besteht Kündigungsschutz. Die beitragsfreie Mitgliedschaft in der gesetzlichen Krankenversicherung ist nicht mehr an den Bezug des einkommensabhängigen Erziehungsgeldes gebunden. Teilzeitarbeit während E. ist möglich.

Erzwingungshaft bis zu 6 Wochen, wer eine *Geldbuße* trotz Zahlungsfähigkeit nicht zahlt (bei mehreren Geldbußen bis zu 3 Monaten); bis zu 6 Monaten, wer als Zeuge im Strafverfahren die Aussage zu Unrecht verweigert (im Ordnungswidrigkeitenverfahren bis zu 6 Wochen); bis zu 2 Monaten, wer trotz gerichtlicher Anordnung Gegenstände nicht herausgibt; wer eidesstattliche Versicherung nicht abgibt bis zu 6 Monaten.

Europäischer Binnenmarkt. Zum 1. 1. 93 gibt es für die 12 Staaten der EG einen Raum ohne Binnengrenzen, in dem der freie Waren-, Dienstleistungs- und Kapitalverkehr gewährleistet ist. Vorteil: Wegfall der Grenzen, Kontrollen, Harmonisierung des Steuer-, Arbeits- und Sozialrechts. Fortentwicklung zur Wirtschafts- und Währungsunion, an deren Ende 1999 eine einheitliche Europ. Währung stehen wird.

Europäischer Wirtschaftsraum (EWR) ist der Bildung eines freien Binnenmarktes zwischen der EG und Norwegen, Schweden,

Europäisches Gemeinschaftsrecht

Österreich und der Schweiz als Vorstufe für die Vollmitgliedschaft in der EG.

Europäisches Gemeinschaftsrecht. Innerhalb der 12 EG-Staaten gibt es primäres Recht (Verträge) und sekundäres Recht (die von den Organen der EG erlassenen Verordnungen, Richtlinien und Entscheidungen). Organe sind die EG-Kommission, der Ministerrat, der Europ. Gerichtshof und das Europ. Parlament. Das Europ. Recht entfaltet weitgehend unmittelbare Wirkung in allen Mitgliedstaaten; nur bei Richtlinien sind Gesetze der Mitglieder erforderlich. Das EG-Recht hat Vorrang vor nationalem Recht, auch nationalem Verfassungsrecht. So sind Grundrechtsverletzungen durch Rechtsakte der EG ausschließlich nach Gemeinschaftsrecht zu beurteilen.

Das Recht der Europ. Gemeinschaft gilt ab 3. 10. 90 auch in ehem. DDR, Art. 10 EV.

Euroscheck ist ein international einheitlicher → Scheck, der auch gegenüber ausländischen Banken Verfügungen über das eigene Konto durch → Scheckkarte bis DM 400.– erlaubt. Beides ist getrennt aufzubewahren.

Die Einlösung von in Deutschland ausgestellten E. ist von der bezogenen Bank für 8 Tage, in anderen Staaten für 20 Tage nach dem Ausstellungsdatum garantiert. Hat der Bankkunde den Verlust von E. seiner Bank mitgeteilt, darf sie sein Konto nicht mit den Beträgen belasten, die ihr eine ausländische Bank durch Einlösung der dem Kunden gestohlenen und gefälschten E. in Rechnung gestellt hat, wenn der Fälscher nicht auch die Scheckkarte vorgelegt hat, die Fälschung erkennbar war oder mehrere Schecks derselben Bank am selben Tag präsentiert wurden. Werden dem Kunden E. gestohlen und wurde dem Dieb auch die Scheckkartennummer bekannt, haftet der Kunde für den Schaden, auch wenn er ihn umgehend der Bank gemeldet hat.

Eventualaufrechnung → Aufrechnung.

F

Factoringvertrag. Ein Kreditinstitut kauft eine Kundenforderung gegen sofortige Wertstellung oder Kreditierung; kombiniert damit ist die Übernahme von Dienstleistungsverpflichtungen (insbesondere Kundenbuchhaltung, Beitreibung von Forderungen etc.). Meist wird die Forderung nur → erfüllungshalber auf die Bank übertragen, sodaß bei Nichtbeitreibbarkeit der Kunde aus seinem Kreditverhältnis mit der Bank in Anspruch genommen werden kann.

Fahrerlaubnis. Wer auf öffentlichen Straßen ein Kfz (schneller als 6 km/h) führen will, bedarf der F. Sie ist durch einen Führerschein nachzuweisen. Dieser ist mit sich zu führen. Keine F. ist nötig für Fahrräder mit Hilfsmotor, Mofa 25 (hier aber theoretische Fahrprüfung), Krankenfahrstühle mit 10 km/h und einachsigen Zug- bzw. Arbeitsmaschinen. Es gibt 7 Klassen (§ 5 StVZO) und ein Mindestalter für die Erteilung der F.: PKW, Lieferwagen, LKW bis 7,5 t, Motorräder – 18 Jahre; schwere Motorräder – 20 Jahre; schwere LKW – 21 Jahre; Kleinkraftwagen und Kleinmotorräder, Kfz bis 25 km/h – 16 Jahre; Kleinstmofa – 15 Jahre. Ehem. DDR-F. bleibt gültig.

Beim Ersterwerb wird die F. *auf Probe* mit einer Probezeit von 2 Jahren erteilt; wird sie während der Probezeit entzogen, erlischt die F.; mit Neuerteilung beginnt eine neue Probezeit für die restliche Dauer der ersten Probezeit; bei Verurteilung wegen → Unfallflucht, Trunkenheit im Verkehr, Verstößen gegen Geschwindigkeits-, Überhol-, und Vorfahrtsvorschriften wird Teilnahme an einem Nachschulungskurs angeordnet; bei erneuter Straffälligkeit muß eine neue Fahrprüfung abgelegt werden.

Die F. kann von der Verwaltungsbehörde entzogen werden, wenn sich der Inhaber als ungeeignet zum Führen von Kfz erweist; dagegen ist als Rechtsmittel Widerspruch und Anfechtungsklage zum Verwaltungsgericht gegeben (§§ 68, 42 VwGO).

Gerichtliche Entziehung der F., Einziehung des Führerscheins und Anordnung einer Sperre von 6 Monaten bis zu 5 Jahren oder Lebenszeit, vor deren Ablauf keine neue F. erteilt werden darf, bei: Trunkenheit im Verkehr, Straßenverkehrsgefährdung, Unfallflucht (§ 69 StGB). Die Dauer einer vorläufigen Entziehung der → Fahrerlaubnis wird angerechnet. Nach Ablauf der Sperrzeit besteht kein Anspruch auf Neuerteilung einer F.; sie erfolgt gegebenenfalls nach erneuter Prüfung der gesetzlichen Voraussetzungen, wobei von einer neuen Eignungsprüfung abgesehen werden kann.

Fahrlässigkeit → Verschulden.

Fahrtkosten werden als → Aufwendungen ersetzt. Im Bereich der → Krankenversicherung hat ab 1. 1. 89 der Versicherte folgende F. selbst zu tragen: bei Fahrten zur stationären Behandlung DM 20.– je Fahrt; bei Transport im Rettungs- oder Krankenwagen DM 20.– je Fahrt; alle Kosten bei Fahrten zu ambulanter Behandlung. Sonderregelung für ehem. DDR.

Fahrverbot. Wird eine Straftat bei oder im Zusammenhang mit dem Führen eines Kfz oder in Verletzung der Pflichten eines Kraftfahrers begangen, kann neben Geld- oder Freiheitsstrafe ein F. von

Faksimile

1–3 Monaten verhängt werden (§ 44 StGB). Der Betroffene behält die Fahrerlaubnis, muß aber seinen Führerschein abgeben; nach Fristablauf darf er wieder fahren. Ab rechtskräftigem Verhängen des F. darf der Betroffene nicht mehr fahren (sonst macht er sich strafbar); die Frist beginnt aber erst mit Ablieferung des Führerscheins. F. auch wegen einer Ordnungswidrigkeit und vor allem bei Fahren mit einem Kfz bei mehr als 0,8‰ Alkohol im Blut.

Faksimile → Form.

Faktische Gesellschaft. Ist ein Gesellschaftsvertrag fehlerhaft oder nichtig, haften die Gesellschafter den Gläubigern der Gesellschaft trotzdem (Schutz des gutgläubigen Vertragspartners). *Ausnahme:* Minderjährige Gesellschafter haften nicht; ferner keine Haftung, wenn der Gesellschaftsvertrag wegen Verstoß gegen ein gesetzliches Verbot (§ 134) oder die guten Sitten (§ 138) nichtig ist.

Fälligkeit → Verzug, Aufrechnung (Leistungszeit).

Fehler → Kauf, Werkvertrag.

Feiertage, Verkauf an –. An Sonn- und Feiertagen ist nach den Vorschriften der Gewerbeordnung und des Ladenschlußgesetzes der Verkauf in offenen Verkaufsstellen grundsätzlich verboten. Ausnahmen für Apotheken, Tankstellen, Verkaufstellen auf Bahnhöfen u. a. m. Verstöße gegen das Verkaufsverbot führen nicht zur Nichtigkeit des Kaufvertrages, sind aber beim Geschäftsinhaber als Straftat oder Ordnungswidrigkeit verfolgbar. – Würde eine Frist an einem F. ablaufen, endet sie erst mit Ablauf des nächsten Werktages. – Zuschläge für Feiertagsarbeit sind zwar beschränkt pfändbar (§ 850a$_1$ ZPO), aber steuerbegünstigt.

Feriensachen → Gerichtsferien.

Fernsehen → Rundfunk.

Festnahme. Durch Polizei, Staatsanwaltschaft oder Finanzbehörde bei dringendem Tatverdacht oder auf Grund eines richterlichen → Haftbefehls, Unterbringungs- oder Vorführungsbefehls. Daneben ist jedermann berechtigt, einen Beschuldigten, den er auf frischer Tat ertappt oder der fluchtverdächtig bzw. nicht identifizierbar ist, vorläufig festzunehmen (§ 127 StPO); die Anwendung angemessener Gewalt ist zulässig. Zur Sicherung zivilrechtlicher Ansprüche kann ein Gläubiger seinen fluchtverdächtigen Schuldner festnehmen, falls amtliche Hilfe nicht rechtzeitig zu erlangen ist und die Gefahr besteht, daß die Durchsetzung seines Anspruchs sonst wesentlich erschwert oder ganz vereitelt wird; nach der Festnahme ist sofort die Polizei zu rufen (§ 229). F. wegen Ordnungswidrigkeiten ist unzulässig.

Finanzgerichte sind in 1. Instanz zuständig für Klagen gegen steuerrechtliche → Verwaltungsakte (§§ 40, 41 FGO). Regelmäßig muß ein Einspruchs- oder Beschwerdeverfahren (§§ 348 ff. AO), einzuleiten binnen 1 Monats ab Bekanntgabe des Finanzamtsbescheides, vorausgehen. Gegen die Urteile der F. ist → Revision zum Bundesfinanzhof zulässig, falls vom Finanzgericht oder BFH zugelassen (so bei grundsätzlicher Bedeutung der Sache, Abweichung von einer Entscheidung des BFH oder Verfahrensmängeln).

In ehem. DDR sind bis zur Schaffung einer eigenen Finanzgerichtsbarkeit die Kreis- und Bezirksgerichte zuständig. In ganz Berlin gilt West-Recht.

Finanzierungsleasing. → Leasingvertrag. Hier finanziert der Leasing-Geber den Leasing-Gegenstand nicht selbst, sondern über ein Kreditinstitut. F. ist dadurch gekennzeichnet, daß der Anschaffungs- und Finanzierungsaufwand des Leasing-Gebers einschließlich seines Gewinns durch Zahlung entsprechend hoch kalkulierter Leasing-Raten während der Vertragsdauer in Verbindung mit einer meist vereinbarten Abschlußzahlung oder dem Erlös aus der Verwertung des zurückgegebenen Leasing-Gegenstandes an den Leasing-Geber zurückfließen.

Finanzierungsvertrag wird ein gegenseitiger → Vertrag genannt, der eine Kreditgewährung zum Inhalt hat und der es dem Kreditnehmer, der mit einem Dritten einen Kaufvertrag abgeschlossen hat, ermöglicht, die Kaufsache sofort unter voller Zahlung des Kaufpreises zu erwerben. Ein derartiger Vertrag ist oft mit einem → Abzahlungsgeschäft verbunden. Obwohl beide Verträge selbständig nebeneinander bestehen, muß sich der Kreditgeber (meist Bank) die Einwendungen des Kreditnehmers, die dieser z. B. wegen eines Mangels der gelieferten Ware aus dem Kaufvertrag hat, entgegenhalten lassen, wenn er mit dem Abzahlungsverkäufer in einer auf Dauer angelegten Geschäftsverbindung steht und der Kreditnehmer seine → Gewährleistungsansprüche aus dem Kaufvertrag nicht gegen den Abzahlungsverkäufer durchsetzen kann. Das Hauptanwendungsgebiet derartiger Finanzierungsverträge liegt beim Kauf von Möbeln, Kraftfahrzeugen und anderen hochwertigen Wirtschaftsgütern.

Finder → Fund.

Firma ist der Name, unter der ein Vollkaufmann (§ 1 HGB) oder eine Handelsgesellschaft (z. B. → OHG) im Rechtsleben auftritt, unterschreibt, klagt und verklagt werden kann. Träger aller Rechte und Pflichten ist der Kaufmann, nicht die Firma. Die F., die ins Handelsregister eingetragen ist, erlischt bei Einstellung des Unternehmens und Absinken des Umfanges auf ein Kleingewerbe. Sie ist nur zu-

Fischereipacht

sammen mit dem Handelsgeschäft übertragbar. Änderungen und Erlöschen sind zum Handelsregister anzumelden. Verstöße gegen den Grundsatz der F-Einheit, F-Öffentlichkeit, F-Wahrheit, F-Beständigkeit oder F-Ausschließlichkeit (z. B. unzulässige Firmenführung) kann das Registergericht am Amtsgericht mit Ordnungsmitteln ahnden. Schutz vor Mißbrauch Dritter durch Unterlassungsklage und Schadensersatz (§ 37 HGB).

Fischereipacht → Pacht.

Fixgeschäft ist ein gegenseitiger → Vertrag, bei dem eine bestimmte Leistungszeit vereinbart ist, deren Einhaltung zur unbedingten Pflicht gemacht ist, so daß mit der termingerechten Leistung das Geschäft steht und fällt. Es empfehlen sich Klauseln wie fix, prompt, präzise. Beim F. i. w. S., bei dem eine Vor- oder Nachleistung dem beiderseits bekannten Vertragszweck widersprechen würde, führt die Nichtleistung zur vereinbarten Zeit dazu, daß die Leistung als unmöglich angesehen wird und der Schuldner, sofern er die nicht termingerechte Leistung zu vertreten hat, zum → Schadensersatz verpflichtet ist (z. B. Miete eines Hotelzimmers aus bestimmtem Anlaß, Bestellung eines Taxis oder Mietwagens).

Beim F. i. e. S., bei dem der Leistungstermin nicht derart wesentlich ist, daß seine Nichteinhaltung die Leistung als unmöglich gelten läßt, hat der Gläubiger in erster Linie ein → Rücktrittsrecht (§ 361). Ob die Leistung fristgerecht ist, ist nach → Treu und Glauben zu bestimmen. Falls der Gläubiger zurücktritt, hat er keinen Erfüllungs- oder Schadensersatzanspruch. Er kann aber vom Rücktritt absehen und nachträgliche Erfüllung oder Schadensersatz verlangen, aber nur unter der Voraussetzung, daß den Schuldner an der Nichteinhaltung des Leistungstermins ein → Verschulden trifft. Beim *Handelskauf* kann Erfüllung nur beansprucht werden, wenn der Gläubiger sie sofort nach dem Ablauf des Leistungszeitpunktes verlangt (§ 376 HGB).

Flaschenpfand ist i. d. R. kein → Pfandrecht im gesetzlichen Sinne. Das F. begründet in der Praxis eine dem → Darlehen ähnliche Verpflichtung des Käufers zur Rückgabe der Flaschen usw., die durch die Hinterlegung eines bestimmten Geldbetrages gesichert wird sowie eine Rücknahmepflicht des Verkäufers.

Flexible Altersgrenze (§ 41 SGB VI) ist die Vorverlegung der → Altersrente um 3 Jahre vor Erreichen des 65. Lebensjahres; allerdings mindert sich für jedes Jahr der vorzeitigen Inanspruchnahme die Rente um 3,6 %. Für jedes Jahr des Hinausschiebens erhöht sie sich um 6 % (§ 77 SGB VI).

Folgerecht ist das Recht eines bildenden Künstlers, vom Erlös aus der Weiterveräußerung eines seiner Originalwerke 5% zu verlangen, wenn hieran ein Kunsthändler oder Versteigerer beteiligt ist und der Erlös mindestens DM 100.– beträgt.

Fonds bezeichnet ein Sondervermögen (z. B. Europ. Fonds) von → Kapitalanlagegesellschaften, die gegen Ausgabe von Anteilscheinen eingelegtes Geld und die damit angeschafften Vermögensgegenstände verwalten. Es darf nur Wertpapier- oder Grundstückssondervermögen geschaffen werden. Mit der Ausgabe, Rücknahme der Anteilscheine und Verwahrung des Sondervermögens ist eine Depotbank zu beauftragen. Wichtig F. „Deutsche Einheit" (G 25. 6. 90, BGBl. II 518; Anlage I Kap. IV B II 1 EV) und der bis 31. 12. 93 fungierende „Kreditabwicklungs-F." (Anlage I Kap. IV B II 47 EV).

Forderung ist der schuldrechtliche → Anspruch eines Gläubigers, der sich gegen einen bestimmten Schuldner richtet. Das Gegenstück hierzu ist die auf der anderen Seite bestehende *Verbindlichkeit*. Der schuldrechtliche Anspruch ist i. d. R. durch → Klage und → Zwangsvollstreckung erzwingbar. In gesetzlich bestimmten Ausnahmefällen ist die Zwangsvollstreckung unzulässig (Herstellung der ehelichen Gemeinschaft) bzw. schon die Klage zur Durchsetzung der F. ausgeschlossen, so z. B. bei Forderungen aus Spiel oder Wette oder Ehevermittlung. Solche Ansprüche (→ unvollkommene Verbindlichkeiten oder Naturalobligationen genannt) sind aber echte Forderungen und als solche erfüllbar.

Forderungsgarantie → Garantievertrag.

Forderungskauf. Gegenstand eines Kaufvertrages kann auch eine Forderung sein. Dann haftet der Verkäufer dafür, daß die Forderung tatsächlich besteht. Eine Haftung für die Realisierbarkeit („Bonität") der Forderung ist damit nicht umfaßt. Sie kann jedoch vereinbart werden, und zwar sowohl für den Zeitpunkt der → Abtretung als auch für den Zeitpunkt der Fälligkeit der Forderung. (Kauf), § 437.

Forderungsübergang → Abtretung.

Forderungsverletzung → positive Vertragsverletzung.

Form der → Rechtsgeschäfte (§§ 126 ff.). Privatrechtsgeschäfte bedürfen grundsätzlich nicht einer bestimmten F. Für viele besonders wichtige Rechtsgeschäfte bestehen jedoch gesetzliche Ausnahmen. Formvorschriften dienen sowohl der Beweissicherung als auch der Verhinderung eines unbedachten Geschäftsabschlusses, z. B. bei → Grundstücksgeschäften. Ein Formerfordernis kann auch durch ein Rechtsgeschäft *vereinbart* werden (sog. gewillkürter Formzwang).

Form

Als Formen kommen in Betracht:

1. *Schriftform* (§ 126). Die Urkunde muß vom Aussteller eigenhändig mit seiner *Namensunterschrift* oder mit seinem gerichtlich oder notariell beglaubigten Handzeichen unterzeichnet werden. Sie muß grundsätzlich das Schriftstück inhaltlich abschließen. Eine *Oberschrift* (wie auf Banküberweisung) genügt regelmäßig nicht (BGH NJW 91 S. 487); die Tatsache, daß der nachfolgende Text vom Überschreiber stammt, wird nicht vermutet. Ein *links neben* dem Urkundentext stehender Namenszug ist keine Unterschrift. Kündigung durch Telefax ist formwirksam. Eine mechanische Vervielfältigung der Unterschrift *(Faksimilestempel)* ist grundsätzlich unzulässig. Bei einem → Vertrag müssen beide → Parteien ihre Unterschrift auf dieselbe Urkunde setzen; jedoch genügt auch Unterzeichnung gleichlautender Urkunden jeweils durch eine Partei und Austausch, ebenso Briefwechsel (aber nur bei *vereinbarter* Schriftform, § 127). Die Unterschrift muß nicht lesbar sein, aber individuelle Züge tragen. Sie kann auch durch Vertreter erfolgen, der entweder mit dem Namen des Vertretenen oder seinem eigenen unterzeichnet. *Beispiele:* Miete, Bürgschaft, Schuldversprechen, Schuldanerkenntnis, Testament, Abzahlungskauf.

2. *Notarielle Beurkundung* (§ 128). Hier wird die zu beurkundende Erklärung vor einem Notar abgegeben und von diesem als so abgegeben bestätigt. Bei einigen Rechtsgeschäften (z. B. → Auflassung und → Erbvertrag) ist zur Wahrung der Form die gleichzeitige Anwesenheit beider Vertragsparteien bei der Beurkundung vorgeschrieben. *Beispiele:* Grundstückskauf, Vollmachterteilung dazu, Schenkungsversprechen, Erbschaftskauf, Verfügung über Erbteil, Gründung von Aktiengesellschaft oder GmbH.

3. *Öffentliche Beglaubigung* (§ 129). Hier muß die Erklärung schriftlich abgefaßt und unterschrieben und die Echtheit der Unterschrift von einem Notar bestätigt werden. Sie ist ein Zeugnis für die Echtheit der Unterschrift, nicht für den Inhalt der darüber stehenden Erklärung. *Beispiele:* Anmeldung zum Vereins-, Güterrechts-, Handelsregister oder Grundbuchamt.

Ein Rechtsgeschäft, bei dem die vorgeschriebene F. nicht beachtet wurde, ist nichtig. Auf die → Nichtigkeit darf sich jedoch nicht berufen, wer den Formmangel selbst herbeigeführt hat. In einigen gesetzlich bestimmten Fällen hat der Mangel der F. aber nicht die Nichtigkeit des Rechtsgeschäfts zur Folge: Der Mietvertrag über ein Grundstück oder einen Grundstücksteil, der für länger als ein Jahr abgeschlossen wird, bedarf der Schriftform; wird die Schriftform aber nicht gewahrt, so gilt der Vertrag als für unbestimmte Zeit geschlossen (§ 566).

Ausnahmsweise kann ein ursprünglich vorliegender Formmangel

kraft Gesetzes durch Erfüllung nachträglich geheilt werden, so z. B. der formlos geschlossene Kaufvertrag über ein Grundstück, wenn die Auflassung und die Eintragung im Grundbuch erfolgen (§ 313), oder der formlos geschlossene Schenkungsvertrag, wenn die → Schenkung vollzogen wird (§ 518) oder der formwidrige Bürgschaftsvertrag bei Leistung.

Formularverträge. Bei häufig vorkommenden → Rechtsgeschäften des täglichen Lebens werden vielfach Formulare verwendet, in denen wesentliche Bedingungen des Rechtsgeschäfts bereits festgelegt sind (z. B. Einheitsmietvertrag, Vollmacht des Rechtsanwalts). Sie enthalten manchmal mißverständliche, unzweckmäßige und unbillige Klauseln (z. B. Vereinbarung eines für den Schuldner ungünstigen Gerichtsstandes). Derartige Verträge sind eng auszulegen und, soweit Zweifel bestehen bleiben, gegen die Vertragspartei auszulegen, die sich ihrer bedient, da sie verpflichtet gewesen wäre, sich unmißverständlich auszudrücken (→ Allgemeine Geschäftsbedingungen).

Fortgesetzte Gütergemeinschaft → Gütergemeinschaft.

Frachtvertrag (→ Speditionsvertrag) ist der auf entgeltliche Beförderung von Gütern gerichtete → Werkvertrag zwischen Frachtführer und Absender. Zum Beweis wird ein Frachtbrief ausgestellt (§ 426 HGB). Der Empfänger des Frachtgutes erwirbt unmittelbare Rechte gegen den Frachtführer, der für Schäden oder Verlust des Frachtgutes während der Beförderung einsteht (§§ 429 ff. HGB). Die Frachtgeld- und Aufwendungsersatzansprüche sind durch ein gesetzliches → *Pfandrecht* am Frachtgut gesichert (§ 440 HGB).

Franchisevertrag (Franchising) weist Pachtelemente auf. Der F-Nehmer handelt im eigenen Namen und auf eigene Rechnung. Ihm wird über einen bloßen → Lizenzvertrag hinaus gegen Entgelt vom F-Geber erlaubt, dessen Namen, Warenzeichen, Schutzrechte, technisches know-how beim Vertrieb von Waren und Dienstleistungen gewerblich zu nutzen. Der F-Geber hat Kontrollrechte über den Betrieb des F-Nehmers. Soweit der F. mit einer Warenbezugspflicht verbunden ist, unterliegt er den Regeln des → Abzahlungsgeschäftes.

Freibeträge werden in der vom Gesetzgeber vorgesehenen Höhe immer bei dem zu versteuernden Betrag als nicht der Steuer unterliegend berücksichtigt, also abgezogen, unabhängig, wie hoch der F. ist. Die Aufwendungen müssen glaubhaft gemacht werden.

Bei Einkommensteuer: Kinder-, Haushalts- (§ 32 EStG), Sparer- (§ 20 EStG), und Versorgungsfreibetrag (§ 19 EStG); bei – Vermögensteuer einen Regel- und einen Altersfreibetrag (§ 6 VStG).

„Freibleibend"

Bei Erbschaftsteuer: Bestattungs- (§ 10), Versorgungs- (§ 17), Allgemeiner F. (§ 16).

„Freibleibend" ist eine Klausel, durch die derjenige, der den Abschluß eines → Vertrages anbietet, seine sonst kraft Gesetzes (§ 145) eintretende Bindung an sein Vertragsangebot ausschließt (→ „ohne Obligo").

Freigrenzen werden nur berücksichtigt, wenn die zu versteuernde Summe die vom Gesetzgeber gewährte F. nicht übersteigt. Sie gehen, wenn überschritten, ganz verloren.

„Frei Haus" ist eine Klausel, die beim → Kauf vielfach verwendet wird und die bedeutet, daß der Verkäufer die Transportkosten bis zu den Geschäfts- oder Wohnräumen des Käufers übernimmt.

Freiwillige Gerichtsbarkeit. In Grundbuch-, Vormundschafts-, Wohnungseigentums-, Freiheitsentziehungs-, Betreuungs-, Unterbringungs-, Wiedergutmachungs-, Nachlaß-, Landwirtschafts- und Registersachen wird in der Regel ohne mündliche Verhandlung durch Beschluß entschieden. Die Verfahrensregeln finden sich im FGG 17. 5. 1898. Die Beschlüsse sind mit Beschwerde zum Landgericht (§§ 19, 22 FGG) und weiterer Beschwerde zum OLG (§ 27 FGG) anfechtbar; in Bayern entscheidet das Bayer. Oberste Landesgericht. Wo das FGG die sofortige Beschwerde zuläßt, ist sie binnen einer Frist von 2 Wochen einzulegen.

Freiwillige Versicherung. Der gesetzlichen → Krankenversicherung können Personen, die aus der Versicherungspflicht ausgeschieden sind und in den letzten 5 Jahren zuvor mindestens 12 Monate oder unmittelbar vorher 6 Monate ohne Unterbrechung versichert waren, beitreten; Familienversicherte nach Erlöschen der Familienversicherung; Kinder, die wegen zu hohen Einkommens der Eltern nicht familienversichert sind; Personen nach erstmaliger beruflicher Tätigkeit, die wegen Überschreitung der Jahresarbeitsverdienstgrenze versicherungsfrei sind; Schwerbehinderte, wenn Eltern, Ehegatte oder sie selbst in den letzten 5 Jahren vor dem Beitritt mindestens 3 Jahre versichert waren; Arbeitnehmer, deren Mitgliedschaft wegen Arbeit in ehem. DDR geendet hat, falls sie innerhalb von 2 Monaten nach Rückkehr wieder eine Beschäftigung aufnehmen; ferner versicherungsfreie Beschäftigte, mitarbeitende Familienangehörige, Gewerbetreibende, Umschüler, Studienbewerber, nicht krankenpflichtversicherte Rentner, überlebende oder geschiedene Ehegatten; als Weiterversicherung im Anschluß an eine Pflichtversicherung ohne Rücksicht auf die Höhe des Entgelts möglich. Betriebsunternehmer sind bis zu einem jährlichen Gesamteinkommen von 75% der → Beitragsbemessungsgrenze der Rentenversicherung zugelassen.

Wer in der Rentenversicherung nicht pflichtversichert ist (§§ 5, 6 SGB VI), kann sich für Zeiten ab dem 16. Lebensjahr freiwillig versichern, wenn er die allgemeine → Wartezeit von 5 Jahren erfüllt hat (Ausn.: Geringverdiener, Selbständige, Studenten). §§ 7, 167, 171, 232 SGB VI.

Für Beamte, Anwärter, Vollzugsbeamte, Soldaten und Ruhestandsbeamte ist aber Voraussetzung, daß für 60 Monate Beiträge bereits entrichtet sind.

Freizeichnungsklauseln. Die Haftung für eigenes Verschulden kann durch Vertrag auf Vorsatz beschränkt, für → Erfüllungsgehilfen ganz ausgeschlossen werden (§§ 276, 278), jedoch nicht im Wege → Allgemeiner Geschäftsbedingungen (§ 11 AGBG).

Fristenberechnung. Rechtswirkungen hängen häufig von einer Zeitbestimmung ab, die auf Gesetz (Rechtsmittelfrist), richterlicher Anordnung oder Vertrag beruhen kann. Die Berechnung (§ 187) geht von vollen Tagen aus. Für den Beginn wird der Tag, an dem das maßgebliche Ereignis eintritt (z. B. Kündigung) nicht mitgerechnet (*Ausnahme:* ist der Beginn eines Tages entscheidend, z. B. Mietzahlung, wird er schon mitgezählt); die Frist endet mit Ablauf des letzten Tages (24 Uhr). Eine nach Wochen, Monaten oder Jahren bestimmte Frist endet mit Ablauf des Tages, der datumsmäßig dem Tag des auslösenden Ereignisses entspricht (bei der *Ausnahme* oben 1 Tag früher).

Beispiel: Zustellung eines Strafbefehls am Freitag 4. 4., Einspruchsfrist 2 Wochen, Zustellungstag wird nicht mitgezählt, Fristende Freitag 18. 4., 24 Uhr. – Miete einer Wohnung ab 2. 6., Kündigung 1 Monat, Mietbeginn wird mitgezählt, Fristende für Kündigung 1. 7. Fällt der letzte Tag der Frist auf einen Samstag, Sonn- oder → Feiertag, läuft die Frist für eine → Willenserklärung oder Prozeßhandlung erst am nächstfolgenden Werktag ab. Bei schuldloser Fristversäumung → Wiedereinsetzung in den vorigen Stand.

Fruchterwerb. Früchte einer Sache (Erzeugnisse und sonstige bestimmungsgemäße Ausbeute wie z. B. Getreide, Milch, neugeborene Tiere, Kies aus der Kiesgrube) stehen im → Eigentum des Eigentümers der betreffenden Sache. Sie verbleiben in dessen Eigentum auch nach der Trennung von der Sache (§§ 953 ff.), sofern nicht einem anderen ihre → Aneignung gestattet ist (z. B. dem Pächter; s. Pachtvertrag), der Besitzer gutgläubig ist oder es sich um → Überfallfrüchte handelt. Wer die Früchte herausgeben muß, kann Ersatz der ihm entstandenen Fruchtgewinnungskosten verlangen.

Führerschein → Fahrerlaubnis.

Führungszeugnis ist eine Auskunft über Vorstrafen. Diese werden in das Bundeszentralregister in Berlin eingetragen. Der 14 Jahre alte

Fund

Betroffene oder sein gesetzlicher Vertreter können ein F. bei der gemeindlichen Meldebehörde beantragen. Das F. ist kein Leumundszeugnis, wird aber häufig von Arbeitgebern verlangt. Nicht im F. erscheinen: Freiheitsstrafen bis zu 3 Monaten, Geldstrafen bis zu 90 Tagessätzen, Jugendstrafe bis zu 2 Jahren mit Bewährung, Maßregeln der Besserung und Sicherung ohne Strafausspruch.

Nach 3–5 Jahren erscheinen andere Verurteilungen auch nicht mehr im Führungszeugnis, wohl aber noch im Strafregister (= Bundeszentralregister). Bereits vorher kann der Generalbundesanwalt auf schriftlichen Antrag anordnen, daß Vermerke nicht im Führungszeugnis aufgenommen werden. Gegen den ablehnenden Bescheid Beschwerde binnen 2 Wochen zum Bundesminister der Justiz. Gegen seine ablehnende Entscheidung ist Antrag auf Entscheidung durch das OLG gegeben. Wird eine Verurteilung nicht in das F. aufgenommen, darf sich der Betroffene als nicht vorbestraft bezeichnen.

Fund (§ 965) ist die Ansichnahme einer entdeckten Sache, die sich nicht im → Besitz eines anderen befindet. Der F. ist kein → Rechtsgeschäft, sondern ein tatsächlicher Vorgang, so daß auch ein Geschäftsunfähiger (z. B. ein Kind) Finder sein kann. Der Finder muß dem Eigentümer unverzüglich von dem F. Mitteilung machen, andernfalls begeht er Unterschlagung. Kennt er den Eigentümer oder einen sonst Berechtigten nicht, muß er unverzüglich die zuständige Polizeibehörde (Fundbüro) verständigen, sofern es sich nicht um eine Sache handelt, deren Wert nicht mehr als 10 DM beträgt. Solange der Finder die Sache noch selbst in Besitz hat, haftet er für sie, aber nur für Vorsatz und *grobe* Fahrlässigkeit (→ Verschulden). Er kann vom Eigentümer Ersatz seiner Aufwendungen (z. B. Futterkosten für einen Hund) und einen *Finderlohn* verlangen. Dieser beträgt 5% bis zu einem Wert der Sache von 1000 DM, für den darüber hinausgehenden Wert 3%, bei Tieren überhaupt 3%. Wenn sich innerhalb von 6 Monaten nach Anzeige des Fundes der Eigentümer nicht gemeldet hat, erwirbt der Finder das → Eigentum an der Sache. Er bleibt jedoch noch 3 Jahre lang dem früheren Eigentümer gegenüber nach den Vorschriften über die Herausgabe einer → ungerechtfertigten Bereicherung verpflichtet.

Eine besondere Regelung gilt für den sog. → *Schatzfund* (§ 984). Unter Schatz versteht man eine Sache, die so lange verborgen gewesen ist, daß der Eigentümer nicht mehr ermittelt werden kann. Es erwerben der Finder (Entdecker) und der Eigentümer der Sache, in der der Schatz verborgen war (z. B. der Eigentümer eines Ruinengrundstücks, eines alten Möbelstücks) das Eigentum daran je zur Hälfte.

Nimmt jemand eine besitzlose Sache in Räumen an sich, in denen er nur *Besitzdiener* ist, d. h. die tatsächliche Gewalt für einen anderen und nach dessen Weisungen ausübt, kann er grundsätzlich nicht selbst Finder sein, sondern er findet für den Besitzer (z. B. Platzanweiserin im Theater, Hausgehilfin im Haushalt). Der Besitzdiener hat somit auch keinen Anspruch auf Finderlohn.

Ebenfalls keinen Anspruch auf vollen Finderlohn (er ist auf die Hälfte der genannten Beträge ab DM 100.– Wert begrenzt) und späteren Eigentumserwerb hat, wer eine Sache in den Geschäftsräumen oder Beförderungsmitteln einer öffentlichen Behörde oder einer dem öffentlichen Verkehr dienenden Verkehrsanstalt (Bahnhof, Zugabteil, Straßenbahn) findet (§ 978). Hier ist der Finder nur zur unverzüglichen Ablieferung verpflichtet.

Fürsorgepflicht → Arbeitsvertrag.

Fußballtoto → unvollkommene Verbindlichkeit.

G

Garage (Einstellplätze). Bei der Errichtung von Bauwerken und sonstigen Anlagen (Wohn- und Geschäftshäuser, Fabriken, Gaststätten, Sportplätze u. a. m.) ist der Bauherr kraft Gesetzes verpflichtet, ausreichende und geeignete Garagen oder Stellplätze für Kraftfahrzeuge einzurichten. Grundsätzlich müssen diese Abstellmöglichkeiten auf dem Baugrundstück selbst geschaffen werden; in Ausnahmefällen können sie auch auf einem in der Nähe gelegenen Grundstück eingerichtet werden. Wenn auf diese Weise Parkmöglichkeiten nicht geschaffen werden können (z. B. wegen Raummangel in der Großstadt), kann sich der Bauherr statt dessen der betreffenden Gemeinde gegenüber verpflichten, sich in angemessener Höhe an den Kosten für die Herstellung der vorgeschriebenen Garagen und Einstellplätze zu beteiligen, wenn die Gemeinde ihrerseits die Erstellung der Plätze übernimmt (z. B. durch die Anlage von Parkplätzen oder den Bau von Parkhäusern). Über die Verpflichtung des Bauherrn zur Erstellung von Garagen und Einstellplätzen wird im Verfahren über die *Baugenehmigung* durch die zuständigen Behörden entschieden.

Die → Miete einer G. kann entweder im Zusammenhang mit der Anmietung einer Wohnung bzw. eines Hauses oder durch gesonderten Mietvertrag erfolgen, der dann selbständig zu behandeln ist, insbes. im Fall der → Kündigung.

Garantiegeschäft hat als Bankgeschäft die Übernahme von → Bürgschaften (→ Aval-Kredit), Garantien schlechthin und sonstigen

Garantievertrag

wechsel- bzw. scheckrechtlichen Hilfen, → Schuld(mit)übernahmen und → Akkreditive zum Inhalt.

Garantievertrag kann sein:

1. das Einräumen einer „Garantiefrist", d. h. die vertragliche Verlängerung der Verjährungsfrist für Gewährleistungsansprüche beim → Kauf, die nach der gesetzlichen Bestimmung (§ 477) bei beweglichen Sachen nur 6 Monate, bei Grundstücken 1 Jahr von der Übergabe an beträgt;

2. die Vereinbarung, daß Verjährung erst mit Ablauf der Garantiefrist beginnt;

3. ein Vertrag, in dem ein Partner dem anderen verspricht, für einen Erfolg einzustehen (z. B. die Erfüllung einer abgetretenen Forderung durch den Schuldner) oder für einen künftigen möglicherweise entstehenden Schaden aufzukommen, auch wenn er ihn nicht zu vertreten hat. Der entsprechende Verpflichtungswille muß erkennbar erklärt werden, bedarf aber im Gegensatz zur → Bürgschaft keiner → Form.

4. Die Garantie eines Warenherstellers bedeutet, daß er dem Endabnehmer gegenüber unmittelbar für Mängel haftet; er kann den Abnehmer aber zuvor auf die Haftung des Verkäufers (Händlers) verweisen.

Garderobenmarke → Legitimationszeichen.

Gastaufnahmevertrag, Gastwirtshaftung → Beherbergungsvertrag.

Gattungskauf → Kauf (Anm.: V 9).

Gattungssachen → Sache. Sind Massenprodukte, die nicht nach individuellen Gesichtspunkten, sondern nach Zahl, Maß und Gewicht bestimmt sind. Wer G. schuldet, hat Sachen mittlerer Art und Güte zu liefern (§ 243). Ist die Lieferung *unmöglich,* hat der Schuldner ohne Rücksicht auf Verschulden auf seine Kosten eine neue G. zu beschaffen, solange es die Gattung (z. B. Fernseher) überhaupt gibt (§ 279). Bei *fehlerhafter* Lieferung hat der Gläubiger Anspruch auf mangelfreie Neulieferung, (§ 480). Hat der Schuldner die G. ausgesondert, bereitgestellt und angeboten, der Gläubiger sie aber nicht angenommen, und geht nun (ohne grobes Verschulden des Lieferanten) die Sache unter, trägt das Risiko der Gläubiger (§ 300 II, 324 II).

Gattungsvermächtnis. Der Erblasser kann letztwillig den Gegenstand eines → Vermächtnisses nur der Gattung nach bestimmen (z. B. 100 l Wein, § 2155). Ist die Sache im Nachlaß nicht (mehr) vorhanden, muß sie der Erbe beschaffen.

Gebäudeeigentum ist in ehem. DDR getrennt vom Grundstück entstanden, wenn ein Gebäude auf Grund eines dinglichen Nutzungsrechts oder als Volkseigentum errichtet wurde. Dieses G. kann unabhängig vom Grundstück übertragen werden. Es besteht auch nach der Wiedervereinigung fort.

Gebäudehaftung → unerlaubte Handlung (Anm.: 2).

Gebrauchsmuster ist eine Erfindung, die Arbeitsgeräte oder Gegenstände des täglichen Gebrauchs (Werkzeuge, Maschinen, Haushaltsgeräte, Spielsachen) betrifft und in bezug auf Gestaltung, Anordnung oder Vorrichtung eine Neuerung (z. B. im Material) darstellt. Anmeldung des G. beim Patentamt; ist das G. schutzwürdig, wird es in die G-Rolle eingetragen und im Patentblatt bekannt gemacht. Der Inhaber des G. darf es nachbilden, vertreiben und benützen. Schutzfrist: 3 Jahre mit Verlängerungsmöglichkeit auf 10 Jahre. Löschung kann bei fehlender G-Fähigkeit oder früherem Schutz von jedermann, sonst nur vom Verletzten beantragt werden; er hat im übrigen Anspruch auf Schadensersatz und Unterlassung; bei vorsätzlicher G-Verletzung liegt eine strafbare Handlung vor (§ 25 GebrMG). Für G-Streitigkeiten sind ohne Rücksicht auf den Streitwert die Zivilkammern der Landgerichte ausschließlich zuständig. Gegen alle Beschlüsse im Anmeldungs- und Löschungsverfahren → Beschwerde zum Bundespatentgericht.

Gebrauchtwagenkauf → Kauf (Anm.: III b).

Gebrechlichkeitspflegschaft → Pflegschaft. Entfällt ab 1. 1. 92 auf Grund → BetreuungsG vom 12. 9. 90, BGBl. I 2002.

Gebühren sind öffentliche → Abgaben, → Gerichtskosten, Rechtsanwaltsgebühren, Notarkosten, Steuerberatergebühren, Gerichtsvollziehergebühren und Justizverwaltungskosten sowie die Kosten in der → Freiwilligen Gerichtsbarkeit. Sonderregelungen in ehem. DDR gem. Anl. I Kap. III A III 16ff. EV. Erhebung unzulässiger oder überhöhter Gebühren ist strafbar.

Gefährdungshaftung. Grundsätzlich besteht eine Pflicht zur Leistung von → Schadensersatz wegen → Vertragsverletzungen oder aus → unerlaubter Handlung nur bei → Verschulden des Schädigers. Von diesem Grundsatz gibt es aber eine Reihe gesetzlicher Ausnahmen. So beim Betrieb einer Einrichtung, die ihrer Natur nach geeignet ist, anderen Schäden zuzufügen. Hier trifft den Halter einer derartigen Einrichtung auch ohne Verschulden eine Schadensersatzpflicht, wenn durch den Betrieb seiner Einrichtung ein Schaden entsteht. Das gleiche gilt für den Halter eines Tieres.

Die G. ist insbes. von Bedeutung beim Betrieb von Kraftfahrzeugen durch Halter oder Fahrer (§§ 7, 18 StVG), Eisenbahnen, Straßenbahnen, Schwebebahnen, Flugzeugen, Arzneimittelherstellung aber auch bei Berg-, Jagd- und Wildschaden, sowie bei der → Produzentenhaftung, der Haftung für Immissionen und nach AtomG, BergG, GentechnikG, UmwelthaftungsG oder WasserhaushaltsG.

Die G. ist ausgeschlossen, wenn der Schaden auf *höherer Gewalt* oder auf einem *unabwendbaren* nicht vorhersehbaren Ereignis beruht (z. B. Verschulden des Verletzten). Auch die Höhe der Ersatzpflicht ist meist begrenzt.

Gefahrgeneigte Arbeit → schadengeneigte Arbeit.

Gefahrübergang ist im Rahmen eines → Schuldverhältnisses der Übergang des Risikos der Verschlechterung oder des Unterganges der geschuldeten Leistung (sog. *Leistungsgefahr*) von dem einen Beteiligten auf den anderen. I. d. R. fällt der G. beim Kauf einer Ware mit deren Übergabe oder Ablieferung zusammen. *Ausnahmen:* es geht z. B. beim gegenseitigen → Vertrag die Gefahr auf den Gläubiger über, wenn er sich im → Verzug der Annahme befindet (§ 324 II); beim Kauf eines Grundstücks geht die Gefahr schon vor der Übergabe auf den Käufer über, nämlich dann, wenn er vor der Übergabe bereits als Eigentümer im Grundbuch eingetragen wird (§ 446 II); beim Versendungskauf (→ Kauf) geht die Gefahr in dem Augenblick auf den Käufer über, sobald der Verkäufer die Sache ordnungsgemäß einer zur Ausführung der Versendung bestimmten Person (z. B. Spediteur) übergeben hat (§ 447); beim Erbschaftskauf trägt der Käufer bereits mit Abschluß des Kaufvertrages hinsichtlich der einzelnen Erbschaftsgegenstände die Gefahr und nicht erst mit deren Erlangung (§ 2380), beim → Werkvertrag mit Abnahme unter Billigung oder Vollendung (§§ 640, 646).

Gefälligkeitsfahrt. Bei nicht entgeltlicher und nicht geschäftsmäßiger Personenbeförderung in einem Kraftfahrzeug hat der Mitfahrer, der durch einen Verkehrsunfall Schaden erleidet, keinen Anspruch aus → *Gefährdungshaftung,* sondern nur aus → Vertrag oder aus → unerlaubter Handlung, wobei → Verschulden vorausgesetzt wird. Bei der Mitnahme eines Fahrgastes aus Gefälligkeit wird kein Vertragsverhältnis begründet, da der Fahrer keine Verpflichtung eingehen will. Deshalb hat der Mitfahrer keinen Anspruch aus Vertrag, sondern nur aus unerlaubter Handlung. Etwas anderes kann dann gelten, wenn der Mitfahrer sich an den Unkosten beteiligt (z. B. bei der Vermittlung von Mitfahrern durch die sog. Mitfahrerzentralen).

Diese Haftung kann durch eine – auch stillschweigende – Vereinbarung ausgeschlossen werden. Lediglich die Tatsache, daß die Mitnahme aus Gefälligkeit erfolgt, begründet einen derartigen Haftungsausschluß noch nicht, auch nicht ein bloß einseitiger schriftlicher Hinweis im Fahrzeug, der die Mitnahme „auf eigene Gefahr" ankündigt, solange nicht der Mitfahrer sein Einverständnis mit einem Haftungsausschluß erkennbar werden läßt. Für vorsätzliches Handeln kann die Haftung niemals ausgeschlossen werden (§ 276 II). Ein stillschweigender Haftungsverzicht auch für grobe Fahrlässigkeit kann jedoch darin liegen, daß dem Mitfahrenden Mängel am Kraftfahrzeug oder in der Person des Kraftfahrzeugführers bekannt sind, auf Grund derer er mit einem Unfall rechnen mußte, z. B. bei Trunkenheit des Fahrers oder verkehrsunsicherem Zustand des Fahrzeugs. Haftungsausschluß *(Handeln auf eigene Gefahr)* setzt jedoch → Geschäftsfähigkeit, zumindest sog. Einsichtsfähigkeit voraus. Bei nahen Angehörigen kann stillschweigender Haftungsausschluß allenfalls für leichte Fahrlässigkeit angenommen werden.

Wird ein Arbeitnehmer von einem Kollegen wegen Unwohlseins während der Arbeit nach Hause gefahren, handelt es sich i. d. R. um eine G.; das gilt auch bei sog. Fahrgemeinschaften mit Unkostenbeteiligung (sodaß bei einem Unfall der Beförderte nicht haftet).

Gefälligkeitsvertrag ist ein unentgeltlicher → Vertrag, der trotz seiner Unentgeltlichkeit ein echtes → Schuldverhältnis mit Rechten und Pflichten begründet (z. B. → Auftrag, → Leihe, → Darlehen, sofern es zinslos ist, unentgeltliche → Verwahrung), also einen *Rechtsbindungswillen* voraussetzt. Als gewisser Ausgleich für die Unentgeltlichkeit bestehen i. d. R. Haftungserleichterungen im Schadensfall.

Von dem G. zu unterscheiden ist das bloße Gefälligkeits*verhältnis*. Dieses ist kein Schuldverhältnis, da hier die Beteiligten keine rechtlichen Bindungen eingehen wollen (z. B. bei Mitnahme im Kraftfahrzeug; → Gefälligkeitsfahrt). Zieht jedoch ein Taxifahrer einen beförderten, behinderten Fahrgast im Rollstuhl, wobei sich der Behinderte verletzt, haftet der Taxifahrer auf Schadensersatz.

Gefälligkeitswechsel. Wer einen → Wechsel aus Gefälligkeit unterschreibt, haftet gutgläubigen Wechselinhabern auf Zahlung der Wechselsumme. Von dem Aussteller kann er verlangen, von seiner Haftung freigestellt zu werden (z. B. wenn er den Wechsel nur unterschrieben hat, um mit ihm Kredit zu erhalten).

Gegenseitiger Vertrag → Vertrag.

Geheimer Vorbehalt → Willenserklärung.

Geh- und Fahrtrecht → Grunddienstbarkeit.

Geisterfahrer, wer auf einer Autobahn entgegen der Fahrtrichtung fährt. Werden dadurch Leib oder Leben oder fremde Sachen von

Geisteskrankheit

bedeutendem Wert gefährdet, droht Freiheitsstrafe bis zu 5 Jahren, bei Fahrlässigkeit bis zu 2 Jahren.

Geisteskrankheit → Geschäftsfähigkeit → Betreuung.

Geistesschwäche → Geschäftsfähigkeit → Betreuung.

Gekreuzter Scheck → Verrechnungsscheck.

Gelegenheitsgesellschaft → Gesellschaft.

GEMA, Gesellschaft für musikalische Aufführungs- und mechanische Vervielfältigungsrechte, ist eine Verwertungsgesellschaft für die durch Urheberrecht geschützten Musikwerke. Sie nimmt die Rechte der Komponisten, Textdichter und Verleger auf Grund eines mit ihr geschlossenen Berechtigungsvertrages (z. B. Schutz vor mißbräuchlichen Kopien) wahr und verteilt die anfallenden Tantiemen.

Gemeinschaft ist eine Mehrheit von Personen, denen ein Recht gemeinschaftlich zusteht, ohne daß sie sich zur Erreichung eines gemeinsamen Zwecks zusammengeschlossen haben. Im Gegensatz zur → Gesellschaft entsteht sie in aller Regel kraft Gesetzes (z. B. → Wohnungseigentum), aber auch durch → Vertrag (z. B. zwischen den verschiedenen Miteigentümern eines Grundstücks). Die Anteile der Teilhaber sind nach Bruchteilen bestimmbar (*Bruchteilsgemeinschaft*). Mangels abweichender Vereinbarungen oder gesetzlicher Bestimmungen stehen den Teilhabern gleiche Bruchteile zu, d. h. drei Miteigentümer eines Grundstücks haben jeder einen Anspruch auf ein Drittel des Grundstücks (§ 742). Eine andere Berechnung der Anteile kann aber dann angebracht sein, wenn z. B. einer der drei Miteigentümer allein die Hälfte des Kaufpreises für das Grundstück aufgebracht hat. In diesem Fall würde ihm die Hälfte des Grundstücks zustehen. In demselben Umfang hat der einzelne Teilhaber einen Anspruch auf einen Bruchteil der Früchte und der sonstigen Ausbeute des Gegenstandes, z. B. des Mietzinsertrags (§ 743).

Zum Gebrauch des gemeinschaftlichen Gegenstandes ist jeder Teilhaber insoweit befugt, als der Mitgebrauch der übrigen Teilhaber nicht beeinträchtigt wird. An den Lasten und den Kosten für Erhaltung und Verwaltung muß sich jeder Teilhaber entsprechend seinem Anteil beteiligen (§ 748). Im Gegensatz zur → Gesellschaft, die eine Gesamthandsberechtigung darstellt (→ Gesamthandvermögen), kann jeder Teilhaber über seinen Anteil jederzeit ohne Zustimmung der anderen Teilhaber verfügen; über den gemeinschaftlichen Gegenstand im ganzen können dagegen nur alle Teilhaber gemeinsam verfügen (§ 747). Jeder Teilhaber kann jederzeit die

Aufhebung der G. verlangen (§ 749). Sie erfolgt durch Teilung in Natur oder Teilung des Erlöses (§§ 752, 753). Der Anspruch auf Aufhebung der G. unterliegt nicht der → Verjährung.

Beispiele für eine G.: Miteigentum an Immobilien oder durch Verbindung oder Vermischung oder bei der Sammelverwahrung von Wertpapieren. Das G. T. steht bez. des Widerrufs und der Anfechtung einem → Erbvertrag gleich. Es kann eigenhändig (auch nur von einem Ehegatten für beide) ge- und muß beiderseits unterschrieben

Keine G. im vorstehenden Sinne trotz ihrer Bezeichnung sind die Güter- und Erbengemeinschaft. Bei ihnen handelt es sich wie bei der Gesellschaft um Gesamthandsberechtigungen.

Gemeinschaftliches Testament ist die gleichzeitige, innerlich zusammenhängende letztwillige Verfügung von Eheleuten (§ 2265), nicht von Verlobten, die später heiraten (evtl. Umdeutung in 2 Einzeltestamente). Das G. T. steht bez. des Widerrufs und der Anfechtung einem → Erbvertrag gleich. Es kann eigenhändig (auch nur von einem Ehegatten für beide) ge- und muß beiderseits unterschrieben oder vor einem Notar errichtet sein. Die Wirksamkeit hängt, sofern nichts anderes anzunehmen ist, vom Fortbestand der Ehe ab. → Berliner Testament.

Gemeinschuldner ist derjenige, über dessen Vermögen der → Konkurs eröffnet wird.

Gemischter Vertrag → Vertragsfreiheit.

Genehmigung ist die nachträglich erteilte, rückwirkende Zustimmung (z. B. der Eltern zu → Rechtsgeschäften minderjähriger Kinder, § 108), §§ 184, 185, oder die Erlaubnis einer Behörde.

Genomanalyse ist das bisher sicherste Mittel zur Identifizierung von Straftätern durch das Bundeskriminalamt durch Untersuchung menschlicher Zellen. Auch zur Vaterschaftsfeststellung zugelassen. Das Genom ist die Gesamtheit der Erbinformationen des Menschen. Die Analyse betrifft das genetische Programm eines Menschen, dessen Erbgut nebst typischen Informationen über seine Person in seinen Genen enthalten ist.

Genossenschaft ist nach Eintragung in das Genossenschaftsregister eine → juristische Person mit wechselndem Mitgliederbestand, um den Erwerb und die Wirtschaft ihrer Mitglieder zu fördern (Winzergenossenschaft). Für Schulden der G. haftet ausschließlich ihr Vermögen, Nachschußpflicht der Mitglieder kann jedoch im *Statut* vereinbart werden. Zur Gründung sind 7 Mitglieder erforderlich; Änderung der Satzung durch ¾ Mehrheit in der *Generalversammlung*. Während der aus mindestens 2 Mitgliedern bestehende *Vorstand* Geschäftsführung und Vertretung gemeinsam (§ 24 GenG) mit nach außen unbeschränkter Vertretungsmacht ausübt, von der Generalversammlung gewählt und jederzeit abberufen werden kann, hat der aus mindestens 3 Personen bestehende, ebenfalls von der Generalversammlung gewählte und abwählbare *Aufsichtsrat* den Vorstand zu überwachen. Die Mitgliedschaft ist vererblich, aber nicht übertragbar, das Geschäftsguthaben (= Einlage minus Verlust) schon; sie endet durch Tod, Austritt, Kündigung, Abtretung des Geschäftsguthabens und Ausschluß.

Gentechnik. Durch G 20. 6. 90, BGBl. I 1080 ist sichergestellt, daß Leben und Gesundheit von Menschen, Tieren, Pflanzen und die Umwelt vor möglichen Gefahren gentechnischer Verfahren (d. h. betreffend erbbiologische Organismen) und Produkten geschützt, insbesondere nicht künstlich verändert oder hergestellt werden (z. B. durch Kombination von Erbfaktoren, Beeinflussung von Chromosomen als Träger der Erbfaktoren). Für Schäden, die aus Anlagen und Maßnahmen entstehen wird auch ohne Verschulden gehaftet.

Gepäckschein → Legitimationszeichen.

Gerichtliche Zuständigkeit. Von ihr hängt es ab, welches Gericht im Einzelfall im Wege der Klage zur Entscheidung eines Rechtsstreits angerufen werden kann. Sie wird durch Bestimmungen der Verfahrensgesetze z. B. der Zivil- und Strafprozeßordnung und des Gerichtsverfassungsgesetzes, geregelt. Ein Verstoß dagegen führt zur Abweisung der Klage als unzulässig, ohne daß in der Sache selbst eine Entscheidung ergeht; im Strafprozeß liegt ein Revisionsgrund vor.

Man unterscheidet die *sachliche* Zuständigkeit, nach der sich bestimmt, welches Gericht in erster Instanz zur Entscheidung einer Rechtssache nach deren Gegenstand berufen ist (z. B. Amtsgericht, Landgericht §§ 23, 71 GVG; Arbeitsgericht § 2 ArbGG; Sozialgericht §§ 51 ff. SGG; Verwaltungsgericht § 40 VwGO oder Finanzgericht § 35 FGO, Patentgericht §§ 65, 100, 143 PatG, Disziplinargericht §§ 42 ff. BuDisziplO, Ehren– (§§ 116 ff. BRAO) und Wehrdienstgericht, Art. 96 IV GG, §§ 62 ff. WDO, 17 ff. WBO sowie Verfassungsgerichte Art. 93 GG (in Bund und Ländern». In ehem. DDR treten die Kreisgerichte an die Stelle der Amtsgerichte und die Bezirksgerichte an die Stelle der Land- und Oberlandesgerichte; sie sind bis zur Errichtung einer selbständigen Gerichtsbarkeit auch in Angelegenheiten der Arbeits-, Finanz-, Verwaltungs- und Sozialgerichtsbarkeit zuständig; in ganz Berlin gilt West-Recht. Ferner die *örtliche* Zuständigkeit *(Gerichtsstand),* aus der sich ergibt, welches sachlich zuständige Gericht auf Grund seines Sitzes zu entscheiden hat. Die *funktionelle* Zuständigkeit bestimmt, welches Rechtspflegeorgan des sachlich und örtlich zuständigen Gerichts entscheidet (z. B. Amtsrichter, Rechtspfleger). Ein an sich sachlich oder örtlich unzuständiges Gericht kann durch

→ Vertrag zwischen den Parteien zuständig werden. Eine derartige *Zuständigkeitsvereinbarung* (Prorogation) ist nicht im Bereich der funktionellen Zuständigkeit möglich. Sie setzt ein bestimmtes Rechtsverhältnis voraus, das nur vermögensrechtliche Ansprüche zum Inhalt hat. Die *ausschließliche Zuständigkeit* eines Gerichts geht immer vor. Ein ausschließlicher Gerichtsstand ist aber nur kraft ausdrücklicher gesetzlicher Bestimmung gegeben, so z.B. in Ehe-, Kindschafts- und Konkursangelegenheiten. Von vornherein kann die g. Z. nur von Vollkaufleuten und juristischen Personen geändert werden, sonst nur nach dem Entstehen eines Prozesses (§ 38 ZPO). Das stillschweigende Verhandeln vor einem unzuständigen Gericht hat denselben Erfolg.

Gerichtsferien dauern vom 15. 7. bis 15. 9. Während dieser Zeit werden von den Zivilgerichten nur in den zu Feriensachen erklärten Prozessen Termine abgehalten und Entscheidungen gefällt (§ 200 GVG). Der Lauf gesetzlicher Fristen ist gehemmt (*Ausn.:* Notfristen laufen weiter, z. B. Berufung, Revision etc., § 223 GVG).

Gerichtskosten sind Gebühren, Auslagen und Vollstreckungskosten, die an den Staat zu entrichten sind und sich in bürgerlichen, verwaltungsgerichtlichen, finanz- und arbeitsgerichtlichen Streitigkeiten nach dem GKG vom 15. 12. 75, BGBl. I 3047 und der Kostenordnung vom 26. 7. 57, BGBl. I 960 vom Gericht berechnet werden. Gegen den Kostenansatz: → Erinnerung und → Beschwerde (§ 5 GKG). Maßgebend für G. ist der → Streitwert; dem GKG ist eine Tabelle angefügt, aus der die Höhe einer vollen Gebühr (¹⁰⁄₁₀) abzulesen ist; es gibt auch geringere Gebühren ²⁄₁₀, ⁵⁄₁₀ etc.); meist wird eine Prozeßgebühr und eine Urteilsgebühr erhoben. In Strafsachen bestimmt sich die Gebühr nach der Höhe der erkannten Strafe. Für die → freiwillige Gerichtsbarkeit und den Notar gilt die ebenso mit einer Tabelle versehene Kostenordnung, für Rechtsanwälte und Notare der BRAGO (was die außergerichtlichen Kosten anbelangt), für Steuerberater und Wirtschaftsprüfer die Steuerberatergebührenordnung. Der Kostenansatz nach der KostO unterliegt ebenfalls der Erinnerung und Beschwerde (§ 14 KostO). Vgl. → Kostenfestsetzung. In bürgerlich-rechtlichen Verfahren, Strafsachen, bei Privatklage und in der → freiwilligen Gerichtsbarkeit (Nachlaß-, Vormundschaftswesen) ist ein *Vorschuß* nötig, um ein Tätigwerden des Gerichts auszulösen; eine Klage wird vor Zahlung der Prozeßgebühr und der gerichtlichen Auslagen nicht an den Gegner zugestellt.

In der Sozialgerichtsbarkeit werden natürliche Personen nur dann zur Kostentragung herangezogen, wenn sie als Beteiligte mutwillig, in Verschleppungsabsicht oder durch umwahre Angaben G. verursacht haben.

Gerichtsvollzieher

Gerichtsvollzieher ist als Amtsträger mit Zustellungen, Ladungen und Vollstreckungshandlungen betraut. Im Rahmen der → Zwangsvollstreckung ist er zur → Austauschpfändung (§ 811 b ZPO), Durchsuchung (§ 758 ZPO), Pfändung durch Wegnahme beweglicher Sachen und Wechsel (§§ 808, 831, 847, 854, 883, 885 ZPO) sowie Beseitigung von Widerstand des Schuldners gegen seinen Gläubiger (§ 892 ZPO) zuständig. Gegen die Art und Weise der Zwangsvollstreckung durch G., die Weigerung eine Vollstreckung durchzuführen und den Ansatz seiner Kosten hat der Betroffene die → Erinnerung zum Amtsgericht-Vollstreckungsgericht und gegen dessen Entscheidung die → sofortige Beschwerde zum Landgericht (§§ 766, 793 ZPO).

Geringfügig Beschäftigte sind kranken- und sozialversicherungsfrei, wenn sie regelmäßig weniger als 15 Stunden pro Woche arbeiten und weniger als ½ der monatlichen Bezugsgröße in der Rentenversicherung (= Durchschnittsentgelt aller Versicherten im vorvergangenen Jahr) verdienen (1992: DM 500.–) und die Beschäftigung pro Jahr nicht länger als 2 Monate oder 50 Tage dauert.

Geringstes Gebot ist in der Zwangsversteigerung ein Gebot, das mindestens die Kosten der Versteigerung und die dem die Versteigerung betreibenden Gläubiger vorrangigen Rechte deckt (§ 44 ZVG). Nur solche Gebote, die diesen Betrag decken, werden in der Versteigerung zugelassen. Damit wird verhindert, daß besserrangige Rechte ihre Position verlieren, da die nicht in das g. G. fallenden Rechte mit dem Zuschlag *erlöschen* (§ 91 ZVG).

Gesamtgläubigerschaft liegt vor, wenn eine → Forderung mehreren Gläubigern in der Weise zusteht, daß jeder von ihnen die gesamte Leistung verlangen kann, der Schuldner seine Leistung aber nur einmal bewirken muß (§§ 428 ff.). In diesem Fall steht es dem Schuldner frei, wem gegenüber er seine Leistung erbringen will. Die G. ist praktisch selten, kann aber z. B. bei einem gemeinsamen Bankkonto der Eheleute in Betracht kommen.

Gesamtgut ist das z. Z. der Eheschließung vorhandene und zuverdiente Vermögen, das den Eheleuten *gemeinschaftlich* gehört, sofern sie → Gütergemeinschaft *notariell* vereinbart haben (§ 1416). Über seinen ideellen Anteil kann kein Gatte verfügen (§ 1419); er ist ferner unpfändbar (§ 860 ZPO). Die Verwaltung kann einem Gatten oder beiden zustehen. Für die Schulden der Eheleute haftet das G., das Privatvermögen des Verwalters und das eigene Privatvermögen (bestehend aus → Sonder- und → Vorbehaltsgut). Wird die G. beendet, erhält nach Gläubigerbefriedigung jeder Gatte die Hälfte. Haben die Eheleute die *Fortsetzung* der G. nach dem Tod eines Gatten beschlossen, wird das eheliche Gesamtgut gemeinschaftliches Vermögen des Überlebenden und der gemeinsamen Kinder (§ 1483); für die Verbindlichkeiten haftet der Überlebende persönlich; er kann die fortgesetzte G. jederzeit aufheben (§ 1492); sie hat den Nachteil, daß sich nur das Sonder- und Vorbehaltsgut des verstorbenen Ehegatten vererbt.

Gesamthandsgemeinschaft → Gesamthandvermögen.

Gesamthandvermögen wird eine Vermögensmasse genannt, die mehreren Berechtigten *(Gesamthandgemeinschaft)* gemeinsam in der Weise zusteht, daß kein Berechtigter allein ganz oder teilweise darüber verfügen kann. Eine Verfügungsbefugnis besteht auch nicht hinsichtlich der eigenen Beteiligung des Berechtigten. Verfügungen über das G. können nur von allen Berechtigten gemeinsam getroffen werden. G. ist gegeben bei der → Gesellschaft bürgerlichen Rechts, der → Gütergemeinschaft und der → Erbengemeinschaft. Bei letzterer besteht jedoch eine bedeutsame Ausnahme insoweit, als der einzelne Miterbe über seinen Anteil an der Erbschaft allein verfügen kann. Auch bei der BGB-Gesellschaft (§ 719) kann eine Ausnahme im Gesellschaftsvertrag vereinbart werden. Was nicht übertragbar ist, ist auch nicht pfändbar *(Ausnahme:* § 859 ZPO).

Gesamthypothek ist die Belastung mehrerer Grundstücke für *eine* Forderung (§ 1232). Jedes Grundstück haftet für die gesamte Forderung.

Gesamtrechtsnachfolge, § 1922, ist der unmittelbare Übergang eines Vermögens mit Aktiven und Passiven auf den Nachfolger. Bei Grundstücken ist lediglich das Grundbuch zu berichtigen (§ 894). Wichtigste Fälle: Erbfolge und Fusion von Gesellschaften.

Gesamtschuld (§ 421). Sie ist dann gegeben, wenn mehrere Personen eine Leistung in der Weise schulden, daß jeder von ihnen verpflichtet ist, die gesamte Leistung zu erbringen, der Gläubiger die Leistung aber nur einmal verlangen kann. Der Gläubiger ist dann berechtigt, nach seinem Belieben, die Leistung ganz oder teilweise von jedem der Schuldner zu fordern. Soweit nicht die gesamte Leistung bewirkt ist, bleibt jeder Schuldner weiterhin verpflichtet. Untereinander haben die Gesamtschuldner einen Ausgleichungsanspruch (§ 426). Eine G. kann außer durch → Vertrag z. B. durch eine von mehreren begangene → unerlaubte Handlung entstehen (§ 840) oder den Miterben in ungeteilter Erbengemeinschaft obliegen. Rechtliche Tatsachen, die nur bei einem Gesamtschuldner vorliegen, wirken nicht für und gegen die anderen (z. B. Unmöglichkeit der Leistung, Verzug, Verschulden, Kündigung, Erlaß, Verjährung,

Gesamtschuldner

Urteil); für und gegen alle wirken → Erfüllung, → Hinterlegung und → Aufrechnung.

Gesamtschuldner → Gesamtschuld.

Geschäftsanteil ist der Bruchteil, mit dem ein Gesellschafter am Vermögen einer → Gesellschaft beteiligt ist (G. ist nicht gleich → Kapitalanteil). Er kann übertragen und vererbt werden, falls alle Gesellschafter oder der Gesellschaftsvertrag es gestatten, unterliegt der → Pfändung (§ 859 ZPO), heißt bei einer → GmbH Stammeinlage und geht bei Ausscheiden als Anwachsung auf die Restgesellschafter über; letzterenfalls tritt an die Stelle des G. das Auseinandersetzungs- bzw. → Abfindungsguthaben.

Geschäftsbedingungen → Allgemeine Geschäftsbedingungen.

Geschäftsbesorgung → Auftrag.

Geschäftsfähigkeit ist die Fähigkeit, → Rechtsgeschäfte selbständig vollwirksam vorzunehmen. *Geschäftsfähig* ist, wer das 18. Lebensjahr vollendet hat und nicht nach § 104 geschäftsunfähig ist.

Geschäftsunfähig sind danach Kinder unter 7 Jahren, sowie Personen, die nicht nur vorübergehend geistesgestört sind. → Willenserklärungen Geschäftsunfähiger sind nichtig und haben keinerlei rechtliche Wirkung. Diese Personen können nur durch ihre gesetzlichen Vertreter (→ Stellvertretung) rechtswirksam handeln. Geschäftsunfähigkeit kann auch für einen bestimmten Bereich oder eine bestimmte Angelegenheit gegeben sein, hingegen nicht für besonders schwierige Geschäfte. So ist z. B. die Übergabe eines verkauften Bildes durch einen Geschäftsunfähigen unfreiwillig, so daß auch ein gutgläubiger Abnehmer nicht Eigentum daran erwerben kann.

Beschränkt geschäftsfähig sind Minderjährige vom vollendeten 7. bis zum vollendeten 18. Lebensjahr.

Rechtsgeschäfte beschränkt Geschäftsfähiger sind nach §§ 107 ff. gültig, wenn

a) der gesetzliche Vertreter zustimmt, d. h. seine *Einwilligung* gibt oder nachträglich seine Genehmigung erteilt (bis zur Erteilung dieser Genehmigung sind die Rechtsgeschäfte schwebend unwirksam, d. h. die Gültigkeit des Rechtsgeschäfts hängt von der Erteilung oder Verweigerung der Genehmigung ab),

b) die abgegebene Willenserklärung dem beschränkt Geschäftsfähigen *nur* rechtliche (nicht: wirtschaftliche) *Vorteile* bringt (z. B. Annahme einer → Schenkung),

c) der beschränkt Geschäftsfähige die → Erfüllung des Vertrages mit Mitteln vollständig bewirkt, die ihm zur freien Verfügung überlassen worden sind *(Taschengeld)*,

d) das Rechtsgeschäft im Rahmen eines Dienst(*Arbeits*)verhältnisses abgeschlossen wird, das der beschränkt Geschäftsfähige mit Ermächtigung des gesetzlichen Vertreters eingegangen ist, oder

e) das Rechtsgeschäft im Rahmen des selbständigen Betriebs eines *Erwerbsgeschäfts* vorgenommen wird, zu dem der gesetzliche Vertreter den beschränkt Geschäftsfähigen mit Genehmigung des Vormundschaftsgerichts ermächtigt hat. Es kann sich dabei um jede Art Berufstätigkeit handeln. Ausgenommen von der Genehmigungsfreiheit sind Rechtsgeschäfte, zu denen der gesetzliche Vertreter der Genehmigung des Vormundschaftsgerichts bedarf, z. B. Grundstückskauf und -verkauf u. a. m. (vgl. für die Eltern § 1643, für den Vormund §§ 1821, 1822).

Geschäftsführer ist der gesetzliche → Vertreter einer GmbH bzw. → Genossenschaft. Ist daneben noch ein Vertreter ausdrücklich bestellt, umfaßt die Geschäftsführung nur den inneren Bereich der Gesellschaft. Im allgemeinen Sprachgebrauch wird unter G. der tatsächliche Leiter eines Betriebes, Vereins oder Verbandes verstanden.

Geschäftsführung ohne Auftrag (§§ 677ff.) ist die Besorgung eines Geschäftes für einen anderen (Geschäftsherr) in dessen Interesse und mit der Absicht, das Geschäft nicht als eigenes, sondern als fremdes auszuführen, ohne dazu beauftragt zu sein. Der Begriff des „Geschäfts" ist weit zu nehmen und umfaßt alle rechtlichen und rein tatsächlichen Handlungen, z. B. die ärztliche Behandlung eines Bewußtlosen, die Tätigkeit der Feuerwehr im Gefahreneinsatz. Doch liegt G. o. A. nur dann vor, wenn der Geschäftsführer das Bewußtsein und den Willen hat, für einen anderen zu handeln. Unerheblich ist, daß der Geschäftsführer zugleich eigene Interessen wahrnimmt; nur darf die G. nicht ausschließlich in seinem eigenen Interesse liegen.

Der Geschäftsführer ist verpflichtet, das Geschäft so zu führen, wie er das Interesse des Geschäftsherrn mit Rücksicht auf dessen wirklichen oder mutmaßlichen Willen erfordert (§ 677). Wußte der Geschäftsführer oder hätte er erkennen können, daß die Übernahme der G. mit dem wirklichen oder mutmaßlichen Willen des Geschäftsherrn nicht übereinstimmt, so ist er dem Geschäftsherrn zum → Schadensersatz verpflichtet, auch wenn ihn hinsichtlich seiner Geschäftsführung kein → Verschulden trifft (§ 678). Ausnahmsweise ist ein entgegenstehender Wille des Geschäftsherrn unbeachtlich, wenn ohne die G. eine Pflicht des Geschäftsherrn, deren → Erfüllung im öffentlichen Interesse liegt, oder eine gesetzliche Unterhaltspflicht nicht rechtzeitig erfüllt werden würde (§ 679), z. B. die Rettung eines Selbstmörders gegen seinen Willen oder die Beseitigung der Einsturzgefahr bei beschädigten Gebäuden. Wenn der Geschäftsführer tätig wird, um eine dem Geschäftsherrn drohende dringende (wenn auch nur vermeintliche) Gefahr abzuwenden, haftet er nur für Vorsatz und *grobe* Fahrlässigkeit (§ 680; → Verschulden).

Der Geschäftsführer muß sein Handeln sobald als möglich dem Geschäftsherrn anzeigen und dessen Entschließung abwarten, sofern nicht mit dem Abwarten Gefahr verbunden ist (§ 681 S. 1). Wenn der Geschäftsherr die Tätigkeit des Geschäftsführers genehmigt, ist dieser zur Herausgabe des durch die Geschäftsführung Erlangten verpflichtet (§ 681 S. 2 i. V. m. § 667). Entspricht sowohl die Übernahme der G. als auch ihre Durchführung dem Willen und dem Interesse des Geschäftsherrn, kann der Geschäftsführer Ersatz für seine → Aufwendungen verlangen. Dieser Ersatzanspruch besteht auch bei entgegenstehendem Willen des Geschäftsherrn, wenn die Ausführung des Geschäfts im öffentlichen Interesse lag (§ 683 S. 2). Sofern diese Voraussetzungen nicht vorliegen, hat der Geschäftsherr dem Geschäftsführer nach den Vorschriften über die Herausgabe einer → ungerechtfertigten Bereicherung das herauszugeben, was er durch dessen Geschäftsführung erlangt hat (§ 684 S. 1).

Wenn jemand in der irrigen Annahme, ein eigenes Geschäft zu besorgen, tatsächlich ein fremdes Geschäft besorgt, gelten die Vorschriften über die G. o. A. nicht. Ansprüche der Beteiligten untereinander bestehen nur aus → ungerechtfertigte Bereicherung, → unerlaubte Handlung (§ 687 I).

Wenn jemand ein fremdes Geschäft als sein eigenes behandelt, obwohl er weiß, daß er nicht dazu berechtigt ist, kann der Geschäftsherr vom Geschäftsführer Schadensersatz (§ 823) verlangen oder die Herausgabe dessen, was er durch die Geschäftsführung erlangt hat. Gleichzeitig hat aber der Geschäftsführer das Recht, vom Geschäftsherrn das herauszuverlangen, worum dieser auf Kosten des Geschäftsführers durch dessen Tätigkeit bereichert ist (§ 687 II). Verkauft der Geschäftsführer z. B. unbefugt im Namen des Geschäftsherrn zu einem über dem tatsächlichen Wert liegenden Preis ein Gemälde, hat er den erzielten Kaufpreis auf Verlangen dem Geschäftsherrn herauszugeben und hat seinerseits nur den Anspruch auf Erstattung seiner Aufwendungen.

Die Ansprüche aus G. o. A. verjähren grundsätzlich in 30 Jahren.

Die vom vollmachtslosen Geschäftsführer ohne Auftrag geschlossenen Verträge binden den Geschäftsherrn nur, wenn er nachträglich genehmigt (§ 177); andernfalls haftet der Geschäftsführer dem Vertragspartner nach dessen Wahl auf → Erfüllung oder → Schadensersatz (§ 179).

Geschäftsgrundlage sind alle nach den Vorstellungen der Beteiligten für den Vertragsabschluß wesentlichen Umstände. Ihre nachträgliche Änderung bzw. Wegfall führt entweder zur Anpassung des Rechtsgeschäftes an die neue Lage (z. B. Kaufpreiserhöhung) oder nach Treu und Glauben zum → Rücktritt. G. ist nicht zu verwechseln mit einer → Bedingung oder einem bloß einseitigem Motiv (Hoffnung auf günstiges Geschäft = bewußtes Risiko).

Geschäftsirrtum → Anfechtung.

Geschäftsordnung enthält Bestimmungen über Zuständigkeit und Beschlußfassung eines mehrköpfigen Organs (z. B. Vorstand); sie gibt es sich selbst.

Auch Bundestag und Bundesrat haben eine G.

Geschäftsschädigung → Kreditgefährdung.

Geschäftsunfähigkeit → Geschäftsfähigkeit.

Geschenk → Schenkung.

Geschmacksmuster sind neue, auf individueller Leistung beruhende flächen- oder raumförmige Modelle (z. B. Tapetenmuster, Gläser), die gewerblich herstellbar sowie verwertbar sein und einen optisch wahrnehmbaren, ästhetischen Gehalt haben müssen (G 18. 12. 86, BGBl. I 2501). Während nur der Urheber total verwendungsbefugt ist, sind die freie Benutzung einzelner Motive, Einzelkopien, Nachbildung in Schriftwerken und die Vertauschung von plastischen und flächigen Mustern erlaubt. Schutzdauer: 5 Jahre ab Anmeldung zum Musterregister; Frist auf höchstens 20 Jahre verlängerbar. Das G-Recht ist vererblich und übertragbar. Verletzungen ziehen Schadensersatzansprüche Unterlassung und Strafe nach sich (§ 14a GeschmMG).

Gesellschaft bürgerlichen Rechts ist der privatrechtliche Zusammenschluß einer genau bestimmten, nicht wechselnden Zahl von mindestens 2 natürlichen Personen, der durch → Vertrag zur Erreichung eines bestimmten und begrenzten gemeinsamen Zweckes begründet wird (§ 705). Somit müssen folgende Voraussetzungen vorliegen:

1. Es muß sich um eine *Personenvereinigung* handeln, also nicht lediglich um eine Vermögensmasse, wie z. B. die Stiftung,

2. es muß eine *privatrechtliche* Personenvereinigung vorliegen, nicht eine öffentlich-rechtliche, wie z. B. Gemeinden oder sonstige Körperschaften des öffentlichen Rechts,

3. die Personen müssen sich durch *Vertrag* zusammengeschlossen haben und nicht kraft Gesetzes verbunden sein, wie z. B. die Erbengemeinschaft,

4. es muß ein bestimmter begrenzter und gemeinsamer *Zweck*

verfolgt werden, nicht ein unbegrenzter, wie z. B. bei der ehelichen Lebensgemeinschaft.

Die G. kann zu einem vorübergehenden Zweck errichtet werden (sog. „Gelegenheitsgesellschaft": mehrere Freunde mieten einen Pkw für eine Urlaubsfahrt) oder für längere Zeit (z. B. Anwaltssozietät; mehrere Handwerker mieten eine Werkstatt).

Die G. unterscheidet sich von der → Gemeinschaft darüber hinaus durch folgende Merkmale:

1. Der Anteil der Gesellschafter am Vermögen der G. ist nicht ziffernmäßig bestimmt, sondern besteht zur „gesamten Hand" (→ Gesamthandvermögen).

2. Über seinen Gesellschaftsanteil kann jeder Gesellschafter nur mit Zustimmung aller anderen Gesellschafter verfügen (§ 719).

3. Er kann nicht Teilung des Gesellschaftsvermögens verlangen. Dieses steht den Gesellschaftern zur gesamten Hand zu, umfaßt die Beiträge und die durch Geschäftsführung erworbenen Sachen bzw. Rechte sowie alles, was an deren Stelle tritt (z. B. Versicherungsanspruch für gestohlenen Pkw). Die → Zwangsvollstreckung in das G.-Vermögen setzt ein Urteil gegen *alle* Gesellschafter voraus (§ 736 ZPO).

Die G. besteht aus mindestens 2 Gesellschaftern. Eine Einmanngesellschaft gibt es nicht. Die Hauptpflicht der Gesellschafter besteht in der Leistung der vereinbarten Beiträge. Gegenüber den Gläubigern der Gesellschaft haften die einzelnen Gesellschafter für die Schulden der Gesellschaft persönlich mit ihrem gesamten Privatvermögen neben dem Gesellschaftsvermögen, und zwar als → Gesamtschuldner. Sind die Anteile am Gewinn und Verlust nicht bestimmt, so hat jeder Gesellschafter ohne Rücksicht auf die Art und Größe seines Beitrags einen gleichen Anteil am Gewinn und Verlust (§ 722).

Die *Geschäftsführung* steht den Gesellschaftern gemeinschaftlich zu. Für jedes Geschäft ist die Zustimmung aller Gesellschafter erforderlich. Doch kann durch den Gesellschaftsvertrag die Geschäftsführung einem oder mehreren Gesellschaftern übertragen werden. Dann sind die übrigen Gesellschafter von der Geschäftsführung ausgeschlossen; sie haben aber das Recht auf Information und Einsicht in die Bücher und Geschäftspapiere (§§ 709 ff.). *Widerspricht* ein Gesellschafter, muß das betreffende Rechtsgeschäft unterbleiben, ansonsten macht sich der handelnde Gesellschafter schadensersatzpflichtig oder riskiert die Kündigung der Geschäftsführung (§§ 711, 712). I. d. R. ist der Geschäftsführer zugleich Vertreter aller Gesellschafter (§ 714). Die Vertretungsmacht kann dann nur zusammen mit der Geschäftsführungsbefugnis entzogen werden (§ 715).

Die *Mitgliedschaft* endet durch Ausscheiden oder Ausschluß (§ 737); falls bei Tod, Kündigung oder Konkurs eines Gesellschafters die G. fortbestehen soll, scheidet der betroffene Gesellschafter bei Eintritt dieses Ereignisses aus und erhält sein *Auseinandersetzungsguthaben*. Davon ist zu unterscheiden die Übertragung des Gesellschaftsanteils, wozu die Zustimmung aller übrigen Gesellschafter nötig ist.

Die *Auflösung* der G. tritt ein (§§ 723 ff.):

1. Nach Ablauf der vereinbarten Zeit.

2. Durch → Kündigung eines Gesellschafters. Sie ist jederzeit zulässig, wenn die G. nicht für eine bestimmte Zeit eingegangen ist; dann nur aus wichtigem Grund.

3. Durch Kündigung eines Gläubigers eines Gesellschafters, der auf Grund eines rechtskräftigen Urteils dessen Gesellschaftsanteil gepfändet hat. Diese Kündigung kann ohne Einhaltung einer Frist erfolgen.

4. Durch Erreichen oder Unmöglichwerden des Gesellschaftszwecks.

5. Durch Tod eines Gesellschafters, wenn im Gesellschaftsvertrag nicht anderes vorgesehen ist.

6. Durch Konkurseröffnung über das Vermögen eines Gesellschafters.

Nach der Auflösung der Gesellschaft findet unter den Gesellschaftern hinsichtlich des Gesellschaftsvermögens die *Auseinandersetzung* statt. Hierzu haben die Gesellschafter gemeinschaftlich die schwebenden Geschäfte abzuwickeln, die Gesellschaftsschulden zu tilgen, die Einlagen zurückzuerstatten und einen etwaigen Überschuß nach dem Verhältnis der Gewinnanteile auszuschütten. Reicht das Gesellschaftsvermögen zur Schuldentilgung nicht aus, haben die Gesellschafter für den Differenzbetrag anteilig aufzukommen (§§ 730 ff.).

Gesellschafterdarlehen, das an Stelle der Zuführung von Eigenkapital als sog. kapitalersetzendes → Darlehen gewährt wird, kann im → Konkurs oder Vergleichsverfahren der Gesellschaft vom Darlehensgeber nicht zurückgefordert werden. Wurde es im letzten Jahr vor Eröffnung des Konkurs- bzw. Vergleichsverfahrens zurückgezahlt, muß es der Gesellschaft wieder erstattet werden (§§ 32 a, b GmbHG).

Gesetzlicher Erbe → Erbfolge.

Gesetzlicher Güterstand ist → Zugewinngemeinschaft. Ein anderer → Güterstand kann notariell vereinbart werden.

Gesetzlicher Vertreter. Eltern bzw. Elternteil, Vormund, Pfleger, Betreuer, vertretungsberechtigter Gesellschafter einer Personalgesellschaft. → Stellvertreter.

Gesetzliches Erbrecht des Ehegatten

Gesetzliches Erbrecht des Ehegatten setzt eine z. Z. des Erbfalls gültige Ehe voraus (§ 1933; andernfalls oder bei begründetem Antrag auf → Scheidung entfällt das g. E. und das → Pflichtteilsrecht, es sei denn, der Scheidungsantrag ist zurückgenommen oder zurückgewiesen). Das g. E. hängt vom Güterstand und der Art der Verwandten des Verstorbenen ab, mit denen er zusammentrifft (§ 1931) → Ehegattenerbrecht.

1) Bei → Gütergemeinschaft erhält der überlebende Gatte neben ehelichen Abkömmlingen des Verstorbenen ¼; neben dessen Eltern und Geschwistern ½; neben Großeltern und Onkel bzw. Tanten, Nichten, Neffen ½ *und* den Anteil der Onkel, Tanten, Nichten und Neffen; neben Urgroßeltern ¹/₁.

2) Bei → Gütertrennung ergibt sich nur beim Zusammentreffen mit ehelichen Kindern des Verstorbenen ein Unterschied zur Gütergemeinschaft: neben 1 Kind erbt der Überlebende ½, neben 2 Kindern ⅓, ab dem 3. Kind stets ¼.

3) Bei → Zugewinngemeinschaft wird der Erbteil des Ehegatten, den er bei Gütergemeinschaft erhalten würde, pauschal um ¼ erhöht (§ 1371). Jeweils die Hälfte dieser Bruchteile beträgt der → Pflichtteil (bei Enterbung, Ausschlagung oder bloßer Vermächtniszuwendung).

Gesetzliches Schuldverhältnis → Schuldverhältnis.

Gesetzliches Verbot → Vertragsfreiheit.

Gesetzwidrige Rechtsgeschäfte → Nichtigkeit.

Gestaltungsrechte bewirken die Änderung eines Rechtsverhältnisses, sind bedingungsfeindlich und unwiderruflich: → Aneignung → Anfechtung → Kündigung → Rücktritt. Soweit es sich um eine Willenserklärung handelt, ist die volle → Geschäftsfähigkeit erforderlich. Geltendmachung im Klageweg, wo gesetzlich vorgesehen: → Ehescheidung, Auflösung einer → OHG.

Getrenntleben von Eheleuten, wenn sie entgegen der allgemeinen Pflicht zur Herstellung der ehelichen Lebensgemeinschaft diese nicht mehr wollen und (auch in derselben Wohnung denkbar) keine häusliche oder wirtschaftliche Gemeinschaft mehr besteht. Bloß äußerliches Wohnen an verschiedenen Orten reicht nicht aus. Folgen des G.: Änderung der → Unterhaltspflicht (§ 1361), der → Eigentumsvermutung (§ 1362), mögliche → Zerrüttung durch Zeitablauf, Verteilung des Hausrats nach Billigkeit (§ 1361a); letzterenfalls entscheidet im Streitfall das Familiengericht. Ein Recht zum G. besteht, wenn das Verlangen des anderen Ehepartners mißbräuchlich oder die Ehe gescheitert ist.

Steuerrechtlich ist dauerndes G. anzunehmen, wenn die zum Wesen der → Ehe gehörende Lebens- und Wirtschaftsgemeinschaft nach dem Gesamtbild der Verhältnisse auf Dauer nicht mehr besteht; unter Lebensgemeinschaft ist die räumliche, persönliche und geistige Gemeinschaft der Ehegatten, unter Wirtschaftsgemeinschaft die gemeinsame Erledigung der die Ehe berührenden wirtschaftlichen Fragen ihres Zusammenlebens zu verstehen. Sie ist nicht aufgehoben, wenn sich die Eheleute nur vorübergehend getrennt und die Absicht haben, die eheliche Verbindung in dem noch möglichen Rahmen aufrechtzuerhalten und später die volle eheliche Gemeinschaft wieder herzustellen. Folgen des G.: getrennte Veranlagung (§§ 25, 26 EStG).

Gewährfrist → Viehkauf.

Gewährleistung wird die → Haftung des Verkäufers oder Herstellers einer Sache gegenüber dem Käufer für deren qualitative Mängelfreiheit und das Vorliegen zugesicherter Eigenschaften genannt. Die Ansprüche aus der G. können sich richten auf Wandelung, Minderung, Schadensersatz, Nachlieferung, kostenlose Nachbesserung. Bei rechtlichen Fehlern (unmöglicher lastenfreier Eigentumsübertragung) kann der Käufer bzw. Besteller einer Sache zwischen Rücktritt oder Schadensersatz wählen. Bei quantitativer Abweichung oder Lieferung einer ganz anderen als der bestellten Sache hat der Verbraucher Anspruch auf Erfüllung des Vertrages (Lieferung) oder Schadensersatz wegen → Schlechterfüllung bzw. → Verzug oder → Unmöglichkeit. Im einzelnen vgl. Kauf (Anm. III).

Gewahrsam → Besitz. Gewahrsamsbruch = Diebstahl, Besitzstörung und → unerlaubte Handlung.

Gewährvertrag → Garantievertrag.

Gewerbe ist jede erlaubte, auf Dauer und Gewinn gerichtete, selbständige Tätigkeit ohne Land-, Forstwirtschaft, Fischerei, Weinbau und freie Berufe (Anwalt); ferner alle Handelsunternehmen, Handwerks-, Industrie- und Verkehrsbetriebe (Rechtsgrundlagen: GewO, HandwerkO, GaststättenG etc.). Die Gewerbefreiheit ist zwar in Art. 12 GG garantiert, unterliegt jedoch der *Gewerbeaufsicht* und dem Erlaubnissystem. → Stehendes Gewerbe → Reisegewerbe. Der Gewerbebetrieb wird unterbunden bei fehlender persönlicher Zuverlässigkeit (§ 35 GewO) oder überwiegenden Nachteilen bzw. Gefahren für das Allgemeinwohl (§ 51 GewO) oder Verstoß gegen die Immissionsschutzvorschriften. Die Gewerbeuntersagung ist, wie der Widerruf bzw. die Rücknahme einer Gewerbezulassung (§ 53 GewO) ein anfechtbarer → Verwaltungsakt.

Gewerbezentralregister enthält Versagung und Entzug gewerblicher Zulassungen infolge fehlender Zuverlässigkeit oder Eignung,

Gewerbezulassung

Verbote der weiteren Gewerbeausübung und Bußgeldentscheidungen in bezug auf die Gewerbeausübung (§ 149 GewO).

Gewerbezulassung. Einer Erlaubnis bedürfen: Anlageberater, Baubetreuer, Bewachungsgewerbler, Erschließungsunternehmer, Gastwirte, Grundstücks- und Wohnungsmakler, Güterkraftverkehrsunternehmer, Handwerker, Kreditinstitute, Pfandleiher, Personenverkehrsunternehmer, Reisegewerbetreibende, Schausteller, Versicherungsunternehmen und Versteigerer; ferner die sog. genehmigungsbedürftigen Anlagen (VO 14. 2. 75, BGBl. I 499) und überwachungsbedürftige Anlagen (VO 27. 2. 80, BGBl. I 173).

Gewerkschaften sind Arbeitnehmerverbände, deren Zweck nach Art. 9 GG die Wahrung und Förderung der Arbeitsbedingungen ihrer Mitglieder ist. Sie besitzen Tariffähigkeit und sind im Rechtsstreit → partei- und → prozeßfähig.

Gewinn, entgangener → Schadensersatz, § 252. Steuerrechtlich ist G. der Unterschiedsbetrag zwischen dem Betriebsvermögen am Schluß des laufenden und des vorangegangenen Wirtschaftsjahres, vermehrt um den Wert der Entnahmen einschließlich der nicht abzugsfähigen Betriebsausgaben und vermindert um den Wert der Einlagen (§ 4 EStG).

Gewinnabführungsvertrag → Beherrschungsvertrag, §§ 291, 292 AktG.

Gewinnanteil (Dividende) ist bei einer Gesellschaft der Anteil am Jahresgewinn, der unter ihre Mitglieder verteilt wird.

Girokonto ist das von einer Bank auf Grund eines → Vertrages (Girovertrag) mit einem Bankkunden eingerichtete Konto zur bargeldlosen Abwicklung von dessen Schuldverpflichtungen oder Zahlungsansprüchen.

Der *Girovertrag* ist ein Geschäftsbesorgungsvertrag (→ Auftrag). Durch ihn wird die Bank zur Gutschrift eingehender Beträge auf das G., zur Durchführung von Überweisungen usw. verpflichtet. Den Anspruch auf die Auszahlung eingegangener Beträge hat der Bankkunde erst, wenn ihm diese Beiträge auf dem G. gutgeschrieben sind. Die → Pfändung des jeweiligen Tagesguthabens ist zulässig.

Girovertrag → Girokonto.

Glaubhaftmachung. Ist eine Beweisführung, die das Gericht oder eine Behörde von den Behauptungen des Antragstellers überzeugt und auf präsenten (d. h. sofort vorhandenen) Beweismitteln beruht (§ 294 ZPO; § 15 II FGG): eidesstattliche Versicherung,

Zeugenaussagen, erschienene Zeugen, Gutachten, Urkunden, Skizzen, amtliche Auskünfte. → Arrest, → einstweilige Verfügung.

Gläubiger → Schuldverhältnis.

Gläubigeranfechtung → Absichtsanfechtung → Schenkungsanfechtung, § 3 AnfG.

Gläubigerausschuß ist wie die Gläubigerversammlung ein Organ der Konkursgläubiger; er wird von der Gläubigerversammlung gebildet und unterstützt bzw. überwacht den Konkursverwalter, §§ 87, 88 KO.

Gläubigerbegünstigung ist eine Konkursstraftat.

Gläubigerverzeichnis erstellt der Konkursverwalter, um eine Abschlagszahlung auf Grund der Konkurstabelle (→ Konkurs) zu gewähren.

Gläubigerverzug → Verzug.

Gleichberechtigung garantiert als Ausfluß des Grundrechts der Gleichheit aller vor dem Gesetz die Gleichbehandlung von Mann und Frau in vergleichbaren Situationen (Art. 3 GG), wobei die biologischen und funktionalen Unterschiede berücksichtigt werden. Im Arbeitsrecht: §§ 611a, b, 612a. Unterschiedliche Entlohnung ist unzulässig. Haushalts- und Erwerbstätigkeit sind gleichwertig, → Quotenregelung.

Globalzession → Abtretung → Eigentumsvorbehalt.

Glücksspiel. Schulden aus G. sind → unvollkommene, nicht einklagbare Verbindlichkeiten. Betrieb und Beteiligung an einem ungenehmigten, in Vereinen oder geschlossenen Gesellschaften gewohnheitsmäßig veranstalteten G. (bei dem über Gewinn oder Verlust des Einsatzes der Zufall entscheidet) ist strafbar. Gibt ein Gastwirt einem Gast ein Darlehen für Spielautomaten, kann er es bei Verlust nicht einklagen.

GmbH. Diese Kapitalgesellschaft erlangt mit Eintragung in das *Handelsregister* rechtliche Selbständigkeit (→ juristische Person). Zur Gründung durch einen oder mehrere Gesellschafter ist ein notarieller Vertrag erforderlich (§§ 1, 2 GmbHG). Auch Gesellschaften können Mitglieder sein. Das *Stammkapital* muß mindestens DM 50 000,– (in ehem. DDR ab 1. 1. 95) betragen; es darf weder offen, noch verdeckt gemindert werden, da es die Haftungsgrundlage der Gläubiger darstellt (§ 30 GmbHG). Ihnen haften nicht die Gesellschafter, sondern nur das G.-Vermögen. *Ausnahme:* wer vor Eintragung in das Handelsregister im Namen der G. handelt, haftet für diese Verbindlichkeiten persönlich (§ 11 GmbHG).

GmbH & Co. KG

Zur Entstehung der GmbH ist erforderlich, daß Einlagen von mindestens DM 25000,– oder stattdessen gleichwertige erbrachte Sacheinlagen geleistet, die GmbH zur Eintragung in das Handelsregister angemeldet und eingetragen ist (§§ 7, 8, 10 GmbHG).

Jeder Gründer muß eine *Stammeinlage* von mindestens DM 500,– übernehmen. Daneben sind die Gesellschafter verpflichtet, für die nicht erbrachte Stammeinlage der übrigen Gesellschafter aufzukommen (§ 24 GmbHG); außerdem kann eine *Nachschußpflicht* in der Satzung vereinbart werden. Eine Sachgründung ist zulässig (§ 9 GmbHG); für unterbewertete Sacheinlagen haftet der betreffende Gesellschafter auf Ersatz in Geld.

Die Übertragung des Geschäftsanteils durch notariellen Vertrag ist zulässig (§ 15 GmbHG).

Organe sind der *Geschäftsführer,* dessen Vertretungsmacht nach außen nicht beschränkt werden kann (§ 37 GmbHG) und der durch Satzung oder Gesellschafterbeschluß (jederzeit widerruflich) bestellt wird, sowie die *Gesellschafterversammlung* (bei mehr als 500 Arbeitnehmer: Aufsichtsrat). Davon zu unterscheiden ist der Anstellungsvertrag, der gesondert gekündigt werden kann (→ Dienstvertrag). Für Pflichtverletzung haftet der Geschäftsführer auf Schadensersatz (§ 43 GmbHG). Seine Überwachung erfolgt durch die Gesellschafterversammlung (§ 49 GmbHG), die durch notariell beurkundeten Beschluß und ¾ Mehrheit die Satzung ändern kann (§ 53 GmbHG).

Die G. wird durch gerichtliches Urteil (Auflösungsklage bei wichtigem Grund), Unmöglichkeit der Zweckerreichung, durch die Verwaltungsbehörde, bei gesetzwidrigen Beschlüssen bzw. Handlungen, Konkurseröffnung oder Verschmelzung aufgelöst (§ 60 GmbHG). Die Liquidation führt zur Befriedigung der Gläubiger und Verteilung des Restvermögens auf die Gesellschafter.

GmbH & Co. KG ist eine → Kommanditgesellschaft, bei der eine → GmbH persönlich haftender Gesellschafter ist und andere Personen (meist der oder die Gesellschafter der GmbH) → Kommanditisten sind. Dadurch wird bei einer → Ein-Mann-Gesellschaft das Geschick der GmbH und der KG von ein und derselben Person bestimmt und die Haftung für Verbindlichkeiten der KG auf das auf DM 50000,– limitierte Kapital der GmbH beschränkt. Steuerliche Vorteile: die Gewinne der Kommanditisten werden nur von der Einkommensteuer und nicht von der Körperschaftsteuer erfaßt; das Vermögen der KG wird nicht zweimal der Vermögensteuer unterworfen.

GmbH und Stille Gesellschaft ist als typische oder atypische → stille Gesellschaft von GmbH-Gesellschaftern denkbar, die an der GmbH mit weiteren Einlagen beteiligt sind; der steuerliche Vorteil besteht darin, daß die Gewinne aus der stillen Gesellschaft nur der Einkommensteuer und nicht der Körperschaftsteuer unterliegen. Die Einlage des Stillen Gesellschafters unterliegt nur einmal der → Vermögensteuer.

Gnadenerweis. Die Gnadenbehörden (Bundespräsident, Art. 60 GG, § 452 StPO; Ministerpräsident, Justizministerium) können rechtskräftig verhängte Strafen auf Antrag erlassen, mindern, verkürzen, umwandeln, zur Bewährung aussetzen etc. Auf einen G. besteht kein Anspruch. Der Antrag auf G. ist erst nach Erschöpfung sämtlicher Rechtsbehelfe zulässig. Der G. selbst ist nicht anfechtbar, ebensowenig seine Ablehnung. Nur der Widerruf eines G. ist gerichtlich nachprüfbar. Das Nähere regeln Landesgnadenordnungen.

Good will umfaßt bei einem kaufmännischen Unternehmen den Wert der Geschäftsbeziehungen, der den Verkaufspreis maßgeblich beeinflußt.

Gratifikation ist eine zusätzliche Zahlung, die aus besonderen Anlässen (z. B. Weihnachten) neben dem Arbeitsentgelt geleistet wird (→ Arbeitsvertrag). Die Zahlung der G. kann freiwillig erfolgen oder auf einer Verpflichtung beruhen (z. B. Tarifvertrag, Betriebsvereinbarung, Arbeitsvertrag). Auf Grund wiederholter Zahlungen kann ein Rechtsanspruch auf die Gewährung der G. erwachsen, wenn nicht bei jeder Zahlung ein entsprechender Vorbehalt („ohne Anerkennung einer Rechtspflicht") erklärt wird. Ein Anspruch auf die G. besteht nur dann, wenn das Arbeitsverhältnis zu dem maßgebenden Zeitpunkt noch besteht. Wird das Arbeitsverhältnis bis zum 31. 3. des Folgejahres aufgelöst, muß die G. bis zur Höhe eines Monatsgehalts zurückgewährt werden. Sie ist nur zur Hälfte pfändbar.

Grobe Fahrlässigkeit → Verschulden.

Grober Undank → Schenkung.

Grundbuch ist ein Register, das vom Grundbuchamt beim Amtsgericht geführt wird und den Eigentümer, Größe, Lage sowie Belastung von Immobilien (Grundstücken, Eigentumswohnungen) enthält. Auf die Richtigkeit der Eintragung darf sich ein gutgläubiger Leser verlassen. Einsicht erhält jedermann, der ein berechtigtes Interesse darlegt. Um eine Eintragung zu erreichen, ist ein notarieller Antrag und die einseitige Bewilligung des Betroffenen nötig; bei → Auflassung ist auch die Einigung der Parteien (durch Vorlage des notariellen Vertrages) nachzuweisen. Alle Eintragungsvoraussetzungen müssen dem Grundbuchamt durch öffentliche (notarielle) oder → öffentliche beglaubigte Urkunden nachgewiesen werden. Entscheidungen des Grundbuchamts sind (mit Ausnahme von Eintragungen) mit → Erinnerung und → Beschwerde (§ 11 RPflG, § 71 GBO) anfechtbar.

Grunddienstbarkeit ist eine Belastung eines Grundstücks zugunsten des jeweiligen Eigentümers eines anderen Grundstücks in der Weise, daß dieser das Grundstück in einzelnen Beziehungen benutzen darf (Geh-, Fahrt-, Leitungsrecht), oder daß auf dem Grundstück gewisse Maßnahmen (Bebauung) nicht vorgenommen werden dürfen (§ 1018). Die Verpflichtung zu einem positiven Tun kann nur durch eine → Reallast begründet werden. Stets muß aber die G. dem anderen *Grundstück,* nicht nur dessen Eigentümer *persönlich,* einen Vorteil bringen (§ 1019). Zur Bestellung der G. ist Einigung der Beteiligten und Eintragung im Grundbuch erforderlich.

Wird die Grundstücksbelastung zugunsten einer bestimmten Person vereinbart, spricht man von einer *beschränkt persönlichen Dienstbarkeit* (§ 1090). Diese kann wegen ihrer persönlichen Natur *nicht* übertragen, veräußert, belastet oder vererbt werden (§ 1092).

Die in ehem. DDR begründeten Mitbenutzungsrechte gelten mit ihrem bisherigen Rang und Inhalt weiter; sie bedurften nicht der Eintragung im Grundbuch, was nunmehr nachgeholt werden kann.

Grundpfandrechte sind dingliche → Rechte an einem Grundstück, die der Sicherung von Forderungen dienen. G. sind → Hypothek, → Grundschuld und → Rentenschuld, die der Kreditbeschaffung dienen.

Grundrechte, Art. 1–18 und 103 GG, sind die dem Bürger zustehenden Elementarrechte. Sie binden Gesetzgebung, Verwaltung und Rechtsprechung. Einschränkungen nur, wenn die einzelnen G. selbst einen solchen Vorbehalt enthalten (z. B. Versammlungsfreiheit) oder die den G. innewohnenden immanenten Schranken (z. B. Art. 2 GG) sie zulassen. Ein solches Gesetz bedarf einer ⅔-Mehrheit von → Bundestag und → Bundesrat. Die Gliederung Deutschlands in Bund und Länder, die Einrichtung des Bundesrats und die in Art. 1 und 20 GG niedergelegten Grundsätze können nicht geändert werden. Verletzung der G. kann der Betroffene mit → Verfassungsbeschwerde vor dem Bundesverfassungsgericht und den Verfassungsgerichten der Länder geltend machen.

Grundschuld ist die Belastung eines Grundstücks oder eines Miteigentumsanteils in der Weise, daß an denjenigen, zu dessen Gunsten die Belastung erfolgt, eine bestimmte Geldsumme aus dem Grundstück zu zahlen ist (§ 1191). Wenn auch die G. in der Praxis fast ausschließlich ebenso wie die → Hypothek zur Sicherung einer Forderung bestellt wird, ist sie doch im Gegensatz zur Hypothek von dem Bestehen der zugrundeliegenden Forderung unabhängig.

Auf die G. finden die Vorschriften über die Hypothek entsprechende Anwendung, soweit sich nicht daraus etwas anderes ergibt, daß die G. eine Forderung *nicht* voraussetzt. Bei Nichtentstehung oder Tilgung der gesicherten Forderung steht die Grundschuld nach wie vor dem Gläubiger zu; tilgt der Schuldner aber ausdrücklich die G. (was oft durch → Allgemeine Geschäftsbedingungen ausgeschlossen ist), geht die G. insoweit als → Eigentümergrundschuld auf ihn über. Die G. kommt wie die Hypothek als Brief- oder Buchgrundschuld vor.

Grundstückskaufvertrag. Wegen seiner besonderen Bedeutung bedarf ein → Vertrag, durch den sich jemand verpflichtet, das → Eigentum an einem Grundstück ernsthaft zu übertragen oder zu erwerben, ein Erbbaurecht daran zu bestellen oder zu erwerben oder → Wohnungseigentum einzuräumen, zu erwerben oder aufzuheben, der notariellen Beurkundung (§ 313 BGB, § 11 ErbbauVO, § 4 WEG; → Form). Dieses Formerfordernis gilt bereits für einen Vorvertrag (insbes. den *Kaufanwärtervertrag),* die Begründung eines → Optionsrechts und ähnliche Verträge, sowie eine unwiderruflich erteilte Vollmacht für einen G., weil durch sie bereits eine Bindung des Verkäufers eintritt. Die Nichteinhaltung der Form führt zur Nichtigkeit des Vertrages, auch wenn sie nur einen Teil der Vereinbarungen betrifft, z. B. wenn der Kaufpreis aus steuerlichen Gründen bewußt zu niedrig angegeben wird (sog. Schwarzkauf). Ein derartiger Vertrag kann aber durch *Heilung* (→ schwebende Unwirksamkeit) wirksam werden, wenn er erfüllt wird, also → Auflassung und Eintragung im Grundbuch ordnungsgemäß erfolgen. Auch der Vertrag, der einen anderen als Stellvertreter ermächtigt, ein Grundstück zu übertragen, bedarf der notariellen Beurkundung. Da die auf einem Grundstück stehenden Gebäude Bestandteile des Grundstückes sind, ist der Verkauf eines Hauses Verkauf des Grundstücks und setzt ebenfalls notarielle Beurkundung voraus. Gleiches gilt für Verträge, die das Einbringen von Grundstücken in eine Gesellschaft vorsehen.

Guter Glaube → Gutgläubiger Erwerb.

Gütergemeinschaft kann wie die → Gütertrennung durch → Ehevertrag vereinbart werden (§ 1415). Dadurch tritt sie an die Stelle des gesetzlichen Güterstandes der Zugewinngemeinschaft. Mit Abschluß des Ehevertrages über die G. wird grundsätzlich das gesamte Vermögen des Mannes und der Frau gemeinschaftliches Vermögen beider Ehegatten *(Gesamtgut),* ohne daß es dazu noch einer besonderen Übereignung bedarf. Das Gesamtgut ist → Gesamthandvermögen. Wenn im Ehevertrag nicht bestimmt ist, daß ein Ehegatte allein das Gesamtgut verwalten soll, steht beiden Ehegatten gemeinschaftlich die Verwaltung zu (§ 1421). Verfügungen über das Gesamtgut können dann nur von beiden gemeinsam getroffen werden. Zum Gesamtgut gehört auch das Vermögen, das die Ehegatten während der G. selbständig erwerben. Nicht zum Gesamtgut gehören dagegen das *Vorbehaltsgut* und das *Sondergut* jedes Ehegatten, die im alleinigen → Eigentum eines jeden bleiben. Sondergut sind solche Gegenstände, die nicht durch Rechtsgeschäft übertragen werden können (§ 1417), z. B. unpfändbare Forderungen, Schmerzensgeldanspruch. Allerdings wird das Sondergut durch den betreffenden Ehegatten für Rechnung des Gesamtgutes verwaltet, dem eventuelle Nutzungen zufallen.

Vorbehaltsgut ist, was im Ehevertrag ausdrücklich zum Vorbehaltsgut eines Ehegatten erklärt wurde oder was ein Ehegatte durch → Verfügung von Todes wegen oder → Schenkung unter ausdrücklicher Bestimmung als Vorbehaltsgut erworben hat, ferner Zinsen, Ersatzstücke (z. B. Versicherungssumme bei Verlust), Kaufentgelt u. dgl. (§ 1418). Die Verwaltung des Vorbehaltsguts erfolgt für *eigene* Rechnung des betreffenden Ehegatten.

Für die persönlichen Verbindlichkeiten eines Ehegatten haften dessen Vorbehalts- und Sondergut, daneben grundsätzlich auch das Gesamtgut (§§ 1437, 1459) und der Verwalter persönlich.

Die G. wird beendet durch Auflösung der Ehe, durch neuen Ehevertrag oder durch gerichtliches Urteil auf Aufhebungsklage. Für den Tod eines Ehegatten kann im Ehevertrag vereinbart werden, daß die G. zwischen dem überlebenden Ehegatten und den *gemeinschaftlichen* Abkömmlingen fortgesetzt wird (sog. *fortgesetzte* G.).

Bei Beendigung der G. werden aus dem Gesamtgut zunächst die Verbindlichkeiten berichtigt und der verbleibende Überschuß geteilt. Beim Tod eines Ehegatten gehört sein Anteil am Gesamtgut zu seinem Nachlaß, der aus ½-Gesamtgut, Vorbehalts- und Sondergut besteht und vererbt wird; sofern *fortgesetzte* G. vereinbart wurde (§ 1482), vererbt sich nur Vorbehalts- und Sondergut des Verstorbenen, während das frühere eheliche Gesamtgut jetzt dem überlebenden Elternteil und den gemeinsamen Kindern zusteht (für die Berechnung der Anteile nicht ehelicher Kinder wird so verfahren, als ob keine Fortsetzung der Gütergemeinschaft vereinbart worden wäre; sie nehmen also auch an dem ½-Gesamtgut wertmäßig teil); der überlebende Ehegatte verwaltet das Gesamtgut allein; er haftet für die Verbindlichkeiten persönlich; die fortgesetzte G. endet mit Tod oder Wiederheirat des überlebenden Ehegatten, notariell beurkundetem Aufhebungsvertrag oder einseitiger öffentlich beglaubigter Erklärung des überlebenden Ehegatten gegenüber dem Nachlaßgericht oder nach Aufhebungsklage eines Kindes. Beim Tod eines Kindes treten seine Abkömmlinge an seine Stelle, sonst wächst sein Anteil den übrigen Beteiligten an.

Güterstände sind → Gütergemeinschaft → Gütertrennung → Zugewinngemeinschaft. Sie sind im Güterrechtsregister (geführt vom Amtsgericht des Wohnsitzes des Ehemannes) auf Antrag der Ehegatten eingetragen. Einsicht hat jedermann (§§ 1558 ff.). Der in ehem. DDR geltende G. der Eigentums- und Vermögensgemeinschaft wird ab 3. 10. 90 in den G. der Zugewinngemeinschaft übergeführt (Art. 234 § 4 EGBGB laut EV); Fortgeltung des alten Rechts kann vereinbart oder bis 3. 10. 93 durch einseitige Erklärung bei jedem Kreisgericht bewirkt werden.

Gütertrennung kann ebenso wie die → Gütergemeinschaft nicht einseitig, sondern nur durch Ehevertrag vereinbart werden. Sie tritt kraft Gesetzes ein, wenn durch Ehevertrag der gesetzliche Güterstand der Zugewinngemeinschaft oder eine vereinbarte Gütergemeinschaft aufgehoben wird, ohne daß ein neuer Güterstand bestimmt wird (§ 1414), bzw. wenn der → Versorgungsausgleich ausgeschlossen wird. G. bedeutet, daß die Vermögen der beiden Ehegatten vollkommen getrennt sind und bleiben, auch hinsichtlich der Schuldenhaftung, und jeder Ehegatte sein Vermögen selbst für eigene Rechnung verwaltet. Ein Gesamtgut wie bei der Gütergemeinschaft gibt es bei der G. nicht. Bei Scheitern der Ehe kann derjenige Gatte, der dem anderen erhebliche Zuwendungen gemacht hat (z. B. Grundstück), die nicht der ehelichen Lebensgemeinschaft gedient haben und die keine übliche Schenkung darstellten, einen Ausgleich in Geld nach den Regeln des Wegfalls der → Geschäftsgrundlage verlangen (§ 242).

Güteverfahren → Sühneversuch.

Gutglaubensschutz → gutgläubiger Erwerb.

Gutgläubiger Erwerb. Grundsätzlich kann man das → Eigentum an einer → Sache nur von deren Eigentümer erwerben. Zum Schutz des *redlichen* Geschäftspartners *(Gutglaubensschutz),* lassen die gesetzlichen Bestimmungen jedoch Ausnahmen zu.

So wird der Erwerber einer *beweglichen* Sache durch → Einigung und Übergabe (→ Eigentum) auch dann Eigentümer, wenn die Sache nicht dem Veräußerer gehört, es sei denn, er war zur Zeit der Übergabe nicht im guten Glauben (§ 932), d. h. ihm war bekannt oder infolge grober Fahrlässigkeit (→ Verschulden) unbekannt, daß die Sache nicht dem Veräußerer gehört (z. B. ist der Erwerber eines Kraftfahrzeuges nicht gutgläubig, wenn der → Kraftfahrzeugbrief fehlt oder auf einen anderen Namen als den des Veräußerers lautet). Geschützt wird aber nur der gute Glaube an das *Eigentum* des Veräußerers, nicht der an seine → Geschäftsfähigkeit oder Verfügungsbefugnis (z. B. an eine bestehende Vollmacht). *Ausnahme:* Duldungs- und Anscheinvollmacht (erzeugt jemand gegenüber seinem gutgläubigen Geschäftspartner den Anschein, er werde von einer bestimmten Person rechtsgeschäftlich vertreten, muß er sich an den durch seinen „Vertreter" abgeschlossenen Geschäften festhalten lassen) und § 366 HGB (unter Kaufleuten wird auch der gute Glaube an eine behauptete, aber nicht bestehende Verfügungsmacht geschützt und führt zum Eigentumserwerb) sowie §§ 136/135 II BGB (verbietet ein gerichtlicher Beschluß die → Verfügung über einen Gegenstand, ist eine verbotswidrige Verfügung gegenüber einem insoweit gutgläubigen Erwerber wirksam). Entscheidend für einen g. E. ist grundsätzlich, daß der Erwerber den unmittelbaren → Besitz an der Sache erlangt. Mit dem g. E. des Eigentums erlöschen die Rechte Dritter an der Sache (z. B. → Pfandrecht, § 936).

Trotz seines guten Glaubens erwirbt der Erwerber der Sache an ihr dann kein Eigentum, wenn sie dem wahren Eigentümer gestohlen worden, verloren gegangen oder sonst abhanden gekommen war, sofern es sich nicht um Geld oder → Inhaberpapiere handelt (§ 935).

Bedeutungslos ist der gute Glaube für den Eigentumserwerb durch Zuschlag in einer öffentlichen Versteigerung, da er nur bei *rechtsgeschäftlichem* Erwerb in Betracht kommt.

Hinsichtlich des Erwerbs von *Grundstücken* oder Rechten daran (z. B. Hypothek) durch → Rechtsgeschäft gilt der Inhalt des Grundbuchs als richtig, sofern nicht ein → Widerspruch gegen die Richtigkeit des Grundbuchs eingetragen ist oder die Unrichtigkeit der Eintragung dem Erwerber positiv bekannt ist, wenn er also z. B. weiß, daß der im Grundbuch Eingetragene nicht der wahre Eigentümer ist. Leichte und grobe Fahrlässigkeit schadet nicht; sie verhindern hier den Eigentumsübergang nicht (§ 892).

Bei → *Forderungen* findet ein g. E. nicht statt. *Ausnahme:* hat der Schuldner eine Urkunde über seine Verbindlichkeit ausgestellt und wird die Forderung vom Gläubiger an einen anderen unter Vorlage der Urkunde abgetreten, kann sich der Schuldner dem neuen Gläubiger gegenüber nicht darauf berufen, daß die Ausstellung der Urkunde nur zum Schein erfolgt ist oder ihre Abtretung vertraglich ausgeschlossen war; der Schuldner haftet dem gutgläubigen Erwerber auf Erfüllung (Zahlung). Hinsichtlich des Gutglaubensschutzes beim Wechsel vgl. dort II 2; → Erbschein.

Gutschein ist eine Urkunde, die entweder ein → Inhaberzeichen (also ohne an eine bestimmte Person gebunden zu sein) oder ein → Schuldschein sein kann.

H

Haftbefehl ist die richterliche Anordnung der Inhaftnahme. Anfechtbar mit Antrag auf mündliche Haftprüfung oder Haftbeschwerde (und weiterer Beschwerde), § 117 StPO. Im Strafrecht wird Haftbefehl auf Antrag der Staatsanwaltschaft nur bei dringendem Tatverdacht, Haftgrund (unbekannter Aufenthalt, Fluchtgefahr, Verdunkelungsgefahr, Wiederholungsgefahr bei schwerwiegenden Delikten wie Mord, Raub, Sexualvergehen etc., Sprengstoffdelikten, Betäubungsmittelkriminalität und terroristischen Straftaten) und Verhältnismäßigkeit der Haft erlassen.

Im bürgerlichen Recht ergeht H. nur zur Erzwingung des Offenbarungseides (= eidesstattliche Versicherung der Vermögenslosigkeit) (§§ 901, 908 ZPO), zur Arrestvollstreckung (§ 933 ZPO) oder Vorführung säumiger Vorgeladener. Ansonsten als Vorführungsbefehl zwecks Strafvollstreckung oder gegen einen ausgebliebenen Angeklagten. Außervollzugsetzung auf Antrag, wenn weniger einschneidende Maßnahmen als Haft genügen. H. ist bei Privatklagen und → Bußgeldverfahren unzulässig.

Haftentschädigung → Strafentschädigung.

Haftgrund → Schadensersatz.

Haftpflicht → Kraftfahrzeugversicherung, → Gefährdungshaftung, → unerlaubte Handlung (Anm.: 3), → Beherbergungsvertrag.

Haftung ist das Einstehenmüssen für ein schädigendes Ereignis (→ Schadensersatz). Im allgemeinen Sprachgebrauch wird darunter auch die Erfüllung vertraglicher und steuerrechtlicher Pflichten verstanden.

Halbleiterschutz, G 22. 10. 87, BGBl. I 2294, stellt dreidimensionale Strukturen von mikroelektronischen Halbleitererzeugnissen (ähnlich wie → Patente) unter Schutz, soweit sie eine besondere Eigenheit aufweisen.

Halbwaisen sind Kinder, deren Vater oder Mutter verstorben ist. Ihre → Waisenrente ist niedriger als die für Vollwaisen (§§ 48, 82 SGB VI).

Halten von Tieren → Tierhalterhaftung.

Handelsbriefe sind Urkunden, die ein Handelsgeschäft betreffen. Jeder → Vollkaufmann hat im Rahmen seiner Buchführung die empfangenen und eine Kopie der abgeschickten H. 6 Jahre lang (*Handelsbücher* 10 Jahre lang) aufzubewahren oder auf Datenträgern gespeichert zu belassen.

Handelsgesellschaft. → OHG, → KG, Reederei, → Aktiengesellschaft, Kommanditgesellschaft auf Aktien, → GmbH. Weitgehend gleichgestellt sind die → Genossenschaft und Versicherungsvereine auf Gegenseitigkeit.

Handelskauf ist ein → Kauf, der gleichzeitig ein Handelsgeschäft ist, d. h. ein → Rechtsgeschäft eines Kaufmanns, das zum Betrieb seines Handelsgewerbes gehört. Für den H. gelten Sonderbestimmungen des HGB, welche die Vorschriften des BGB ergänzen, aber zum Teil auch abändern. So kann bei einem → Fixgeschäft der Gläubiger bei Verzug des Schuldners ohne vorherige Nachfristsetzung → Schadensersatz verlangen (§ 376 HGB); beim Annahmeverzug (→ Verzug) des Käufers kann der Verkäufer *jede* Ware hinterlegen (→ Hinterlegung); hinsichtlich des Selbsthilfeverkaufs (→ Hinterlegung) bestehen erhebliche Erleichterungen (§ 373 HGB); um sich seine → Gewährleistungsansprüche zu erhalten, muß der Käufer die Ware nach Empfang → unverzüglich stichprobenartig untersuchen und etwaige Mängel unverzüglich dem Verkäufer anzeigen, sonst gilt die Ware als genehmigt (§ 377 HGB). Wird eine andere Ware als die gekaufte geliefert (sog. *aliud*) oder eine andere Menge, gilt bei Unterlassung der Rüge diese Ware als genehmigt, sofern sie nicht offensichtlich von der Bestellung so erheblich abweicht, daß der Verkäufer die Genehmigung des Käufers als ausgeschlossen betrachten mußte (§§ 377, 378 HGB).

Handelsvertreter ist, wer als selbständiger Kaufmann ständig damit betraut ist, für einen oder mehrere andere Geschäfte gegen Provision zu vermitteln oder abzuschließen (§ 84 HGB). Ist er nur für eine Firma tätig, wird er wie ein Arbeitnehmer behandelt, sofern seine Monatsbezüge DM 2000.– nicht übersteigen. Der H-Vertrag endet durch Zeitablauf oder Kündigung (§§ 89, 89a HGB); die ordentliche Kündigungsfrist beträgt in den ersten 3 Jahren 6 Wochen zum Quartal, danach 3 Monate. Der H. erhält eine → Abfindung, unterliegt der Verschwiegenheit und einem maximal auf 2 Jahre zu vereinbarenden → Wettbewerbsverbot, für das der Unternehmer Entschädigung zu zahlen hat (§ 90a HGB).

Handgeld → Draufgabe.

Handgepäck, Haftung für → Reisegepäck.

Handlungsgehilfe ist ein kaufmännischer Angestellter, §§ 59ff. HGB. Der → Arbeitsvertrag kann durch Kündigung mit 6 Wochen Frist zum Quartal (§ 622) oder bei wichtigem Grund fristlos (§ 626) aufgelöst werden. Während der Dauer der Anstellung unterliegt der H. einem → Wettbewerbsverbot, das vertraglich verlängert werden kann.

Handschenkung → Schenkung.

Handwerker, Haftung für Gehilfen → Erfüllungsgehilfe. Der selbständige Betrieb eines Handwerks ist einem H. nur gestattet, wenn er ein in der Anlage A zur Handwerksordnung (vom 28. 1. 65, BGBl. 66 I 1) genanntes → stehendes Gewerbe betreibt, die Meisterprüfung bestanden hat (gleichwertige Qualifikationen von EG-Staaten werden anerkannt) und in die Handwerksrolle eingetragen ist. Unterschied zur Industrie: persönlich fachliche Mitarbeit, vorwiegend Einzelfertigung, kein übergroßer Kapitaleinsatz. H. sind in die gesetzliche Rentenversicherung einbezogen; Versicherungspflicht besteht solange, bis er 216 Pflichtbeitragsmonate erreicht hat. Versicherungsleistungen: §§ 2, 129 SGB VI. Ab 1992 werden sie erst dann aus der Rentenversicherung entlassen, wenn sie die Befreiung von der Versicherungspflicht beantragt haben; Übergangsregelung in ehem. DDR bis 31. 12. 91 gem. Anl. I Kap. V B III 1 EV; ehemalige Produktionsgenossenschaften werden gem. VO vom 8. 3. 90, GBl. I Nr. 18 S. 164 umgewandelt.

Hardware → Software.

Hausgehilfen sind weibliche oder männliche Arbeitnehmer, die in einem Privathaushalt hauswirtschaftliche Dienste leisten (§§ 611 ff.). Auch solche Personen, die nicht im selben Haushalt wohnen, gehören dazu, soweit sie nicht nur stundenweise beschäftigt sind (Zugehfrau). Für das Arbeitsverhältnis gelten die Vorschriften des → Dienstvertrages, die durch tarifvertragliche Regelungen über Arbeitszeit, Entlohnung, Krankheit, Kündigung u. a. m. vielfach ergänzt werden. Die → Kündigung muß danach spätestens am 15. eines Monats zum Monatsende erfolgen. H. sind sozialversicherungspflichtig und gelten als Arbeiter. Für die Unfallversicherung ist der Gemeindeunfallversicherungsverband zuständig. Die Aufwendungen für H. können unter bestimmten Voraussetzungen als außergewöhnliche Belastungen bei der Lohn- und Einkommensteuer berücksichtigt werden. Unabhängig davon erhält der Steuerpflichtige ab dem 60. Lebensjahr für H. oder → Haushaltshilfe einen → Freibetrag von maximal DM 1200.– pro Jahr (§ 33 a EStG), der vom → Gesamtbetrag der Einkünfte abgezogen werden kann (wenn ein Ehegatte das 60. Lebensjahr vollendet hat), aber DM 1800.– bei Krankheit des Steuerpflichtigen oder einer zu seinem Haushalt gehörenden, von ihm unterhaltenen Person.

Haushaltsfreibetrag. Steuerpflichtige, auf die der Splittingtarif (§ 32a V, VI EStG) keine Anwendung findet (z. B. Ledige, Geschiedene, dauernd getrennt Lebende) und die nicht getrennt veranlagt werden, können von ihrem Einkommen: DM 5616.– bei mindestens 1 Kind als H. abziehen, sofern sie einen → Kinderfreibetrag erhalten.

Haushaltsgeld

Haushaltsgeld → Unterhaltspflicht.

Haushaltshilfe wird in der Sozialversicherung durch Stellung einer Ersatzkraft oder Zahlung der entsprechenden Kosten hierfür gewährt, wenn der Haushalt wegen Krankenhaus oder Kuraufenthalts nicht weiter geführt werden kann und mindestens 1 Kind unter 8 Jahren oder behindert und hilfsbedürftig vorhanden ist (§ 29 SGB VI).

Im Steuerrecht wird im Rahmen der → außergewöhnlichen Belastung eine H. in Höhe von DM 1200.– gewährt, wenn der Steuerpflichtige oder sein Ehegatte das 60. Jahr vollendet hat, er oder sein Gatte oder ein zum Haushalt gehörendes Kind krank ist. Es können DM 1800.– vom Gesamtbetrag der Einkünfte abgezogen werden, wenn der Steuerpflichtige, sein Ehegatte oder ein zum Haushalt gehörendes Kind hilflos oder behindert ist. Gleiches gilt bei Heimunterbringung.

Häusliche Pflege wird im Rahmen der → Krankenversicherung durch geschultes Personal den Schwerpflegebedürftigen gewährt. Besteht kein Anspruch auf häusliche Krankenpflege, werden von der Krankenkasse monatlich bis zu 25 Pflegestunden (maximal DM 750.–) pro Monat ersetzt. Während des Urlaubs der Pfleger (bis zu 4 Wochen pro Jahr) werden die Kosten für eine Ersatzkraft bis zu DM 1800.– von der Krankenkasse bezahlt (wenn der Pfleger vorher mindestens 12 Monate beim Pflegling tätig war). Anstelle der h. P. kann die Krankenkasse DM 400.– zahlen, wenn der Pflegebedürftige die Pflege selbst organisieren kann.

Häuslicher Wirkungskreis → Schlüsselgewalt.

Hausrat → Zugewinngemeinschaft. Können sich die Eheleute bei → Scheidung nicht einigen, werden Hausrat und Wohnung zusammen mit dem Scheidungsurteil bzw. bei → Getrenntleben vom Familiengericht nach billigem Ermessen unter Berücksichtigung des Wohles etwaiger Kinder geteilt. Beschwerde gegen Gerichtsentscheidung nur, wenn → Streitgegenstand DM 1200.– übersteigt. Die in ehem. DDR praktizierte Übertragung vor Immobilien an nur einen Ehegatten ist verfassungswidrig. Schutz gegen Schäden durch H.-Versicherung.

Haustier → Tierhalterhaftung.

Haustürgeschäfte. Die mündlich (ohne vorherige Bestellung) am Arbeitsplatz, im Bereich der Privatwohnung, anläßlich einer sog. Kaffeefahrt oder nach einem überraschenden Ansprechen in Verkehrsmitteln bzw. auf öffentlichen Verkehrswegen abgegebenen, auf eine entgeltliche Leistung (Kauf) gerichteten Erklärungen werden erst wirksam, wenn sie der Kunde nicht binnen 1 Woche schriftlich widerruft. *Ausnahme:* die Leistung liegt unter DM 80.– und wird sofort bezahlt. Die Widerrufsfrist beginnt erst mit schriftlicher Belehrung des Kunden; unterbleibt sie, erlischt das Widerrufsrecht 1 Monat nach beiderseitiger voller Vertragserfüllung. Die Belehrung über das Widerrufsrecht muß zwar nicht auf einem gesonderten Blatt erfolgen, muß aber drucktechnisch deutlich vom übrigen Vertragstext abgesetzt sein. Für Streitigkeiten ist das Gericht am Wohnsitz des Kunden zuständig. Kein Widerrufsrecht, wenn das H. auf Veranlassung des Kunden zustande gekommen ist; *Ausn.:* die Bestellung durch den Kunden wurde vom Verkäufer oder seinem Vertreter *provoziert,* indem dieser den Kunden kurz nach der Bestellung aufgesucht und das Geschäft abgeschlossen hat. Keine H. sind Abschluß von Versicherungsverträgen und von Rechtsgeschäften im eigenen Geschäftsbetrieb. Grundsatz: Kunde muß beweisen, daß H. mit seinen speziellen Regeln abgeschlossen worden ist.

Heilung fehlerhafter Rechtsgeschäfte → schwebende Unwirksamkeit, Grundstückskauf.

Heimarbeiter ist, wer meist in der eigenen Wohnung allein oder mit Familienangehörigen im Auftrag eines Gewerbetreibenden selbst gewerblich arbeitet und die Verwertung seiner Leistung dem Auftraggeber überläßt (z. B. Buchhaltung für Gasthaus). H. bestimmt seinen Zeitaufwand selbst. Er ist persönlich unabhängig. H. genießen Arbeitszeit-, Gefahren- und Entgeltschutz. Kündigungsfrist bei mehr als 4 Wochen überwiegender Beschäftigung: 2 Wochen, sofern H. daraus vorwiegend seinen Lebensunterhalt bestreitet.

Heimbewohnerfreibetrag von DM 1200.– oder DM 1800.– kann der Steuerpflichtige vom Gesamtbetrag seiner → Einkünfte steuerlich als außergewöhnliche Belastung abziehen, wenn er oder sein Ehegatte in einem Heim untergebracht ist.

Heimfall → Erbbaurecht.

Heiratsvermittlung → Ehevermittlung.

Herausgabeanspruch. Er steht kraft Gesetzes dem Eigentümer gegen den (nicht berechtigten) Besitzer zu (§ 985), kann auf früheren Besitz (§§ 1007, 861), → ungerechtfertigte Bereicherung (§§ 812, 818; 816, 822) oder → unerlaubte Handlung (§§ 823, 249) gestützt werden. H. ergibt sich ferner aus Verträgen (→ Miete, → Leihe, → Verwahrung, → Pacht). Im Familienrecht: H. des personensorgeberechtigten Elternteils bezüglich seines Kindes (§ 1632).

Hermeskredite. Wird zur Absicherung der Finanzierung eines Exportgeschäftes (z. B. mit östlichen Staaten) eine → Garantie oder → Bürgschaft durch den Bund gegeben, spricht man von Hermesdeckung, mit der die Hermes-Kreditversicherung betraut ist.

Heuervertrag ist der → Arbeitsvertrag zwischen dem Reeder und dem Besatzungsmitglied eines Seeschiffes. Der wesentliche Inhalt eines H. wird im *Heuerschein* niedergelegt. Für das Heuerverhältnis sind die Bestimmungen des Seemannsgesetzes maßgebend; es beginnt mit der Anmusterung und endet mit der Abmusterung, nachdem der H. durch Zeitablauf oder →Kündigung beendet worden ist. Die Fristen für die ordentliche Kündigung betragen bei Schiffsleuten 1 Woche, nach dreimonatiger Vertragsdauer 2 Wochen, nach dreijähriger Vertragsdauer 6 Wochen zum Quartal; bei Schiffsoffizieren und Angestellten nach dreimonatiger Vertragsdauer 6 Wochen zum Vierteljahresende. Bei Vorliegen eines wichtigen Grundes ist die außerordentliche fristlose Kündigung zulässig.

Hinterbliebenen–Pauschbetrag von DM 720.– erhalten auf Antrag Personen, denen laufende Hinterbliebenenbezüge bewilligt worden sind und die Bezüge nach dem BundesversorgungsG, aus der Unfallversicherung, beamtenrechtlichen Versorgung oder dem BundesentschädigungsG erhalten.

Hinterbliebenenversorgung (→ Sterbegeld). In der *Landwirtschaft* erhalten Witwen(r) Hinterbliebenengeld, wenn im Haushalt ein waisengeldberechtigtes, noch nicht 16 Jahre altes oder ein gebrechliches Pflegekind lebt.

In der *Sozialversicherung* (Renten- und Unfallversicherung) wird Hinterbliebenenrente an Witwen(r), Waisen und Eltern gezahlt, wenn der Verstorbene die → Wartezeit von 5 Jahren mit Beitrags-, Ersatzzeiten und Zeiten aus einem durchgeführten → Versorgungsausgabe erfüllt hat oder bereits rentenberechtigt gewesen ist. Die kleine Witwen(-r)rente beträgt 25% der → Erwerbsunfähigkeitsrente des Verstorbenen, wenn der Überlebende nicht wieder geheiratet hat. Die große Witwen(-r)rente beträgt 60%, wenn der Überlebende entweder ein Kind unter 18 Jahren bzw. ein behindertes Kind erzieht oder 45 Jahre alt ist oder selbst berufs- bzw. erwerbsunfähig ist. Hat der Überlebende wieder geheiratet, hat er diesen Anspruch nur, wenn seine neue Ehe aufgelöst oder nichtig ist. Die H. wird beim Zusammentreffen mit Einkünften, Renten oder Pensionen gekürzt. Die Waisenrente beträgt für Halbwaisen 10%, für Vollwaisen 20% der Rente, die sich für den Verstorbenen als Erwerbsunfähigkeitsrente + Zuschlag errechnet; sie wird bis zum 18. bzw. 25. Lebensjahr (bei Wehr- und Zivildienst auch länger) gezahlt, nach dem

18. Lebensjahr aber nur, solange die gesetzlich festgelegten Höchstbeträge für Ausbildungs- oder Übergangsgeld nicht überschritten werden. → Witwen(-r)rente und → Waisenrente.

Die H. in der *Unfallversicherung* beträgt in der Regel 30%, für Vollwaisen immer 30% und bei Halbwaisen 20% des Jahresarbeitsverdienstes des Verstorbenen.

Bei *Beamten,* Richtern und Berufssoldaten: → Witwengeld, → Waisengeld.

Hinterlegung ist die Übergabe einer geschuldeten Sache an eine öffentliche Stelle (Amtsgericht) zur Aufbewahrung für den Gläubiger. Sie ist Ersatz für die → Erfüllung eines Schuldverhältnisses und nur bei Geld, Wertpapieren, Urkunden und Kostbarkeiten möglich (§ 372). Voraussetzung ist, daß sich der Gläubiger in Annahmeverzug (→ Verzug) befindet oder ein anderer in der Person des Gläubigers liegender Grund dem Schuldner die sichere → Erfüllung unmöglich macht (z. B. seine Verschollenheit) oder der Schuldner ohne sein Verschulden die Person seines Gläubigers nicht kennt (z. B. nach mehrfacher → Abtretung oder im Erbfall).

Von der H. hat der Schuldner dem Gläubiger, soweit möglich, unverzüglich Mitteilung zu machen (§ 374 II). Hat er Anspruch auf eine Gegenleistung (z. B. Kaufpreis), so kann er das Recht des Gläubigers zum Empfang der hinterlegten Sache von der Bewirkung der Gegenleistung abhängig machen (§ 373). Grundsätzlich darf der Schuldner die hinterlegte Sache wieder zurücknehmen (§ 376 I). Ausgeschlossen ist die Rücknahme jedoch, wenn der Schuldner gegenüber der Hinterlegungsstelle auf sie verzichtet hat, wenn der Gläubiger gegenüber der Hinterlegungsstelle die Annahme erklärt hat und wenn der Hinterlegungsstelle ein zwischen dem Gläubiger und dem Schuldner ergangenes rechtskräftiges Urteil vorgelegt wird, das die H. für rechtmäßig erklärt. Nimmt der Schuldner die hinterlegte Sache zurück, so gilt die Hinterlegung als nicht erfolgt (§ 379 III). Ist die Rücknahme ausgeschlossen, hat die H. schuldbefreiende Wirkung (§ 378).

Ist die Rücknahme nicht ausgeschlossen, hat die H. keine befreiende Wirkung. Der Schuldner hat jedoch das Recht, den Gläubiger zum Zweck der Erfüllung auf die hinterlegte Sache zu verweisen, also anderweite Leistung abzulehnen (§ 379). Die Kosten der H. hat der Gläubiger zu tragen, wenn der Schuldner nicht die hinterlegte Sache zurücknimmt (§ 381). Das Recht des Gläubigers auf die hinterlegte Sache erlischt 30 Jahre nach Empfang der Hinterlegungsanzeige (§ 382).

Ist eine Sache zur H. nicht geeignet (z. B. Möbelstück, Tier), so kann der Schuldner sie im Falle des Annahmeverzuges des Gläubigers *versteigern* lassen und den Versteigerungserlös hinterlegen, andernfalls ist eine Versteigerung nur zulässig, wenn die Sache zu verderben droht oder die Aufbewahrung mit unverhältnismäßigen Kosten verbunden ist (§ 383).

Höchstbetragshypothek ist eine → Sicherungshypothek, bei der nur der Höchstbetrag, bis zu dem das belastete Grundstück haftet, im Grundbuch eingetragen ist. Konkret entspricht der Umfang der → Hypothek der jeweiligen Forderungshöhe (§ 1190). Die H. dient meist der Sicherung eines → Kontokorrents.

Höfeordnung. In Hamburg, Niedersachsen, Nordrhein-Westfalen und Schleswig-Holstein gilt für land- und forstwirtschaftliche Betriebe mit einem Wirtschaftswert von mindestens DM 20000.– die H. vom 26. 7. 76, BGBl. I 1933; ähnliche Vorschriften gelten für die anderen Bundesländer. Sie weisen den Hof, statt ihn zum sonstigen Nachlaß zu rechnen, als Ganzes dem sog. Hoferben zu, gegen den seine Miterben lediglich einen Ausgleichsanspruch in Geld haben. Hoferbe wird, wen der Erblasser zu seinen Lebzeiten oder von Todes wegen bestimmt, hilfsweise seine Kinder, sein Ehegatte, seine Eltern oder Geschwister (in dieser Reihenfolge) und unter mehreren Beteiligten, je nach Brauch der Älteste oder Jüngste.

Höherversicherung. Wer in der → Rentenversicherung vor 31. 12. 91 neben Pflicht- oder freiwilligen Beiträgen zusätzliche Beiträge zwecks H. gezahlt hat oder vor 1. 1. 42 geboren ist, kann dies weiterhin tun. Durch H. erhöht sich die Rente um sog. Steigerungsbeträge, die nach dem Lebensalter z. Z. der Beitragszahlung berechnet wurden (§ 269 SGB VI).

Hoffnungskauf nennt man den → Kauf einer Sache, die im Zeitpunkt des Vertragsabschlusses noch nicht besteht, deren Entstehen aber erwartet wird. Hier wird der Kaufpreis auf jeden Fall geschuldet, die Sache aber nur, wenn sie entsteht. Gegenstand des Kaufvertrages ist daher nicht die Sache selbst, sondern die Chance ihrer Entstehung. *Beispiel:* Kauf eines Lotterieloses.

Holschuld ist eine Schuld, die am Ort des → Wohnsitzes oder der gewerblichen Niederlassung des Schuldners zu erfüllen ist (der geschuldete Gegenstand wird abgeholt). Die Verpflichtungen aus einem Schuldverhältnis sind grundsätzlich H., wenn nichts anderes vereinbart ist (→ Erfüllungsort). Handelt es sich um ein Massenprodukt (→ Gattungsschuld), muß die abzuholende Ware vom Verkäufer ausgesondert und dem Käufer wörtlich angeboten werden, um das Schuldverhältnis dann auf diese eine Sache zu beschränken.

Honorar als Entgelt für Dienstleistungen richtet nach einheitlichen Gebührenordnungen bei Architekten, Ingenieuren, Ärzten, Rechtsanwälten, Tierärzten, Zahnärzten, Steuerberatern und Wirtschaftsprüfern.

Hotel → Beherbergungsvertrag.

Hypothek ist die Belastung eines Grundstücks oder eines Miteigentumsanteils (→ Eigentum) daran in der Weise, daß an denjenigen, zu dessen Gunsten die Belastung erfolgt, *zur Befriedigung wegen einer ihm zustehenden Forderung* eine bestimmte Geldsumme aus dem Grundstück zu zahlen ist (§§ 1113, 1114). Schuldner der Geldforderung und Eigentümer des Grundstücks müssen nicht identisch sein, wohl aber der Gläubiger der Forderung und der aus der H. Berechtigte.

Die H. entsteht durch Einigung zwischen dem Grundstückseigentümer und dem Gläubiger und Eintragung im Grundbuch *(Buchhypothek)*. Bei der sog. *Briefhypothek* kommt regelmäßig der Erteilung des Hypothekenbriefs hinzu. Die Briefhypothek erwirbt der Gläubiger erst mit der Aushändigung des Briefes.

Während der Gläubiger von dem persönlichen Schuldner bei Fälligkeit seiner Forderung die Zahlung verlangen kann, hat er gegen den den Grundstückseigentümer auf Grund der H. und eines entsprechenden Urteils nur einen Anspruch auf *Duldung der Zwangsvollstreckung in das Grundstück*. Dem Hypothekengläubiger haften ferner die Früchte und das → Zubehör des Grundstücks. Gegenüber diesem Anspruch kann der Grundstückseigentümer auch die dem persönlichen Schuldner zustehenden Einreden wie z. B. Stundung, → Aufrechnung, geltend machen, ebenso die einem Bürgen (→ Bürgschaft) zustehenden Einreden (§ 1137).

Ein → gutgläubiger Erwerb einer im Grundbuch eingetragenen, aber nicht bestehenden Hypothek ist möglich (§ 892); fehlt nur die zugrundeliegende Forderung, erlangt ein gutgläubiger Erwerber zwar nicht die Forderung, wohl aber die Hypothek (§ 1138; *Ausnahme:* fehlt bei einer sog. Sicherungshypothek die Forderung, ist ein gutgläubiger Erwerb nicht möglich, § 1184).

Die *Übertragung* der H. ist nur gemeinsam mit der ihr zugrundeliegenden Forderung möglich (§ 1153); ist also die H. für eine Darlehensforderung bei einer Kreditaufnahme bestellt worden, können Darlehensforderung und H. nur zusammen abgetreten werden. Bei der Buchhypothek genügt dazu die Einigung der Beteiligten und die Eintragung im Grundbuch. Bei der Briefhypothek ist schriftliche → Abtretung der Forderung und Übergabe des Hypothekenbriefs erforderlich, dagegen nicht Eintragung im Grundbuch (§ 1154). Der Grundstückseigentümer kann dem neuen Hypothekengläubiger alle Einwendungen entgegenhalten, die ihm gegenüber dem alten Gläubiger zugestanden haben (es sei denn, der neue Gläubiger ist insoweit gutgläubig). Die H. *erlischt* außer durch Aufhebungsvertrag mit dem Grundstückseigentümer i. d. R. nur bei Befriedigung des Gläubigers aus dem Grundstück im Wege der Zwangsvollstreckung (§§ 1181, 1183). In allen anderen Fällen (z. B. bei Tilgung der Forderung durch den persönlichen Schuldner) geht sie auf den Grundstückseigentümer über und wird dort i. d. R. zur *Eigentümergrundschuld,* d. h. zu einem dem Grundstückseigentümer selbst zustehenden Grundpfandrecht, dem keine Forderung zugrundeliegt (→ Grundschuld).

Hypothekenbrief. Über eine → Hypothek wird meist ein H. erteilt, der für den Erwerb, die Übertragung, Verpfändung und Pfändung dieser sog. *Briefhypothek* notwendig ist; ohne Vorlage des H. braucht Schuldner weder zu zahlen noch eine Vollstreckung dulden. Der H. wird vom Grundbuchamt ausgestellt; das Eigentum daran steht dem Gläubiger der Hypothek zu. Der H. geht dem öffentlichen Glauben des Grundbuchs insoweit vor, als man sich dann nicht auf die Richtigkeit des Grundbuchs verlassen darf, wenn auf dem H. eine Tilgung der Hypothek vermerkt ist. Umgekehrt kann der H. Grundlage für einen → gutgläubigen Erwerb der Hypothek sein. Bei Verlust kann er im → Aufgebotsverfahren für kraftlos erklärt werden.

Hypothekenpfandbriefe sind → Inhaberschuldverschreibungen, die Hypothekenbanken im Rahmen des von ihnen betriebenen → Pfandbriefgeschäfts zur Finanzierung der von ihnen ausgereichten und durch → Hypotheken gesicherten → Darlehen ausgeben.

I

Immissionsschutz. Zufuhr von Gasen, Dämpfen, Gerüchen, Rauch, Ruß, Wärme, Geräuschen, Erschütterung, Licht, Funken (nicht Steine oder Wasser) anders als durch Leitungen von einem Grundstück auf das andere muß man dulden, wenn die Benutzung nicht oder nur unwesentlich beeinträchtigt wird oder die Beeinträchtigung ortsüblich ist, aber nicht durch Maßnahmen verhindert werden kann, die dem Störer zumutbar sind; letzterenfalls kann nur ein Ausgleich in Geld verlangt werden (§ 906). Glockengeläut ist zumutbar. Priv. Tennisspiel in Wohngegend ist nur stundenweise zulässig.

Gewerbliche Anlagen bedürfen daher der Genehmigung (§ 24 BImSchG 14. 5. 90, BGBl. I 880), wenn von ihnen schädliche Wirkungen, erhebliche Nachteile oder Belästigungen ausgehen. Ist die Genehmigung erteilt, kann die Einstellung des Betriebes nicht mehr verlangt werden, allenfalls Schadensersatz (§ 14 ImmSchG, § 7

AtomG, § 11 LuftVG). Entsprechendes gilt für lebenswichtige öffentliche Betriebe (Eisenbahn, Energieversorgung). Bei Industrieimmissionen muß der Betreiber nachweisen, daß er alles getan hat, um eine Schädigung zu verhindern. Für ehem. DDR wird Verwaltungshilfe bis 30. 6. 92 zum Genehmigungsnachweis gem. § 10a BImSchG gewährt. Anlagen vor dem 1. 7. 90 sind anzeigepflichtig. Die Betriebsgenehmigung wird nicht verweigert, wenn mit einer Verminderung der Immissionsbelastung innerhalb von 5 Jahren zu rechnen ist. Sonderregelungen zur Anwendung der VO zur Kontrolle umweltgefährdender Anlagen gem. Anlage I Kap. XII A III EV.

Zweck des Gesetzes, die Umwelt (Allgemeinheit, Nachbarschaft) vor schädlichen Einwirkungen und Gefahren, Belästigungen und Nachteilen zu schützen und dem Entstehen von Umweltschäden vorzubeugen.

Immobilien sind alle nicht bewegliche Sachen, also Grundstücke und deren Bestandteile (Haus, Eigentumswohnung, Baum etc.). Zwangsvollstreckung durch Eintragung einer Zwangshypothek, Zwangsversteigerung oder Zwangsverwaltung; erfaßt werden auch Bodenfrüchte und → Zubehör, sowie Miet- und Pachtzinsen.

Impfschäden sind Gesundheitsschäden, als Folge einer Impfung, die die übliche Impfreaktion übersteigt. Schadensersatzansprüche auch bei zwangsweiser oder öffentlich empfohlener Impfung; zuständig sind die Versorgungsämter.

Indossament → Wechsel (Anm.: II).

Inhaberpapier ist ein → Wertpapier, in dem eine Leistung dem jeweiligen Inhaber (Besitzer) versprochen wird. Die Übertragung des verbrieften Rechts erfolgt hier durch Einigung und Übergabe des Papiers. Dem jeweiligen Inhaber können i. d. R. keine Einwendungen entgegengehalten werden, die nur gegenüber dem Vorerwerber bestanden. Inhaberpapiere sind z. B. → Inhaberschuldverschreibungen, → Inhaberzeichen, Inhabercheck (→ Scheck) und Inhaberaktien (→ Aktie). Sie sind zu unterscheiden von den → *Legitimationspapieren*.

Inhaberschuldverschreibung ist eine Urkunde, in der sich der Aussteller zu einer Leistung an den jeweiligen Inhaber der Urkunde verpflichtet (§ 793). Die geschuldete Leistung besteht im allgemeinen in Geld; es können aber auch andere Leistungen in Betracht kommen, so z. B. beim Lagerschein die Herausgabe eingelagerter Waren.

Die Leistung muß jedem Inhaber der Urkunde versprochen sein, d. h. demjenigen, der die tatsächliche Gewalt über das Papier ausübt. Die Nennung eines bestimmten Gläubigers ist unschädlich, wenn trotzdem aus der Urkunde hervorgeht, daß die Zahlungsverpflichtung gegenüber jedem Inhaber besteht (z. B. an Herrn Müller oder Überbringer).

Der Aussteller der Urkunde wird aus ihr auch dann verpflichtet, wenn sie ohne seinen Willen in den Verkehr gelangt (§ 794), jedoch nur gegenüber einem redlichen Erwerber, nicht aber z. B. gegenüber jemand, der die I. dem Aussteller gestohlen hat.

Als Urkunde bedarf die I. der Schriftform (→ Form). Im Inland ausgestellte I.en, die auf eine bestimmte Geldsumme lauten, dürfen grundsätzlich nur mit staatlicher Genehmigung in den Verkehr gebracht werden. Anderenfalls ist die I. nichtig und der Aussteller hat dem Inhaber einen etwa entstandenen Schaden zu ersetzen (§ 795). Umgehung durch → kaufmännischen Verpflichtungsschein.

Der Aussteller kann dem Inhaber der Urkunde nur *Einwendungen* entgegenhalten, welche die Gültigkeit der Ausstellung betreffen, die sich aus der Urkunde selbst ergeben oder dem Aussteller unmittelbar gegen den Inhaber zustehen (§ 796), z. B., daß die Urkunde gefälscht ist, daß der in der Urkunde für die Leistung bestimmte Zeitpunkt noch nicht eingetreten ist oder daß der Inhaber dem Aussteller die Leistung gestundet hat.

Zur Leistung ist der Aussteller nur gegen Aushändigung der Urkunde verpflichtet. Er kann in der Urkunde bestimmen, innerhalb welcher Frist sie vorgelegt werden muß. Wird eine derartige Frist in der Urkunde nicht festgesetzt, beträgt sie 30 Jahre. Für Zins-, Renten- und Gewinnanteilscheine gilt mangels einer abweichenden Bestimmung eine Vorlegungsfrist von 4 Jahren (§ 801). Wird die Urkunde nicht innerhalb der Vorlegungsfrist vorgelegt, so erlischt der Anspruch. Wird sie rechtzeitig vorgelegt, aber nicht eingelöst, dann ist der Anspruch des Inhabers gegen den Aussteller der Verjährungsfrist von 2 Jahren unterworfen, beginnend mit dem Ende der Vorlegungsfrist.

I. d. R. werden I.en nur vom Staat, großen Unternehmungen und öffentlichen Körperschaften ausgegeben, so z. B. Schuldverschreibungen des Bundes, der Länder und Gemeinden, Hypothekenpfandbriefe, Inhaberlagerscheine, Lotterielose, Gewinnanteilscheine einer AG.

Inhaberzeichen sind Karten, Marken oder ähnliche Urkunden, auf denen ein → Gläubiger nicht bezeichnet ist und bei denen ihr Aussteller gegenüber jedem rechtmäßigen Inhaber zur Leistung verpflichtet sein will (§ 807). Sie sind Wertpapiere, da die geschuldete Leistung nur gegen ihre Vorlage, Aushändigung oder Entwertung erbracht werden muß (*Beispiel:* Eintrittskarten, Lotterielose, Fahrkarten). Sie sind von den → Legitimationszeichen zu unterscheiden.

Inhaltsirrtum → Anfechtung.

Inkasso → Abtretung.

Inkassobüro betreibt, wer sich gewerbsmäßig mit der Einziehung fremder oder zur Beitreibung abgetretener Forderungen befaßt. Die Aufnahme des Betriebes ist als → stehendes Gewerbe anzeigepflichtig (§ 14 GewO).

Inkassovollmacht → Abtretung.

Inkassozession → Abtretung.

Inkognitoadoption. Die Eltern bzw. die Mutter eines nicht ehelichen Kindes, deren Einwilligung Voraussetzung für eine Adoption ist, dürfen zwar keine Blankoeinwilligung geben, brauchen aber für einen bestimmten Adoptionsfall den Adoptierenden nicht zu kennen (§ 1747).

Innengesellschaft ist eine → BGB-Gesellschaft, bei der die Gesellschafter nach außen, d. h. im Rechtsleben nicht hervortreten, sondern nur intern eine Interessengemeinschaft bilden (z. B. Eheleute oder → Stille Gesellschaft).

Inobhutnahme durch das Jugendamt, wenn Kinder oder Jugendliche um Obhut bitten, um eine dringende Gefahr von ihnen abzuwenden. Es erfolgt Unterbringung bei einer geeigneten Person, in speziellen Einrichtungen oder in einer betreuten Wohnform. Der Sorgeberechtigte hat ein Widerspruchsrecht; das Jugendamt muß eine Entscheidung des Vormundschaftsgerichts herbeiführen.

Insemination → künstliche Samenübertragung.

Insichgeschäft → Stellvertretung.

Insolvenzrecht regelt bei Zahlungsunfähigkeit von Personen oder Personalgesellschaften die möglichst gleichmäßige Befriedigung der Gläubiger: Konkurs- und Vergleichsverfahren.

Instandhaltung → Miete (Anm.: II).

Interessenkollision führt zur Nichtigkeit von → Rechtsgeschäften, weil widerstreitende Belange nicht von ein und derselben Person erledigt werden können (§ 138). Derselbe Anwalt darf bei I. nicht beide Parteien beraten bzw. vertreten, sonst macht er sich wegen Parteiverrats strafbar (§ 356 StGB). → Selbstkontrahieren.

Intimsphäre ist durch Art. 1, 2 GG geschützt. Bei ungerechtfertigter Beeinträchtigung → Schadensersatz (§ 823) und → Schmerzensgeld (z. B. bei unwahrer Berichterstattung durch die Medien). Tagebuchaufzeichnungen rein persönlicher Natur dürfen gegen den Willen des Verfassers nicht benützt werden und unterliegen, wie heimliche Tonbandaufnahmen im Strafprozeß einem Verwertungsverbot als Beweismittel (es sei denn, das Interesse an der Strafverfolgung überwiegt).

Inventar = Vermögensverzeichnis des Beauftragten, Erben, Kaufmanns. Bei Grundstücken versteht man unter I. alle beweglichen Gegenstände, die zur bestimmungsgemäßen Betriebsführung gehören, bzw. erforderlich sind.

Inventur ist Bestandsaufnahme im Handels- und Steuerrecht durch Zählen, Messen, Wiegen oder Schätzen.

Investmentgesellschaft ist ein Kapitalanlageunternehmen, das die ihm zur Verfügung gestellten Geldmittel unter dem Gesichtspunkt der *Risikoverteilung* in → Wertpapieren wie → Aktien, → Pfandbriefen und als Beteiligungen an anderen Unternehmen im eigenen Namen anlegt. Über das Anlagevermögen werden Anteilscheine *(Investmentzertifikate)* ausgegeben. Der einzelne Anteilsbesitzer ist an dem Anlagevermögen der I. im Verhältnis seines Anteils zur Gesamtzahl der vorhandenen Anteile beteiligt. Die Anlagewerte werden von der I. für die Inhaber der Anteilscheine treuhänderisch verwaltet.

Die I. darf nur in der Form einer → GmbH oder → AG betrieben werden und muß einen Aufsichtsrat haben. Außerdem unterliegt sie im gewissen Umfang der Aufsicht durch die Bankaufsichtsbehörde. Das für die Ausgabe der Anteilscheine eingenommene Geld und die damit erworbenen Wertpapiere und Bezugsrechte bilden ein Sondervermögen, das nur in bestimmter Weise angelegt werden darf. Die Einzelheiten sind geregelt in dem Gesetz über Kapitalanlagegesellschaften vom 14. 1. 1970 (BGBl. I 127) und in dem Ges. über ausländische Investmentgesellschaften vom 28. 7. 1969 (BGBl. I 986).

Investmentzertifikate (Investmentanteilscheine) sind die von einer → Investmentgesellschaft ausgegebenen Anteilscheine. Sie sind → Inhaberpapiere und werden wie solche durch Einigung und Übergabe übertragen.

Irrtum → Anfechtung (von Willenserklärungen, Verträgen und letztwilligen Verfügungen). Im Strafrecht kann sich der I. auf ein gesetzliches Merkmal beziehen, das der Täter verwirklicht, ohne es zu wissen; er kann dann nur wegen fahrlässigen Verhaltens bestraft werden (z. B. Polizist schießt auf Passanten, den er mit einem „Räuber" verwechselt: fahrlässige Körperverletzung, § 16 StGB). Irrte sich der Straftäter über die Rechtswidrigkeit seines Tuns, d. h. er hält sein Tun für erlaubt, ist er nur bei Unvermeidbarkeit des I. straflos (§ 17 StGB).

J

Jagdpacht → Pacht.

Jagdschaden. Wer infolge Jagdscheins zur Ausübung der Jagd berechtigt ist, hat dem Grundstückseigentümer oder Nutzungsberechtigten jeden aus der mißbräuchlichen (= schonungslosen) Jagdausübung entstehenden Schaden zu ersetzen, auch wenn er durch Jagdgäste, Aufseher oder Treiber verursacht worden ist. Der Anspruch erlischt, wenn er nicht innerhalb 1 Woche ab Kenntnis vom Schaden beim zuständigen Forstamt angemeldet wird → Wildschaden.

Jahresarbeitsverdienst ist in der sozialen → Krankenversicherung der jährliche Bruttoentgeltsbetrag, bei dessen Überschreiten Arbeiter und Angestellte versicherungsfrei werden. Er beträgt 75% der – Beitragsbemessungsgrenze der Rentenversicherung. In der → Unfallversicherung ist der J. die Grundlage für die Berechnung der Barleistungen (der J. beträgt für Personen unter 18 Jahren mindestens 40%, für Personen über 18 Jahren mindestens 60% der im Unfalljahr maßgebenden Bezugsgröße = durchschnittlicher Arbeitsverdienst der Rentenversicherten, maximal 36000.–; der Betrag kann durch Satzung der jeweiligen Berufsgenossenschaft erhöht werden).

Job sharing → Arbeitsplatzteilung.

Joint-venture-Vertrag ist die zeitlich begrenzte Beteiligung an einem Unternehmen oder Projekt mit Kapital, Produktionsmitteln, Beratung und Betreuung. Charakteristisch ist die (Mit-)Übernahme des Risikos für die Verwirklichung. So meist als Aufbauhilfe im Osten. Rechtlich meist → Stille Gesellschaft.

Jugendamt als Träger öffentliche Jugendhilfe besteht im Landkreisen und kreisfreien Gemeinden. Aufgaben: Angebote für Jugendarbeit und erzieherischen Jugendschutz, Förderung der Erziehung in der Familie und Tageseinrichtungen, Tagespflege, Erziehungshilfe, Hilfe für junge Volljährige, Nachbetreuung, → Inobhutnahme, Widerruf von Pflegeerlaubnissen, Mitwirkung vor Familien-, Jugend- und Vormundschaftsgericht, Beratung von Pflegern, Vormündern, Führung von Amtsvormundschaften, Beurkundung und Beglaubigung in Adoptions- und Unterhaltsangelegenheiten.

Juristische Person → Person.

Justizverwaltungsakt ist ein → Verwaltungsakt, aus dem Bereich der Justiz auf dem Gebiet des bürgerlichen Rechts, Handelsrechts, des Zivilprozesses oder der Freiwilligen Gerichtsbarkeit, des Strafvollzuges, der Untersuchungshaft, des Jugendarrestes sowie der Maßregeln der Besserung und Sicherung (§ 23 EGGVG): z. B. Ehefähigkeitszeugnis für Ausländer, Hausstrafe für Gefangene etc. Ein J. kann nach Erschöpfung eines etwa möglichen Beschwerdeweges mit Antrag auf gerichtliche Entscheidung durch das OLG binnen 1 Monats ab Bekanntgabe des J. oder der Beschwerdeentscheidung angefochten werden.

K

Kaduzierung. Hat ein Aktionär oder GmbH-Gesellschafter seine Einlage auch binnen einer Nachfrist nicht erbracht, können seine Aktien oder Geschäftsanteile einschließlich etwaiger Anzahlungen zugunsten der Gesellschaft eingezogen werden (§ 64 AktG; § 21 GmbHG).

Kahlpfändung, d. h. → Pfändung der gesamten Habe einer Person, ist nach §§ 811 ff., 850 ff. ZPO verboten.

Kalkulationsirrtum → Anfechtung.

Kapitalanlagegesellschaften → Investmentgesellschaft.

Kapitalanteil lautet auf einen bestimmten Geldbetrag und ist der wechselnde kapitalmäßige Anteil eines Gesellschafters an dem Vermögen einer → OHG oder → KG. Dem K., dessen Grundlage die ursprüngliche Einlage ist, werden Gewinn und Verlust zu- bzw. abgerechnet (§ 120 HGB). Der Gesellschafter darf jählich bis zu 4% seines K. aus dem Gesellschaftsvermögen entnehmen, den K. jedoch ohne Zustimmung der übrigen Mitglieder nicht vermindern. Der K. ist Berechnungsgrundlage für das Auseinandersetzungsguthaben und den Anteil am Gewinn und Verlust. Der K. ist nicht identisch mit dem → Geschäftsanteil.

Kapitalertragsteuer wird als → Quellensteuer in Höhe von 25% vom Schuldner einbehalten und an das Finanzamt abgeführt bei Dividenden von Aktien, GmbH-Anteilen, Genußscheinen, Genossenschaftsanteilen, Einnahmen als stiller Gesellschafter und Zinsen aus partiarischen Darlehen. Endgültige Abrechnung bei der Einkommensteuerveranlagung.

Kapitalgesellschaften sind Aktiengesellschaft, Kommanditgesellschaft auf Aktien und GmbH, deren Mitglieder nur mit einer Geldeinlage beteiligt sind und nicht persönlich haften. Sie unterliegen der Körperschaftsteuer.

Karenzzeit ist der Zeitraum, in dem für einen ehemaligen Angestellten oder Teilhaber ein → Wettbewerbsverbot läuft.

Kartell ist ein Zusammenschluß wirtschaftlicher Unternehmen derselben Branche zur Ausschaltung oder Minderung der Konkurrenz. Solche K-Verträge sind ebenso wie abgestimmte Verhaltensweisen verboten (§§ 1, 25 KartellG 20. 2. 90, BGBl. I 236). Ausnahmen genehmigen das Bundeskartellamt, der Bundesminister für Wirtschaft, die Landeswirtschaftsministerien; gegen die Verfügungen dieser Behörden → Beschwerde binnen 1 Monats zum Oberlandesgericht, gegen dessen Entscheidung in gleicher Frist Rechtsbeschwerde zum Bundesgerichtshof (falls zugelassen).

Kaskoversicherung → Kraftfahrzeugversicherung.

Kassation ist die Aufhebung von Urteilen auf Berufung oder Revision. Das K.-Gericht prüft nur die erhobenen Rügen, kann aber in der Sache nicht selbst entscheiden, sondern nur zu neuer Entscheidung zurückverweisen. In ehem. DDR können Staatsanwalt und Verurteilter bis 31. 12. 91 die K. eines rechtskräftigen Gerichtsurteils beantragen. Es entscheidet das Bezirksgericht. Für das Verfahren gilt G 29. 6. 90, GBl. I Nr. 39 S. 526. Die K. ist nur zugunsten eines Verurteilten zulässig. Sie kann durchgeführt werden, wenn die angefochtene Entscheidung auf einer schwerwiegenden Gesetzesverletzung beruht und der Ausspruch über Strafe bzw. Rechtsfolgen grob unrichtig oder nicht mit rechtsstaatlichen Maßstäben vereinbar ist.

Kassenskonto → Skonto.

Kauf (§§ 433ff.). I. Der K. ist ein gegenseitiger Vertrag, der den Austausch von Sachen oder Rechten zum Inhalt hat. Sein Abschluß ist grundsätzlich formlos möglich (*Ausnahmen:* Grundstücks- und den Erbschaftskauf bedürfen der notariellen Beurkundung). Der Kaufvertrag erzeugt zwischen den Parteien nur schuldrechtliche Beziehungen und muß von dem Erfüllungsgeschäft, d. h. der Übertragung des geschuldeten Gegenstandes auf den Erwerber, unterschieden werden. Es ist deshalb nicht erforderlich, daß der Kaufgegenstand z. Zt. des Vertragsschlusses schon dem Verkäufer gehört oder existiert. Kaufvertrag und Erfüllung (Eigentumsverschaffung) fallen bei den Geschäften des täglichen Lebens jedoch in aller Regel zusammen. So wird z. B. beim Kauf eines Anzugs zuerst nur ein Verpflichtungsvertrag (Kaufvertrag) geschlossen, durch den der Verkäufer zur Übereignung des Anzugs verpflichtet wird; der Verpflichtungsvertrag wird dann durch die tatsächliche Übergabe des Anzugs erfüllt.

II. a) Die *Hauptpflichten des Verkäufers* bestehen darin, dem Käufer die verkaufte Sache zu übergeben und ihm das Eigentum an ihr zu

Kauf

verschaffen. Wenn er ein Recht (Forderung) verkauft, muß er dem Käufer das Recht verschaffen und, wenn dieses Recht zum Besitz einer Sache berechtigt, die Sache übergeben (§ 433 I z. B. Sparbuch). Ist als Erfüllungsort nicht der Wohnsitz des Verkäufers, sondern ein anderer Ort vereinbart, hat der Verkäufer die Transportkosten bis zu diesem Ort und auch die Verpackungskosten zu tragen (§ 448).

Weiter ist der Verkäufer verpflichtet, dem Käufer über die rechtlichen Verhältnisse des Kaufgegenstandes Auskunft zu erteilen und die insoweit in Betracht kommenden Urkunden dem Käufer zu übergeben (§ 444). Hierher gehört z. B. die Verpflichtung, beim Verkauf eines Mietshauses die bestehenden Mietverträge zu übergeben.

b) Die *Hauptverpflichtung des Käufers* besteht in der Bezahlung des Kaufpreises und in der Abnahme der gekauften Sache (§ 433 II). Er muß ferner die Kosten der Abnahme und falls vereinbart der Versendung der Kaufsache an einen anderen als den Erfüllungsort tragen (§ 448). Die Gefahr des zufälligen Untergangs oder der zufälligen Verschlechterung der Kaufsache geht mit der Übergabe der verkauften Sache auf den Käufer über (§ 446 I), d. h. wenn z. B. das verkaufte Prozellan vor der Aushändigung an den Käufer zu Bruch geht, ohne daß einen Beteiligten ein → Verschulden trifft, braucht der Käufer den Kaufpreis nicht zu zahlen, wohl aber, wenn der Schaden nach der Übergabe eintritt. Dies gilt auch beim K. unter → Eigentumsvorbehalt, wenn der Kaufpreis noch nicht bezahlt und somit der Eigentumsübergang noch nicht erfolgt ist; denn unter „Übergabe" ist die Verschaffung des Besitzes (tatsächliche Gewalt), nicht die des Eigentums zu verstehen. Gerät der Käufer allerdings mit der Abnahme der gekauften Sache in → Verzug, so trägt er die Gefahr für den zufälligen Untergang bereits vor Übergabe (§ 300). Beim Grundstücks- und Hauskauf kann die Gefahr schon vor der Übergabe auf den Käufer übergehen, nämlich dann, wenn er schon vor der Übergabe in das Grundbuch eingetragen wird (§ 446 II).

c) Wenn der Verkäufer auf Verlangen des Käufers die Kaufsache an einen anderen als den Erfüllungsort versendet *(Versendungskauf)*, geht die Gefahr zu dem Zeitpunkt auf den Käufer über, zu dem der Verkäufer die Sache der zur Ausführung der Versendung bestimmten Person, z. B. dem Spediteur, übergibt (§ 447 I). Diese Person ist dann → Erfüllungsgehilfe des Käufers in seiner schuldrechtlichen Beziehung zum Verkäufer. Weicht der Verkäufer jedoch von einer ihm vom Käufer erteilten Weisung über die Art der Versendung ohne dringenden Grund ab, ist er dem Käufer für den daraus entstehenden Schaden verantwortlich (§ 447 II).

III. *Gewährleistungsansprüche:*

a) Zu den Pflichten des Verkäufers gehört es, dem Käufer den Kaufgegenstand frei von Rechten Dritter, z. B. von → Pfandrechten, zu verschaffen (§ 434). Beim Verkauf einer Forderung haftet er für deren rechtlichen Bestand, aber nicht dafür, daß sie einziehbar ist (→ Forderungskauf). Die Haftung des Verkäufers kann durch eine Vereinbarung zwischen den Parteien beseitigt werden. Diese Vereinbarung ist aber dann nichtig, wenn der Verkäufer einen bestehenden Mangel arglistig verschwiegen hat (§ 443). Andererseits haftet der Verkäufer für einen Rechtsmangel dann nicht, wenn der Käufer diesen Mangel bei Vertragsschluß kannte (§ 439). Wenn der Verkäufer für einen Rechtsmangel haftet, kann der Käufer zunächst → Erfüllung verlangen. Auch kann er bis zur endgültigen Verschaffung des Rechts seinerseits einen noch nicht bezahlten Kaufpreis zurückbehalten. Außerdem hat er die Möglichkeit → Schadensersatz wegen → Verzuges des Verkäufers oder wegen Unmöglichkeit zu verlangen, wenn diese Umstände vom Verkäufer zu vertreten sind, oder er kann vom Vertrage zurücktreten. Schadensersatzansprüche wegen eines Rechtsmangels an einer beweglichen Sache kann der Käufer erst geltend machen, wenn er die Sache dem besser Berechtigten herausgegeben oder ihn in Geld entschädigt hat (§ 440).

b) Außer für Rechtsmängel haftet der Verkäufer auch dafür, daß die Sache im Zeitpunkt des → Gefahrübergangs nicht mit tatsächlichen Fehlern behaftet ist, die den Wert oder die Tauglichkeit der Sache zu dem nach dem Vertrag vorausgesetzten oder zu ihrem gewöhnlichen Gebrauch aufheben oder nicht bloß unerheblich mindern; ferner haftet er dafür, daß sie die zugesicherten Eigenschaften hat (§ 459).

Der Verkäufer haftet nicht für unwesentliche Mängel, sondern nur, wenn die Kaufsache nicht mehr für den vertraglich vorausgesetzten Gebrauch geeignet ist. An sich unerhebliche Eigenschaften der Kaufsache können aber durch entsprechende Zusicherung des Verkäufers zum wesentlichen Vertragsinhalt gemacht werden, so daß deren Fehlen die Sachmängelhaftung begründen kann (*Beispiel:* Beim Kauf einer Theaterkarte wird ein bestimmter Platz verlangt). Damit eine Zusicherung die Sachmängelhaftung begründen kann, muß sie jedoch ausdrücklich in den Kaufvertrag aufgenommen werden, was zur Folge hat, daß sie u. U. ebenso wie der Kaufvertrag selbst einem Formzwang unterliegt (z. B. notarielle Beurkundung beim Kauf eines Grundstücks). Werbesprüche sind keine Zusicherungen.

Ausgeschlossen ist die Haftung für Sachmängel einmal, wenn der Käufer den Mangel bei Vertragsschluß kannte oder grob fahrlässig (→ Verschulden) nicht kannte.

Trotzdem besteht eine Sachmängelhaftung, wenn der Verkäufer Mängelfreiheit zugesichert oder einen bestehenden Mangel arglistig verschwiegen hat (§ 460). Zum anderen ist die Haftung des Verkäufers dann ausgeschlossen, wenn der Käufer von vornherein auf die Haftung verzichtet. Eine solche Vereinbarung ist aber nichtig, wenn der Verkäufer einen Mangel arglistig verschwiegen hat (§ 476). Derartige Haftungsbeschränkungen werden in → Formularverträgen oft vereinbart (beispielsweise beim *Gebrauchtwagenkauf:* „wie besehen", d. h. die Haftung wird für solche Fehler ausgeschlossen, die bei einer Untersuchung erkennbar gewesen wären). Arglistiges Verschweigen von Fehlern der Kaufsache liegt dann vor, wenn der Verkäufer einen ihm bekannten und nach seiner Ansicht für den Käufer erheblichen Umstand offenbaren mußte (z. B. Defekt an einem Kraftfahrzeug, der dessen normalen Gebrauch nicht zuläßt).

Solche Freizeichnungsklauseln in Allgemeinen Geschäftsbedingungen sind unzulässig (§ 11 AGBG).

Schließlich ist die Haftung für Sachmängel auch ausgeschlossen, wenn die Sache auf Grund eines Pfandrechts in öffentlicher Versteigerung unter der Bezeichnung als Pfand verkauft wird (§ 461).

Nur für die *zum Zeitpunkt des Gefahrübergangs* (s. o.) verborgenen Mängel kann der Käufer Wandelung, Minderung oder Schadensersatz verlangen. *Wandelung* bedeutet die Rückgängigmachung des K., *Minderung* die Herabsetzung des Kaufpreises. Beide Gewährleistungsansprüche treten nicht von selbst ein, sondern müssen durch formlose Erklärung geltend gemacht werden *(Mängelrüge)*. Hat sich der Verkäufer das Recht der Fehlerbeseitigung durch Nachbesserung vorbehalten, treffen ihn alle damit zusammenhängenden Kosten; letztere können nicht durch → Allgemeine Geschäftsbedingungen dem Käufer auferlegt werden.

Wenn eine nur der Gattung nach bestimmte Sache verkauft wird (z. B. Lebensmittel, Konfektionskleidung, Baumaterial), kann der Käufer anstelle von Wandelung oder Minderung auch Lieferung einer mangelfreien Sache verlangen (§ 480 I).

→ Schadensersatz wegen Mängel der Kaufsache kann der Käufer nur verlangen, wenn der Kaufsache z. Z. der Übergabe eine zugesicherte Eigenschaft fehlt oder der Verkäufer arglistig einen Mangel verschwiegen hat.

Hat der Käufer eine mangelhafte Sache in Kenntnis ihres Mangels angenommen, stehen ihm die genannten Gewährleistungsansprüche nur zu, wenn er sich deren Geltendmachung bei der Annahme der Sache ausdrücklich vorbehalten hat. Ohne diesen Vorbehalt erlöschen seine Ansprüche (§ 464).

Wenn der Käufer dem Verkäufer gegenüber einen Mangel zunächst lediglich behauptet, kann ihn der Verkäufer unter Bestimmung einer angemessenen Frist zur Erklärung darüber auffordern, ob er Wandelung verlange. Nach Fristablauf kann der Käufer nicht mehr Wandelung, sondern nur noch die anderen Gewährleistungsansprüche geltend machen (§ 466).

Ansprüche wegen Mängel beweglicher Sachen *verjähren* 6 Monate nach Ablieferung, bei Grundstücken 1 Jahr nach Übergabe. Diese Fristen können durch Vertrag verlängert, nicht verkürzt werden (§ 477). Wurde ein Mangel arglistig verschwiegen, beträgt die Verjährungsfrist 30 Jahre. Hat der Käufer innerhalb der genannten Fristen die Mängel dem Verkäufer angezeigt oder auch nur die Anzeige an ihn abgesendet, was er allerdings zu beweisen hat (daher zweckmäßig durch Einschreibebrief), so kann er auch nach Eintritt der → Verjährung die Zahlung des Kaufpreises oder des vollen Kaufpreises verweigern, sofern er zur Wandelung oder Minderung berechtigt ist (§ 478). Ebenso kann er unter den genannten Voraussetzungen auch noch nach Eintritt der Verjährung mit einem Schadensersatzanspruch die → Aufrechnung erklären.

IV. *Viehkauf*

Erhebliche Einschränkungen des bisher Gesagten gelten für den K. bestimmter lebender Tiere, nämlich für den K. von Pferden, Eseln, Mauleseln und Maultieren, Rindvieh, Schafen und Schweinen (also nicht z. B. für Hunde, Vögel usw.). Hier haftet der Verkäufer nur für bestimmte Mängel und nur dann, wenn sich diese Mängel innerhalb bestimmter Fristen zeigen (§§ 482ff.). Wandelung oder Schadensersatz können nur binnen 6 Wochen nach Ablauf dieser Gewährfrist begehrt werden. Der Anspruch auf Minderung ist ausgeschlossen (§ 487 I).

V. *Besondere Kaufarten* sind:

1. *Vorkauf* (§§ 504ff.). Hier handelt es sich um ein auf Grund Vertrages eingeräumtes oder kraft Gesetzes bestehendes Recht des Vorkaufsberechtigten, einen Kaufvertrag zu den Bedingungen einzugehen, zu welchen ihn der Vorkaufsverpflichtete mit einem Dritten über den Gegenstand schließt. Gesetzliche Vorkaufsrechte bestehen z. B. nach dem Baugesetzbuch für die Gemeinde bei Grundstücken im Rahmen eines Bebauungsplans oder Miterben (binnen 2 Monaten) im Falle des Erbteilsverkaufes eines von ihnen an einen Nichterben. Das Vorkaufsrecht kann erst ausgeübt werden, wenn der andere Kaufvertrag abgeschlossen ist. Hierzu ist eine entsprechende Erklärung gegenüber dem Vorkaufsverpflichteten erforderlich.

Das Vorkaufsrecht bedarf der für den K. vorgeschriebenen Form. Der Vorkaufsverpflichtete muß dem Vorkaufsberechtigten unverzüglich den Inhalt des mit dem Dritten abgeschlossenen Kaufvertrages mitteilen, es sei denn, der Dritte hat seinerseits eine entsprechende Mitteilung gemacht, sonst haftet er auf Schadensersatz.

Für die Ausübung des Vorkaufsrechts kann eine Frist vereinbart werden.

Kauf

Andernfalls kann das Vorkaufsrecht bei Grundstücken nur bis zum Ablauf von 2 Monaten, bei anderen Gegenständen nur bis zum Ablauf 1 Woche nach Empfang der Mitteilung ausgeübt werden.

Neben dem oben behandelten *schuldrechtlichen Vorkaufsrecht* gibt es auch ein *dingliches,* im Grundbuch eingetragenes *Vorkaufsrecht.* Dieses ist nur an einem Grundstück oder an einem grundstücksgleichen Recht zulässig. Es kann auch zugunsten des jeweiligen Eigentümers eines anderen Grundstücks und auch für mehrere Vorkaufsfälle bestellt werden (§§ 1094, 1097).

2. *Wiederkauf (Rückkauf;* §§ 497 ff.) ist eine Vereinbarung, in der dem Verkäufer das Recht eingeräumt wird, den verkauften Gegenstand zurückzukaufen. Die Vereinbarung bedarf der für den Kaufvertrag vorgeschriebenen → Form.

Der Wiederkauf kommt durch empfangsbedürftige Erklärung nur des Verkäufers zustande. Wenn keine Frist vereinbart ist, kann das Wiederkaufsrecht bei Grundstücken nur bis zum Ablauf von 30 Jahren, bei anderen Gegenständen nur bis zum Ablauf von 3 Jahren nach Vertragsschluß ausgeübt werden. Bei Ausübung des Rechts muß der Wiederverkäufer dem Wiederkäufer den Gegenstand herausgeben. Mangels einer anderen Vereinbarung gilt der Preis, zu dem verkauft worden ist, auch für den Wiederkauf.

3. Beim *Kauf nach Probe* (§ 494) wird der Kaufgegenstand durch eine Probe bestimmt und muß ihr entsprechen. Die Eigenschaften der Probe gelten als zugesichert (s. o. III b).

4. Beim *Kauf auf Probe* (§ 495) hat der Käufer das Recht, die Ware zu prüfen und bei Nichtgefallen innerhalb einer vereinbarten oder angemessenen Frist zurückzugeben. Die Wirksamkeit des Kaufvertrages ist von der Billigung des Käufers abhängig.

5. Der *Spezifikationskauf* betrifft die Lieferung einer Gesamtwarenmenge, wobei sich der Käufer das Recht vorbehält, die zu liefernde Ware innerhalb einer vereinbarten Frist nach Art, Maß und Form näher zu bestimmen.

6. Beim *Kauf auf Abruf* werden Art und Gesamtmenge der zu liefernden Ware genau bestimmt; der Käufer ist aber berechtigt, die Ware binnen bestimmter Frist in Teilmengen je nach Bedarf „abzurufen".

7. *Fixkauf.* Die Lieferung muß genau zu dem bestimmten Zeitpunkt oder innerhalb eines vereinbarten Zeitraumes erfolgen. Die Pflicht zur Einhaltung des Termins (der Frist) ist wesentlicher Bestandteil des Vertrags (→ Fixgeschäft).

8. Von *Spezieskauf* spricht man, wenn der Kaufgegenstand wegen seiner besonderen Beschaffenheit und Eigenschaften nicht durch einen anderen ersetzt werden kann (z. B. das Original eines Kunstwerks).

9. Beim *Gattungskauf* ist der Kaufgegenstand ohne weiteres durch einen anderen gleichwertigen Gegenstand derselben Gattung zu ersetzen (z. B. Altmetall). → Gattungsschuld.

10. → *Hoffnungskauf.*

11. Beim Kauf auf *Umtausch* bleibt der Vertrag als solcher bestehen, der Kunde hat lediglich das Recht, den Kaufgegenstand auszutauschen (gegebenenfalls gegen Aufzahlung).

Kaufanwärtervertrag → Grundstückskaufvertrag.

Kaufmännischer Verpflichtungsschein ist eine Urkunde, in der sich ein Kaufmann zur Zahlung von Geld, → Wertpapieren oder anderen (durch Zahl, Maß oder Gewicht bestimmten) Sachen verpflichtet, ohne dies von einer Gegenleistung abhängig zu machen (§ 363 HGB). Meist werden sie auf Order gestellt (d. h. zunächst auf eine bestimmte Person oder diejenige, die der Benannte durch Vermerk auf der Rückseite bezeichnet), von einer Emissionsbank weitergegeben und verkauft. K. V. dient zur Umgehung der staatlichen Genehmigung bei → Inhaberschuldverschreibungen.

Kaufmännisches Zurückbehaltungsrecht → Zurückbehaltungsrecht.

Kaufscheinhandel besteht in der Ausgabe von Kaufberechtigungsscheinen an Letztverbraucher zum verbilligten Einkauf bei Großhändlern. Der K. ist als unerlaubte Werbung und unlauterer Wettbewerb unzulässig. Gültig hingegen, wenn ein Kunde für einen einmaligen Einkauf einen Einkaufsschein erhält.

Kaufzwang ist nach § 1 UWG (G gegen → unlauteren Wettbewerb) verboten und führt zu Schadensersatz- und Unterlassungsansprüchen.

Kausalzusammenhang → Schadensersatz.

Kaution (Sicherheitsleistung). Die Pflicht zur Leistung einer K. kann vertraglich zu den verschiedensten Zwecken und in beliebiger Höhe begründet werden. Sie ist dazu bestimmt, die Gefahr künftiger Rechtsverletzungen oder Benachteiligungen abzuwenden (z. B. bei Wohnungsmiete zur Bezahlung etwa erforderlich werdender Reparaturen, wie Fußbodenerneuerung) → Mietkaution. Die Pflicht zur Sicherheitsleistung kann auch in bestimmten Fällen auf Gesetz oder richterlicher Verfügung beruhen (z. B. bei nur vorläufiger Vollstreckbarkeit von Urteilen, bei Außervollzugsetzung eines Haftbefehls). Die Sicherheitsleistung erfolgt i. d. R. durch → Hinterlegung von Geld oder → Wertpapieren, Bestellung eines → Pfandrechts, → Sicherungsübereignung u. ä. (§ 108 ZPO, § 232 BGB).

Kellerwechsel

Kellerwechsel ist ein → Wechsel, bei dem der zur Zahlung Verpflichtete zahlungsunfähig oder fingiert ist. Ein solcher Wechsel ist gültig, jedoch kann strafbarer Betrug vorliegen, der zum Schadensersatz verpflichtet.

Kennenmüssen. Spricht das Gesetz von K., bedeutet dies, daß der gute Glaube einer Person dann nicht geschützt wird, wenn sie einen maßgeblichen Umstand zwar nicht kannte, aber ihn hätte kennen müssen, d. h. infolge Fahrlässigkeit nicht gekannt hat.

Kettenarbeitsvertrag. Werden zwischen demselben Arbeitgeber und Arbeitnehmer mehrere zeitlich befristete → Arbeitsverträge nacheinander geschlossen, sind sie zwar gültig, aber die Befristung dann unwirksam, wenn für sie keine sachlichen Gründe vorliegen (z. B. Saisonarbeitsvertrag); es besteht dann ein auf unbestimmte Zeit abgeschlossenes Arbeitsverhältnis; die Weigerung des Arbeitgebers nach Fristende einen neuen Arbeitsvertrag abzuschließen, ist als Kündigung anzusehen.

Kettenbrief. Bei einer K-Aktion zahlt der Empfänger eines Rundschreibens einen bestimmten Betrag an den Absender und gibt es sodann unter Streichung einer darauf befindlichen Adresse und Hinzufügung seines Namens an mindestens 2 Personen weiter, die ebenso verfahren. Die stark anwachsende Teilnehmerzahl führt zum Zusammenbruch des Systems der Gewinnerwartung. Trotzdem sind K-Aktionen nach StGB nicht strafbar; sie sind genehmigungsfrei und unterliegen nicht der Lotteriesteuer.

Kilometerpauschale. Arbeitnehmer können bei Benutzung eines eigenen Kfz für Fahrten zwischen Wohnung und Arbeitsplatz im Rahmen ihrer → Werbungskosten pro Tag pro km 0,65 DM (für Motorrad und Roller 0,30 DM) geltend machen, bei Dienstreisen etc. 0,42 DM ohne besonderen Nachweis.

Kinderarbeit von noch nicht 14 Jahre alten oder vollzeit schulpflichtigen Jugendlichen ist grundsätzlich verboten. *Ausn.:* für leichte Arbeiten von Kindern über 13 Jahren, insbesondere in der Landwirtschaft sowie ab dem 6. Lebensjahr für kulturelle Veranstaltungen wie Musik-, Fernsehaufführungen bzw. ab dem 3. Jahr für Theatervorstellungen. Maßgebend ist das JugendarbeitschutzG vom 12. 4. 76, BGBl. I 965.

Kinderbetreuungskosten. Einkommensteuerpflichtige Alleinerzieher, denen Betreuungskosten für Kinder unter 16 Jahren erwachsen, können für das 1. Kind höchstens DM 4000.–, für jedes weitere Kind DM 2000.– als → außergewöhnliche Belastung vom Gesamtbetrag ihrer Einkünfte abziehen, soweit diese durch die Erwerbstätigkeit, Behinderung oder Krankheit des Steuerpflichtigen veranlaßt sind. Auch Eheleute können K. abziehen, wenn ein Ehegatte behindert oder krank ist.

Kindererziehungszeiten werden für die ersten 3 Lebensjahre eines nach 1991 geborenen Kindes (auch Stiefkind) als Versicherungszeit in der Rentenversicherung der nach dem 31. 12. 1920 geborenen Eltern angerechnet. Bei Geburt vor 1992 werden 12 Monate angerechnet. Nach dem G vom 12. 7. 87, BGBl. I 2814 erhalten vor 1921 geborene Mütter stufenweise ab 1987 bis 1990 ohne Anrechnung auf andere Sozialleistungen für jedes Kind eine laufende steuerfreie Leistung (die durch RVO festgelegt wird).

K. bis zum 10. Lebensjahr werden berücksichtigt bei Rentenansprüchen wegen verminderter Erwerbsfähigkeit und bei Berechnung der 35jährigen → Wartezeit, wobei bei der Bewertung → beitragsfreier Zeiten nur 75% des Beitragswertes angenommen werden. Eltern, die ihr Kind gemeinsam erzogen haben, können bis 31. 12. 93 erklären, daß die Berücksichtigungszeit dem Vater zugerechnet werden soll; dadurch kann die Mutter beim Tod des Vaters z. B. Witwenrente erhalten; ist die Mutter vor dem 1. 1. 86 gestorben, werden alle K. dem Vater zugeordnet (§ 56 SGB VI).

Kinderfreibetrag (§ 32 EStG) von DM 2052.– pro Kind kann vom → Einkommen abgezogen werden; bei → Zusammenveranlagung von Eheleuten für jedes alleinlebende gemeinsame Kind DM 4104.– (auch für adoptierte Kinder). Die Vermögensteuer gewährt einen K. von DM 70000.–, soweit Eltern mit Kindern zusammen veranlagt werden.

Kindergeld. Unterhaltspflichtige Personen haben zur Minderung der ihnen dadurch entstehenden wirtschaftlichen Belastung für jedes Kind (eheliche, nicht eheliche, adoptierte, Stief-, Pflegekinder, Enkel und Geschwister im Haushalt) Anspruch auf K. Es wird bis zum 16. Jahr gezahlt (darüber hinaus bei Ausbildung, Behinderung, Ableistung eines sozialen Jahres, Wehrpflicht, Zivildienst oder fehlenden Studienplatz).

Das K. beträgt monatlich DM 70.– für das 1. Kind, DM 130.– für das 2., DM 220.– für das 3. und DM 240.– für jedes weitere Kind. Ab 1. 1. 1983 wird das K. für das 2. und jedes weitere Kind bei Überschreiten eines → Freibetrages für Verheiratete von DM 26600.– (sonst DM 19000.–) + DM 9200.– je Kind jährlich stufenweise bis auf DM 70.– für das 2. und 140.– für jedes weitere Kind gekürzt. Für je DM 480.–, um die das Jahreseinkommen den Freibetrag übersteigt, beträgt die Kürzung DM 20.–. Es wird nicht gewährt bei gleichartigen Leistungen der Versicherungsträger, Zu-

Kinder- und Jugendhilfe

schlägen nach dem BuBesG bzw. Tarifverträgen. Das K. wird beim Arbeitsamt des Wohnsitzes beantragt. Für Eltern in ehem. DDR bis 31. 3. 91 Zulage von DM 48,– je Kind.

Kinder- und Jugendhilfe. G 26. 6. 90, BGBl. I 1163 löst das frühere Jugendwohlfahrtsgesetz ab. Die von den → Jugendämtern wahrzunehmenden Aufgaben umfassen Jugendarbeit, Förderung der Erziehung in der Familie, Hilfe zur Erziehung, Hilfe für junge Volljährige und Nachbetreuung. Zum eigenen Schutz können Kinder vorläufig bei geeigneten Personen, öffentlichen Einrichtungen (Heimen) oder anderen betreuten Wohnformen untergebracht werden; gleiches gilt, wenn sich ein Kind oder Jugendlicher in einer Umgebung befindet, in deren Verbleib sein Wohl gefährdet wird. Sonderregelungen für ehem. DDR gem. Anlage I Kap. X A III 1 EV.

Kinderzulage wird in der sozialen → Unfallversicherung (sofern vor 1. 1. 84 Anspruch darauf bestand) als Zulage zur Rente einer mindestens 50% erwerbsgeminderten Person i. d. R. bis zur Volljährigkeit eines jeden Kindes gezahlt, wenn die Minderung wenigstens 13 Wochen dauert. Die K. beträgt 10% der Verletztenrente oder wird als → Abfindung gewährt (§ 583 RVO).

Kinderzuschuß ist eine zusätzliche Leistung der Rentenversicherung, die derjenige erhält, der bereits vor 1. 1. 92 Anspruch darauf gehabt hat. Kein K., solange das über 18 Jahre alte Kind eine Ausbildungsvergütung von wenigstens DM 750.– mtl., Unterhaltsgeld, Übergangsgeld von wenigstens DM 610.– mtl. oder eigenes höheres Einkommen hat (§ 270 SGB VI).

Kindesannahme → Annahme als Kind.

Klage. Arten: im Zivilprozeß Leistungs-, Feststellungs-, Gestaltungs-, (vorbeugende) Unterlassungs- oder Widerklage; im Verwaltungsrecht Anfechtungs-, Verpflichtungs-, Feststellungsklage. Die K. wird schriftlich erhoben, muß die Parteien und das Gericht bezeichnen sowie einen konkreten Antrag enthalten (§ 253 ZPO). Vor dem Familiengericht und ab dem Landgericht aufwärts herrscht → Anwaltszwang (§ 78 ZPO). Eine K. kann geändert, zurückgenommen oder für erledigt erklärt werden, vom Gegner anerkannt oder bestritten und durch Vergleich beendet werden.

Klageerzwingung. Wird trotz Strafantrages des durch eine strafbare Handlung Verletzten ein Ermittlungsverfahren von der Staatsanwaltschaft eingestellt, kann der Verletzte binnen 2 Wochen ab Bekanntgabe Beschwerde zu Generalstaatsanwalt erheben und gegen dessen ablehnenden Bescheid binnen 1 Monats Antrag auf gerichtliche Entscheidung beim Oberlandesgericht stellen (§ 172 StPO).

Kommanditgesellschaft auf Aktien

Klaglose Forderungen → unvollkommene Verbindlichkeiten.

Kleingarten → Pacht.

Knappschaftsversicherung ist die → Kranken- und → Rentenversicherung für die im Bergbau und Nebenbetrieben Beschäftigten. Gewährt werden Wiedereingliederungshilfe sowie Rentenzahlungen bei Alter und Erwerbsunfähigkeit für den Arbeitnehmer und seine (hinterbliebene) Familie.

Knebelungsvertrag zielt auf wirtschaftliche Abhängigkeit; er ist nichtig, § 138.

Kommanditaktionär. Ist bei einer Kommanditgesellschaft auf Aktien (= Kapitalgesellschaft, §§ 278 ff. AktG) ein Gesellschafter, der an dem in Aktien zerlegten Grundkapital beteiligt ist, ohne persönlich für die Verbindlichkeiten der Gesellschaft zu haften. Er entspricht dem Aktionär einer AG.

Kommanditgesellschaft (KG), ist eine landesrechtliche Personalgesellschaft, bei der ein Teil der Gesellschafter für die Schulden der KG auch mit ihrem Privatvermögen haftet *(Komplementäre),* ein anderer Teil nur mit der erbrachten, weder zurückgewährten noch gestundeten Einlage *(Kommanditisten).* Die KG muß ein sog. vollkaufmännisches Gewerbe betreiben (§§ 1 II, 161 HGB), um unter ihrer Firma → Rechtsgeschäfte abschließen, Vermögen erwerben und Prozesse führen zu können. Sie entsteht durch Gesellschaftsvertrag mit Eintragung im Handelsregister, vor Eintragung durch die tatsächliche Aufnahme der Geschäfte; in letzterem Fall haften auch die Kommanditisten unbeschränkt persönlich. Geschäftsführung und Vertretung steht den Komplementären zu, die i. d. R. vermögenslos sind, um eine Haftung gegenüber den KG-Gläubigern so gering wie möglich zu halten, aber an die Weisungen der Kommanditisten gebunden werden können. Komplementär kann auch eine → juristische Person (GmbH) sein, deren Gesellschafter zugleich Kommanditist der KG ist (GmbH & Co KG); für Verbindlichkeiten haftet dann nur das Stammkapital der GmbH (= Komplementär) in Höhe von DM 50 000.–. Vgl. → GmbH. Erbt ein Kommanditist die Beteiligung seines einzigen Mitgesellschafters, haftet er für die bisherigen Verbindlichkeiten (§ 27 HGB).

Kommanditgesellschaft auf Aktien ist eine → Kapitalgesellschaft in der besonderen Form der → Aktiengesellschaft. Es gelten die Vorschriften über die → KG, soweit es die Komplementäre und die Auflösung der Gesellschaft betrifft, im übrigen Aktienrecht. Die Komplementäre haben bezüglich Geschäftsführung und

Kommanditist

Vertretung die gleiche Stellung wie der Vorstand einer AG. Ein Aufsichtsrat wird nur von den Kommanditaktionären gewählt.

Kommanditist – Kommanditgesellschaft.

Kommissionsvertrag liegt vor, wenn ein Kaufmann für Rechnung eines anderen *(Kommittenten)* im eigenen Namen Rechtsgeschäfte gegen Provision und Aufwendungsersatz tätigt *(Kommissionär)*. Bei der Verkaufskommission bleibt die Ware Eigentum des Kommittenten, bei der Einkaufskommission wird sie Eigentum des Kommissionärs (§ 383 HGB). Der Kommittent kann Forderungen aus einem Geschäft des Kommissionärs erst nach – Abtretung geltend machen; will ein Gläubiger des Kommissionärs sich einer solchen Forderung bemächtigen, kann der Kommittent auch vor Abtretung einer Pfändung erfolgreich entgegentreten (§ 771 ZPO) und Widerspruchsklage erheben (§ 392 HGB). Der Kommissionär ist zur Befolgung von Weisungen, Rechnungslegung und Herausgabe des Erlangten an den Kommittenten verpflichtet. Betrifft der K. Waren oder Wertpapiere, die einen Börsen- oder Marktpreis haben, kann der Kommissionär selbst als Käufer oder Verkäufer auftreten (sog. Selbsteintritt).

Komplementär – Kommanditgesellschaft.

Kondiktion → ungerechtfertigte Bereicherung.

Konditionsgeschäft ist die Übergabe einer Sache mit dem Recht der Weiterveräußerung oder Rückgabe bis zu einem bestimmten Zeitpunkt. Ein Kauf ist also aufschiebend bedingt, so daß der Verkäufer das Risiko des Untergangs (Verschlechterung der Ware) trägt.

Konkurrenzklausel ist die Vereinbarung eines → Wettbewerbsverbotes mit einem Arbeitnehmer, Mitgesellschafter oder Handelsvertreter. Sie ist nichtig, wenn sie den Arbeitnehmer am Fortkommen unbillig hindert (§ 74a HGB, § 133f GewO). Sie ist nur gegen Entschädigung zulässig und gültig.

Konkurs ist das gerichtliche Verfahren vor dem Amtsgericht, in dem durch Vollstreckung in das gesamte Vermögen des sog. *Gemeinschuldners* (auch juristische Person) alle persönlichen Gläubiger anteilig befriedigt werden sollen. K-Grund ist Zahlungsunfähigkeit oder Überschuldung. Das Verfahren wird auf Antrag eines Gläubigers oder des Schuldners eröffnet. Damit verliert der Schuldner seine Verwaltungs- und Verfügungsmacht an den Konkursverwalter (§ 6 KO). Dieser hat ein Wahlrecht, ob er noch offene Verträge erfüllen will oder nicht; gegen eine Forderung des Konkursverwalters auf Erfüllung kann nicht mit einem vor Eröffnung des K. begründeten

Anspruch aufgerechnet werden. Dieser verwertet die K.-Masse und verteilt sie an die Gläubiger, die ihre fälligen Forderungen zur *Konkurstabelle* beim Amtsgericht angemeldet haben (bevorrechtigte Gläubiger vgl. § 61 KO). Nach Aufhebung des K.-Verfahrens (§ 163 KO) können die K.-Gläubiger ihre Forderungen, soweit sie nicht durch die K.-Dividende getilgt sind, frei gegen den Gemeinschuldner geltend machen (sofern sie in die K.-Tabelle eingetragen sind; dieser Eintrag steht einem vollstreckbaren Urteil gleich). Bankrott, Verletzung der Buchführungspflichten, Gläubiger- und Schuldnerbegünstigung durch den Gemeinschuldner wird mit Freiheitsstrafe oder Geldstrafe geahndet.

In ehem. DDR gilt die Konkursordnung nicht (Anl. I Kap. III A I 4 EV). Es gilt die GesamtvollstreckungsVO vom 6. 6. 90, GBl. I Nr. 32 S. 285.

Konkursanfechtung. Der Konkursverwalter kann die vom Schuldner nach Zahlungseinstellung oder Konkursantrag getätigten, sie benachteiligenden Geschäfte binnen 1 Jahres seit K.-Eröffnung anfechten (§ 29 KO). Im Erfolgsfall sind die betreffenden Sachen zur Konkursmasse zurückzugewähren (§ 37 KO). Anfechtbar sind

1) Geschäfte, die der Schuldner in der seinem Vertragspartner bekannten Absicht der Gläubigerbenachteiligung vorgenommen hat;

2) Geschäfte zwischen dem Schuldner und seinem in bezug auf die Benachteiligung der Gläubiger bösgläubigen Ehegatten, Verwandten oder Verschwägerten;

3) Schenkungen bis 1 Jahr vor Konkurseröffnung zugunsten Dritter und bis zu 2 Jahren zugunsten seines Ehepartners.

Konkursausfallgeld. Obwohl Arbeitnehmer wegen rückständiger Lohnforderungen im Konkurs des Arbeitgebers bevorrechtigt sind (§ 61 I Nr. 1 a KO), erhalten sie wegen ihrer Ansprüche gegen den Arbeitgeber ein K. in Höhe des letzten Nettoarbeitsentgeltes. Der Antrag ist binnen 2 Monaten ab Konkurseröffnung beim Arbeitsamt zu stellen (§§ 141 a ff., 186 b ff. AFG).

Konkursfähigkeit besitzen natürliche und juristische → Personen, OHG, KG, nicht rechtsfähige Vereine und der Nachlaß. Nicht konkursfähig sind i. d. R. öffentlich-rechtliche Körperschaften.

Konnexität → Zurückbehaltungsrecht.

Konnossement ist ein Wertpapier des Seehandels und wird vom Verfrachter demjenigen erteilt, der das Frachtgut an Bord ablädt

Konsolidierung

(§ 656 HGB). Es enthält die Namen des Verfrachters, Schiffes, Schiffers, Abladers, Empfängers und Hafens sowie der übernommenen Güter. Die Übergabe des K. ersetzt die Übergabe der Ware (erleichtert also den Verkauf).

Konsolidierung ist die Umwandlung offener Schulden in langfristige Anleihen oder die Zusammenlegung mehrerer alter Anleihen zu einer neuen Gesamtanleihe mit günstigeren Bedingungen.

Kontokorrent (laufende Rechnung) ist eine im Wirtschaftsverkehr – insbes. im Verkehr mit Banken – weit verbreitete Einrichtung. Das K. dient dazu, mehrere gegenseitige Ansprüche zwischen zwei Beteiligten im Wege der Verrechnung auf eine einzige Geldschuld den *Saldo,* zurückzuführen. Voraussetzung ist eine Geschäftsverbindung zwischen zwei natürlichen od. juristischen Personen, von denen mindestens eine Kaufmann sein muß. Wesentlich ist eine Abrede zwischen den Beteiligten, daß die gegenseitigen einzelnen Ansprüche verrechnet werden und mindestens einmal jährlich auf diese Weise ein Saldo festgestellt wird. Die dem Saldo zugrundeliegenden Einzelansprüche haben im K. keine eigenständige Bedeutung. Sie können weder geltend gemacht noch abgetreten, gepfändet oder erfüllt werden. Bis zur Feststellung des Saldos sind sie gestundet; danach erlöschen sie und werden durch den Anspruch auf den Saldo ersetzt. Die Anerkennung dieses Saldos schafft ein abstraktes → Schuldanerkenntnis. Der durch den Saldo begründete Anspruch kann entweder durch Bezahlung erfüllt oder in das weiterlaufende K. übertragen werden (§§ 355–357 HGB). – *Beim Staffel-K.* wird der Saldo mit jedem in das K. fallenden Geschäftsvorgang, gegebenenfalls täglich errechnet. → Kontokorrentvorbehalt, → Eigentumsvorbehalt.

Kontrahierungszwang → Vertragsfreiheit.

Konventionalstrafe → Vertragsstrafe.

Konzession wird für den Betrieb eines Gewerbes erteilt, sofern der Betreffende persönlich zuverlässig ist und im Betrieb den gesetzlichen (z. B. hygienischen, baulichen) Anforderungen entspricht: Apotheken, Gaststätten, Milchhändler, Personenbeförderer, Kreditinstitute, Private Krankenanstalten, Versicherungsunternehmen (*Beispiel:* Keine Gaststättenerlaubnis bei Verbindung der Gaststätte und Prostituiertenunterkunft).

Koppelungsgeschäfte → Ausschließlichkeitsverträge. Das K. zwischen Grundstückskauf und Architekten-/Ingenieurvertrag ist nichtig. Soweit das K. darin besteht, einen begünstigenden → Verwaltungsakt gegen eine finanzielle Zuwendung zu erlangen, ist es ebenfalls nichtig (wenn nicht ausnahmsweise ein innerer Zusammenhang wie z. B. Übernahme von Erschließungskosten für Baugenehmigung bejaht werden kann).

Korrespektive letztwillige Verfügungen in einem → gemeinschaftlichen Ehegattentestament sind wechselbezügliche und voneinander abhängige Anordnungen; ist eine von ihnen unwirksam, sind es auch alle anderen (§ 2270).

Kostenanschlag (Kostenvoranschlag) ist eine ausführliche fachmännische Berechnung der zu erwartenden Kosten für die Ausführung einer Bestellung in einem → Werkvertrag. Er wird i. d. R. schriftlich abgefaßt. Ergibt sich während der Erstellung des Werks eine *wesentliche* Überschreitung der angesetzten Summe, kann der Besteller den Werkvertrag sofort kündigen (§ 650). Der Unternehmer hat dann nur Anspruch auf einen seiner bisher geleisteten Arbeit entsprechenden Teil der Vergütung. Wenn die Richtigkeit des K. aber vom Unternehmer *garantiert* wurde, ist dieser an den K. gebunden und kann keine zusätzliche Vergütung verlangen.

Kostenfestsetzung. Während die gerichtliche Entscheidung nur regelt, wer die Kosten zu tragen hat, stellt die K. ihre Höhe fest. Der K.-Festsetzungsbeschluß (auf Antrag) ist ein vollstreckbarer Titel (§ 794 I 2 ZPO). Er ist anfechtbar mit der auf 2 Wochen befristeten → Erinnerung (§ 104 III ZPO, § 21 II RPflG, § 464b StPO, § 148 FGO), im Verwaltungsrecht mit Antrag auf gerichtliche Entscheidung (gleiche Frist, § 165 VwGO), im Sozialversicherungsrecht mit Anrufung des Gerichts binnen 1 Monats. Gegen die Kostengrundentscheidung → Beschwerde nur, wenn der → Streitwert DM 200.– übersteigt, gegen die Kostenansatz-, Kostenfestsetzungs- und Wertfeststellungsentscheidung, wenn der Streitwert DM 100.– übersteigt.

Kraftfahrzeugbrief ist eine Urkunde, die für ein bestimmtes näher bezeichnetes Kraftfahrzeug ausgestellt ist und in der der Name des jeweiligen Eigentümers des Kfz vermerkt ist. Der K. steht dem jeweiligen Eigentümer des Kfz zu (§ 952). Der K. ist von besonderer Bedeutung bei der Übereignung des Kfz, da ohne gleichzeitige Übergabe des K. ein → gutgläubiger Erwerb des Kfz von einem Nichtberechtigten i. d. R. ausgeschlossen ist.

Kraftfahrzeugversicherung dient der Deckung von Schäden, die beim Betrieb eines Kfz entstehen können. Hier kommen insbes. in Betracht die Haftpflicht-, Kasko- und die Insassenunfallversicherung.

1) *Haftpflichtversicherung:* Von wenigen Ausnahmen abgesehen, ist der Halter eines Kfz zum Abschluß einer H. verpflichtet. Sie dient

zur Deckung derjenigen Schäden, die durch den Betrieb des Kfz anderen Personen zugefügt werden. Die Mindesthöhe der Deckungssumme beträgt 1000000.– DM für Personenschäden, 400000.– DM für Sachschäden und 40000.– DM für reine Vermögensschäden (→ Schadensersatz). Der Abschluß der Versicherung wie auch ihr Erlöschen muß der Kfz-Zulassungsstelle mitgeteilt werden. Ein Verstoß gegen die Versicherungspflicht ist strafbar. Der Versicherungsschutz beginnt erst mit der Einlösung des Versicherungsscheines oder mit der Erteilung einer sog. *vorläufigen Deckungszusage* („Versicherungsdoppelkarte"). Für das Versicherungsverhältnis gelten die AKB (Allgemeine Bedingungen für die Kraftverkehrsversicherung vom 28. 1. 77, BAnz. Nr. 19) neben den Vorschriften des Versicherungsvertragsgesetzes. Danach ist der Versicherte zur Einhaltung bestimmter *Obliegenheiten* verpflichtet, wenn er den Versicherungsschutz nicht verlieren will. So muß er einen Unfall innerhalb 1 Woche anzeigen, der Versicherungsgesellschaft gegenüber wahrheitsgemäße Auskünfte erteilen, darf grundsätzlich kein Schuldanerkenntnis abgeben und nicht selbständig einen Vergleich über einen Schadensersatzanspruch abschließen. Der Versicherungsschutz ist nicht dadurch ausgeschlossen, daß der Versicherte den Unfall verschuldet hat; anders nur, wenn er bewußt gesetz- oder vorschriftwidrig gehandelt hat (z. B. Fahren ohne → Fahrerlaubnis).

Der geschädigte Dritte kann neben dem Versicherten auch den Versicherer direkt in Anspruch nehmen. Dieser Anspruch muß aber innerhalb von 2 Wochen gegenüber dem Versicherer geltend gemacht werden. Der Versicherer kann dem Geschädigten nicht entgegenhalten, daß er von der Leistungspflicht frei ist, weil sich der Versicherte einer Verletzung von Obliegenheitsverpflichtungen aus dem Versicherungsvertrag schuldig gemacht habe; er kann aber von dem Versicherten im Wege des Rückgriffs Ersatz verlangen.

Wenn das Fahrzeug eines Schädigers nicht ermittelt werden kann oder wenn für den Schädiger keine K. besteht, kann der Geschädigte binnen 3 Jahren seine Schadensersatzansprüche gegenüber dem *„Entschädigungsfonds für Schäden aus Kfz-Unfällen"* geltend machen. In den Fällen, in denen das Fahrzeug eines Schädigers nicht ermittelt werden kann, besteht ein Schadensersatzanspruch jedoch insoweit nicht, als es sich um *Sachschäden* am *Fahrzeug* des Geschädigten handelt, also gerade in den praktisch bedeutsamen Fällen von Unfallflucht nach Beschädigung geparkter Fahrzeuge.

Der Versicherungsschutz aus der K. besteht nicht gegenüber unterhaltsberechtigten Angehörigen.

2) *Kaskoversicherung:* Sie ist eine freiwillige Versicherung zur Deckung von Schäden am eigenen Kfz. Man unterscheidet die *Voll-*

kaskoversicherung, bei der eine Selbstbeteiligung an den Schäden möglich und üblich ist, und die *Teilkaskoversicherung.* Sie umfaßt Schäden am Kfz, die durch Diebstahl, Brand, Unwetter oder Explosion entstanden sind, die Vollkaskoversicherung darüber hinaus zusätzlich solche Schäden, die durch einen Unfall oder böswillige Handlungen Dritter verursacht wurden.

3) *Insassenunfallversicherung:* Sie dient zur Deckung von Schäden, die im Kfz mitfahrende Personen erleiden. Ihr Abschluß ist freiwillig und insbes. von Bedeutung in den Fällen, in denen die Haftpflichtversicherung nicht eintritt (z. B. bei Angehörigen).

4) *Ausländische Kfz* müssen bei der Einreise nach Deutschland eine dem G über die Haftpflichtversicherung für ausländische Kfz und Anhänger vom 24. 7. 56, BGBl. I 667 entsprechende ausreichende K. nachweisen, andernfalls werden sie von den Zollbehörden zurückgewiesen. Sonderregelung durch NATO-Truppenstatut-Zusatzabkommen.

5) In *ehem. DDR* gilt die VO über Pflichtversicherung für Kraftfahrzeughalter vom 1. 8. 90, GBl. I Nr. 52 S. 1053 bis 31. 12. 91 weiter.

Krankengeld zahlt die Krankenkasse im Krankenfall in Höhe von 80% des Netto-Regellohnes; davon werden ca. 10% für Arbeitslosen-, Kranken- und Rentenversicherung abgezogen. Leistungsdauer bei Arbeitsunfähigkeit wegen derselben Krankheit 78 Wochen innerhalb von 3 Jahren. Daneben wird Krankenhauspflege gewährt. Gleiches gilt für Kur- oder Genesungsaufenthalt. K. ist ferner für 5 Tage pro Jahr zu zahlen, wenn der Versicherte wegen Pflege oder Betreuung seines erkrankten Kindes von der Arbeit fernbleiben durfte. Bei → Lohnfortzahlung ruht das K.

Krankenhausvertrag ist ein gegenseitiger Vertrag, der die Heilbehandlung zum Inhalt hat. Auf den sog. *totalen K.,* bei dem Rechtsbeziehungen nur zwischen dem Patienten und dem Träger des Krankenhauses bestehen, finden die Bestimmungen des → Dienstvertrages Anwendung. Das wird in aller Regel bei der Einweisung der Fall sein. Hier wird mit dem behandelnden Arzt kein besonderer Vertrag geschlossen. Anders beim sog. *aufgespaltenen K.,* der bei der Unterbringung in einer höheren Pflegeklasse oder Privatkrankenanstalt in Betracht kommt. Hier bestehen vertragliche Beziehungen zum Krankenhaus nur hinsichtlich der Unterbringung und Verpflegung, worauf die Bestimmungen über → Miete und → Kauf Anwendung finden, während mit dem Arzt ein gesonderter Dienstvertrag (oder bei einer Operation ein → Werkvertrag) abgeschlossen wird (→ Vertragsfreiheit). Der Abschluß eines totalen K. durch den Krankenhausträger mit einem Patienten, der nur pflege- aber nicht behandlungsbedürftig ist, hinter dem kein Kostenträger steht und der nur über bescheidene eigene Mittel verfügt, ist sittenwidrig und nichtig.

Krankenhilfe umfaßt Leistungen der sozialen → Krankenversicherung: Krankenpflege, Krankengeld, Krankenhauspflege, Haushaltshilfe und Hauspflege einschließlich Mutterschaftshilfe (§ 182 RVO) und Kur auf Grund eines Krankenscheins.

Krankenschein → Krankenversicherungskarte.

Krankenversicherung ist Teil der → Sozialversicherung mit dem Ziel der Früherkennung, Verhütung und Bekämpfung von Krankheiten (z. B. Schwangerschaftsabbruch, Sterilisation etc.), häusliche Krankenpflege, Haushalts-, Pflegehilfe, Krankenhausbehandlung, Rehabilitation, Belastungstest, sowie Arbeitstherapie. Infolge Arbeitsvertrages besteht Pflichtmitgliedschaft; Beitragsbemessungsgrenze: DM 5100.–. Jeder Versicherte hat sich an den Kosten zu beteiligen (→ Zuzahlungen). Auch Landwirte sind krankenpflichtversichert. Rentner, Behinderte, Studenten, Praktikanten, Arbeitslose, Landwirte sind automatisch krankenversichert. Der Krankenversicherungsbeitrag der Rentner wird ab 1. 1. 1989 mit der Rentenerhöhung zum 1. 7. jeweils an den Durchschnittssatz der Arbeitnehmer angepaßt; sie erhalten einen Zuschuß zu den Krankenversicherungskosten. Sonderregelung für Bergleute, Künstler, Behinderte und Landwirte. Nicht pflichtversicherte Personen können sich freiwillig (privat) versichern durch Versicherungsvertrag oder Antrag auf Aufnahme in die gesetzliche K. Bei Erkrankungen im Bereich der EG kann der dortige Versicherungsträger in Anspruch genommen werden, ansonsten nur bei entsprechenden völkerrechtlichen Abkommen. Arbeitnehmer, die ins Ausland zur Arbeit entsandt sind, bleiben in der K. versichert. – Die private K. erbringt Leistungen je nach Tarif: Ersatz von Heilungs-, Krankheitskosten, Wochenhilfe, Sterbegeld, Krankenhaustagegeld (nicht für Schönheitsoperationen).
   In ehem. DDR gelten Überleitungsregeln gem. Anl. I Kap. VIII G II EV.

Krankenversicherungskarte (ersetzt ab 1. 1. 92 den Krankenschein) ist der Ausweis der Krankenkasse für den Versicherten, daß er kassenärztliche Behandlung in Anspruch nehmen darf.

Kranzgeld → Anspruch auf Ersatz von Nichtvermögensschaden eines weiblichen Verlobten bei Auflösung der → Verlobung.

Kredit → Darlehen.

Kreditauftrag (§ 778) ist ein → Auftrag, bei dem sich der Beauftragte verpflichtet, auf eigene Rechnung und im eigenen Namen einem Dritten einen Kredit zu gewähren. Für die daraus entstehende Verbindlichkeit des Dritten gegenüber dem Beauftragten haftet der Auftraggeber als → Bürge. Im Gegensatz zur Bürgschaftserteilung bedarf die K. keiner → Form und ist bis zur Gewährung des Kredits durch den Auftraggeber frei widerruflich. Wesentlich ist ferner, daß der Auftraggeber seinen rechtsgeschäftlichen Verpflichtungswillen erkennbar zum Ausdruck bringt und daß sich der Beauftragte zur Ausführung des Auftrags verpflichtet. Für die Vertragspartner des K.s gilt bis zum Zeitpunkt der Kreditgewährung oder der Kreditzusage das Recht des Auftrags; danach gelten die Bestimmungen über die Bürgschaft → Akkreditiv.

Kreditbrief ist eine → Anweisung, durch die der Aussteller den Empfänger des K. ermächtigt, beim Angewiesenen (Bank) unter Vorlage des K. Geld bis zu dem im K. bestimmten Betrag an sich auszahlen zu lassen.

Kreditbürgschaft → Bürgschaft.

Kreditgefährdung ist eine → unerlaubte Handlung, die nach § 824 zum → Schadensersatz verpflichtet. Sie besteht in der Gefährdung der wirtschaftlichen Lebensinteressen eines anderen durch Verbreitung unwahrer Tatsachen (Geschäftsschädigung). Hierzu genügt bereits die Äußerung eines Verdachts oder die Weitergabe eines Gerüchts. Werturteile reichen nicht, es sei denn, daß sie Tatsachenbehauptungen enthalten z. B. bei Äußerungen über das Geschäftsgebaren oder die Bewertung von Waren. Eine Schadensersatzpflicht ist aber nur bei vorsätzlicher oder fahrlässiger Behauptung kreditgefährdender Tatsachen begründet. Sie trifft den Mitteilenden nicht, wenn er oder der Empfänger der Mitteilung an ihr ein berechtigtes Interesse hat (z. B. zum eigenen Schutz vor Schäden). In diesem Fall muß stets eine Interessenabwägung vorgenommen werden.

Kreditkarte wird von Organisationen (z. B. American Express) gegen eine Jahresgebühr ausgestellt. Sie berechtigt den Inhaber, bei den angeschlossenen Unternehmen (Geschäften, Restaurants) Leistungen ohne Barzahlung in Anspruch zu nehmen. Abrechnung zu festen Zeitpunkten.

Kreditvertrag →Abzahlungsgeschäft.

Kreisgericht ist in ehem. DDR (ohne Berlin) in Zivilsachen in erster Instanz anstelle der Amts- und Landgerichte zuständig, ferner für Strafsachen erster Instanz (soweit nicht ausdrücklich das → Bezirksgericht zuständig ist oder mehr als 3 Jahre Freiheitsstrafe zu erwarten sind). Über Berufungen und Beschwerden entscheidet

Kriegsdienstverweigerer

das Bezirksgericht (besondere Senate treten an die Stelle der Oberlandesgerichte), über Revision der BGH.

Kriegsdienstverweigerer. Recht aus Art. 4 Abs. 3 GG, aus Gewissensgründen den Kriegsdienst mit der Waffe zu verweigern. Über das Recht als K. wird auf Antrag entschieden. Trotzdem Musterungs- und Erfassungspflicht. Einberufung ist durch Antragstellung gehemmt. Bei ungedienten Wehrpflichtigen entscheidet Bundesamt für Zivildienst. Gegen die ablehnende Entscheidung Klage zum Verwaltungsgericht binnen 1 Monats nach Zustellung. Der K. hat aber → Zivildienst zu leisten. Verweigert er auch diesen, wird er in einem sozialen Beruf 2½ Jahre zwangsverpflichtet.

Kronzeuge (§ 129 StGB). In einem Strafverfahren wegen terroristischer Handlungen kann der Generalbundesanwalt mit Zustimmung des BGH von der Strafverfolgung gegen den K. absehen oder das Verfahren gegen ihn einstellen oder im Urteil von Strafe absehen lassen. Das setzt voraus, daß der K. Erkenntnisse offenbart, die geeignet sind, eine terroristische Tat zu verhindern, aufzuklären oder Täter festzunehmen und zu überführen. K. kann nur sein, wer in die terroristische Tat mit verwickelt war. Bei Mord und Totschlag nur Strafmilderung bis zu 3 Jahren Freiheitsstrafe.

Kündigung ist eine einseitige empfangsbedürftige → Willenserklärung, die auf die Beendigung eines Schuldverhältnisses, meist eines → Dauerschuldverhältnisses, gerichtet ist. Sie ist mangels einer abweichenden Vereinbarung nicht an eine → Form gebunden und unwiderruflich. Sie beendet das Schuldverhältnis für die Zukunft (→ Rücktritt) und wird erst wirksam, wenn sie dem Empfänger zugegangen ist. Die K. kann entweder das Schuldverhältnis sofort beenden (*fristlose K.*) oder erst nach Ablauf einer bestimmten Frist (*befristete K.*). Die *ordentliche* = befristete K. kommt nur bei Vertragsverhältnissen, die auf unbestimmte Zeit eingegangen sind, in Betracht. Die *außerordentliche* = fristlose K. ist immer gegeben. Sie ist nur unter bestimmten gesetzlich geregelten oder vereinbarten Voraussetzungen zulässig, stets jedoch *aus wichtigem Grund*. Ein solcher liegt dann vor, wenn die Fortsetzung des Vertragsverhältnisses dem Kündigenden nach verständigem Ermessen nicht mehr zugemutet werden kann.

Hinsichtlich der Kündigungsfristen → Arbeitsvertrag, → Miete (Anm.: V).

Kündigungsschutz für Arbeitnehmer. Eine ordentliche, d.h. befristete Kündigung ist nur dann zulässig, wenn sie sozial gerechtfertigt ist; andernfalls kann binnen 3 Wochen durch Klage vor dem Arbeitsgericht, nach vorheriger Einschaltung des Betriebsrates, die

Unwirksamkeit der Kündigung und die Fortdauer des Arbeitsverhältnisses (falls zumutbar, sonst Auflösung gegen Entschädigung von i. d. R. 12 Monatsverdiensten) festgestellt werden. Sozialwidrig ist eine Kündigung

1) wenn keine Gründe in der Person des Arbeitnehmers vorliegen (z. B. bei nicht zutreffender Arbeitsleistung; wiederkehrende Kurzerkrankungen, die nach Arzt-Prognose mehr als 6 Wochen pro Jahr dauern);

2) wenn keine Gründe im Verhalten des Arbeitnehmers vorliegen (z. B. Griff in die Kasse);

3) bei nicht dringender betrieblicher Rationalisierung oder zwar notwendiger Rationalisierung, aber Mißachtung sozialer Gesichtspunkte bei der Kündigung (z. B. ledige, alte Mutter mehrerer minderjähriger Kinder);

4) Verstoß gegen Kündigungsrichtlinien des Betriebsrates und schriftlichem Widerspruch des Betriebsrates gegen die Kündigung;

5) unterlassene Umschulung und schriftlichem Widerspruch des Betriebsrates;

6) unterlassener Verwendung an anderem Arbeitsplatz und schriftlichem Widerspruch des Betriebsrates.

Das Kündigungsschutzgesetz (§ 2) kommt nur in Betrieben mit mehr als 5 Beschäftigten zur Anwendung, die seit mindestens 6 Monaten ohne Unterbrechung dem Betrieb angehören.

Weitergehender K. besteht für Mitglieder des → Betriebsrates, schwangere Frauen (→ Mutterschutz und Schwerbehinderte (§ 12 SchwbG).

Angestellte in Betrieben mit mehr als 2 erwachsenen Angestellten, die älter als 25 Jahre sind, haben nach einer Betriebszugehörigkeit von 5 Jahren K. von 3 Monaten zum Quartal, nach 8 Jahren K. von 4 Monaten, nach 10 Jahren K. von 5 Monaten und nach 12 Jahren K. von 6 Monaten (gilt nicht in ehem. DDR).

Kündigungsschutz für Wohnraum → Miete. Vgl. G zur Regelung der Miethöhe vom 18. 12. 74, BGBl. I 3603.

Kunstfehler ist eine → unerlaubte Handlung, die zu Schadensersatz und Schmerzensgeld (§§ 823, 847) führt. Der mit einem Arzt geschlossene Vertrag (→ Dienst-, → Werkvertrag) gilt nur infolge des Einverständnisses des Patienten nicht als Körperverletzung. Das setzt aber voraus, daß der Eingriff medizinisch erforderlich war und nach den Regeln der ärztlichen Kunst vorgenommen worden ist; andernfalls Schadensersatz (auch wegen schuldhafter Schlechterfüllung des Vertrages), z. B. bei Fehldiagnose, Eingriff ohne die gebotene ärztliche Sorgfalt. Stirbt Leibesfrucht durch K., liegt eine Gesundheitsverletzung der Mutter vor.

Künstliche Samenübertragung. Kinder werden nur nach erfolgreicher → Ehelichkeitsanfechtung als nicht ehelich angesehen. War der Ehemann aber nach ausreichender Aufklärung mit der Fremdbefruchtung seiner Frau einverstanden, verstößt die Ehelichkeitsanfechtung durch ihn gegen Treu und Glauben und ist unwirksam. Kind hat das Recht, den Namen seines Erzeugers zu erfahren.

Kupon ist der einer → Inhaberschuldverschreibung beigefügte Berechtigungsschein zur Entgegennahme der auf ihm vermerkten Zinsen, der abgeschnitten und von jedem Inhaber beim Aussteller der Schuldverschreibung (steuerfrei) eingelöst werden kann.

Kuren. Ab 1. 1. 1989 bezahlt die Krankenkasse bei offenen Badekuren die medizinisch notwendigen Maßnahmen wie ärztliche Behandlungen, Bäder und Kurmittel. → Zuzahlungen für Arznei- und Heilmittel muß der Versicherte übernehmen. Befreiung über die sog. Härteklausel auf Antrag möglich. Für Fahrtkosten, Kurtaxe, Unterbringung und Verpflegung wird ein Zuschuß von maximal DM 15.– pro Tag gezahlt. Bei Kuren in einer Vorsorge- oder Rehabilitationseinrichtung muß der über 18 Jahre alte Versicherte DM 10.– pro Tag zuzahlen; auch hier Befreiung über Härteklausel auf Antrag möglich. Wiederholung erst nach 3 Jahren, es sei denn, eine frühere Kur ist ärztlicherseits dringend geboten.

Kurzarbeitergeld ist eine Leistung aus der → Arbeitslosenversicherung. Kurzarbeit muß dem Arbeitsamt angezeigt werden, das den Arbeitnehmern K. gewährt, wenn die betriebsübliche Arbeitszeit innerhalb von 4 Wochen für mindestens ⅓ der Belegschaft, um mehr als 10% ausfällt. Es wird für maximal 6 Monate gezahlt (§ 63 AFG), kann jedoch durch VO verlängert werden.

L

Ladenangestellte → Vollmacht.

Ladenschluß, Nach dem Gesetz über den Ladenschluß vom 28. 11. 1956 (BGBl. I 875) mit späteren Änderungen müssen Verkaufsstellen aller Art grundsätzlich an Sonn- und Feiertagen sowie montags bis freitags bis 7 Uhr und ab 18.30 Uhr, samstags bis 7 Uhr und ab 14 Uhr, am 1. Samstag im Monat sowie an vier aufeinanderfolgenden Samstagen vor Weihnachten ab 18 Uhr geschlossen sein. Kunden, die sich bei L. noch im Geschäft befinden, dürfen aber noch bedient werden. Das Gesetz läßt zahlreiche Ausnahmen zu, so z. B. für Apotheken, Automaten, Zeitungskioske, Blumenhandlungen an Friedhöfen, Tankstellen, Friseure u. a. m. (→ Feiertage, Verkauf an-, Automatenaufstellung), ferner an Bahnhöfen, Flughäfen und in Kurorten. Donnerstags dürfen Geschäfte bis 20 Uhr 30 geöffnet haben (Dienstleistungsabend).

Ladeschein ist eine Urkunde, die der Frachtführer auf Grund → Frachtvertrages ausstellt, die die Annahme der Ware bestätigt und ihre Aushändigung verspricht. Wer in dem L. als Empfänger bezeichnet oder an wen er übertragen worden ist (→ Orderpapier), ist zur Empfangnahme der Ware berechtigt. Wichtig ist, daß die Übergabe des L. die Übergabe der darin bezeichneten Ware ersetzt (§ 450 HGB).

Ladung als Aufforderung zu einem gerichtlichen oder behördlichen Termin zu erscheinen, muß befolgt werden. Gerichtliche L. wird zugestellt (§ 214 ZPO, § 56 VwGO, § 53 FGO, § 63 SGG, § 217 StPO), wobei zwischen Zustellung und Termin beim → Amtsgericht 3 Tage, bei anderen Zivilgerichten und Familiengericht 1 Woche, in Finanz- und Verwaltungssachen 2 Wochen, vor den Strafgerichten 1 Woche liegen muß. Wird letztere nicht eingehalten, kann Aussetzung der Verhandlung verlangt werden; bei unentschuldigtem Fernbleiben: Ordnungsgeld, Tragung der Verfahrenskosten, evtl. Vorführungsbefehl.

Lagerschein ist ein → Wertpapier, in dem sich der Lagerhalter verpflichtet, das eingelagerte Gut gegen Aushändigung des L. herauszugeben. I. d. R. wird der L. auf den Namen des Empfangsberechtigten ausgestellt. Er ist dann ein → *Rektapapier*. Er kann, was aber selten der Fall sein wird, auch als → *Inhaberpapier* ausgestellt werden, als → *Orderpapier* nur gemäß der VO über Orderlagerscheine vom 16. 12. 1931 (RGBl. I 763). Wichtig ist, daß die Übergabe des L. die Übergabe der darin bezeichneten Ware ersetzt (§ 424 HGB). Der Einlagerer, der einen Teil der von ihm eingelagerten Waren entnimmt, muß bei (behauptetem Teil-) Verlust beweisen, daß und welche Waren der Lagerhalter verwahrt hat, vor allem, wenn auf seinen Wunsch eine Auflistung unterblieben ist.

Lagervertrag ist ein entgeltlicher → Verwahrungsvertrag zwischen einem Lagerhalter und einem anderen, der die Einlagerung geeigneter beweglicher Sachen zum Gegenstand hat (§§ 416ff. HGB). Die Einlagerung kann sowohl in Form der *Einzel-* oder *Sonderlagerung* erfolgen wie auch bei vertretbaren → Sachen als *Mischlagerung* und bei solchen Sachen, für die *Handelsklassen* bestehen, als *Sammellagerung*. Bei Einzel- oder Sonderlagerung hat der Einlagerer Anspruch auf Herausgabe derselben von ihm eingelagerten Sachen. Bei Mischlagerung, bei der der Lagerhalter die Sachen verschiedener Einlagerer kraft ausdrücklicher Vereinbarung vermischen kann, hat

Landabgaberente

der Einlieferer nur Anspruch auf Herausgabe einer ihm gebührenden Menge der vermischten Sachen. Das gleiche gilt für die Sammellagerung.

Der L. wird i. d. R. durch → Allgemeine Geschäftsbedingungen und Parteivereinbarungen ausgestaltet. Der Lagerhalter ist verpflichtet, die Güter aufzubewahren und dem Einlagerer jederzeit die Besichtigung zu gestatten. Außerdem muß er auf Verlangen einen → Lagerschein ausstellen. Während er selbst das Lagergut jederzeit dem Einlagerer auf Verlangen zurückgeben muß, kann er den Lagervertrag nicht kündigen, wenn er auf bestimmte Zeit geschlossen wurde; bei unbestimmter Lagerzeit muß er die Sachen mindestens 3 Monate einlagern und eine Kündigungsfrist von 1 Monat einhalten. Das Recht zur → Kündigung aus wichtigem Grund wird dadurch nicht berührt.

Der Lagerhalter hat Anspruch auf das vereinbarte Lagergeld und an den eingelagerten Sachen wegen seiner Ansprüche ein gesetzliches → Pfandrecht, solange er die Sachen in Besitz hat. Für den Verlust und die Beschädigung des Lagerguts haftet er, es sei denn, daß der Schaden auch durch die Sorgfalt eines ordentlichen Kaufmanns nicht abgewendet werden konnte.

Landabgaberente erhält ein Landwirt nach dem 60. Lebensjahr oder Eintritt der Berufsunfähigkeit, wenn er mindestens 60 Monatsbeiträge zur Altersversorgung entrichtet und sein Anwesen vor dem 1. 1. 84 abgegeben hat; nach dem 55. Lebensjahr, wenn er keine andere Arbeit findet.

Landgericht steht als → ordentliches Gericht zwischen → Amts- und Oberlandesgericht. In ehem. DDR: Kreisgericht. Das L. entscheidet mit Zivil-, Straf- und Kammern für Handelssachen. Zuständig für alle vermögensrechtlichen Streitigkeiten, die nicht dem Amtsgericht zugewiesen sind, für alle nicht vermögensrechtlichen Streitigkeiten (außer Familien- und Kindschaftssachen: OLG) und Ansprüchen aus → Staatshaftung.

Landpachtverträge. Eine Sonderregelung betrifft die den Betrieb einer Land- oder Forstwirtschaft gestaltenden Verträge; werden sie für länger als 3 Jahre geschlossen, bedürfen sie der *Schriftform* (§ 585a), sonst gelten sie als auf unbestimmte Zeit geschlossen. Bei Beginn und Ende der Pachtzeit ist eine *Beschreibung* der Pachtsache zu fertigen, worauf jeder Vertragspartner Anspruch hat; im Weigerungsfall stellt sie ein Sachverständiger auf (§ 585b). Der Verpächter hat die Pachtsache dem Pächter nutzungsgerecht zu überlassen und sie während der Pachtzeit in diesem Zustand zu erhalten. Die *gewöhnlichen* Ausbesserungskosten der Gebäude, Wege etc. – gehen zu Lasten des Pächter (§ 586). Verletzt einer der Vertragspartner seine Pflichten, ist er zum *Schadensersatz* verpflichtet; Mietrecht gilt entsprechend (§§ 537, 538–541). Die auf der Pachtsache ruhenden Lasten und vom Pächter gemachten *Verwendungen* trägt der Verpächter (§ 590b). Der Pachtzins ist je nach Vereinbarung, sonst am Ende der Pachtzeit fällig. Alles, was der Erhaltung der Pachtsache dient oder ihrer Verbesserung dient, muß der Pächter dulden. Dadurch gesteigerte Erträge rechtfertigen eine Erhöhung des Pachtzinses. Über *Streitigkeiten* entscheidet das Landwirtschaftsgericht. Nutzungsänderung, Gebäudeneuerrichtung, Unterpacht oder Drittnutzung ist an die *Zustimmung* des Verpächters gebunden (§ 589); in jedem Fall haftet der Pächter für Drittverschulden. Bei nicht vertragsgemäßer Nutzung durch den Pächter ist er zum *Schadensersatz* verpflichtet; nach Abmahnung auch zur *Unterlassung*. Besondere Einrichtungen, die der Pächter angebracht hat, darf er wieder wegnehmen; dies kann der Verpächter durch Geldzahlung abwenden (§ 591a). *Ersatzansprüche* des Verpächters wegen Veränderung oder Verschlechterung der Pachtsache und Ansprüche des Pächters auf Ersatz seiner Aufwendungen *verjähren* in 6 Monaten (ab Rückgabe der Pachtsache bzw. Ende des Vertrages). Der Verpächter hat für seine Forderungen ein *Pfandrecht* an den eingebrachten Sachen des Pächters sowie den Erträgen (§ 592). Bei Änderung der für den Pachtvertrag maßgeblichen Verhältnisse kann jeder Vertragspartner eine Änderung des Pachtvertrages (außer der Pachtdauer) verlangen. Das Pachtverhältnis *endet* mit Zeitablauf; 3jährige Pachtverträge verlängern sich auf unbestimmte Zeit, sofern die Fortsetzung nicht binnen 3 Monaten nach schriftlicher Anfrage verweigert wird (§ 594). Ansonsten enden Pachtverhältnisse von unbestimmter Dauer mit schriftlicher *Kündigung* am 3. Werktag eines Pachtjahres zum Schluß des nächsten Jahres; kürzere Fristen können schriftlich vereinbart werden (§ 594a). Weitere Kündigungsgründe: 30jährige Vertragsdauer, Berufsunfähigkeit des Pächters, Tod des Pächters. Eine fristlose Kündigung ist stets aus wichtigem Grund möglich (§ 594e) und bei Zahlungsverzug von mehr als 3 Monaten. Einer Kündigung kann der Pächter mit Erfolg schriftlich *widersprechen* und Fortsetzung der Pacht verlangen, wenn der Pachtgegenstand seine Lebensgrundlage bildet, die Beendigung eine unzumutbare Härte wäre (§ 594f), es sei denn, er selbst hat gekündigt, der Verpächter hat ihm zu Recht fristlos gekündigt oder Laufzeit der Pacht von mehr als 12 Jahren. Nach Vertragsende muß die Pachtsache *zurückgegeben* werden, sonst muß der Besitzer Schadensersatz leisten; an Grundstücken besteht in keinem Fall ein → Zurückbehaltungsrecht.

Lastschriftverfahren

Lastschriftverfahren. Gläubiger, der eine Forderung hat, gibt diese seiner Bank, bei der er ein → Girokonto hat, bekannt; die Bank erteilt ihm eine vorläufige Gutschrift und zieht den Betrag von der Bank des Schuldners ein, die ihrerseits das Konto des Schuldners belastet. Beim *Abbuchungsverfahren* gibt der Schuldner den Auftrag an seine Bank; Widerruf nur für die Zukunft möglich. Beim *Einzugsermächtigungsverfahren* ermächtigt der Schuldner seinen Gläubiger, die Schuld von seinem Konto abbuchen zu lassen.

Laufende Rechnung → Kontokorrent.

Leasingvertrag ist ein Mietvertrag (→ Miete), bei dem nicht der Vermieter, sondern der Mieter kaufähnlich die Gefahr für Verschlechterung, Instandhaltung oder Untergang der geleasten Sache trägt, während der L-Geber ihm seine Ansprüche gegen seine Lieferanten abtritt; Verjährungsfrist: 6 Monate. Er ist i. d. R. mit einem Ankaufsrecht (→ Optionsrecht) verbunden, das meist erst nach Ablauf des für eine bestimmte Zeit eingegangenen Ls. ausgeübt werden kann. In diesen Punkten unterscheidet sich der L. vom → Mietkauf. Steuerlich wird das Leasgut dem L-Geber zugerechnet, falls die sog. Grundmietzeit 40–90% der betriebsgewöhnlichen Nutzungsdauer beträgt; darunter oder darüber dem L-Nehmer. Bei einer Grundmietzeit von bis zu 39% wird der L-Nehmer wie ein Ratenkäufer behandelt, ab 91% wie ein Käufer. Kündigt der L-Geber wegen Zahlungsverzuges des L-Nehmers, kann er als Schadensersatz neben den entgangenen L-Raten und dem entgangenen Gewinn nicht noch die Mehrwertsteuer auf diese Raten verlangen (sofern L-Nehmer die Sache nicht mehr nutzt); auch für den vom L-Nehmer auszugleichenden Restwert der Sache kann keine Mehrwertsteuer berechnet werden. Eine allgemeine Geschäftsbedingung, wonach der Leasinggeber beim Tod des Leasingnehmers zur fristlosen Kündigung berechtigt ist, ist nichtig. Andererseits ist der Leasinggeber zur bestmöglichen Verwertung der Leasingsache verpflichtet. Ansprüche des Leasingnehmers bei Beschädigung durch Unfall → Schadensersatz.

Lebensalter spielt vor allem in folgenden Fällen eine besondere Rolle:
1) Geburt: Beginn der → Rechtsfähigkeit
2) 6. Jahr: Beginn der Schulpflicht
3) 7. Jahr: Beginn der → beschränkten Geschäftsfähigkeit (§ 106) und beschränkten → Deliktsfähigkeit (§ 828 II)
4) 12. Jahr: Mitspracherecht bei Wechsel des religiösen Bekenntnisses
5) 14. Jahr:

    a) Mitspracherecht bei Verteilung des elterlichen → Sorgerechts nach Scheidung
    b) Einwilligung in Adoption (§ 1746)
    c) Einwilligung in → Ehelicherklärung
    d) Beginn der strafrechtlichen Verantwortlichkeit (§§ 1, 3 JGG)
    e) volle Religionsmündigkeit
6) 15. Jahr:
    a) Arbeitsberechtigung
    b) Antrag- und Empfangsrecht bez. sozialer Leistungen
7) 16. Jahr:
    a) beschränkte Fähigkeit zur → Testamenterrichtung (§§ 2229, 2247 IV)
    b) Ehefähigkeit
    c) Eidesfähigkeit (als Zeuge)
    d) Recht auf Erwerb der Fahrerlaubnis der Klassen 4 und 5
    e) Pflicht zum Besitz eines Personalausweises
    f) Ende der Gaststätten-, Tanz-, Tabak- und Alkoholverbote
8) 18. Jahr:
    a) Volljährigkeit (volle → Geschäftsfähigkeit, → Testierfähigkeit, → Ehefähigkeit, → Deliktsfähigkeit)
    b) strafrechtliche Verantwortlichkeit als Heranwachsender (§§ 105, 106 JGG)
    c) Wahlrecht für Parlament und Betriebsrat
    d) Recht auf Führerscheinerwerb der Klasse 1 und 3
    e) Wehrpflicht
9) 21. Jahr:
    a) Beginn der strafrechtlichen Verantwortlichkeit als Erwachsener
    b) Recht auf Erwerb des Führerscheins der Klasse 2
    c) beschränktes Adoptionsrecht (§ 1743 I, III)
10) 25. Jahr:
    a) Recht zur Betätigung als ehrenamtlicher Richter am Straf-, Arbeits- und Sozialgericht
    b) unbeschränktes Adoptionsrecht
11) 30. Jahr: Recht zur Betätigung als ehrenamtlicher Richter am Verwaltungs-, Finanz- und Landessozialgericht
12) 35. Jahr: Mindestalter für Bundesrichter
13) 45. Jahr:
    a) Ende der Wehrpflicht im Frieden
    b) Erhöhung der Witwen(er)rente
14) 53–59. Jahr: Berufsoffiziere-Ruhestand
15) 55 Jahr: Landabgaberente für Landwirt, wenn er keine andere Arbeit findet
16) 60. Jahr:
    a) Ende der Wehrpflicht für Offiziere und Unteroffiziere

   b) Altersrente für Schwerbehinderte, Berufs- und Erwerbs-
      unfähige, Arbeitslose und Frauen in der Rentenversicherung
   c) Altersfreibetrag von DM 10000.– bei Vermögensteuer
   d) Ruhestand für Polizeivollzugsbeamte und Berufssoldaten (au-
      ßer Offizieren)
   e) Landabgaberente für Landwirte infolge Alters
   f) Freibetrag für Haushaltshilfe von DM 1200.– pro Jahr (§ 33a
      EStG), bei Hilflosigkeit oder Behinderung DM 1800.–
17) 62. Jahr: Altersrente für Schwerbehinderte, Erwerbsunfähige
    und Berufsunfähige bei einem Nebenverdienst von DM 1000.–
    pro Monat
18) 63. Jahr:
    a) flexible Altersgrenze
    b) Freiheit von Beiträgen zur Arbeitslosenversicherung
    c) Recht auf Ruhestand für Beamte
19) 64. Jahr: Altersentlastungsbetrag von maximal DM 3720.–
    (§ 24a EStG)
20) 65. Jahr:
    a) Altersfreibetrag von DM 50000.– bei Vermögensteuer
    b) Altersrente für Rentenversicherte
    c) Altersgeld für Landwirte
    d) Ruhestand für Beamte und Richter
21) 68. Jahr:
    a) Ruhestand für Richter an obersten Gerichten
    b) Ruhestand für Hochschullehrer.

Lebensversicherung → Versicherungsvertrag, → Schenkung von
Todes wegen, → Vertrag zugunsten Dritter. Man unterscheidet die
Erlebensversicherung (Fälligkeit der Versicherungssumme bei Erreichen eines bestimmten Lebensalters) und die Todesfallversicherung.
Beide Formen werden oft miteinander verbunden. Wird bei L. auf
dem Todesfall ein Bezugsberechtigter bestimmt, gehört die L.-Sum-
me nicht zum Nachlaß. Die L. kann in der Weise abgeschlossen
werden, daß im Versicherungsfall ein bestimmter Kapitalbetrag (An-
spardarlehen + vereinbarter %satz + Dividende je nach Gewinn)
oder eine laufende Rente fällig wird. In der Regel kann die L. zurück-
gekauft, verpfändet und (gegen Sicherung durch eine → Hypothek)
beliehen werden. Zur wirksamen Abtretung der Ansprüche aus der
L. ist schriftliche Anzeige an den Versicherer nötig. Bei bewußtem
Selbstmord wird der Versicherer frei. Sind laufende Prämien zu entrichten, kann der Versicherungsnehmer für den Schluß der laufenden
Versicherungsperiode kündigen oder die Umwandlung der L. in eine
prämienfreie Versicherung verlangen. Für Arbeitnehmer besteht seitens des Arbeitgebers ferner die Möglichkeit einer sog. Direkt- oder

Gruppenversicherung, bei der die L.-Raten vom Lohn einbehalten und vom Arbeitgeber pauschal versteuert werden.

Lebzeitiges Eigeninteresse → Erbvertrag.

Legitimation nicht ehelicher Kinder. Sie erlangen durch → Annahme als Kind, nachfolgende Ehe der Eltern (§ 1719) oder Ehelicherklärung die Stellung ehelicher Kinder (§ 1723). Letztere erfolgt auf notariell beurkundeten Antrag des Erzeugers oder des Kindes durch Beschluß des Vormundschaftsgerichtes, solange das Kind lebt. Der Antrag des Kindes ist erfolgreich, wenn das Verlöbnis seiner Eltern durch Tod beendet worden ist.

Legitimationspapier ist eine Urkunde, in der eine Leistung versprochen wird, die der Schuldner mit befreiender Wirkung jedem gegenüber erbringen kann, der die Urkunde vorlegt, ohne verpflichtet zu sein, dessen materielle Berechtigung nachzuprüfen. Bei der Übertragung des verbrieften Rechts ist Übergabe der Urkunde und die → Abtretung der darin enthaltenen Forderung nötig. Man unterscheidet die sog. *qualifizierten L.* (§ 808; auch *hinkende Inhaberpapiere* genannt) und die *einfachen* L. Die qualifizierten L. sind Wertpapiere, weil der Schuldner nur gegen Vorlage der Urkunde zu leisten braucht. In ihnen wird zwar ein Gläubiger benannt, gleichzeitig aber bestimmt, daß die geschuldete Leistung auch an einen anderen bewirkt werden kann, sofern er im Besitz der Urkunde ist. Dadurch wird diesem aber kein Recht verliehen, die Leistung selbst zu *verlangen*. Hierher gehört z. B. das Sparkassenbuch, der Pfand- und Depotschein. Einfache L. sind solche, in denen ein Gläubiger nicht benannt ist (→ Legitimationszeichen, → Inhaberpapiere) z. B. Garderobenmarke, Gepäckschein.

Legitimationszeichen ist eine Urkunde, in der der Gläubiger nicht benannt ist und der Schuldner mit befreiender Wirkung an jeden leisten kann, der die Urkunde vorlegt, ohne nachprüfen zu müssen, ob der Inhaber der Urkunde auch der tatsächlich Berechtigte ist (*Beispiel:* Gepäckschein, Garderobenmarke). Das L. ist vom → Inhaberzeichen zu unterscheiden, da im Gegensatz zu diesem eine Pflicht des Schuldners zur Leistung nicht besteht.

Lehrvertrag → Ausbildungsvertrag.

Leibrente ist ein Recht auf regelmäßig wiederkehrende gleichmäßige Leistung von Geld oder anderen vertretbaren Sachen für die Lebenszeit des Berechtigten (§§ 759ff.). Die Verpflichtung zur Bestellung einer L. kann auf den verschiedensten Rechtsgründen beruhen, insbes. auf → Vertrag oder Testament. Bei vertraglicher Vereinbarung ist für die Erteilung des Leibrenteversprechens und (§ 761) für die Verpflichtung hierzu Schriftform notwendig. Wird die L. schenkweise versprochen, ist notarielle Beurkundung erforderlich. Immer muß sie unabhängig von etwaigen Gegenleistungen versprochen werden.

Unbeschadet abweichender vertraglicher Vereinbarungen ist die L. für die ganze Lebensdauer des Gläubigers zu entrichten; der angegebene Rentenbetrag ist der Jahresbetrag der Rente (§ 759). Die Rente ist in Vierteljahresleistungen im voraus zu zahlen. Stirbt der Gläubiger im Laufe des Zahlungszeitraums, kann der Restbetrag nicht zurückgefordert werden (§ 760).

Der aus der Bestellung der L. erwachsene Gesamtanspruch verjährt in 30 Jahren, die Ansprüche auf die einzelnen Rentenleistungen dagegen bereits in 4 Jahren (§§ 195, 197).

Keine L. sind Leistungen aus Altenteil (→ Reallast), Ruhegehaltsvereinbarung, Unterhaltsleistung und Schadensersatz in Rentenform. Vgl. → Rentenbesteuerung.

Leiharbeitsvertrag liegt vor, wenn ein Arbeitgeber einen Arbeitnehmer mit seiner Zustimmung für eine bestimmte Zeit einem anderen Arbeitgeber zur Arbeit überstellt und ihn dessen Weisungen unterwirft. Lohnzahlungsanspruch besteht gegen den eigentlichen Arbeitgeber, die Arbeitsleistung ist dem neuen Arbeitgeber gegenüber zu erbringen, der auch zur Fürsorge verpflichtet ist. Weitere Schutzbestimmungen enthält das ArbeitnehmerüberlassungsG (14. 6. 85, BGBl. I 1068), z. B. Begrenzung der L. für denselben Arbeitgeber auf 6 Monate. Für die gewerbsmäßige Überlassung von Leiharbeitnehmern an Dritte benötigt der Arbeitgeber eine Erlaubnis; im Baugewerbe ist sie gesetzlich verboten. Kündigung des Arbeitsvertrages zwischen Verleiher und Arbeitnehmer für die Zeit, in der der Arbeitnehmer nicht vermittelt werden kann, ist unzulässig.

Leihe ist die *unentgeltliche* Überlassung einer beweglichen oder unbeweglichen Sache zum Gebrauch. Der Vertragsabschluß unterliegt keiner → Form, soweit die Vertragspartner nichts anderes vereinbaren. Der Sprachgebrauch des täglichen Lebens verwendet oft fälschlich den Begriff L., wenn in Wirklichkeit ein entgeltlicher Vertrag vorliegt, z. B. „Leihbücherei" (→ Miete).

Die Pflicht des Verleihers besteht in unentgeltlicher Gebrauchsüberlassung der Leihsache (§ 598). Kommt er seiner Vertragspflicht nicht nach, so haftet er dem Entleiher nur bei Vorsatz und grober Fahrlässigkeit (→ Verschulden; § 599). Verschweigt er aber arglistig einen Rechts- oder Sachmangel der Leihsache, welcher deren Gebrauchswert mindert, so hat er etwaige Schäden, die dem Entleiher hieraus erwachsen, zu ersetzen (§ 600), z. B. bei Überlassung eines nicht betriebssicheren Kraftfahrzeugs.

Pflichten des Entleihers sind die Tragung der Kosten für den Erhalt der Sache (§ 601) und ihre Rückgabe nach Ablauf der Leihfrist (§ 604). Für Veränderungen oder Verschlechterungen der Leihsache, die durch den vertragsgemäßen Gebrauch entstehen, haftet der Entleiher dagegen nicht, insbes. also nicht für Abnützung (§ 602). Allerdings darf der Entleiher die Sache nur in der vertraglich festgelegten Weise gebrauchen und sie nicht ohne Erlaubnis des Verleihers an Dritte weitergeben (§ 603).

Der Leihvertrag endet mit Zeitablauf oder Zweckerreichung (§ 604). Ist weder eine Zeitdauer bestimmt noch aus dem Zweck der L. zu entnehmen, dann kann der Verleiher die Sache jederzeit zurückfordern und damit den Vertrag beenden (§ 604 III).

Vor dem vertraglich vereinbarten oder zweckbestimmten Zeitablauf kann der Vertrag durch → Kündigung des Verleihers beendet werden, wenn a) der Entleiher die Sache vertragswidrig gebraucht oder ohne Erlaubnis an Dritte weitergibt, b) der Bestand der Sache gefährdet ist, weil der Entleiher seine Erhaltungspflichten verletzt, c) der Entleiher stirbt, d) der Verleiher die Sache unvorhergesehen selbst benötigt (§ 605).

Die Ansprüche aus dem Leihvertrag verjähren, soweit es sich nicht um die Übergabe und Rückgabe der Sache bzw. den Ersatzanspruch wegen Rechts- oder Sachmängel nach § 600 handelt, in 6 Monaten (§ 606). Die Frist beginnt für den Verleiher mit der Rückgabe der Leihsache, für den Entleiher mit der Beendigung des Leihvertrages (§ 606, S. 2 i. Verb. m. § 558 II, III). Ansprüche auf Übergabe und Rückgabe der Sache sowie Ansprüche aus § 600 verjähren dagegen nach 30 Jahren.

Leihhaus → Pfandleihe.

Leihmutter. Wird ein außerhalb des Körpers gezeugter Embryo von einer anderen Frau (der sog. Leihmutter) ausgetragen, ist es umstritten, ob die genetische Mutter nur nach Embryo-Adoption Unterhaltspflicht und elterliches Sorgerecht hat. Ein Leihmuttervertrag ist jedoch nichtig.

Leistungsort → Erfüllungsort.

Leistungsstörung → Vertrag (besteht in Unmöglichkeit, Verzug, Schlechterfüllung).

Leistungsverweigerung → Zug-um-Zug-Leistung.

Leistungsverzug → Verzug.

Leistungszeit, Fälligkeit → Verzug.

Lenkzeit

Lenkzeit von Kfz darf nach Arbeitsrecht maximal 8 Stunden, ohne Pause maximal 4½ Stunden betragen mit anschließender Ruhezeit von mindestens ½ Stunde; ununterbrochene Ruhezeit zwischen 2 Schichten von grundsätzlich 11 Stunden.

Straßenverkehrsrecht (§ 15a StVZO) bestimmt, daß die dort genannten Kfz grundsätzlich maximal 9 Stunden (innerhalb von 2 aufeinanderfolgenden Wochen maximal 90 Stunden) gefahren werden dürfen, wobei nach 4½ Stunden eine Pause von mindestens 45 Minuten einzulegen ist.

Kfz-Halter darf längere L. weder anordnen noch zulassen.

Letztwillige Verfügung → Verfügung von Todes wegen.

Lichtreklame → Reklame.

Liebhaberwert → Schadensersatz.

Lieferschein ist die einer Warenlieferung mitgegebene Urkunde. Ist die Ware eingelagert, ist der L. eine → Anweisung an den Lagerhalter, nur gegen Zahlung auszuliefern.

Lieferungsbedingungen → Allgemeine Geschäftsbedingungen.

Liquidation ist die Abwicklung bei Auflösung eines Vereins, einer Personen-, Kapitalgesellschaft oder Genossenschaft. Es werden die laufenden Geschäfte erledigt, Schulden getilgt, Forderungen eingezogen, das Vermögen versilbert und der Überschuß geteilt (§ 47, § 732 BGB, §§ 149, 155, 161 HGB, §§ 268, 271 AktG, §§ 70, 72 GmbHG, §§ 88, 91, 92 GenG).

Liquidatoren. Mit der → Liquidation betraut sind diejenigen Personen, die bisher die Geschäfte der Gesellschaft bzw. des Vereins geführt und sie vertreten haben, sofern nicht andere Personen vom Gericht, durch Gesellschafterbeschluß, Gesellschaftsvertrag oder Satzung bestellt sind. Sie haften wie Geschäftsführer und Vorstand.

Lizenzvertrag. Durch ihn überträgt der Urheber oder Inhaber eines Nutzungsrechtes, Patentes, Verlagsrechtes, → Gebrauchs- bzw. → Geschmacksmusters sein Recht ganz oder teilweise zur Nutzung auf eine andere Person. Diese ist zur Zahlung einer *Lizenzgebühr* verpflichtet. Eine Begrenzung auf zeitliche oder geografische, auf bestimmte Personen, Gegenstände, Betriebe, Mengen und Nutzungsarten ist zulässig. Man unterscheidet Gebrauchs-, Herstellungs-, Betriebs- und Vertriebslizenz. Der L-Geber haftet für den Bestand und Mängel, der L-Nehmer auf Zahlung der L-Gebühr (§§ 31 ff. UrhG, § 15 PatG, § 22 GebrMG). Gutgläubiger Erwerb der Lizenzrechte ist nicht möglich. Der L. ist insoweit unwirksam, als er dem Lizenznehmer mehr Beschränkungen auferlegt, als es der Schutz der Lizenz erfordert.

Lohn → Dienstvertrag, Arbeitsvertrag.

Lohnfortzahlung → Dienstvertrag. Sie erfolgt ohne Zulagen im Krankheitsfall oder bei Kur, Schwangerschaftsabbruch bzw. Sterilisation des Arbeitnehmers bis zu 6 Wochen (§ 616 BGB, § 63 HGB, § 133 c GewO, § 48 SeemannsG, § 12 BerufsbildungsG; LohnfortzG 27. 7. 69, BGBl. I 946). Voraussetzung sind ein Arbeitsverhältnis über 4 Wochen, mindestens von mehr als 10 Stunden Wochenarbeitszeit (45 pro Monat) und unverschuldete Arbeitsunfähigkeit. Keine L. bei besonders gefährlicher Sportart oder nicht leistungsentsprechender Übertreibung. Die Arbeitsunfähigkeit ist dem Arbeitgeber → unverzüglich anzuzeigen und ab dem 3. Kalendertag durch ärztliches Attest nachzuweisen. Mutterschaftsgeldempfänger haben keinen Anspruch auf L. Anspruch auf L. erlischt grundsätzlich nicht bei Kündigung durch Arbeitgeber anläßlich der Arbeitsunfähigkeit.

In ehem. DDR gelten nicht § 133c GewO; §§ 1–7, 9 LohnfortzG (§§ 8, 10–19 gelten erst ab 1. 7. 91).

Lohnpfändung. Lohn ist nur beschränkt pfändbar (§§ 850 ff. ZPO). Pfändungsfrei sind derzeit: DM 1219.99 monatlich, DM 279.99 wöchentlich und DM 55.99 täglich. Der unpfändbare Betrag erhöht sich, wenn der Arbeitnehmer Unterhalt zu leisten hat (§ 850 c ZPO). Ist der Lohn höher als der unpfändbare Betrag, ergibt sich der pfändbare Teil aus einer L.-Tabelle (Anlage zu § 850 c ZPO). Der Berechnung wird das Nettoeinkommen nach Abzug von Lohnsteuer und Sozialversicherungsabgaben zugrunde gelegt. Völlig unpfändbar sind: Urlaubsgeld, Heirats-, Geburtsbeihilfen, Erziehungsgeld, Studienhilfen o. ä., Sterbegelder, Gnadenbezüge, Blinden- und andere soziale Zulagen, Weihnachtsgeld bis DM 540.–, Überstundenlohn zur Hälfte (§ 850 a ZPO); bedingt unpfändbar sind: Unterhaltsrenten etc. (§ 850 b ZPO). Will ein Unterhaltsberechtigter in den Lohn des Unterhaltspflichtigen vollstrecken, gelten die Pfändfreigrenzen nicht. Vgl. → Pfändung. Geht ein L. in ein Gehaltskonto über den pfändungsfreien Betrag hinaus, hebt sie das → Vollstreckungsgericht auf Antrag des Schuldners auf (§ 850 k ZPO).

Lohnschiebungsvertrag ist eine Vereinbarung, durch die das wahre Einkommen zu niedrig festgesetzt wird, um es der → Lohnpfändung zu entziehen, z. B. behält der Arbeitgeber (Ehegatte) einen Teil des Lohns ein und verrechnet ihn mit Leistungen, die unmittelbar an andere (Verwandte) erbracht werden. Ein L. ist, falls beweisbar, nichtig (§ 138) und verpflichtet zum → Schadenersatz (§ 826); er steht einer Lohnpfändung nicht im Wege (§ 850 h ZPO).

Lohnsteuerjahresausgleich

Lohnsteuerjahresausgleich erfolgt auf Antrag von unbeschränkt steuerpflichtigen, nicht selbständigen Arbeitnehmern, wenn die vom Arbeitgeber einbehaltene Lohnsteuer höher als die Steuer nach der Jahreslohnsteuertabelle ist. Zuständig ist bei mehr als 10 Arbeitnehmern der Arbeitgeber, sonst das Finanzamt, wo der Antrag bis zum Ende des 2. Folgejahres zu stellen ist; bei Fristversäumung: → Wiedereinsetzung in den vorigen Stand. Übersteigt das Jahreseinkommen bei Ledigen DM 27000.– ab 1990 und bei gemeinsam veranlagten Verheirateten DM 54000.– ab 1990, wird der Steuerpflichtige zur Einkommensteuer veranlagt. Nicht zum steuerpflichtigen Lohn zählen bloße Annehmlichkeiten, Aufwandsentschädigungen bis DM 2400.–, Abfindungen bis DM 36000.–, Heirats-, Geburtsbeihilfen bis DM 700.–, Reise-, Umzugskostenvergütung, durchlaufende Gelder, Auslagenersatz, Trinkgelder bis DM 2400.– pro Jahr, Jubiläumsgeschenke bis zu DM 2400.–; Zuschläge für Sonn-, Feiertags- und Nachtarbeit ab 1990: sofern sie bei Nachtarbeit 25%, bei Sonntagsarbeit 50%, bei Feiertagsarbeit 125%, an Weihnachten und dem 1. Mai 150% des Grundlohns nicht übersteigen. Von → Versorgungsbezügen bleiben 40%, maximal DM 4800.– pro Jahr steuerfrei.

Lohnsteuerkarte wird von der Wohnsitzgemeinde unentgeltlich ausgeschrieben und ist vom Arbeitnehmer seinem Arbeitgeber auszuhändigen. Dieser behält die sich aus der Lohnsteuertabelle und den → Lohnsteuerklassen ergebende Steuer ein, führt sie an das Finanzamt ab und trägt beides auf der L. ein. Etwaige → Freibeträge, die über gewisse, in die Lohnsteuertabelle eingearbeitete pauschale Freibeträge hinausgehen, werden auf Antrag in der L. eingetragen und mindern den Lohnabzug.

In ehem. DDR gilt für die Ausstellung der L. die AO 31. 7. 90, GBl. I Nr. 52 S. 1063.

Lohnsteuerklassen (I–VI). In I Arbeitnehmer, die ledig, verheiratet, verwitwet oder geschieden sind. In II die Arbeitnehmer von I, bei denen der → Haushaltsfreibetrag von DM 5616.– zu berücksichtigen ist. In III verheiratete Arbeitnehmer, wenn beide Eheleute einkommensteuerpflichtig sind und nicht dauernd getrennt leben, der Ehegatte des Arbeitnehmers keinen Lohn bezieht oder auf Antrag in V eingereiht ist; verwitwete Arbeitnehmer für das auf den Tod folgende Jahr; bei Eheauflösung für das Jahr der Auflösung. In IV verheiratete Arbeitnehmer, wenn beide Eheleute einkommensteuerpflichtig sind, nicht dauernd getrennt leben und beide Lohn beziehen. In V die Arbeitnehmer von IV, wenn ihr Ehegatte auf Antrag in III steht. In VI Arbeitnehmer, die mehrfach Arbeitslohn beziehen.

Lombardgeschäft ist Hergabe eines zinsbehafteten → Darlehens durch ein Geldinstitut gegen Bestellung eines Pfandrechts, meist an hinterlegten Wertpapieren oder sicherungsübereigneten Warenlagern, wenn z. B. ein → Kontokorrentkonto überzogen ist.

Löschung im → Grundbuch ist der Vermerk, daß ein Recht an einem Grundstück nicht mehr besteht. Die L. wird durch rotes Unterstreichen (erscheint in Fotokopie schwarz!) des betreffenden Textes gekennzeichnet. Die L. erfolgt auf Einwilligung des Betroffenen oder durch → einstweilige Verfügung. Ein L.-Anspruch kann durch → Vormerkung im Grundbuch gesichert werden.

Löschungsfähige Quittung → Quittung.

Lotterie → unvollkommene, nicht einklagbare Verbindlichkeiten.

Lotterielos → Inhaberpapier.

Lotto → unvollkommene, nicht einklagbare Verbindlichkeiten.

Luftreinhaltung durch Bau- und Betriebsvorschriften für Kfz, Überwachung luftverunreinigender Anlagen, entsprechende Messungen (auf Kosten der Betriebe), Führung eines Emissionskatasters und Aufstellung von Smogplänen (die zu Verkehrseinschränkungen berechtigen). Bei übermäßiger Luftverunreinigung Stillegung entsprechender Anlagen (→ Immissionsschutz). Auch das BenzinbleiG soll zur L. beitragen.

Luftverkehrshaftung. Wird beim Betrieb eines Luftfahrzeugs jemand verletzt, der kein Fluggast ist, oder sein Eigentum beschädigt, muß der Halter des Luftfahrzeugs (ohne daß es auf ein Verschulden ankommt) den Schaden ersetzen, bei Verletzungen bis DM 500000.–. Der Anspruch verjährt in 3 Jahren. Bei einem *Fluggast* ist die Haftungsgrenze für Verletzungen DM 320000.–, DM 67.50 für jedes kg Gepäck (maximal DM 3200.–), es haftet der Luftfrachtführer. Das gleiche gilt für *Überschallschäden*, z. B. Schock- und Sachschaden durch Überschallknall. Eine Luftverkehrsgesellschaft darf die Abfertigung eines Fluggastes nicht allein deshalb verweigern, weil dieser verspätet am Abfertigungsschalter erscheint, die Abfertigung insgesamt aber noch läuft; im Flugschein ist die späteste Zeit des Erscheinens am Abfertigungsschalter anzugeben und auf die (möglichen) Folgen des verspäteten Erscheinens hinzuweisen.

M

Mahnbescheid dient der schnellen Eintreibung einer möglicherweise nicht bestrittenen Geldforderung in einem schriftlichen Verfahren (§ 688 ZPO). Auf vorgedruckten Antrag des Gläubigers erläßt nur das Amtsgericht am Wohnsitz des Gläubigers ohne Rücksicht auf die Höhe der Forderung nach Zahlung des Kostenvorschusses den M. Darin wird der Schuldner aufgefordert, binnen 2 Wochen ab Zustellung zu zahlen oder *Widerspruch* einzulegen; letzterenfalls findet ein mündliches Verfahren statt, ansonsten wird der M. für vollstreckbar erklärt (→ Vollstreckungsbescheid). Legt gegen ihn der Schuldner nicht binnen 2 Wochen *Einspruch* ein, wird in sein Vermögen vollstreckt.

Mahnung → Verzug, Verjährung.

Mäkler → Mäklervertrag.

Mäklervertrag ist der formlose gegenseitige → Vertrag, in dem für den Nachweis der Gelegenheit zum Abschluß eines Vertrages oder für die Vermittlung eines Vertrages dem einen Vertragspartner (Mäkler) vom anderen (Auftraggeber) eine Vergütung (Provision, Courtage) versprochen wird. Der Mäkler ist nicht zu einer Tätigkeit verpflichtet. Etwas anderes gilt dann, wenn ihm ein sog. *Alleinauftrag* erteilt wurde, d. h. ihm der Vertragsabschluß für eine bestimmte Zeit fest und ausschließlich an die Hand gegeben wurde, oder falls er sich verpflichtet hat, für einen Erfolg einzustehen. Die Verpflichtung des Auftraggebers zur Zahlung des Mäklerlohnes kann auch stillschweigend begründet werden. Insbes. wird derjenige provisionspflichtig, der sich die Dienste eines Mäklers gefallen läßt, wenn er wußte oder hätte wissen müssen, daß der Mäkler von ihm eine Vergütung erwartete. Voraussetzung für das Entstehen einer Provisionspflicht ist, daß der vom Mäkler vermittelte oder nachgewiesene Vertrag mit einem Dritten (nicht mit dem Mäkler selbst) tatsächlich zustande gekommen ist (§ 652 I). Ist der Dritte der Ehegatte des Maklers und hat dies der Auftraggeber gewußt, ohne daß er widersprochen hätte, kann er ebenso seine Provision verlangen, wie wenn ihm der *Selbsteintritt* gestattet worden wäre. Will der Makler seine Provision auch dann haben, wenn der Vertrag nicht zustande kommt, bedarf diese Abrede der notariellen Beurkundung, um wirksam zu sein. Eine Verpflichtung zur Zahlung von Aufwendungen auch bei Nichtzustandekommen des vermittelten Geschäfts kann vereinbart werden. Kommt der Vertrag nicht zustande oder wird er z. B. durch erfolgreiche → Anfechtung rückwirkend wieder beseitigt, entsteht kein Provisionsanspruch. Andererseits entfällt der einmal entstandene Provisionsanspruch nicht, wenn der abgeschlossene Vertrag nicht erfüllt oder z. B. durch Vereinbarung, → Rücktritt oder Wandelung (→ Gewährleistung) wieder aufgehoben wird. Zwischen der Tätigkeit des Mäklers und dem Vertragsabschluß muß ein ursächlicher Zusammenhang bestehen (→ Schadensersatz); jedoch braucht die Tätigkeit des Mäklers nicht die alleinige oder die Hauptursache des später abgeschlossenen Vertrages zu sein. Räumt Makler seinem Kunden eine 3-Monats-Option ein, obwohl er das Grundstück weiter anbietet, verliert er seinen Provisionsanspruch.

Auslagen kann der Mäkler nur dann verlangen, wenn darüber eine Abmachung getroffen wurde (§ 652 II). Auch wenn eine Provision zwischen den Vertragsparteien nicht ausdrücklich abgesprochen wurde, gilt eine solche als stillschweigend vereinbart, wenn die Mäklertätigkeit nach den gesamten Umständen nur gegen eine Vergütung zu erwarten war (§ 653 I). Die Höhe richtet sich danach, was üblich ist (§ 653 II). Sie kann bei den Industrie- und Handelskammern erfragt werden.

Sondervorschriften bestehen für die *Wohnungsvermittlung:* Für sie dürfen Vorschüsse weder gefordert noch angenommen werden; die Höhe einer vereinbarten → Vertragsstrafe ist auf 10% der vereinbarten Provision, höchstens DM 50.– begrenzt. Für eine gewerbliche Tätigkeit gilt § 34 c GewO und die Makler- und BauträgerVO vom 7. 11. 90, BGBl. I 2479. Der Eigentümer, Vermieter oder Verwalter einer Wohnung hat keinen Anspruch aus eigener Vermittlertätigkeit (Ges. vom 4. 11. 1971, BGBl. I 1747).

Der Auftraggeber ist verpflichtet, die vom Mäkler erhaltenen Mitteilungen (z. B. Adressen) vertraulich zu behandeln. Anderenfalls kann er selbst provisionspflichtig werden für ein Geschäft, das ein anderer auf Grund dieser Mitteilungen abschließt. Der Mäkler seinerseits verliert den Anspruch auf die Provision, wenn er entgegen seiner Verpflichtung auch für den anderen Teil treuwidrig tätig geworden ist (§ 654). Der Provisionsanspruch des gewerbsmäßigen Mäklers verjährt in 2 Jahren (§ 196). Die Frist für die → Verjährung beginnt mit dem Ende des Jahres, in dem der Anspruch entstanden ist (§ 201).

Zum Heiratsmakler → Ehevermittlung.

Mängel → Kauf, Werkvertrag.

Mängelfolgeschaden → Produzentenhaftung.

Mängelrüge → Kauf (Anm.: III), Handelskauf, Werkvertrag (Anm.: 5, b).

Mankohaftung

Mankohaftung. Mangels besonderer Vereinbarung (die aber nichtig, weil sittenwidrig sein kann) haftet ein Arbeitnehmer für einen Kassen- oder Warenfehlbestand nur, wenn er den Arbeitsvertrag schuldhaft verletzt oder eine → unerlaubte Handlung begeht. Als Ausgleich bei Haftung auch für Fahrlässigkeit kann Zahlung eines sog. Mankogeldes vereinbart werden.

Mehrarbeit ist die Arbeitszeit, die 8 Stunden am Tag übersteigt. Sie ist grundsätzlich verboten, durch andere Verteilung, Tarifvertrag oder in außergewöhnlichen Fällen aber zulässig (§ 14 AZO). In jedem Fall kann ein Zuschlag zum Arbeitslohn verlangt werden, der zur Hälfte unpfändbar ist (§ 850 a ZPO).

Mehrheitswahl. Bei diesem Wahlsystem ist der Kandidat gewählt, der in einen Wahlkreis die Mehrheit der abgegebenen Stimmen erhält. Es handelt sich um eine Personenwahl. Splitterparteien werden zugunsten klarer Mehrheitsverhältnisse ausgeschaltet. Gegensatz: → Verhältniswahl (Listenwahl). Kombination aus beiden Systemen gibt dem Wähler eine Zweitstimme, die er für eine Parteiliste abgibt.

Mehrwertsteuer → Umsatzsteuer.

Meistgebot ist bei einer Versteigerung das höchste abgegebene Gebot. Das M. gibt nur in der → Zwangsversteigerung ein Recht auf den Zuschlag (§ 81 I ZVG).

Meldepflicht. Nach dem Melderechtsrahmengesetz (16. 8. 80, BGBl. I 1429) muß sich jeder, der eine Wohnung bezieht oder auszieht, bei der Meldebehörde (Einwohnermeldeamt) an- oder abmelden. Das Gesetz regelt auch die Datenübermittlung zwischen den Meldebehörden und anderen öffentlichen Stellen. M. bei vorübergehendem Aufenthalt (Hotel): je nach Landesrecht.

M. ferner bei Arbeitsunfällen, Geburten, übertragbaren Krankheiten, Geschlechtskrankheiten (für Ärzte) und in der Sozialversicherung (für Arbeitgeber bezüglich der Versicherungsverhältnisse seiner Arbeitnehmer).

In ehem. DDR gilt VO über Meldewesen 15. 7. 65, GBl. II Nr. 109 S. 761.

Mengenrabatt → Rabatt.

Merkantiler Minderwert → Schadensersatz.

Miete (§§ 535 ff.). Der Mietvertrag ist ein gegenseitiger → Vertrag, in dem sich der Vermieter verpflichtet, dem Mieter den Gebrauch einer Sache zu gewähren, und der Mieter verspricht, ein vereinbartes Entgelt (Mietzins) zu leisten. Gegenstand eines Mietvertrages können sowohl Grundstücke und deren Teile (z. B. Wohnräume) wie auch bewegliche Sachen sein, z. B. Schiffe, Kraftfahrzeuge, Bücher usw. Bei der M. beweglicher Sachen wird im täglichen Leben oft fälschlich von → Leihe gesprochen (z. B. Leihbücherei, Skiverleih, Bootsverleih). Den Mietverhältnissen über Wohnräume wird vielfach der sog. *Einheitsmietvertrag* zugrunde gelegt. Bei diesem handelt es sich um einen vorgefertigten Vertragsentwurf. Seine Bedingungen gelten daher nur, wenn er von den Beteiligten tatsächlich akzeptiert wird. (→ Allgemeine Geschäftsbedingungen).

Der *Abschluß des Mietvertrages* ist an keine → Form gebunden. Der Vertrag über Grundstücke und Wohnungen bedarf der Schriftform, wenn er für längere Zeit als 1 Jahr abgeschlossen wird. Ein Verstoß hiergegen macht den Vertrag nicht nichtig, sondern führt dazu, daß er als auf unbestimmte Zeit geschlossen gilt und nicht vor Ablauf eines Jahres gekündigt werden kann (§§ 566, 580).

Miete. Kündigung, Tod des Mieters.

Der Mietvertrag endet durch *Zeitablauf,* wenn eine bestimmte Mietzeit vereinbart war. Ist der Mietvertrag auf unbestimmte Zeit abgeschlossen, so kann er von beiden Vertragspartnern durch → *Kündigung* beendet werden. Kündigung zum Zweck der Mieterhöhung ist ausgeschlossen.

Die Kündigung eines Mietvertrages über *Wohnräume* muß schriftlich erfolgen (§ 564a); nicht bei vorübergehend oder möbliert vorübergehend überlassenen Wohnraum. Ein Recht zur fristlosen Kündigung steht dem *Vermieter* bei vertragswidrigem Gebrauch der Mietsache durch den Mieter, bei → Verzug des Mieters hinsichtlich des Mietzinses (§ 554; der Räumungsanspruch hängt nicht von der vorherigen gerichtlichen Einforderung der rückständigen Miete ab) und aus wichtigem Grund zu (z. B. wenn ihm die Fortsetzung des Mietverhältnisses nicht mehr zugemutet werden kann § 554a, *nachhaltige Störung des Hausfriedens).* Weitere Gründe für eine fristlose Kündigung können für den *Vermieter* auch nicht vertraglich vereinbart werden (§ 554b).

Wenn für die *ordentliche Kündigung* keine Fristen vereinbart sind, gelten die gesetzlichen Kündigungsfristen (§ 565). Sie betragen bei der M. *beweglicher Sachen* 1–3 Tage, je nach der Bemessung der Mietzinszahlung;

bei *Grundstücken* und *Wohnräumen* muß bei monatlicher Zahlung die Kündigung spätestens am 3. eines Monats für den Ablauf des übernächsten Monats, bei Geschäftsräumen und gewerblich genutzten unbebauten Grundstücken für den Ablauf eines Kalendervierteljahres erklärt werden. Bei nur vorübergehender M. möblierter Wohnräume ist die Kündigung spätestens am 15. eines Monats für den Ablauf dieses Monats zulässig. Bei Wohnräumen, die für längere Zeit vermietet werden, verlängert sich die Kündigungsfrist nach 5, 8 und 10 Jahren jeweils um 3 Monate. Eine abweichende Vereinbarung hierüber ist nicht zulässig (§ 565 II).

Der Vermieter von Wohnraum (nicht von möblierten Zimmern in der Wohnung des Vermieters und nicht von nur vorübergehend vermieteten Räumen) kann eine Kündigung nur wirksam erklären, wenn er hieran ein *berechtigtes Interesse* hat (§ 564b). Ein solches liegt z. B. vor, falls der Mieter seine Pflichten aus dem Mietvertrag nachhaltig grob verletzt, der Vermieter dringenden Eigenbedarf für sich oder seine Familie geltend machen kann (bei Umwandlung und Verkauf des Wohnungseigentums erst nach 3 Jahren; falls die Versorgung mit Wohnraum knapp ist, nach 5 Jahren), an notwendiger Haussanierung oder dem Ausbau bisher nicht zum Wohnen vermieteter Nebenräume als Wohnraum (und die Nebenräume bis 1. 6. 95 gekündigt werden) gehindert würde. Kein Kündigungsgrund, daß mit dem Verkauf der unvermieteten Wohnung ein wesentlich höherer Erlös zu erzielen wäre. *Eigenbedarf* liegt nach neuester Ansicht der BVerfG schon vor, wenn der Vermieter vernünftige und nachvollziehbare Gründe hat und sein Selbstnutzungswunsch ernsthaft ist, wobei es nicht darauf ankommt, ob er den Bedarfsgrund absichtlich herbeigeführt hat. Diese Gründe muß der Vermieter, will er sie geltend machen, schon im Kündigungsschreiben mitteilen; ein *Nachschieben* ist unzulässig. Davon kann im Mietvertrag nicht abgewichen werden (kein Begründungszwang bei nur zu vorübergehendem Gebrauch, möbliert, als Ferienwohnraum vor dem 1. 6. 95 oder an öffentliche Behörden zur Überlassung an stark wohnungsbedürftige Personen vor dem 1. 6. 95 vermietetem Wohnraum).

Selbst wenn das besondere Interesse an einer Kündigung bejaht wird, kann der Mieter, falls er nicht selbst gekündigt hat und auch nicht seinerseits einen Grund zur außerordentlichen Kündigung gegeben hat, der Kündigung durch den Vermieter *widersprechen*. Er kann die Fortsetzung des Mietverhältnisses verlangen, wenn dessen vertragsgemäße Beendigung für ihn oder seine Familie eine Härte bedeuten würde, die auch unter Würdigung der berechtigten Interessen des Vermieters nicht zu rechtfertigen wäre. Eine derartige Härte ist z. B. dann gegeben, wenn angemessener Ersatzwohnraum zu zumutbaren Bedingungen nicht beschafft werden kann (§ 556a). Kein Fortsetzungsverlangen bei nur zu vorübergehendem Gebrauch, möbliert, als Ferienwohnraum vor dem 1. 6. 95 oder an öffentliche Behörden zur Überlassung an stark wohnungsbedürftige Personen vor dem 1. 6. 95 vermietetem Wohnraum.

Das Kündigungsschreiben des Vermieters soll ferner den Hinweis enthalten, daß der Mieter der Kündigung widersprechen kann (nicht nötig bei nur zu vorübergehendem Gebrauch, möbliert, als Ferienwohnraum vor dem 1. 6. 95 oder an öffentliche Behörden zur Überlassung an stark wohnungsbedürftige Personen vor dem 1. 6. 95 vermietetem Wohnraum). Der Widerspruch des Mieters bedarf der Schriftform und muß spätestens 2 Monate vor Beendigung des Mietverhältnisses gegenüber dem Vermieter erklärt werden. Enthält das Kündigungsschreiben des Vermieters keinen Hinweis auf das Widerspruchsrecht des Mieters, so kann dieser den Widerspruch noch im 1. Termin des Räumungsrechtsstreits erklären. Der Mieter kann verlangen, daß das Mietverhältnis (gegebenenfalls unter Erhöhung der Miete) solange fortgesetzt wird, wie dies angemessen ist; im Streitfall entscheidet das Mietgericht/Amtsgericht durch Urteil. Wird auf Räumung erkannt oder kommt ein Vergleich zustande, kann das Gericht auf Antrag eine *Räumungsfrist* von maximal 1 Jahr gewähren (§ 721 ZPO).

Obwohl bei befristetem Mietverhältnis der Vertrag mit Ablauf der Zeit endet, kann auch hier der Mieter die Fortsetzung unter Berufung auf eine soziale Härte verlangen (§ 569b).

Wesentlich kürzere Kündigungsfristen gelten für die Miete von *Werkdienstwohnungen* und *Werkmietwohnungen* (§§ 565ff.), also für solche Wohnräume, die mit Rücksicht auf das Bestehen eines Arbeitsverhältnisses (→ Arbeitsvertrag, → Dienstvertrag) oder im Rahmen eines solchen vermietet werden. So ist sie z.B. bei einer Hausmeisterwohnung spätestens am 3. Werktag eines Kalendermonats für den Ablauf dieses Monats zulässig.

Wenn der Mieter nach Ablauf der vereinbarten Mietzeit den Gebrauch der Sache fortsetzt, gilt das Mietverhältnis als auf unbestimmte Zeit verlängert, sofern nicht einer der Vertragspartner eine entgegenstehende Erklärung abgibt (§ 568).

Stirbt der Mieter, können sowohl sein Erbe als auch der Vermieter zum nächstzulässigen Termin kündigen (§ 569). Bei Wohnraum treten der Ehegatte oder die in der Wohnung des verstorbenen Mieters lebenden Familienangehörigen in den Mietvertrag ein, unabhängig davon, ob sie Erben sind. Sie haben die Möglichkeit, die Fortsetzung des Mietverhältnisses durch Erklärung gegenüber dem Vermieter binnen eines Monats abzulehnen (§ 569a).

VI. Die Ersatzansprüche des Vermieters wegen Veränderungen oder Verschlechterungen der Mietsache und die Ansprüche des Mieters auf Ersatz von Verwendungen oder auf Wegnahme einer Einrichtung, mit der er die Mietsache versehen hat, verjähren in 6 Monaten (§ 558). Diese kurze Verjährungsfrist gilt auch bei Ansprüchen aus → unerlaubter Handlung (z. B. Beschädigung der Mietsache).

Die Verjährung der Ersatzansprüche des Vermieters beginnt mit dem Zeitpunkt, in welchem er die Sache zurückerhält, die Verjährung der Ansprüche des Mieters mit der Beendigung des Mietverhältnisses. Hinsichtlich des Mietzinses tritt Verjährung nach 4 Jahren ein (§ 197), wenn es sich nicht um die gewerbsmäßige Vermietung beweglicher Sachen handelt; für diese gilt eine 2jährige Frist (§ 196 I Nr. 6). Hier beginnt die Frist jeweils mit dem Ablauf des Jahres, in dem der Anspruch entstanden ist (§ 201). Der Anspruch auf Rückgabe der Mietsache verjährt in 30 Jahren.

VII. Sonderregelung in ehem. DDR gem. Art. 232 § 2 EGBGB und EV, wonach bis 1. 1. 92 besonderer Kündigungsschutz gewährt wird und Mieten nur im ortsüblichen Rahmen erhöht werden dürfen. Ordentliche Kündigung kann nicht auf wirtschaftliche Interessen, auf Eigenbedarf erst ab 1. 1. 93 gestützt werden.

Miete. Pfandrecht.

Der Vermieter eines *Grundstücks* bzw. *Wohnraumes* hat an den eingebrachten Sachen des Mieters für seine Forderungen aus dem Mietverhältnis einschließlich des folgenden Jahres ein gesetzliches → Pfandrecht (§ 559). Dieses *Vermieterpfandrecht* bezieht sich nur auf solche Sachen, an denen der Mieter Eigentum hat, nicht daher auf solche, die er unter → Eigentumsvorbehalt oder im Wege der → Sicherungsübereignung erworben hat. An solchen Gegenständen kann der Vermieter auch nicht gutgläubig ein Pfandrecht erwerben; gleiches gilt für Gegenstände, die der Pfändung nicht unterliegen. Das Pfandrecht entsteht mit dem dauernden Verbringen der Sachen in die Mietwohnung und erlischt grundsätzlich wieder mit deren Entfernung aus den Mieträumen, sofern dies nicht ohne Kenntnis des Vermieters oder gegen seinen Widerspruch geschieht (§ 560). Widerspruch ist unbeachtlich, wenn die Entfernung im Geschäftsbetrieb des Mieters erfolgt oder der Rest eine ausreichende Sicherung darstellt. Zur Durchsetzung seines Pfandrechts hat der Vermieter ein *Selbsthilferecht* (§ 561). Er darf die Entfernung der Gegenstände aus der Mietwohnung auch *gewaltsam* verhindern und innerhalb 1 Monats die Zurückschaffung der weggebrachten Sachen verlangen. Das Vermieterpfandrecht erlischt mit Ablauf 1 Monats, nachdem der Vermieter von der Entfernung der Gegenstände aus den Mieträumen Kenntnis erlangt hat (sofern er seinen Anspruch nicht vorher gerichtlich geltend gemacht hat) und bei gutgläubigem Erwerb Dritter. Der Pfändung durch einen Gläubiger des Mieters darf der Vermieter nicht widersprechen, hat aber ein Recht auf vorzugsweise Befriedigung für seine Mietforderungen (zurück bis 1 Jahr vor der Pfändung, § 805 ZPO). Das Vermieterpfandrecht hat Vorrang gegenüber einer nachträglichen → Sicherungsübereignung.

Miete. Veräußerung und Miethöhe.

Bei der Veräußerung eines vermieteten Grundstücks bzw. Wohnraumes tritt der Erwerber mit allen Rechten und Pflichten aus dem Mietvertrag an die Stelle des bisherigen Vermieters. (*„Kauf bricht nicht Miete"*, §§ 571 ff.). Für die Verpflichtungen des Erwerbers aus dem übernommenen Mietvertrag haftet der bisherige Vermieter wie ein selbstschuldnerischer Bürge (→ Bürgschaft), bis er dem Mieter Mitteilung von der Veräußerung macht und wenn dieser nicht zum nächstzulässigen Termin kündigt.

Zweck- und Preisbindung gilt für Wohnungen, die den Vorschriften über sozialen Wohnungsbau unterliegen (WoBiG). Besonderen Belastungen wird durch das → Wohngeld begegnet. Eine Mieterhöhung kann nicht durch Kündigung erzwungen werden. Eine freie Vereinbarung zwischen Mieter und Vermieter ist zulässig, nicht aber *Mietpreisgleitklauseln.* Der Vermieter kann nur dann vom Mieter die Zustimmung zu einer Erhöhung des Mietzinses verlangen, wenn dieser 1 Jahr unverändert ist, sich in 3 Jahren um nicht mehr als 30% erhöht hat und der neue Mietpreis ortsüblich ist *(Vergleichsmiete);* das Verlangen ist schriftlich zu begründen; Bezugnahme auf *Mietspiegel* oder 3 Vergleichsobjekte ist zulässig. Im Weigerungsfall kann der Vermieter 2 Monate nach seinem Erhöhungswunsch den Mieter erfolgreich verklagen. Einseitige anteilige Mieterhöhung durch den Vermieter ist nur bei baulichen Verbesserungen (Umlage 11% der Aufwendungen), Verteuerung der Betriebs- oder Kapitalkosten zulässig. Der Mieterhöhung (mit Ausnahme der betriebskostenbedingten) kann der Mieter durch Kündigung entgehen (§ 9 MHG). Abweichende Vereinbarungen zu Ungunsten des Mieters sind unwirksam (es sei denn, der Mieter hat einer Mieterhöhung zugestimmt). Staffelmiete bis zu 10 Jahren ist zulässig, sofern der Mietzins für 1 Jahr unverändert bleibt. In ehem. DDR ist nur der nach 3. 10. 90 neu geschaffene, nicht öffentlich geförderte Wohnraum von einer Preisbindung frei. Zur schrittweisen Anpassung vgl. VO 17. 6. 91, BGBl. I 1269.

Alle diese Rechte gelten nicht für vorübergehend vermieteten, oder möbliertem und vom Vermieter zum Teil selbst bewohnten Wohnraum sowie bei Studenten- und Jugendwohnheimen.

Miete. Vertragspflichten.

Die *Verpflichtungen des Vermieters* bestehen darin, die Mietsache zum Gebrauch zu überlassen und in gebrauchsfähigem Zustand zu erhalten (§ 536). Die normalen Erhaltungskosten einer Wohnung wie Anstrich der inneren Wände, Türen und Fensterstöcke usw. (→ *Schönheitsreparaturen)* werden jedoch in vielen Fällen zulässigerweise im Vertrag dem Mieter auferlegt. Der Vermieter haftet für alle, auch die nicht erheblichen Mängel, falls sie die Tauglichkeit der Mietsache zu dem vertragsmäßigen Gebrauch aufheben oder mindern (§ 537), und zwar auch für solche, die erst im Laufe der Mietzeit hervortreten oder schuldhaft entstehen. Dies gilt sowohl für Sachmängel als auch für Rechtsmängel. Falls Mängel vorhanden sind, ist der Vermieter in erster Linie zu deren Beseitigung verpflichtet. Kommt er dieser Verpflichtung nicht nach und ist er durch Mahnung des Mieters in → Verzug, so ist der Mieter berechtigt, den Mangel selbst zu beseitigen oder beseitigen zu lassen und die dazu erforderlichen Aufwendungen vom Vermieter ersetzt zu verlangen (§ 538 II). Für die Zeit, in der die Mietsache wegen eines Mangels nicht oder nicht unbeschränkt benutzt werden kann, braucht der Mieter ohne vorherige Ankündigung überhaupt keinen oder nur einen entsprechend geminderten Mietzins zu bezahlen. Der Mieter hat weiter die Möglichkeit, das Mietverhältnis fristlos zu kündigen, wenn der Vermieter innerhalb einer ihm gesetzten angemessenen Frist den Mangel nicht beseitigt oder wenn der Mieter wegen des Mangels kein Interesse an der Fortsetzung des Vertrages mehr hat. Bei der Miete von Wohnraum kann dieses Recht des Mieters nicht durch Vereinbarung ausgeschlossen werden (§ 543). Daneben kann der Mieter auch → Schadensersatz für Mängel verlangen, die bei Abschluß des Vertrages bestanden oder später infolge Verschuldens des Vermieters aufgetreten sind (§ 538 I). Mit einer derartigen Schadensersatzforderung kann der Mieter auch dann gegen den Mietzins die → Aufrechnung erklären oder ein → Zurückbehaltungsrecht ausüben, wenn im Mietvertrag eine gegenteilige Vereinbarung getroffen wurde. Der Mieter muß diese Absicht jedoch mindestens 1 Monat vor Fälligkeit des Mietzinses schriftlich angekündigt haben (§ 552 a). Im übrigen kann die Haftung des Vermieters für Mängel durch Vereinbarung mit dem Mieter ausgeschlossen werden, sofern er sie nicht arglistig verschwiegen hat (§ 540). Für Mängel, die durch Verschulden des Mieters entstanden sind, haftet der Vermieter nicht (§ 548); er muß aber für solche einstehen, die durch den vertragsmäßigen Gebrauch herbeigeführt wurden, z. B. durch Abnutzung der Mietsache. Hinsichtlich solcher Mängel, die der Mieter bei Abschluß des Vertrages kannte oder grobfahrlässig (→ Verschulden) nicht kannte (ausgenommen bei Arglist des Vermieters), kann er die ihm zustehenden Rechte nur dann geltend machen, wenn er sich seine Ansprüche vorbehalten hat (§ 539). Eine → Vertragsstrafe kann nicht wirksam vereinbart werden.

Der *Mieter* ist in erster Linie zur Zahlung des Mietzinses (nach Ansicht des OLG München erst am Monatsende) verpflichtet, auch dann, wenn er aus persönlichen Gründen von der Mietsache keinen Gebrauch macht (§ 552). Darüber hinaus muß der Mieter die Mietsache pfleglich behandeln und dem Vermieter unverzüglich alle Gefahren und Mängel anzeigen, die der Mietsache drohen. Hierher gehört insbes. der Fall, daß ein Dritter wegen einer Forderung gegen den Mieter die Mietsache pfändet. Unterläßt der Mieter die Anzeige, verliert er einerseits seine Mängelansprüche gegen den Vermieter und setzt sich andererseits selbst Schadensersatzansprüchen des Vermieters aus (§ 545).

Der Mieter darf den Gebrauch der Mietsache nur mit Erlaubnis des Vermieters anderen Personen überlassen → *Untermiete*. Bei vertragswidrigem Gebrauch der Mietsache hat der Vermieter einen Unterlassungsanspruch gegen den Mieter (§ 550) sowie bei Verschulden des Mieters einen Schadensersatzanspruch. Außerdem steht dem Vermieter das Recht zur fristlosen → Kündigung zu, wenn der Mieter *trotz Abmahnung* den vertragswidrigen Gebrauch fortsetzt (§ 553), z. B. unerlaubte Tierhaltung.

Die Gefahr des Untergangs oder der Verschlechterung der Mietsache trägt während der Mietzeit der Vermieter. Auch muß er dem Mieter die Aufwendungen ersetzen, die für die Erhaltung der Mietsache in ihrem Bestand notwendig waren, nicht aber z. B. die Fütterungskosten für ein gemietetes Tier (§ 547). Ersatz für Aufwendungen, die nicht notwendig waren, wohl aber der Verbesserung der Mietsache dienten, z. B. *Einbauten,* kann der Mieter nur verlangen, wenn diese Aufwendungen dem wirklichen oder mutmaßlichen Willen des Vermieters entsprachen (§§ 547, 683). In jedem Fall kann der Mieter aber die Einrichtungen, mit denen er die Mietsache zu ihrer Verbesserung versehen hat, wieder wegnehmen (§ 547a). Er ist dann verpflichtet, die Mietsache auf seine eigenen Kosten wieder in den früheren Zustand zu versetzen.

Mieter → Miete.

Mietgericht = Amtsgericht, in dessen Bezirk sich der Wohnraum befindet, ist sachlich zuständig für Prozesse zwischen Vermieter und Mieter aus Überlassung, Räumung und Fortbenützung nach Kündigung.

Mietkauf. Der M. ist ein gegenseitiger → Vertrag, der zunächst auf die Vermietung (→ Miete) einer Sache gerichtet ist, dem Mieter jedoch das Recht einräumt, später durch Erklärung ggü. dem Vermieter und unter Anrechnung des bereits gezahlten Mietzinses auf den Kaufpreis die Sache zu kaufen. Nach der Erklärung finden nicht mehr die Vorschriften über die Miete, sondern *rückwirkend* diejenigen über den → Kauf, außerdem die Bestimmungen über das → Abzahlungsgeschäft Anwendung (→ Kreditvertrag), da er in der Wirkung einem Ratenkauf gleichkommt. (→ Leasingvertrag).

Mietkaution ist die Vorauszahlung eines Teiles der Miete zur Sicherheit für die Ersatz- und Vertragsansprüche des Vermieters. Be-

stehen solche nicht, ist die M. nach Ende des Mietvertrages zurückzuzahlen. Sie darf das Dreifache des monatlichen Mietzinses nicht
übersteigen und ist vom Vermieter zu den für Spareinlagen mit gesetzlicher Kündigungsfrist üblichem Zinssatz anzulegen; die Zinsen
gehören dem Mieter (§ 550b). → Kaution (§ 557a). Hat der Vermieter von Wohnraum zusätzlich eine → Bürgschaft verlangt, haftet der
Bürge nur für drei Monatsmieten.

Mietvorauszahlung → Baukostenzuschuß.

Mietwagen → Droschke.

Mietwagenkosten, Ersatz der – s. Schadensersatz.

Mietwucher wird mit Freiheitsstrafe bis zu 3 Jahren bestraft, wenn
jemand vorsätzlich die Zwangslage, Unerfahrenheit oder Willens-
schwäche eines anderen dadurch ausbeutet, daß er sich für Wohn-
raumvermietung oder -vermittlung ein Entgelt versprechen läßt, das
in auffälligem Mißverhältnis zum Mietwert steht. Ohne Ausbeutung
wird das Verlangen überhöhter Miete mit Ordnungsgeld bis
DM 50000.– bedroht.

Mietzins → Miete.

Minderjähriger → Geschäftsfähigkeit.

Minderung → Gewährleistung bei Kauf-, Miet- und Werkvertrag.

Mindestgebot in öffentlicher Versteigerung muß mindestens die
Hälfte des Verkaufswertes der Sache erreichen (§ 817a ZPO), in der
Zwangsversteigerung $7/10$ des Grundstückswertes *(Verkehrswert)*. Einem → Meistgebot, das unter diesem Betrag bleibt, kann der Zuschlag auf Antrag eines Beteiligten, dessen Recht durch das Meistgebot nicht gedeckt ist, versagt werden (§ 74a ZVG).

Mißtrauensvotum. Nach Art. 67 GG kann der → Bundestag dem
Bundeskanzler das Mißtrauen dadurch aussprechen, daß er mit
Mehrheit einen Nachfolger wählt und den Bundespräsidenten (der
dem entsprechen muß) ersucht, den Kanzler zu entlassen. Findet ein
Antrag des Kanzlers, ihm das Vertrauen auszusprechen (sog. Ver-
trauensfrage) keine Mehrheit im Bundestag, kann der Bundespräsident auf Vorschlag des Kanzlers den Bundestag binnen 21 Tagen
auflösen.

Mitarbeit der Kinder im elterlichen Haus und Geschäft ergibt sich
aus § 1619, die des Ehegatten aus der ehelichen Lebensgemeinschaft.
Er muß soweit üblich und zumutbar, im Beruf des Partners mitar-
beiten. Die M. ist grundsätzlich unentgeltlich zu leisten; dies steht
aber einem Gesellschafts- und Arbeitsverhältnis mit Pflicht zur

Lohnzahlung, Sozialversicherung und Abführung der Lohnsteuer nicht entgegen. Untereinander haften die Eheleute nur für die Sorgfalt, die sie in ihren eigenen Angelegenheiten anzuwenden pflegen (§ 1359). Wird die M. des Ehegatten in Haushalt oder Geschäft durch eine → unerlaubte Handlung vereitelt, hat der verletzte Ehegatte Anspruch auf → Schadensersatz; der andere Ehepartner hat keinen Anspruch wegen entgangener Dienste. (§ 845). Unabhängig davon kann die *Haushaltsführung* zwischen den Eheleuten verteilt werden; sind beide berufstätig (was der eine dem anderen nicht untersagen kann), ist auch die Hausarbeit zu teilen.

Mitbestimmung ist die Mitwirkung von Arbeitnehmern an der Entscheidung personeller, sozialer und wirtschaftlicher Fragen ihres Betriebes, über den → Betriebsrat (bzw. Personalrat) und den Aufsichtsrat (M.-Gesetz 4. 5. 76, BGBl. I 1153). In ehem. DDR gilt § 38 nicht.

Im Bereich der Montanunion (= Europ. Gemeinschaft für Kohle und Stahl) gilt M. nach G 29. 11. 71, 21. 5. 81 und 23. 7. 87, BGBl. I 1676 (in ehem. DDR nicht).

Mitbürge → Bürgschaft.

Miteigentum → Eigentum, Wohnungseigentum.

Miterbe → Erbengemeinschaft.

Mitfahren im Kraftfahrzeug → Gefälligkeitsfahrt, Kraftfahrzeugversicherung (3).

Mittelbare Stellvertretung → Stellvertretung.

Mittelbarer Besitz → Besitz.

Mitverschulden → Schadensersatz (§ 254).

Monopolbetrieb → Vertragsfreiheit.

Motivirrtum → Anfechtung.

Mündel eine unter → Vormundschaft stehende minderjährige Person. Das dem M. gehörende Geld hat der Vormund mündelsicher (§§ 1806 ff) in inländischen Hypothekenforderungen, Pfandbriefen, Wertpapieren, Schuldverschreibungen öffentlicher Körperschaften oder bei öffentlichen Sparkassen anzulegen. → Inhaberpapiere sind mit einem Sperrvermerk zu hinterlegen; Verfügungen kann er nur mit Genehmigung des Vormundschaftsgerichts treffen. Die Vorschriften über Mündelgeld gelten in ehem. DDR ab 1. 1. 92.

Musikaufführungen in Gaststätten oder bei Betriebsveranstaltungen sind *beitragspflichtig*. Die Beiträge müssen an die → GEMA (Ge-

Musikautomaten

sellschaft für musikalische Aufführungs- und mechanische Vervielfältigungsrechte) geleistet werden, die das Verwertungsrecht für die
durch → Urheberrecht geschützten Musikwerke wahrnimmt. Die
GEMA handelt dabei auf Grund eines sog. Berechtigungsvertrages
für die jeweiligen Komponisten, Arrangeure, Textdichter und Mu-
sikverleger. Die vereinnahmten Tantiemen werden nach einem bestimmten Schlüssel verteilt.

Musikautomaten (Musikbox) → Automatenaufstellung.

Musterung Wehrpflichtiger kann bei Weigerung erzwungen werden; sie dient der Feststellung der Wehrtauglichkeit durch Muste-
rungskammern. *Musterungsbescheid* kann binnen 2 Wochen mit Widerspruch zur Musterungskammer angefochten werden, der aufschiebende Wirkung hat; bei Zurückweisung: Klage.

Mutterschaftshilfe umfaßt innerhalb der → Krankenversicherung
vor und nach der Entbindung ärztliche Betreuung, Hebammenhilfe,
Arzneien, Verband- und Heilmittel, Vorsorge- und Nachsorgeun-
tersuchung, Pflege am Entbindungsort, Entbindungsgeld von DM
150.–, Mutterschaftsgeld für 6 Wochen vor und 8 Wochen (bei Früh-
oder Mehrgeburten 12 Wochen) nach der Entbindung in Höhe des
Nettolohnes oder Krankengeldes, mindestens DM 3,50 maximal
DM 25.– täglich.

Mutterschutz. Es besteht ein *Beschäftigungsverbot* 6 Wochen vor
und 8 Wochen nach der Entbindung, bei Früh- und Mehrgeburten 12
Wochen, und während der gesamten Schwangerschaft für schwere
Arbeiten. Stillende Mütter genießen Sonderschutz. Kündigung während der Schwangerschaft und bis 4 Monate danach ist unzulässig;
die Schwangere selbst kann kündigen; wird sie wieder eingestellt,
gilt das Arbeitsverhältnis als nicht unterbrochen. Während des M.
wird das volle Arbeitsentgelt weiter bezahlt. Neu eingeführt wurde
ein *Erziehungsgeld* von mtl. DM 600.– (auch bei mehreren Kindern
nicht mehr) bis zur Vollendung des 18. Monats bei Geburten ab Juli
1990 (bis zu 2 Jahren ab 1993), sofern die Mutter nicht oder nicht voll
erwerbstätig ist. Bei Überschreitung bestimmter Einkommensgren-
zen erfolgt nach dem 6. Monat eine Kürzung. Wer Anspruch auf
Erziehungsgeld hat, erhält für die gleiche Zeit *Erziehungsurlaub* bei
weitgehendem Kündigungsschutz für die Mutter und Erhalt ihres
Arbeitsplatzes. Für Adoptivkinder wird Erziehungsgeld bis zum
3. Lebensjahr gewährt. Anspruch auf Erziehungsgeld haben auch
Azubi, Schüler und Studenten.
    Das MutterschutzG vom 18. 4. 68, BGBl. I 315 gilt in ehem. DDR
ab 1. 1. 91 für Geburten nach diesem Zeitpunkt.

N

Nachbarrecht beinhaltet Beschränkungen des Eigentums an einem Grundstück durch Immissionen (→ Immissionsschutz), → Überhang, → Überfall, → Notweg (§§ 906 ff) sowie Zuflug von Blättern und Zweigen. Haftung der Gemeinde für Schaden durch Eindringen von Wurzeln in Abwasserleitung des Nachbarn. Das Läuten von Kirchenglocken und Lärm von Kinderspielplätzen muß man dulden. Bei benachbartem Tennisplatz kann zwar keine Lärmschutzwand, aber zeitlich eingeschränkte Spielweise verlangt werden.

Nachbarschutz – Vorschriften enthält das Baurecht. Es sind solche, die in erster Linie im Interesse des Nachbarn und nicht der Allgemeinheit liegen (z. B. Grenzabstand von Gebäuden). Verletzung des N. macht den Nachbarn im Baugenehmigungsverfahren zum *Betroffenen,* der widerspruchs- und klageberechtigt ist. Weitergehend ist das von den Baugenehmigungsbehörden (Landratsamt) zu beachtende *Rücksichtnahmegebot* (§ 15 BauNutzungsVO; §§ 34, 35 BauGB). Der Nachbar kann sich aber nicht auf Vorschriften berufen, die nur dem öffentlichen Interesse dienen, auf ihn jedoch nur als Reflex ausstrahlen und ihn nur mittelbar schützen.

Nachbesserungsanspruch → Werkvertrag (Anm.: 5), Kauf.

Nachbürge → Bürge.

Nachentrichtung von → Versicherungsbeiträgen. Versicherungsschutz hängt von der rechtzeitigen Zahlung wirksamer Beiträge ab. In der → Rentenversicherung können Pflichtbeiträge binnen 4 Jahren nach Fälligkeit, freiwillige Beiträge bis zum 31. 3. des Folgejahres entrichtet werden, für das sie gelten sollen. Die Höhe richtet sich bei Pflichtbeiträgen nach der Höhe des Einkommens. Freiwillig Versicherte können zwischen dem niedrigsten und dem zulässigen monatlichen Höchstbetrag wählen (§§ 204 ff. SGB VI). Bei Heiratserstattung, Abfindung früherer Beamtinnen, Vertriebenen und Geistlichen ebenfalls N. möglich (§§ 282 ff. SGB VI).

Die freiwillige Krankenversicherung erlischt, wenn 2 mal nacheinander am Fälligkeitstag die Beiträge nicht gezahlt sind und seit der ersten Säumnis 4 Wochen verstrichen sind. In der freiwilligen Unfallversicherung kann nur binnen 2 Monaten nach Zahlungsaufforderung nachentrichtet werden.

Nacherbe ist jemand, der durch letztwillige Verfügung erst Erbe wird, nachdem ein anderer vor ihm bereits Erbe war (§ 2101). Er erwirbt bereits beim Tod des Erblassers ein vererbliches → Anwartschaftsrecht. Zur Zeit des Nacherbfalles (zu dem laut Testament der Nachlaß vom → Vorerben auf den N. übergeht) muß der N. leben oder wenigstens erzeugt sein (und später lebend geboren werden). Schutz durch Eintragung im → Erbschein und → Grundbuch.

Nachfrist → Verzug.

Nachlaß ist das gesamte Vermögen (Erbschaft) des Erblassers, das nach dessen Tode (Erbfall) als Ganzes auf den oder die Erben übergeht (§ 1922). Zum Vermögen zählen auch die Passiva, also die Verbindlichkeiten des Erblassers, die bei dessen Tod bestehen *(Nachlaßverbindlichkeiten),* auch Steuerschulden, Unterhalt, Entbindungskosten, Versorgungsausgleichsansprüche. Keine Haftung für Geldstrafen. Unvererblich sind höchstpersönliche Rechtsbeziehungen des Erblassers (z. B. die Mitgliedschaft in einem → Verein), soweit sie nicht überwiegend vermögensrechtlich sind, wie bei Kapitalgesellschaften (z. B. Aktiengesellschaft), ferner Unterhaltsansprüche, soweit es sich nicht um Rückstände handelt, sowie familienrechtliche Erziehungs- und Nutznießungsrechte. Für Nachlaßverbindlichkeiten haftet der Erbe. Zu ihnen zählen auch die sog. *Erbfallschulden,* d. h. Schulden, die durch den Tod des Erblassers entstehen, z. B. Vermächtnisse, Pflichtteilsansprüche, Erbersatzansprüche, Zugewinnausgleich, Erbschaftsteuer, Auflagen und *Beerdigungskosten (→* Testament) (§ 1968). Die Beerdigung hat standesgemäß zu sein, die Bestattungsart (z. B. Einäscherung) bestimmt sich nach dem erklärten Willen des Erblassers; fehlt es an einer derartigen Erklärung, entscheidet der überlebende Ehegatte vor den Verwandten.

Der Erbe kann die Erbschaft innerhalb von 6 Wochen (bei Auslandserbfällen: 6 Monaten) *ausschlagen;* die Frist beginnt i. d. R. mit der Kenntnis des Erben vom Erbfall und dem Grund seiner Berufung. Das Ausschlagungsrecht erlischt mit Fristablauf oder wenn der Erbe die Erbschaft ausdrücklich bzw. stillschweigend (= konkludentes Handeln) angenommen hat (§§ 1942ff.). Die Ausschlagung kann nur ggü. dem Nachlaßgericht in öffentlich beglaubigter → Form erfolgen. Annahme und Ausschlagung dürfen weder unter einer → Bedingung noch unter einer Zeitbestimmung erfolgen (§§ 1945, 1947). Keine Ausschlagung zugunsten einer Person. Als Folge der Ausschlagung gilt der Ausschlagende als nicht vorhanden; er erhält weder einen Erb- noch einen Pflichtteil. *Ausn.:* Ehegatte bei Zugewinngemeinschaft (§ 1371), belastete Abkömmlinge (§ 2306) und Ausschlagung nur aus *einem* Berufungsgrund (z. B. Ausschlagung als Testamentserbe und Annahme als gesetzlicher Erbe). Irrtümliche Annahme bzw. Ausschlagung kann binnen 6 Wochen ab Irrtumserkenntnis *angefochten* werden (§ 1954). Kraft gesetzl. Fiktion erlangt der Erbe auch den → *Besitz* am N. mit dem Erbfall (§ 857). Bis zur

Annahme der Erbschaft muß u. U. das Nachlaßgericht für die Sicherung des N. sorgen, z. B. durch Anordnung einer Nachlaßpflegschaft (→ Pflegschaft).

Nachlaßgericht = Amtsgericht am letzten Wohnsitz des Erblassers.

Nachlaßkonkurs dient der Trennung des Nachlasses vom Privatvermögen des Erben und der Beschränkung seiner Haftung auf den Nachlaß. N. findet nur bei Überschuldung des Nachlasses statt. Antragsberechtigt: Erbe, Nachlaßverwalter, Nachlaßpfleger, → Testamentsvollstrecker und Nachlaßgläubiger binnen 2 Jahren nach Annahme der Erbschaft. Zur Vermeidung des N. kann auch ein Vergleichsverfahren durchgeführt werden.

Nachlaßpflegschaft → Pflegschaft.

Nachlaßteilung → Auseinandersetzung.

Nachlaßverbindlichkeiten → Nachlaß.

Nachlaßverwaltung wird vom → Nachlaßgericht auf Antrag (binnen 2 Jahren seit Annahme der Erbschaft) des Erben oder eines Nachlaßgläubigers angeordnet, um die Befriedigung der Gläubiger, die Trennung des Nachlasses vom Privatvermögen des Erben und dessen auf den Nachlaß beschränkte Haftung sicherzustellen. Die Verwaltungsbefugnisse des Erben gehen auf den Nachlaßverwalter über, der den → Nachlaß in Besitz nimmt und die Verbindlichkeiten berichtigt. Seine (entgeltliche) Tätigkeit endet bei Nachlaßkonkurs, Nachlaßvergleichsverfahren und Aufhebung der N. durch das Nachlaßgericht.

Nachlaßverzeichnis (Inventar) kann jeder Erbe errichten und beim → Nachlaßgericht einsenden; auf Antrag eines Nachlaßgläubigers setzt das Nachlaßgericht dem Erben oder Testamentsvollstrekker (nicht dem Nachlaßverwalter oder Konkursverwalter) hierfür eine Frist zwischen 1–3 Monaten. Wird die Frist versäumt, das N. unrichtig oder unvollständig errichtet oder die eidesstattliche Erklärung der Richtigkeit verweigert, haftet der Erbe den Nachlaßgläubigern unbeschränkt mit dem ererbten und seinem privaten Vermögen (§ 1993).

Nachlieferungsanspruch. Beim sog. *Gattungskauf* (→ Kaufvertrag, Anm.: V 9) kann der Käufer, wenn ihm eine mit Sachmängeln behaftete Sache geliefert wird und daher die Voraussetzungen von Wandelung oder Minderung (→ Kaufvertrag) gegeben sind, statt dessen die Lieferung einer *anderen, mangelfreien Sache* verlangen. *Beispiel:* Kauf eines neuen Autos; bei Lieferung stellt sich heraus, daß ein

Getriebeschaden vorliegt. Käufer kann Lieferung eines anderen Autos desselben Typs verlangen; (im einzelnen → Kaufvertrag).

Nachnahmesendung. Wird bei einem Kaufvertrag „Lieferung gegen Nachnahme" vereinbart, so hat der Käufer seine Hauptpflicht, nämlich die Zahlung des Kaufpreises, nicht schon mit der Einlösung der Nachnahme erfüllt, sondern erst, wenn der Kaufpreis dem Verkäufer *zugegangen* ist.

Nachschußpflicht → GmbH → Genossenschaft.

Nachsichtwechsel ist ein → Wechsel, der zu einer bestimmten Zeit nach Vorlegung (Sicht) fällig ist (Art. 35 WG).

Nachvermächtnis. Soll nach dem Willen des Erblassers der durch ein → Vermächtnis zugewendete Gegenstand ab einem bestimmten Zeitpunkt vom Vermächtnisnehmer auf eine andere Person (den Nachvermächtnisnehmer) übergehen, hat der erste Vermächtnisnehmer nur ein Verwaltungs- und Nutzungsrecht, kann aber über die Substanz nicht verfügen, sondern muß den Vermächtnisgegenstand an den Nachvermächtnisnehmer übertragen.

Nachversicherung in der sozialen → Rentenversicherung für Beamte, Geistliche, Soldaten und andere Nichtversicherungspflichtige, wenn sie aus ihrem versicherungsfreien Dienst ausscheiden oder der Versorgungsanspruch wegfällt. Die N. wird in voller Höhe vom Arbeitgeber durchgeführt (§§ 8, 96, 181 ff., 281, 285 SGB VI).

Namensänderung. Der Familien- oder Vorname kann auf Antrag beim Landratsamt aus wichtigem Grund geändert werden (z. B. wenn er anstößig oder lächerlich ist). Mit Eheschließung wählen die Eheleute einen ihrer Geburtsnamen zum Familiennamen; wessen Name nicht gewählt wurde, kann ihn durch beglaubigte Erklärung gegenüber dem Standesbeamten dem Familiennamen voranstellen. Bis zu einer gesetzlichen Neuregelung kann jeder auch seinen Geburtsnamen behalten und gemeinsamen Kindern geben (BVerfG in BGBl. 91 I 807). Ein verwitweter oder geschiedener Ehegatte behält grundsätzlich den bisherigen Ehenamen; er kann aber durch öffentlich beglaubigte Erklärung gegenüber dem Standesbeamten seinen Geburtsnamen bzw. seinen Namen zur Zeit der Eheschließung wieder annehmen. Ein wichtiger Grund für die N. eines Scheidungskindes liegt vor, wenn die N. dem Wohl des Kindes bereits förderlich erscheint. Sonderregelung für ehem. DDR gem. Art. 234 § 3 EGBGB und EV.

→ Adoption und → Legitimation führen ebenfalls zur Namensänderung. Namensmißbrauch löst Schadensersatzansprüche aus (§§ 12, 823). Bei Kaufleuten gilt ihre Firma als Name (§§ 37 ff. HGB).

Namensangabe. Falsche N. gegenüber einer Behörde, Amtsträger (Polizei), Wachposten der Bundeswehr ist mit Geldbuße bis DM 1000.– bedroht. Gleiches gilt für Familienstand, Beruf, Wohnsitz, Staatsangehörigkeit und die *Verweigerung* der Angaben.

Naturalherstellung (§ 249). Dieser Grundsatz des Schadensersatzrechtes besagt, daß derjenige, der für einen entstandenen → Schaden aufkommen muß, den Zustand wiederherzustellen hat, der vor Eintritt des Schadens bestand. Dieser Grundgedanke erfährt jedoch zahlreiche Einschränkungen; im einzelnen → Schadensersatz.

Natürliche Person → Person.

Nebenkläger. Hat die Staatsanwaltschaft Anklage wegen einer Tat erhoben, die der Verletzte durch → Privatklage selbst verfolgen und einer Bestrafung zuführen kann, so kann er sich dem Verfahren als N. anschließen. Ein entsprechender Antrag kann schriftlich bei Gericht gestellt werden insbesondere bei Sexualdelikten, Beleidigung, Körperverletzung, Freiheitsberaubung, Geiselnahme und Tötungsdelikten. N. können immer sein Eltern, Kinder, Geschwister und der Ehegatte eines Getöteten. Er ist vor jeder gerichtlichen Entscheidung anzuhören, kann an der Hauptverhandlung teilnehmen, Fragen und Anträge stellen und Rechtsmittel einlegen. Die dem N. erwachsenen Kosten (Anwalt) trägt bei Verurteilung der Angeklagte (§ 395 StPO); zuvor hat er Anspruch auf → Prozeßkostenhilfe.

Negatives Interesse → Vertrauensinteresse.

Negatives Schuldanerkenntnis → Schuldschein. Es beinhaltet die Erklärung, nichts (mehr) zu schulden.

„Netto Kasse". Diese Klausel bedeutet beim → Kauf oder → Werkvertrag, daß die Gegenleistung (Kaufpreis, Werklohn) ohne Abzug, also insbes. ohne → Rabatt zu erbringen ist.

Nettorente. Die dynamische Rentenverbesserung richtet sich nach der Nettolohnentwicklung, die zum 1. 7. erfolgende Anpassung nach den Bruttolöhnen, wobei Veränderung der Belastungen (Steuern und Sozialabgaben) berücksichtigt werden. Renten und Nettolöhne sollen sich in gleicher Weise entwickeln, das N-Niveau stabil bleiben. Die Rentenberechnung richtet sich nach der Bruttolohnentwicklung.

Netzfahndung ist eine polizeiliche Großfahndung unter Einsatz elektronischer und computergestützter Datenverarbeitung. Zeitweise Speicherung und vergleichende Auswertung von Personendaten mit bestimmten oder mutmaßlichen Merkmalen von Straftätern ist zulässig (§ 163d StPO). Voraussetzung: Verdacht auf organisierten

Rauschgift- oder Waffenhandel oder Bildung einer terroristischen Vereinigung und gewisse Aussicht auf Erfolg der N.

Neu für alt → Schadensersatz.

Nichtberechtigter. Verfügt jemand über einen Gegenstand, obwohl ihm die Berechtigung dazu fehlt, ist die → Verfügung aber rechtlich wirksam, d. h. muß sie der in Wahrheit Berechtigte gegen sich gelten lassen (z. B. weil er die Verfügung nachträglich genehmigt oder der Erwerber gutgläubig ist), dann muß ihm der Nichtberechtigte alles, was er durch die Verfügung erlangt hat, herausgeben, einschließlich des erzielten Gewinns. Erfolgte die Verfügung unentgeltlich, so trifft die Herausgabepflicht denjenigen, der durch die Verfügung einen Vorteil erlangt hat (§ 816, → ungerechtfertigte Bereicherung). *Beispiel:* Jemand ist im Grundbuch als Eigentümer eines Grundstücks eingetragen, obwohl er nicht Eigentümer ist. Belastet er das Grundstück mit einer Hypothek, so ist diese Verfügung auch ggü. dem wahren Grundstückseigentümer wirksam. Dieser kann jedoch alles, was der Nichtberechtigte von dem Hypothekengläubiger für die Bestellung der Hypothek erlangt hat (meist ein Geldbetrag), herausverlangen.

Nichteheliche Kinder sind die von einer unverheirateten Frau geborenen Kinder und Kinder, deren Ehelichkeit erfolgreich angefochten ist. N. e. K. sind mit ihrem Erzeuger verwandt und nach ihm erbberechtigt (→ Erbersatzanspruch). Sie stehen während ihrer Minderjährigkeit unter der → elterlichen Sorge der Mutter (§ 1705); ist die Mutter selbst minderjährig, tritt Amtsvormundschaft des Jugendamtes ein. Die volljährige Mutter erhält in wichtigen Angelegenheiten einen rechtskundigen Pfleger für das Kind (§ 1709). Die nicht eheliche Abstammung wird durch Anerkennung der → Vaterschaft oder gerichtliche Entscheidung festgestellt (§ 1600a). Kinder aus nichtigen, aufgehobenen oder geschiedenen Ehen bleiben ehelich. Vgl. → Unterhalt. Das n. e. K. hat gegen seine Mutter einen Anspruch auf Auskunft über Person und Aufenthalt seines Erzeugers.

Die §§ 1706–1710 gelten in ehem. DDR nicht; die vor dem 3. 10. 90 geborenen nichtehelichen Kinder gelten dort im Rahmen des Erbrechts als ehelich, Art. 235 EGBGB.

Nichteheliche Lebensgemeinschaft ist das Zusammenleben ohne amtliche Eheschließung. Dauert dies mindestens 1 Jahr, besteht eine sittliche Pflicht zur Unterhaltsgewähr; infolgedessen hat der Unterhaltsverpflichtete einen Anspruch auf den höheren Ortszuschlag. Steuerlich werden die Partner nicht wie Eheleute behandelt. Unterhaltsansprüche sind steuerlich nicht berücksichtigungsfähig.

Nichterfüllung

Bei Trennung grundsätzlich kein finanzieller Ausgleich. Kinder bleiben nicht ehelich (Adoption möglich). Kein gemeinsamer Name, kein Unterhalts- oder Rentenanspruch. Besondere Partnerschaftsverträge, → Testamente oder → Erbverträge zulässig, ferner Hypotheken, Grundschulden, Miteigentum und Pfandrechte.

Die n. e. L. ist *anerkannt* bei im Grundbuch eingetragenen Wohnungsrechten, Aufnahme des Partners in gemietete Wohnung, als Ersatzmieter bei Tod des Partners (§ 569a), im → Reiserecht und beim Ortszuschlag im Besoldungsrecht. Bei Anschaffung von Haushaltsgegenständen mit Mitteln eines Partners entsteht grundsätzlich kein Miteigentum (kann aber vereinbart werden), anders bei gemeinsamer Finanzierung. Ein gemeinsames → Darlehen muß bei Tod des einen Partners der andere alleine tilgen. Ist einer der Partner Darlehensschuldner und der andere Bürge, hat der Bürge im Falle seiner Zahlung an die Bank keinen Regreßanspruch gegen seinen Partner, wenn das Darlehen zur Anschaffung gemeinsamer Dinge verwendet wurde; der Bürge haftet auch nach Scheitern der n. e. L., selbst wenn er nur Sozialhilfeempfänger ist. Das auf den Namen eines Partners lautende Konto ist kein Gesamtvermögen. Während der n. e. L. wird nicht zugunsten der Gläubiger eines Partners vermutet, daß die im Besitz beider stehenden beweglichen Sachen dem Schuldner gehören (so nur bei Ehe).

Bei *Auflösung* der n. e. L. können Schenkungen zurückgefordert werden; ferner kommt es dann zu einem finanziellen Ausgleich, wenn der eine Teil aus einem über den Trennungszeitpunkt hinausgehenden Kredit verpflichtet ist, der zur Tilgung von vorgemeinschaftlichen Schulden des Partners dient (es sei denn, die Tilgung erfolgte schenkweise) oder für einen Vermögensgegenstand verwendet wurde, der wirtschaftlich nach der Trennung allein dem anderen Partner nützt. Kein Ausgleich, wenn Kredit für gemeinsame Anschaffungen aufgenommen wurde und bei Trennung noch nicht zurückbezahlt ist. An einer gemeinsam bewohnten Eigentumswohnung des anderen Partners besteht kein → Zurückbehaltungsrecht, weil ihm der eine Partner Geld für den Erwerb gegeben hat. Eine vertraglich festgelegte Abfindungssumme für den Fall des Scheiterns der n. e. L. ist sittenwidrig und nichtig. Kein Ausgleich, wenn ein Partner mit Hilfe des anderen Vermögen gebildet hat. Hat sich ein Partner vom anderen Zuwendungen machen lassen, obwohl er bereits entschlossen war, ihn zu verlassen, ist er schadensersatzpflichtig (§ 826).

Nichterfüllung liegt vor, wenn ein Partner eines Schuldverhältnisses die Leistung, zu der er sich ggü. einem anderen verpflichtet hat, nicht ordnungsgemäß erbringt. Hat der Verpflichtete (= Schuldner)

Nichtigkeit

die N. zu vertreten, d. h. beruht sie auf seinem vorsätzlichen oder fahrlässigen Verhalten (§ 276), so hat er i. d. R. dem anderen Teil → Schadensersatz zu leisten (→ Schadensersatz, Unmöglichkeit, Verzug, Vertrag).

Nichtigkeit → Rechtsgeschäfte müssen, wenn sie wirksam zustandekommen sollen, gewisse vom Gesetz festgelegte Voraussetzungen erfüllen. Fehlen diese oder auch nur eine davon, so tritt die durch den Abschluß des Geschäftes beabsichtigte Rechtswirkung nicht oder nicht voll ein. Das Rechtsgeschäft ist dann entweder unwirksam oder durch → Anfechtung wieder aufhebbar. *Beispiel:* Schließt ein Minderjähriger, der beschränkt geschäftsfähig ist (= Zeitraum vom vollendeten 7. bis zum vollendeten 18. Lebensjahr), einen → Vertrag, ohne daß sein gesetzlicher Vertreter (→ Stellvertretung) vorher die Einwilligung erteilt hat, so hängt die Wirksamkeit des Vertrages davon ab, ob der gesetzliche Vertreter den Vertrag nachträglich genehmigt (= → schwebende Unwirksamkeit, § 108); der Vertrag ist jedoch auch ohne Genehmigung des gesetzl. Vertreters wirksam, wenn er dem Minderjährigen ausschließlich einen rechtlichen Vorteil bringt (z. B. → Schenkung) oder wenn der Minderjährige die vertragliche Leistung mit dem ihm überlassenen → Taschengeld erbringt (§ 110).

Der weitgehendste Fall der Unwirksamkeit eines Rechtsgeschäfts ist die Nichtigkeit. Das Geschäft ist hier von Anfang an unwirksam, d. h. seine gewollte Wirkung tritt überhaupt nicht ein, auch nicht, wenn der Nichtigkeitsgrund später wegfällt. *Beispiel:* Rechtsgeschäfte eines Geschäftsunfähigen sind nichtig (§ 105). Geschäftsunfähigkeit liegt vor bei Kindern bis zum vollendeten 7. Lebensjahr, bei entmündigten Geisteskranken und Unzurechnungsfähigen z. Z. ihrer Willenserklärung (§ 104).

Nichtig ist auch ein Rechtsgeschäft, das nicht in der vom Gesetz vorgeschriebenen → Form abgeschlossen ist (§ 125). *Beispiel:* Ein privatschriftliches → Testament kann in ordentlicher Form nur durch eine vom Erblasser eigenhändig geschriebene und unterschriebene Erklärung errichtet werden; andernfalls ist das Testament nichtig.

Die Fälle der N. sind im Gesetz jeweils ausdrücklich geregelt, wobei allerdings manchmal auch der Ausdruck „unwirksam" verwendet wird, z. B. § 111, 1. Die N. eines Rechtsgeschäfts *wirkt gegen jedermann;* sie ist auch in einem etwaigen Prozeß vom Gericht von Amts wegen zu beachten.

Ist nur ein *Teil* eines Rechtsgeschäfts nichtig, so erfaßt die N. das gesamte Geschäft, es sei denn, das Geschäft wäre auch ohne den nichtigen Teil vorgenommen worden (§ 139, § 2085). *Beispiel:* Mehrere Personen gründen eine Gesellschaft; einer der Gesellschafter ist jedoch geschäftsunfähig.

Wird ein nichtiges Rechtsgeschäft von dem, der es vorgenommen hat, *bestätigt*, so ist die *Bestätigung* als *Neuvornahme* (§ 141 I) vom Augenblick der Bestätigung an wirksam (also nicht rückwirkend), wenn das bisher fehlende Erfordernis ergänzt bzw. der Nichtigkeitsgrund vermieden ist. Wird ein nichtiger → Vertrag bestätigt, müssen die → Parteien einander *im Zweifel* gewähren, was sie haben würden, wenn der Vertrag von Anfang an gültig gewesen wäre (§ 141 II).

Ein nichtiges Geschäft, das jedoch den Erfordernissen eines anderen Rechtsgeschäfts entspricht, kann in dieses umgedeutet werden; die *Umdeutung* ist aber nur zulässig, wenn anzunehmen ist, daß das gültige Geschäft bei Kenntnis der Nichtigkeit des ursprünglich geschlossenen gewollt sein würde (§ 140). *Beispiel:* Zulässig und möglich ist die Umdeutung einer → Kündigung in einen Antrag auf Vertragsaufhebung.

Nichtigkeitsfälle. Anfechtung (§ 142), Ehe (§ 16 EheG), Erbvertrag (§ 2298), Ehegattentestament (§ 2270), fehlende Ernstlichkeit (§ 117), Formfehler (§ 125), geheimer Vorbehalt (§ 116), gesetzliches Verbot (§ 134), Scheinvertrag (§ 117), Sittenverstoß (§ 138), Testament (§ 2247), Unmöglichkeit (§ 306), Willenserklärungen (§ 105), Wucher (§ 138), Vertrag über künftiges Vermögen (§ 310) oder über den Nachlaß eines noch lebenden Dritten (§ 312).

Nicht rechtsfähiger Verein → Verein.

Nichtvermögensschaden. Ein Grundsatz des Schadensersatzrechts besagt, daß Ersatz nur für solche Schäden zu leisten ist, welche das *Vermögen* des Geschädigten mindern. Ausnahme ist das sog. *Schmerzensgeld* (§ 253). Es kann nur bei Körperverletzung, Gesundheitsschädigung und Freiheitsentziehung, sowie von vergewaltigten Frauen geltend gemacht werden (§ 847); auch wegen unterbliebenen Hausbesuchs durch Bereitschaftsarzt. Entschädigt werden hier nicht nur körperliche Schmerzen, sondern auch seelische Belastungen. Darüber hinaus hat die Rechtsprechung aus dem Gedanken des Grundgesetzes über die Menschenwürde (Art. 1) bei gravierenden Persönlichkeits- und *Ehrverletzungen* einen Anspruch auf Schmerzensgeld im Rahmen des § 847 bejaht; z. B. Verbreitung ehrenrühriger Behauptungen. Der Anspruch auf Schmerzensgeld ist ab 1. 7. 90 übertragbar und vererblich, ohne daß er vom Verletzten zu seinen Lebzeiten → rechtshängig gemacht zu werden braucht; pfändbar ist er erst nach Anerkenntnis oder Rechtshängigkeit (§ 851 I ZPO); er gehört zur Konkursmasse; gegen ihn kann aufgerechnet werden; bei → Gütergemeinschaft fällt er in das → Gesamtgut; er kann auch

Niederschlagung

verpfändet und mit einem → Nießbrauch belastet werden. Hinsichtlich der Höhe des Schmerzensgeldes spricht das Gesetz von einer „billigen Entschädigung in Geld"; hierzu existiert eine Fülle von Rechtsprechung. Kein Anspruch auf Schmerzensgeld bei heimlichen oder negativem Aids-Test. Den Ausgleich eines N. bezweckt auch der sog. „Kranzgeldanspruch" (§ 1300), wonach eine unbescholtene Verlobte, die ihrem Verlobten die Beiwohnung gestattet hat, im Falle der nicht von ihr verschuldeten Auflösung der Verlobung ebenfalls eine „billige Entschädigung" im Hinblick auf die nunmehr geminderten Heiratschancen verlangen kann. Kein Schmerzensgeld bei wahrheitswidriger Vorspiegelung von Scheidungs- und Heiratsabsichten.

Niederschlagung von Steuer-, Steuervergütungs- und Haftungsansprüchen (§ 37 AO), wenn feststeht, daß die Einziehung keinen Erfolg haben wird oder wenn die Kosten der Einziehung höher als der Betrag sind (§ 261 AO). Bei Verbesserung der finanziellen Verhältnisse des Steuerpflichtigen kann die N. aufgehoben werden (bis der Zahlungsanspruch des Finanzamts verjährt ist). Daneben Erlaß aus Gründen der Billigkeit (§ 227 AO).

Im Strafrecht erfolgt N., wenn bei rechtsfehlerfreier Behandlung keine Kosten entstanden wären.

Nießbrauch (§§ 1030–1089) ist das nicht übertragbare und unvererbliche Recht, → Nutzungen aus einem Gegenstand zu ziehen, ohne Eigentümer zu sein. Der N. kann auf einzelne Nutzungen beschränkt werden. Er kann bestellt werden an Grundstücken, an beweglichen Sachen, an Rechten, Wertpapieren und an einem Vermögen, z. B. auch an einer Erbschaft. Der Nießbraucher von Sachen hat für deren Erhaltung zu sorgen, laufende Unterhaltungskosten und öffentliche Lasten zu tragen. Anderseits genießt er Besitzschutz und hat gegen Beeinträchtigung des N. Abwehransprüche wie ein Eigentümer. Der N. wird im → Grundbuch eingetragen. An den gezogenen → Früchten erwirbt der Nießbraucher mit ihrer Trennung vom genutzten Gegenstand Eigentum (§ 954).

Normierter Vertrag → Vertragsfreiheit.

Notarielle Beurkundung → Form.

Notbedarf gibt bei → Schenkung ein Rückforderungsrecht.

Nötigung. Mit Freiheitsstrafe bis zu 5 Jahren wird bestraft, wer einen anderen rechtswidrig mit Gewalt oder Drohung mit einem empfindlichen Übel zu einem nicht gewollten Verhalten veranlaßt. *Rechtswidrig* ist die N., wenn das eingesetzte Mittel im Verhältnis zum erstrebten Zweck als verwerflich anzusehen ist (Ankündigung einer Strafanzeige, wenn Käufer nicht zahlt, ist zulässig). Wird durch die N. ein Vermögensvorteil erstrebt, liegt Erpressung vor.

Notstand. Wer eine fremde Sache beschädigt oder zerstört, um eine durch sie drohende Gefahr von sich oder einem anderen abzuwenden (Tötung eines tollwütigen Hundes), handelt rechtmäßig, wenn der Eingriff erforderlich und der Schaden verhältnismäßig war (§§ 228, 904). Nur wenn der Handelnde die Gefahr verschuldet hat, ist er zum Schadensersatz verpflichtet. Darüber hinaus kann der Eigentümer Schadenswiedergutmachung verlangen (Hütte im Schneesturm wird erbrochen). – Daneben gibt es den strafrechtlichen N. (§ 34 StGB; § 16 OWiG), den polizeilichen N. (demzufolge die Polizei auch gegen sog. Nichtstörer vorgehen kann), den N. im Verteidigungsfall und auf Grund von Naturkatastrophen.

Nottestament → Testament.

Notweg. Fehlt einem Grundstück die Verbindung zu einem öffentlichen Weg und ist auch kein Geh- oder Fahrtrecht vorhanden (→ Dienstbarkeit), kann der Betroffene von seinen Nachbarn verlangen, daß sie ihm die Benutzung ihrer Grundstücke zum Gehen, Fahren, Leitungsverlegen (§ 917) gegen eine Nutzungsrente gestatten.

Notwehr. Handlungen, die in N. begangen werden, sind nicht widerrechtlich (§ 227). Bedeutsam vor allem, weil damit die Schadensersatzpflicht aus → unerlaubter Handlung entfällt. N. ist diejenige Verteidigung, die erforderlich ist, um einen gegenwärtigen, rechtswidrigen Angriff von sich oder einem anderen abzuwehren (§ 227 II). Geschützt ist jedes Rechtsgut, wie Körper, Eigentum, Ehre u. a. Der Angriff kann nur von einer natürlichen → Person ausgehen, die nicht → geschäftsfähig zu sein braucht. Der Angriff muß *gegenwärtig* sein, d. h. noch andauern oder kurz bevorstehen. Er muß ferner *rechtswidrig* sein; die Rechtswidrigkeit fehlt z. B. bei Festnahme eines betrunkenen Kraftfahrers durch einen Polizeibeamten. Die Verteidigung muß zur Abwehr des Angriffs *erforderlich* sein; es ist also das am wenigsten beeinträchtigende Abwehrmittel zu wählen. Auf den Wert des Rechtsgutes, das verteidigt werden soll, kommt es nicht an; doch darf das Notwehrrecht nicht mißbraucht werden, weshalb zur Erhaltung eines minderwertigen Vermögensgutes kein Menschenleben gefährdet werden darf. *Beispiel:* Automatische Schußanlagen zur Abwehr von Obstdieben dürfen keine schwerwiegenden Verletzungen verursachen. – So auch im Strafrecht (§ 32 StGB), wo N. zu Straffreiheit führt. Gegen einen provozierten Angriff gibt es keine N. Geht der Angreifer aus Verwirrung, Furcht oder Schrecken über das erforderliche Maß der Abwehr hinaus, bleibt er trotzdem straflos; glaubt er sich irrtümlich in Notwehr zu befinden und ist der Irrtum für ihn unvermeidbar, bleibt er ebenfalls straflos.

Nutzungen sind die → Früchte einer Sache oder eines Rechtes sowie die Vorteile, die der bestimmungsgemäße Gebrauch mit sich bringt. Herausgabepflicht bei → ungerechtfertigter Bereicherung (§ 818) und unberechtigter Ziehung (§§ 987, 988/992).

Nutzungsberechtigung. In ehem. DDR konnten Grundstücke zur Freizeitgestaltung an Bürger überlassen werden. Diese der → Pacht ähnlichen N'en. gelten weiter. Die auf Grund eines N. errichteten Baulichkeiten gelten nicht als Bestandteil des Grundstücks; sie werden durch Einigung und Übergabe übertragen. Daneben gab es dingliche N., sie ähneln dem → Erbbaurecht, gelten fort, auch wenn sie nicht im Grundbuch eingetragen sind; bei gutgläubigem Erwerb des Grundstücks erlöschen sie nicht.

Nutzungspfand. Bei Bestellung eines → Pfandrechts an einer Sache darf der Pfandgläubiger die → Nutzungen daraus nur ziehen, wenn es ausdrücklich vereinbart ist. Bei einer von Natur aus fruchttragenden Sache (z. B. Kuh) ist auch ohne Vereinbarung ein Nutzungsrecht (an der Milch) anzunehmen (§ 1213). Der Reinertrag der Nutzungen wird auf die geschuldete Leistung angerechnet.

O

Oberlandesgericht steht als → ordentliches Gericht über dem → Landgericht und unter dem Bundesgerichtshof. Es entscheidet in bürgerlichen Streitigkeiten über Berufungen und Beschwerden gegen Entscheidungen des Landgerichts, des Amtsgerichts in Kindschafts- und Familiensachen, und über die weitere Beschwerde gegen Beschlüsse der Amtsgerichte; in Strafsachen hauptsächlich über die Revision gegen Berufungsurteile der Landgerichte, die Sprungrevision gegen amtsgerichtliche Urteile und Beschwerden gegen Beschlüsse des Landgerichts; in 1. Instanz bei politischen Straftaten (§ 120 GVG). In Bayern tritt das Oberste Landesgericht teilweise an zum Falle, in Berlin heißt es Kammergericht. Die O.e der neuen Bundesländer sind noch im Aufbau begriffen; in der Übergangszeit werden ihre Kompetenzen i. w. von den Bezirksgerichten wahrgenommen.

Oberschrift → Form 1.

Obhutspflicht. Bei → Miete, → Verwahrung, → Leihe und → Pacht besteht Verpflichtung des Mieters bzw. Pächters, die Miet- oder Pachtsache pfleglich zu behandeln, damit Beschädigungen und über den Vertragszweck hinausgehende Abnutzungen vermieden werden. Mängel oder drohende Gefahren sind dem Eigentümer anzuzeigen (§§ 545, 581 II). Unterbleibt die Anzeige schuldhaft (→ Verschulden), so entstehen Schadensersatzansprüche des Vermieters bzw. Verpächters. Im Strafrecht wird, wer die seiner Obhut unterstehenden Gebrechlichen, Kranken oder Jugendlichen unter 18 Jahren quält, mißhandelt oder verletzt, mit Freiheitsstrafe bis zu 5 Jahren bestraft (§ 223b StGB).

Die *Vernachlässigung* eines noch nicht 16jährigen durch grobe Verletzung der O. ist ebenfalls strafbar, wenn dadurch seine körperliche oder psychische Entwicklung erheblich gefährdet wird (z. B. Abgleiten in kriminelle Kreise, § 170d StGB).

Obliegenheit bedeutet eine nicht ausdrücklich vereinbarte Nebenpflicht in einem Vertrag (z. B. Mitwirkungspflicht in Form des Modellstehens bei Bestellung eines Portraits). Auf diese Weise muß ein Geschädigter seinen Schaden so gering wie möglich halten; begibt er sich z. B. nicht rechtzeitig zum Arzt, ist sein Ersatzanspruch infolge seines → Mitverschuldens gemindert. O. sind besonders häufig im Versicherungsrecht; wurden sie nicht erfüllt (z. B. nicht rechtzeitige Unfallanzeige), drohen Rechtsnachteile (z. B. Kürzung der Versicherungsleistung).

Obligation → Schuldverschreibung.

Offenbarungseid = eidesstattliche Versicherung der Vermögenslosigkeit vor dem → Vollstreckungsgericht. Der O. ist ein Zwangsmittel, wenn eine Pflicht zur Rechnungslegung besteht; er ist vor dem Amtsgericht abzugeben. Die Vollstreckung kann durch Ordnungsgeld und Ordnungshaft bis zu 6 Monaten erzwungen werden (§ 889 ZPO).

Im Prozeßrecht ist der O. ein Hilfsmittel der → Zwangsvollstreckung. Ein Vermögensverzeichnis muß vom Schuldner eidesstattlich bekräftigt werden, wenn die Zwangsvollstreckung wegen einer Geldforderung in das bewegliche Vermögen des Schuldners erfolglos geblieben ist (§ 807 ZPO) oder die Herausgabe beweglicher Sachen erzwungen werden soll (§ 883 II ZPO).

Der Schuldner, der einen O. leistet, wird in ein Schuldnerverzeichnis eingetragen. Bestreitet der Schuldner seine Pflicht, den O. zu leisten, kann er Widerspruch einlegen, über den das Gericht entscheidet.

Offene Handelsgesellschaft (OHG) ist eine → Gesellschaft, deren Zweck auf den Betrieb eines vollkaufmännischen Gewerbes gerichtet ist (§ 1 II, 105 HGB), eine Firma besitzen und im Handelsregister eingetragen sein muß. Vor Eintragung entsteht die OHG mit

Öffentliche Beglaubigung

Geschäftsbeginn (§ 123 HGB). Alle Gesellschafter *haften* für Verbindlichkeiten der OHG auch mit ihrem privaten Vermögen unbeschränkt (§ 128 HGB), nach Ausscheiden weitere 5 Jahre (§ 159 HGB). Neu eintretende Gesellschafter haften für alle vorhandenen Verbindlichkeiten (§ 130 HGB). Jeder Gesellschafter hat aber alle die Verteidigungsrechte, die auch die OHG besitzt (z. B. Stundung, Aufrechnung, Anfechtung). Die OHG ist unter ihrer Firma handlungsbefugt (§ 124 HGB). Die *Geschäftsführung* steht allen Gesellschaftern, und zwar jedem für sich alleine zu (§§ 114, 115 HGB); der Gesellschaftsvertrag kann aber Abweichungen vorsehen; Entzug der Geschäftsführungsbefugnis nur durch gerichtliche Entscheidung (§ 117 HGB) aus wichtigem Grund. Gleiches gilt für die *Vertretung* (§ 125 HGB). Jeder Gesellschafter besitzt neben seinem *Geschäftsanteil* (Anteil am Gesamthandsvermögen) einen *Kapitalanteil* (Beteiligung am Gesamthandsvermögen); er erhält 4% Vorausdividende und Gewinnanteil nach Maßgabe seines Kapitalanteils.

Eintritt und Ausscheiden erfolgt wie bei der → Gesellschaft nach § 705 BGB. Ferner: ein Gesellschafter kann gegen seinen Willen durch Beschluß der übrigen ausgeschlossen werden, wenn es im Gesellschaftsvertrag geregelt, er in Konkurs gefallen ist oder einer seiner Privatgläubiger nach Pfändung des Geschäftsanteils die OHG kündigt (§ 135 HGB); ansonsten Ausschluß durch gerichtliches Urteil (Handelskammer am Landgericht) bei wichtigem Grund. Die Erben eines Gesellschafters treten in die OHG ein, können aber binnen 3 Monaten die Stellung eines → Kommanditisten begehren (§ 139 HGB) oder fristlos austreten. Ausscheidende Gesellschafter erhalten stets ein *Abfindungsguthaben*. Bei nur 2 Gesellschaftern kann einer durch gerichtliches Urteil für berechtigt erklärt werden, das Geschäft ohne Liquidation zu übernehmen (§ 142 HGB).

Ende der OHG durch Zeitablauf, Gesellschafterbeschluß, Konkurs, Tod oder Kündigung (§§ 131, 132 HGB). Es folgt i. d. R. *Liquidation* (§ 145 HGB).

Öffentliche Beglaubigung → Form.

Öffentliches Testament → Testament.

Öffentlich-rechtlicher Vertrag → Verwaltungsvertrag.

Offerte ist ein Vertragsantrag → Vertrag.

„Ohne Obligo" (sog. Angstklausel). Ist dieser Vermerk auf einem schriftlichen Vertragsantrag angebracht, so bringt der Antragende zum Ausdruck, daß er an seinen Antrag nicht gebunden sein will. Nimmt also der andere Teil das Angebot rechtzeitig an, so kommt der Vertrag dennnoch nicht zustande, wenn der Antragende die Annahme ablehnt (→ Vertrag). Der Vermerk „o. O." kann auch auf einen → Wechsel gesetzt werden, wenn derjenige, der den Wechsel weitergibt, seine Haftung aus dem Wechsel ausschließen will.

Opferentschädigung. Nach G über die Entschädigung für Opfer von Gewalttaten vom 7. 1. 85, BGBl. I 1 können Personen, die durch eine Gewalttat (z. B. Angriff, Gift, Brandstiftung, Sprengstoff; nicht: Kfz) gesundheitliche Schäden erlitten haben, oder deren Hinterbliebene wegen der gesundheitlichen oder wirtschaftlichen Folgen auf Antrag Leistungen nach BundesversorgungsG erhalten: Heil- und Krankenbehandlung, Rente bei Minderung der Erwerbsfähigkeit von mindestens 25%, Berufsschadensausgleich, Hinterbliebenenversorgung. Sach- und Vermögensschäden sowie Schmerzensgeld können auf diesem Weg nicht verlangt werden.

Optionsrecht (Ankaufsrecht). Das O. wird i. d. R. durch → Vertrag begründet, in welchem der eine Teil sich verpflichtet, einen bestimmten Gegenstand, den er erst in der Zukunft zu veräußern gedenkt, dem anderen Vertragspartner im Verkaufsfall anzubieten und auf Verlangen zu verkaufen. Die Vereinbarung stellt also noch nicht den eigentlichen Kaufvertrag dar, bindet aber den Verkäufer an einen bestimmten Käufer. → Vorkauf. Wird für das O. eine Gegenleistung vereinbart, bedarf dieser Vertrag bereits der Form des späteren Erwerbsgeschäftes (z. B. notarielle Form bei Grundstücken).

Ordentliche Gerichte. Amts-, Land-, Oberlandesgericht, Bayerisches Oberstes Landesgericht, Bundesgerichtshof. Vor ihnen werden Zivil- und Strafsachen verhandelt. Sie sind im Zweifel immer zuständig (Art. 19 IV GG), § 13 GVG.

In ehem. DDR treten die Kreisgerichte an die Stelle der Amts- und die Bezirksgerichte an die Stelle der Land- bzw. Oberlandesgerichte. In ganz Berlin gilt West-Recht.

Orderklausel ist der Vermerk auf einem → Wertpapier, wonach der in der Urkunde als Berechtigter Bezeichnete auch einen anderen einsetzen kann (z. B. „Zahlen Sie an Müller oder dessen Order").

Orderpapier ist ein → Wertpapier, in dem der Aussteller verspricht, an eine bestimmte Person oder an einen anderen zu leisten, der von dem zuerst Bestimmten durch Indossament (→ Wechsel) als Gläubiger benannt wird. Das Recht ist hier in der Urkunde verkörpert; es wird durch die Übereignung der Urkunde (§ 929) übertragen. *Beispiel:* Wechsel, Namensaktie, Namensscheck und die Papiere nach § 363 HGB. Für das O. gilt demnach, daß „das Recht *aus* dem Papier dem Recht *am* Papier nachfolgt". Anders beim → Rektapapier.

Ordnungsgeld

Ordnungsgeld dient dazu, gerichtliche Maßnahmen zu erzwingen. Nur zulässig, wenn ein Gesetz es ausdrücklich vorsieht (z. B. bei ungebührlichem Verhalten vor Gericht). Mangels spezieller Regelung von DM 5.– bis DM 1000.– ersatzweise → Ordnungshaft.

Ordnungshaft von 1 Tag bis 6 Wochen (nicht gegen Sachverständige und Schöffen); in der → Zwangsvollstreckung bis zu 6 Monaten.

Ordnungswidrigkeiten sind Verwaltungsunrecht, keine Straftaten (G 19. 2. 87, BGBl. I 602), die mit Geldbuße bedroht sind; kein Eintrag im Strafregister. Höhe der Buße i. d. R. DM 5.– bis 1000.–, im Wirtschaftsrecht bis DM 100000.–, nach den Landesdenkmalschutzgesetzen bis 2 Mio. DM. In Bagatellfällen kann eine Verwarnung mit oder ohne Verwarnungsgeld (DM 5.– bis 75.–) erfolgen, falls der Betroffene einverstanden ist. Andernfalls ergeht Bußgeldbescheid, gegen den Einspruch (binnen 2 Wochen ab Zustellung) an das Amtsgericht, gegen dessen Entscheidung → Rechtsbeschwerde (schriftlich einzulegen binnen 1 Woche, zu begründen innerhalb 1 weiteren Monats durch Rechtsanwalt, also wie → Revision) zulässig ist, wenn das Bußgeld DM 200.– übersteigt (oder bei Freispruch, wenn mehr als DM 500.– beantragt waren, bei Verwerfung des Einspruchs als unzulässig oder ausdrücklicher Zulassung).

Das OWiG gilt in ehem. DDR auch für OWi, die vor dem 3. 10. 90 begangen worden sind; im übrigen gelten §§ 5, 8, 16, 21, 23 der VO vom 22. 3. 84, GBl. I Nr. 14 S. 173.

Anwendungsbereich: Wirtschafts-, Umweltschutz, Straßenverkehrsrecht (→ Bußgeldkatalog vom 4. 7. 89, BGBl. I 1305).

Organisationsmangel → Verein. Haftung bei festgestelltem O. auf → Schadensersatz.

Organverpflanzung (Organspende) bedarf der Einwilligung des Verletzten; hat sie der Verstorbene nicht vor seinem Tod abgegeben, muß die Zustimmung der Angehörigen eingeholt werden, falls sie bekannt und erreichbar sind und kein → Notstand vorliegt. O. ohne Einwilligung ist strafbar (§ 168 StGB).

P

Pacht. Das Pachtverhältnis ist ein gegenseitiger → Vertrag, in dem sich der Verpächter verpflichtet, dem Pächter einen *bestimmten Gegenstand* (= Sache oder Recht) zum Gebrauch zu überlassen, wobei der Pächter außerdem berechtigt ist, die *Erträge,* die er im Rahmen einer ordnungsgemäßen Wirtschaft zieht, für sich zu behalten (z. B.

bei landwirtschaftlichem Grundstück die Ernte). Der Pächter ist zur Zahlung des vereinbarten *Pachtzinses* verpflichtet (§ 581 I). Der Unterschied zur → Miete, deren Vorschriften entsprechend gelten (§ 581 II), besteht darin, daß diese nur bei → Sachen, nicht aber bei → Rechten möglich ist und außerdem nur den Gebrauch der Sache erlaubt, jedoch nicht den „Fruchtgenuß". Grenzfall ist die Überlassung von Räumen zur *Ausübung einer Gewerbetätigkeit.* Hier liegt P. nur vor, wenn die Räume schon bei Vertragsschluß baulich so beschaffen sind, daß sie die unmittelbare Quelle für die gewonnenen Erträge sind, z. B. eingerichtete Gaststätte.

Der Abschluß des Pachtvertrages ist grundsätzlich formfrei; bei Grundstückspacht, die länger als 1 Jahr andauert, ist jedoch → Schriftform erforderlich (§ 566), ebenso bei Jagdpacht (nach § 11 III BJagdGes.). Während der Dauer des Pachtvertrages hat nach § 546 grundsätzlich weiterhin der Verpächter die Lasten des Pachtgegenstandes zu tragen (z. B. bei Grundstück die Grundsteuer); jedoch können die Vertragspartner eine abweichende Regelung treffen. Bei der Verpachtung von → Sachen trifft die Pflicht, die Sache in einem vertragsgemäßen Zustand zu erhalten, ebenfalls den Verpächter (§ 536). Wird ein Grundstück mit Inventar verpachtet, obliegt dem Pächter die Erhaltung der einzelnen Inventarstücke. Der Verpächter ist verpflichtet, Inventarstücke zu ersetzen, die ohne Verschulden des Pächters abhanden kommen (§ 582); den gewöhnlichen Abgang (von Tieren) muß der Pächter ersetzen. Bei Übernahme eines Grundstücks zum Schätzpreis hat der Pächter das ganze Inventar in dem Zustand zu erhalten und laufend zu ersetzen, der einer ordnungsgemäßen Bewirtschaftung entspricht (§ 582a); Ersatzstücke werden Eigentum des Verpächters.

Der *Pachtzins* ist grunds. am Ende der Pachtzeit zu entrichten, sonst jeweils am Ende eines Zeitabschnitts (§ 551 I), bei Grundstücken grunds. nach Ablauf eines jeden Kalendervierteljahres (§ 551 II); ist bei der Verpachtung eines landwirtschaftlichen Grundstückes Zinszahlung nach Jahren vereinbart, so ist die Zahlung am Ende des Pachtjahres zu leisten. Die Fälligkeit des Pachtzinses kann frei vereinbart werden, was auch meist geschieht, so daß der Pachtzins in aller Regel *im voraus* zu entrichten ist.

Erfüllt der Pächter eines Grundstückes seine Verpflichtungen aus dem Pachtvertrag nicht, zahlt er also insbes. nicht den vereinbarten Zins, so hat der *Verpächter* nach § 559 ein *gesetzliches Pfandrecht* an den Sachen des Pächters, die dieser auf das Grundstück verbracht hat (= eingebrachte Sachen). Das Pfandrecht kann jedoch nur wegen Zinsforderungen für das laufende und das folgende Pachtjahr geltend gemacht werden. Das Pfandrecht erstreckt sich nicht auf die unpfändbare (§ 811 ZPO) Sachen, nämlich solche, die

Pacht

für das tägliche Leben unbedingt erforderlich sind, wie z. B. Bett, Tisch, Stuhl, Kleidung. Der Pächter kann die Ausübung des Pfandrechts durch *Sicherheitsleistung* in Höhe des Werts der jeweiligen Pfandsache abwenden (§ 562). – Der *Pächter* eines Grundstücks hat seinerseits ein Pfandrecht hinsichtl. seiner eigenen Forderungen gegen den Verpächter auf Ergänzung von Inventarstücken an sämtl. Inventarstücken, die er in Besitz hat (§ 583). Auch der Verpächter kann die Ausübung des Pfandrechts durch Sicherheitsleistung abwenden.

Der *Pachtvertrag endet* durch Zeitablauf oder → Kündigung (§ 564), bei Grundstückspacht jedoch nicht schon durch den Verkauf des Pachtgrundstücks, da in diesem Fall der Erwerber des Grundstücks in den Pachtvertrag eintritt (§ 571); im einzelnen gelten für die Kündigung die Bestimmungen über die → Miete. Bei der Pacht eines Grundstücks oder Rechts ist, wenn eine bestimmte Vertragsdauer nicht vereinbart wurde, Kündigung nur zum Schluß eines Pachtjahres möglich; sie muß spätestens am 3. Werktag des halben Jahres ausgesprochen werden, mit dessen Ablauf die Pacht enden soll (§ 584). Im Gegensatz zur → Miete kann der Pächter den Vertrag *nicht* kündigen, wenn der Verpächter eine beantragte Unterverpachtung nicht erlaubt (§ 548a). Beim Tode des Pächters kann zwar der Verpächter den Vertrag mit gesetzlicher Frist kündigen, nicht aber der Erbe des Pächters (§ 548a). Ist der Pächter Beamter, so hat er im Falle einer Versetzung kein außerordentliches Kündigungsrecht (§ 548a).

Nach Beendigung des Pachtvertr. ist der Pächter zur *Rückgabe* des Pachtgegenstandes verpflichtet (§ 556 I). Wurde bei Grundstücksp. das Inventar zum *Schätzwert* übernommen, so sind etwaige Wertunterschiede durch Geld auszugleichen; der Verpächter kann jedoch die Übernahme derjenigen vom Pächter neu angeschafften Inventarstücke ablehnen, die für die Bewirtschaftung des Grundstücks überflüssig oder zu wertvoll sind (§ 582a).

Ersatzansprüche des Verpächters wegen Veränderungen oder Verschlechterungen der Pachtsache sowie Ansprüche des Pächters auf Ersatz von Verwendungen verjähren in 6 Monaten (§ 558).

Hinsichtl. der Mängelhaftung des Verpächters, dem Kündigungsrecht und der Ansprüche des Pächters bei Veräußerung des Pachtgrundstücks gilt Mietrecht. Sonderbestimmungen gelten für die Pacht von Klein-(Schreber-)gärten mit nicht mehr als 400 m² Fläche nach Bundeskleingartengesetz (28. 2. 83, BGBl. I 210): Höchstpachtzins, Recht der ordentlichen Kündigung ist eingeschränkt, bei Dauer-K. hat Pächter Anspruch auf angemessene Entschädigung bzw. Anspruch auf geeignetes Ersatzland; eine einfache Laube darf errichtet werden ohne Baugenehmigung. Sondervorschriften auch für Jagdpacht im BJagdGes. und den entsprechenden Landesgesetzen; letztere regeln auch die Fischereipacht (vgl. Art. 68 EGBGB). Sonderregelung → *Landpacht.*

Pachtkredit. Der Pächter eines landwirtschaftlichen Grundstücks kann zur Sicherung eines ihm gegebenen → Darlehens dem Darlehensgeber ein → Pfandrecht am Inventar bestellen, wobei er den Besitz behält.

Pächter → Pacht.

Parken ist Abstellen eines Fahrzeugs auf öffentlichem Verkehrsgrund für länger als 3 Minuten. *Parkverbote:* wo Halten verboten ist, 5 m vor und hinter Kreuzungen und Fußgängerüberwegen, 10 m vor Ampeln, 15 m vor und hinter Haltestellenschild und Warnkreuzen an Bahnübergängen, an Ein- und Ausfahrten, Taxistandplätzen, auf Autobahnen und Gehwegen. Zeitliche *Begrenzung* durch Schilder und Parkuhren; Halten nur zum Ein- oder Aussteigen, Be- und Entladen! Ist Parkuhr defekt, darf nur unter Einstellung der Parkscheibe bis zur zulässigen Höchstdauer geparkt werden. Anhänger ohne Zugfahrzeug darf nicht länger als 2 Wochen geparkt werden. *Abschleppen* nur nach pflichtgemäßem Ermessen auf Anordnung eines Polizeibeamten, wenn vorherige Aufforderung zum Entfernen erfolglos oder unzumutbar.

Wer eine *Parklücke* zuerst unmittelbar auf seiner Fahrbahnseite erreicht, hat Vorrang, auch wenn er erst vorbeifährt, um rückwärts einzuparken. Fußgänger können keine Parklücke reservieren; Anfahren mit dem Kfz ist unzulässig.

Partei. Im Rechtsleben bezeichnet man die an einem Rechtsverhältnis beteiligten → Personen, die einander mit verschiedenen Rechten oder Pflichten gegenüberstehen, in Anlehnung an den Zivilprozeß, wo die → Parteifähigkeit geregelt ist, häufig als Parteien. *Beispiel:* Käufer und Verkäufer sind die Parteien eines Kaufvertrags.

Parteien politische, wirken bei der politischen Willensbildung des Volks mit. Nach dem ParteienG 3. 3. 89, BGBl. I 327 müssen sie über die Herkunft ihrer Finanzmittel öffentlich Rechnung legen (z. B. Spender über DM 40000.– pro Jahr namentlich festzuhalten). Mitglieder können nur natürliche Personen sein; gegen ihren Ausschluß gibt es ein zweistufiges schiedsgerichtliches Rechtsmittelverfahren. Die Aufstellung von Wahlbewerbern erfolgt in geheimer Abstimmung. Wahlkampfkosten werden mit DM 5.– je Wahlberechtigten erstattet, aber nur auf P. verteilt, die 0,5% der im Wahlgebiet abgegebenen gültigen Zweitstimmen oder 10% der

Parteifähigkeit

in einem Wahlkreis abgegebenen gültigen Erststimmen erreicht haben. Bei Verstoß gegen die freiheitlich demokratische Grundordnung oder Umsturztendenz können sie vom BVerfG verboten werden. Bis dahin dürfen ihre Mitglieder wegen ihrer politischen Betätigung strafrechtlich nicht verfolgt werden. Unabhängig von dem Verbot kann Parteimitgliedern die Aufnahme in den öffentlichen Dienst versagt werden, wenn sie sich entgegen dem GG betätigen.

Parteifähigkeit ist die Fähigkeit, in einem Zivilprozeß Kläger oder Beklagter, genauer: Träger von prozessualen Rechten und Pflichten zu sein (§ 50 ZPO). Der Begriff deckt sich i. d. R. mit der → Rechtsfähigkeit. P. besitzen alle natürlichen und → juristischen Personen, der nicht rechtsfähige Verein (der aber als solcher nur verklagt werden kann), die OHG, KG, Reederei, Gewerkschaften und Arbeitgeberverbände vor den Arbeitsgerichten.

Parteiverrat begeht ein Rechtsbeistand bzw. Rechtsanwalt, der bei einer ihm in seiner Eigenschaft als Beistand anvertrauten Angelegenheit in derselben Rechtssache beiden Parteien pflichtwidrig mit Rat und/oder Tat dient. Wird mit Freiheitsstrafe bis zu 5 Jahren geahndet (§ 356 StGB) und zieht zivilrechtliche sowie standesrechtliche Folgen nach sich.

Partiarisches Darlehen → Darlehen (als echte Gewinnbeteiligung z. B. Geldhingabe gegen 20% des erzielten Reingewinns).

Partiarisches Rechtsverhältnis ist ein Vertrag, durch den jemand am Gewinn eines Unternehmens verhältnismäßig beteiligt wird. *Beispiel:* Unternehmer zahlt seinem Angestellten für dessen Dienstleistungen nicht nur Gehalt, sondern beteiligt ihn auch noch zu einem bestimmten Prozentsatz am Geschäftsgewinn. Der Beteiligte hat einen Auskunfts- und Rechenschaftsanspruch über den erzielten Gewinn.

Partnerschaftsvertrag → Ehevermittlung.

Patent ist die einem Erfinder oder seinem Rechtsnachfolger vom Deutschen oder Europäischen Patentamt in München urkundlich erteilte, ausschließliche, aber zeitlich auf 20 Jahre begrenzte Befugnis (§ 16 PatG), ab Anmeldung gegen eine Gebühr eine neue, gewerblich verwertbare Erfindung zu benutzen. Neu heißt, in den letzten 100 Jahren nicht vorbenutzt. Gegenstand: technisches Herstellungs- oder Anwendungsverfahren, Erzeugnis und dessen Einrichtung. Patent, Inhaber und Erfinder werden in Patentrolle eingetragen; Einsicht hat jedermann. Folge: Patentinhaber darf gewerbsmäßig herstellen, vertreiben, gebrauchen, in Lizenz übertragen. Eine Beschränkung ist im Interesse der öffentlichen Sicherheit und

Ordnung möglich. Für Rechtsstreitigkeiten ist das Landgericht ausschließlich zuständig, § 143 PatG. Rechtswidrige Patentverletzung (gewerbsmäßiger Herstellung, Verkauf oder Gebrauch der Erfindung ohne Berechtigung) führt zu Schadensersatz und Unterlassungsansprüchen (die in 3 Jahren ab Kenntnis verjähren) sowie einem Strafverfahren.

Person. Man unterscheidet *natürliche* und *juristische* Personen. Natürl. Person ist jeder lebende Mensch. Jur. Per. sind Organisationen: Personenzusammenschlüsse, die einem bestimmten gemeinsamen Zweck dienen (z. B. eingetragener Verein), oder Vermögensmassen, denen die Rechtsordnung zugesteht, selbständig Träger von Rechten und Pflichten zu sein (z. B. Stiftung). Sie sind → rechtsfähig. Es gibt jur. Pers. des a) Privatrechts und b) öffentlichen Rechts. *Beispiel:* a) eingetragener Verein, privatrechtl. Stiftung, Aktienges., GmbH; b) Körperschaften (z. B. Gemeinde), Anstalten (z. B. Rundfunk), Stiftungen des öffentl. Rechts.

Personalausweis (G 21. 4. 86, BGBl. I 548). Jede Person, die das 16. Lebensjahr vollendet hat und der → Meldepflicht unterliegt, muß einen P. besitzen und auf Verlangen einer prüfberechtigten Stelle (z. B. Polizei) vorlegen. P. darf keine Fingerabdrücke oder verschlüsselte Angaben über den Inhaber enthalten. Die Überlassung des P. an Dritte ist strafbar. Paß ersetzt P. Seit 1. 4. 87 ist der maschinenlesbare und fälschungssichere P. eingeführt. In ehem. DDR ausgestellte Ausweise sind bis 31. 12. 95 gültig.

Personensorge → elterliche Sorge. Umfaßt Vornamenwahl, Erziehungsrecht, Aufsicht, maßvolles Züchtigungsrecht (keine entwürdigende Behandlung), religiöse Erziehung und Bestimmung des persönlichen Umgangs sowie Aufenthalts, gerichtliche und außergerichtliche Vertretung. Sie verpflichtet zur Verpflegung, Bekleidung, Ausbildung und Erziehung. Die Ausübung der P. kann auch Dritten übertragen werden. Verletzung der P. (z. B. der Aufsicht) führt zu → Schadensersatz, Beschränkung oder Entziehung durch das Vormundschaftsgericht.

Persönliche Entgeltpunkte → Rentenformel.

Persönlichkeitsrecht gibt nach Art. 2 GG ein Recht auf freie Entfaltung, soweit man Rechte anderer nicht verletzt und nicht gegen Gesetze und die guten Sitten verstößt. P. schließt Recht auf eigene Gestaltung der Lebensführung ein. Bei Verletzung von Namen, Urheberrechten, Körper, Gesundheit, Freiheit, dem eigenen Bild und der Intimsphäre → Schadensersatz aus → unerlaubter Handlung und → Schmerzensgeld. → Tonbandaufnahmen.

Petitionsrecht

Petitionsrecht. Nach Art. 17 GG hat jedermann das Recht, sich mit Bitten und Beschwerden an die zuständige Stelle, insbesondere die Volksvertretung (Bundestag, Landtag, Kommunalparlamente) zu wenden. Sachliche Prüfung und Verbescheidung des Antragstellers sind gewährleistet; der Bescheid ist kein → Verwaltungsakt. Ein dem Antragsteller günstiger Bescheid enthält keine klagbare Verpflichtung der getadelten Stelle, so zu handeln, wie der Petitionsausschuß es vorschlägt.

Pfandbrief ist die übliche Bezeichnung für einen → Hypothekenpfandbrief (→ Grundpfandrechte): er ist eine → Inhaberschuldverschreibung, die Hypothekenbanken im Rahmen des von ihnen betriebenen Pfandbriefgeschäfts zur Finanzierung der von ihnen ausgereichten Hypotheken ausgeben.

Pfandkehr begeht, wer eine ihm selbst gehörende Sache wegnimmt, die ein anderer zu nutzen berechtigt ist als Nießbraucher, Pfandgläubiger (z. B. Vermieter), Entleiher, Mieter oder Zurückbehaltungsberechtigter. P. kann auch von einem „Freund" zugunsten des Eigentümers begangen werden. Sie ist auf Antrag strafbar. Wegnahme einer behördlich gepfändeten (und gesiegelten) Sache ist als Verstrickungsbruch strafbar.

Pfandleihe ist die gewerbsmäßige Hingabe von Gelddarlehen gegen ein Faustpfand (→ Pfandrecht), das der Sicherung des → Darlehens samt Kosten und → Zinsen dient. Das Betreiben solcher Geschäfte bedarf einer *gewerberechtlichen Erlaubnis* (§ 34 GewO), die jedoch nur versagt werden kann, wenn der Pfandleiher persönlich unzuverlässig ist oder die zum Betrieb seines Gewerbes erforderlichen Mittel nicht besitzt. Einzelheiten sind in der VO über den Geschäftsbetrieb der gewerblichen Pfandleiher vom 1. 6. 76, BGBl. I 1334 geregelt. Verstöße dagegen werden als Ordnungswidrigkeiten verfolgt. Außer privaten gibt es auch öffentlich-rechtliche Pfandleihanstalten.

Bei Abschluß des Pfandleihvertrages erhält der Darlehensnehmer einen *Leihschein,* in dem die Höhe der Zinsen und Kosten sowie Leihfrist, Verfallzeit und Verwertungsrecht am Pfand aufgeführt sind. Durch diese vom Verpfänder eines Gegenstandes unterschriftlich anerkannten Darlehnsbedingungen werden die gesetzlichen Vorschriften über das → Pfandrecht für den Einzelfall konkretisiert.

Pfandrecht ist das zur Sicherung einer (auch künftigen oder bedingten) Forderung bestimmte, gegen jedermann (dinglich) wirkende Recht an fremden beweglichen → Sachen oder → Rechten, durch das der Gläubiger berechtigt ist, sich bei nicht rechtzeitiger Erfüllung der Forderung aus dem belasteten Gegenstand zu befriedigen

(§ 1204). Das Pf. ist *akzessorisch* (abhängig) vom Bestehen der Forderung, die gesichert werden soll; es kann daher ohne diese Forderung weder entstehen (§ 1204) noch fortbestehen (§ 1252) oder übertragen werden (§ 1250). Ein Pf. kann entstehen durch → Vertrag, durch Gesetz *(gesetzliches Pf.)*, z. B. Vermieterpf. (→ Miete), Unternehmerpf. (→ Werkvertrag); ferner gibt es Pf. des → Kommissionärs, Spediteurs, Lagerhalters und Frachtführers (§§ 397, 410, 421, 440 HGB). Schließlich kann es auch im Wege der → Zwangsvollstreckung durch Pfändung (→ Pfändungspfandrecht, §§ 803 ff. ZPO) entstehen und unterliegt dann ebenfalls weitgehend den Vorschriften der §§ 1204 ff. BGB. Hinsichtl. der Pf. an unbeweglichen Sachen → Grundpfandrechte.

Ein vertragliches Pf. entsteht durch Einigung zwischen dem Eigentümer und dem Pfandgläubiger und der Übergabe der Sache an den Pfandgläubiger. (Eben weil diese Übergabe erforderlich ist, wird heute anstelle eines Pf. meist die → Sicherungsübereignung vereinbart, wo der Schuldner im Besitz der übereigneten Sache bleibt). Gehört die Sache nicht dem Verpfänder, so finden auf die Pf.bestellung die Vorschriften über den → gutgläubigen Erwerb Anwendung (§ 1207). Das *Pfand haftet* für die Forderungen in ihrem jeweiligen Bestand (§ 1210). Sind Schuldner der gesicherten Forderung und Verpfänder nicht ein und dieselbe Person, so kann der Verpfänder dem Pfandgläubiger die gleichen Einreden wie der Schuldner (z. B. → Verjährung) sowie die Einreden des Bürgen (→ Bürgschaft) entgegenhalten (§ 1211). Das Pf. kann auch in der Weise bestellt werden, daß der Pfandgläubiger die Nutzungen der Pfandsache ziehen darf (§ 1213). *Beispiel:* Vermietung einer gepfändeten Droschke. Der Pfandgläubiger ist zur → Verwahrung des Pfandes und zur Erhaltung vor drohendem Verderb verpflichtet (§ 1215); macht er jedoch Verwendungen auf das Pfand (z. B. Reparaturen), so hat der Eigentümer diese nach den Vorschriften über die → Geschäftsführung ohne Auftrag zu ersetzen (§ 1216).

Wenn die Forderung, für die das Pf. bestellt wurde, fällig ist *(Pfandreife)*, kann sich der Pfandgläubiger aus dem Pfand befriedigen, indem er es verkauft (§ 1228). Der Verkauf ist vorher anzudrohen; er wird meist durch öffentliche → Versteigerung durchgeführt. Eine Vereinbarung, wonach im Falle der Pfandreife das Eigentum an der Pfandsache automatisch auf den Pfandgläubiger übergeht *(Verfallklausel)*, ist nach § 1229 nichtig (→ Nichtigkeit). Durch den Pfandverkauf erlangt der Erwerber das → Eigentum an der Pfandsache (§ 1242); stand dem Veräußerer beim Verkauf gar kein Pf. zu, so kommen die Bestimmungen über den → gutgläubigen Erwerb zur Anwendung (§ 1244). Soweit der Erlös aus dem Pfandverkauf dem Gläubiger zur Befriedigung seiner Forderung zusteht, geht diese unter; im übrigen tritt der Erlös an die Stelle des Pfandes, so daß ein etwaiger Mehrerlös Eigentum des Verpfänders wird (§ 1247). Sind Schuldner der Forderung und Verpfänder verschiedene Personen und befriedigt letzterer freiwillig den Pfandgläubiger, dann geht die Forderung und damit – wegen seiner Abhängigkeit von der Forderung – auch das Pf. auf den Verpfänder über; damit erlischt das P., da es mit dem Eigentum an der Sache zusammenfällt (§ 1256). Auch wenn ein Dritter, der weder Schuldner noch Verpfänder der Sache ist, den Pfandgläubiger befriedigt, weil er ein Interesse an der Sache hat, erwirbt er Forderung und Pf.

Das Pf. *endet* mit dem Erlöschen der gesicherten Forderung, z. B. durch Tilgung, § 1252; ferner wenn die Pfandsache dem Verpfänder zurückgegeben wird (§ 1253) sowie durch Pfandaufgabeerklärung des Pfandgläubigers (§ 1255); Pfandfreigabe liegt vor, wenn der Gläubiger gestattet, daß die → Pfändung durch das Vollstreckungsgericht aufgehoben wird.

Gegenstand des Pf. können auch *Rechte* sein, soweit sie übertragbar sind (z. B. → Grundpfandrechte), § 1273. Die Bestellung des Pf. richtet sich nach den Vorschriften, die für die Übertragung des jeweiligen Rechts gelten (§§ 1274 ff.). Zur Verpfändung solcher Forderungen, die durch bloße → Abtretung übertragen werden, ist zusätzlich die Anzeige der Verpfändung durch den Gläubiger an den Schuldner dieser Forderung notwendig (§ 1280). Der → gutgläubige Erwerb eines Pfs. an *Rechten* ist ausgeschlossen (§ 1273 II). Auf gesetzliche Pf. finden die Vorschriften über das vertragliche Pf. entsprechende Anwendung (§ 1257).

Pfandreife → Pfandrecht.

Pfandschein → Pfandleihe.

Pfändung ist die staatliche *Beschlagnahme* von Vermögensgegenständen, die der Schuldner in Besitz hat, um seinen Gläubiger zu befriedigen, der ein vollstreckbares Urteil wegen einer Geldforderung besitzt. Es müssen alle Voraussetzungen der → Zwangsvollstreckung gegeben sein (§ 803 ZPO). Ist die P. formell wirksam, entsteht ein staatliches Verfügungsrecht (sog. *Verstrickung*) und ein *Pfändungs-Pfandrecht*. Gehört die gepfändete Sache nicht dem Schuldner, hat der Eigentümer ein *Widerspruchsrecht* (§ 771 ZPO). Ansonsten kann der Schuldner eine fehlerhafte Pfändung mit Erinnerung (§ 766 ZPO), die daraufhin ergehende Entscheidung mit → sofortiger Beschwerde (§ 793 ZPO) angreifen oder den der Pfändung zugrundeliegenden Anspruch bestreiten (§ 767 ZPO). Das Pfändungspfandrecht beinhaltet ein *Verfügungsverbot* für den Schuldner; verstößt er dagegen, erhält der Erwerber nur bei Gutgläubigkeit bzw. bei Nichtbestehen des Verfügungsverbotes Eigentum (§§ 136, 135).

Bewegliche Sachen werden durch Inbesitznahme bzw. Anlegen einer Siegelmarke seitens des Gerichtsvollziehers gepfändet (§ 808 ZPO), Wertpapiere ebenso (§ 831 ZPO), Forderungen und Rechte durch Pfändungs- und Überweisungsbeschluß des Amtsgerichts-Vollstreckungsgerichts (§§ 829, 830; 835, 837; 857 ZPO), Immobilien durch Zwangsversteigerung, Zwangsverwaltung oder Eintragung einer Zwangshypothek (§ 866 ZPO).

Unpfändbare Sachen: § 811 ZPO (Grabsteine sind pfändbar); unpfändbare Forderungen: §§ 850 a ff. ZPO; Verhalten der Staatsorgane bei Pfändung: §§ 753 ff. ZPO.

Sozialleistungsansprüche sind ebenso beschränkt pfändbar wie → Lohnforderungen (vgl. G 20. 7. 88, BGBl. I 1046); während Dienst- und Sachleistungen völlig unpfändbar sind, bleiben selbst pfändbare Geldleistungen 7 Tage nach Überweisung auf das Konto des Empfängers unpfändbar; danach ist der Anspruch aus der Gutschrift sowie Bargeld nur insoweit pfändbar, als ihr Betrag den unpfändbaren Teil der Leistungen für die Zeit von der P. bis zum nächsten Zahlungstermin übersteigt. Im übrigen ist die Pfändung zukünftiger Rentenforderungen zulässig. Kindergeld ist pfändbar, wenn die Pfändung „recht und billig" ist; Wohngeld dagegen stets, wenn wegen Mietzinsforderung vollstreckt wird. Pfändung in eine offene Kreditlinie (das ist der Anspruch eines Schuldners auf Zahlung einer zukünftig gewährten Kreditzusage) ist unzulässig; ferner Pfändung des Taschengeldanspruchs (200.–) eines Ehemannes gegen seine Ehefrau, wenn sie angesichts der zu vollstreckenden Forderung (60 000.–) unbillig ist.

Pfändungsfreigrenzen Lohnpfändung.

Pfändungspfandrecht → Pfändung.

Pfändungsschutz besteht für Sachen gem. §§ 811 ff. ZPO und für Forderungen gem., §§ 850 ff. ZPO in Form von Pfändungsverboten und Pfändungsgrenzen bei → Lohnpfändung; untersagt ist ferner die Überpfändung und nutzlose (weil nicht einmal kostendeckende) Pfändung; bei Verstoß Erinnerung zum → Vollstreckungsgericht; gegen dessen Entscheidung → sofortige Beschwerde zum Landgericht.

Pferderennwetten → unvollkommene, aber erfüllbare Verbindlichkeiten.

Pflegegeld. Ist ein Versicherter der Unfallversicherung durch Arbeitsunfall oder Berufskrankheit so hilflos, daß er Wartung und Pflege benötigt, erhält er vom Träger der Unfallversicherung ein P.

Pflegekinder

Pflegekinder sind solche, die unter 18 Jahren sich dauernd oder teilweise außerhalb des Elternhauses in Familienpflege befinden (ausgenommen sind Kinder, die bei Verwandten, in Internaten, beim Arbeitgeber, auf Grund von Maßnahmen der Jugendämter untergebracht sind). Die Pflegeeltern bedürfen der Erlaubnis des Jugendamtes (§ 44 KJHG). Leistungen der → Sozialversicherung und des Kindergeldes erstrecken sich auch auf Pf. Die elterliche Sorge liegt in der Regel bei den leibliche Eltern, soferne sie das Vormundschaftsgericht nicht auf die Pflegeeltern übertragen hat; diese haben in jedem Fall eine Obhuts- und Aufsichtspflicht. Einkommen- und vermögensteuerrechtlich sind Pf. bei häuslicher Gemeinschaft mit den Pflegeeltern den ehelichen Kindern (z. B. in punkto Kinderfreibetrag) gleichgestellt.

Pflege–Pauschbetrag von jährlich DM 1800.– erhält an Stelle einer Steuerermäßigung (im Rahmen der → außergewöhnlichen Belastung), wer eine hilflose Person in seiner eigenen oder deren Wohnung pflegt.

Pflegezeiten werden ab 1992 als → Versicherungszeiten in der Rentenversicherung anerkannt; es werden freiwillige Beiträge von nicht gegen Lohn tätigen Pflegepersonen auf Antrag bei Nachweis den Pflichtbeiträgen gleichgestellt. Dadurch kann ein Rentenanspruch wegen verminderter Erwerbsfähigkeit erworben werden.

Pflegschaft. Wie die → Vormundschaft, hat auch die Pf. eine Fürsorgetätigkeit für andere zum Inhalt, umfaßt aber nur *bestimmte Angelegenheiten* des Fürsorgebedürftigen. Die Pf. läßt die → Geschäftsfähigkeit des Pflegebefohlenen unberührt; wird letzterer geschäftsunfähig, hat der Pfleger die Stellung eines gesetzlichen Vertreters (→ Stellvertretung). Wichtigste Fälle: a) *Gebrechlichkeitspf.,* seit 1. 1. 92 aufgehoben durch → BetreuungsG vom 12. 9. 90, BGBl. I 2002, wonach in Fällen geistiger und/oder körperlicher Behinderung ein Betreuer bestellt wird. b) *Abwesenheitspf.* für einen Volljährigen (→ Volljährigkeit), der unbekannten Aufenthalts oder der an der Rückkehr verhindert ist (§ 1911). Die Pf. wird angeordnet, soweit die Vermögensangelegenheiten des Abwesenden es erfordern, z. B. Ausschlagung oder Annahme einer Erbschaft für einen Forscher. c) *Nachlaßpf.,* wenn eine Erbschaft von den Erben noch nicht angenommen ist, aber ein Bedürfnis zur Sicherung des → Nachlasses besteht. Das Nachlaßgericht kann in diesen Fällen einen Nachlaßpfleger bestellen, der die Stellung des gesetzlichen Vertreters (vgl. Stellvertretung) des künftigen Erben einnimmt. Er kann z. B. zur Erhaltung des Nachlasses Ansprüche klageweise geltend machen, die Erbschaftsgegenstände in Besitz nehmen usw. d) *Pf. für Leibesfrucht,* für ein erzeugtes aber noch nicht geborenes Kind zur Wahrung seiner künftigen Rechte (Unterhalt, Erbrecht), wenn sie der elterliche Sorgeberechtigte nicht geltend machen kann (§ 1912); so bei nicht ehelichen Kindern auf Antrag des Jugendamtes.

Die Pf. wird vom Vormundschaftsgericht beschlossen; ein Sonderfall ist die *Amtspflegschaft* des Jugendamtes über ein nichteheliches Kind, die mit der Geburt des Kindes kraft Gesetzes eintritt, es sei denn, daß bereits vor der Geburt ein Pfleger bestellt oder ein → Vormund nötig ist (z. B. bei Minderjährigkeit der Mutter), § 1709. Die Vorschriften über die Vormundschaft sind *entsprechend* anzuwenden (§ 1915). Jede Pf. ist aufzuheben, wenn kein Fürsorgebedürfnis mehr besteht (§ 1919).

Pflichtteil ist im Falle der Enterbung der Anspruch des Ehegatten, ehelicher, adoptierter und nicht ehelicher Kinder und Eltern gegen den Erben auf ½ des → gesetzlichen Erbteils (§ 2303). Er entsteht mit dem Erbfall, ist vererblich und übertragbar; pfändbar nur, wenn er vertraglich anerkannt oder eingeklagt ist. Es haftet der Erbe, der dem Pflichtteilsberechtigten zur Auskunft verpflichtet ist. Entziehung des P. ist nur durch letztwillige Verfügung bei krimineller Verfehlung gegen den Verstorbenen oder ehrlosen und unsittlichen Lebenswandels möglich; nicht bei Leben in gleichgeschlechtlicher Dauerbeziehung. Verlust des Pflichtteilsrechts bei → Erbverzicht, → Ausschlagung (*Ausnahme:* Kinder und Ehegatte), → Erbunwürdigkeit, Tod vor Erblasser, nach 3 Jahren ab Kenntnis von Erbfall und Enterbung, bei Scheidung oder begründetem und zugestelltem Scheidungsantrag. Schenkungen (an andere Personen als den z. Z. des Erbfalls mit dem Erblasser noch verheirateten Ehegatten) bis zu 10 Jahren vor dem Erbfall werden fiktiv dem Nachlaß zugerechnet und führen zu einer Erhöhung des P. (§ 2325), für die der Erbe (bis zur Höhe *seines* Pflichtteils) haftet; soweit der Erbe nicht haftet, kann Pflichtteilsberechtigter unmittelbar vom Beschenkten Ersatz verlangen, sofern dieser noch → bereichert ist (sog. *Pflichtteilsergänzungsanspruch*). Etwaige Vorausempfänge unterliegen der → Ausgleichung.

Pflichtteilsrestanspruch. Ist einem Pflichtteilsberechtigten (Kind, Eltern, Ehegatte) ein Erbteil oder Vermächtnis hinterlassen, das summenmäßig unter dem Wert des → Pflichtteils liegt, kann er von dem Erben oder Miterben die Vervollständigung seines rechnerischen Pflichtteils in Geld verlangen.

Pflichtversicherung als gesetzliche Pflicht zum Abschluß eines Versicherungsvertrages besteht für Kfz-Halter, Luftverkehrsunternehmen, Atomanlagen, für Güterkraftverkehr, Notare, Steuerberater, Schausteller, Bewacher und Wirtschaftsprüfer, in der Kranken-,

Renten-, Arbeitslosen- und Unfallversicherung. Unabhängig davon wird privatrechtlich häufig der Nachweis einer Versicherung verlangt (z. B. Brandversicherung für Hausbaudarlehen).

Pflichtverteidiger ist der im Strafverfahren vom Gericht bestellte Rechtsanwalt, dessen Kosten der Staat zahlt. P. muß bestellt werden für Verfahren vor LG und OLG, bei Verbrechen, wenn Haft länger als 3 Monate dauert, bei schwieriger Sach- und Rechtslage, drohendem Berufsverbot und im Sicherungsverfahren.

Popularklage kann in den gesetzlich zugelassenen Fällen jeder erheben (auch der Nicht-Betroffene), wenn Interessen der Allgemeinheit berührt sind: z. B. Nichtigkeits- und Löschungsklage gegenüber Patenten (§§ 22, 81 PatG) und Warenzeichen (§ 11 WZG). Zulässig ferner in Bayern zum Verfassungsgerichtshof gem. Art. 98 S. 4 der Bayer. Verfassung.

Positive Vertragsverletzung (p. V. V.). Fall der sog. *Leistungsstörung*, steht neben → Unmöglichkeit und → Verzug. Gesetzl. nicht ausdrücklich geregelt; ergibt sich aus Treu und Glauben (§ 242). Liegt vor bei nicht unerheblicher *Schlechterfüllung* eines → Schuldverhältnisses, d. h. wenn die erbrachte Leistung von der, die der Schuldner hätte erbringen müssen, in negativem Sinne abweicht.

Ist die p. V. V. *schuldhaft* (→ Verschulden) begangen, so hat der Gläubiger Anspruch auf Ersatz des durch die Verletzung entstandenen → Schadens. Beim *gegenseitigen* → Vertrag hat der Gläubiger sogar, wenn er wegen der Verletzung an der Erfüllung des Vertrags kein Interesse mehr hat oder ihm die Fortsetzung des Vertrages nicht zugemutet werden kann, Anspruch auf → Schadensersatz wegen Nichterfüllung oder kann vom Vertrag zurücktreten (→ Rücktritt). *Beispiel:* p. V. V. liegt vor, wenn Patient im Krankenhaus schuldhaft mit falschem Medikament behandelt wird, wodurch sich Heilung verzögert und der Krankenhausaufenthalt verlängert wird; ferner bei Verletzung vertraglicher *Nebenpflichten*, einem über den unmittelbaren Fehler z. B. einer Kaufsache hinausgehenden Folgeschaden (kranker gekaufter Hamster steckt die gesunden an) oder wenn Verkäufer Normalbenzin in Behälter für Super füllt.

Positives Interesse → Schadensersatz wegen Nichterfüllung einschließlich des entgangenen Gewinns.

Postscheck → Scheck.

Praktikant → Ausbildungsvertrag, → Lehrvertrag.

Prämie → Versicherungsvertrag; bedeutet auch Leistung des Arbeitgebers aus einem Arbeitsverhältnis für besondere Leistung.

Prämienanleihe ist eine Anleihe, bei der nach Auslosung auf einen Teil von → Schuldverschreibungen neben den Zinsen Gewinne in Geld ausgezahlt werden.

Preisausschreiben → Auslobung.

Preisbindung ist die Vereinbarung zwischen einem Unternehmer und seinen Abnehmern, daß diese beim Weiterverkauf der Waren bestimmte Festpreise einzuhalten haben (§ 16 GWB). Die Vereinbarung ist nicht mehr zulässig bei Markenwaren, wohl aber bei Verlagserzeugnissen. Die P. kann durch die Kartellbehörde für unwirksam erklärt werden, wenn sie mißbräuchlich ist oder dazu führt, die Waren in einer wirtschaftlich nicht zu vertretenden Weise zu verteuern oder eine Preissenkung zu verhindern (§ 17 GWB). Der Mißbrauchsaufsicht unterliegen jetzt auch die bei konkurrierenden Markenwaren zulässige unverbindliche *Preisempfehlungen* des Inhalts, bei Weiterveräußerung bestimmte Preise einzuhalten (§ 38a GWB). Sie muß ausdrücklich als unverbindlich bezeichnet werden. Zur Durchsetzung darf kein Zwang ausgeübt werden. Untersagung der Preisempfehlung bei ungerechtfertigter Verteuerung von Waren, Täuschung über den tatsächlichen Marktpreis, und Einsatz überteuerter Preise als Werbemittel sowie Vertriebsregeln, die die Einhaltung der P. sicherstellen sollen.

Preise. Waren im Schaufenstern und Verkaufsräumen müssen ausgezeichnet sein, ebenso in Katalogen und Musterbüchern. Für Leistungen sind Preisverzeichnisse, für Kredite Aushang oder Angabe im Angebot, für Gaststätten Speise- und Getränkekarten, für Beherbergungsbetriebe Zimmeraushang, für Tankstellen Großtafeln vorgeschrieben. Preise mit Änderungsvorbehalt sind nur bei Lieferfristen von mehr als 4 Monaten und → Dauerschuldverhältnissen zulässig. *Ausn.* von P.-Vorschriften für Angebote an Letztverbraucher zu beruflichen Zwecken, Antiquitäten und Kunstgegenständen. Preisvorschriften bestehen für Energieversorgung, öffentliche Aufträge, Pflegesätze in Krankenanstalten und Arzneimittel sowie für freie Berufe (→ Honorar).

Preisempfehlung → Preisbindung.

Privatklage. Bei bestimmten Straftaten kann die Staatsanwaltschaft, die ein Anklagemonopol hat, den Geschädigten auf den Privatklageweg verweisen: Körperverletzung, Sachbeschädigung, Hausfriedensbruch, Beleidigung, Verletzung des Briefgeheimnisses, Bedrohung etc. (§ 374 StPO). In diesen Fällen kann der Verletzte selbst Klage erheben und Bestrafung beantragen. Über die P. entscheidet das Amtsgericht. Die P. setzt einen Sühneversuch, Zahlung

Probearbeitsverhältnis

des Gebührenvorschusses (falls dem Kläger nicht → Prozeßkostenhilfe bewilligt wird) und die schriftliche Einreichung einer Anklage-
schrift voraus. Das Gericht kann das Verfahren wegen Geringfügig-
keit einstellen (§ 383 II StPO). Der Privatkläger kann das Urteil mit
Berufung und/oder Revision anfechten. Der Angeklagte kann bis zu
seinem letzten Wort *Widerklage* erheben. Über beide wird gleichzeitig entschieden. Gegen Jugendliche (14–18 Jahre) kann keine P. erhoben werden (nur Widerklage), gegen Heranwachsende (18–21 Jahre)
schon.

Probearbeitsverhältnis ist im Zweifel auf unbestimmte Zeit abgeschlossen; lediglich die fristgebundene Kündigung ist erleichtert
(stillschweigende Vereinbarung der gesetzlichen Mindestkündi-
gungsfrist, §§ 621, 622). Möglich ist auch, daß das Arbeitsverhältnis
durch die Probezeit befristet ist und danach von selbst endet. Schließlich kann die Probezeit als Mindestdauer eines auf unbestimmte Zeit
geschlossenen Arbeitsvertrages vereinbart werden.

Probekauf → Kauf (Anm.: V 3, 4).

Produktpiraterie. Durch G 7. 3. 90, BGBl. I 422 wird geistiges
Eigentum (im Warenzeichen-, Urheber-, Gebrauchsmuster-, Pa-
tent-, Geschmacksmuster-, Sortenschutz- und Gesetz über unlauteren Wettbewerb geregelt) gegen Mißbrauch, Nachahmung und ge-
winnbringende Vermarktung geschützt. Zollrechtliche Beschlagnahme und Einziehung ist möglich.

Produzentenhaftung. Mangels direkter Beziehung zwischen dem
Hersteller und dem Endverbraucher haftet der Produzent nicht für
Entwicklungs-, Konstruktions-, Fabrikations-, Instruktions-, Pro-
duktionsbeobachtungsfehler (Arzneimittel) oder Wirkungslosigkeit
des verwendeten Produkts. Auch eine Geltendmachung des dem
Verbraucher entstandenen Schadens durch den Zwischenhändler gegenüber dem Produzenten kommt nicht in Betracht. Der Hersteller
haftet nur aus → unerlaubter Handlung (§ 823). Der Geschädigte hat
die Mangelhaftigkeit des Produktes, die unterlassene Warnung und
den darauf beruhenden Schaden zu beweisen, der Hersteller das fehlende Verschulden. Ist das Entstehen eines Fehlers im Produkt un-
klar, muß Hersteller den Entlastungsbeweis führen (z. B. bei explo-
dierender Limonadenflasche). Bei erhöhter Schadensgefahr besteht
eine gesteigerte Hinweispflicht des Produzenten, bei konkretem Anlaß eine Produktbeobachtungs- und Überprüfungspflicht.

In Ergänzung dessen trifft das ProdukthaftungsG vom 15. 12. 89,
BGBl. I 2198 folgende Regelung:

Während § 823 BGB die *verschuldensabhängige* Produzentenhaftung
betrifft und Endverbraucher sowie indirekte Abnehmer des Produ-

zenten schützt, regelt das ProdHaftG (§ 1 I 1) die *verschuldensunabhängige* Haftung des Produzenten (auch des Importeurs, Quasi-Herstellers, Assemblers, Lizenznehmers, Lieferanten) für alle durch ein Produkt (= bewegliche Sachen, Elektrizität; nicht Computerprogramme, landwirtschaftliche Produkte ohne Verarbeitung) verursachten Körper- und *Gesundheitsschäden* einschließlich der Heilkosten, Verdienstausfalls und erhöhter Bedürfnisse bis DM 160 Mio. Eine Haftung für *Sachschaden* (§ 1 I 2) tritt nur dann ein, wenn ein solcher dem privaten Endverbraucher dadurch erwächst, daß eine andere Sache beschädigt oder zerstört wird, die ihrer Art nach für den privaten Ge- oder Verbrauch bestimmt war (falls beruflich oder gewerblich, haftet der Produzent nur über § 823 BGB). *Beispiel:* Ersatzteil wurde nach Erwerb des Gesamtprodukts eingebaut und Schaden beruht auf Fehler des Ersatzteils (das gilt aber nicht, wenn Bremsen in einem gekauften PKW von Anfang an defekt gewesen sind).

Der Produzent hat stets nur für die Fehlerhaftigkeit seines Produkts einzustehen; dessen Sicherheitsstandard muß der Sicherheiterwartung des Kunden entsprechen, der das Produkt seinerseits nur bestimmungsgemäß gebrauchen darf und die Gebrauchsanweisung befolgen muß. In diesem Zusammenhang obliegt dem Produzenten eine genaue Instruktionspflicht, die aber verschieden ist, je nachdem ob das Produkt für den Fachhandel oder den Hausgebrauch bestimmt ist. Obwohl für den Verbraucher das Preis-Leistungs-Verhältnis maßgebend ist, muß das Produkt das halten, was die Werbung verspricht.

Es haftet auch der Hersteller eines Teilprodukts (z. B. PKW-Zulieferer). Der Produzent kann seine Haftung auf ihn *abwälzen,* falls er ihn gut ausgesucht und kontrolliert hat; keine Abwälzung, wenn der Teilehersteller nach Weisungen und Vorgaben des Produzenten gearbeitet hat. Sachschäden bis zu DM 1125.– hat der Geschädigte selbst zu tragen (insoweit kann er eine Haftung des Produzenten nur bei Verschulden über § 823 BGB realisieren).

Keine Haftung des Produzenten für Entwicklungsrisiken; er hat allerdings zu beweisen, daß er die zur Verfügung stehenden anerkannten Regeln der Wissenschaft und Technik eingehalten hat (wird er aus § 823 BGB in Anspruch genommen, haftet er dafür, daß er den neuesten Stand der Technik nicht beobachtet hat); kennt er sie nicht, haftet er trotzdem wegen dieses sog. *Organisationsmangels.* Nach dem Inverkehrbringen hat der Produzent eine Produktbeobachtungspflicht (Beweislast, daß er dagegen verstoßen hat, trifft den Geschädigten) und haftet für Konstruktions-, Fabrikations- sowie Instruktionsfehler. Im übrigen hat der Geschädigte die *Beweislast* für die Fehlerhaftigkeit des Produkts und den ihm dadurch entstandenen Schaden. Bei etwaigem eigenen Mitverschulden mindert sich der

Prokura

Anspruch des Geschädigten. Eine *Haftungsbegrenzung* durch den Produzenten ist nur zulässig, wenn er anderweit eine umfassende Risikovorsorge getroffen hat; ein völliger Haftungsausschluß ist unzulässig. Die Ersatzansprüche des Verbrauchers *verjähren* 3 Jahre nachdem er Produzent und Fehler hätte kennen müssen; 10 Jahre nach dem Inverkehrbringen des Produkts ist jede Haftung ausgeschlossen.

Eine Sonderregelung der Haftung für Arzneimittel enthält das ArzneimittelG. Für homöopathische und Tierarzneimittel haftet der Hersteller allerdings nach dem ProdHaftG.

Dieses G gilt in ehem. DDR für alle nach dem 3. 10. 90 in den Verkehr gelangten Produkte.

Prokura ist die durch → Rechtsgeschäft erteilte handelsrechtliche, nach außen nicht beschränkbare → Vollmacht für alle gerichtlichen und außergerichtlichen Handlungen; zur Verfügung über Grundstücke ist Sondervollmacht nötig (§ 49 HGB). Die P. wird im Handelsregister eingetragen. Sie erlischt durch jederzeit möglichen *Widerruf,* → Konkurs, Geschäftsauflösung und Beendigung des Arbeitsverhältnisses. Die P. ist nach außen unbeschränkbar; da der Prokurist im Innenverhältnis seinem Arbeitgeber gegenüber die ihm auferlegten Beschränkungen zu befolgen hat, haftet er dem Arbeitgeber bei Überschreiten seiner Kompetenzen auf Schadensersatz. Beschränkung auch nach außen als Filialprokura möglich (§ 50 HGB).

Prolongation ist die Verlängerung der Laufzeit eines → Wechsels.

Prospekthaftung. Wird für den Beitritt zu einer → KG bei einem breiten Publikum geworben (z. B. für Erwerb von Projektanteilen in den USA), haften für die Richtigkeit und Vollständigkeit des Prospektes die Gründer, Gestalter und Initiatoren der KG sowie die besonderen (im Prospekt genannten) Garanten des Prospektes (z. B. Rechtsanwalt, Wirtschaftsprüfer). Unerheblich, ob der Geschädigte die für den Prospekt Verantwortlichen kennt, er sich direkt oder über eine Treuhandgesellschaft an der KG beteiligt hat. Diese Grundsätze gelten auch bei Verwendung normaler Werbeprospekte. Ansprüche aus der P. auf Schadensersatz verjähren in 6 Monaten ab Kenntnis von der schadenbegründenden Tatsache, spätestens 3 Jahre nach Beitritt, bei Handeln eines für den Prospekt Verantwortlichen in 30 Jahren; daneben Schadensersatz infolge → Verschulden bei Vertragsschluß. So haften die Gründer einer (noch) nicht eingetragenen GmbH, wenn ihr Geschäftsführer neue Gesellschafter über wesentliche Umstände täuscht.

Protest → Wechsel (Anm.: IV 2).

Provision → Mäklervertrag. Anspruch auf P. für Geschäftsbesorgung, Dienstleistung, Handelsvertreter, Kommissionär, Spediteur und beim Wechsel- bzw. Scheckrückgriff.

Prozeßbevollmächtigte sind Rechtsanwälte, Prozeßagenten, Rechtsbeistände, Verbandsvertreter, Steuerberater (§ 78 ZPO).

Prozeßfähigkeit bedeutet die Fähigkeit, an einem Prozeß selbst aktiv durch Erklärungen und Anträge mitzuwirken, insbesondere einen Anwalt zu beauftragen. Prozeßfähig ist, wer → geschäftsfähig ist (§ 52 ZPO, § 62 VwGO, § 58 FGO). *Ausnahme:* in Ehe-, Betreuungs- und sozialrechtlichen Verfahren (§ 607 ZPO, § 71 SGG) kann der Prozeßunfähige auch selbst wirksam Prozeßhandlungen vornehmen. Prozeßfähige erhalten einen Prozeßpfleger (§§ 57, 58 ZPO).

Prozeßkostenhilfe (früher Armenrecht) ist die Befreiung einer mit Rücksicht auf Unterhaltpflichten und besondere Belastungen unvermögende Partei von (Sicherheitsleistung für) Prozeßkosten und Anwaltsgebühren (nicht von den dem Gegner erwachsenden Kosten), §§ 114ff. ZPO, § 14 FGG, § 11a ArbGG, § 166 VwGO, § 142 FGO, §§ 379a, 397a, 406g StPO, § 73a SGG, §§ 18, 129ff. PatG. P wird auf Antrag, dem Erklärungen über die Familienverhältnisse, Beruf, Vermögen, Einkommen und Belastungen, die Angabe des Streitgegenstandes und die Beweismittel beizufügen sind, vom Prozeßgericht für jede Instanz gesondert gewährt und ein Anwalt nach Wahl beigeordnet. Die Bewilligung ist unanfechtbar, die Ablehnung mit *Beschwerde* angreifbar.

Voraussetzungen: Kosten der Prozeßführung können nicht, nur zum Teil oder nur in Raten aufgebracht werden, Rechtsverfolgung ist nicht mutwillig und bietet hinreichende Aussicht auf Erfolg. Hat der Antragsteller geringe Mittel, setzt das Gericht an Hand einer Tabelle (Anlage zu § 114 ZPO) monatliche Raten (maximal 48) fest, die er an die Landeskasse zu zahlen hat. *Beispiel:* Nettomonatseinkommen DM 2725.–, 2 Unterhaltspflichtige, Rate DM 370.–.

Prozeßkostenvorschuß kann ein unterhaltsberechtigter, minderbemittelter Ehepartner bei einem Rechtsstreit in persönlichen Angelegenheiten von dem anderen Ehegatten verlangen (§ 1360a IV), auch wenn sich der Prozeß gegen diesen richtet (Scheidung, Strafverfahren). In Ehe-, Familien- und sonstigen Unterhaltssachen kann das Familiengericht durch einstweilige Anordnung die Tragung der Prozeßkosten regeln. P. verlangt auch ein Rechtsanwalt regelmäßig von seinem Mandanten.

Prozeßvergleich → Vergleich.

Prozeßzinsen → Zinsen.

Q

Quellensteuer wird nicht durch Veranlagung, sondern durch Steuerabzug bereits an der Quelle erhoben wie bei der Lohnsteuer (§§ 38 ff. EStG), Kapitalertragsteuer (§§ 43 ff. EStG) und beschränkt steuerpflichtigen Personen (§ 50a EStG). Es handelt sich um keine zusätzliche, sondern vorab entrichtete Steuer, die der Arbeitgeber abführt und die später z. B. auf die Einkommensteuer angerechnet wird. → Zinsabschlagsteuer.

Quittung ist ein *schriftliches Empfangsbekenntnis* des Gläubigers, das er bei Empfang der Leistung dem → Schuldner auf dessen Verlangen und dessen Kosten hin erteilen muß (§ 368). Die Qu. dient dem Schuldner als Beweismittel für die Erfüllung seiner Verbindlichkeit. *Beispiel:* Wird der Gläubiger einer → Hypothek befriedigt, so kann der Grundstückseigentümer vom Gläubiger eine Qu. in *öffentlich beglaubigter* → Form über die geleistete Zahlung verlangen, die zur Berichtigung des Grundbuchs erforderlich ist *(= löschungsfähige Qu.).* Der *Überbringer* einer *echten,* d. h. vom Aussteller stammenden oder blanko ausgestellten (aber vom Überbringer falsch ausgefüllten) oder einer entwendeten echten Qu. gilt als ermächtigt, die Leistung zu empfangen; die Leistung an ihn befreit den gutgläubigen Schuldner (§ 370). *Beispiel:* Der Überbringer hat die Qu. beim Gläubiger entwendet, wovon letzterer den Schuldner verständigt, noch ehe der Überbringer die Qu. vorgelegt hat. Leistung befreit nicht, da Schuldner bösgläubig. Leistung auf eine vom Überbringer gefälschte Qu. befreit nicht.

Quotenregelung, politischer Begriff, besagt, daß in Parteien, Verbänden und öffentlichem Dienst eine bestimmte Quote (%) der zu vergebenden Funktionen mit Angehörigen eines Geschlechts, insbesondere Frauen, besetzt sein muß. Sofern die Q. mit dem Leistungsprinzip in Widerspruch steht, gilt sie nicht.

Quotenvermächtnis ist ein – Vermächtnis, das summenmäßig dem Wert des Erbteils bei der → gesetzlichen Erbfolge entspricht (aber als Vermächtnis nicht an der Haftung für Nachlaßverbindlichkeiten teilnimmt). Hat der Erblasser aber einen Bruchteil (z. B. ½) seines Vermögens per Testament zugewendet, ist der Bedachte Erbe, auch wenn er nicht als solcher bezeichnet ist (§ 2087).

Quotenvorrecht. Ist ein bei einem Verkehrsunfall beteiligtes Kfz kaskoversichert, so gehen nach § 67 I 1 VVG die Ansprüche des Geschädigten gegen den Schädiger insoweit auf den Kaskoversicherer über, als dieser dem Geschädigten Ersatz für den entstandenen Schaden geleistet hat. Die Folge davon ist, daß der Versicherer nun seinerseits Ansprüche gegen den Schädiger hat. Dieser Anspruch kann jedoch nicht zum Nachteil des Geschädigten geltend gemacht werden (§ 67 I 2 VVG), d. h., soweit der Schaden des Geschädigten die Leistungen des Versicherers übersteigt, kann ersterer sich *vor* dem Versicherer beim Schädiger befriedigen. Ggf. muß der Versicherer, wenn er vom Schädiger bereits Ersatz erlangt hat, die von ihm erstrittene Summe an den Geschädigten herausgeben, da diesem das sog. Qu. zusteht.

Umgekehrt ist es, wenn ein Sozialversicherungsträger (z. B. Berufsgenossenschaft) einen von einem Dritten verschuldeten Schaden dem Geschädigten ersetzt. Soweit hier die Ansprüche auf den SVT übergegangen sind, hat dieser das Qu. ggü. den weiteren Ansprüchen des Geschädigten gegen den Schädiger, sofern den Geschädigten ein → Mitverschulden am Schadenseintritt trifft. → Vorteilsausgleichung.

R

Rabatt ist ein Nachlaß auf den verlangten Kaufpreis oder Werklohn. Die Rabattgewährung ist durch das Rabattgesetz vom 25. 11. 1933 (RGBl. 1011) erheblich eingeschränkt. Zulässig ist: a) *Barzahlungsnachlaß (Skonto)* bis zu 3%, wenn eine Kaufsache oder eine Leistung sofort nach Erhalt in bar, durch → Scheck oder Überweisung bezahlt wird. b) *Mengenrabatt* kann bei Abnahme einer bestimmten Anzahl gleicher Waren durch Zugabe weiterer Warenstücke (Warenr.) oder durch Preisnachlaß gewährt werden, ist aber nur zulässig, wenn *handelsüblich.* c) *Sondernachlässe* für Angehörige bestimmter Personengruppen, z. B. Betriebsangehörige für deren Eigenbedarf. d) *Treuevergütung,* indem einer Markenware Gutscheine beigegeben werden, die dann, wenn sie in bestimmter Anzahl vorgelegt werden, gegen Bargeld eingelöst werden können.

Verstöße gegen das Rabattgesetz führen als *unlauterer Wettbewerb* zum Schadensersatz und sind strafbar (§ 11 RabattG).

Rang von Grundstücksrechten. Die an einem Grundstück bestehenden Berechtigungen (→ Grundpfandrechte) sind nicht gleichberechtigt, sondern stehen in einem Rangverhältnis zueinander. In der → Zwangsversteigerung kommt ein im Grundbuch eingetragenes Recht erst zum Zug, wenn das vor ihm stehende voll befriedigt ist. Der R. richtet nach der zeitlichen Reihenfolge der Eintragungen (§ 879). *Rangänderung* ist möglich; sie wird im Grundbuch eingetragen, bedarf der Einwilligung der Beteiligten und darf Zwischenrechte nicht beeinträchtigen. *Rangvorbehalt* durch den Grundstückseigentümer ist zulässisg. Je schlechter der R. z. B. für eine ein Darlehen sichernde Hypothek ist, desto schlechter auch die Konditionen.

Rat (Empfehlung). Wer anderen einen bloßen Rat, eine Empfehlung oder Auskunft erteilt, ist, sofern er dabei keine → unerlaubte Handlung begeht, nicht zum Ersatz eines etwa bei Befolgung des Rats entstehenden Schadens verpflichtet (§ 676). *Beispiel:* Tip beim Pferderennen, auf ein bestimmtes Pferd zu setzen, das dann verliert. *Ausnahmen* bestehen jedoch dann, wenn ein *Beratungsvertrag* mit sog. Rechtsbindungswillen vorliegt, der entgeltlich (→ Werkvertrag) oder unentgeltlich (→ Auftrag) geschlossen sein kann. Auch aus anderen Verträgen kann sich als Nebenpflicht die Verpflichtung zur Raterteilung ergeben, z. B. beim Rechtsanwalts-, Geschäftsbesorgungsvertrag, Dauergeschäftsverbindung und wenn der Raterteiler erkennen kann, daß der Ratsuchende den Rat befolgen wird.

Wird die *vertragliche Verpflichtung* zur Raterteilung verletzt, so haftet der Verpflichtete, wenn ihn ein → Verschulden trifft, auf Schadensersatz (→ positive Vertragsverletzung).

Ratengeschäft → Abzahlungsgeschäft.

Ratenkreditvertrag ist ein Vertrag, mit dem sich der Schuldner verpflichtet, ein → Darlehen in Teilbeträgen zurückzuzahlen. Er ist jedoch nicht allein deshalb nichtig, weil der Darlehensnehmer die übernommene Verpflichtung nicht oder nur unter Einsatz seines gesamten pfändbaren Arbeitseinkommens erfüllen kann.

Ratenzahlung → Abzahlungsgeschäft.

Räumungsschutz. Bei Mietwohnungen findet eine Räumung nur nach Ablauf sog. Kündigungsfristen statt (§ 565). Wird vom Amtsgericht auf Räumung erkannt, kann es auf Antrag dem Mieter eine angemessene Räumungsfrist bis längstens 1 Jahr einräumen (§ 721 ZPO); gleiches gilt für einen Räumungsvergleich. Eine → einstweilige Verfügung auf Räumung ist nur zulässig, wenn sich der Mieter die Wohnung durch Besitzentzug rechtswidrig angeeignet hätte. Eine Kündigung ist unabhängig davon nur bei berechtigtem Interesse des Vermieters zulässig (§ 564b: Vertragsverletzung durch den Mieter, Eigenbedarf, verhinderte Sanierung); gegen eine solche Kündigung hat der Mieter ein Widerspruchsrecht (§§ 556a, b). Eine Kündigung von Wohnraum nur zwecks Mieterhöhung ist nicht zulässig (*Ausn.:* Miete ist 1 Jahr unverändert, liegt unter Gemeindeniveau, Nennung von 3 Vergleichsobjekten). Mieterhöhung ist nur zulässig bei Modernisierung (11% der Kosten kann Vermieter umlegen), Erhöhung der Betriebskosten oder der Kapitalkosten, wenn das Mietobjekt mit Fremdmitteln errichtet worden ist. Vgl. G zur Regelung der Miethöhe vom 18. 12. 74, BGBl. I 3603. R. kann bei drohenden gesundheitlichen Schäden vom Gericht auch auf Dauer gewährt werden, indem die → Zwangsvollstreckung untersagt wird.

Rauschtat. Wer im Zustand rauschbedingter Schuldunfähigkeit eine Straftat begeht, ist nicht straflos, sondern wird wegen des Sichberauschens mit Freiheitsstrafe bis zu 5 Jahren bestraft. Weiß er, daß er im Rausch zu bestimmten Straftaten neigt und begeht er erneut eine solche Handlung, wird er ohne Rücksicht auf den Rausch wegen dieser R. bestraft (§ 323a StGB).

Realkredit ist ein Darlehen, das durch die Haftung von Sachen (meist durch Grundpfandrechte) gesichert ist. Es wird von Hypothekenbanken, Sparkassen und Versicherungen gewährt. Bei einem Personalkredit erfolgt die Sicherheit meist in Form einer Bürgschaft.

Reallast ist die Belastung eines Grundstücks in der Weise, daß an den Berechtigten, der auch der jeweilige Eigentümer eines anderen Grundstücks sein kann, wiederkehrende Leistungen aus dem Grundstück zu entrichten sind (§ 1105) und zwar sowohl Geld- als auch Naturalleistungen (z. B. Nahrungsmittel). Im Gegensatz zur → Rentenschuld muß es sich nicht um regelmäßig wiederkehrende Leistungen handeln; sie müssen lediglich hinreichend bestimmbar sein (Menge der zu liefernden Bodenfrüchte, Milch usw.). Der Grundstückseigentümer haftet mit dem Grundstück und persönlich für die geschuldeten Leistungen (§ 1108). Die Bestellung der R. erfolgt durch Einigung der Beteiligten und Eintragung im Grundbuch.

Realsplitting. Der unterhaltspflichtige Ehegatte kann die an den unterhaltsberechtigten, getrennt lebenden oder geschiedenen Ehepartner zu leistenden → Unterhaltszahlungen bis DM 27 000.– pro Jahr als → Sonderausgaben abziehen, falls der unterhaltsberechtigte Ehepartner mit der Versteuerung der Zuwendungen durch ihn schriftlich und unwiderruflich einverstanden ist oder bis DM 5400.– als → außergewöhnliche Belastung abziehen.

Rechenschaftslegung obliegt dem Vormund, Betreuer, Vorerben, Geschäftsführer mit und ohne Auftrag (§ 259), geschäftsführenden Gesellschafter, Kommissionär, Testamentsvollstrecker etc. über die getätigten Geschäfte. R. bedeutet Zusammenstellung von Einnahmen und Ausgaben unter Vorlage entsprechender Belege.

Rechnung, Übersendung der R → Verzug. Laufende Rechnung → Kontokorrent. R. im Sinne der Umsatzsteuer ist jede Urkunde, mit der ein Unternehmer über eine Lieferung oder Leistung abrechnet. Jeder Leistungsempfänger hat einen Anspruch auf R. mit gesondert ausgewiesener Umsatzsteuer.

Recht

Recht im *objektiven* Sinne ist die Gesamtheit der Rechtsnormen, die entweder ausdrücklich gesetzt sind (in Gesetzen, Verordnungen usw.) oder ungeschrieben auf Grund einer Übung als allgemein verbindlich anerkannt werden (= Gewohnheitsrecht). R. im *subjektiven* Sinne sind die Rechte, die der Einzelne ggü. einer bestimmten → Person (= relatives Recht, z. B. Forderung gegen Schuldner) oder ggü. der Allgemeinheit hat (= absolutes Recht, z. B. Eigentum; wird ein solches absolutes R. verletzt, so kann die Wiederherstellung des rechtmäßigen Zustandes bzw. Schadensersatz von jedem verlangt werden, der diesem Zustand im Wege steht, ganz gleich ob er für den rechtswidrigen Zustand verantwortlich ist oder nicht, z. B. kann der Eigentümer seine Sache von jedem herausverlangen, der sie in Besitz hat).

Wichtig (für die Zulässigkeit einer Klage, also des Rechtsweges) ist die Trennung von *öffentlichem Recht* (Über-, Unterordnung, hoheitliche Interessen, Zwangsgewalt) und *privatem Recht* (Gleichordnung der Parteien, Vermögensinteressen). Als *materielles* Recht bezeichnet man den Inhalt einer Norm, als *formelles* Recht die Verfahrensregelungen vor den verschiedenen Gerichten.

Recht auf Arbeit ist nicht im GG, wohl aber in der Verfassung von Bayern (Art. 166), Berlin, Brandenburg, Bremen, Hessen und Nordrhein-Westfalen verankert.

Rechtliches Gehör (Art. 103 GG) ist jedermann garantiert, bevor eine ihm nachteilige Entscheidung eines Gerichts oder einer Behörde ergeht. Es kann nachgeholt werden. Andernfalls dürfen Tatsachen und Beweisergebnisse bei der Entscheidung nicht berücksichtigt werden; wenn doch, wird sie auf → Rechtsmittel hin aufgehoben.

Rechtfertigungsgründe beseitigen die → Rechtswidrigkeit, führen im Strafrecht zum Freispruch und verhindern im Zivilrecht Schadensersatzansprüche aus → unerlaubter Handlung. R. sind → Notstand, → Notwehr, Pflichtenkollision (sofern eines der im Widerstreit stehenden geschützten Rechtsgüter überwiegt), Einwilligung des Verletzten (nicht bei Tötung auf Verlangen, → Schwangerschaftsabbruch; str. bei Geschlechtsverkehr mit Aids-Infiziertem), mutmaßliche Einwilligung (z. B. Operation eines Bewußtlosen), Diensthandlungen von Amtsträgern (→ Gerichtsvollzieher), rechtmäßiger dienstlicher Befehl und die üblichen Gefährdungshandlungen im Bereich von Technik und Verkehr.

Rechtsanspruch (§ 194) kann nur dann erfolgreich mit Klage durchgesetzt werden, wenn die den R. tragenden Tatsachen beweisbar sind und eine Rechtsgrundlage gegeben ist. R. entstehen aus Verträgen und aus gesetzlichen Bestimmungen (z. B. §§ 985, 861,

1007, 812, 823, 683), aus den Grundrechten und dem Recht auf pflichtgemäße Ermessensausübung.

Rechtsanwaltsvertrag → Dienstvertrag, Rat, → Geschäftsbesorgungsvertrag. Die vollkommen freie Gebühren- und Erfolgsvereinbarung ist sittenwidrig und nichtig; das Mindesthonorar bestimmt sich nach der Bundesrechtsanwaltsgebührenordnung. Pauschalhonorar zulässig. Über Standespflichtverletzungen entscheiden Rechtsanwaltskammer und Ehrengericht. Ein Mandant kann seinen Anwalt nicht zwingen, ein → Rechtsmittel einzulegen.

In ehem. DDR ermäßigen sich die Gebühren um 20%, die Bundesrechtsanwaltsordnung gilt nicht, außer in ganz Berlin. Die anwaltliche Berufsausübung ist in der ganzen EG erleichtert durch G 26. 8. 80, BGBl. I 1453. In ehem. DDR: G 13. 9. 90, GBl. I Nr. 61 S. 1504.

Rechtsberatung ist die geschäftsmäßige entgeltliche Besorgung fremder Rechtsangelegenheiten. Hierzu sind nur Anwälte und *Rechtsbeistände* (§ 1 G 13. 12. 35, RGBl. I 1478) befugt. Andernfalls setzt man sich einem Bußgeldverfahren aus. *Ausnahme* für Personen, die im Rahmen ihrer Berufstätigkeit auch die Bearbeitung untergeordneter Rechtsangelegenheiten für andere bearbeiten müssen, z. B. Wirtschaftsprüfer, Zwangsverwalter, Vermögens-, Hausverwalter, Steuerberater und berufsständische Vereinigungen. Zur R. Minderbemittelter → Beratungshilfe. Übergangsregelung in ehem. DDR für 6 Monate (Anlage I Kap. III H III 8 a EV).

Rechtsbeschwerde ist eine → Beschwerde, die nur mit Rechtsverletzung durch ein Gericht begründet werden kann. So im Arbeitsprozeß (§ 92 ArbGG), der freiwilligen Gerichtsbarkeit (Grundbuch-, Vormundschafts-, Nachlaß-, Registerwesen, § 27 FGG, § 78 GBO), in Landwirtschaftssachen, Bußgeldverfahren (§ 79 OWiG), Strafvollzugssachen (§ 116 StrafVollzG) und Kartellangelegenheiten (§ 83 GWB). Sie ist hinsichtlich der Formalitäten der → Revision nachgebildet.

Rechtsbeugung → Amtspflichtverletzung. Sie begeht ein Richter oder anderer Amtsträger, der bei Entscheidung einer Rechtssache vorsätzlich zugunsten oder zu Ungunsten einer Person das Recht verletzt (§ 336 StPO).

Rechtsfähigkeit ist die Fähigkeit, Träger von Rechten und Pflichten, von Vermögen und Eigentum zu sein oder sich durch Verträge zu bestimmten Leistungen zu verpflichten. Rechtsfähig ist jeder Mensch mit der Vollendung der Geburt (Austritt aus dem Mutterleib und Beginn der Atmung, § 1); ferner sind es die sog. juristischen → Personen. Zu unterscheiden von der Rechtsf. ist die → Geschäftsfähigkeit.

Rechtsgeschäft

Rechtsgeschäft besteht aus einer oder mehreren → Willenserklärungen, um den in der (den) Erklärung(en) bezeichneten rechtlichen Erfolg herbeizuführen, nämlich die Änderung der bestehenden Rechtslage. *Beispiel:* Rechtsgeschäft „Kauf"; bestehend aus Willenserklärung des Verkäufers „ich verkaufe" + Willenserklärung des Käufers „ich kaufe", ergibt, wenn beide Erklärungen vorliegen und sich decken, den Kaufvertrag, aufgrund dessen der Käufer die Verschaffung des Eigentums am Kaufgegenstand, der Verkäufer die Zahlung des Kaufpreises verlangen kann. Die R. werden im wesentlichen eingeteilt in *einseitige,* für die nur die → Willenserklärung einer → Person erforderlich ist (z. B. → Testament), und *mehrseitige,* bei denen sich deckende Willenserklärungen mehrerer Personen vorliegen müssen (z. B. → Vertrag), ferner in verpflichtende und verfügende (→ Verfügung), entgeltliche (z. B. → Kauf) und unentgeltliche (z. B. → Schenkung), Sicherungsgeschäfte (Sicherungsübereignung, Bürgschaft, Hypothek, Pfandrecht) sowie in R.e unter Lebenden und von Todes wegen (z. B. → Erbvertrag).

Rechtshängigkeit ist die Vorlage einer Streitfrage zur Entscheidung bei einem Gericht oder Geltendmachung eines Anspruchs in einer mündlichen Verhandlung (§ 261 ZPO; § 90 VwGO; § 66 FGO; § 94 SGG). Sie tritt vor allem ein durch ordnungsgemäße Klageerhebung (§ 253 ZPO) und Zustellung an den Gegner; zur Wahrung einer Frist (z. B. der Verjährung) reicht die bloße Klageerhebung aus.

Rechtskraft. Ist eine gerichtliche Entscheidung nicht mehr anfechtbar (infolge Erschöpfung des Rechtsweges oder Versäumung der Rechtsmittelfrist), kann die sich ergebende Rechtsfolge (und der Streitgegenstand) nicht mehr erneut einer gerichtlichen Prüfung zugeführt werden. Die Parteien, Gerichte und Behörden sind an die Entscheidung gebunden; sie ist vollstreckbar.

Rechtsmangel, wenn ein Kaufgegenstand mit Rechten Dritter belastet ist, die gegen den Erwerber geltend gemacht werden können. *Beispiel:* Verkauf eines Hauses, das an einen Dritten vermietet ist; Mietvertrag besitzt nach § 571, Arbeitsvertrag nach § 613a auch ggü. dem Erwerber Gültigkeit. Hinsichtlich der Folgen bei Vorliegen eines R. vgl. → Kauf, Miete, Schenkung.

Rechtsmittel sind → Berufung, → Revision, → Beschwerde, durch die ein höheres Gericht eine getroffene gerichtliche Entscheidung nachprüft. Im weitesten Sinne gehören dazu auch Einspruch, Widerspruch, Wiedereinsetzung in den vorigen Stand, Wiederaufnahme des Verfahrens, Aufsichtsbeschwerde und Gegenvorstellung. Das zulässige (= statthafte, form-, fristgerechte begründete) R. hemmt die Rechtskraft und damit die Vollstreckung eines Urteils und hebt den Prozeß in die nächsthöhere Instanz. Über seine R. muß der Betroffene belehrt werden; unterbleibt dies, beginnt die R.-Frist nicht zu laufen (Fristablauf aber immer 1 Jahr nach Bekanntgabe der Entscheidung), im Strafrecht ist → Wiedereinsetzung in den vorigen Stand gegeben.

Rechtsnachfolger ist der Erwerber einer Sache, eines Rechts, einer Firma, des Vermögens einer anderen Person zu dessen Lebzeiten oder bei ihrem Tod allein oder mit anderen.

Rechtsschutzbedürfnis ist das berechtigte Interesse einer in ihren Rechten beeinträchtigten Person, ein Gericht in Anpruch zu nehmen, insbesondere auf Feststellung zu klagen. Fehlt das R., ist die Klage unzulässig.

Rechtsschutzversicherung. Bei manchen Versicherungsgesellschaften besteht die Möglichkeit, sich gegen die bei einem etwaigen Gerichtsverfahren entstehenden gerichtlichen und außergerichtlichen Kosten, insbes. Anwalts- oder Verteidigergebühren, zu versichern; diese Kosten werden, soweit sie anfallen, von der Versicherung bezahlt. Häufigster Fall ist die R. für Kraftfahrer, welche die Kosten für die durch die Beteiligung am Straßenverkehr entstehenden Zivil- oder Strafverfahren deckt. Der Anwalt kann frei gewählt werden.

Rechtsweggarantie (Art. 19 IV GG) bedeutet, daß jedem, der durch die öffentliche Gewalt in seinen Rechten verletzt ist, der Zugang zu der betreffenden Gerichtsbarkeit garantiert offensteht. Mangels besonderer Regelung sind die → ordentlichen Gerichte zuständig.

Rechtswidrigkeit ist ein Verhalten, zu dem die Befugnis fehlt (→ Rechtfertigungsgründe) oder das die Grenzen einer bestehenden Befugnis überschreitet. Auch durch *Unterlassen* möglich, dann aber nur, wenn eine Pflicht zum Handeln besteht (z. B. Grundstückseigentümer, der zur Räumung des Gehweges verpflichtet ist, unterläßt dies; Passant kommt bei Schneeglätte zu Fall und verletzt sich).

R. fehlt trotz Eingriffs in fremde Rechtssphäre, wenn der Täter ein Recht zum Handeln besitzt. Solche → Rechtfertigungsgründe sind insbes. → Notwehr → Notstand, Pflichtenkollision, Einwilligung des Verletzten, Ausübung eines öffentlichen Amtes (z. B. Gerichtsvollzieher), rechtmäßiger Befehl oder behördliche Erlaubnis.

Rediskont → Diskontierung.

Regelbedarf → Unterhaltpflicht des Erzeugers gegenüber seinem nicht ehelichen Kind (VO 27. 6. 70, BGBl. I 1010). Er beträgt derzeit (VO 19. 3. 92, BGBl. I 535) monatlich DM 251.–, ab 1. 7. 92:

Rehabilitation

DM 291.– (bis zum 6. Lebensjahr), DM 304.–, ab 1. 7. 92: DM 353.– (zwischen 7.–12. Lebensjahr) und DM 360.–, ab 1. 7. 92: DM 418.– (zwischen 13.–18. Lebensjahr). Zuständig zur Festsetzung des R. in ehem. DDR sind die Landesregierungen (Art. 234 § 9 EGBGB), da die RegelunterhaltsVO 27. 6. 70 dort nicht gilt.

Rehabilitation bedeutet Wiederherstellung der Ehre einer Person (im Strafprozeß durch Freispruch, Aufhebung eines früheren Urteils, Veröffentlichung der Verurteilung des Verleumders).

R. bedeutet in der Sozialversicherung medizinische, berufsfördernde und andere ergänzende Maßnahmen bzw. Leistungen zur Wiedereingliederung Behinderter in das Berufs- und Gesellschaftsleben (§§ 9 ff., 15 ff., 235, 235 a SGB VI).

Reisegepäck sind Gegenstände, die für den Gebrauch des Reisenden bestimmt und in Koffer, Taschen und Kisten verpackt sind, ferner Fahrräder, Kinderwagen u. ä. (im einzelnen vgl. § 25 EVO). Die Gegenstände sind der Gepäckabfertigung gegen *Gepäckschein* zu übergeben; sie werden gegen Bezahlung der Beförderungskosten und Rückgabe des Gepäckscheins am Bestimmungsort wieder ausgehändigt. Für Verlust und Beschädigung von R. haftet die Eisenbahn, auch wenn kein → Verschulden vorliegt, es sei denn, der Schaden wurde durch Verschulden des Verfügungsberechtigten (z. B. fehlender Hinweis, daß Gepäckinhalt zerbrechlich), durch Mängel des Beförderungsgutes (z. B. ungenügend befestigter Koffergriff) oder durch höhere Gewalt (z. B. durch Blitzschlag) verursacht (§§ 31, 81 ff. EVO).

Im Gegensatz dazu haftet die Eisenbahn für den Verlust oder die Beschädigung von *Handgepäck,* das unentgeltlich im Personenwagen mitgeführt werden kann und vom Reisenden selbst beaufsichtigt wird, nur, wenn sie ein → Verschulden trifft sowie nach den Bestimmungen des Haftpflichtgesetzes vom 4. 1. 78, BGBl. I 145.

Reisegewerbe betreibt, wer in eigener Person im Umherziehen Waren oder gewerbliche Leistungen an- oder verkauft, Schaustellungen oder Musikaufführungen darbietet (§ 55 GewO). Die erforderliche *Genehmigung* wird als *Reisegewerbekarte* vom Landratsamt erteilt, sofern der Betreffende zuverlässig ist (§ 57 GewO). *Verboten* sind eine Reihe von Tätigkeiten (§ 56 GewO, z. B. Vertrieb von Giften, Edelmetallen, Uhren, entzündbaren Gegenständen, Wertpapieren, Darlehen).

Reisescheck (Travellerscheck) ist eine besondere Form der → Anweisung. Er ist im internationalen Reiseverkehr gebräuchlich als Schutz vor Diebstahl oder Verlust von Geld. Der Reisende zahlt bei einem inländischen Geldinstitut (meist Bank) einen bestimmten

Geldbetrag ein und erhält Rs. in entsprechender Höhe. Er muß dabei jeden R. *einmal* unterzeichnen. Im Ausland zahlt die angewiesene Stelle (i. d. R. ebenfalls Bank) gegen Vorlage von Reisepaß und Übergabe des R. nach Leistung einer *zweiten* Unterschrift auf dem Scheck den angegebenen Betrag aus.

Reisevermittlung. Die Vermittlung einer Reise durch ein Reisebüro kann sich auf einzelne Leistungen beschränken (Beförderung, Unterkunft) oder außerdem pauschal sämtliche übrigen Leistungen einschl. Verpflegung, Betreuung usw. umfassen. Im ersten Falle ist sie → Werkvertrag, im zweiten Falle gemischt mit Elementen eines → Dienstvertrages; in diesem Falle haftet der Reiseunternehmer, soweit nicht vertraglich ausgeschlossen, für die von ihm in Anspruch genommenen Dienstleistungspersonen als → Erfüllungsgehilfen.

Reisevertrag ist die mangelfreie Erbringung der vereinbarten (zugesicherten) Reiseleistungen gegen Entgelt durch den Veranstalter, meist einer Pauschalreise (*Ausnahme:* → Reisevermittlung). Andernfalls kann der Reisende vom Veranstalter bzw. örtlichen Reiseleiter Abhilfe, auch unter Fristsetzung verlangen (wenn sie keine unverhältnismäßigen Kosten verursacht), danach selbst für Abhilfe sorgen und die Kosten dem Veranstalter in Rechnung stellen (§ 651 c). Stattdessen kann der Reisende auch Minderung des Reisepreises verlangen, falls er den Fehler mitgeteilt hat; wird die Reise dadurch erheblich beeinträchtigt oder unzumutbar, darf der R. nach Fristsetzung gekündigt werden; fristlose Kündigung ist bei besonderem Interesse des Reisenden zulässig. In diesem Falle braucht weder der Reisepreis noch eine Entschädigung gezahlt zu werden. Der Veranstalter hat gegebenenfalls eine etwaige Rückbeförderung auf seine Kosten zu veranlassen, andernfalls er sich Schadensersatzforderungen des Reisenden aussetzt (§ 651 e). Dies gilt auch, wenn der Mangel der Reiseleistungen vom Veranstalter zu vertreten ist (§§ 276, 278); der Schadensersatzanspruch umfaßt auch eine Entschädigung in Geld wegen nutzlos aufgewendeter Urlaubszeit. Verlangt der Reisende Schadensersatz wegen mangelhafter Reiseleistung, muß Veranstalter beweisen, daß weder ihn, noch seinen Leistungsträger, noch seinen → Erfüllungsgehilfen ein Verschulden trifft. Die Rechte des Reisenden sind binnen 1 Monats nach Ende der Reise gegenüber dem Veranstalter geltend zu machen und verjähren in 6 Monaten nach Reiseende. Für Schäden des Reisenden, die nur auf leichter Fahrlässigkeit des Veranstalters oder auf einem Verschulden anderer selbständiger Leistungsträger beruhen, kann der Veranstalter seine Haftung durch → Allgemeine Geschäftsbedingungen auf den 3fachen Reisepreis beschränken. Beruht der Reisefehler auf höherer Gewalt, können beide Seiten kündigen, die Rückbeförderungsmehrkosten werden geteilt.

Reklame

Minderung des Reisepreises in %	Unterkunft
10–25	Abweichende Entfernung vom gebuchten Objekt
5–15	Abweichende Entfernung vom Strand
20	Doppel- statt Einzelzimmer
25	Dreibett statt Einzelzimmer
5–10	fehlender Balkon oder Meerblick
10–25	fehlendes Bad/WC/Dusche
10–20	fehlende Klimaanlage
10–20	Ungeziefer
15	Ausfall von Warmwasserboiler
10–20	Stromausfall
10	Wasserausfall
10–20	Ausfall der Klimaanlage
5–10	Fahrstuhlausfall
10–20	Schlechte Reinigung
5–20	Lärm am Tag
10–20	Lärm bei Nacht
	Verpflegung
10	ungenügend warme Speisen
20–30	verdorbene Speisen
5–15	lange Wartezeiten
5–10	schmutzige Tische
10–15	schmutziges Geschirr
	Sonstiges
10–20	fehlender/schmutziger Swimmingpool
20	fehlendes Hallenbad
5–10	fehlender Tennisplatz
5–10	keine Kinderbetreuung
10–20	schmutziger Strand
5–10	keine Strandliegen

Bis zum Reisebeginn kann der Reisende zurücktreten (gegen angemessene Entschädigung) oder eine Ersatzperson benennen.

Reklame. Wie weit auf öffentlichen Wegen, Straßen und Plätzen für den eigenen Gewerbebetrieb Reklame gemacht werden darf, hängt davon ab, ob die Werbung eine über den *Gemeingebrauch* (vgl. Straßencafe) hinausgehende Benützung des öffentl. Verkehrsraums, zu dem auch der Luftraum über der Straße zählt, darstellt. Ist das der Fall, dann liegt eine erlaubnispflichtige *Sondernutzung* vor. Die Erlaubnis wird von der zuständigen Verwaltungsbehörde (meist Gemeinde oder Landratsamt) im Wege eines Hoheitsaktes (→ Verwaltungsakt) oder *öffentlich-rechtlichen Vertrages* erteilt. Sie darf nicht aus fiskalischen (also finanziellen) Gründen, sondern nur aus Gründen des öffentlichen Interesses (z. B. zur Erhaltung des Gemeingebrauchs, Vermeidung von Verkehrsstörungen u. dgl.) versagt werden und kann von einer Sondernutzungsgebühr abhängig gemacht werden. *Beispiel für Sondernutzung:* sog. „Nasenschild" über dem Geschäftseingang, das in den Luftraum der Straße nicht nur unwesentlich hineinragt. Untersagt werden kann *Lichtreklame,* soweit sie nicht hoch über dem Straßenniveau angebracht ist und wesentlich in den Verkehrsraum ragt, da hier Gefahr für Kraftfahrer durch Verwechslung mit Verkehrsampeln oder durch Blendung besteht. Durch R. in Schrift, Licht oder Ton darf außerhalb geschlossener Ortschaften der Verkehr nicht beeinträchtigt, insbes. der Verkehrsteilnehmer nicht abgelenkt werden; innerorts ist die R. unter gleicher Voraussetzung nur unzulässig, wenn sie den außerörtlichen Verkehr erschweren könnte und gegen das geltende Baurecht verstößt. R. in Verbindung mit Verkehrszeichen ist verboten, desgl. Umherfahren oder Parken zu R.zwecken (§ 33 StVO).

Rektapapier wird ein → Wertpapier genannt, in dem eine *bestimmte* Person als Berechtigter bezeichnet ist. *Beispiel:* Anweisung, Hypothekenbrief (vgl. Grundpfandrechte), *nicht* die Namensaktie. Die Rechte aus einem R. können nicht durch die bloße Übereignung der Urkunde, sondern nur nach den allgemeinen für die Übertragung des jeweiligen Rechts gültigen Vorschriften übertragen werden. Da jedoch für die Übertragung des Rechts als besondere Form oft die Übergabe der Urkunde vorgeschrieben ist (z. B. in § 1154 die Übergabe des Hypothekenbriefs), gilt für das R. der Grundsatz, daß „das Recht *am* Papier dem Recht *aus* dem Papier folgt". Das R. steht im Gegensatz zum → Orderpapier und zum → Inhaberpapier.

Relative Unwirksamkeit eines → Rechtsgeschäfts liegt vor, wenn eine Gesetzesbestimmung nur den Schutz bestimmter Personen bezweckt. Das Geschäft ist dann *gegenüber dem geschützten Personenkreis* unwirksam (→ Unwirksamkeit), im Verhältnis zu allen anderen dagegen voll wirksam. Wichtigster Fall ist das gerichtliche Veräußerungs- und Verfügungsverbot nach § 136, wie z. B. die Beschlagnahme einer Sache im Wege der Zwangsvollstreckung, durch die dem Schuldner verboten wird, über die Sache weiter zu verfügen; verfügt er trotzdem ist die Verfügung lediglich ggü. dem Gläubiger, zu dessen Gunsten die Beschlagnahme erfolgte, unwirksam. Ist jedoch der Erwerber gutgläubig, d. h. kennt er das Verfügungsverbot nicht, erwirbt er Eigentum.

Remittent → Wechsel (Anm.: I).

Rentenanpassung ab 1992 jeweils zum 1. 7. in Form der Nettoanpassung, d. h. Belastungsveränderungen durch Steuern und Sozialbeiträge wirken sich erhöhungshemmend aus.

Rentenartfaktor

Rentenartfaktor → Rentenformel.

Rentenauskunft erhalten Versicherte auf Antrag (ab dem 55. Jahr von Amts wegen) über die Höhe ihrer Rente; bezüglich der auf die Ehezeit entfallenen Rentenanwartschaft auch der Ehegatte. R. wird schriftlich erteilt. Sie ist nicht verbindlich.

Rentenbemessungsgrundlage → Rentenberechnung.

Rentenberater bedarf der Zulassung nach dem RechtsberatungsG, wenn er gewerbs- und geschäftsmäßig Renten berechnet und entsprechende Auskünfte gibt. Seine Gebühren sind wie die eines Rechtsanwalts.

Rentenbesteuerung. Renten aus der Rentenversicherung, Leibrenten und private Versorgungsrenten (mit Gegenleistung) werden beim Empfänger einkommensteuerlich mit dem Ertragsanteil als wiederkehrende Bezüge erfaßt (§ 22 Nr. 1a EStG). Der Leistende darf bei der privaten Veräußerungs-Rente (z. B. Veräußerung eines Grundstücks gegen Rente) den Ertragsanteil als → Werbungskosten bzw. → Sonderausgaben abziehen. Geldrenten aus der Unfallversicherung sind von der Einkommensteuer befreit. Private Unterhaltsrenten ohne Gegenleistung werden dem Empfänger nicht zugerechnet (falls der Leistende unbeschränkt steuerpflichtig ist). Betriebliche Versorgungsrenten gelten als nachträglich zu versteuernde Einkünfte. Bei der betrieblichen Veräußerungsrente hat der Empfänger der Rente ein Wahlrecht: entweder er versteuert die empfangenen Zahlungen ab Überschreiten der Buchwerte als nachträgliche Einkünfte oder er versteuert den Unterschiedsbetrag zwischen Buchkapital und Rentenbarwert sofort als privilegierten Veräußerungsgewinn und später die zugeflossenen Rentenzahlungen mit dem Ertragsanteil. Da die Materie schwierig ist, sollte ein Steuerberater befragt werden.

Rentenformel 1992: MR = PEP × RAF × AR. Dabei bedeutet MR monatliche Rente, PEP persönliche Entgeltpunkte, RAF Rentenartfaktor und AR aktueller Rentenwert (§§ 64ff., 254b SGB VI).

PEP: Das versicherte Arbeitsentgelt des Versicherten wird bis zur → Beitragsbemessungsgrenze für jedes Jahr durch das Durchschnittsentgelt aller Versicherten für dieses Jahr geteilt, was Entgeltpunkte ergibt; die Dauer eines unterschiedlichen Rentenbezuges (z. B. ab 60, 63 oder 65 Jahren) wird durch einen sog. Zugangsfaktor ausgeglichen; dieser beträgt grundsätzlich 1,000; das gilt bei Regelaltersrente (65 Jahre) und bei vorzeitigem Rentenbezug; ab 2001 gilt: für jedes Jahr Rentenbezug vor dem 65. Lebensjahr mindert sich der Zugangsfaktor um 3,6% pro Jahr; ab 1992 gilt: Rente nach dem 65. Lebensjahr erhöht sich der Zugangsfaktor um 6% pro Jahr. Verbindet man Zugangsfaktor mit den persönlichen Entgeltpunkten, ergibt sich PEP.

Beispiel: A hat 45 Entgeltpunkte. Er beansprucht seine Rente mit 66 Jahren, weshalb er einen Zugangsfaktor von 1,060 erhält. PEP: 45 × 1,060 = 47,7.

RAF: Altersrente	1,0
Berufsunfähigkeitsrente	0,6667
Erwerbsunfähigkeitsrente	1,0
Erziehungsrente	1,0
Kleine Witwenrente bis 3 Monate nach Tod	1,0
anschließend	0,25
Große Witwenrente bis 3 Monate nach Tod	1,0
anschließend	0,6
Halbwaisenrente	0,1
Vollwaisenrente	0,2.

AR ist der Betrag, der einer monatlichen Altersrente entspricht, die sich aus Beiträgen auf Grund eines Durchschnittsentgelts für ein Kalenderjahr ergibt (DM 38,39 für 1990).

Rentenschuld ist eine auf Vertrag beruhende → Grundschuld, die nicht für eine feste Summe, sondern für regelmäßig wiederkehrende Zahlungen bestellt wird (§ 1199). Bei ihrer Bestellung muß der Betrag bestimmt und im Grundbuch angegeben werden, durch dessen Zahlung die R. abgelöst werden kann. Auf die einzelnen Leistungen finden die für Hypothekenzinsen (→ Hypothek), auf die Ablösungssumme die für das Grundschuldkapital geltenden Vorschriften entsprechend Anwendung (§ 1200).

Rentensplitting → Versorgungsausgleich.

Rentenversicherung ist ein Zweig der → Sozialversicherung. Sie umfaßt in der → Angestellten- und → Arbeiterrentenversicherung als Pflicht- bzw. freiwillige Versicherung nahezu alle Erwerbstätigen. Sie wird durch Beiträge der Versicherten und der Arbeitgeber sowie durch Bundeszuschüsse finanziert. Dann besteht ein Anspruch auf Leistungen wie Heilbehandlung, Berufsförderung, Wiederherstellung der Erwerbsfähigkeit einschließlich wirtschaftlicher Hilfen, Renten und Rentnerkrankenversicherung. Sonderregelung für Landwirte und Knappen. Das Rentenreformgesetz vom 16. 10. 72, BGBl I 1965 hat die R. auch für Selbständige eröffnet und das G vom 27. 7. 81, BGBl. I 705 ab 1. 1. 83 auch für selbständige Künstler und Publizisten. Große Rentenreform ab 1992 durch G 18. 12. 89, BGBl. I 2261 (= Sozialgesetzbuch Teil VI). Für ehem. DDR Sonderregelungen gem. Anlage I Kap. VIII H I, II, III und Anlage II Kap. VIII H des Einigungsvertrages. Rechtseinheit in der gesetzlichen R. und

Rentnerkrankenversicherung

Unfallversicherung durch G 25. 7. 91, BGBl. I 1606. Die in ehem. DDR erworbenen Renten können gekürzt oder aberkannt werden, wenn der Berechtigte oder die Person, von der er seine Berechtigung ableitet, gegen die Grundsätze der Menschlichkeit oder Rechtsstaatlichkeit verstoßen hat oder seine Stellung in schwerwiegender Weise zum eigenen Vorteil oder Nachteil anderer mißbraucht hat (Anlage II Kap. VIII H 9b 2 EV).

Zukünftig entstehende oder fällig werdende Ansprüche können grundsätzlich abgetreten, verpfändet und gepfändet werden, sofern der Anspruch ausreichend konkretisiert ist; durch eine → Pfändung darf aber keine soziale Hilfsbedürftigkeit eintreten.

Rentnerkrankenversicherung als Pflichtversicherung für Rentner und Rentenantragsteller. Beitrag wird in Höhe von 11,8% von der Rente und von einem etwaigen Arbeitseinkommen in Höhe des halben Beitragssatzes der zuständigen Krankenkasse abgezogen. Befreiung nur bei Bestehen einer Privatversicherung. Pflicht- und freiwillig versicherte Rentner erhalten von ihrer Krankenkasse einen Zuschuß zu den Kosten ihrer Krankenversicherung.

Restkaufgeldhypothek ist eine → Hypothek, die bei Grundstückskauf zur Sicherung des restlichen Kaufpreises vom Käufer zugunsten des Verkäufers bestellt wird.

Reugeld. Vereinbaren die Parteien eines → Vertrags ein Recht zum → Rücktritt, so können sie zugleich bestimmen, daß der zurücktretende Teil ein R. zu zahlen hat. Der Rücktritt ist unwirksam, wenn das R. nicht zugleich mit der Rücktrittserklärung bezahlt wird und der andere Teil die Erklärung deshalb → unverzüglich zurückweist. Wird das R. daraufhin sofort gezahlt, ist der Rücktritt wirksam. (§ 359). Kein R. ist die *Draufgabe* wenn bei der Erfüllung eines Vertrags ein Partner mehr leistet, als vereinbart war (§ 336 II). Die Draufgabe schafft dem Geber kein Rücktrittsrecht, auch wenn er sie verfallen läßt, sie nicht zurückverlangt und auch nicht auf die vertragliche Leistung verrechnet.

Revision ist das → Rechtsmittel, mit dem Urteile nur auf rechtliche Fehler überprüft werden (§ 545 ZPO, § 333 StPO, § 72 ArbGG, § 132 VwGO, § 115 FGO, § 160 SGG). Die R. in Zivilsachen ist nur zulässig, wenn die Berufung als unzulässig verworfen wurde oder der Streitwert über DM 60000.– liegt oder von dem Gericht, dessen Entscheidung angefochten wird, zugelassen wurde; wenn sie binnen 1 Monats (in Strafsachen binnen 1 Woche) ab Zustellung des Urteils schriftlich oder zu Protokoll des Gerichts eingelegt, binnen 1 weiteren Monats schriftlich begründet, mit einem Antrag versehen und von einem Rechtsanwalt unterschrieben wurde. In nicht vermögensrechtlichen Streitigkeiten ist R. stets eröffnet, im Arbeits-, Finanz-, Sozial- und Verwaltungsgerichtsverfahren wiederum nur bei Zulassung gegeben.

Rezeptgebühr. Durch die seit 1. 1. 89 wirksame Krankenversicherungsreform zahlt die Krankenkasse nach Einführung sog. *Festbeträge* für Arzneimittel nur noch für preiswerte Medikamente. Wird ein teuereres Medikament vom Kranken verlangt, muß er die Mehrkosten tragen. Bis zur Einführung der Festbeträge beträgt die Rezeptgebühr DM 3.– je Medikament. Ab 1992 wird für Medikamente ohne Festbetrag die R. durch eine → *Zuzahlung* von 15% des Arzneimittelpreises, höchstens DM 15.– je Mittel ersetzt.

Ringfahndung → Netzfahndung.

Rückbürge → Bürge.

Rückgriff → Wechsel (Anm.: IV 2).

Rückkauf (Wiederkauf) → Kauf (Anm.: V 2).

Rücklage ist der Geldbetrag, den ein kaufmännisches Unternehmen als Reserve bereitstellt; diese offene R. steht auf der Passivseite der Bilanz. *Stille Reserven* entstehen dadurch, daß Vermögensgegenstände in der für die Steuerberechnung maßgebenden Bilanz mit einem niedrigeren Wert als dem Verkehrswert angesetzt sind. AG müssen gesetzliche R. bilden (mindestens $\frac{1}{10}$ des Grundkapitals, § 150 AktG).

Rücktritt vom *Vertrag*. Das Recht zum R. gestattet einer → Partei, durch einseitige → Willenserklärung einen verpflichtenden → Vertrag in ein Rückgewährschuldverhältnis umzuwandeln (§ 346). Die → Kündigung hingegen läßt das → Schuldverhältnis bestehen, beendet aber die weitere Vertragsbeziehung. Ein Recht zum R. besteht entweder, wenn die Vertragspartner es sich im Vertrag vorbehalten haben, oder kraft gesetzl. Regelung; letztere z. B. in § 467, wenn eine Kaufsache mit Sachmängeln behaftet ist (→ Gewährleistung). Ein R. ist nur zulässig, wenn der den R. Erklärende den Vertragsgegenstand nicht schuldhaft beschädigt, zerstört, umgearbeitet oder veräußert hat (§§ 351 ff.). Der R. wird dem Vertragsgegner gegenüber erklärt.

Dann haben die Parteien die aufgrund des Vertrages bereits erbrachten Leistungen einander zurückzugewähren (§ 346, 1). Wurde die Leistung in Form eines Dienstes oder der Benutzungserlaubnis einer Sache erbracht, so ist der Wert zu vergüten oder die vertragl. vereinbarte Vergütung zu erbringen (§ 346, 2). Kommt der Rücktrittsberechtigte mit der Rückgewähr des empfangenen Gegenstandes in → Verzug, so kann der andere Vertragspartner ihm eine Frist zur Rückgewähr setzen. Erfolgt innerhalb dieser Frist die Rückge-

Rückvergütung

währ nicht, so ist der R. unwirksam (§ 354). Kann einer der Vertragsparteien das von ihm Empfangene infolge → Verschuldens nicht zurückgeben, haftet er a) bei vertraglich vorbehaltenem R. ab Empfang der Leistung auf Schadensersatz, b) bei gesetzlich zugelassenem R. ab Kenntnis von den R.-Voraussetzungen, aber nur, wenn er noch *bereichert* ist (z. B. der Käufer den zurückzugebenden Fernseher verkauft, aber den Erlös noch hat; dagegen nicht, wenn der Fernseher von einem Unbekannten gestohlen wurde).

Ist bei einem gegenseitigen → Vertrag vereinbart, daß ein Partner seine Leistung ausschließlich an einem bestimmten Tag oder innerhalb einer bestimmten Frist zu erbringen hat, wobei die termingemäße Erfüllung wesentlicher Bestandteil des Vertrages sein muß (= *Fixgeschäft*), so kann der andere Partner den R. vom Vertrag erklären, wenn die Leistung nicht rechtzeitig erfolgt (§ 361). → Reugeld.

Sonderregelung beim → *Abzahlungsgeschäft* (Anm.: 3).

R. vom *Versuch* einer Straftat wirkt strafbefreiend, wenn der Täter die weitere Ausführung der Tat freiwillig aufgibt oder deren Vollendung verhindert; wird die Tat ohne sein Zutun nicht vollendet, bleibt er trotzdem straflos, wenn er sich freiwillig und ernsthaft bemüht hat, die Vollendung zu verhindern (§ 24 StGB).

Rückvergütung. Bei Versicherungen (→ Kranken-, → Haftpflichtversicherung) ist häufig vereinbart, daß der Versicherungsnehmer einen Teil der Prämie zurückerhält, wenn er für eine Versicherungsperiode keine Leistungen beansprucht. Anders bei → Lebensversicherung: endet das Versicherungsverhältnis vorzeitig (z. B. durch Kündigung), hat der Versicherungsnehmer Anspruch auf den Teil seiner Prämie, der in einer Deckungsrücklage angelegt wird und zwar in Höhe des Anteils seiner Versicherung an dieser Rücklage; diese Summe heißt *Rückkaufswert*.

Rückzahlungsklausel ist die vertraglich festgelegte Pflicht eines Arbeitnehmers, bestimmte vom Arbeitgeber erhaltene Leistungen (z. B. Ausbildungsbeihilfen) zurückzuzahlen, wenn das Arbeitsverhältnis vom Arbeitnehmer gekündigt wird. R. ist nur zulässig, wenn dadurch die Freiheit der Berufswahl nicht unzumutbar eingeschränkt wird.

Ruhegehalt für Beamte nach mindestens 5 Dienstjahren, schuldloser Dienstunfähigkeit, Versetzung in den einstweiligen Ruhestand oder Erreichen der Altersgrenze. R. beträgt für jedes Jahr ruhegehaltsfähiger Dienstzeit 1,875% bis zum Höchstsatz von 75%.

Rundfunk (Hörfunk, Fernsehen; ferner Kabel- und Satellitenfunk, sog. Pay-TV, sowie Videotext) fällt in die Zuständigkeit der Länder.

Die R.-Anstalten der Länder haben sich zu einer Arbeitsgemeinschaft (ARD) zusammengeschlossen und betreiben gemeinsam das
Erste Fernsehprogramm. Durch Staatsvertrag haben die Länder die
Höhe der R.-Gebühren geregelt. Die Landesregierungen können
auch privaten Veranstaltern eine Konzession für R.-Sendungen erteilen. Die Errichtung des ZDF beruht ebenfalls auf einem Staatsvertrag der Länder.

Der „R. der DDR" und der „Deutsche Fernsehfunk" werden als
staatsunabhängige Einrichtungen in ehem. DDR bis 31. 12. 91 fortgeführt. Die Gebühren richten sich nach der AO vom 4. 9. 90, GBl.
I Nr. 59 S. 1449.

S

Sache. Das Gesetz versteht unter „Sachen" nur *körperliche* Gegenstände (§ 90). „Gegenstand" ist der Oberbegriff, unter den außer
Sachen z. B. auch Rechte oder Energien, wie der elektrische Strom,
fallen. Bei den S. unterscheidet man *bewegliche* und *unbewegliche,*
wobei mit letzteren die Grundstücke und die mit ihnen fest verbundenen Bestandteile, wie Gebäude, mit ersteren alle übrigen körperlichen Gegenstände gemeint sind. Unbewegliche S. ist daher z. B.
auch das Gras auf dem Feld, solange es nicht gemäht, also nicht
vom Grundstück getrennt ist (§§ 93, 94).

Weitere wesentliche Unterscheidungen sind a) *vertretbare* S., die
gewöhnlich nach Zahl, Maß oder Gewicht bestimmt werden, z. B.
Geld, Serienprodukte; b) *verbrauchbare* S. zu verstehen, deren bestimmungsmäßiger Gebrauch im Verbrauch oder in der Veräußerung liegt, z. B. Lebensmittel, Banknoten (§ 92). c) *Gattungssachen,*
die also nur dem Typ nach bestimmt sind, z. B. Wein. Schuldet
jemand eine nur der Gattung nach bestimmte S., so hat er eine S.
von mittlerer Art und Güte zu leisten (§ 243). d) → *Wesentliche Bestandteile.*

Im Gegensatz zur S. stehen Rechte und Forderungen.

Auch die *Leiche* ist eine strafrechtlich geschützte, herrenlose Sache, die aber nicht der Aneignung unterliegt. Organverpflanzung
nur bei Einwilligung des Betroffenen vor seinem Tod, sonst der
nächsten Angehörigen; sind solche nicht vorhanden oder nicht erreichbar, kann Arzt aus – Notstand heraus handeln.

Ferner werden lebende Tiere als S. behandelt, aber als Lebewesen
bezeichnet.

Sacheinlage ist die Einbringung von Gegenständen oder Rechten
in eine → Gesellschaft entweder als deren Eigentum oder nur zur

Sachgesamtheit

Benützung. Meist wird damit der Beitrag eines Gesellschafters erfüllt (= Sachgründung im Aktien- und GmbH-Recht).

Sachgesamtheit ist eine Vielzahl von Einzelsachen, die durch gemeinsame Zweckbestimmung zusammengehören und daher i. d. R. eine einheitliche Bezeichnung tragen, z. B. Warenlager, Briefmarkensammlung. Sie kann durch einen Vertrag verkauft, aber nur durch Übertragung jedes einzelnen Gegenstandes übereignet werden.

Sachmangel → Kauf → Miete → Werkvertrag.

Safemiete ist i. d. R. nur → Miete eines Stahlfaches bei einer Bank, kein Vertrag über → Verwahrung der eingelegten Sachen.

Saldo → Kontokorrent.

Saldoanerkenntnis ist ein selbständig einklagbares → Schuldanerkenntnis, das bei einem → Kontokorrent in Bezug auf den errechneten Saldo abgegeben wird.

Sammelverwahrung → Depotgeschäft.

Säumniszuschlag. Entsteht bei Versäumung einer Zahlungsfrist für Steuern oder anderen Abgaben ohne Rücksicht auf Verschulden in Höhe von 1% (für jeden angefangenen Monat der Säumnis). S. wird erst bei Säumnis von 5 Tagen erhoben (§ 240 AO).

Schaden ist jeder Nachteil, den die Rechtsgüter einer Person durch ein Ereignis erleiden, also der materielle Vermögensschaden und der immaterielle Nichtvermögensschaden (Ehre, Wohlbefinden; §§ 253, 847, 1300). Schaden kann bestehen in Minderung vorhandener Güter (= Verminderung der Aktiva oder Vermehrung der Passiva) oder im Entgehen von Vorteilen (z. B. entgangener Gewinn), aber auch in nutzlos aufgewendeter Urlaubszeit, entgangener Nutzungsmöglichkeit eines Kfz oder Aufwendungen für ein nach fehlerhaftem ärztlichem Eingriff erzeugtes Kind sowie Nichtvermögensschaden (z. B. bei Beeinträchtigung der Ehre).

Schadengeneigte Arbeit. Hat ein Arbeitnehmer eine Arbeit zu verrichten, bei der dem Arbeitgeber, anderen Arbeitnehmern oder Dritten leicht ein Schaden entstehen kann (Kranführer), haftet der Arbeitnehmer nur für Vorsatz und grobe Fahrlässigkeit (*Beweislast:* Arbeitgeber), nicht dagegen bei geringer Schuld. Bei normaler Fahrlässigkeit haftet der Arbeitnehmer anteilig nach der Quote der Verursachung. In diesem Umfang hat ihn der Arbeitgeber von Ansprüchen Dritter freizustellen.

Schadensberechnung → Schadensersatz.

Schadensersatz

Schadensersatz ist der auf Vertrag oder gesetzlicher Norm (z. B. §§ 823, 989, 990) beruhende Ausgleich des Nachteils den jemand durch das Tun oder Unterlassen eines anderen erleidet. Der Ersatzpflichtige hat dabei grunds. den Zustand wiederherzustellen, der vor Eintritt des Schadens bestanden hat (§ 249, 1; → Naturalherstellung). Bei Körperverletzung und Sachbeschädigung kann der Geschädigte stattdessen den zur Heilung bzw. Herstellung erforderlichen Geldbetrag verlangen (§ 249, 2). Soweit der Schuldner seiner Verpflichtung zur Wiederherstellung nicht nachkommt, kann ihm der Gläubiger eine Frist hierzu setzen und nach deren erfolglosem Ablauf Geldersatz verlangen (§ 250). Dasselbe gilt, wenn eine → Naturalherstellung nicht möglich ist, der frühere Zustand also nicht wieder hergestellt werden kann, z. B. bei *Zerstörung* eines *gebrauchten* PKW (§ 251 I). Auch bei Totalschaden kann der Geschädigte die Wiederherstellungskosten verlangen; betragen die Reparaturkosten eines Kfz nicht mehr als 130% des Wiederbeschaffungswertes und läßt der Geschädigte das Kfz trotzdem reparieren, kann er die Reparaturkosten verlangen (BGH NJW 92/1618). Nach neuester Rechtsprechung hat bei der Ersatzbeschaffung der Restwert des Kfz außer Betracht zu bleiben; ihn braucht sich der Geschädigte nicht anrechnen zu lassen. Ist die Wiederherstellung für den Schuldner mit unverhältnismäßig hohen Aufwendungen verbunden, so kann er seinerseits den Gläubiger in Geld entschädigen (§ 251 II), z. B., wenn bei *Beschädigung* eines Teppichs die Reparaturkosten den Wert vor der Schädigung erheblich übersteigen würden. Nach einem verschuldeten Verkehrsunfall sind die Mietwagenkosten abzüglich 15% für ersparte eigene Aufwendungen in Geld zu ersetzen, auch wenn tatsächlich kein Ersatzfahrzeug angemietet wurde; der Geschädigte muß aber stets den günstigsten Miettarif wählen.

Zum Schaden zählt auch der *entgangene Gewinn,* dessen Höhe nach dem gewöhnlichen Lauf der Dinge, insbes. auch nach den getroffenen Vorkehrungen, *geschätzt* wird (§ 252). Bei der *Schadensberechnung* muß sich der Gläubiger etwaige Verbesserungen, die durch die Reparatur einer Sache (z. B. Einbau neuer Teile) eintreten, anrechnen lassen, wie überhaupt der Grundsatz der → *Vorteilsausgleichung* zu beachten ist (bei Ersatz *alt durch neu* infolge Beschädigung einer gebrauchten Sache ist nur ein erheblicher Mehrwert vom Ersatzberechtigten in Geld auszugleichen). Bringt also das schädigende Ereignis für den Geschädigten Nachteile *und* Vorteile, so hat der Schädiger bei Geldersatz nur die Differenz, also den die Vorteile überwiegenden Schaden zu zahlen. Andererseits ist bei der Schadensberechnung, soweit die Reparatur einer beschädigten Sache in Betracht kommt, (neben dem *technischen Minderwert:* beschädigte Sache ist anfälliger)

auch der sog. *merkantile Minderwert* zu berechnen und zu ersetzen; es
ist der durch die Beschädigung und Reparatur i. d. R. geminderte
Verkaufswert, auch wenn eine Veräußerung nicht geplant ist (bedeutungsvoll insbes. bei Kfz-Schäden). Wer ein Leasingfahrzeug beschädigt, muß dem Leasingnehmer den sog. Haftungsschaden ersetzen,
der nicht in der Weiterzahlung der Leasingraten, sondern nur in den
Mehraufwendungen infolge der vorzeitigen Fälligkeit besteht; er haftet ferner für die Wiederbeschaffungskosten eines gleichwertigen
Kfz, steuerliche Nachteile, Gewinnausfall und Mietkosten für ein
Ersatzfahrzeug bis zur Wiederbeschaffung. Wichtig für die Scha-
denshöhe ist schließlich auch, ob ein *Mitverschulden* des Geschädigten
vorliegt (§ 254 I). Ist das der Fall, so hängt der Umfang der Ersatzpflicht davon ab, inwieweit der Schaden vorwiegend von dem einen
oder dem anderen Teil verursacht worden ist. *Beispiel:* Nichttragen
eines Sturzhelms durch Motorradfahrer, wodurch Kopfverletzungen
bei einem Unfall, den ein anderer Verkehrsteilnehmer verschuldete,
besonders schwer wurden. Mitverschulden setzt Zurechnungsfähigkeit und → Deliktsfähigkeit (§§ 827, 828) voraus. Man unterscheidet
hierbei Schadensersatzminderung auf Grund eigenen Verschuldens
(§ 276) oder des Verschuldens gesetzlicher Vertreter bzw. von Erfüllungsgehilfen (§ 278), deren sich der Geschädigte „bedient", um eine
ihm gegenüber dem Schädiger obliegende Verbindlichkeit zu erfüllen. *Beispiel:* Mutter M fährt mit 3jährigem Kind K in der Bahn; M
schläft, K spielt an Türe, die geht auf, K fällt hinaus. Gegenüber
seinem Ersatzanspruch kann sich die Bahn auf Mitverschulden berufen, da K zwar selbst nicht mitverschuldensfähig ist, aber für M
einzustehen hat; K ist aus dem Beförderungsvertrag verpflichtet, sich
ordnungsgemäß zu verhalten (eben nicht an Türe zu spielen); hierzu
ist K selbst nicht in der Lage, bedient sich also der M; diese erfüllt die
dem K obliegende Verpflichtung schlecht; also hat sich K ihr Verschulden als Mitverschulden anrechnen zu lassen.

Ein Unterfall des Mitverschuldens ist der Verstoß gegen die *Schadensminderungspflicht* des Geschädigten nach § 254 II. Der Geschädigte
trägt danach einen Teil des Schadens selbst, wenn er unterlassen hat,
den Schädiger auf die Gefahr eines besonders hohen Schadens hinzuweisen oder den Schaden abzuwenden oder wenigstens zu mindern.
Beispiel: Der Besitzer eines beschädigten Pkw muß darauf hinwir-
ken, daß die Reparatur sich nicht zu lange hinzieht, damit die Mietwagenkosten möglichst niedrig bleiben.

Voraussetzungen für Schadensersatzansprüche sind.
a) ein zum Sch. verpflichtendes Verhalten b) ein Schaden c) ein ursächlicher Zusammenhang zwischen Verhalten und Schaden, der ad-
äquat, also vorhersehbar sein muß; die Möglichkeit des Schadensein-
tritts aufgrund des Fehlverhaltens des → Schuldners darf nicht so

fern liegen, daß sie nach durchschnittlicher vernünftiger Auffassung außerhalb aller Wahrscheinlichkeit liegt. *Beispiel:* Verletzt jemand einen anderen und stirbt dieser, weil der behandelnde Arzt einen → Kunstfehler begeht, so besteht zwischen Verletzung und Tod ein adäquater Kausalzushg., da ärztliche Kunstfehler erfahrungsgemäß vorkommen. Ist dagegen der behandelnde Arzt gegen alle ärztliche Erfahrung vorgegangen und stirbt der Verletzte deshalb, so besteht kein adaequater Kausalzushg. zwischen Verletzung und Tod, da ein völlig unsachliches Vorgehen des Arztes außerhalb aller Wahrscheinlichkeit liegt. Führen mehrere Ereignisse zusammen den Schaden herbei, sind auch beide ursächlich (Körperverletzung und Kunstfehler); anders nur, wenn 1. Kausalkette abgebrochen wird (z. B. A vergiftet B, 2 Stunden danach erschießt ihn C); hier haftet jeder Täter für den durch sein Verhalten ausgelösten Erfolg. Nicht berücksichtigt wird die hypothetische Ursache für einen Schaden (Dieb will sich damit entschuldigen, daß das Haus am Tag nach dem Diebstahl völlig ausgebrannt ist). d) Rechtswidrigkeit: der Schädiger muß *rechtswidrig* (→ Rechtswidrigkeit) und *schuldhaft* (→ Verschulden) gehandelt haben. Jedoch Ausnahmen vom Verschuldensprinzip: Erfolgs-, Zufalls- oder Gefährdungshaftung; hier tritt Ersatzpflicht nur kraft *ausdrücklicher gesetzlicher Regelung* ein, z. B. Gastwirtshaftung, § 701 I; Haftung für Zufall bei Schuldnerverzug, § 287; Haftung des Kfz-Halters nach § 7 StVG, des Fahrers nach § 18 StVG; ebenso nach LuftverkehrsG, AtomG, WasserhaushaltsG, HaftpflichtG (Schwebe-, Seil-, Schienenbahn), Tier- und Gebäudebesitzer.

Liebhaberinteresse, das wirtschaftlich nicht meßbar ist, wird nicht ersetzt. Dagegen führt bereits die Möglichkeit, einen unfallbeschädigten PKW nicht nutzen zu können, zum Sch.

Der Schaden wird so berechnet, daß die Gesamtgüterlage vor und nach dem schädigenden Ereignis festgestellt und die *Differenz* ermittelt wird; der Gläubiger kann aber auch seine Leistung anbieten und seinen Schaden voll berechnen.

Wer Sch. begehrt, muß grundsätzlich den Haftungsgrund, Ursächlichkeit und Verschulden des Schädigers *beweisen*.

In ehem. DDR gilt das SchadensvorauszahlungG 14. 12. 88, GBl. I Nr. 29 S. 345.

Schadensersatz wegen Nichterfüllung. Haftet jemand aufgrund eines → Rechtsgeschäfts, insbes. eines → Vertrages, einem anderen auf „Schadensersatz wegen Nichterfüllung" (z. B. bei → Unmöglichkeit der Leistung, Schuldnerverzug), so erstreckt sich die Ersatzpflicht auf das volle *Erfüllungsinteresse* einschließlich des entgangenen Gewinns. (= positives Interesse) des Geschädigten, d. h. letzterer muß so gestellt werden, wie er gestanden hätte, wenn

Schadensminderungspflicht

der Schuldner den Vertrag ordnungsgemäß erfüllt hätte. In anderen Fällen (z. B. bei Anfechtung, → Verschulden bei Vertragsschluß) werden nur die Unkosten ersetzt (→ Vertrauensinteresse).

Schadensminderungspflicht → Schadensersatz, § 254 II.

Schatz ist eine verborgene Sache, deren Eigentümer nicht mehr zu ermitteln ist. Wer ihn entdeckt und an sich nimmt (z. B. Bauarbeiter; Bergungsfirma), erhält die eine Hälfte des Wertes; die andere steht dem Eigentümer des Fundortes zu (§ 984). Bodenaltertümer sind nach DenkmalschutzG anzeigepflichtig; staatliche Auswertungs- und Enteignungsrechte bestehen.

Schätzung der für die Berechnung der Steuer maßgebenden Tatsachen durch Finanzamt, wenn es mangels Information durch den Steuerpflichtigen die Besteuerungsgrundlagen nicht ermitteln bzw. nicht berechnen kann (§ 162 AO). Sch. der Einkommensverhältnisse durch das Strafgericht bei Verhängung von Geldstrafen, wenn der Angeklagte keine nachvollziehbaren Angaben macht.

Schaufensterauslagen sind i. d. R. noch kein Angebot (Offerte), sondern nur die Aufforderung zur Abgabe eines solchen (→ Vertrag). Gleiches gilt für Speisekarten.

Scheck ist eine in gesetzlich bestimmter Form ausgestellte, schriftliche → Anweisung, die als Scheck bezeichnet sein und auf die unbedingte Zahlung einer bestimmten Geldsumme lauten muß. Nach Art. 1 ScheckG muß der S., um gültig zu sein, folgenden 6 Voraussetzungen erfüllen: 1.) Die Bezeichnung als *„Scheck"* im Text der Urkunde, 2.) die *unbedingte* Anweisung zur Zahlung einer *bestimmten Geldsumme;* ein Zinsversprechen ist dagegen nicht zulässig und gilt, wenn es auf dem S. vermerkt ist, nach Art. 7 ScheckG als nicht geschrieben; 3.) der *Name des Bezogenen* also des Angewiesenen, der nach Art. 3 und 54 ScheckG nur eine Bank, Sparkasse oder bestimmte öffentliche Anstalt sein kann, 4.) die Angabe des *Zahlungsortes* (die jedoch nicht wesentlich ist, da bei ihrem Fehlen der Ort der Hauptniederlassung des Bezogenen als Zahlungsort gilt, Art. 2 II ScheckG); 5.) die Angabe von *Tag und Ort der Ausstellung* (beim Fehlen gilt ein beim Namen des Ausstellers angegebener Ort als Ausstellungsort, Art. 2 IV ScheckG); 6.) die *Unterschrift des Ausstellers,* Ein Scheck hat daher etwa folgendes Aussehen: „Scheck Nr. . . . , DM 500.–, Sparkasse München, Zahlen Sie gegen diesen Scheck aus meinem Guthaben fünfhundert Deutsche Mark an Herrn X oder Überbringer. München, 2. Mai 1985. (Unterschrift des Ausstellers)".

Der S. kommt praktisch nur als sog. → Inhaberpapier vor, da die

Banken auf Grund ihrer Geschäftsbedingungen nur den S. einlösen, auf dem die Klausel „oder Überbringer" nicht gestrichen ist, so daß also jeder Inhaber des S. legitimiert ist, das Recht aus dem S. geltend zu machen. Der S. ist stets *bei Sicht,* also bei Vorlage an den Bezogenen fällig; die Angabe eines anderen Verfalltages gilt als nicht geschrieben (Art. 28 I ScheckG). Da der S. als Mittel des Zahlungs-, nicht des Kreditverkehrs dienen soll, gelten kurze Vorlegungsfristen. Ein im Land der Ausstellung zahlbarer S. muß binnen 8 Tagen nach Ausstellung zur Zahlung vorgelegt werden; ist er in einem anderen Land oder Erdteil zahlbar, beträgt die Frist 20 bzw. 70 Tage (Art. 29 ScheckG). Wird die Vorlegungsfrist versäumt, so haftet der Aussteller dem Inhaber des S. nur noch aus dem sog. *Scheckbereicherungsanspruch,* der in 1 Jahr seit Ausstellung verjährt (Art. 58 ScheckG) und voraussetzt, daß eine Bereicherung zum Nachteil des S.inhabers eingetreten ist. Zahlt der Bezogene auf Vorlage des S. nicht, insbes. weil das Konto des Ausstellers keine Deckung aufweist, so kann der S.inhaber gegen den Aussteller *Rückgriff* (Regreß) nehmen, der jedoch einen → S.protest voraussetzt (Art. 40 ScheckG).

Eine besondere Art des S. ist der *Verrechnungsscheck,* bei dem der Aussteller oder ein späterer Inhaber quer über die Vorderseite die Worte „nur zur Verrechnung" oder einen gleichbedeutenden Vermerk setzt (Art. 39 ScheckG). Der Bezogene darf den S. nicht bar, sondern nur im Wege der Gutschrift auf ein Konto des S.inhabers einlösen. Durch den Verrechnungss. wird die Gefahr unberechtigter Verfügung, etwa durch Einlösung eines unterschlagenen S., verringert.

Für *Postschecks,* die zur Verfügung über ein Guthaben bei der Post im Postscheckverkehr dienen, gelten zwar auch die Bestimmungen des Scheckgesetzes, darüber hinaus aber die Sondervorschriften der Postscheckordnung vom 1. 12. 1969 (BGBl. I 2159).

Scheckbürge ist, wer die → Bürgschaft für die Zahlung der Schecksumme übernimmt (Art. 25 ScheckG); er haftet für die Person, für die er sich verbürgt hat, wofür die Nähe der Unterschrift maßgebend ist.

Scheckkarte ist die von einer Bank oder Sparkasse ausgegebene schriftliche Erklärung, wonach sie sich verpflichtet, → Schecks des Inhabers der S. bis zu einer Höhe von DM 400 einzulösen, gleichgültig, ob die erforderliche Deckung auf dem Konto des S.inhabers vorhanden ist oder nicht. Mißbrauch durch den berechtigten Inhaber der Sch., indem er sein ungedecktes Konto belastet und die Bank schädigt, wird mit Freiheitsstrafe bis zu 3 Jahren bestraft.

Sch. und persönliche Geheimzahl sind getrennt aufzubewahren. Befinden sie sich z. B. bei einer Busfahrt zusammen in einer Handtasche, werden sie gestohlen und hebt der Dieb Geld ab, haftet das Kreditinstitut nicht für den Geldverlust.

Die Euro-S. berechtigt auch zur Abhebung von Geld aus Automaten und bargeldloser Bezahlung an automatischen Kassen. Für die Funktionsfähigkeit der Automaten haftet die Bank nicht. Bei nicht ausreichender Deckung kann die Euro-S. eingezogen werden. Geldbeträge, über die in fremder Währung verfügt wurde, werden in DM eingezogen; bei der Umrechnung wird der Devisen-Briefkurs des vorangegangenen Börsentages zugrunde gelegt.

Scheckprotest ist die öffentliche Beurkundung oder datierte Bankbescheinigung, daß die Zahlung des rechtzeitig vorgelegten Schecks verweigert worden ist. Der S. ist Voraussetzung für den Rückgriff des Inhabers gegen die Personen, die auf dem → Scheck unterschrieben haben (Aussteller, Indossanten, Bürgen); im Regreß kann die Schecksumme, mindestens 6% Zinsen seit Vorlegung, Protestkosten und ⅓% Provision verlangt werden.

Scheingeschäft. Sind sich die Partner eines → Rechtsgeschäfts darüber einig, daß ihre → Willenserklärung nur zum Schein abgegeben ist, so ist das Geschäft nichtig, § 117 (→ Nichtigkeit). Es gilt das eigentlich gewollte, aber verdeckte Rechtsgeschäft. Kein Sch., wenn das → Rechtsgeschäft über einen Strohmann abgewickelt werden soll. *Beispiel:* Grundstückskauf über 400000.– DM; aus steuerlichen Gründen werden nur 200000.– beurkundet (Schwarzkauf); es gilt das verdeckte Geschäft über 400000.–; mangels Beurkundung ist es aber nichtig; das Geschäft über 200000.– ist als Sch. ebenfalls nichtig. Heilung durch → Auflassung und Eintragung im Grundbuch.

Scheingesellschaft. Wird der Anschein erweckt, es bestünde eine OHG, KG, BGB-G etc., obwohl dies wegen fehlenden oder nichtigen Gesellschaftsvertrages nicht der Fall ist, so werden gutgläubige Geschäftspartner geschützt, indem die Gesellschafter persönlich unbeschränkt haften (*Ausnahme:* Minderjährige haften nicht).

Scheinvollmacht → Vollmacht.

Schenkung ist ein einseitig verpflichtender → Vertrag, durch den jemand aus seinem Vermögen einen anderen durch eine *unentgeltliche* Zuwendung bereichert (§ 516 I). Beide Vertragspartner müssen sich über die Unentgeltlichkeit der Zuwendung einig sein. Die Sch. bedarf keiner besonderen → Form, sofern sie sofort vollzogen, d. h. der geschenkte Gegenstand sofort auf den Beschenkten übertragen wird *(Handschenkung)*. Wird dagegen eine Sch. erst versprochen, so bedarf das *Schenkungsversprechen* der notariellen Beurkundung (§ 518 I). Fehlt die Beurkundung, so kommt der Vertrag und damit die Sch.

dennoch zustande, sobald die versprochene Leistung vom Schenker erbracht wird (§ 518 II). Lehnt der Beschenkte ab, dann kann der Schenker das schon übergebene Geschenk nach den Grundsätzen der → ungerechtfertigten Bereicherung zurückverlangen (§ 516 II 3).

Unentgeltlichkeit und damit Sch. liegt nur vor, wenn der Zuwendung keine Gegenleistung gegenübersteht. Dabei kommt es nicht darauf an, ob die Gegenleistung einen *Geldwert* besitzt, so daß z. B. die kostenlose Abtretung eines Grundstücksteils für Zwecke des Straßenbaus keine Sch. des Grundstückseigentümers darstellt, da der Vorteil und damit die Gegenleistung in der Herstellung und Benutzbarkeit der Straße besteht. Auch die Übernahme einer → Hypothek ist keine Gegenleistung, sondern mindert nur den Wert des geschenkten Grundstücks. Soll der Beschenkte den Schenker versorgen, liegt eine → Auflage vor.

Ob unentgeltliche Zuwendung und damit eine Sch. vorliegt, ist vor allem bei Minderjährigen bedeutsam, da eine Person, die das 7., aber noch nicht das 18. Lebensjahr vollendet hat, also beschränkt geschäftsfähig ist (→ Geschäftsfähigkeit), eine Schenkung rechtswirksam annehmen, aber ohne Zustimmung des gesetzl. Vertreters keine Gegenleistung versprechen und somit keinen entgeltlichen Vertrag schließen kann (§ 107).

Der Schenker haftet nur für → Vorsatz und grobe → Fahrlässigkeit (§ 521), sofern nicht die Vertragspartner eine schärfere oder noch weiter verminderte Haftung vereinbart haben; die Haftung für → Vorsatz kann nicht ausgeschlossen werden (§ 276 II). Verschweigt der Schenker jedoch *arglistig* einen → Rechts- oder → Sachmangel der verschenkten Sache, so haftet er dem Beschenkten für den daraus entstehenden Schaden (§§ 523, 524). *Beispiel:* Jemand schenkt einem Bauern ein Kalb, obwohl er weiß, daß das Tier krank ist. Er verschweigt diesen Mangel und der Viehbestand des Bauern wird durch das kranke Tier angesteckt.

Sonderrechte des Schenkers: a) Ein Schenkungsversprechen muß nicht erfüllt werden, wenn durch die Erfüllung der angemessene Unterhaltspflichten des Schenkers gefährdet würden (§ 519). b) Ist die Sch. mit einer → Auflage verbunden (z. B. daß der Beschenkte sein Studium beendet), so kann die Erfüllung der Auflage nach Hingabe des Geschenks verlangt werden (§ 525); wird die Auflage nicht vollzogen, so kann das Geschenk, soweit es zur Vollziehung der Auflage hätte verwendet werden müssen (z. B. Studiengelder), nach den Vorschriften des → Rücktritts bei gegenseitigen Verträgen zurückverlangt werden (§ 527). c) Der Schenker kann das Geschenk zurückverlangen, soweit er nach der Sch. seinen angemessenen Unterhalt nicht mehr bestreiten oder einer gesetzl. Unterhaltspflicht nicht mehr nachkommen kann. Die Her-

Schenkung

ausgabe des Geschenks hat nach den Vorschriften über die → ungerechtfertigte Bereicherung zu erfolgen (§ 528). Tritt die Bedürftigkeit des Schenkers erst nach dem Tod des Beschenkten ein, richtet sich der Rückforderungsanspruch gegen die Erben des Beschenkten. Er ist ausgeschlossen, wenn der Schenker seine Bedürftigkeit durch Vorsatz (z. B. Verschwendung) oder grobe → Fahrlässigkeit (z. B. Vernachlässigung seines Vermögens) herbeigeführt hat, ferner wenn der Beschenkte selbst bedürftig ist oder wenn 10 Jahre seit Eintritt der Leistung verstrichen sind (§ 529). d) Die Sch. kann widerrufen werden, wenn der Beschenkte sich durch eine *schwere Verfehlung* ggü. dem Schenker oder einem seinen nahen Angehörigen des *groben Undanks* schuldig macht (§ 530 I). Das liegt bei Verfehlungen von einigem Gewicht vor, die eine auf mangelnde Dankbarkeit hindeutende Gesinnung erkennen lassen, z. B. körperliche Mißhandlung, grundlose Strafanzeige. Das Widerrufsrecht kann auch noch von den Erben des Schenkers ausgeübt werden, wenn der Beschenkte den Schenker getötet oder ihn am Widerruf gehindert hat (§ 530 II). Der Widerruf bedarf nur einer einfachen, an keine → Form gebundenen Erklärung, die dem Bedachten zugehen muß (§ 531 I). Ist nach den Umständen zu erwarten, daß er Kenntnis von der Erklärung erlangt hat, dann kann das Geschenk nach den Vorschriften über die → ungerechtfertigte Bereicherung herausverlangt werden (§ 531 II). Der Widerruf ist ausgeschlossen: 1.) wenn der Schenker dem Beschenkten verziehen hat, 2.) nach dem Tode des Beschenkten, 3.) wenn 1 Jahr verstrichen ist, seit der Schenker von seinem Widerrufsrecht, also dem groben Undank des Beschenkten erfahren hat (§ 532). Eheverfehlungen berechtigen Schwiegereltern nicht zum Schenkungswiderruf; auch Rückforderung nach dem Grundsatz über den → Wegfall der Geschäftsgrundlage ist bei vollzogenen Schenkungen nicht möglich.

Sowohl Widerruf der Sch. als auch Rückforderung des Geschenks entfallen, wenn die Sch. in einer *sittlichen* oder einer *Anstandspflicht* bestanden hat (§ 534).

Z. B. Unterstützung von bedürftigen Geschwistern (hier besteht nämlich keine *gesetzl.* Unterhaltpflicht) oder allgemeine Nächstenliebe, Anstandspflicht, z. B. Weihnachts-, Hochzeitsgeschenk.

Verlobungsgeschenke (Brautgeschenke) sind, wenn es nicht zur Eheschließung kommt (§ 1301) aus → ungerechtfertigter Bereicherung herauszugeben (nicht bei Tod eines Verlobten).

Für die → Verjährung von Ansprüchen aus einem Schenkungsvertrag gilt die allgemeine 30-jährige Verjährungsfrist des § 195.

Im Erbrecht sind Zuwendungen unter Ehegatten als Schenkung zu behandeln, in der Begründung einer → Gütergemeinschaft i. d. R. nicht.

Schenkung von Todes wegen (§ 2301 BGB) ist der Sonderfall eines Schenkungs*versprechens,* welches unter der Bedingung erteilt wird, daß der Beschenkte den Schenker überlebt. Zweck ist häufig die Umgehung der Vorschriften des Erbrechts, die beim Todes des Schenkers wirksam werden. Um dies zu verhindern, bestimmt das Gesetz in § 2301 I, daß auf derartige Schenkungsversprechen die Form-Vorschriften über Verfügungen von Todes wegen, also über → Testamente und → Erbverträge, Anwendung finden. Der Gegenstand fällt dann nicht in den Nachlaß. Wenn das Schenkungsversprechen nicht in der für Testamente bzw. Erbverträge gültigen Form abgegeben ist, kann dieser Formmangel nach dem Todes des Schenkers *nicht* durch die Vollziehung der Schenkung, also Übergabe des Geschenks an den Beschenkten, geheilt werden (wie bei Schenkung unter Lebenden, § 518 II), wohl aber, wenn der Beschenkte mit einer Vollmacht des Schenkers handelt.

Keine Sch. v. T., sondern eine → Schenkung unter Lebenden sind die → *Verträge zugunsten Dritter auf den Todesfall* (§ 331). Hauptfall ist der Abschluß einer → Lebensversicherung zugunsten eines bestimmten Bedachten, z. B. des Ehegatten. Hier besteht die Vollziehung der Schenkung ggü. dem Beschenkten in der Zahlung der Versicherungsprämien durch den Schenker, so daß dieser also schon vor seinem Tode leistet.

Schenkungsanfechtung. Im oder außerhalb des → Konkurses können Schenkungen, die der Schuldner im letzten Jahr vor Konkurseröffnung oder Anfechtung vorgenommen hat und alle Schenkungen, die er in den letzten 2 Jahren vor Konkurseröffnung oder Anfechtung zugunsten seines Ehegatten getätigt hat, angefochten werden (§ 32 KO, § 3 AnfG). → Gläubigeranfechtung → Konkursanfechtung.

Schenkungsteuer → Erbschaftsteuer.

Schenkungsversprechen → Schenkung.

Scherzgeschäft. Wird eine scherzhafte → Willenserklärung in der Erwartung abgegeben, der fehlende Ernst werde nicht verkannt werden, so hat dies → Nichtigkeit der Erklärung zur Folge (§ 118). *Beispiel:* Ankündigung im Schaufenster „Hier kaufen Sie alles für einen Apfel und ein Ei" (Umschreibung für billig).

Schickschuld. Man spricht von einer S., wenn der → Schuldner zwar die ihm obliegende Leistung an seinem Wohnsitz oder am Ort seiner gewerblichen Niederlassung zu erbringen hat, jedoch verpflichtet ist, die Versendung der Ware an den Gläubiger vorzunehmen. Eine S. ist z. B. in aller Regel die Geldschuld, da Geld vom

Schiedsvertrag

Schuldner auf eigene Kosten und Gefahr dem Gläubiger an dessen Wohnsitz zu übermitteln ist (§ 270). → Bring-, Holschuld.

Schiedsvertrag enthält eine *Schiedsgerichtsklausel,* d. h., daß im Streitfall ein privates Schiedsgericht an Stelle der staatlichen Gerichte bindend für die Vertragsparteien entscheidet (Klage wird als unzulässig abgewiesen, wenn sich der Beklagte auf dem Sch. beruft). Sch. ist unzulässig, wenn die → Parteien über den Vertragsgegenstand verfügen können. Er muß sich auf ein ganz bestimmtes Rechtsverhältnis beziehen und schriftlich abgeschlossen sein. Sch. über Wohnraum ist nichtig. Auch die in einem Vertrag über die Lieferung eines Fertighauses formularmäßig getroffene *Schiedsgutachterklausel* ist unwirksam. In ehem. DDR findet in vermögensrechtlichen Streitigkeiten ein *Schlichtungsverfahren* vor den in den Ländern und Gemeinden errichteten Schiedsstellen statt (G 13. 9. 90, GBl. I 1527) mit dem Ziel einer vergleichsweisen Einigung, wenn dies eine Partei beantragt.

Schikane. Die Ausübung eines → Rechts ist unzulässig, wenn sie *nur* dem Zweck dient, einem anderen zu schaden (§ 226). Dieser Rechtssatz ist selten anwendbar, da er voraussetzt, daß ein anderer Handlungszweck als der einer Sch., objektiv ausgeschlossen ist, was bei der Rechtsausübung selten zutrifft. *Beispiel:* Vater verbietet seinem Sohn, sein Grundstück zu betreten, obwohl dort das Grab der Mutter ist. Darüber hinaus ist jede Handlung untersagt, die in einer willkürlichen ungleichen Behandlung mehrerer (Arbeitnehmer, Gesellschafter) besteht (§ 242).

Schlechterfüllung → positive Vertragsverletzung.

Schlechtwettergeld. Bauarbeiter, die bei Beginn eines Arbeitsausfalls (mindestens 1 Stunde täglich) auf einem witterungsabhängigem Arbeitsplatz in einer beitragspflichtigen Beschäftigung stehen und aus Witterungsgründen mit der Arbeit aussetzen müssen, erhalten von Arbeitsamt Sch., wenn kein Lohn gezahlt wird (1. 11.–31. 3.) und der Arbeitgeber den Arbeitsausfall mitteilt. Es muß binnen 3 Monaten nach Ende der Schlechtwetterzeit beantragt werden.

Schließfach → Safemiete.

Schlüsselgewalt. Führen Eheleute einen gemeinschaftlichen Haushalt, ist jeder Ehegatte berechtigt, Geschäfte zur angemessenen Deckung des Lebensbedarfes der Familie mit Wirkung auch für den anderen Partner zu tätigen. Durch solche Geschäfte werden beide Eheleute berechtigt und verpflichtet (§ 1357), es sei denn, das → Rechtsgeschäft ist ersichtlich nur für einen abgeschlossen worden. *Beispiel:* Anschaffung von Lebensmitteln, Ersatz oder Neuanschaffung einzelner Möbelstücke, Zuziehung eines Arztes bei Erkrankung eines Familienmitgliedes. Nicht in den Rahmen der Schlüsselgewalt fällt dagegen z. B. Kauf oder Miete einer Wohnung, Verkauf von Möbeln, Abschluß einer Lebensversicherung oder Unterzeichnung von Wechseln etc. Ein Ehegatte kann die Ausübung der Schlüsselgewalt beschränken oder ausschließen. Diese Maßnahme ist ggü. Dritten jedoch nur wirksam, wenn sie im Güterrechtsregister (bei dem Amtsgericht am Wohnsitz des Ehemannes) eingetragen oder ihm bekanntgegeben ist (§§ 1357 II, 1412). Zeitungsinserat reicht. Liegt kein ausreichender Grund dafür vor, hat das Vormundschaftsgericht die Ausschließung oder Beschränkung auf Antrag aufzuheben. Die Sch. führt auch zur Mithaftung des Ehegatten für ärztliche Behandlungskosten seines verstorbenen Ehepartners, sofern er leistungsfähig ist.

Schlußerbe → Berliner Testament → Testament.

Schlüssigkeit. Eine Klage muß schlüssig sein, sonst wird sie als unbegründet kostenpflichtig abgewiesen. Sch., wenn das in der Klageschrift enthaltene Vorbringen (seine Richtigkeit unterstellt) den gestellten Antrag rechtfertigt. *Beispiel:* Kläger beantragt, den Beklagten zur Zahlung von DM 5000.– zu verurteilen, trägt aber selbst vor, die Fälligkeit sei erst im nächsten Jahr: unschlüssig.

Schmerzensgeld → Nichtvermögensschaden.

Schöffen sind ehrenamtliche Richter, die im Strafprozeß am Amtsbzw. Landgericht bei schwereren Delikten mitwirken (§ 30 GVG). Sie werden alle 4 Jahre von der Gemeinde auf Grund einer Vorschlagsliste gewählt. Die erforderliche Zahl bestimmt der Gerichtspräsident. Sitzungsteilnahme i. d. R. 12 mal pro Jahr; Reihenfolge durch Losentscheid. Entschädigung grundsätzlich DM 6.– pro Stunde und Spesen, DM 12.– bei Erwerbslosigkeit und DM 50.– bei hohem Verdienstausfall.

Schönheitsreparaturen sind die normalen Erhaltungsarbeiten an einer Wohnung, wie das Streichen der Wände, Heizkörper, Türen und Fensterrahmen von innen. Diese Reparaturen sind erforderlich, um die Wohnung, wenn sie *vermietet* ist, in einem zum vertragsmäßigen Gebrauch geeigneten Zustand zu erhalten. Die Kosten für Sch. treffen nach § 536 den Vermieter; sie sind jedoch in aller Regel im Mietvertrag dem Mieter auferlegt, wobei der Zeitpunkt der Reparaturpflicht sich je nach Abnützung oder einen Fristenplan bestimmt.

Ist der Vermieter zur Durchführung von Sch. verpflichtet, unterläßt sie aber, obwohl sie erforderlich wären, und kommt er schließlich in → Verzug, so kann der Mieter → Schadensersatz wegen Nichterfüllung verlangen oder die Sch. selbst durchführen und Er-

Schrebergarten

satz der erforderlichen Aufwendungen beanspruchen (§ 538). Mit einer solchen Forderung kann der Mieter gegen den Mietzins *aufrechnen* (→ Aufrechnung) oder ein → *Zurückbehaltungsrecht* geltend machen. Selbst wenn im Mietvertrag eine gegenteilige Vereinbarung getroffen ist, stehen dem Mieter diese Rechte zu; er muß seine Absicht dem Vermieter jedoch mindestens einen Monat vor Fälligkeit des Mietzinses schriftlich ankündigen (§ 552a). Ist im Mietvertrag vereinbart, daß der Mieter Sch. in bestimmten zeitlichen Abständen auf eigene Kosten durchzuführen hat, so begründet die Verletzung dieser Verpflichtung Ansprüche des Vermieters auf → Schadensersatz. Bei besonders hartnäckigem und schwerwiegendem Verstoß gegen diese Pflicht kann der Vermieter den Mietvertrag fristlos kündigen, wenn ihm die Fortsetzung des Mietverhältnisses nicht mehr zugemutet werden kann (§ 554a).

Eine Klausel im Mietvertrag, wonach der Mieter die Kosten aller Kleinreparaturen (bis DM 100.–) ohne Rücksicht auf sein Verschulden zu tragen hat oder wonach er sich an jeder Reparatur mit DM 100.– zu beteiligen hat, ist nichtig.

Schrebergarten → Pacht.

Schriftform → Form.

Schufa ist eine vor allem von Banken gegründete zentrale Auskunftsstelle über die Gewährung und Abwicklung von Krediten. Eine Sch.-Klausel in Bankverträgen ist zulässig.

Schuld im Strafrecht und *Vertretenmüssen* im Zivilrecht umfassen den direkten, gezielten Vorsatz, den indirekten Vorsatz (bei dem der Täter das Ergebnis seines Verhaltens billigend in Kauf nimmt), die bewußte Fahrlässigkeit (bei der der Täter zwar erkennt, daß möglicherweise ein Schaden eintritt, aber hofft, er werde nicht eintreten) und die unbewußte Fahrlässigkeit (bei der der Täter nicht voraussieht, daß er einen Schaden verursachen wird, obwohl er es könnte).

Schuldanerkenntnis ist ein Vertrag, in dem das Bestehen eines bestimmten → Schuldverhältnisses von einem Vertragspartner anerkannt wird. Es dient insbes. der erleichterten Beweisführung des Gläubigers im Prozeß, da das Anerkenntnis selbständig neben das ursprüngliche Schuldverhältnis tritt, so daß nur das Vorliegen eines wirksamen Anerkenntnisses bewiesen werden muß. Die Anerkenntniserklärung bedarf zu ihrer Gültigkeit der Schriftform; ist für die Begründung des Schuldverhältnisses, das anerkannt wird, eine andere → Form vorgeschrieben, wie z. B. beim Grundstückskauf, so ist diese zu beachten (§ 781). Kein Formzwang besteht, wenn das Sch. aufgrund einer Abrechnung (Saldoanerkenntnis im → Kontokorrent) oder im Wege des → Vergleichs erteilt wird (§ 782). Besteht die anerkannte Schuld in Wirklichkeit nicht, was jedoch der → Schuldner beweisen muß, so kann das Sch. nach den Grundsätzen über die → ungerechtfertigte Bereicherung zurückgefordert werden. Über das sog. negative Sch. → Erlaß einer Schuld.

Liegt dem Sch. in Wirklichkeit keine Forderung zugrunde, wirkt es schuldbegründend und schafft ein neues selbständiges Schuldverhältnis.

Liegt dem Sch. zwar eine Forderung zugrunde, wird auf sie im Sch. aber nicht Bezug genommen, entsteht ebenfalls ein neues Schuldverhältnis, das unabhängig von der zugrundeliegenden Forderung besteht.

Schuldausschließungsgründe führen im Strafrecht zum Freispruch, bei Wiederholungsgefahr evtl. zur Unterbringung in psychiatrischem Krankenhaus oder Entziehungsanstalt. Sch. sind Schuldunfähigkeit, entschuldigender Notstand, Überschreiten der Notwehr aus Furcht oder Schrecken, der Irrtum über ein Straftatbestandsmerkmal und der unvermeidbare Verbotsirrtum (→ Irrtum).

Schuldmitübernahme (= Schuldbeitritt) → Schuldübernahme.

Schuldner ist, wer im Rahmen eines bestehenden vertraglichen oder gesetzl. → Schuldverhältnisses einem anderen zu einem Tun (z. B. Zahlung) oder Unterlassen verpflichtet ist.

Schuldnerliste umfaßt alle Schuldner, bei denen eine Konkurseröffnung mangels Masse abgelehnt worden ist. Sie liegt am Amtsgericht, Konkursgericht auf.

Schuldnerverzeichnis (schwarze Liste) wird beim Vollstreckungsgericht am Amtsgericht geführt. Es enthält die Personen, die ihre Vermögenslosigkeit an Eides Statt versichert haben (§ 807 ZPO; § 284 AO). Die Eintragung wird auf Antrag des Gläubigers oder des Schuldners bei Nachweis der Schuldentilgung oder nach 3 Jahren gelöscht. Einsicht erhält jedermann.

Schuldnerverzug → Verzug.

Schuldschein nennt man eine vom → Schuldner ausgestellte Urkunde, in welcher er dem → Gläubiger das Bestehen einer Schuld bestätigt. Der Sch. dient lediglich Beweiszwecken. Soll durch die schriftliche Erklärung eine eigene, neben der ursprünglichen Schuld bestehende (sog. abstrakte) Verbindlichkeit des Schuldners begründet werden, so hat dies im Wege eines → Schuldanerkenntnisses zu geschehen. Der Sch. steht im → Eigentum des Gläubigers; etwaige Rechte eines Dritten (z. B. → Pfandrecht an der bestätigten

Schuldübernahme

Forderung) erstrecken sich auch auf den Sch. (§ 952). Bei → Erfüllung des Schuldners kann dieser neben einer Quittung auch die Rückgabe des Sch. verlangen; ist der Gläubiger dazu nicht imstande, hat er auf Verlangen des Schuldners ein öffentlich beglaubigtes (→ Form) *negatives Schuldanerkenntnis* auszustellen, d. h. eine Bestätigung, daß die Schuld nicht mehr besteht. Ansonsten besteht die Gefahr gutgläubigen Erwerbs der (nicht bestehenden) Forderung (§ 405).

Schuldübernahme ist ein → Vertrag zwischen dem Gläubiger einer Schuld und einem Dritten (also nicht dem Schuldner), wonach der Dritte an die Stelle des bisherigen Schuldners tritt und dessen Schuld übernimmt (§ 414). Sch. kann auch zwischen dem bisherigen Schuldner und dem Dritten vereinbart werden, wobei aber die Wirksamkeit dieser Vereinbarung von der *Genehmigung* des Gläubigers abhängt; wird sie verweigert, gilt die Sch. als nicht erfolgt (§ 415). Dem Gläubiger kann eine Frist zur Genehmigung gesetzt werden; gibt er bis zum Ablauf der Frist keine Erklärung ab, gilt dies als Verweigerung (§ 415 II 2). Anders bei Übernahme einer *durch Hypothek gesicherten Schuld* durch den Erwerber des Grundstücks, auf dem die Hypothek lastet. Äußert sich hier der Hypothekengläubiger nicht, nachdem ihm die Übernahme vom Veräußerer mitgeteilt wurde, so gilt die Übernahme nach Ablauf von 6 Monaten als genehmigt. Die Mitteilung an den Gläubiger und damit der Fristbeginn setzen voraus, daß der Übernehmer der Hypothekenschuld im Grundbuch als Grundstückseigentümer eingetragen ist. Die Mitteilung hat ferner schriftlich zu geschehen und muß ausdrücklich den Hinweis enthalten, daß bei Schweigen des Gläubigers nach 6 Monaten die Genehmigung als erteilt gilt (§ 416). In der Praxis erklärt der Hypothekengläubiger (Bank) vor Eintragung ihr Einverständnis. Genehmigt der Gläubiger den Schuldnerwechsel nicht, bleibt i. d. R. der Dritte gegenüber dem Schuldner verpflichtet, den Gläubiger bei Fälligkeit zu befriedigen (§ 415 III). Tut er dies nicht, macht er sich wegen Nichterfüllung der mit dem Schuldner getroffenen Abrede schadensersatzpflichtig.

Der Übernehmer einer Schuld kann dem Gläubiger die gleichen *Einwendungen* und *Einreden* entgegenhalten wie der ursprüngliche Schuldner, soweit diese zum Zeitpunkt der Übernahme bereits begründet waren. *Beispiel:* War die Schuld zum Zeitpunkt der Übernahme bereits verjährt (→ Verjährung), so kann sich auch der Übernehmer ggü. dem Gläubiger hierauf berufen, wenn dieser Zahlung oder Leistung verlangt. Der Übernehmer kann jedoch nicht mit einer Forderung aufrechnen, die der bisherige Schuldner gegen den Gläubiger hat (→ Aufrechnung), weil er dadurch über ein fremdes Recht verfügen würde; § 417 I.

Eine Sonderregelung enthält § 419 für den Fall, daß jemand durch

→ Vertrag das gesamte Vermögen eines anderen übernimmt. „Vermögen" ist dabei unter wirtschaftlichen Gesichtspunkten zu betrachten, wobei einzelne Gegenstände nicht übernommen zu werden brauchen, deren Wert im Verhältnis zum Gesamtvermögen unbedeutend ist. Übernimmt nun jemand das Vermögen eines anderen, so haftet er neben diesem für dessen bisherige Schulden, d. h. die Gläubiger können sich sowohl an ihn als auch den bisherigen Schuldner halten (Fall der Schuld*mit*übernahme oder des *Schuldbeitritts,* bei dem der neue Schuldner neben dem bisherigen dem Gläubiger als → Gesamtschuldner haftet), wenn er sich bewußt ist, das ganze Vermögen übernommen zu haben. Die → Haftung des Vermögensübernehmers beschränkt sich jedoch auf den Bestand des übernommenen Vermögens (§ 419 II). Etwaige Sicherungsrechte erlöschen (Bürgschaft, § 418). Eine Schuldenregelung mit dem Veräußerer wirkt nur intern, nicht gegenüber den Gläubigern, die sie nicht kennen.

Vermögensübernahme zwischen Kaufleuten (§ 25 HGB) führt zum gleichen Ergebnis, wenn der Erwerber die Firma fortführt, wobei der Veräußerer 5 Jahre als → Gesamtschuldner mithaftet. Übernimmt der Erwerber die alte Firma nicht, haftet nicht er, sondern der Veräußerer den Gläubigern für weitere 30 Jahre. Eine interne Haftungsbeschränkung wirkt nur dann nach außen, wenn sie im Handelsregister eingetragen und bekannt gemacht ist.

Schuldverhältnis ist eine Rechtsbeziehung zwischen verschiedenen → Personen, aufgrund deren eine Person (Gläubiger) eine Leistung fordern kann, welche zu erbringen die andere Person (Schuldner) verpflichtet ist, § 241. Zur Begründung oder Änderung eines Sch. ist grundsätzl. ein → Vertrag zwischen den Beteiligten erforderlich. Ausnahmsweise können Sch. auch durch einseitiges Rechtsgeschäft entstehen, z. B. durch → Auslobung; ferner ist ihre Entstehung kraft Gesetzes durch Rechtsverletzung z. B. → unerlaubte Handlung, sowie durch rechtliche oder tatsächliche Zustände, z. B. → ungerechtfertigte Bereicherung, möglich. Derartige außervertragliche Sch. können jedoch nur entstehen, soweit sie im Gesetz ausdrücklich geregelt sind *(gesetzliche Schuldverhältnisse).*

Bezügl. des möglichen Inhalts eines Sch. → Vertragsfreiheit. Das Sch. *erlischt* in erster Linie durch Erfüllung, wenn die geschuldete Leistung an den Gläubiger bewirkt wird (§ 362), was auch im Wege der Zwangsvollstreckung (z. B. Pfändung und Verwertung des Pfandgegenstandes) geschehen kann. Weitere Erlöschensgründe sind → Hinterlegung, → Aufrechnung, → Erlaß, rechtsgeschäftl. Aufhebung durch die Beteiligten und Zeitablauf (z. B. → Arbeitsvertrag, der auf 1 Jahr befristet ist), → Abtretung, → Schuldübernahme, → Verwirkung, → Anfechtung und wird beendet durch Rücktritt oder Kündigung. Bei *höchstpersönlichen* Leistungen (z. B. Krankenpfleger) erlischt das Sch. auch durch den Tod des Verpflichteten oder Berechtigten.

Ein besonderer Fall des Sch. ist das → *Dauerschuldverhältnis* das nicht auf eine einmalige Erfüllungshandlung (wie z. B. beim → Kauf), sondern auf ein fortlaufendes Tun oder Unterlassen gerichtet ist (z. B. → Miete). Es finden die allgemeinen Vorschriften über Sch. Anwendung; doch ist ihre Aufhebung durch → Anfechtung oder → Rücktritt, die auf den Zeitpunkt des Vertragsschlusses zurückwirken, meist durch die erst für die Zukunft wirkende → Kündigung ersetzt. Ein wichtiger Fall eines Dauerschuldverhältnisses ist der *Sukzessivlieferungsvertrag,* der auf regelmäßige Lieferung und Abnahme von Waren o. dgl. gerichtet ist (z. B. Bierlieferungsvertrag zwischen Brauerei und Gaststätte).

Schuldversprechen ist der einseitig verpflichtende → Vertrag, in dem jemand eine bestimmte Leistung in der Weise zu erbringen verspricht, daß allein das Versprechen die Verpflichtung zur Leistung begründet (§ 780). Es spielt demnach keine Rolle, aus welchem Grund das Versprechen gegeben wurde und ob die zugrundeliegende Forderung besteht. Das Sch. dient der Erleichterung einer Klage, da der Gläubiger nur das Bestehen des Versprechens beweisen muß, nicht aber die wirtschaftlichen Zusammenhänge, unter denen es entstanden ist. Das Sch. bedarf der Schriftform (→ Form), es sei denn, es wird aufgrund einer Abrechnung oder im Wege eines → Vergleichs erteilt (§ 782). *Beispiele:* Verpflichtungserklärung des Straßenanliegers zur Übernahme von Straßenbaukosten.

Ist das Sch. ohne Rechtsgrund gegeben worden (Beweislast hierfür trägt der → Schuldner), so kann es wegen → ungerechtfertigter Bereicherung zurückgefordert werden.

Schulpflicht auf Grund von LänderG vom 6. Lebensjahr durch 9jährigen Besuch der Volksschule (Grund- und Hauptschule), dann 3jährigem Besuch der Berufsschule bis zum 18. Jahr. Unter bestimmten Voraussetzungen sind Zurückstellung, Befreiung, vorzeitige Beendigung und Verlängerung möglich.

Schutzbrief bedeutet im Versicherungsrecht die Verpflichtung für den Versicherer, bei einem bestimmten Anlaß und/oder während einer bestimmten Zeit mehrere Leistungen gegen (einmalige) Prämienzahlung zu erbringen, z. B. bei Auslandsreisen Abschleppkosten, Rücktransport, Behandlungskosten.

Schutzgesetz → unerlaubte Handlung (Anm.: 2).

Schwangerschaftsabbruch ist in Deutschland mit Strafe bedroht (§ 218 StGB). Mit Einwilligung der Schwangeren zulässig zur Abwendung einer Gefahr für Leben oder Gesundheit der Schwangeren, binnen 22 Wochen nach der Empfängnis, wenn das Kind voraussichtlich schwer und nicht behebbar geschädigt sein wird, binnen 12 Wochen seit der Empfängnis bei Vergewaltigung oder bei sozialer Notlage nach vorheriger ärztlicher Beratung.

In ehem. DDR ist Sch. binnen 12 Wochen seit der Empfängnis nach ärztlicher Beratung straffrei (bis 31. 12. 92, Anl. I Kap. III C III EV; Anlage II C I 2 EV). Diese Regelung soll für ganz Deutschland übernommen werden.

Schwarzarbeit ohne in einem Beschäftigungsverhältnis zu stehen oder als selbständiger Gewerbetreibender ohne Anmeldung bei den zuständigen Behörden ist nach dem Gesetz vom 29. 1. 82, BGBl. I 109 mit Geldbuße bis DM 50000.– bedroht. Sch., wenn eine Werkleistung für andere erbracht wird und der Täter dadurch erhebliche wirtschaftliche Vorteile (Steuerfreiheit) erzielt. Gefälligkeitshilfe ist keine Sch. Der auf Sch. abzielende Vertrag ist nichtig (§ 134), es sei denn, der Leistungsempfänger ist gutgläubig. Ist die Sch. ausgeführt, verstößt die Berufung des Leistungsempfängers (z. B. Bauherr) auf die Nichtigkeit gegen Treu und Glauben; er muß Arbeitslohn zahlen. Verursacht der Schwarzarbeiter beim Auftraggeber einen Schaden, trifft den Auftraggeber ein → Mitverschulden, wenn er die mangelnde Qualifikation des Schwarzarbeiters gekannt hat. Zulässig sind Arbeiten aus Gefälligkeit, als Nachbarschaftshilfe oder Selbsthilfe beim Wohnungsbau.

Schwarzfahrer sind Personen, die die Beförderung durch ein öffentliches Verkehrsmittel in der Absicht erschleichen, das Beförderungsentgelt nicht zu entrichten. Sie machen sich strafbar und müssen ein sog. erhöhtes Beförderungsentgelt bezahlen. Umstritten ist, ob Minderjährige, denen ihre Eltern nur das Fahren mit Fahrkarte erlaubt haben, die aber Sch. sind, das erhöhte Beförderungsentgelt zahlen müssen. Wer einschläft und über sein Fahrtziel hinausfährt, ist kein Sch., wenn er wieder zurückfährt, ohne einen neuen Fahrschein zu lösen.

Schwarzhören/Schwarzsehen in Form des Betreibens eines Rundfunk- oder Fernsehgerätes ohne Erlaubnis der Post wird bei Vorsatz mit Freiheitsstrafe bis zu 5 Jahren, bei Fahrlässigkeit mit Freiheitsstrafe bis zu 1 Jahr oder Geldstrafe bestraft. Das Gerät kann eingezogen werden.

Schwarzkauf → Scheingeschäft.

Schwebende Unwirksamkeit eines → Rechtsgeschäfts liegt vor, wenn dieses unvollständig ist, das fehlende Erfordernis aber noch

Schweigen als Zustimmung oder Annahme

nachgeholt werden kann. Solange nicht feststeht, ob das Erfordernis nachgebracht wird, spricht man von schw. U. Wird der fehlende Teil beigebracht, ist das Geschäft als von Anfang an wirksam anzusehen (Heilung); andernfalls ist es endgültig unwirksam. *Beispiel:* Verträge, die einen Minderjährigen verpflichten ohne elterliches Einverständnis; Handlungen eines Vertreters ohne Vertretungsmacht; Rechtsgeschäfte ohne vormundschaftsgerichtliche Genehmigung.

Schweigen als Zustimmung oder Annahme → Vertrag.

Selbstanzeige. Wer seine „Steuerhinterziehung" freiwillig anzeigt, übt tätige Reue (§§ 371, 378 AO), indem er die richtigen Angaben nachholt und die verkürzte Steuer entrichtet; dann tritt Straffreiheit ein. Die S. muß erfolgen, bevor eine Steuerprüfung durchgeführt, die Einleitung eines Straf- oder Bußgeldverfahrens dem Steuerpflichtigen mitgeteilt wurde und ehe der Täter damit rechnen mußte, daß seine Tat entdeckt war (also freiwillig, § 371 II AO).

Selbstbedienungsladen. Beim S. sind die meisten Waren so ausgelegt, daß der Kunde sie selbst auswählen und an sich nehmen kann. Trotzdem ist die Warenauslage nicht als Realangebot anzusehen, deren Annahme schon zum Kaufabschluß führt (wie z. B. beim Warenautomaten, → Vertrag), sondern der Kaufvertrag kommt erst zustande, wenn die Waren vom Kunden an der Kasse vorgelegt werden u. die Preise registriert sind.

Selbsteintritt, wenn ein → Kommissionär, Makler, Spediteur oder Treuhänder das Geschäft, das er für den Auftraggeber ausführen soll, selbst als Vertragspartei übernimmt (z. B. §§ 400 ff. HGB).

Selbstgenutzte Wohnung, Steuervorteile → Absetzung für Abnutzung.

Selbsthilfeverkauf. Ist eine geschuldete bewegliche Sache bei Verzug des Gläubigers nicht zur Hinterlegung geeignet, kann der Schuldner sie öffentlich versteigern lassen und den Erlös hinterlegen (§ 383). Der S. ist zuvor dem Gläubiger anzudrohen (es sei denn, die Ware ist leicht verderblich).

Selbstkontrahieren → Stellvertretung.

Selbstmord ist – soweit dies in Betracht käme – straflos, ebenso Versuch und Beihilfe dazu. *Ausn.:* Angehörige, Arzt, Krankenpfleger haben die Pflicht, S. zu verhindern; andernfalls als unterlassene Hilfeleistungen strafbar. Überlebt bei Doppel-S. ein Teil, kann er wegen Tötung auf Verlangen nur bestraft werden, wenn er das Tatgeschehen eindeutig beherrscht hat.

Selbstschuldnerische Bürgschaft → Bürgschaft.

Sicherheitsgurt: soweit S. für Vordersitze vorgeschrieben sind
(§ 35a StVZO), müssen sie während der Fahrt angelegt werden.
Ausn.: Taxi, Lieferauto, Fahrten im Schrittempo, krankheitsbeding-
te Befreiung, Kinder bis zu 12 Jahren. Verstöße sind mit Geldbuße
bedroht, können zum Verlust von Versicherungs- und Lohnfortzah-
lungsansprüchen führen oder gegenüber eigenem Schadensersatzanspruch als → Mitverschulden geltend gemacht werden.

Sicherheitsleistung → Kaution.

Sicherungsabtretung (Sicherungszession) → Abtretung.

Sicherungshypothek ist eine → Hypothek, bei der sich das Recht
des Gläubigers nur nach der zugrundeliegenden Forderung richtet
(§ 1184); er muß daher, um aus der Hypothek vorgehen und in das
Grundstück vollstrecken zu können, den Bestand der Forderung be-
weisen. Auf den Eintrag im Grundbuch kann er sich nicht berufen.
Liegt der S. keine Forderung zugrunde, kann sie von einem Dritten
auch bei Gutgläubigkeit nicht erworben werden. Die S. ist nur als
Buchhypothek möglich.
  S.'en sind kraft Gesetzes die Bauhandwerkerhypothek beim
→ Werkvertrag, die Zwangshypothek bei der Vollstreckung in
Grundstücke und die Arresthypothek.

Sicherungsübereignung (Treuhandeigentum) ist die Übertragung des Eigentums zur Sicherung einer Forderung in der Weise,
daß der Sicherungsgeber im Besitz der Sache bleibt, der Sicherungs-
nehmer dagegen Eigentümer und sog. mittelbarer Besitzer wird. Die
S. ist mit der Abrede verbunden, daß die zur Sicherung übereignete
Sache nur bei Nichterfüllung der gesicherten Forderung verwertet
werden darf; sie wird vielfach anstelle eines → Pfandrechts vereinbart, da der Schuldner die übereignete Sache – anders als dort – im
Besitz behalten und weiterverwenden kann. Häufigste Fälle der S.:
bei einem Autokauf läßt sich die Bank die den Kauf finanziert, das
Eigentum am gekauften Wagen zur Sicherung des gegebenen Darlehens übereignen; ähnlich bei S. eines Warenlagers oder von Maschinen einer Fabrik zwecks Kreditaufnahme.
  Die übereigneten Gegenstände müssen *hinreichend bestimmt* sein, so
daß z.B. bei Übereignung eines Warenlagers die räumliche Trennung von den nicht übereigneten Sachen erforderlich ist. Eine S. von
Gegenständen, die noch nicht im Eigentum des Sicherungsgebers
stehen, ist in der Form möglich, daß das *Anwartschaftsrecht* auf das
Eigentum übertragen wird (z.B. bei unter Eigentumsvorbehalt gelieferten Waren). Veräußert der Sicherungsgeber die Sache ein zwei-
tes Mal, ist ein gutgläubiger Erwerb des Sicherungseigentums
(§ 933) solange nicht möglich, als der Sicherungsgeber den unmittel-

baren Besitz behält; in diesem Fall ist aber anzunehmen, daß die → Anwartschaft an der Sache übertragen werden sollte.

S. ist wegen Sittenwidrigkeit nichtig, wenn der Schuldner seine wirtschaftliche Bewegungsfreiheit und Selbständigkeit verliert *(Knebelungsvertrag)* oder die übrigen Gläubiger getäuscht werden sollen.

Sichtwechsel ist ein → Wechsel, der mit Vorlage zur Zahlung fällig ist (Art. 34 WG). Die Verfallzeit wird mit den Worten „auf Sicht" oder datumsmäßig im Wechsel vermerkt. Fehlt die Verfallzeit, ist es ein S.

Sittenwidrigkeit. Wenn ein → Rechtsgeschäft gegen die guten Sitten verstößt, so ist es nichtig, § 138 (→ Nichtigkeit), nämlich wenn es gegen das Gefühl aller billig und gerecht Denkenden verstößt. Wichtigster Fall ist der Wucher (§ 138 II), wenn sich jemand unter Ausnützung der Notlage, des Leichtsinns oder der Unerfahrenheit eines anderen für eine Leistung Vermögensvorteile versprechen oder gewähren läßt, die den Wert der Leistung so übersteigen, daß ein auffälliges *Mißverhältnis* zwischen Leistung und Gegenleistung besteht. *Beispiel:* Hingabe eines Darlehens gegen überhohe Zinsen (es brauchen keine Zinsen gezahlt zu werden, obwohl das Geld bis zum Ende der Laufzeit behalten werden darf). Vorsätzliche sittenwidrige Schädigung führt zum → Schadensersatz (§ 826). *Beispiele* für S.: Bordellkauf, Geliebtentestament als Belohnung sexueller Hingabe, Entgelt für Ehebruch, Verstoß gegen Standespflichten, Knebelungsvertrag, Schmiergeldabreden, arglistiges Zusammenwirken zum Schaden Dritter, Leihmuttervertrag, Vereinbarung einer Entschädigung bei Rücknahme der Strafanzeige wegen Vergewaltigung.

Skiunfall. Wird jemand beim Skifahren durch einen anderen Läufer verletzt, so hat er Schadensersatzansprüche gegen den Schädiger aus → unerlaubter Handlung; dabei wird die Frage, ob der Verletzer schuldhaft (→ Verschulden) gehandelt hat, von der Rechtsprechung nach den Grundgedanken des Straßenverkehrsrechts (z. B. Fahren auf Sicht, keine unvorhersehbaren Richtungsänderungen, Beobachtungen des Vordermannes) gelöst, da eigene Bestimmungen weitgehend fehlen. Der Bundesgerichtshof hat entschieden, daß die von der FIS (= internationaler Skiverband) aufgestellten Regeln über das Verhalten auf Skipisten als sog. „Konkretisierte Verhaltensnormen" das Maß der → Fahrlässigkeit bestimmen.

Das Land Bayern hat in Art. 24 des Landesstraf- und Verordnungsgesetzes bestimmtes Fehlverhalten auf öffentlichen Skiabfahrten als Ordnungswidrigkeiten mit Geldbußen belegt. Dazu zählen ebenfalls in Anlehnung an den Straßenverkehr die grob rücksichtslose Gefährdung von Leib oder Leben anderer, das Bereiten von Hindernissen oder der Aufenthalt ohne Sportgerät. Ein Mitverschulden (→ Verschulden) des Verletzten kann in seiner Teilnahme am Lauf auf stark befahrener Piste trotz mangelnder Übung liegen.

Skonto → Rabatt.

Sofortige Beschwerde ist das an 2 Wochen im Zivil-, an 1 Woche im Strafprozeß ab Zustellung eines Beschlusses gebundene → Rechtsmittel. Wann eine → Beschwerde eine s. B. ist, sagt das Gesetz ausdrücklich.

Software bedeutet auf dem Gebiet der elektronischen Datenverarbeitung die Zurverfügungstellung der Entwicklung, Ausarbeitung und Einführung von Computerprogrammen, Computersprachen und Datenabläufen (Pacht- oder Werkvertrag).

Hardware hingegen ist die vertragliche Überlassung der zum Einsatz von Computern nötigen technischen Einrichtungen (Geräte); insoweit entweder Kauf, Miete oder Leasing.

Solawechsel → Wechsel (Anm.: I).

Sonderausgaben. Bei der Einkommen- und Lohnsteuer sind bestimmte Aufwendungen vom Gesamtbetrag der → Einkünfte abzuziehen, wenn sie weder Betriebsausgaben noch → Werbungskosten sind, z.B. Rentenbeitragszahlungen, Kirchensteuer, Steuerberaterkosten, 30% Schulgeld für Privatschulen, Unterhaltsleistungen bis DM 27000.– an geschiedenen oder getrennt lebenden Ehegatten, Berufsausbildungskosten bis zu DM 900.– und bei auswärtiger Unterbringung bis zu DM 1200.–, Aufwendungen für hauswirtschaftliche versicherte Beschäftigungsverhältnisse bis zu DM 12000.–, nicht entnommener Gewinn, Vorsorgeaufwendungen (Sozialversicherungs-, Krankenversicherungs-, Haftpflichtversicherungs- und 50% der Bausparkassenbeiträge). Spenden für wissenschaftliche oder kulturelle Zwecke sind bis zu 10% des Gesamtbetrags der → Einkünfte, Spenden für andere begünstigte Zwecke bis 5% des Gesamtbetrags der Einkünfte oder bis 2‰ der Summe der Umsätze, Löhne und Gehälter abzugsfähig, Spenden an politische Parteien bis zu DM 60000.– bei Zusammenveranlagung bis DM 120000.–); Spenden über DM 40000.– an dieselbe Partei in einem Jahr können nur dann abgezogen werden, wenn der Spender im Rechenschaftsbericht der Partei verzeichnet ist.

Sondereigentum → Wohnungseigentum.

Sondergut → Gütergemeinschaft.

Sondernachlaß → Rabatt.

Sondernutzung

Sondernutzung → Straßencafé.

Sonderverwahrung → Depotgeschäft.

Sonntagsverkauf → Feiertage.

Sorgfalt in eigenen Angelegenheiten. Wer fremdes Vermögen zu verwalten hat, hat (in den Fällen, in denen es das Gesetz sagt) nur für die Anwendung derjenigen Sorgfalt einzustehen, die er in seinen eigenen Angelegenheiten anzuwenden pflegt. Ist er sich gegenüber also nachlässig, braucht er bei der Verwaltung des fremden Vermögens nicht sorgfältiger zu sein. So beschränkt haften Vorerbe gegenüber Nacherben (§ 2131), Eltern gegenüber Kind (§ 1664), Ehegatte gegenüber dem anderen (§ 1359), unentgeltlicher Verwahrer (§ 690) und jeder BGB-Gesellschafter (§ 708).

Soziales Jahr. Wer zwischen 17. und 25. Jahr 12 Monate eine ganztägige pflegerische, erzieherische oder hauswirtschaftliche Tätigkeit in der Wohlfahrt, Jugend- oder Gesundheitspflege gegen Unterkunft, Verpflegung und Taschengeld leistet, erhält hierüber eine Bescheinigung. Bedeutungsvoll im Steuerrecht und Sozialversicherungsrecht.

Sozialgerichte sind zuständig für Streitigkeiten insbesondere aus → Sozialversicherung, Arbeitsförderung, Kriegsopferversorgung, Kassenarztrecht, Kindergeld, Häftlingshilfe, Soldatenversorgung, Impfschäden, Sicherung der Entwicklungshelfer, Entschädigung der Opfer von Gewalttaten (§ 51 SGG). In manchen Fällen ist ein Vorverfahren *(Widerspruch)* durchzuführen (§§ 78 ff. SGG), das wie die Gerichtsverfahren (Klage binnen 1 Monat nach Widerspruchsentscheidung) kostenfrei ist. Gegen die Entscheidung der S. Berufung zum Landes-S. und Revision zum Bundes-S.

In ehem. DDR sind bis zur Schaffung einer eigenständigen Sozialgerichtsbarkeit die Kreis- und Bezirksgerichte zuständig; §§ 144–149 SozialgerichtsG finden keine Anwendung. In ganz Berlin gilt West-Recht.

Sozialhilfe (BSHG 10. 1. 91, BGBl. I 94) ist Hilfeleistung des Staates zum Existenzminimum bei verschuldeter und unverschuldeter *Notlage,* die weder durch eigene Mittel bzw. Arbeitskraft noch Sozialversicherungsträger oder Unterhaltsverpflichteter behoben werden kann. Sie wird in bar für den notwendigen Bedarf an Ernährung, Unterkunft, Körperpflege, Hausrat, Heizung und persönliche Bedürfnisse des täglichen Lebens gewährt einschließlich Krankenversicherungs- und Rentenversicherungsbeiträge. Ferner wird S. in besonderen Lebenslagen gewährt (Ausbildung, Erholung, Blindheit, Mutterstand, Alter). Örtliche Träger sind die kreisfreien Gemeinden und Landkreise des tatsächlichen Aufenthalts des Bedürftigen. Auch Ausländer erhalten S. Ein gebrauchtes Schwarz-Weiß-Fernsehgerät gehört zum notwendigsten Lebensunterhalt. Sonderregelung für ehem. DDR (vgl. Anhang BSHG).

Sozialplan ist eine Vereinbarung zwischen Unternehmer und Betriebsrat, die einen Interessenausgleich und die Milderung wirtschaftlicher Nachteile bei Betriebsänderung oder -stillegung für Arbeitnehmer beinhaltet. In einem nach Konkurseröffnung aufgestellten S. kann mit Wirkung gegen die Konkursgläubiger ein Betrag bis zu 2½ Monatslöhnen der von der Entlassung betroffenen Arbeitnehmer als Ausgleich vorgesehen werden, der im Konkurs bevorrechtigt erfüllt werden muß (G 20. 2. 85, BGBl. I 369).

Gilt nicht in ehem. DDR; eigenes Recht gilt weiter.

Sozialversicherung. In ihr werden über 90% der Bürger kraft gesetzlicher oder freiwilliger Versicherung die notwendigen Maßnahmen zum Schutz, Erhaltung, Besserung, Wiederherstellung der Gesundheit, Leistungsfähigkeit, zur wirtschaftlichen Sicherung bei Krankheit, Mutterschutz, Minderung der Erwerbsfähigkeit, Alter und Arbeitslosigkeit des Versicherten, seiner Familien und Hinterbliebenen gewährt. Das gilt auch für ausländische Arbeitnehmer. Zweige: Kranken-, Unfall-, Renten-, Landwirts-, Handwerker-, Künstler-, Behinderten-, Arbeitslosen- und Knappschaftsversicherung.

Träger sind die Landesversicherungsanstalten bei Landratsämtern und kreisfreien Gemeinden, die Bundesversicherungsanstalt für Angestellte, Berufsgenossenschaften, Eigenunfallversicherungsträger, Landwirtschaftliche Kasse, Seekasse, Bundesanstalt für Arbeit, Bundesknappschaft und die Krankenkassen. Zur Abwicklung der Träger der S. in ehem. DDR wird eine „Überleitungsanstalt S." gegründet (Anlage I Kap. VIII F II 1 EV).

Ansprüche auf Leistungen aus der S. sind unpfändbar (§§ 54, 55 SGB). Eine Geldleistung bleibt nach Überweisung auf das Konto des Empfängers 7 Tage lang unpfändbar; danach sind der Anspruch aus der Gutschrift sowie Bargeld nur insoweit pfändbar, als ihr Betrag den unpfändbaren Teil der Leistungen für die Zeit von der Pfändung bis zum nächsten Zahlungstermin übersteigt.

Sonderregelung in ehem. DDR gem. Anlage I Kap. X H III 3 EV und S.-Gesetz vom 28. 6. 90, GBl. I Nr. 38 S. 486 = Anlage II Kap. VIII F 2, G III EV.

Sozialversicherungsausweis wird vom Rentenversicherungsträger für die in der → Rentenversicherung versicherten Personen ausgestellt. Er enthält u. a. die persönlichen Daten und die Versicherungsnummer.

Sozialversicherungsbeiträge

Sozialversicherungsbeiträge werden vom Arbeitgeber und Arbeitnehmer in der → Kranken-, Renten-, → Arbeitslosen- und knappschaftlichen Krankenversicherung zu gleichen Teilen, in der knappschaftlichen Rentenversicherung zu 9,25% vom Arbeitnehmer und 15,00% vom Arbeitgeber getragen. S. in der Unfallversicherung trägt der Arbeitgeber allein.

Beitragssätze: Rentenversicherung 17,7% des Grundlohns.

Beitragssätze: Arbeitslosenversicherung je 3,4% des Grundlohns.
→ Beitragsbemessungsgrenze.

Sozialwohnung → Zweckentfremdung.

Sozialzuschlag erhalten Bewohner der ehem. DDR auf ihre Rente längstens bis 31. 12. 96, wenn sie vor 1. 1. 94 begonnen hat, sie ihren gewöhnlichen Aufenthalt am 18. 5. 90 in der ehem. DDR gehabt haben und beibehalten, in Höhe von maximal DM 600.–, bei Verheirateten DM 960.– monatlich.

Sozietät → Gesellschaft; vertraglicher Zusammenschluß z. B. mehrerer Rechtsanwälte. Ein Anwaltsvertrag kommt i. d. R. mit allen in der S. verbundenen Anwälten zustande, die als → Gesamtschuldner haften (anders bei bloßer *Bürogemeinschaft*).

Sparbuch → Legitimationspapier. Es ist ein Ausweis über eine Geldforderung gegen eine Bank. Inhaber der Forderung ist, wer nach dem erkennbaren Willen des Einzahlenden Gläubiger der Bank werden soll, i. d. R. der der Bank gegenüber benannte Kontoinhaber, sonst jeder Besitzer des S. Von wem das eingezahlte Geld stammt, ist gleichgültig. Die Bank wird mangels anderer Vereinbarung durch Zahlung an den Inhaber des S. frei (§ 808). Legen Eltern S. für ihr minderjähriges Kind an, wollen sie im Zweifel Gläubiger der Bank bleiben; so auch, wenn der Einzahler das Geld dem Begünstigten erst mit seinem Tod zuwenden will. Die Sparbuchforderung kann abgetreten und verpfändet werden (Anzeige an die Bank nötig), die *Postsparbuchforderung* nicht. Beim *Sparkassenbrief* ist stets die in der Urkunde genannte Person forderungsberechtigt.

Sparerfreibetrag wird für jede Art von Einnahmen aus Kapitalvermögen gewährt. Einkommensteuerrechtlich werden bei der Ermittlung der → Einkünfte aus Kapitalvermögen nach Abzug der → Werbungskosten DM 600.–, bei → Zusammenveranlagung DM 1200.– abgezogen (§ 20 IV EStG). Er soll ab 1. 1. 93 im Zuge der → Zinsabschlagsteuer verzehnfacht werden.

Speditionsvertrag ist ein → Werkvertrag, durch den der Spediteur (§ 407 HGB) die Organisaion einer Versendung übernimmt oder selbst gegen Provision und Spesenersatz ausführt (§ 412 HGB).

Er versichert das Beförderungsgut auf Kosten des Auftraggebers. Zur Sicherung seiner Rechte hat er eine Pfandrecht am Beförderungsgut. → Drittschadensliquidation.

Spekulationsgewinne werden auch ohne Spekulationsabsicht einkommensteuerlich erfaßt, wenn Anschaffung und Veräußerung von Grundstücken innerhalb von 2 Jahren, von anderen Sachen innerhalb von 6 Monaten erfolgen (§ 23 EStG). S. unter DM 1000.– pro Jahr werden nicht erfaßt. Spekulationsverluste können nicht mit anderen Einkünften verrechnet werden.

Spenden → Sonderausgaben.

Sperrfrist. Entzieht das Gericht einem Kraftfahrer die → Fahrerlaubnis, setzt es zugleich eine S. von 6 Monaten bis 5 Jahren oder für immer fest, vor deren Ablauf die Verwaltungsbehörde keine neue Fahrerlaubnis erteilen darf (§ 69a StGB). Hat der Täter keine Fahrerlaubnis, wird nur die Sperre angeordnet. Fährt der Täter während der S., macht er sich wegen Fahrens ohne Fahrerlaubnis strafbar. Ist die S. abgelaufen, muß die Verwaltungsbehörde keine neue Fahrerlaubnis erteilen; sie kann noch zuwarten. Vorzeitige Aufhebung der S. durch das sie verhängende Gericht, wenn der Täter nachweisen kann, daß er nunmehr nicht mehr ungeeignet zum Führen von Kfz ist und die S. mindestens 6 Monate gedauert hat.

Spezieskauf → Kauf (V 8).

Spezifikationskauf → Kauf (V 5).

Spiel → unvollkommene, nicht einklagbare Verbindlichkeiten. Gilt auch für ein zum Spielen gegebenes Darlehen.

Spielgeräte, Aufstellung. S., die mit einer den Spielausgang beeinflussenden mechanischen Vorrichtung ausgestattet sind und die Möglichkeit eines Gewinns bieten, bedürfen der Zulassung der physikalisch-technischen Bundesanstalt. Für die gewerbsmäßige Aufstellung ist eine Erlaubnis (nach § 33c GewO) der Gemeinde erforderlich, die von der Zuverlässigkeit des Antragstellers und des Standortinhabers abhängt. Für die Sicherheit haftet der Aufsteller.

Splitting-Verfahren. Bei Eheleuten, die sich gemeinsam zur Einkommensteuer veranlagen lassen (§§ 26, 26b EStG), beträgt die Steuer das Zweifache desjenigen Steuerbetrages, der sich für die Hälfte ihres gemeinsam zu versteuernden → Einkommens ergibt (§ 32a EStG). Für das zu versteuernde Einkommen ist die Einkommensteuer aus der sog. Splittingtabelle abzulesen. Das gilt auch für Verwitwete für das auf den Tod folgende Jahr und für Geschiedene für das Jahr der Eheaufhebung. *Ausn.:* bei Sozialleistungen, ausländischen Einkünften und außerordentlichen Einkünften.

Sportverletzung. Verletzt jemand einen anderen bei Ausübung einer Sportart, so fehlt es meist an der → Widerrechtlichkeit der Verletzung, wenn der andere sich freiwillig an der Sportausübung beteiligt hat. Ansprüche des Verletzten auf → Schadensersatz scheiden aus, wenn die Verletzung trotz Einhaltung der Spielregeln oder ihrer fahrlässigen Überschreitung im Kampfeseifer (anders bei grobem Foulspiel) geschieht, da in der Teilnahme eine Einwilligung des Verletzten in die üblichen Gefahren liegt. Daher ist in aller Regel der aktive Sportler über den zuständigen Sportverband an eine Versicherung angeschlossen, die für derartige Schäden aufkommt. → Skiunfall. Eine Haftung für unvorhersehbare Gefahren wird aber nicht ausgeschlossen. – Wer eine Sportanlage (Rennbahn) betreibt, haftet (soweit ihm zumutbar) für einen ordnungsgemäßen Zustand der Anlage bzw. das Vorhandensein von Schutz- und Lebensrettungseinrichtungen.

Sprungregreß, wenn beim → Wechselregreß einer oder mehrere der vorhergehenden, auf dem Wechsel stehenden Verpflichteten übersprungen werden (Art. 47 WG). Dadurch verliert der Wechselinhaber nicht seine Ansprüche gegen die übersprungenen Wechselverpflichteten, wenn der Übersprungene nicht zahlt. – Entsprechendes gilt beim Scheck.

Sprungrevision ist die anstelle der → Berufung eingelegte → Revision gegen ein Urteil (§ 566a ZPO, § 76 ArbGG, § 134 VwGO, § 161 SGG, § 335 StPO). Sie kann nur auf die Verletzung materiellen Rechts gestützt werden und bedarf (mit Ausnahme in Strafsachen) stets der Einwilligung des Gegners.

Staatsangehörigkeit. Die deutsche S. wird erworben durch Geburt oder → Einbürgerung. Eheliche Kinder erwerben sie, wenn ein Elternteil Deutscher ist, nichteheliche Kinder, wenn die Mutter Deutsche ist. Die S. verliert man durch Entlassung (Ausbürgerung), Adoption eines nichtehelichen deutschen Kindes durch seinen ausländischen Vater oder durch Erwerb einer ausländischen S. ohne Genehmigung zur Beibehaltung der deutschen S.

Die S. der Ehefrau ist von der des Mannes unabhängig. Eine Ausländerin erwirbt durch Heirat mit einem deutschen Mann nicht die deutsche S. (aber erleichterte Einbürgerung); gleiches gilt für einen mit einer deutschen Frau verheirateten Ausländer.

Staatshaftung → Amtspflichtverletzung. In ehem. DDR gilt das S.-G vom 12. 5. 69, GBl. I Nr. 5 S. 34 gem. Anlage II Kap. IV B III EV für die vor dem 3. 10. 90 begangenen Amtspflichtverletzungen.

Stammaktie ist eine → Aktie, die keine Vorzugsrechte wie Stimmrecht, Dividende etc. gewährt.

Stammeinlage → Aktiengesellschaft, → GmbH.

Stammkapital → GmbH.

Stehendes Gewerbe ist der Betrieb an einem festen Ort, wobei der Beginn und jede Veränderung anzeigepflichtig ist (§ 14 GewO). Gewisse Anlagen (z. B. Aufzüge) unterliegen einer regelmäßigen Überprüfung (§ 24 GewO). Im übrigen wird die Ausübung des Gewerbes bei Unzuverlässigkeit des Inhabers untersagt (§ 35 GewO). Für Gaststättenbetriebe gilt zusätzlich das GaststättenG. Familien- oder Firmenname ist im Geschäftsleben zu verwenden (§ 15 b GewO).

Stellvertretung ist das *rechtsgeschäftliche Handeln im Namen des Vertretenen.* Die St. setzt Vertretungsmacht voraus, die entweder auf Gesetz (z. B. Eltern ggü. minderjährigen Kindern, Betreuer ggü. Betreutem, Vormund ggü. Mündel = *gesetzl. Vertreter*) oder auf rechtsgeschäftlicher Vereinbarung (→ Vollmacht) beruhen kann. Die Erteilung ist formlos; berechtigt sie jedoch zu Grundstücksgeschäften, bedarf sie der notariellen Beurkundung (§ 313). St. ist nicht möglich bei reinen Tathandlungen, die einen tatsächlichen Erfolg herbeiführen, an den das Gesetz Rechtsfolgen anknüpft, z. B. Verarbeitung, Vermischung, Fund. Die Folge der St. ist, daß eine → Willenserklärung, die jemand innerhalb der ihm zustehenden Vertretungsmacht im Namen oder unter dem Namen des Vertretenen abgibt, unmittelbar für und gegen den Vertretenen wirkt (§ 164 I 1). Er ist der Vertragspartner, haftet auf Erfüllung und muß sich das Verhalten bzw. die Kenntnis des Vertreters (z. B. Kaufmängel) anrechnen lassen (§ 166). Handelt der durch Vollmacht bestellte Vertreter aber nach konkreten Weisungen des Auftraggebers, kann sich dieser nicht auf eine etwaige Gutgläubigkeit seines Vertreters berufen (§ 166 II). Es macht dabei keinen Unterschied, ob die Erklärung *ausdrücklich* im Namen des Vertretenen erfolgt oder ob die Umstände ergeben, daß sie in dessen Namen erfolgen soll (§ 164 I 2). Ist dagegen der Wille, in fremdem Namen zu handeln, nicht erkennbar, so treten die Wirkungen der abgegebenen Erklärung für den handelnden Vertreter selbst ein; dieser wird als verpflichtet, ohne sich darauf berufen zu können, daß er eigentlich für einen anderen handeln wollte (§ 164 II, *mittelbare St.*). Davon abgesehen haftet der Vertreter nur, wenn auch er ein wirtschaftliches Interesse am Rechtsgeschäft hat (Ehepartner). Im übrigen kann der Vertreter *beschränkt geschäftsfähig* (→ Geschäftsfähigkeit) sein (§ 165). Die jederzeit *widrrufliche* Vollmacht (§ 168), bleibt gutgläubigen Geschäftspartnern gegenüber solange wirksam, bis die ihnen gegenüber abgegebene Mitteilung über die Bevollmächtigung widerrufen ist; gleiches gilt bei öffentlicher Bekanntmachung oder schriftlicher Vollmachterteilung, solange der Vertreter die Bestellungsurkunde vorzeigen kann.

Schließt jemand *ohne Vertretungsvollmacht* im Namen eines anderen einen → Vertrag, so hängt dessen Wirksamkeit von der Genehmigung des Vertretenen ab (§ 177 I). Wird sie verweigert, so haftet der vollmachtslose Vertreter dem anderen Vertragspartner wahlweise auf Vertragserfüllung oder → Schadensersatz (§ 179 I); die Haftung tritt nicht ein, wenn der andere Vertragspartner das Fehlen der Vertretungsmacht kannte oder der vollmachtslose Vertreter in der → Geschäftsfähigkeit beschränkt ist, es sei denn er handelte seinerseits mit Zustimmung seines gesetzl. Vertreters (§ 179 III). Auf eine fehlende Vollmacht kann sich der Vertretene aber dann nicht berufen, wenn er selbst den Anschein erzeugt hat, als habe eine bestimmte Person von ihm Vollmacht erhalten (→ Anschein-, → Duldungsvollmacht).

Generell unzulässig ist bei gegenläufigen Interessen nach § 181 das sog. Insichgeschäft *(Selbstkontrahieren),* sofern es nicht ausdrücklich vom Vertretenen gestattet wurde oder ausschließlich der Erfüllung einer Verbindlichkeit dient. Man versteht darunter den Abschluß eines Rechtsgeschäfts durch den Vertreter im Namen des Vertretenen mit sich selbst im eigenen Namen oder als Stellvertreter noch eines Dritten; z. B. der Prokurist verkauft einen Firmenwagen an sich selbst oder vertretungsberechtigter Gesellschafter bestellt sich selbst zum Geschäftsführer. Bringt das Geschäft dem minderjährigen oder entmündigten Vertretenen aber lediglich einen rechtlichen Vorteil, ist das Insichgeschäft wirksam.

Sterbegeld. Beim Tod eines versicherten Mitgliedes zahlen die Krankenkassen einheitlich DM 2100.– und DM 1050.– beim Tod eines mitversicherten Familienangehörigen. Wer nach dem 1. 1. 1989 neu in die gesetzliche Krankenversicherung eintritt, hat keinen Anspruch auf S. In der Unfallversicherung beträgt das S. $\frac{1}{12}$ des Jahresarbeitsverdienstes, mindestens DM 400.–. Empfänger ist, wer die Bestattung finanziert hat.

Sterbehilfe, die das Ableben eines Todkranken beschleunigt, ist als Tötung strafbar. Strafmilderung bei ausdrücklichem und ernsthaftem Verlangen des Kranken. Unzulässig auch Verabreichung schmerzlindernder Mittel, wenn dadurch das Leben verkürzt wird. Anders, wenn durch Betäubungsmittel der Todeskampf erleichtert werden soll oder von lebenserhaltenden Maßnahmen nur deshalb abgesehen wird, um weitere Todesqualen zu ersparen.

Sterilisation ist ärztliche Unfruchtbarmachung eines Mannes ab seinem 25. Lebensjahr mit seiner Einwilligung, oder der des Vormundes, Pflegers bzw. Betreuers zur Beseitigung eines abnormen Geschlechtstriebes und dadurch bedingter Krankheiten, Störungen und Leiden. Das G über die freiwillige Kastration vom 15. 8. 69, BGBl. I 1143 gestattet unter denselben Voraussetzungen, aber ohne Mindestalter, eine sonstige Behandlung von Mann und Frau, die eine dauernde Funktionsunfähigkeit der Keimdrüsen möglicherweise nach sich zieht (z. B. durch radioaktive Bestrahlung).

Eine minderjährige Person darf nicht sterilisiert werden (§ 1631c). S. einer unter → Betreuung stehenden volljährigen Person, ist nur zulässig, wenn der Betreute nicht widerspricht, er auf Dauer unfähig ist, einzuwilligen, es anderenfalls zu einer eine Frau gefährdenden Schwangerschaft kommen würde, Betreuer und Sachverständige einverstanden sind und eine Genehmigung des Vormundschaftsgerichts vorliegt (§ 1905).

Steuerberatervertrag ist ein → Geschäftsbesorgungsvertrag bei globaler Hilfeleistung in Steuersachen, → Dienstvertrag bei Tätigkeit für nur einen Mandanten und → Werkvertrag bei Bilanzerstellung. Der Steuerberater (G 4. 11. 75, BGBl. I 2735) steht unter der Aufsicht der örtlichen zuständigen Steuerberaterkammer. Seine Gebühren berechnet er nach der Steuerberatergebührenordnung vom 17. 12. 81, BGBl. I 1442. Bloße Rechtsberatung ist ihm verwehrt, es sei denn, er ist als → Rechtsbeistand zugelassen. Der Steuerberater hat an seinen Handakten und Arbeitsergebnissen ein → Zurückbehaltungsrecht, wenn sein Mandant erhebliche Gebührenrückstände hat. Schadensersatzansprüche gegen einen Steuerberater verjähren in 3 Jahren, aus seiner Tätigkeit als Treuhänder in einem → Bauherrnmodell in 5 Jahren (§ 51a WPrO). Er kommt mit der Erfüllung seiner Pflichten aus dem St. nicht schon deshalb in → Verzug, weil die Steuererklärung nicht fristgerecht beim Finanzamt eingeht, wenn er sich mit Rat und Tat bemüht hat; andernfalls haftet er auf → Schadensersatz aus → positiver Vertragsverletzung.

Steuerbescheid ist die grundsätzlich schriftliche, vorläufige oder endgültige Festsetzung der Steuerschuld eines bestimmten Steuerpflichtigen durch die Finanzbehörden. Dagegen binnen 1 Monats Einspruch (§ 348 AO), Beschwerde (§ 349 AO) und Anfechtungsklage zum Finanzgericht. Änderungen des St. nur auf Grund neuer, dem Finanzamt nachträglich bekannt werdender Tatsachen.

Steuern sind einmalige oder laufende Geldleistungen ohne Gegenleistung, die vom Staat allen Einwohnern auferlegt werden, um überregionale Aufgaben (z. B. Sozialversicherung) zu erfüllen. → Bundesländer und Kommunen erhalten im Rahmen des Finanzausgleichs (neben eigenen Einnahmen) bestimmte Anteile; sie verteilen sich bei Einkommen- und Umsatzsteuer gem. Anlage I Kap. IV B II 2, 3 EV. Wichtigste St.: Einkommen-, Lohn-, Körperschaft-, Vermögen-, Erbschaft-, Grund-, Grunderwerb-, Gewerbe-, Kfz-, Mehrwert (= Umsatz)steuer. Die meisten St. gelten ab 1. 1. 91 auch in ehem. DDR (Anlage I Kap. IV B II 14ff. EV); Sonderregelungen trifft das GrundsteuerG (neugeschaffene Wohnungen, bezugsfertig nach 31. 12. 80 und vor 1. 1. 92, bleiben 10 Jahre steuerfrei), Kfz-SteuerG (Steuervergünstigungen bis 31. 12. 92; Entrichtung der Steuer durch Steuermarken). Neuregelung der Kirchensteuer in ehem. DDR gem. Anlage II Kap. IV I 5 EV.

Stiftung → Person. Ziel ist die rechtliche Verselbständigung von Vermögen. Dazu ist ein schriftlicher oder testamentarischer *Stiftungsakt* und eine staatliche *Genehmigung* erforderlich (§ 80). Inhalt, Zweck und Organisation enthält der Stiftungsakt. Im übrigen gelten die Vorschriften über den → Verein. Nach Beendigung fällt das Vermögen an die in der Satzung bestimmten Personen, sonst an den Staat.

Stille Gesellschaft ist eine → Gesellschaft, bei der sich jemand an dem Handelsgeschäft eines Kaufmanns als stiller Teilhaber mit einer Einlage beteiligt, die in das Vermögen des Geschäftsinhabers übergeht. Dieser bleibt alleine geschäftsführungsbefugt. Er betreibt das Geschäft im eigenen Namen und wird daraus allein berechtigt und verpflichtet. Es kann aber vereinbart werden, daß der Stille so behandelt wird, als ob das Geschäftsvermögen beiden gemeinsam gehört und/oder der Stille an der Geschäftsführung beteiligt ist *(atypische* st. G.); er ist dann als Mitunternehmer an den → stillen Reserven und am Verlust beteiligt. Der Stille nimmt am Gewinn teil, die Teilnahme am Verlust wird i. d. R. ausgeschlossen (§ 231 HGB). Im Unterschied zum → Darlehen verbindet beide Gesellschafter derselbe Zweck. Ferner hat der Stille Kontrollrechte wie ein → Kommanditist. Eine Haftung nach außen findet nicht statt. Bei Auflösung erfolgt keine → Liquidation, jedoch hat der Stille einen Anspruch auf Rückerstattung seiner Einlage. Im → Konkurs des Geschäftsinhabers besitzt er nur eine einfache Konkursforderung. *Steuerlich* liegt eine atypische St.G. vor, wenn der stille Gesellschafter entweder bei Liquidation an den stillen Reserven beteiligt ist oder Einfluß auf die Geschäftsführung mit der Folge hat, daß er als Mit-Unternehmer behandelt wird.

Stille Reserven → Rücklage.

Stimmbindungsvertrag ist ein zulässiger schuldrechtlicher Vertrag, durch den sich ein stimmberechtigter Gesellschafter verpflichtet, sein Stimmrecht in bestimmter Weise auszuüben. Der Vertrag ist dann nichtig, wenn er sittenwidrig ist oder die Verpflichtung enthält, immer i. S. des Vorstandes bzw. Aufsichtsrates zu stimmen oder wenn als Gegenleistung besondere Vorteile versprochen werden. Bei Verletzung Schadensersatz; Stimmabgabe und Abstimmung sind gültig.

Strafantrag ist die Erklärung des Verletzten oder seines gesetzlichen Vertreters bzw. Vorgesetzten, daß er die Verfolgung des Täters will. Die *Frist* beträgt 3 Monate ab Kenntnis von Tat und Täter für Beleidigung, leichte und fahrlässige Körperverletzung, Hausfriedensbruch, Sachbeschädigung, Verletzung der Vertraulichkeit des Wortes, Entführung, unbefugten Kfz-Gebrauch, Familiendiebstahl, Familienunterschlagung, geringwertige Vermögensbeschädigung durch Diebstahl oder Betrug, Erschleichen von Leistungen (Schwarzfahren). Der St. kann bis zum rechtskräftigen Abschluß des Verfahrens *zurückgenommen* werden; falls nicht die Staatsanwaltschaft das besondere öffentliche Interesse an der Strafverfolgung bejaht, muß das Verfahren eingestellt werden.

Strafanzeige ist die Mitteilung des Verdachts einer Straftat zur Prüfung, ob sie zu verfolgen und nachzuweisen ist. Sie kann von jedem bei Staatsanwaltschaft, Polizei und Amtsgericht mündlich oder schriftlich erstattet werden. Die bewußt wahrheitswidrige St. ist als falsche Verdächtigung strafbar.

Strafaussetzung zur Bewährung gibt es im Urteil bei Freiheitsstrafe bis zu 1 Jahr und guter Sozialprognose; bis zu 2 Jahren bei guter Prognose und Vorliegen besonderer Umstände sowohl in der Person des Täters als auch in der Tatbegehung (z. B,. extrem psychische Belastung und laienhafte Tatausführung ohne Beute). Auflagen: Bewährungszeit 2 bis 5 Jahre, Bewährungshelfer, Geldbuße, besondere Weisungen. Nach Ablauf der Bewährungszeit wird die Strafe erlassen. Bei Straffälligkeit in der Bewährungszeit oder Nichterfüllung der Auflagen wird die S. z. B. i. d. R. widerrufen. Nachträgliche S. z. B., wenn der Täter ⅔ der Strafe (mindestens 2 Monate) verbüßt hat, er einverstanden und die Prognose gut ist; bei Erststrafen bis zu 2 Jahren bereits nach Verbüßung der Hälfte der Strafe (mindestens 6 Monaten), wenn besondere Gründe vorliegen. Der Rest einer lebenslangen Freiheitsstrafe ist nach 15 Jahren unter denselben Voraussetzungen und einem befürwortenden Sachverständigengutachten auszusetzen. Nach Ablauf wird die Strafe erlassen, bei Rückfall die Bewährung widerrufen.

Daneben kann S. z. B. im Gnadenweg auf Antrag gewährt werden.

Sonderregelungen im Jugendstrafrecht (z. B. Schuldspruch, aber Aussetzung der Verhängung von Jugendstrafe).

Strafbefehl

Strafbefehl ist eine schriftliche Entscheidung des Amtsgerichts in Strafsachen, die nach Anhörung des Beschuldigten auf Antrag der Staatsanwaltschaft ergeht und nur auf Geldstrafe, Fahrverbot, Einziehung, Entzug der Fahrerlaubnis bis zu 2 Jahren lauten oder nur eine Verwarnung (mit dem Vorbehalt der späteren Straffestsetzung bei nicht durchgestandener Bewährungszeit) enthalten kann (§ 407 StPO). Dagegen Einspruch binnen 2 Wochen ab Zustellung; dann mündliche Verhandlung und Urteil, das auch schärfer ausfallen kann. Vertretung durch Anwalt zulässig. Bleibt der Beschuldigte unentschuldigt und ohne Anwalt aus, wird sein Einspruch verworfen, der Strafbefehl rechtskräftig und vollstreckt.

Strafentschädigung für ungerechtfertigte Strafverfolgung (Untersuchungshaft, Durchsuchung, Beschlagnahme, Entzug der Fahrerlaubnis bei späterem Freispruch) wird aus der Staatskasse für (nachgewiesenen) Vermögensschaden (falls über DM 50.–) und Freiheitsentziehung (DM 20.– pro Tag) gezahlt. Zuständig für die Feststellung der Entschädigungspflicht ist das erkennende Gericht, bei Verfahrenseinstellung durch die Staatsanwaltschaft immer das Amtsgericht; letzterenfalls ist Antrag zur Staatsanwaltschaft binnen 1 Monats nach Bekanntgabe der Einstellungsverfügung und Belehrung über S. nötig. Gegen die gerichtliche Entscheidung → sofortige Beschwerde. Nach positiver Feststellung der Entschädigungspflicht muß der unschuldig Verfolgte oder ein gesetzlicher Unterhaltsberechtigter binnen 6 Monaten seinen Entschädigungsanspruch beziffert bei der Staatsanwaltschaft geltend machen. Es entscheidet die Landesjustizverwaltung; gegen ablehnenden Bescheid binnen 3 Monaten ab Zustellung Klage zur Zivilkammer des Landgerichts. In ehem. DDR gelten §§ 16, 18–19 StrEG nicht, sondern RehabilitierungsG 6. 9. 90, GBl. I Nr. 60 S. 1459.

Strafmündigkeit = strafrechtliche Verantwortlichkeit; sie fehlt bis zum 14. Lebensjahr. Zwischen 14. und 18. Jahr St. nur, wenn der *Jugendliche* reif genug war, das Unrecht seines Tuns einzusehen und danach zu handeln. Zwischen 18. und 21. Jahr ist auf *Heranwachsenden* Jugendrecht dann noch anzuwenden, wenn er in seiner Entwicklung noch einem Jugendlichen gleichzusetzen ist.

Strafregister wird als *Bundeszentralregister* vom Generalbundesanwalt in Berlin geführt. Eingetragen werden alle Verurteilungen, Verwarnung mit Strafvorbehalt, bloße Schuldaussprüche, Strafaussetzung zur Bewährung, Schuldunfähigkeit, Maßregeln der Besserung und Sicherung, Paßentzug und Ausweisung sowie Gnadenakte. Strafrechtliche Maßnahmen und Urteile gegen Jugendliche werden im Erziehungsregister, straßenverkehrsrechtliche Verfehlungen im Verkehrszentralregister eingetragen. Vgl. → Tilgung.

Strafzinsen. Im Steuerrecht werden zur Steuerschuld Zinsen erhoben bei Steuernachzahlungen (§ 223a AO), Stundung (§ 239 AO), Steuerhinterziehung (§ 235 AO), eingeklagten Steuerrückständen (§ 236 AO) und Aussetzung der Vollstreckung (§ 237 AO). Mit Ausnahme der Hinterziehungszinsen können steuerliche Zinsen bei der Einkommensteuer als → Sonderausgaben abgezogen werden.

Straßenbahnbenutzung → Beförderungsvertrag.

Straßencafé. Das Aufstellen von Stühlen und Tischen auf öffentl. Straßen, Wegen oder Plätzen bedarf der Erlaubnis der zuständigen Verwaltungsbehörde (meist Gemeinde oder Landratsamt). Der Gebrauch des Straßenraumes in dieser Weise überschreitet nämlich den sog. Gemeingebrauch, d. h. die verkehrsrechtliche Benützung. Während der Gemeingebrauch öffentl. Straßen jedermann unentgeltlich gestattet ist, stellt eine darüber hinausgehende Inanspruchnahme des Straßenraumes eine sog. *Sondernutzung* dar, die durch staatlichen Hoheitsakt (→ Verwaltungsakt) oder durch öffentl.-rechtl. Vertrag erteilt wird. Eine Versagung der Erlaubnis ist nicht aus fiskalischen, also kaufmännischen Gründen (z. B. wegen unerwünschter Konkurrenz), sondern nur wegen des öffentlichen Interesses zulässig (z. B. Behinderung des Fußgängerverkehrs). Die erteilte Erlaubnis ist höchstpersönlich, widerruflich und kann befristet werden; es kann auch eine nach dem wirtschaftlichen Vorteil bemeßbare *Sondernutzungsgebühr* erhoben werden.

Streifbanddepot → Depotgeschäft.

Streik ist die gemeinsame, planmäßige Niederlegung der Arbeit durch eine größere Anzahl von Arbeitnehmern innerhalb eines Betriebes oder Berufszweiges mit einem bestimmten Ziel (z. B. Verbesserung der Arbeits- und Lohnbedingungen). Man unterscheidet Sympathiestreik, Demonstrations-, Warn-, Protest-, Teil-, General- und den politischen Streik. Jede Arbeitsniederlegung, zu der eine Gewerkschaft aufruft, berechtigt die Arbeitgeber zum Abbruch laufender (Tarif-)Verhandlungen. Streik berechtigt nicht zur Kündigung, aber zur → Aussperrung; Lohnzahlungspflicht ruht; nach Beendigung des Arbeitskampfes Wiedereinstellungspflicht der Arbeitgeber.

S. ist bei Verstoß gegen Tarifvertrag, Betriebsverfassung, gesetzlichem Verbot, gute Sitten oder Sozialadäquanz (z. B. Betriebsblockade) rechtswidrig. Teilnahme an solchen S. berechtigt den Arbeitgeber zur Kündigung ohne spätere Wiederbeschäftigungspflicht und → Schadensersatz.

Streitgegenstand

Streitgegenstand = Zivilprozessualer Anspruch. Er bestimmt sich nach dem Antrag in der Klage und ist entscheidend dafür, worauf sich die Klage erstreckt, ob eine Klageänderung vorliegt, welches Gericht zuständig ist, inwieweit die gerichtliche Entscheidung bindend wird und ob (bei einer zweiten Klage) nicht bereits unter den St. entschieden ist. St. ist das Recht oder die Sache, um die gestritten wird.

Streitwert ist maßgebend für die Gerichtszuständigkeit, gerichtliche, anwaltliche, notarielle und Steuerberater-Gebühren sowie die Zulässigkeit von → Rechtsmitteln und wird nach dem Wert dessen in Geld bemessen, um das gestritten wird. Der St. wird nach freiem Ermessen bestimmt (§ 3 ZPO) in der Regel durch gerichtlichen beschwerdefähigen Beschluß, soweit nicht spezielle Vorschriften eingreifen (z. B. §§ 4ff. ZPO, 12ff. GKG, 12 VII ArbGG).

Streupflicht. Rechtsgrundlage für die Str. ist die allgemeine → Verkehrssicherungspflicht, wonach jeder, der auf „seinem" Grundstück den Verkehr für andere eröffnet oder zuläßt, dafür Sorge zu tragen hat, daß niemand Schaden erleidet. Dies gilt auch dann, wenn die Str. einer öffentlichrechtlichen Körperschaft (z. B. Gemeinde) obliegt. Str. jedoch nur innerhalb geschlossener Ortschaften und nach Maßgabe ihrer Leistungsfähigkeit. Die Streupflicht ist häufig, insbes. in kleinen Gemeinden, durch gesetzl. Bestimmungen auf die Straßenanlieger übertragen. Ihr Umfang richtet sich nach den Verkehrsbedürfnissen, der Straßenart und danach, was dem Streupflichtigen zuzumuten ist. Bei *dichtem* Schneefall muß mit Räumen und Streuen erst angemessene Zeit nach Beendigung der Niederschläge begonnen werden, weil es vorher meist zwecklos ist. Die Verletzung der S. führt zum Schadensersatz (§ 823). Eine Gemeinde verletzt ihre → Verkehrssicherungspflicht, wenn sie auf die Verwendung von Streusalz verzichtet, obwohl nur durch dieses Eis- und Schneeglätte auf Straßen wirksam bekämpft werden kann.

Strohmann ist eine vom wirklichen Geschäftsherrn vorgeschobene Person, die nach außen im eigenen Namen, tatsächlich jedoch in dessen Interesse, insbesondere bei Vertragsabschluß oder Gesellschaftsgründung tätig wird. Der St. wird unmittelbarer Vertragspartner.

Stufenführerschein. Die Erteilung einer → Fahrerlaubnis der Klasse I setzt ab 1. 4. 1988 den mindestens 2jährigen Besitz der Fahrerlaubnis der Klasse I a voraus (Motorräder).

Stufenklage beinhaltet Klage auf Auskunft, Rechnungslegung oder Erstellung eines Vermögensverzeichnisses (1. Stufe), Abgabe der eidesstattlichen Versicherung ihrer Richtigkeit (2. Stufe) und Leistung (Herausgabe oder Zahlung: 3. Stufe) je nach dem Ergebnis der 1. Stufe.

Stundenbuchhalter in ehem. DDR sind nach dem 3. 10. 90 weiter zur geschäftsmäßigen Hilfe in Steuersachen befugt.

Stundung ist Hinausschieben der Fälligkeit. → Verjährung. St. bei Steuern nach Ermessen, wenn Einziehung eine besondere Härte für den Steuerpflichtigen bedeutet und der Steueranspruch nicht gefährdet wird. St. auch bei Geldstrafen auf Antrag durch die Staatsanwaltschaft.

Substitut → Stellvertreter, Unterbevollmächtigter, Erfüllungsgehilfe, § 278 (*Ausnahme* bei höchstpersönlicher Leistung, z. B. § 613).

Sühneversuch findet vor den Arbeitsgerichten (§ 54 ArbGG) und in → Privatklagesachen (§ 380 StPO) statt. In zivilgerichtlichen Verfahren kann ein S. in jeder Lage des Verfahrens stattfinden (§ 279 ZPO), der mit → Vergleich endet. S. ist ferner im Gesetz gegen unlauteren Wettbewerb vorgesehen (§ 27a).

Sukzessivlieferungsvertrag → Dauerschuldverhältnis.

Summenverwahrung → Verwahrung.

Surrogat ist das, was auf Grund eines Rechts oder als Ersatz für die Zerstörung, Beschädigung oder Entziehung eines Gegenstandes oder durch → Rechtsgeschäft erworben wird. Das S. tritt an die Stelle des ursprünglichen Gegenstandes (z. B. Geld an Stelle eines Nachlaß-Teppichs).

Syndikus ist ein Rechtsanwalt, der nach seinem → Dienstvertrag gegen feste Vergütung bei einem Unternehmen als ständiger Rechtsberater tätig ist. Vor Gericht darf er nicht auftreten.

T

Tafelgeschäft ist die anonyme Anschaffung von → Inhaberpapieren (Obligationen, Pfandbriefen). Verwahrung in einem Banksafe und Einlösung der → Zinsgutscheine bzw. des Papiers bei Fälligkeit, ohne daß das Finanzamt Zugriff auf die Erträge hat. → Zinsabschlagsteuer ab 1. 1. 93.

Talon (Erneuerungsschein) ist ein dem Besitzer einer → Inhaberschuldverschreibung ausgegebenes → Legitimationspapier, das ihn zur Entgegennahme neuer Zins- oder Rentenscheine berechtigt (§ 805).

Tantieme

Tantieme ist eine Beteiligung, die in einem %satz des Umsatzes oder Gewinns besteht und i. d. R. neben den festen Bezügen eines Geschäftsführers etc. gezahlt wird.

Tara ist das Gewicht der Verpackung, das beim → Kauf, wenn der Kaufpreis nach dem Gewicht der Ware berechnet wird, abzuziehen ist, falls nichts anderes vereinbart ist (§ 380 HGB).

Tariffreibetrag. Hat ein Steuerpflichtiger seinen ausschließlichen oder überwiegenden Wohnsitz in den neuen Bundesländern, erhält er 1991–1993 einen T. von DM 600.–, bei Zusammenveranlagung von DM 1200.–. Ebenso bei Dienstverhältnis in den neuen Ländern, wenn der Lohn zu mehr als 50% für die Arbeit dort gezahlt wird.

Tarifvertrag ist eine Vereinbarung zwischen Arbeitgeberverbänden und Gewerkschaften, die die Pflichten der Vertragsparteien, Bedingungen von Arbeitsverhältnissen (z. B. Urlaub) und betriebliche Fragen regelt. Er wirkt unmittelbar auf die in seinem Geltungsbereich bestehenden Arbeitsverhältnisse. Eine Abweichung durch Einzelarbeitsvertrag zum Nachteil einzelner Arbeitnehmer ist unwirksam. Eine unterschiedliche Behandlung gewerkschaftlich organisierter und nicht organisierter Arbeitnehmer ist unzulässig.

Taschengeld. Bedeutsam bei Rechtsgeschäften eines Minderjährigen, da dieser nach § 110 einen → Vertrag auch ohne Zustimmung des gesetzl. Vertreters (→ Stellvertretung) wirksam abschließen kann, wenn er die ihm obliegende vertragliche Leistung mit Mitteln vollständig bewirkt, die ihm vom Vertreter oder mit dessen Zustimmung von einem Dritten zu freier Verfügung überlassen worden sind (= Taschengeld). Solange nicht voll erfüllt ist, ist der → Vertrag → schwebend unwirksam und wird erst durch Genehmigung des gesetzlichen Vertreters wirksam. Hierzu zählt auch der Einsatz der eigenen Arbeitskraft und der eigene Arbeitsverdienst des Minderjährigen, soweit er ihm vom gesetzl. Vertreter belassen wird. Diese Gelder müssen dem Minderjährigen aber bereits ausgehändigt sein; er kann also ohne Zustimmung des gesetzl. Vertreters keine Ratenzahlungen vereinbaren, wenn die Raten aus Mitteln bestritten werden sollen, die der Minderjährige erst für die Zukunft als T. erwartet. T. kann auch unter Eheleuten eine Rolle spielen, da es als gesetzl. Unterhaltsverpflichtung zu zählen ist (§ 1360a I).

Taschenpfändung ist die vom Gerichtsvollzieher vorgenommene → Pfändung all desen, was er in den Taschen eines Schuldners (oder ähnlichen Behältnissen: Kasse) findet (§ 808 ZPO).

Tätige Reue führt im Strafrecht zur Straflosigkeit, wenn der Täter *vor* Eintritt des eigentlichen Erfolges diesen freiwillig noch abwendet; *nach* Erfolgseintritt Straflosigkeit nur bei Berichtigung einer fahrlässigen falschen eidlichen Aussage, nach Brandstiftung durch Löschen vor Ausbreitung und Selbstanzeige nach Steuerhinterziehung. Bei Hochverrat, Sprengstoffverbrechen, Autostraßenraub und Luftpiraterie nur Strafmilderung.

Tausch ist ein gegenseitiger → Vertrag, bei welchem sich ein Vertragspartner verpflichtet, dem anderen das Eigentum an einer → Sache bzw. einem → Recht zu verschaffen, und der andere eine entsprechende Verpflichtung hinsichtlich einer anderen Sache (eines anderen Rechts) eingeht. Auf den T. finden die Vorschriften über den → Kauf *entsprechende Anwendung* (§ 515), soweit sie nicht Bestimmungen über den Kaufpreis betreffen, da das Wesen des Tauschvertrags gerade durch das Fehlen eines Kaufpreises in Geld oder entsprechenden Umlaufwerten bestimmt wird. Kein Kauf, sondern Tausch liegt auch vor, wenn lediglich ein Wertunterschied der ausgetauschten Sachen durch einen Geldbetrag ausgeglichen wird.

Täuschung, arglistige → Anfechtung. Verboten im Lebensmittelhandel ist die T. im Zusammenhang mit dem Inverkehrbringen genußuntauglicher Lebensmittel und einer gesundheitsbezogenen Werbung. – Sie ist als Betrug strafbar.

Taxi → Droschke.

Teileigentum → Wohnungseigentum.

Teilerbschein → Erbschein.

Teilkasko → Kaskoversicherung.

Teilnichtigkeit → Nichtigkeit.

Teilrente. In der sozialen → Unfallversicherung erhält der Versicherte Vollrente in Höhe von ⅔ seines Jahresarbeitsverdienstes, wenn er völlig erwerbsunfähig geworden ist. Ist die Erwerbsfähigkeit nur gemindert (um mindestens ⅕), erhält er T. in Höhe des Teiles der Vollrente, der dem Grad der Minderung seiner Erwerbsfähigkeit entspricht (§ 581 RVO). In der gesetzlichen → Rentenversicherung besteht ab 1992 Anspruch auf T. sofern die Voraussetzungen für eine volle → Altersrente erfüllt sind, in Höhe von ⅓ bis ⅔ der zustehenden Vollrente. Hinzuverdienst bei ⅔-Rente DM 671,83; bei ½-Rente DM 1007,74; bei ⅓-Rente DM 1343,65 monatlich (für 1990; § 42 SGB VI).

Teilungsanordnung. Der Erblasser kann durch → letztwillige Verfügung Anordnungen für die Auseinandersetzung unter den Erben treffen (z. B. einem Erben einen bestimmten Gegenstand zudenken, § 2048), über die sich diese jedoch einstimmig hinwegsetzen können. Durch die T. soll der einzelne Erbteil nicht verändert werden, sodaß Mehrempfänge auszugleichen sind. Die T. begründet keinen → Anspruch auf Herausgabe des betreffenden Nachlaßgegenstandes, sondern nur auf Auseinandersetzung entsprechend dem Willen des Erblassers. Auch das Teilungsverbot gehört hierher.

Teilvergütung → Werkvertrag.

Teilzahlungskredite werden zur Finanzierung beweglicher Sachen oder Dienstleistungen gewährt und sind in meist gleichen Raten zurückzuzahlen. Man unterscheidet 3 Finanzierungsstypen. Beim A-Geschäft händigt das Kreditinstitut dem Kunden „Schecks" aus, die in bestimmten Geschäften in Zahlung gegeben werden können. Beim B-Geschäft tritt der Kunde durch Vermittlung seines Verkäufers mit dem Kreditinstitut in Verbindung, das die Summe direkt an den Händler auszahlt, der oft die Bürgschaft oder Mithaftung für die Rückzahlungspflicht des Kunden übernimmt. Beim C-Geschäft nimmt die Bank vom Kunden akzeptierte → Wechsel zur Kaufpreisfinanzierung entgegen.

Teilzahlungsvertrag (Ratengeschäft) → Abzahlungsgeschäft.

Teilzeitarbeit bedeutet für Beamte und Richter Ermäßigung der Arbeitszeit und der Bezüge bis auf die Hälfte oder unentgeltlichen Urlaub bis zu 3 Jahren, falls der Betreffende für ein Kind unter 16 Jahren oder pflegebedürftigen Angehörigen zu sorgen hat. T. auch für andere Arbeitnehmer (G 26. 4. 85, BGBl. I 710).

Telefax (Telekopie, Telebrief). Während die telefonische Einlegung von → Rechtsmitteln nicht der Schriftform genügt, ist telegraphische Übermittlung sowie Durchgabe mittels T. gültig, auch außerhalb der Dienststunden, sofern der rechtzeitige Eingang nachgewiesen werden kann. Gleiches gilt auch für die Begründung von Rechtsmitteln.

Telefonsex. Verträge über Anzeigen, mit denen Telefongespräche mit sexuellem Inhalt angeboten werden, sind nichtig. Zahlung der Inseratskosten kann nicht verlangt werden. Sexgespräche gegen Entgelt sind ebenfalls nichtig; wer das vereinbarte Entgelt nicht zahlt, begeht keinen Betrug (umstritten).

Telekommunikationsordnung, vom 16. 7. 87, BGBl. I 1761, regelt Anschluß und Gebühren, Haftung (maximal DM 5000.–; Anspruch verjährt in 1 Jahr ab Kenntnis) und Datenschutz im Fernmeldewesen der Bundespost: Telefon, Telex, Teletex, Telefax, → Bildschirmtext, Datenübermittlung, Funkruf, Telegramm, Bildübermittlung, Breitbandverteilerdienst, Übermittlungsdienst für Rundfunkprogramme und Funkdienst für Schiffahrt. Einwendungen gegen Fernmelderechnungen (§ 373) schriftlich binnen 1 Monats ab Zugang.

Testament. Ein T. kann nur vom Erblasser *persönlich* errichtet werden, → Stellvertretung also unzulässig (§ 2064). Mindestalter für die wirksame Errichtung eines T. 16 Jahre, § 2229 (Testierfähigkeit). Ein unter → Betreuung stehender Volljähriger kann ein T. errichten. Es gibt zwei Arten, ein T. in ordentlicher Form zu errichten, § 2231: a) öffentliches T. durch Erklärung des letzten Willens ggü. einem Notar (§§ 2232ff.), zwischen dem 16. und 18. Lebensjahr nur in dieser Form möglich. b) eigenhändiges T. (= Hauptfall) durch eine *eigenhändig geschriebene* (also z. B. nicht mit Schreibmaschine) und eigenhändig *unterschriebene* Erklärung des Erblassers, die auch Errichtungszeit und -ort enthalten soll (§ 2247). Das eigenhändige T. kann in amtliche Verwahrung gegeben werden (§ 2248); es wird dadurch jedoch kein öffentliches T. u. bleibt auch bei Rücknahme aus der Verwahrung wirksam (§ 2256 III).

Daneben noch die Möglichkeit zur Errichtung von sog. außerordentlichen oder „Nottestamenten", z. B. Seetestament, § 2251, Bürgermeistertestament (§ 2249) oder 3 Zeugentestament (§ 2250). Haben die 3 Zeugen das zu errichtende Protokoll und am Ende des Textes gezeichnet, ist dies ein unschädlicher Formfehler. Ehegatten können ein → *gemeinschaftliches T.* errichten (§§ 2265ff.). Geschieht dies in handschriftlicher Form, also *eigenhändig,* dann genügt es, wenn ein Partner das T. schreibt und unterschreibt und der andere die Erklärung mit unterzeichnet (§ 2267). Sonderform des gem. T. ist das sog. „Berliner T.", in dem sich Ehegatten gegenseitig als Alleinerben einsetzen u. gleichzeitig bestimmen, daß nach dem Tode des Längerlebenden der beiderseitge Nachlaß an einen Dritten fallen soll (§ 2269). Eigenhändige Testamente können jederzeit widerrufen werden; der Widerruf erfolgt durch T. (§ 2254), Vernichtung, Abänderung oder Rücknahme des Testamentes aus der Verwahrung des Amtsgerichts; Widerruf ist auch durch einen unter Betreuung stehenden Volljährigen zulässig.

Hinsichtlich des Inhalts des T. ist der Erblasser grunds. frei *(Testierfreiheit);* eine Grenze bilden lediglich das allgemeine Verbot der → Sittenwidrigkeit sowie die Bestimmungen über das Pflichtteilsrecht naher Angehöriger, das nur unter den Voraussetzungen der Pflichtteilsunwürdigkeit (§§ 2333ff.) entzogen werden kann.

Der Erblasser kann im T. den Erben bestimmen (§ 1937), oder nur einen Verwandten oder den Ehegatten von der gesetzlichen Erbfolge ausschließen *(Enterbung).* Er kann ferner nach § 1939 jemanden einen Vermögensvorteil (Einzelgegenstand) zuwenden, ohne ihn als Erben einzusetzen (→ *Vermächtnis*). Schließlich hat der Erblasser die Möglichkeit, dem Erben oder einem Vermächtnisnehmer im T. bestimmte *Auflagen* zu machen (= Leistungsverpflichtung, ohne dem Begünstigten einen eigenen Anspruch zu geben, z. B. Grabpflege). Die Vollziehung der Auflage kann vom Erben, Miterben und vom Nächstberufenen und, wenn die Vollziehung im öffentlichen Interesse liegt, auch von der zuständigen Behörde verlangt werden. → Anfechtung → Erbvertrag.

Testamentsvollstreckung (§§ 2197 ff.). Der Erblasser kann entweder Vollmacht über den Tod hinaus erteilen (die von jedem Erben für seine Person widerruflich ist) oder zur Verwirklichung seines letzten Willens einen TV bestimmen. Er hat gegen angemessene Vergütung das Recht, den Nachlaß in Besitz zu nehmen, zu verwalten, entgeltlich zu verfügen und unter die Erben zu verteilen (→ Auseinandersetzung). Er besitzt auch das Recht zur Prozeßführung, während die Erben zwar rechtlich Inhaber des Nachlasses sind, über ihn aber nicht wirksam verfügen können (ist ihr Vertragspartner aber gutgläubig, erlangt er Eigentum).

T. ist nichtig, wenn sie nur deshalb angeordnet wurde, weil der Erbe einer Sekte abgehört.

Ist für einen vererbten Kommanditanteil (→ KG) Dauer-T. angeordnet, kann der TV grundsätzlich die mit der Beteiligung an der KG verbundenen Mitgliedschaftsrechte ausüben; nur den Erben persönlich verpflichten kann er nicht.

Nachlaßverbindlichkeiten können sowohl gegen den Erben als auch den TV gerichtlich geltend gemacht werden; zur → Zwangsvollstreckung in den Nachlaß ist allerdings ein Urteil gegen den TV nötig (§ 748 ZPO). Dieser ist dem Erben gegenüber zur ordnungsgemäßen Verwaltung, Rechnungslegung, Auskunft und Herausgabe des durch seine Geschäftsführung Erlangten verpflichtet; andernfalls muß er Schadensersatz leisten (§ 2219). Die T. endet mit Tod oder Kündigung des TV bzw. Entlassung durch das Nachlaßgericht bei wichtigem Grund. Hat ein Erblasser einem Kind Vermögen hinterlassen, T. angeordnet und so die Eltern von der Verwaltung ausgeschlossen, können sie nicht die Entlassung des Tv. beantragen.

Testierfähigkeit → Testament.

Testierfreiheit → Testament.

Theaterabonnement ist ein → Dauerschuldverhältnis, wonach der Abonnent Anspruch auf den Besuch einer bestimmten Anzahl von Theateraufführungen hat. Der → Vertrag zw. dem Abonnenten und dem Theater ist ein gemischter Vertrag, der sich aus den Rechtselementen der → Miete (hinsichtl. des Platzes) und des → Werkvertrags (hinsichtl. der Aufführungen) zusammensetzt, wobei jedoch letztere überwiegen.

Theaterkarte → Inhaberzeichen.

Tierhalterhaftung. Wird durch ein Tier (das keine Sache ist, aber rechtlich wie eine solche behandelt wird) ein Mensch getötet, verletzt, gesundheitlich geschädigt oder eine → Sache beschädigt, so muß der Halter des Tiers den entstehenden → Schaden ersetzen (§ 833) und Schmerzensgeld (§ 847) zahlen. Verletzung durch Pferdetritt bei Fuchsjagd löst T. aus; sie wird nicht dadurch ausgeschlossen, weil sich der Verletzte freiwillig einer besonderen Gefahr ausgesetzt hat. Halter ist, wer das Tier in seinem Hausstand oder Wirtschaftsbetrieb nicht nur ganz vorübergehend verwendet. *Durch das Tier* ist ein Schaden verursacht, wenn die Ursache ein der tierischen Natur entsprechendes selbständiges, willkürliches Verhalten war (z. B. Durchgehen eines Pferdes infolge Bienenstichs). Das ist nicht der Fall, wenn das Tier unter menschlicher Leitung stand und nur dem Willen seines Lenkers gehorcht hat. Zwischen dem Verhalten des Tiers und dem Schadenseintritt muß ein *ursächlicher Zusammenhang* (→ Schadensersatz) bestehen.

Die Ersatzpflicht des Halters entfällt, wenn der Schaden durch ein *Haustier* (das unpfändbar ist) verursacht wird, das dem Berufe, der Erwerbstätigkeit oder dem Unterhalt des Tierhalters dient, und wenn letzterer bei der Beaufsichtigung des Tieres die im Verkehr erforderliche Sorgfalt (→ Verschulden) beachtet hat oder der Schaden auch bei Beachtung dieser Sorgfalt eingetreten wäre. *Beispiel:* Hund befindet sich hinter einer Einzäunung, Kind faßt durch den Zaun und wird gebissen.

Haustiere sind zahme Tiere, die vom Menschen *zu seinem Nutzen* gezogen und gehalten werden (aber nicht gezähmte Tiere, z. B. Löwe; werden die erforderlichen Sicherungsmaßnahmen nicht getroffen, werden Bußgelder verhängt, § 121 OWiG); Biene ist kein Haustier, weil keine Verfügungsgewalt des Halters besteht; i. ü. kein Schadensersatz des Bienenhalters, wenn die Tiere Blumen einer nahegelegenen Gärtnerei befruchten, so daß sie vorzeitig verblühen und nicht mehr verkauft werden können. Dadurch daß das Haustier dem Berufe usw. des Halters dienen muß, ist Abgrenzung zu Luxustieren geschaffen. Im übrigen sind Haustiere, die nicht zu Erwerbszwecken gehalten werden, nicht pfändbar.

In gleicher Weise wie der Halter eines Tieres haftet der *Tieraufseher,* § 834, z. B. Schäfer.

Tierschutz. Nach G 18. 8. 86, BGBl. I 1319 darf niemand einem Tier ohne vernünftigen Grund Schmerz, Leid oder Schaden zufügen.

Tilgung

Tiere müssen vom Halter ihrer Art und Bedürfnissen entsprechend ernährt, gepflegt und untergebracht sein. Die artgemäße Bewegung darf nicht schmerzhaft oder schädlich eingeschränkt werden. Verboten sind Überbeanspruchung bei Arbeitsleistung, Nudeln von Geflügel, Aussetzen von Haustieren, gesundheitsgefährdende Eingriffe, Tötung ohne Betäubung. *Tierversuche* sind nur zulässig, wenn sie zum Vorbeugen, Erkennen oder Behandeln von Krankheiten, Umweltgefährdungen, zur Prüfung menschengefährdende Stoffe oder Grundlagenforschung unerläßlich sind. Tierquälerei wird mit Freiheitsstrafe bis 2 Jahren, Geldstrafe oder Geldbuße belegt. Für Legehennen VO 10. 12. 87, BGBl. I 2622, für VersandVO 20. 12. 88, BGBl. I 2413.

Tilgung einer Schuld durch → Erfüllung, → Hinterlegung, → Aufrechnung, → Erlaß.

Tilgung von im Bundeszentralregister (= Strafregister) eingetragenen Verurteilungen erfolgt nach bestimmten Fristen: *5 Jahre* bei Verurteilung zu Freiheitsstrafe bis zu 3 Monaten oder Geldstrafe bis zu 90 Tagessätzen, Jugendstrafe bis zu 1 Jahr, Jugendstrafe bis zu 2 Jahren mit Bewährung, Jugendstrafe von mehr als 2 Jahren nach Ablauf der Bewährungszeit und Straferlaß; *10 Jahre* wenn weitere Strafen eingetragen sind, bei Verurteilung zu Freiheitsstrafe von 1 Jahr mit Bewährung, Jugendstrafe von mehr als 1 Jahr; *15 Jahre* bei höheren Strafen. Nicht getilgt werden: lebenslange Freiheitsstrafe, Sicherungsverwahrung, Unterbringung in einem psychiatrischem Krankenhaus, lebenslanger Entzug der Fahrerlaubnis. Vor Ablauf der T.-Fristen kann der Generalbundesanwalt auf Antrag die vorzeitige Straflöschung anordnen; die Ablehnung kann mit Beschwerde binnen 2 Wochen ab Zustellung angefochten werden; die daraufhin ergehende Entscheidung des Justizministeriums mit Antrag auf Entscheidung durch das OLG. Für T. aus dem → Strafregister der ehem. DDR gilt eine Frist von 3 Jahren (Anlage I Kap. III C II 2 EV).

Tilgungsdarlehen → Tilgungshypothek.

Tilgungshypothek. Der Schuldner ist zur Tilgung der zugrundeliegenden Forderung (Tilgungsdarlehen) in jährlich gleichen Raten verpflichtet (sog. *Annuitäten*), die zuerst auf Zinsen, dann auf Kapitaltilgung verrechnet werden. Da das Kapital allmählich sinkt, geht die Tilgung infolge des geringer werdenden Zinsbetrages immer rascher vor sich. In Höhe des jeweils getilgten Kapitalbetrages entsteht eine → Eigentümergrundschuld. So bei Hypothekenbanken und Bausparkassen.

Titel = vollstreckbares Urteil (§§ 704, 794 ZPO).

Tombola → unvollkommene nicht einklagbare Verbindlichkeiten.

Tonbandaufnahmen sind bei Verletzung des persönlichen Geheimnisbereiches unzulässig. Die *unbefugte* Aufnahme sowie ihre Verwendung ist strafbar. Gleiches gilt für *unbefugtes* Abhören eines nicht für die Kenntnis Dritter bestimmten Gespräches durch ein Abhörgerät (strafbar nach § 201 StGB). So darf in einem Zivilprozeß und zur Straftatermittlung zwar eine Aufnahme gefertigt, aber nur mit Zustimmung des Sprechers als Beweismittel verwendet werden. *Ausn.*: bei schwerer Kriminalität, Entlastung des zu Unrecht Beschuldigten oder zur Identitätsfeststellung; ferner, wenn die Rechtsverwirklichung durch dieses Beweismittel Vorrang vor dem Schutz des gesprochenen Wortes haben muß (z. B. gegenüber terroristischer Vereinigung). – Telefonüberwachung in einem Strafprozeß nur auf Grund richterlichen Beschlusses zulässig. Dagegen das heimliche Mitschneiden von Telefongesprächen in geschäftlichen Angelegenheiten unzulässig, auch wenn nur zivilrechtliche oder vermögensrechtliche Ansprüche durchgesetzt werden sollen; es besteht ein Anspruch auf Löschung infolge → unerlaubter Handlung. T. für justizinterne Zwecke (z. B. Urteilsberatung) zulässig.

Totalisator → unvollkommene, nicht einklagbare Verbindlichkeiten.

Traditionspapier ist ein → Wertpapier, in dem der Anspruch auf Herausgabe einer Sache verbrieft ist. Durch Übergabe des Papiers wird die Übergabe der Ware ersetzt (Lagerschein, Ladeschein, Konossement des Seehandels, §§ 424, 450, 647 HGB).

Transportrisiko → Gefahrübergang.

Transsexualität, G 10. 9. 80, BGBl. I 1654, berechtigt bei 3jährigem Drang, dem anderen Geschlecht anzugehören, den Betroffenen, beim Amtsgericht die Änderung seiner Vornamen zu erwirken. Zwei Gutachten werden erholt. Die Änderung wird im Personenstandsregister eingetragen. Nach operativer Geschlechtsumwandlung kann gerichtliche Feststellung der Geschlechtszugehörigkeit beantragt werden.

Tratte → Wechsel (Anm.: I).

Travellerscheck → Reisescheck.

Treuepflicht (Fürsorgepflicht) → Arbeitsvertrag, Werkvertrag.

Treuevergütung → Rabatt.

Treuhandeigentum nicht Vollmacht, sondern → Sicherungseigentum; es verschafft dem Treuhänder nach außen die volle Eigentümerstellung, verpflichtet ihn im Verhältnis zum Treugeber zur Wahrung von dessen Interessen. Verfügt der Treuhänder über das Sicherungsgut z. B. vor Fälligkeit des gesicherten Rechtes, macht er sich schadensersatzpflichtig (Schlechterfüllung des Sicherungsübereignungsvertrages). Pfändet Gläubiger des Treuhänders, hat Treugeber die → Widerspruchsklage (§ 771 ZPO); ebenso umgekehrt. Im Konkurs des Treuhänders hat Treugeber ein → Aussonderungsrecht (§ 43 KO); ist das T. im Interesse des Treuhänders bestellt worden, hat der Treugeber nur ein → Absonderungsrecht (§ 47 KO).

Treuhandvermögen ist das von einem Treuhänder verwaltete Eigentum. In ehem. DDR gilt das Gesetz zur Privatisierung des ehem. volkseigenen Vermögens vom 17. 6. 90, GBl. I Nr. 33 S. 300; Verwalter ist die Treuhandanstalt. Aufgaben: Privatisierung durch Veräußerung, Sicherung der Wettbewerbsfähigkeit der Unternehmen und Liquidation nicht wettbewerbsfähiger Betriebe.

Treu und Glauben. Allgemeiner Grundsatz des gesamten Rechtslebens der besagt, daß der → Schuldner die ihm obliegende Leistung so zu bewirken hat, wie Treu und Glauben mit Rücksicht auf die Verkehrssitte es erfordern (§ 242) also die jeweils herrschende allgemeine Anschauung. *Beispiel:* Jemand bestellt sich einen Fernsehapparat; ehe das Gerät geliefert wird, verschlechtert sich seine Sehkraft so, daß er es nicht mehr benützen kann. Wenn er deshalb, weil die → Geschäftsgrundlage in Wegfall gekommen ist, vom Verkäufer die Rückgängigmachung des Kaufvertrags verlangt, so wäre es ein Verstoß gegen Treu und Glauben, wenn der Verkäufer auf Vertragserfüllung bestünde. Ferner beruht darauf die Haftung infolge Verschuldens vor, bei, während des Vertragsabschlusses, die → Durchgriffshaftung, → positive Vertragsverletzung, Wegfall der → Geschäftsgrundlage und die → Verwirkung. Der Verstoß gegen Treu und Glauben begründet die → Einrede arglistigen Verhaltens.

Trinkgeld. Bei Dienstleistungen in Gaststätten u. dgl. wird ein sog. Bedienungsgeld (meist 10% des für die empfangenen Leistungen zu zahlenden Betrages) erhoben, auf das der Betriebsinhaber einen Anspruch ggü. dem Gast hat. Der dienstleistende Arbeitnehmer (z. B. Kellner) wiederum kann aufgrund seines → Arbeitsvertrages die Zahlung dieses Betrags vom Arbeitgeber verlangen. Das über das Bedienungsgeld hinaus vom Gast gezahlte echte T. ist dagegen eine freiwillige Leistung in Form der → Schenkung an den Dienstleistenden. Diese Beträge können auf den Lohnanspruch des Arbeitnehmers *nicht* angerechnet werden und sind bis zu DM 2400.– lohnsteuer- und sozialversicherungsfrei.

U

Überbau. Hat ein Grundstückseigentümer versehentlich über die Grenze gebaut und der Nachbar nicht sofort Widerspruch erhoben, muß der Ü. geduldet (§ 912), sonst beseitigt werden (§ 1004). Der Überbauende schuldet eine laufende Geldrente (§ 914); ferner kann der Ankauf des überbauten Teiles verlangt werden.

Übereignung → Eigentum, Kauf.

Überfahrtsvertrag regelt die Beförderung einer Person mit einem Schiff (§§ 664 ff. HGB), ihre Pflichten an Bord, den Rechtsverlust bei Verspätung, die beschränkte Haftung des Beförderers für Körper- und Sachschäden sowie das → Pfandrecht des Beförderers an den an Bord gebrachten Sachen des Reisenden für das Überfahrtsgeld.

Überfallfrüchte sind Früchte, die von einem privaten Grundstück von selbst auf das Nachbargrundstück fallen; sie gehören dem Nachbarn (§ 911).

Übergangsbeihilfe. Soldaten auf Zeit mit einer Dienstzeit von mehr als 1¼ Jahren erhalten bei Beendigung des Dienstverhältnisses wegen Zeitablaufs oder Dienstunfähigkeit zur Erleichterung des Übergangs in einen Zivilberuf Ü. in Höhe des 1½- bis 6fachen der Dienstbezüge des letzten Monats.

Übergangsgeld in Rentenversicherung wird während medizinischer oder beruflicher → Rehabilitation als Ersatz für Verdienstausfall gezahlt. Der Anspruch auf Ü. ruht bei Mutterschaftsgeld. Gleichzeitig erzieltes Einkommen wird angerechnet (§§ 20 ff. SGB VI).

Überhang. Der Grundstückseigentümer kann die vom Nachbargrundstück eingedrungenen ihn beeinträchtigenden Wurzeln und Zweige abschneiden, falls sie der Besitzer des Nachbargrundstücks trotz Fristsetzung nicht entfernt hat (§ 910).

Übermittlungsirrtum → Anfechtung.

Übernahme einer Schuld → Schuldübernahme.

Übernahme eines Handelsgeschäftes (§ 25 HGB) → Schuldübernahme.

Überpfändung , wenn eine → Pfändung weiter ausgedehnt wird, als zur Befriedigung des Gläubigers erforderlich; sie ist verboten (§ 803 ZPO).

Übersicherung

Übersicherung ist wie die → Überpfändung wegen Sittenwidrigkeit nichtig.

Übertragung des Eigentums → Eigentum, Grundstückskaufvertrag.

Übertragung einer Forderung → Abtretung.

Überweisung → Girokonto.

Überziehungskredit gibt dem Bankkunden die Möglichkeit, auch bei fehlender Deckung auf seinem → Girokonto Kredit von seiner Bank in der zuvor vereinbarten Höhe ohne besondere Formalitäten zu erlangen, indem er sein Konto negativ belastet, aber eine erhöhte Vergütung zahlen muß. → Darlehen → Kreditvertrag.

Umdeutung → Nichtigkeit.

Umgangsrecht der Eltern mit ihren Kindern (§ 1634) ist Teil des Personensorgerechts und umfaßt Besuchsrecht und Briefverkehr. U. hat nach Scheidung auch der nicht personensorgeberechtigte Elternteil. Im Streitfall entscheidet das Familiengericht. Über das U. des Erzeugers mit seinem nicht ehelichen Kind befindet i. d. R. die Mutter, im Streitfall das Vormundschaftsgericht (§ 1711). Das U. bleibt bestehen, auch wenn der Vater die Ehelichkeit seines Kindes angefochten hat.

Umsatzsteuer (G 8. 2. 91, BGBl. I 350) wird auch als Mehrwertsteuer bezeichnet, da nur der unternehmerische *Mehrwert,* d. h. der Unterschied zwischen Eingangs- und Ausgangsleistung (z. B. Einkaufs- und Verkaufspreis) erfaßt wird. Der Unternehmer stellt seinem Kunden die U. in Rechnung, darf jedoch seinerseits die ihm von seinem Lieferanten berechnete U. als *Vorsteuer* abziehen und vom Finanzamt vergütet verlangen. Gegenstand der U. sind Lieferungen, sonstige Leistungen, Eigenverbrauch, unentgeltliche Leistungen an Gesellschaftsmitglieder und Einfuhren. Obwohl Ausfuhrleistungen von der U. befreit sind, berechtigen sie trotzdem zum Vorsteuerabzug. Steuerliche Bemessungsgrundlage ist das gezahlte Entgelt. Der Regelsteuersatz beträgt ab 1. 1. 93: 15%; daneben gilt ein ermäßigter Steuersatz von 7% für die in der Anlage zum UStG aufgeführten Gegenstände z. B. bestimmte Lebensmittel, Bücher, Kunstgegenstände, Blumen. Obwohl die Besteuerung nach vereinbarten Entgelten erfolgt, kann beim Finanzamt Istbesteuerung beantragt werden, d. h. die U. wird nach vereinnahmten Entgelten berechnet. Vorauszahlungen, falls die Jahressteuer im Vorjahr bis DM 6000.– betragen hat, vierteljährlich. Bei Kleinunternehmern wird keine U. erhoben, wenn der Gesamtumsatz zuzüglich U. im Vorjahr DM 25000.– nicht überstiegen hat.

Umtauschvertrag. Wird häufig bei → Kauf eines Geschenks für einen Dritten vereinbart, jedoch bezieht sich das Ablehnungsrecht des Käufers lediglich auf den Kaufgegenstand, nicht auf den gesamten Kaufvertrag. Käufer kann daher nur die ursprünglich gekaufte Sache zurückgeben und an ihrer Stelle eine andere wählen. Das Umtauschrecht ist innerhalb einer angemessenen Frist auszuüben.

Umweltschutz ist kein einheitlicher Rechtsbegriff. Er umfaßt Raumordnung, Landesplanung, Flächennutzungs- und Bebauungsplan, Städtebauförderung, Natur-, Wald-, Arten- und Pflanzenschutz; ferner Reinhaltung der Luft und der Gewässer, Schutz vor Immissionen, Fluglärm, bez. Ölfernleitungen und Atomanlagen, Abwasser- und Abfallbeseitigung sowie den Umgang mit chemischen Stoffen. Genehmigungsbedürftige kerntechnische Anlagen, solche zur Endlagerung radioaktiver Abfälle, Abfallentsorgungs-, Abwasserbehandlungs- und technische Versuchsanlagen, Flugplätze, Hotelkomplexe, Rohrleitungsanlagen, Heizwerke, Stahlwerke, Schmelzanlagen, Raffinerien etc. werden vor ihrer Benutzung auf ihre Umweltverträglichkeit geprüft. Umweltgefährdung ist strafbar (§§ 324 ff. StGB). Bestimmte Anlagen werden auf ihre Umweltverträglichkeit überprüft (G 12. 2. 90, BGBl. I 205).

Das UmweltrahmenG der ehem. DDR vom 29. 9. 90, GBl. I Nr. 42 S. 649 war mit maßgebend für die Schaffung der *„Deutschen Umweltunion"*. Bezüglich der Verursachung einer Umweltgefahr gilt § 191a StGB-DDR vom 14. 12. 88, GBl. 89 I Nr. 3 S. 33 (Anlage II Kap. XII 1 EV).

Unbedenklichkeitsbescheinigung. Mit U. bestätigt das Finanzamt, daß der Steuerpflichtige seinen steuerlichen Verpflichtungen nachgekommen ist. U. ist Voraussetzung für die Bewerbung um öffentliche Aufträge und Eintragung eines Grundstückserwerbers als Eigentümer in das Grundbuch. Sie darf nur dem Steuerpflichtigen oder mit seiner Zustimmung ausgestellt werden. U. bedarf ferner eine Kapitalgesellschaft zu ihrer Eintragung im Grundbuch oder zur Eintragung einer Kapitalerhöhung im Handelsregister.

Unbestellte Waren. Werden ohne Bestellung Waren zugesandt, so ist dies als Angebot zu einem entsprechenden → Vertrag (meist → Kauf) anzusehen. Es besteht weder eine Verpflichtung, das Angebot anzunehmen noch es ausdrücklich abzulehnen. Schweigen gilt daher *nicht* als Annahme; anders bei Personen, die in ständiger Geschäftsverbindung stehen. Der Empfänger u. W. hat diese lediglich eine angemessene Zeit aufzubewahren, so lange mit einer Abholung gerechnet werden kann. Während der Aufbewahrungszeit haftet der Empfänger – z. B. wegen der Art der Verwahrung – nur im Rahmen

Unbewußte Fahrlässigkeit

der Sorgfalt, die er in eigenen Angelegenheiten anzuwenden pflegt (Verwahrung). Eine Rücksendungspflicht besteht *nicht.*

Unbewußte Fahrlässigkeit → Verschulden.

Undank, grober → Schenkung.

Unentgeltlichkeit → Leihe, Schenkung, Verwahrung.

Unerlaubte Handlung. 1. Wer widerrechtlich und schuldhaft einer Person einen Schaden zufügt, hat diesen zu ersetzen (§§ 823, 249); fehlt Verschulden, kann trotzdem die Billigkeit gebieten, den Schaden zu begleichen (§ 829). Weiterhin ist erforderlich, daß zwischen Schadenseintritt und dem schädigenden Verhalten ein *ursächlicher Zusammenhang* (→ Schadensersatz) besteht.

2. Gegen u. H. *geschützt* sind Leben, Körper, Gesundheit, Freiheit, Eigentum und „sonstige absolute Rechte" (§ 823 I) z. B. das Namensrecht, Patentrechte, dingliche Rechte wie Hypothek und Erbbaurecht, aber auch der eingerichtete und ausgeübte Gewerbebetrieb, soweit der schädigende Akt unmittelbar gegen den Bestand des Betriebs gerichtet ist, der Besitz und das Persönlichkeitsrecht.

Nicht unter § 823 I; fällt das Vermögen hier haftet der Schädiger nur, wenn seine Handlung gegen ein *Schutzgesetz* verstößt (§ 823 II). Schutzgesetze sind alle Rechtsnormen, die den Schutz eines anderen bezwecken. Hierher zählen in erster Linie die meisten Strafbestimmungen wie Betrug, Untreue, aber z. B. auch die Vorschriften zum Schutz der Sicherheit im Straßenverkehr.

Ersatzansprüche bestehen ferner gegen jemanden, der wahrheitswidrig Tatsachen behauptet, die geeignet sind, den Kredit eines anderen zu gefährden oder Nachteile für seinen Erwerb oder sein Fortkommen herbeizuführen, und zwar auch dann, wenn der Behauptende die Unwahrheit zwar nicht kennt, aber *kennen muß,* sein Nichtwissen also auf Fahrlässigkeit (→ Verschulden) beruht; die Ersatzpflicht tritt jedoch nicht ein, wenn der Mitteilungsempfänger ein *berechtigtes Interesse* an der Mitteilung hat (§ 824). Das berechtigte Interesse setzt voraus, daß seine Wahrnehmung rechtlich erlaubt ist und nicht den guten Sitten (→ Sittenwidrigkeit zuwiderläuft). *Beispiel:* Bei Austausch vertraulicher Auskünfte von Vermietern über einen Mieter besteht ein berechtigtes Interesse.

Ansprüche aus u. H. hat auch eine Frau, die durch Hinterlist, Drohung oder unter Ausnutzung eines Abhängigkeitsverhältnisses (z. B. zw. Chef und Sekretärin) zur Gestattung des außerehelichen Beischlafs bestimmt wurde, wobei auch ein etwaiger → Nichtvermögensschaden geltend gemacht werden kann (§ 825). Einen Sonderfall bilden die Ansprüche eines durch den Einsturz eines Gebäudes oder die Ablösung von Gebäudeteilen Verletzten bzw. der Hinterbliebe-

nen eines dabei Getöteten auch gegen den schuldlosen Grundstücks-
besitzer (§ 836, *Gebäudehaftung*). Schließlich besteht ein Ersatzanspruch gegen den, der einem anderen *vorsätzlich* (→ Verschulden) in
einer gegen die *guten Sitten* (→ Sittenwidrigkeit) verstoßenden Weise
Schaden zufügt (§ 826).

3. *Haftungsverpflichtet* ist grunds. nur der Täter; Ausnahmen beim
→ Tierhalter (§ 833) und bei demjenigen, der seine *Aufsichtspflicht*
ggü. einer minderjährigen oder wegen ihres geistigen oder körperlichen Zustandes aufsichtsbedürftigen Person (z. B. geisteskrank,
blind) verletzt, wenn eine solche Person einem anderen Schaden zufügt (§ 832). Haftung ferner für Schäden, die der *Verrichtungsgehilfe*
auch schuldlos verursacht (§ 831), dessen man sich bedient, um eigene Verrichtungen durchzuführen (z. B. Malergeselle). Kennzeich-
nend für Verrichtungsgehilfen ist Weisungsgebundenheit ggü. dem
Geschäftsherren. Die Haftung des Geschäftsherrn (und des Aufsichtspflichtigen) entfällt jedoch, wenn er nachweist, daß er bei der
Auswahl des Verrichtungsgehilfen die erforderliche Sorgfalt beachtet
hat, d. h. wenn er damit rechnen durfte, daß der Gehilfe die ihm
übertragenen Arbeiten ordnungsgemäß durchführen würde (§ 831
I 2). *Beispiel:* Malergeselle zerschlägt durch unvorsichtiges Hantieren
Fenster; er haftet über § 823, der Meister über § 831, wenn er nicht
den Entlastungsbeweis nach § 831 I 2 führen kann.

4. Der Umfang der Ersatzpflicht beläuft sich auf das *negative Interesse* (→ Vertrauensinteresse); Ersatz für immaterielle Schäden ist nur
in den gesetzl. ausdrücklich geregelten Fällen zu leisten (→ Nichtvermögensschaden). Die Ersatzpflicht setzt Deliktsfähigkeit voraus; sie
entfällt bei unzurechnungsfähigen und nicht schuldrechtsfähige Personen (immer unter 7 Jahren); §§ 827, 828 (→ Verschulden); Treu
und Glauben kann jedoch eine Haftung gebieten, (§ 829, → Billigkeitshaftung). Bei Personenschäden umfaßt die Schadensersatzpflicht
alle Nachteile für den Erwerb oder das Fortkommen des Verletzten
(§ 842); wird die Erwerbsfähigkeit auf Dauer gemindert oder aufgehoben, ist eine (lebenslange) *Rente* oder Kapitalabfindung zu zahlen;
eine bestehende Unterhaltspflicht mindert den Anspruch nicht. Bei
Tötung hat der Täter neben den Beerdigungskosten an die Hinterbliebenen für die mutmaßliche Lebensdauer des Toten eine Rente zu
zahlen (§ 846). Drittleistungen werden aber angerechnet → Vorteilsausgleichung.

5. Die → Verjährung der Ansprüche aus u. H tritt nach § 852 in
3 Jahren ab Kenntnis des Geschädigten von dem Schadenseintritt und
der Person des Schädigers, ohne Rücksicht auf diese Kenntnis in
30 Jahren nach Begehung der schädigenden Handlung ein. *Beispiel:* A
zündet das Haus des B an; von dem Tag, an welchem B erfährt, daß
A der Täter war, hat er 3 Jahre Zeit, seine Ersatzansprüche gegen A

Unerlaubte Werbung

geltend zu machen. Erfährt B erst mehr als 30 Jahre nach der Tat, daß A der Täter war, sind seine Ersatzansprüche verjährt.

Unerlaubte Werbung = unerlaubter Wettbewerb. Jede sittenwidrige, irreführende und objektiv unwahre Werbung ist verboten, gleich ob der Werbende die Unrichtigkeit kennt oder nicht (§§ 1, 3 UWG): bez. Preis, Beschaffenheit, Herkunft, Bezugsart, Fertigung, Auszeichnung der Ware, die → vergleichende Werbung, Hinweis auf Großhändlereigenschaft und Werbung mit mengenmäßig beschränkten Angeboten. Werbung durch Preisvergleich ist nur sehr beschränkt zulässig. Die u. W. löst einen → Unterlassungsanspruch aus, bei Vorsatz Strafe. Verboten ist auch die vergleichende Werbung, der Hinweis auf die Großhandelseigenschaft (§ 6a UWG), die Ausgabe von Bezugsbescheinigungen und Werbung mit Preisgegenüberstellungen.

Unfallflucht. Jeder Unfallbeteiligte (= Verursacher) im Straßenverkehr muß durch die Angabe seiner Person, der Art seiner Beteiligung an dem Unfall und seines Fahrzeuges dem Geschädigten die Wiedergutmachung seines Schadens ermöglichen. Sind keine feststellungsbereiten Personen vorhanden, muß der Unfallverursacher eine angemessene Zeit warten und seine wirkliche Anschrift hinterlassen. Wer sich um ärztliche Hilfe bemüht, darf den Unfallort verlassen, muß aber die notwendigen Feststellungen nachträglich ermöglichen. Besteht einer der Beteiligten auf dem Eintreffen der Polizei, muß dies immer abgewartet werden (wer sich unerlaubt entfernt, wird bestraft, § 142 StGB, der Führerschein wird eingezogen, die → Fahrerlaubnis entzogen und eine → Sperrfrist für die Neuerteilung vom Strafgericht festgesetzt); entfernt sich der Unfallverursacher, nachdem die Polizei seine Personalien festgestellt hat, begeht er keine U. Ebensowenig macht er sich strafbar, wenn er vor Tätlichkeiten des Unfallgeschädigten flieht.

Unfallrente → Teilrente. Sie wird in bar ausgezahlt, als Verletztenrente bei Verlust oder länger als 13 Wochen dauernder Erwerbsunfähigkeit um wenigstens ⅕ infolge Arbeitsunfall oder Brufskrankheit und als Hinterbliebenenrente bei Tod des Versicherten durch Arbeitsunfall oder Berufskrankheit.

Unfallversicherung. Dieser Zweig der → Sozialversicherung hat die Aufgabe, Leistungen bei Arbeitsunfall und Berufskrankeit zu gewähren. Beiträge leistet der Arbeitgeber. Träger sind vor allem die Berufsgenossenschaften. Versichert sind Arbeitnehmer, Auszubildende, Heimarbeiter, Landwirte, Arbeitslose, Blutspender, Entwicklungshelfer, Kindergarteninsassen, Schüler, Studenten, Zeugen. Versicherungsschutz besteht für kürzesten Hin- und Rückweg zur

Arbeit wie zum Lohnabheben. Leistungen: Unfallverhütung, Erste Hilfe, Heilbehandlung, Berufsförderung (einschließlich wirtschaftlicher Hilfe, Rente an Verletzten und Hinterbliebene, Abfindung, Haushalts- und Betriebsbeihilfe für Landwirte). §§ 539, 543, 544, 776, 835 RVO.

In ehem. DDR gelten nicht die Gesetze zur Neuregelung von Geldleistungen in der U. und nicht die U.-VersicherungsanpassungsVO'en. Sonderregelungen in Anlage I, Kap. VIII I III EV.

Ungerechtfertigte Bereicherung (= condictio). Wer auf Kosten eines anderen, durch dessen Leistung (oder in anderer Weise als durch Leistung auf Kosten eines anderen) *ohne rechtlichen Grund* etwas erlangt, muß dem anderen das Erlangte herausgeben (§ 812 I 1). Diese Verpflichtung besteht auch dann, wenn der rechtliche Grund später für die Zukunft wegfällt oder der mit der Leistung verfolgte Zweck nicht eintritt (§ 812 I 2). *Beispiel:* Ein Minderjähriger schließt einen Kaufvertrag ohne Zustimmung des gesetzl. Vertreters (→ Stellvertretung), die Kaufsache wird ihm ausgehändigt. Verweigert der Vertreter die Genehmigung, so ist der Vertrag ungültig, die Rechtsgrundlage für die Übergabe der Kaufsache ist also weggefallen. Der Minderjährige hat jedoch Eigentum erworben, da die Aufnahme der Kaufsache ihm lediglich einen rechtlichen Vorteil bringt (§ 107), während der Verkäufer den Kaufpreis herausgeben muß. Hier kann der Verkäufer nach den Vorschriften über die u. B. den Kaufgegenstand zurückverlangen.

„Leistung" i. S. von § 812 ist jede Zuwendung, die Vermögenswert besitzt; darunter fällt nach § 812 II auch die durch → Vertrag erfolgte Anerkennung des Bestehens oder Nichtbestehens eines → Schuldverhältnisses.

„Auf Kosten eines anderen" bedeutet, daß dem Gewinn auf der einen Seite der Verlust auf der anderen Seite entsprechen muß, wobei derselbe Vorgang einerseits den Gewinn, andererseits den Verlust herbeiführen muß. *Beispiel:* A gibt B ein Darlehen. B reicht es an C weiter. A ficht den Vertrag mit B an, der damit rückwirkend wegfällt. A kann das Geld nicht von C herausverlangen, da es C aus dem Vermögen des B und nicht des A erhalten hat. *Ausnahmen* enthalten § 816 (hierzu → Nichtberechtigter) und § 822; nach letzterer Bestimmung ist, wenn der berechtigte Empfänger der Leistung das Erlangte unentgeltlich, also i. d. R. durch → Schenkung, einem Dritten weitergegeben hat, der Dritte zur Herausgabe verpflichtet. *Beispiel:* Hat in dem oben ausgeführten Beispiel der Minderjährige den Kaufgegenstand mit Zustimmung der Eltern einem Dritten geschenkt, so muß der Beschenkte ihn an den Verkäufer herausgeben.

Die *Rückforderung ist ausgeschlossen,* wenn die Leistung zum Zwecke der Erfüllung einer → Verbindlichkeit erbracht wurde und der Leistende wußte, daß er hierzu nicht verpflichtet war (§ 814). *Beispiel:* Verkäufer weiß, daß der mit Minderjährigem geschlossene Vertrag unwirksam ist, weil der gesetzl. Vertreter die Genehmigung verweigert hat, trotzdem übergibt er den Kaufgegenstand. Rückforderung ist gleichfalls ausgeschlossen, wenn die Leistung aufgrund *sittlicher Pflicht* oder *Anstandspflicht* erfolgt ist (→ Schenkung).

Der *Umfang der Herausgabepflicht* erstreckt sich nicht nur auf das „Erlangte", sondern auch auf etwa gezogene Nutzungen (= Früchte einer Sache oder eines Rechts, z. B. Aktiendividende, sowie die Vorteile, welche der Gebrauch der Sache oder des Rechts gewährt). Ist die Herausgabe selbst nicht möglich, so ist der Wert zu ersetzen (§ 818 II). Diese Verpflichtung entfällt, soweit der *Empfänger nicht mehr bereichert* ist (§ 818 III); ob dies der Fall ist, muß nach *wirtschaftlichen* Grundsätzen festgestellt werden. *Beispiel:* Kaufvertrag über Nahrungsmittel ist ungültig, zum Zeitpunkt dieser Feststellung sind die Nahrungsmittel vom Käufer jedoch bereits verbraucht, können also nicht mehr herausgegeben werden. Der Käufer ist nicht mehr bereichert, wenn es sich um Luxusausgaben gehandelt hat, die er sich normalerweise nicht geleistet hätte (etwa echten Kaviar); dagegen liegt noch Bereicherung vor, wenn es sich um alltägliche Waren handelt, die der Käufer sich sonst anderweitig hätte beschaffen müssen, um seinen Lebensbedarf zu bestreiten, er also eigene Ausgaben erspart hat. Ist der Bereicherte aber *bösgläubig,* kann er sich nicht auf einen Wegfall der Bereicherung berufen.

Wer durch die Annahme der Leistung gegen ein gesetzliches Verbot oder gegen die guten Sitten (→ Sittenwidrigkeit) verstoßen hat, muß, wenn ihm dies bewußt ist, das Erlangte (z. B. Wucherzinsen) herausgeben (§ 817). Bei Hingabe eines → Darlehens gegen Wucherzinsen kann dieses ohne Zinsen wie ein gültiges Darlehen zurückverlangt werden. Die Rückforderung ist aber ausgeschlossen, wenn dem Leistenden gleichfalls ein solcher Verstoß zur Last fällt, z. B. bei Kauf eines Grundstücks, um darauf ein Bordell zu errichten. Verstößt nur der Leistende gegen § 817, kann er das Geleistete nicht zurückverlangen.

Eine verschärfte Haftung des Empfängers der Leistung, insbesondere zum Schadensersatz, tritt ab Klageerhebung und Zustellung an ihn ein (§§ 818 IV, 292, 987 ff.), bei Kenntnis des fehlenden rechtlichen Grundes sowie bei Gesetzes- oder Sittenverstoß (§ 819).

Unlauterer Wettbewerb. Das G vom 7. 6. 1909, RGBl. 499 verbietet Wettbewerbshandlungen, die gegen die guten Sitten verstoßen (§ 1: Nachahmung und Ausbeutung fremder gewerblicher Leistungsergebnisse, Boykott, vergleichende Werbung, Absatzbehinderung, Abwerben von Arbeitnehmern), und stellt in § 3 einen Katalog generell verbotener Wettbewerbshandlungen auf: z. B. unerlaubte wahrheitswidrige Werbung, Angestelltenbestechung, Verstöße gegen Sonder- und Räumungsverkäufe, Verleumdung, Verrat von Geschäftsgeheimnissen, Täuschung des Verbrauchers durch Herbeiführung einer Verwechslungsgefahr, Preisunterbietung. Der Geschädigte hat Anspruch auf Unterlassung und → Schadensersatz, der in der Regel in 6 Monaten verjährt. Einer Klage vor dem Gericht am Gewerbe- oder Wohnsitz des Beklagten hat eine Abmahnung vorauszugehen. Streitigkeiten können vor der Industrie- und Handelskammer beigelegt werden. Verstöße gegen das Gesetz sind z. T. auch strafbar.

Unmöglichkeit der Leistung, wenn jemand eine Leistung, die er zu erbringen verpflichtet ist (z. B. aufgrund eines Vertrages), nicht erbringen kann; es handelt sich um einen Fall der sog. *Leistungsstörung,* die zum → Schadensersatz oder → Rücktritt vom → Vertrag führt (außer der U. zählen hierher noch → Verzug und → positive Vertragsverletzung). Der Unterschied zum Verzug besteht darin, daß bei der U. die Leistung dauernd unmöglich ist, also überhaupt nicht erbracht werden kann, während sie beim Verzug lediglich *nicht rechtzeitig* erbracht wird.

Man unterscheidet zwischen *ursprünglicher* U., die schon bei Vertragsabschluß besteht, und *nachfolgender* U., die erst danach eintritt. Ferner ist zu unterscheiden zwischen *objektiver* U., d. h. es ist jedermann unmöglich, die Leistung zu erbringen, und *subjektiver* U., wenn nur der Schuldner nicht in der Lage ist, die Leistung zu erbringen; in letzterem Fall spricht man auch von *Unvermögen*.

Beispiele: Objektive anfängliche U.: Verkauf eines Grundstücks auf einer nicht existierenden Insel; subjektive anfängliche U.: Verkauf eines Grundstücks, das dem Käufer nicht gehört; unverschuldete nachfolgende U.: Verkauf eines Autos, das nach dem Kaufvertrag, aber noch vor Übergabe an den Käufer bei einem Unfall zerstört wird; verschuldete nachfolgende U.: Verkäufer verschenkt die Kaufsache nach Abschluß des Vertrages, aber vor Übergabe an den Käufer an einen Dritten (Verkäufer kann also das Eigentum an der Kaufsache dem Käufer nicht mehr verschaffen; wohl aber könnte das der Dritte).

Das Gesetz hat für die verschiedenen Fälle der U. folgende Regelung getroffen:

a) Ein auf eine *anfänglich objektiv unmögliche* Leistung gerichteter Vertrag ist nach § 306 nichtig (→ Nichtigkeit), also unwirksam. Kannte ein Vertragspartner die vorliegende U., so ist er dem anderen zum Ersatz des → Schadens verpflichtet, den dieser dadurch erleidet, daß er auf die Gültigkeit des Vertrags vertraute (§ 307 I).

b) Keine Regelung enthält das Gesetz für den Fall, daß jemand einen Vertrag schließt, dessen Erfüllung nur ihm (subjektiv) *von An-*

Unmöglichkeit der Leistung

fang an unmöglich ist. Dieser Vertrag ist gültig; der → Schuldner hat für sein Unvermögen einzustehen und dem Gläubiger → Schadensersatz wegen Nichterfüllung zu leisten.

c) Bei der *nachfolgenden U.* kommt es darauf an, ob sie der Schuldner *vertreten* muß. Vertreten muß er eigenen Vorsatz und Fahrlässigkeit (§ 276) sowie ein → Verschulden seines → Erfüllungsgehilfen. Muß demnach der Schuldner eine nachfolgende U. *nicht* vertreten, so wird er von der Verpflichtung zur Leistung frei (§ 275). Eine Ausnahme besteht nach § 279 bei sog. → Gattungsschulden (→ Sache), z. B. Kauf eines serienmäßig hergestellten Autos. Hier hat der Schuldner, solange die Leistung *aus der Gattung* möglich ist (anderes Auto derselben Serie lieferbar ist), ein Unvermögen auch dann zu vertreten, wenn ihn kein Verschulden trifft, also ein neues Auto zu beschaffen.

Hat der Schuldner die nachfolgende U. zu vertreten, so muß er dem Gläubiger → Schadensersatz wegen Nichterfüllung leisten (§ 280 I). Ist die Leistung nur *teilweise* unmöglich, so hat der Gläubiger trotzdem Anspruch auf Schadensersatz wegen Nichterfüllung der ganzen Verbindlichkeit, wenn die teilweise Erfüllung für ihn ohne Interesse ist (§ 280 II). Erlangt der Schuldner infolge des Umstandes, der die Leistung unmöglich macht, für den geschuldeten Gegenstand einen Ersatzanspruch, so kann der Gläubiger, gleichgültig, ob der Schuldner die U. zu vertreten hat oder nicht, den Ersatzgegenstand bzw. die Abtretung des Ersatzanspruchs verlangen (§ 281). *Beispiel:* Ein verkauftes Auto wird vor Übergabe an den Käufer bei einem Unfall zerstört. Käufer kann Abtretung der Ersatzansprüche, die der Verkäufer gegen den Schädiger bzw. dessen Haftpflichtversicherung hat, verlangen.

d) Die §§ 323–325 enthalten Sonderregeln für die nachfolgende U. beim *gegenseitigen* → *Vertrag,* der den Hauptteil der Rechtsgeschäfte des Alltags ausmacht (z. B. Kauf, Miete, Dienstvertrag). Ist hier einem Vertragspartner die zu erbringende Leistung unmöglich geworden und hat weder er noch der andere Vertragspartner die U. zu vertreten, so verliert er den Anspruch auf die *Gegenleistung* (§ 323 I). *Beispiel:* Der Verkäufer kann die Kaufsache unverschuldet nicht übergeben; er wird von der Leistungsverpflichtung frei, verliert aber den Anspruch auf den Kaufpreis. War die Gegenleistung schon erbracht (also der Kaufpreis schon bezahlt), so kann sie nach den Vorschriften über die → ungerechtfertigte Bereicherung zurückgefordert werden (§ 323 III). Wird die Leistung unmöglich und der andere Vertragspartner verlangt nach § 281 (vgl. oben) eine etwa erlangte Ersatzsache heraus oder fordert die Abtretung des Ersatzanspruches, so bleibt er zur Gegenleistung verpflichtet; doch sind etwaige Wertunterschiede auszugleichen (§ 323 II).

Wird einem Vertragsteil (Schuldner) die Leistung aufgrund eines Umstandes unmöglich, den der *andere* Teil (Gläubiger) zu vertreten hat, so wird ersterer von seiner Leistungspflicht befreit, behält aber den Anspruch auf die Gegenleistung; er muß sich aber anrechnen lassen, was er durch die Befreiung von der Leistung an Aufwendungen erspart oder durch anderweitige Verwendung seiner Arbeitskraft erwirbt (§ 324), z.B. durch anderweitigen Dienstlohn. Hat dagegen der Schuldner selbst die nachträgliche U. zu vertreten, so kann der Gläubiger entweder Schadensersatz wegen Nichterfüllung verlangen oder vom Vertrag zurücktreten (→ Rücktritt) oder auch die Rechte aus § 323 – vgl. oben – geltend machen (§ 325 I 1, 3). *Beispiel:* Verkauft A sein Haus an B, noch vor der Eigentumsübertragung aber nochmals an C und wird C als Eigentümer im Grundbuch eingetragen, so hat B gegen A die Ansprüche aus § 325.

Die Vorschrift gilt auch bei *teilweiser* U.; der Gläubiger kann hier diese Rechte hinsichtlich des ganzen Vertrags ausüben, wenn die teilweise Erfüllung für ihn ohne Interesse ist (§ 325 I 2).

Unpfändbarkeit. Sachen und Forderungen des Schuldners sind nur beschränkt pfändbar. Bei → Lohnpfändung (§ 850e ZPO) sind mit Rücksicht auf eigenen und familiären Unterhalt nur Teile einziehbar (Tabelle). Sachen für den Haushalt, die Arbeit und Landwirtschaft sind pfandfrei (z. B. Haus-, Küchengeräte, Fachbücher, Radio, Kühlschrank, einfacher Fernseher, §§ 811ff. ZPO). Ansprüche auf Leistung aus der → Sozialversicherung, Arbeitslosenversicherung, Kriegsopferversorgung und -entschädigung sind ebenfalls nur beschränkt (§§ 54, 55 SGB), aus → Sozialhilfe nicht pfändbar.

Unregelmäßiger Verwahrungsvertrag → Verwahrung.

Untätigkeitsklage ist eine Klage vor dem → Verwaltungsgericht, die sich darauf gründet, daß eine Behörde über einen Antrag oder einen Widerspruch 3 Monate lang nicht entschieden hat. Das Gericht kann dann über den Antrag oder den Widerspruch entscheiden, ohne daß es noch eines sonst erforderlichen Vorverfahrens bedarf.

Unterbrechung der Verjährung → Verjährung.

Unterbringung. Unabhängig von einer U. durch Strafurteil (§§ 63, 64 StGB) regeln Ländergesetze die U. und Betreuung von Personen, die psychisch krank oder gestört sind und dadurch in erheblichem Maße die öffentliche Sicherheit und Ordnung (z. B. durch Selbstgefährdung) gefährden, gegen oder ohne ihren Willen in psychiatrischen Krankenhäusern o. ä. Volljährige Personen, die unter → Betreuung stehen, dürfen durch den Betreuer nur mit Genehmigung des Vormundschaftsgerichts untergebracht werden (§ 1906;

Unterhalt, nichteheliche Mutter

§§ 70 ff. FGG). Gegen Maßnahmen zur Regelung einzelner Angelegenheiten im Vollzug der U. kann der Betroffene gerichtliche Entscheidung beantragen; die Gerichtsentscheidung ist unanfechtbar; sonst → sofortige Beschwerde.

Unterhalt, nichteheliche Mutter. Der Vater des Kindes ist verpflichtet, der nicht ehelichen Mutter die Entbindungs- und Schwangerschaftskosten zu ersetzen, die weder der Arbeitgeber noch eine Versicherung trägt (§ 1615k), ferner die Beerdigungskosten, falls die Mutter des nicht ehelichen Kindes stirbt (§ 1625m) und die Erben leistungsunfähig sind; ferner Unterhalt für 6 Wochen vor und 8 Wochen nach der Entbindung. Diese Ansprüche bestehen auch bei Fehlgeburt und können in Eilfällen mit → einstweiliger Verfügung durchgesetzt werden.

Unterhalt, nichteheliches Kind. Der Vater eines nichtehelichen Kindes hat diesem bei Anerkennung oder gerichtlicher Feststellung seiner Vaterschaft bis zum 18. Jahr den gesamten Lebensbedarf einschließlich Erziehungs- und Berufsausbildungskosten bei Bedürftigkeit zu zahlen, mindestens den → Regelunterhalt (§ 1615f). Maßgebend ist die Lebensstellung beider Eltern. Geklagt wird vor dem Amtsgericht auf Verurteilung des Vaters zur Leistung des Regelunterhalts, wobei das Kind von der Mutter oder dem Jugendamt vertreten wird. Der daraufhin ergehende Beschluß des Rechtspflegers wird bei Bedarf ohne neue Klage auf Antrag abgeändert (§ 642b ZPO). Der Regelunterhalt besteht aus dem zu einfacher Lebenshaltung normalerweise erforderlichen Betrag (= *Regelbedarf*), der sich jedoch um die Hälfte des auf das Kind entfallenden Kindergeldes oder der Kinderzuschläge, die einem anderen als dem Vater zustehen, vermindert (§§ 1615f u. 1615g). Kindergeld ist auf den Unterhalt jedoch nur anzurechnen, wenn auch der Vater Anspruch auf Kindergeld hat, es jedoch an einen anderen ausbezahlt wird (z. B. an das Jugendamt). Abfindung des nicht ehelichen Kindes nur mit Genehmigung des Vormundschaftsgerichts. Auf Antrag des Kindes, vertreten durch → Jugendamt, oder vor seiner Geburt vertreten durch Mutter oder Pfleger, wird durch → einstweilige Verfügung angeordnet, daß der Vater den für die ersten 3 Monate nach der Geburt zu leistenden U. zu zahlen hat. Auch für die Vergangenheit kann U. verlangt werden (§ 1615d). Stundung ebenso wie Abfindung mit Genehmigung des Vormundschaftsgerichts möglich.

Unterhalt, Verwandte. Verwandte in gerader Linie, also Eltern ggü. Kindern, Großeltern ggü. Enkeln und umgekehrt sind einander zum U. verpflichtet (§ 1601), wenn der Berechtigte bedürftig (außerstande, sich selbst zu unterhalten, vermögenslos und erwerbsunfähig ist) und der Verpflichtete leistungsfähig ist. Rangfolge: Ehepartner, Kinder, Eltern, Großeltern des Bedürftigen. Mehrere gleichnahe Verwandte haften anteilig. Die monatliche Geldrente (bei Kindern stattdessen auch Kost, Taschengeld, Unterkunft oder Teilzuwendung) umfaßt den nach der Lebensstellung des Bedürftigen angemessen Unterhalt, einschließlich des Sonderbedarfs (für Krankheit), nicht Tilgung von Schulden. Keine U.-Pflicht besteht zwischen Geschwistern und Verschwägerten, kann jedoch vertraglich begründet werden. Wer selbstverschuldet bedürftig geworden ist oder sich gegen den Unterhaltsverpflichteten vergangen hat, erhält nur, was recht und billig ist (also weniger als angemessen). Auf den Unterhalt für die Zukunft kann nicht verzichtet werden. Für die gerichtliche Geltendmachung ist stets das Amtsgericht zuständig. Für Kindesunterhalt vgl. Düsseldorfer Tabelle NJW 1992 S. 1367 (Selbstbehalt des Unterhaltspflichtigen bei volljährigen unterhaltsberechtigten Kindern: DM 1600.–); verweigert ein volljähriges Kind jeglichen Kontakt zu dem auf Unterhalt in Anspruch genommenen Elternteil, kann dieser den U. herabsetzen oder ganz verweigern.

Unterhaltsgeld erhält, wer an beruflicher Fortbildung der Bundesanstalt für Arbeit bei ganztägigem Unterricht teilnimmt, in Höhe von 73% des um die gesetzlichen Abzüge verminderten Lohnes, falls der Berechtigte mindestens 1 Kind oder einen pflegebedürftigen, nicht erwerbstätigen Ehegatten hat, sonst 65%.

Unterhaltspflicht, Ehegatte. Zur gegenseitigen, ihren Verhältnissen entsprechenden Unterhaltsleistung sind verpflichtet Ehegatten (§ 1360, hierunter zählt auch das zur Ausübung der → Schlüsselgewalt erforderliche *Haushaltsgeld* und Taschengeld). Der U. umfaßt auch Kleidung, Berufsausbildung, Krankenkosten und Urlaubsgeld, bei notwendiger Prozeßführung auch Prozeßkostenvorschuß (§ 1360a IV).

Bei *Getrenntleben* gilt dasselbe in Form einer monatlich im voraus zu zahlenden Geldrente; auf den Grund der Trennung kommt es nicht an. Der unterhaltspflichtige Ehepartner darf die Unterhaltskosten für ein Kind aus früherer Ehe von seinen Einkünften vorweg abziehen; vom Rest bemißt sich seine Leistungsfähigkeit; sie entfällt, wenn er selbst sozialhilfebedürftig wird. Der nicht erwerbstätige Gatte muß nur dann berufstätig sein, wenn er es früher war und es ihm zuzumuten ist (Alter, Stellung und wirtschaftliche Lage beider). Überlassung der Ehewohnung an den der andernfalls einen schweren Nachteil (Härte) zu erwarten hat, evtl. gegen angemessener Vergütung.

Nach Stellung eines Antrags auf Ehescheidung hat der Unterhaltspflichtige auch die Kosten einer angemessenen Alters-, Berufs- und Erwerbsunfähigkeitsversicherung zu tragen (sog. *Vorsorgeunterhalt*).

Unterhaltsverzicht

Nach *Scheidung* erhält der sozial Schwächere Unterhalt nur, wenn er wegen gemeinschaftlicher Kinder, Alter, Krankheit, Arbeitsmarkt, unangemessenes Berufsangebot nicht erwerbstätig sein kann (§§ 1570 ff.). U. kann auch als Ausgleich für frühere Mitarbeit im Geschäft des anderen Ehegatten oder langjährigen Pflege verlangt werden (§ 1576). Der U.-Anspruch kann zeitlich begrenzt werden (§§ 1573, 1578); er setzt *Bedürftigkeit* und *Leistungsfähigkeit* voraus (§ 1577; er wird versagt bei kurzer Ehedauer, mutwilliger Bedürftigkeit, Verletzung der Familienpflichten, Bloßstellen in der Öffentlichkeit und Straftaten gegen den Zahlungsverpflichteten bzw. seine nahen Angehörigen (§ 1579); er wird nicht versagt bei bloßem Ausbrechen aus der nicht mehr intakten Ehe; er erlischt mit Wiederheirat oder Tod des Bedürftigen; stirbt der U.-Verpflichtete, zahlen seine Erben (§ 1586 b). Der unterhaltspflichtige Gatte haftet vor den Verwandten des bedürftigen früheren Ehepartners (§ 1584). Heiratet er wieder, geht der geschiedene Gatte dem neuen vor (§ 1582). Von dieser gesetzlichen Regelung kann durch Vereinbarung abgewichen werden. Bereits ab → Rechtshängigkeit eines Scheidungsverfahrens hat der Unterhaltspflichtige die Kosten für eine angemessene Alters-, Berufs- oder Erwerbsunfähigkeitsrente zu tragen. Zuständig ist das Familiengericht am Amtsgericht; es herrscht Anwaltszwang.

Für die Höhe des Unterhalts ist die sog. *Düsseldorfer Tabelle* maßgebend (vgl. NJW 1992 S. 1367). Danach muß der Unterhaltspflichtige dem nicht verdienenden Ehegatten $\frac{3}{7}$ seines Nettoeinkommens und dem selbst verdienenden Ehegatten $\frac{3}{7}$ der Differenz beider Nettoeinkommen zahlen. Ist der Unterhaltspflichtige nicht erwerbstätig (z. B. Rentner), muß er 50% seines Nettoeinkommens zahlen. Unter *Nettoeinkommen* versteht man: Bruttoeinkommen minus Steuern, Vorsorgeaufwendungen für Kranken-, Renten- und Arbeitslosenversicherung. Dem nicht erwerbstätigen Unterhaltspflichtigen müssen mindestens DM 1150.– als sog. *Selbstbehalt* verbleiben, ist er erwerbstätig DM 1300.–.

Unterhaltsverzicht. Verlobte oder Eheleute können für den Fall der Scheidung auf Unterhalt verzichten. Der U. ist treuwidrig, solange der Unterhaltsberechtigte durch Betreuung eines gemeinsamen Kindes an einer Erwerbstätigkeit gehindert ist und ohne Zahlung auf Sozialhilfe angewiesen wäre (§ 1585 c).

Unterhaltsvorschuß. Durch G vom 23. 7. 79, BGBl. I 1184 wird die Sicherung des Unterhalts von Kindern alleinstehender Elternteile dadurch gesichert, daß das Landratsamt bzw. das Jugendamt für maximal 36 Monate mit der Zahlung eines Betrages in Höhe des → Regelbedarfs nicht ehelicher Kinder in Vorlage tritt. Voraussetzung: Kind noch nicht 6 Jahre alt, bei einem alleinstehenden Eltern-

Unvermögen

teil lebend, keine Unterhaltszahlung von anderem Elternteil trotz
Urteil, oder nur Bezug von Waisenrente.

Unterlassene Hilfeleistung. Wer bei Unglücksfällen oder allgemeiner Gefahr bzw. Not nicht Hilfe leistet, obwohl sie erforderlich
und ihm zumutbar ist, wird mit Freiheitsstrafe bis zu 1 Jahr oder
Geldstrafe bestraft (§ 323 c StGB).

Unterlassungsanspruch. Bei Beeinträchtigung des Namens
(§ 12), der Ehre, der Firma (§ 37 HGB, § 4 UWG), des Besitzes
(§ 862) oder des Eigentums (§ 1004), eines Warenzeichens (§ 24
WZG), eines Urhebers (§ 97 UrhG) oder Patenrechts kann der Verletzte Schadensersatz und Unterlassung gegenwärtiger bzw. künftiger Störung (bei Wiederholungsgefahr) verlangen. Handelt der Störer einem Urteil auf Unterlassung zuwider, wird er auf Antrag vom
Gericht 1. Instanz zu einem Ordnungsgeld (bis DM 500000.–) oder
Ordnungshaft (bis zu 6 Monaten) verurteilt (§ 890 ZPO).

Untermiete ist die Überlassung der Mietsache durch den Mieter an
einen Dritten (§ 549). Sie bedarf der Erlaubnis des Vermieters; soweit es sich um *Wohnräume* handelt, hat der Mieter einen Anspruch
auf Erteilung dieser Erlaubnis, wenn für ihn ein berechtigtes Interesse an der Untervermietung eines Teiles der Wohnung entsteht und
soweit sie dem Vermieter zugemutet werden kann. Wegen der er-
höhten Abnutzung der Räume hat der Vermieter jedoch u. U. einen
Anspruch auf Erhöhung des Mietzinses (Untermietzuschlag). Der
→ Vertrag zwischen Hauptmieter und Untermieter bestimmt sich
ebenfalls nach dem Recht des → Mietvertrags. Der Hauptmieter hat
ein → Verschulden des Untermieters, soweit durch die U. Schaden
entsteht, ggü. dem Vermieter zu vertreten; unmittelbare Beziehungen zwischen Vermieter und Untermieter bestehen dagegen nicht.
Bei Ende des Hauptmietverhältnisses kann der Vermieter allerdings
auch vom Untermieter Herausgabe der Mietsache verlangen.

Unternehmer → Werkvertrag.

Untersuchungshaft → Haftbefehl.

Untervermietung → Untermiete.

Unterverpachtung → Pacht.

Unterwerfungsklausel in einem notariellen Vertrag bedeutet die
Zusage, daß sich der Schuldner wegen der darin enthaltenen Ansprüche der sofortigen → Zwangsvollstreckung unterwirft, so daß es
keines Prozesses mehr bedarf (§ 794 I 5 ZPO).

Unvermögen → Unmöglichkeit.

Unverzüglich

Unverzüglich bedeutet ohne schuldhaftes Zögern.

Unvollkommene Verbindlichkeiten. Durch ein *Spiel* oder eine *Wette* kann eine Verbindlichkeit nicht begründet werden (§ 762; sog. Naturalobligation). Hat der Verlierer den vereinbarten Preis nicht bezahlt, so kann der Gewinner die Zahlung nicht im Wege der Klage erzwingen (daher Sprichwort „Spielschulden sind Ehrenschulden"). Dies gilt selbst dann, wenn der Verlierer ggü. dem Gewinner ein → Schuldanerkenntnis oder → Schuldversprechen abgegeben hat (§ 762 II). Hat aber der Verlierer den vereinbarten Betrag oder Preis gezahlt, so kann er das Geleistete nicht mehr zurückverlangen (§ 762 I 2). Die gleichen Grundsätze gelten nach § 656 für den Lohn einer Heiratsvermittlung. Unter *Spiel* versteht man das gegenseitige Versprechen einer Leistung unter Bedingungen, die vom Zufall oder der persönlichen Geschicklichkeit abhängen, während bei der *Wette* die Partner zur Bekräftigung bestimmter, einander widersprechender Behauptungen vereinbaren, daß demjenigen, dessen Behauptung sich als richtig herausstellt, ein Gewinn zufallen soll.

Die Regeln des § 762 gelten nur für Privatspiele oder -wetten. Staatlich genehmigte Lotterie- oder Ausspielverträge sind dagegen verbindlich (§ 763). Dies sind Verträge, die ein Unternehmer mit einer unbestimmten Zahl von Spielern abschließt, wobei er gegen einen Geldeinsatz an die spielplanmäßig ermittelten Gewinner Leistungen in Geld (= Lotterie) oder Sachwerten (= Ausspielung) erbringt. In diesen Fällen kann die Auszahlung eines Gewinnes notfalls gerichtlich erzwungen werden (Fußballtoto, Zahlenlotto, Tombola, Totalisatorunternehmen wie Pferderennen).

U. V. sind ferner der Anspruch auf Ehemaklerlohn und auf Herstellung des ehelichen Lebens; letzterer kann zwar klageweise festgestellt, aber nicht vollstreckt werden.

Unwirksamkeit. Fehlt einem → Rechtsgeschäft ein wesentliches Erfordernis, dann tritt die gewünschte Rechtswirkung nicht oder nicht voll ein. Erklärt das Gesetz ein Geschäft für unwirksam (z. B. einseitige Rechtsgeschäfte eines Minderjährigen ohne Einwilligung des gesetzlichen Vertreters), so steht es einem nichtigen Geschäft gleich; die Bestimmungen über die → Nichtigkeit gelten entsprechend (*absolute* U.). Daneben kennt das Gesetz die → schwebende U. und die → relative Unwirksamkeit. Zu unterscheiden von der U. ist die *Anfechtbarkeit* eines Geschäfts; dieses ist zunächst voll wirksam, gilt aber, wenn es angefochten wird, als *von Anfang an* nichtig (→ Anfechtung).

Unzulässige Rechtsausübung → Schikane.

Unzurechnungsfähigkeit → Verschulden.

Urheberrecht ist das eigentumsähnliche Recht des Werkschöpfers (Urhebers) an seinem *geistigen Werk* (z. B. Musikstück, Roman, Bild, Rede, Baukunst, Handwerkerprodukt, Computerprogramm, Übersetzung) oder an einem → *Geschmacksmuster* (z. B. Kleiderschnitt, bestimmte Lampenform). Urheberrechtlich geschützt sind auch bestimmte *geistige Leistungen* z. B. wissenschaftliche Buchausgabe).

Das U. beinhaltet a) Urheberpersönlichkeitsrechte, wie Veröffentlichungsrecht und Recht auf Verbot der Entstellung (§§ 12–14 UrhG), b) Verwertungsrechte, wie Verbreitungs- und Ausstellungsrecht (§ 15 UrhG), c) die sonstigen Rechte nach §§ 25–27 UrhG, wie z. B. den Anspruch auf Vergütung bei Vermietung von Vervielfältigungsstücken. Es ist sozial gebunden (§ 45 UrhG), so daß z. B. Vervielfältigungen zum persönlichen Gebrauch zulässig sind.

Das U. *erlischt* 70 Jahre nach dem Tode des Urhebers (§ 64 UrhG), bei anonymen oder pseudonymen Werken 70 Jahre nach Veröffentlichung (§ 66 UrhG), bei Photographien 25 Jahre nach Erscheinen oder Herstellung (§ 68 UrhG).

Das U. ist *vererblich* (§ 28 UrhG), zur Nutzung überlaßbar und gegen schuldhaft rechtswidrige *Verletzung* strafrechtlich geschützt (§§ 106 ff. UrhG); ferner Anspruch auf Schadensersatz und (auch bei schuldlosem Verhalten) auf Unterlassung. Zuständig sind die → ordentlichen Gerichte. Der Verletzte hat außerdem Schadensersatz zu leisten (§ 823).

Urkunde ist der schriftlich niedergelegte menschliche Gedanke, versehen mit der Unterschrift des Ausstellers. Auch Beweiszeichen sind U. (z. B. Eichzeichen, Stempel, Preisauszeichnungen, Kfz-Kennzeichenschilder, Fahrgestellnummer). Keine U. sind bloße Kenn- und Unterscheidungszeichen (wie Biermarke, Garderobenmarke), Wertzeichen, technische Aufzeichnungen und Daten. Strafbare U.-Fälschung begeht, wer die U. so verändert, daß sie nicht mehr von demjenigen stammt, von dem sie zu stammen scheint; daneben ist auch der Gebrauch einer falschen oder verfälschten U. strafbar.

Urlaub ist die einem nicht selbständig Erwerbstätigen gewährte Befreiung von der Arbeitspflicht unter Fortzahlung seiner Bezüge. Regelung durch BundesurlaubsG 8. 1. 63, BGBl. I 2, Tarifvertrag, Betriebsvereinbarung oder Einzelvertrag. Bildungs- und Sonder-U. kann gewährt werden. Die Bestimmung der U.-Zeit unterliegt dem Direktionsrecht des Arbeitgebers, auch hinsichtlich der Betriebsferien (Mitbestimmung des Betriebsrats). Während des Erholungs-U. darf keine entgeltliche Tätigkeit ausgeübt werden. Für die Pflege eines erkrankten Kindes bis 12 Jahren kann ein Elternteil 10 Tage, Alleinerzieher 20 Arbeitstage U. nehmen; müssen mehrere Kinder gepflegt werden, 25 bzw. 50 Tage.

Urlaubsabgeltung

Urlaubsabgeltung, wenn an Stelle eines nicht verbrauchten Urlaubs dem Arbeitnehmer als Ausgleich für die während dieser Zeit erbrachte Arbeit Geld gezahlt wird. U. ist grundsätzlich verboten, aber zulässig, wenn wegen Beendigung des Arbeitsverhältnisses Urlaub in Natur nicht mehr gewährt werden kann.

Urlaubsentgelt ist der während des Urlaubs fortgezahlte Lohn.

Urlaubsgeld ist eine zusätzliche, freiwillige oder durch Tarifvertrag bzw. Betriebsvereinbarung festgelegte Leistung des Arbeitgebers neben dem Gehalt zur Verbesserung des Urlaubs, das unpfändbar ist.

Ursächlicher Zusammenhang (= Ursachenzusammenhang) → Schadensersatz.

V

Valutaverhältnis → Anweisung.

Vaterschaftsanerkenntnis (§§ 1600a ff.) kann (schon vor Geburt eines nicht ehelichen Kindes) nur höchstpersönlich durch unwiderrufliche (aber anfechtbare) öffentlich beurkundete (Notar, Standesbeamter) Erklärung abgegeben werden. Sie bedarf der Zustimmung des nicht ehelichen Kindes, bei Minderjährigen des Jugendamts, nicht aber der Mutter. Die Mehrverkehrseinrede wird durch das V. ausgeschlossen. *Anfechtung* wegen Irrtums oder Täuschung durch den Anerkennenden (nach seinem Tod durch seine Eltern) bis 1 Jahr, das Kind bis 2 Jahren und dessen Mutter bis 1 Jahr ab Kenntnis der Anfechtungsgründe durch Klage vor dem Vormundschaftsgericht.

Wird die Vaterschaft nicht anerkannt, ist sie auf Klage des nicht ehelichen Kindes (vertreten durch das Jugendamt) vom Amtsgericht, nach dem Tod des Erzeugers oder des Kindes durch das Vormundschaftsgericht festzustellen (§ 1600n); meist wird der Mann als Vater festgestellt, der der Mutter während der → Empfängniszeit beigewohnt hat.

V. ist Voraussetzung für → Erbersatzanspruch und → vorzeitigen Erbausgleich des nicht ehelichen Kindes.

Verantwortlichkeit → Verschulden.

Verarbeitung → Verbindung, Eigentum.

Veräußerung = Verkauf *und* Übereignung.

Veräußerungsverbot. Der Verstoß gegen ein gesetzliches V. zum Schutz der Allgemeinheit bewirkt → Nichtigkeit des → Rechtsgeschäftes (§ 134). Schützt das V. nur bestimmte Personen, ist ein Verstoß nur ihnen gegenüber unwirksam (z. B. nach Konkurseröffnung §§ 6, 7 KO; nach Pfändungsbeschluß § 829 ZPO; bei Zwangsversteigerung eines Grundstücks § 23 ZVG; oder einstweiliger Verfügung § 935 ZPO kann der Betroffene nicht mehr wirksam verfügen). *Beispiel:* Der in Konkurs gefallene A überträgt Wertpapiere an B. Der Konkursverwalter kann Rückgabe zur Konkursmasse verlangen. – War B gutgläubig, d. h. wußte er nichts vom V., erwirbt er Eigentum, §§ 136, 135 II. Um letzteres bei Grundstücken zu vermeiden, wird ein entsprechender Vermerk im Grundbuch eingetragen).

Daneben kann ein V. auch vertraglich vereinbart werden. Ein Verstoß dagegen berührt die Wirksamkeit des Geschäftes nicht, führt aber zur Schadensersatzpflicht des Zuwiderhandelnden (§ 137). Wird die Nichtübertragbarkeit einer Forderung vereinbart, kann auch bei Gutgläubigkeit niemand das betreffende Recht erwerben (§ 399).

Verbindlichkeit. Jede auf Vertrag oder Gesetz (z. B. → Unterhalt) beruhende Verpflichtung. → Forderung.

Verbindung (§§ 946 ff.). Wird eine bewegliche → Sache mit einem *Grundstück* oder einem Gebäude so verbunden, daß sie dessen wesentlicher Bestandteil wird (z. B. durch Bepflanzung oder Bebauung eines Grundstücks, Einbau eines Parkettfußbodens in einem Gebäude), verliert der bisherige Eigentümer der beweglichen Sachen, auch gegen seinen Willen, das → Eigentum an den Eigentümer des Grundstücks oder Gebäudes.

Werden *bewegliche Sachen miteinander* zu einer einheitlichen Sache verbunden (z. B. Zusammenbau einer Maschine), erwerben die bisherigen Eigentümer im Verhältnis ihrer Anteile Miteigentum an der neu entstandenen Sache. Wenn aber eine der einzelnen Sachen als Hauptsache anzusehen ist, erwirbt ihr Eigentümer das Alleineigentum an der neuen Sache (z. B. der Eigentümer eines Segelbootes an einem neuen Segel).

Das gilt auch für die *Vermischung* (Vermengung), d. h. die untrennbare Zusammenfügung beweglicher Sachen (z. B. von Flüssigkeiten, Bargeld).

Wer durch *Verarbeitung* oder Umbildung von Materialien eine neue bewegliche Sache herstellt, erwirbt an dieser Sache Eigentum, sofern der Wert der Sache nicht wesentlich geringer ist als der Wert des verarbeiteten Materials. Der Eigentumserwerb tritt aber nicht schon bei bloßer Reparatur ein. Andererseits kommt es auch hier weder auf das Einverständnis des bisherigen Eigentümers noch auf den guten Glauben des Verarbeitenden an (wohl aber auf seinen Willen: z. B. wenn Schneider gestohlenen mitgebrachten Stoff nur für den Kunden verarbeitet erwirbt nur der Kunde Eigentum).

Verbraucherkredit

Durch die Verbindung, Vermischung und Verarbeitung *erlöschen* i. d. R. die *Rechte Dritter* an den einzelnen Sachen. Wer dadurch einen Rechtsverlust erleidet, hat gegen den Bereicherten einen *Anspruch auf Vergütung* in Geld nach den Vorschriften über die → ungerechtfertigte Bereicherung, u. U. auch auf Schadensersatz wegen → unerlaubter Handlung, auf Ersatz von Verwendungen und ein Wegnahmerecht. Die Wiederherstellung des früheren Zustandes kann er nicht verlangen (§ 951).

Verbraucherkredit → Abzahlungsgeschäft.

Verdienstsicherungsklausel. Arbeitgeber sichert Arbeitnehmer bei Akkordarbeit oder Provisionstätigkeit einen Mindestverdienst ohne Rücksicht auf das Arbeitsergebnis oder den Umsatz zu.

Verdingungsordnung für Bauleistungen (VOB) → Werkvertrag. VO 19. 7. 90, BAnz. Nr. 132a.

Verein ist ein Zusammenschluß mehrerer Personen. Er führt einen eigenen Namen. Seine Gründung (7 Mitglieder) ist auf eine gewisse Dauer abgestellt und sein Bestand vom Wechsel der Mitglieder unabhängig (letzteres stellt den Unterschied zur → Gesellschaft dar). Die Gründung eines V. ist, soweit sie nicht verfassungs- oder gesetzwidrigen Zwecken dient, frei (Art. 9 GG).

Man unterscheidet *rechtsfähige* V. e, die im V.register eingetragen (§ 21, sie erhalten den Zusatz „e. V.") oder durch Verleihung entstanden (§ 22) und selbständig Träger von Rechten und Pflichten sind, sowie *nichtrechtsfähige* Vereine, deren Rechtsstellung sich zwar gem. § 54 grunds. nach Gesellschaftsrecht bestimmt, auf die jedoch weitgehend das V.recht (§§ 21 ff.) anwendbar ist. Der V. handelt durch seine *Organe, Mitgliederversammlung* und *Vorstand;* letzterer kann aus mehreren Personen bestehen, wird von der Mitgliederversammlung (in dringenden Fällen vom Amtsgericht) bestellt und ist jederzeit abberufbar. Er vertritt den V. gerichtlich und außergerichtlich; eine Beschränkung seiner Vertretungsmacht muß im Vereinsregister am Amtsgericht eingetragen sein, um wirksam zu werden. Die Mitgliederversammlung entscheidet, wenn nicht anders geregelt, mit einfacher Mehrheit der erschienenen, bei Abstimmung anwesenden Mitglieder (bei Satzungsänderung und Auflösung ¾ Mehrheit) oder einstimmig im schriftlichen Umlaufverfahren; Stimmenthaltungen zählen nicht. Sie muß auf Wunsch ¹⁄₁₀ der Mitglieder einberufen (§§ 26, 32).

Beginn und Ende der *Mitgliedschaft* werden durch *Vereinssatzung,* bestimmt. Sie ist, soweit die Satzung nichts anderes bestimmt, weder übertragbar noch vererblich (§ 38) und wird durch Teilnahme am Gründungsvertrag oder durch Beitritt erworben. Der angenommene Beitritt ist ein → Vertrag zwischen dem künftigen Mitglied und dem V.; der kann grundsätzlich abgelehnt werden, sofern nicht die Satzung oder eine Monopolstellung des V. eine Aufnahmepflicht begründet. Sonderrechte können nur mit Zustimmung des Betroffenen geändert werden. Die Mitgliedschaft endet mit Auflösung des V.s oder durch Austritt, der meist an Fristen gebunden ist (§ 39). Die Satzung begründet zudem oft auch die Möglichkeit, *Ordnungsstrafmaßnahmen* in gewissem Umfang zu verhängen, letztlich sogar Mitglieder *auszuschließen,* wenn sie gegen V.pflichten verstoßen. Gegen den Ausschluß ist der ordentliche Rechtsweg gegeben, jedoch nur, wenn die vereinsinternen Instanzen, die in der Satzung vorgesehen sind (z. B. Ehrenrat, Schiedsgericht), ausgeschöpft oder allgemeine Rechtsgrundsätze verletzt werden (z. B. rechtliches Gehör, Gleichbehandlung, Willkürverbot, Nichtbeachtung lebenswichtiger Interessen).

Der V. haftet nach § 31 für jeden → Schaden, den ein Mitglied des Vorstands oder ein anderer satzungsmäßig berufener Vertreter durch eine in Ausführung der ihm zustehenden Verrichtungen begangene, zum → Schadensersatz verpflichtende Handlung einem Dritten zufügt; das gilt auch, wenn zwar kein satzungsmäßig bestellter Vertreter, sondern ein sonstiger Beauftrager gehandelt hat, die Verrichtung aber so bedeutsam ist, daß sie einem Vorstandsmitglied hätte übertragen sein müssen *(Organisationsmangel),* wie z. B. der Verkauf von vereinseigenem Grundbesitz. Die Haftung nach § 31 gilt analog für das (gesamthänderische) Vermögen des nichtrechtsfähigen V., (str.); andernfalls haften die Mitglieder beschränkt auf ihren Anteil am Gesamtvereinsvermögen als Gesamtschuldner für → Verschulden aus → Vertrag, über § 278 (→ Erfüllungsgehilfe) für Verschulden des Vorstands und über § 831 bei → unerlaubter Handlung.

Der Handelnde haftet persönlich immer für die von ihm begangene → unerlaubte Handlung (§ 823), bei nicht rechtsfähigen Vereinen auch für Vertragsverbindlichkeiten (§ 54 S. 2).

Der V. endet durch Selbstauflösung, Zeitablauf oder Fortfall aller Mitglieder; ein rechtsfähiger V. verliert die Rechtsfähigkeit durch Eröffnung des Konkursverfahrens wegen Überschuldung (§ 42); sie kann auch wegen gesetzwidrigen Verhaltens durch die Verwaltungsbehörde entzogen werden.

Verfallklausel → Abzahlungsgeschäft.

Verfassungsbeschwerde (Art. 93 I 4a GG; §§ 90ff. BVGG). Das Bundesverfassungsgericht entscheidet über V., die jeder mit der Behauptung erheben kann, durch die öffentliche Gewalt in einem Grundrecht (Art. 1–19 GG) oder gleichwertigem Recht (Art. 20 IV, 33, 38, 101, 103, 104 GG) verletzt worden zu sein. *Voraussetzungen:*

Verfügung

Erschöpfung des Rechtsweges, unmittelbare Betroffenheit, Schriftform, Bezeichnung des verletzten Grundrechts und des verletzenden Hoheitsaktes, Frist 1 Monat ab Zustellung (bei Gesetzen 1 Jahr ab Erlaß). Vertretung durch Anwalt ist nicht erforderlich (*Ausn.:* bei mündlicher Verhandlung).

Ein aus 3 Richtern bestehender Ausschuß lehnt die Annahme der V. ab, wenn sie formwidrig, unzulässig, verspätet, offensichtlich unbegründet oder vom Nichtberechtigten erhoben wird. Im Erfolgsfall wird die Maßnahme der öffentlichen Gewalt für nichtig erklärt. *Daneben* ist der Weg zu den Landesverfassungsgerichten eröffnet (z. B. Art. 120, 97 S. 4 BV).

Verfügung nennt man ein → Rechtsgeschäft, durch das ein Recht aufgehoben, geändert, belastet oder übertragen wird; Verfügungen verändern also die Rechtslage an einem Gegenstand unmittelbar. Im Gegensatz dazu stehen die sog. *Verpflichtungsgeschäfte,* die nur einen Anspruch des einen Geschäftspartners auf ein Tun oder Unterlassen des anderen begründen, also die Voraussetzung bzw. den Rechtsgrund für eine Verfügung schaffen. *Beispiel:* Abschluß des Kaufvertrages (= Verpflichtungsgeschäft) begründet lediglich den Anspruch des Käufers auf Eigentumsverschaffung am Kaufgegenstand und den Anspruch des Verkäufers auf den Kaufpreis. Die Übergabe der Kaufsache bzw. des Kaufpreises und die Einigung über den Eigentumsübergang stellen die entsprechenden Verfügungen dar.

Verfügung von Todes wegen ist der Oberbegriff für das → Testament (letztwillige Verfügung), → gemeinschaftliche Testament und den → Erbvertrag. Unter „Verfügung" ist hier jede Anordnung des Erblassers zu verstehen, die erst mit seinem Tode wirksam werden soll, z. B. die Anordnung eines Vermächtnisses oder einer Auflage (→ Testament).

Verfügungsbefugnis ist die Fähigkeit, über einen bestimmten Gegenstand eine wirksame → Verfügung zu treffen. Sie besitzt der Eigentümer, dinglich Berechtigte (Hypothekengläubiger), Bevollmächtigte und gesetzliche Vertreter. Der gute Glaube an sie wird nur zwischen Kaufleuten (§ 366 HGB) geschützt. Sie besitzt nicht der in Konkurs gefallene Gemeinschuldner (§ 6 KO), der Erbe bei → Testamentsvollstreckung (§ 2211) bzw. Nachlaßverwaltung und der → Vorerbe (§ 2113). → Veräußerungsverbot.

Vergleich ist ein gegenseitiger formfreier → Vertrag, durch den ein Streit oder die Ungewißheit der → Parteien über ein Rechtsverhältnis im Wege *gegenseitigem* Nachgebens beseitigt wird (§ 779); also kein V. wenn nur eine Partei nachgibt; jedoch ist der Begriff „Nachgeben" weit auszulegen; man versteht jedes Opfer darunter, das eine

Partei auf sich nimmt, auch wenn es nur geringfügig ist. Der V. kann außergerichtlich oder vor Gericht geschlossen werden; ein solcher *Prozeßvergleich* ist ein vollstreckbarer → Titel (§ 794 I 1 ZPO), der meist unter Vorbehalt des Widerrufs geschlossen wird; auf ihn ist § 779 ebenfalls anzuwenden.

Ein V. ist unwirksam, wenn der Sachverhalt, der in ihm festgestellt ist, nicht der Wirklichkeit entspricht und bei Kenntnis der wahren Sachlage der Streit oder die Ungewißheit gar nicht entstanden wäre. *Beispiel:* Der V. über einen Erbanspruch ist unwirksam, wenn das Testament ungültig ist. Er unterliegt der → Anfechtung.

Damit nicht zu verwechseln ist der *Zwangsvergleich* im Konkurs; ein diesbezüglicher Vorschlag des Gemeinschuldners muß genau angeben, wie die Konkursgläubiger befriedigt bzw. gesichert werden sollen (§ 174 KO), mindestens 20% (§ 187 KO). Im Vergleichsverfahren muß den Gläubigern mindestens eine Befriedigung von 35% ihrer Forderungen in Aussicht gestellt sein (§§ 3, 7 VerglO).

Vergleichende Werbung, wenn Waren von Mitbewerbern bei Werbeaktionen mit den eigenen Produkten insbesondere hinsichtlich Qualität und Preis verglichen werden. Die v. W. ist auch bei zutreffenden Angaben → unlauterer Wettbewerb (Systemvergleiche zwischen verschiedenen Herstellungsverfahren, technischen Vorrichtungen etc. sind zulässig).

Vergleichsverfahren ist ein amtsgerichtliches Verfahren, durch das der → Konkurs abgewendet werden soll, indem die Gläubiger nur zu einem (im sog. Vergleichsvorschlag enthaltenen) Teil ihrer Forderungen befriedigt und abgesichert werden. Anders als im Konkurs behält der Schuldner Verfügungsmacht über sein Vermögen; es kann ihm jedoch ein Verfügungs- und Veräußerungsverbot auferlegt werden (§§ 58 ff. VerglO). Die Gläubiger müssen dem Vergleichsvorschlag zustimmen und das Gericht muß ihn bestätigen; dann dient er als → Titel der Vollstreckung gegen den Schuldner.

In ehem. DDR gilt die VergleichsO nicht (Anl. I Kap. III A I 1 EV). Es gilt die GesamtvollstreckungsVO vom 6. 6. 90, GBl. I Nr. 32 S. 285.

Verhältniswahl → Mehrheitswahl. Jeder an einer Wahl teilnehmenden Partei wird ein dem Verhältnis ihrer gewonnenen Stimmen entsprechenden Teil der Sitze im Parlament zugeteilt. Die entsprechenden Listen werden nur dann berücksichtigt, wenn sie mindestens 5% der Gesamtstimmenzahl erreichen.

Verjährung. Ein → Anspruch unterlieg der V. (§ 194), d. h. nach einer gewissen Zeit kann der zur Leistung Verpflichtete die Lei-

Verjährung

stung verweigern (§ 222). Dieses Leitungsverweigerungsrecht muß er im Prozeßfalle durch → *Einrede* geltend machen.

Die allgemeine Verjährungsfrist beträgt 30 Jahre (§ 195); für zahlreiche Ansprüche gelten kürzere Fristen. Ansprüche aus den sog. „Geschäften des täglichen Lebens" verjähren nach § 196 I in zwei Jahren, z. B. die Ansprüche für Lieferungen oder Leistungen der Kaufleute, Fabrikanten, Handwerker, Gastwirte, Autovermieter, gewerblichen Arbeiter, Ärzte und Rechtsanwälte. Soweit Kaufleute, Fabrikanten und Handwerker für den Gewerbebetrieb des Schuldners lieferten oder tätig wurden, verjähren ihre Ansprüche in vier Jahren (§ 196 II). Ebenfalls in vier Jahren verjähren die Ansprüche auf *Rückstände* von Miet- oder Pachtzinsen sowie auf *Rückstände* von Renten, Besoldungen und Unterhaltsbeiträgen (§ 197). Ansprüche aus → unerlaubter Handlung verjähren in drei Jahren (§ 852), gegen Steuerberater ebenfalls in 3 Jahren, gegen Wirtschaftsprüfer in 5 Jahren.

Die V. *beginnt* mit der Entstehung des Anspruchs; richtet sich dieser auf ein Unterlassen, so beginnt sie mit der Zuwiderhandlung (§ 198). Wichtig ist, daß die kurzen Verjährungsfristen der §§ 196, 197 (vgl. oben) erst mit dem *Ende des Jahres* zu laufen beginnen, in dem der Anspruch entstanden ist (§ 201). *Beispiel:* Die Ansprüche des Malermeisters gegen den Wohnungsinhaber auf das vereinbarte Entgelt, für Anstreicharbeiten, die im Februar 1984 ausgeführt worden sind, verjähren mit Ablauf des 31. 12. 1986.

Die für den Anspruch bestellten Sicherheiten werden von der V. nicht erfaßt, so daß sich der Hypothekengläubiger oder Pfandgläubiger aus dem haftenden Gegenstand befriedigen kann.

Unter bestimmten Voraussetzungen kann die V. a) *gehemmt* oder b) *unterbrochen* sein. Im Falle a) läuft die V.-Frist nach Wegfall der Hemmung weiter (§ 205); im Falle b) beginnt nach Beendigung der Unterbrechung die V.-Frist von neuem zu laufen (§ 217).

Hemmung der V. liegt vor, solange die geschuldete Leistung gestundet ist (§ 202), wenn die Rechtspflege stillsteht (z. B. durch Krieg) oder wenn der Berechtigte durch höhere Gewalt an der Rechtsverfolgung gehindert ist (§ 203); eigenes Verschulden schließt Hemmung der V. aus. Die V. von Ansprüchen zwischen Ehegatten ist während des Bestehens der Ehe, die zwischen Eltern und Kindern während der Minderjährigkeit letzterer gehemt (§ 204).

Unterbrechung der V. tritt ein, wenn der Schuldner die Forderung anerkennt. Dies kann ausdrücklich oder durch schlüssiges Handeln geschehen, etwa durch Leistung einer Abschlagszahlng (§ 208). Wichtigster Unterbrechungsgrund ist die *Klageerhebung* durch den Gläubiger (§ 209 I), der die Zustellung eines → *Mahnbescheides* gleichsteht (§ 209 II Nr. 1); geht der Mahnbescheid, der an das zuständige Gericht adressiert war, bei einem unzuständigen Gericht ein, das ihn weiterleitet, ist er trotzdem zur Unterbrechung geeignet; ebenso unterbricht die Einreichung eines begründeten und vollständigen Antrags auf → Prozeßkostenhilfe. Dagegen genügt nicht bloße Mahnung. Die Unterbrechung dauert bis zur rechtskräftigen Entscheidung des Prozesses, es sei denn, er wird nicht weiterbetrieben; in diesem Fall endigt die Unterbrechung mit der letzten Prozeßhandlung (§ 211). Werden Klage oder → Mahnbescheid zurückgenommen, so gilt die Unterbrechung als nicht erfolgt (§§ 212 I, 213).

Ist ein Anspruch einmal rechtskräftig durch Gerichtsentscheidung festgestellt, so verjährt er in 30 Jahren, gleichgültig, welcher V.-Frist der Anspruch normalerweise unterliegt (§ 218). Die V. kann durch Vereinbarungen der Parteien weder ausgeschlossen noch erschwert werden; dagegen ist eine Abkürzung der V.-Frist zulässig (§ 225).

Im Strafrecht: §§ 78 ff., 79 ff. StGB.

Verkauf an Sonntagen → Feiertage, Verkauf an –.

Verkehrssicherungspflicht ist die allgemeine Rechtspflicht, im Zusammenleben Rücksicht auf mögliche Gefährdungen anderer zu nehmen und ihnen durch entsprechende Schutzmaßnahmen zu begegnen. Wer eine Gefahrenquelle schafft, muß die erforderlichen Vorkehrungen zum Schutze Dritter treffen. Diese Verpflichtung trifft nicht nur den Eigentümer einer Sache, von der die Gefahr ausgeht, sondern jeden, der in der Lage ist, über die Sache zu verfügen. *Beispiel:* Die Treppe eines Hauses ist, um Sturz in den Treppenschacht zu verhindern, mit einem Geländer zu versehen. → Streupflicht.

Wer die V. verletzt, haftet auf Schadensersatz wegen → unerlaubter Handlung (§ 823). Die Beachtung der V. ist besonders wichtig in Räumlichkeiten mit Publikumsverkehr (Läden, Warenhäuser, Behörden usw.), an Baustellen, Kinderspielplätzen usw.

Verkehrssitte → Treu und Glauben.

Verkehrszentralregister (Verkehrssünderkartei) enthält Entzug der Fahrerlaubnis, Fahrverbot, Verurteilungen wegen Verkehrsdelikten, Geldbußen bei Ordnungswidrigkeit ab DM 80.–. *Tilgung:* nach 2 Jahren Ordnungswidrigkeiten und Jugendstrafen bis zu 1 Jahr mit Bewährung; nach 5 Jahren Geldstrafen, Freiheitsstrafe bis zu 3 Monaten, andere Jugendstrafen, Entzug der Fahrerlaubnis, Fahrverbot; nach 10 Jahren in allen anderen Fällen.

Verlagsvertrag ist ein gegenseitiger Vertrag zwischen dem Verfasser eines Literatur- oder Tonkunstwerks (→ Urheberrecht) und dem Verleger, in dem der Verfasser dem Verleger das ausschließliche

Verleger

Recht zur Vervielfältigung und Verbreitung des Werks (= Verlagsrecht) überträgt, während der Verleger sich verpflichtet, das Werk auch tatsächlich und auf eigene Rechnung zu verlegen (§ 1 des Verlagsgesetzes vom 19. 6. 1901). Der Verfasser darf also das Werk nicht selbst vervielfältigen und verbreiten; er hat es zur vereinbarten Zeit beim Verleger abzuliefern, und zwar in einem Zustand, der für die Vervielfältigung geeignet ist (§§ 10, 11 VerlG). Der Verleger hat, wenn nichts anderes vereinbart ist, für die Korrekturen zu sorgen (§ 20 VerlG) sowie die vereinbarte Vergütung (Honorar) zu bezahlen, die sich meist nach dem vom Verleger festzustehenden Ladenpreis richtet. Und Frei- bzw. Vorzugsexemplare dem Autor zu überlassen. Ist nichts vereinbart, so ist eine angemessene Vergütung zu bezahlen.

Der V. endet a) durch Zeitablauf, wenn eine bestimmte Anzahl von Exemplaren oder Auflagen vereinbart war und diese vergriffen sind; b) durch Rücktritt oder Tod des Verfassers, wenn der Verleger trotz Fristsetzung das Werk nicht vervielfältigt und verbreitet (§ 32 VerlG). Der Verfasser hat dann Anspruch auf → Schadensersatz; c) durch Kündigung des Verlegers, wenn der Zweck des Werkes nachträglich wegfällt (§ 18 VerlG), ferner durch Rücktritt, wenn es nicht rechtzeitig abgeliefert wird oder nicht von vertragsgemäßer Beschaffenheit ist und der Verleger nach fruchtloser Fristsetzung die Annahme des Werks ablehnt (§§ 30, 31 VerlG). Der Verleger hat Anspruch auf → Schadensersatz wegen Nichterfüllung, wenn der Verfasser den Mangel des Werks zu vertreten hat (→ Verschulden). Bei Kündigung wegen Wegfall des Zwecks behält dagegen der Verfasser den Vergütungsanspruch; d) bei zufälligem Untergang des Werks, z. B. wenn das einzige Manuskript gestohlen wird, werden beide Vertragteile von ihrer Verpflichtung frei. Doch kann der Verleger gegen angemessene Vergütung verlangen, daß der Verfasser ein Ersatzwerk liefert, wenn ihm dies möglich und zumutbar ist (§ 33 VerlG). e) immer durch Kündigung aus wichtigem Grund (§ 626).

Verleger → Verlagsvertrag.

Verletztenrente ist eine Leistung der gesetzlichen → Unfallversicherung bei Arbeitsunfall oder Berufsunfähigkeit, die zu einer Minderung der Erwerbsfähigkeit von mindestens 20% für länger als 13 Wochen geführt haben. Für → Schwerverletzte wird eine Zulage von 10% gezahlt, wenn wegen des Unfalls keine Erwerbstätigkeit mehr ausgeübt und keine anderweitige Rente gezahlt wird. Weitere 10% werden pro Kind bezahlt (§§ 580 ff. RVO).

Verlobung ist ein formloser Vertrag (bei Minderjährigen mit Einwilligung des gesetzlichen Vertreters) mit dem unklagbaren Versprechen der Eheschließung. Sie ist bei bestehendem anderem Verlöbnis oder Ehe nichtig. Rechtsansprüche werden nicht begründet, wohl ein Zeugnisverweigerungsrecht. V. endet durch Ehe oder Rücktritt; erfolgt dieser ohne wichtigen Grund, muß der Zurücktretende entstandenen materiellen Schaden (→ Ausstattung) ersetzen und der Braut für Geschlechtsverkehr *Kranzgeld* (§ 1300) zahlen, ferner die V.-Geschenke zurückgeben. Die Ansprüche verjähren in 2 Jahren ab Auflösung. Die Vorschriften des BGB gelten in ehem. DDR ab 3. 10. 90.

Verlobungsgeschenk → Schenkung.

Verlustausgleich ist der Ausgleich von Gewinnen und Überschüssen mit Verlusten im gleichen Veranlagungszeitraum; er mindert die zu zahlende Steuer.

Vermächtnis → Testament.

Vermietung → Miete.

Vermischung → Verbindung, Eigentum.

Vermittler → Ehevermittlung, Mäklervertrag.

Vermittlungsagent ist ein Handelsvertreter, der ohne Abschlußvollmacht → Rechtsgeschäfte lediglich vorbereitet.

Vermögensbildung (5. G 19. 1. 89, BGBl. I 137) der Arbeitnehmer erfolgt nach dem WohnungsbauprämienG, durch Aufwendungen zum Bau oder Erwerb von Eigenheimen, Arbeitnehmerdarlehen auf Grund Tarifvertrages, Betriebsvereinbarung oder Arbeitgeberaktien. Arbeitnehmer mit maximal 27 000.– DM zu versteuerndem Einkommen (Eheleute DM 54 000.– und 1800.– je Kind) erhalten eine steuer- und sozialversicherungsfreie Zulage von 20% bzw. 10% der erbrachten Leistungen, höchstens aus DM 936.– pro Jahr. Die Arbeitnehmer-Sparzulage wird auf Antrag aus den Lohnsteuereinnahmen durch das für den Arbeitnehmer zuständige Finanzamt festgesetzt und ausgezahlt. Erhält der Arbeitnehmer unentgeltlich oder verbilligte Kapitalbeteiligungen oder Darlehensforderungen, wird ein Freibetrag in Höhe des halben Vermögensvorteils, höchstens DM 500.– pro Jahr gewährt. Das V.-Gesetz gilt in ehem. DDR ab 1. 1. 91.

Vermögensfragen in ehem. DDR sind durch Gesetz gem. Anlage II Kap. III B I 2 EV geregelt. Danach werden Vermögenswerte, die enteignet oder in Volkseigentum überführt worden sind, auf Antrag (bis zum 13. 10. 90) grundsätzlich an die Berechtigten zurückgegeben und die bisherige staatliche Verwaltung aufgehoben. Mieter und Benutzer von Ein- und Zweifamilienhäusern oder

Vermögenssorge

Grundstücken zu Erholungszwecken erhalten auf Antrag ein → Vorkaufsrecht oder Ersatzgrundstück. Verlängerung der Anmeldefrist gem. Art. 6 G 23. 6. 90, BGBl. II 885 möglich.

Vermögenssorge ist die Verpflichtung der Eltern und Vormunds, das Vermögen des Kindes bzw. Mündels zu verwalten und darüber zu verfügen (§ 1638) mit Ausnahme letztwilliger Zuwendungen, die eine andere Anordnung enthalten. Die gesetzlichen Vertreter sind zur → *mündelsicheren* Anlage und Erstellung eines Vermögensverzeichnisses verpflichtet. Jegliches → Selbstkontrahieren ist verboten. Bei vielen Geschäften ist die *Genehmigung* des Vormundschaftsgerichtes erforderlich: Grundstücksgeschäften, Betrieb eines Erwerbsgeschäftes, Gesellschaftsvertrag, Kreditaufnahme etc. (§§ 1643, 1821, 1822). Einkünfte aus dem Kindesvermögen sind nach Abzug der Verwaltungsunkosten zum Unterhalt des Kindes zu verwenden, Überschüsse für die Geschwister (§ 1649). Ist das Vermögen des Kindes gefährdet, kann die V. durch Beschluß des Vormundschaftsgerichtes entzogen werden (§ 1667).

Vermögensschaden ist die Beeinträchtigung der wirtschaftlichen Güter einer → Person; Gegensatz: → Nichtvermögensschaden; → Schaden.

Vermögensteuer wird vom Gesamtvermögen nach Abzug der Schulden von den in der Bundesrepublik lebenden natürlichen Personen erhoben. Freibetrag von DM 70000.– für den Steuerpflichtigen (soll ab 1993 auf 100000.– erhöht werden) und DM 70000.– für seinen Ehegatten und DM 70000.– für jedes zusammenveranlagte Kind. Ferner → Altersfreibetrag von DM 10000.– und Erwerbsunfähigkeitsbetrag von DM 50000.– (wenn Gesamtvermögen DM 150000.–, bei Eheleuten DM 300000.– nicht übersteigt). Steuersatz: 0,5%. Nächste Veranlagung erfolgte zuletzt zum 1. 1. 93 für 3 Jahre. Neuveranlagung bei Änderung der persönlichen Verhältnisse um mehr als 1,5%. Bei V.-Pflicht besteht Vorauszahlungspflicht.

Vermögensübernahme → Schuldübernahme.

Verpachtung → Pacht.

Verpächter → Pacht.

Verpfändung ist die Belastung eines Gegenstands (Sache oder Recht) mit einem → Pfandrecht. Sie dient der Sicherung einer Forderung, z.B. durch Übergabe eines Schmuckstücks zur Sicherung der Rückzahlung eines empfangenen → Darlehens. Praktisch bedeutsam vor allem bei der → Pfandleihe.

Verpflichtungsgeschäft ist ein nur schuldrechtlicher Vertrag, der lediglich einen Anspruch gibt. → Verfügung.

Verrechnungsscheck (→ Scheck). Der im V. genannte Betrag darf von dem, der zahlen soll, nur an eine andere Bank oder an einen eigenen Kunden ausgezahlt werden. Kennzeichnung des V. durch zwei parallel verlaufende Striche auf der Vorderseite (meist links oben).

Verrichtungsgehilfe → unerlaubte Handlung.

Versäumnisurteil ergeht auf Antrag der erschienenen gegen die trotz ordnungsgemäßer Ladung bei zulässiger und → schlüssiger Klage unentschuldigt säumige Partei (außer in Ehe-, Kindschaftsverfahren). Anfechtung des V. mit Einspruch binnen 2 Wochen ab Zustellung (§ 339 ZPO) oder Berufung (§ 513 II ZPO).

Verschulden ist Voraussetzung für → Haftung → Schadensersatz. → Leistungsstörungen. Man versteht darunter ein objektiv rechtswidriges (→ Rechtswidrigkeit), subjektiv (also persönlich) vorwerfbares Verhalten einer zurechnungsfähigen Person, die für Vorsatz und Fahrlässigkeit (§ 276) einzustehen hat. Unzurechnungsfähig (und damit schuldunfähig) sind Bewußtlose und Geisteskranke (§ 827) sowie Kinder bis zur Vollendung des 7. Lebensjahres (§ 828 I). Jugendliche vom 7. bis zur Vollendung des 18. Lebensjahres sowie Taubstumme gelten dann als unzurechnungsfähig, wenn sie nicht die zur Erkenntnis der Verantwortlichkeit erforderliche Einsicht haben, was von Fall zu Fall zu prüfen ist (§ 828 II).

Trotz fehlender Schuld Haftung nach Billigkeit bei eigenem Vermögen, § 829.

Vorsatz ist das Wollen des (rechtswidrigen) Erfolgs durch den Handelnden; darunter fällt auch der *bedingte Vorsatz,* d. h. die Billigung des als möglich erkannten Erfolgs. *Beispiel:* Die Mieterin eines Zimmers will den Vermieter ärgern und trägt daher ständig Schuhe mit Bleistiftabsätzen, um den Parkettboden zu beschädigen: direkter Vorsatz. Weiß oder erkennt sie lediglich, daß durch solche Absätze das Parkett beschädigt werden kann, trägt sie die Schuhe aber trotzdem und nimmt damit die Schädigung in Kauf: bedingter Vorsatz.

Fahrlässigkeit bedeutet Nichterkennen des rechtswidrigen Erfolges, obwohl dieser vorhersehbar war. Als Maßstab für die auf das Erkennen (und damit Verhindern) des rechtswidrigen Erfolgs aufzuwendende Anstrengung nennt das Gesetz die „im Verkehr erforderliche Sorgfalt" (§ 276 I 2). Entscheidend sind also nicht die persönlichen (subjektiven) Kenntnisse und Fähigkeiten des Schuldners, sondern es kommt allein darauf an, welches Verhalten nach allgemeiner, durchschnittlicher Anschauung erforderlich ist, um bei der Abwicklung

Verschulden bei Vertragsschluß

von Rechtsgeschäften oder Erfüllung anderer Verpflichtungen Schäden für den Vertragspartner zu vermeiden. *Beispiel:* Der Rechtsanwalt kann für besonders hohe Prozeßkosten haften, wenn er unterlassen hat, den Klienten auf die Aussichtslosigkeit oder auch nur Zweifelhaftigkeit des geltendgemachten Anspruchs hinzuweisen.

Arten der Fahrlässigkeit: a) unbewußte F. = der Verantwortliche hat die Möglichkeit des rechtswidrigen Erfolgs fahrlässig nicht erkannt; b) bewußte F. = er hat mit der Möglichkeit des Erfolgs gerechnet, aber auf sein Nichteintreten gehofft. Nach dem Grad der F. bedeutet a) leichte F. = Außerachtlassen der erforderlichen Sorgfalt, b) grobe F. = besonders schwere Verletzung der verkehrserforderlichen Sorgfalt (es wird nicht beachtet, was im gegebenen Fall jedem einleuchten mußte). Ob a) oder b) vorliegt, muß im Einzelfall festgestellt werden (sog. Tatfrage).

Innerhalb eines bestehenden → Schuldverhältnisses hat der Schuldner nach § 278 nicht nur für eigenes Verschulden einzustehen (also es zu „vertreten"), sondern auch für das Verschulden seines gesetzl. Vertreters (Eltern, Vormund → Stellvertretung) sowie der Personen, deren er sich zur Erfüllung seiner Verbindlichkeit bedient (= *Erfüllungsgehilfen*). *Beispiel:* Vertrag zwischen Arzt und Patient; Erfüllungsgehilfe ist die Krankenschwester, die vom Arzt zur Behandlung (etwa zur Verabreichung von Einspritzungen) zugezogen wird.

Die Haftung für eigene Fahrlässigkeit und die Haftung für Vorsatz und Fahrlässigkeit des Gehilfen können vertraglich *ausgeschlossen* werden (aber nicht im Wege → Allgemeiner Geschäftsbedingungen). Ohne V. haftet man für einen Erfolg nur auf Grund von Gewährleistungsansprüchen (→ Kauf, Miete, Werkvertrag) und der Garantiehaftung (Kfz-Halter, Tierhalter, Aufsichtspflicht, Gebäudeinhaber: → Schaden).

Verschulden bei Vertragsschluß. Bereits die Anbahnung von Vertragsverhandlungen (z. B. Besichtigung) erzeugt ohne Rücksicht auf späteren Vertrag ein gegenseitiges Vertrauensverhältnis, bei dessen schuldhafter Verletzung Schadensersatz zu leisten ist (Kaufinteressent betritt Warenhaus; Teppichrolle fällt ihm auf Kopf). → Treu und Glauben, nicht ersetzt wird der entgangene Gewinn.

Versendungskauf → Kauf (Anm.: II c).

Versicherungspflicht →Pflichtversicherung.

Versicherungsvertrag ist ein privatrechtlicher, gegenseitiger, formlos möglicher → Vertrag (Gegensatz: Sozialversicherung) zwischen Versicherer und Versicherungsnehmer, durch den der Versicherer gegen Entgelt ein den Versicherten treffendes Risiko übernimmt, das dieser sonst selbst tragen müßte (G 30. 5. 1908, RGBl. S. 263). Versicherungsarten: a) Schadensversicherung, z. B. Feuer-, Hagel-, Transport-, Reisegepäck-, Haftpflichtversicherung, b) Personenversicherung, z. B. Lebens-, Unfall-, Kranken-, Altersversicherung. Der Versicherer ist zur Ausstellung einer *Versicherungspolice* und Einhaltung der dem V. zugrundegelegten *Versicherungsbedingungen* verpflichtet. Der Versicherungsvertreter ist befugt, eine vorläufige *Deckungszusage* zu machen.

Weicht der Inhalt eines Versicherungsscheins von den getroffenen Vereinbarungen ab, gilt die Abweichung als genehmigt, wenn der Versicherungsnehmer nicht binnen 1 Monats nach Empfang des Versicherungsscheins widerspricht (§ 5 VVG).

Der V. beginnt mit dem vereinbarten Zeitpunkt, wobei auch rückwirkende Vereinbarung möglich ist (§ 2 VVG), und endet durch Fristablauf, → Kündigung oder → Rücktritt des Versicherers. Er wird i. d. R. für ein Jahr abgeschlossen und verlängert sich automatisch um ein weiteres Jahr, wenn er nicht fristgemäß gekündigt wird. Kündigung kann *ordentlich* nach Maßgabe des Vertrages oder *außerordentlich* (Fristlose Kündigung) erfolgen, wenn der Versicherungsnehmer eine Nachprämie nach erfolgter Fristsetzung nicht bezahlt. Nachprämie ist die Prämie, die nach Abschluß des V. fällig wird. Die vom Versicherer zu setzende Zahlungsfrist muß mindestens 2 Wochen betragen und mit dem Hinweis verbunden sein, daß die Leistungspflicht des Versicherers bei Nichtzahlung entfällt. Fristlose Kündigung durch den Versicherer ist auch möglich, wenn der Versicherungsnehmer die *Gefahr* für den versicherten Gegenstand erhöht (z. B. Errichtung einer feuergefährlichen Anlage in einem gegen Brand versicherten Anwesen). Rücktritt des Versicherers ist möglich, wenn der Versicherungsnehmer seine *Wahrheitspflicht* (vgl. unten) verletzt.

Pflichten des Versicherers: Zahlung der Versicherungssumme, wenn der Versicherungsfall eintritt. Lehnt der Versicherer Ersatzleistungen ab, muß der Versicherungsnehmer seinen Anspruch binnen 6 Monaten danach gerichtlich geltend machen, sonst wird der Versicherer frei. Ansonsten wird der Anspruch gegen den Versicherer 1 Monat nach Anzeige des Versicherungsfalles fällig und berechtigt, *Abschlagszahlungen* zu verlangen *Pflichten des Versicherungsnehmers:* Fristgemäße Zahlung der Prämien; Wahrheitspflicht bei Vertragsabschluß, d. h. wesentliche Punkte dürfen weder unrichtig angegeben noch verschwiegen werden (z. B. bei Lebensversicherung der Gesundheitszustand); keine nachträgliche Gefahrerhöhung für den versicherten Gegenstand; unverzügliche Anzeige des Versicherungsfalles (Schadenseintritt usw.) sowie Schadensminderung nach Weisung des Versicherers (Auskunft, Prozeßführung usw.). Nichteinhaltung dieser Pflichten befreit den Versicherer i. d. R. von seiner Zahlungsverpflichtung.

Die Ansprüche aus dem V. verjähren in 2 Jahren. Die → Verjährung beginnt am Schluß des Jahres, in dem die Leistung verlangt werden konnte. *Ausnahme:* Ansprüche aus einer Lebensversicherung verjähren in 5 Jahren.

Versicherungsvertreter → Handelsvertreter.

Versicherungszeiten in der gesetzlichen → Rentenversicherung sind die durch Beitragszahlung erfüllten → Wartezeiten, ohne die i. d. R. ein Rentenanspruch nicht besteht. V. sind *Beitragszeiten* (in denen Beiträge entrichtet wurden), *Ersatzzeiten* (Militärzeit, Gefangenschaft, Verfolgung, politische Haft, Vertreibung), *Ausfallzeiten* (beitragslose Zeiten während Krankheits- und unfallbedingter Arbeitslosigkeit, Schwangerschaft, Bezugszeiten von Arbeitslosengeld und Arbeitslosenhilfe, Unterhaltsgeld und Übergangsgeld, Schlechtwettergeld vor dem 1. 1. 79 und Wiedereingliederungsmaßnahmen bis 30. 9. 74, Hoch- und Fachschulausbildung) und → *Zurechnungszeiten* (Berufs- oder Erwerbsunfähigkeit).

Ab 1992 werden Ausbildungszeiten an Schulen, Fachschulen und Hochschulen nach dem 16. Lebensjahr nur bis zu 7 Jahren berücksichtigt; bei → Zurechnungszeiten wird die Zeit bis zum 55. Lebensjahr voll, zwischen 55. und 60. Lebensjahr zu ⅓ angerechnet. V. sind zusätzlich → Kindererziehungs- und → Pflegezeiten. Ab 1992 werden Anrechnungs-, Zurechnungs- und → Ersatzzeiten in jedem Fall (unabhängig von der bis dahin geltenden Halbdeckung) angerechnet.

In ehem. DDR gelten Sonderbestimmungen gem. Art. 236 EGBGB.

Versorgungsausgleich. 1) *Rentensplitting.* Wird eine Ehe nach dem 30. 6. 77 geschieden, aufgehoben oder für nichtig erklärt, werden gleichzeitig die von den Ehegatten während der Ehe erworbenen Anwartschaften auf eine Versorgung wegen Alters-, Berufs- oder Erwerbsunfähigkeit einander gegenübergestellt und zwar Sozialversicherungsrenten, Pensionen, betriebliche Altersversorgung, Renten aus Zusatzversorgung oder privater Versicherung. Der Gatte mit den werthöheren Versorgungsansprüchen muß dem anderen die Hälfte des Wertunterschiedes beider Ansprüche ausgleichen (§ 1587a).

2) *Wertausgleich.* Der V. erfolgt durch Entscheidung des Familiengerichts: a) bei gesetzlichen Rentenansprüchen wird ein eigener Anspruch des Ausgleichsberechtigten gegen den Rentenversicherungsträger begründet (§ 1587 b I); b) bei Beamtenpensionen wird die Pensionsanwartschaft gekürzt und gleichzeitig eine Rentenanwartschaft

für den sozial Schwächeren in Höhe des Ausgleichsbetrages im Wege der fiktiven Nachversicherung begründet (§ 1587 b II); c) bei betrieblicher Altersversorgung, Privatversicherungen und Zusatzversorgung wird der Ausgleichsverpflichtete zur Zahlung entsprechender Beiträge an die Sozialversicherungsträger verurteilt (§ 1587 b III).

3) *Schuldrechtlicher* V. Sind die Möglichkeiten 2) a–c nicht gegeben, oder haben die Eheleute etwas anderes vereinbart (§ 1587o), erhält der Ausgleichsberechtigte entweder a) einen unterhaltsähnlichen Anspruch auf eine Geldrente (sog. *Ausgleichsrente* § 1587g) in Höhe der Hälfte des Wertunterschiedes beider Versorgungsansssprüche oder b) eine *Abfindung* in Form der Zahlung von Beiträgen zur Rentenversicherung (§ 1587 I; ab 1980 nur noch kalenderjahresweise und höchstens das 12fache des monatlichen Höchstbetrages) bzw. privaten Lebensversicherung oder c) er kann → Abtretung der dem Ausgleichpflichtigen gegen seinen Rententräger zustehenden Ansprüche in Höhe von ½ des Wertunterschiedes beider Versorgungsansprüche verlangen.

4) *Ausschluß*. Bei grober Unbilligkeit entfällt ein V. (§§ 1587c, d, h). Durch notariellen (Ehe-)Vertrag kann für den Fall der Scheidung eine abweichende Regelung getroffen werden, die vom Familiengericht genehmigt werden muß (§ 1587o).

5) *Tabellen* für 1989 in NJW 1989 S. 508; 1851. Für 1990: NJW 1990 S. 689; 2613.

Versorgungsbezüge früherer Arbeitgeber oder Versicherungen gehören zu den steuerpflichtigen Einkünften aus nichtselbständiger Arbeit. Bei der Einkommensteuer bleibt ein Versorgungsfreibetrag von 40% der V., maximal DM 4800.– im Veranlagungszeitraum steuerfrei (§ 19 II EStG).

Versorgungsfreibetrag bei Einkommen gem. § 19 II EStG DM 4800.–; bei Erbschaft- bzw. Schenkungsteuer gem. § 17 ErbStG DM 250000.– für Ehegatten und DM 50000.– bis DM 10000.– für Kinder.

Verspätungszuschlag kann vom Finanzamt bei schuldhaft verspäteter Abgabe einer Steuererklärung bis zu 10% der zu zahlenden Steuer, höchstens auf DM 10000.– festgesetzt werden (§ 152 AO).

Versteigerer. Wer → Versteigerungen gewerbsmäßig betreibt, bedarf einer Erlaubnis (§ 34b GewO), die bei fehlender Zuverlässigkeit, Vorstrafen mit ungeordneten Vermögensverhältnissen und nicht vorhandenen Branchenkenntnissen versagt wird.

Versteigerung. Man unterscheidet die V. nach bürgerlichem Recht (z. B. einer Pfandsache, → Pfandrecht), die Zwangsversteige-

Vertrag

rung von Grundstücken und die öffentliche V. von im Wege der →
Zwangsvollstreckung gepfändeten beweglichen → Sachen. Letztere
wird durch den Gerichtsvollzieher vorgenommen und dient der Verwertung der Pfandsachen (§ 814 ZPO). Die Veräußerung der gepfändeten Sache erfolgt durch *Zuschlag* und *Ablieferung* an den Erwerber. Die Entgegennahme desErlöses durch den Gerichtsvollzieher wirkt wie die Zahlung des Schuldners an den Gläubiger (§ 819
ZPO). Ein die Schuld übersteigender Überschuß steht dem Schuldner zu, wenn er der Eigentümer der versteigerten Sache war.

Vertrag ist ein → Rechtsgeschäft, das aus übereinstimmenden →
Willenserklärungen mehrerer → Personen (mindestens 2) besteht.
Ein V. kommt durch Angebot und Annahme zustande (§§ 145 ff).
Beide Erklärungen müssen einander entsprechen. Solange das nicht
der Fall ist, eine Einigung der Parteien also nicht vorliegt – sei es auch
nur in einem Punkt, den eine Partei für wesentlich hält –, ist der V.
im Zweifel nicht geschlossen (= offener Dissens, § 154 I). Glauben
die V.-Parteien, sich geeinigt zu haben, ist in Wirklichkeit aber eine
Einigung nicht gegeben, weil ein Mißverständnis vorliegt, ist kein
Vertrag zustandegekommen. *Beispiel:* A bietet dem B telegrafisch an:
„Verkaufe Hektor für DM 1200", B telegrafiert zurück „Kaufe Hektor zum angebotenen Preis". A meint jedoch den Hund Hektor, B
das Pferd Hektor. Hier spricht man von einem *versteckten Einigungsmangel* (= versteckter Dissens); nach § 155 ist der V. nur zustandegekommen, wenn anzunehmen ist, daß er auch in Kenntnis des Miß-
verständnisses geschlossen worden wäre. Dasselbe gilt, wenn die
Parteien bei ihren Verhandlungen einen Punkt vergessen oder über-
sehen haben. Anderseits liegt eine gültige Einigung vor, wenn der
Kaufgegenstand irrtümlich nur falsch bezeichnet ist, die Parteien
aber über den Gegenstand einig sind (falsche Bezeichnung der Pkw-
Nr.).

Ein *Vertragsantrag* (Offerte) kann ausdrücklich oder stillschweigend, z. B. durch Aufstellen eines Warenautomaten, gemacht werden. In einer Versteigerung gilt das Gebot als Antrag. Angebote in
Schaufenstern oder Gaststätten sind kein Antrag sondern eine Aufforderung an den Kaufinteressenten, selbst einen Kaufantrag zu machen. Wer einem anderen einen V.-Antrag macht, ist bis zur Annahme oder Ablehnung daran gebunden, es sei denn, er hat die Bindung
ausgeschlossen, z. B. durch den Zusatz „freibleibend" (§ 145). So
verpflichtet Tischreservierung in einem Restaurant zum Erscheinen
und Essen (bzw. Schadensersatz), es sei denn, die Menüfolge sagt
dem Gast nicht zu. Der Antrag erlischt, wenn der andere Teil ihn
ablehnt oder *nicht rechtzeitig* annimmt (§ 146). Ein mündliches, also
unter Anwesenden oder telefonisch abgegebenes Angebot kann nur

sofort angenommen, ein schriftliches bzw. unter Abwesenden gemachtes Angebot nur bis zu dem Zeitpunkt in welchem der Antragende die Antwort unter regelmäßigen Umständen erwarten kann (§ 147; zu berücksichtigen ist hierbei z. B. die übliche Dauer der Postzustellung). Hat der Antragende für die V.-Annahme eine Frist bestimmt, so ist die Annahme nur innerhalb der Frist möglich (§ 148). In einer Versteigerung besteht Bindung an das eigene Angebot bis zur Abgabe eines Übergebotes, der Zuschlag als Annahme. Eine Annahme unter Erweiterungen, Einschränkungen oder sonstigen Änderungen z. B. beim Kaufpreis, gilt als Ablehnung verbunden mit einem *neuen* Antrag (§ 150 II). Ebenso gilt die *verspätete* Annahme als neuer Antrag (§ 150 I). Ist jedoch die verspätet eingegangene Annahme so abgesandt, daß sie bei regelmäßiger, also regulärer Beförderung rechtzeitig zugegangen wäre und kann der Antragende das erkennen, dann muß er den verspäteten Eingang dem Annehmenden unverzüglich (= ohne schuldhaftes Zögern) anzeigen; andernfalls gilt die Annahme als rechtzeitig erfolgt (§ 149). Während normalerweise die Annahme ausdrücklich erklärt wird und dem Antragenden zugehen muß, kommt auch ohne Erklärung ein V. zustande, wenn der Antragende auf diese Erklärung verzichtet hat oder eine solche nach der Verkehrssitte (→ Treu und Glauben) nicht zu erwarten ist (§ 151). Hier liegt die Annahme in einem schlüssigen Verhalten des Annehmenden, z. B. in der Ingebrauchnahme von zugesandten Waren.

Auch in der widerspruchslos erfolgten Einlösung eines Schecks ist die Annahme eines Vertragsangebotes zu sehen (z. B. Abfindungsvertrag).

Eine *Ausnahme* zu den Regeln über die Annahme bildet § 362 HGB, wonach ein Kaufmann, „dessen Gewerbebetrieb die Besorgung von Geschäften für andere mit sich bringt" (z. B. Handelsvertreter, Spediteur), auf den ihm zugehenden Antrag eines anderen, mit dem er in Geschäftsverbindung steht oder dem gegenüber er sich zu Besorgung derartiger Geschäfte erboten hat, unverzüglich antworten muß. Sein *Schweigen* auf einen solchen Antrag gilt als Vertragsannahme. Ähnliches gilt für das kaufmännische → *Bestätigungsschreiben*. Mündliche, auch fernmündliche Abreden unter *Kaufleuten* werden in aller Regel schriftlich bestätigt. *Schweigt* der Empfänger des Bestätigungsschreibens, so gilt sein Inhalt als Vertragsinhalt, auch wenn mündlich etwas anderes vereinbart war. Ausnahme, wenn der Verfasser des Schreibens *arglistig* von den mündlichen Vereinbarungen abweicht.

Ein V. kann wieder aufgehoben bzw. rückgängig gemacht werden durch entsprechende Erklärungen der V.-Partner oder durch → Anfechtung, → Kündigung, → Rücktritt.

Vertrag mit Schutzwirkungen für Dritte

Einteilung der Verträge: a) einseitig verpflichtende (→ Schenkung) b) unvollkommen zweiseitig verpflichtende (→ Verwahrung) c) vollkommen zweiseitig verpflichtende (= *gegenseitige*) Verträge. (Kauf, Miete, wo Leistungen ausgetauscht werden). d) einseitige Rechtsgeschäfte (→ Vaterschaftsanerkenntnis, → Testament, → Auslosung) und e) Gesamtakte (Abstimmung in Mitgliederversammlung).

Hält bei einem gültigen V. ein Partner die eingegangenen Verpflichtungen nicht oder nicht in gehöriger Weise ein, so daß das V.-Verhältnis sich nicht wie vorgesehen abwickelt, so spricht man von → *Leistungsstörungen,* die dem anderen Teil i. d. R. besondere Ansprüche wie → Schadensersatz, Zinszahlungen oder Rücktritt vom V. eröffnen; man unterscheidet bei den Leistungsstörungen → Unmöglichkeit, → Verzug, → positive Vertragsverletzung. Aber auch wenn noch kein V. zustandegekommen ist, sondern erst die V.-Verhandlungen im Gange sind, geht die Rechtsordnung davon aus, daß hier ein *vorvertragsähnliches Vertrauensverhältnis* besteht und daß derjenige, der es schuldhaft verletzt und dadurch dem anderen Teil Schaden zufügt, Ersatz zu leisten hat („culpa in contrahendo"). *Beispiel:* Ein Arbeitgeber erweckt bei einem Bewerber den Eindruck, er sei fest entschlossen, ihn anzustellen, worauf dieser seine bisherige Stelle kündigt. Stellt er ihn nicht an, hat der Bewerber Anspruch auf Ersatz des durch die Aufgabe der Arbeitsstelle entstandenen Schadens.

Vertrag mit Schutzwirkungen für Dritte. Grundsätzlich wirken schuldrechtliche Verträge nur zwischen den vertragschließenden Parteien. Nehmen aber im Rahmen z. B. eines Miet-, ärztlichen Behandlungs- oder Beförderungsvertrages außenstehende Personen mit dem Gläubiger (Mieter) Kontakt auf, erstrecken sich die im Vertrag enthaltenen Schutzwirkungen auch auf diese Personen, sofern es sich um einen dem Gläubiger nahestehenden, überschaubaren Personenkreis handelt (z. B. Schwiegermutter bricht sich auf schadhafter Treppe das Bein; Vermieter haftet auf Schadensersatz wegen Schlechterfüllung des Mietvertrages). Dieser vertragliche Schutz bei Körper- und Gesundheitsschäden geht weiter als bei → unerlaubter Handlung.

Vertrag zugunsten Dritter. Ein → Vertrag kann in der Weise geschlossen werden, daß der → Schuldner sich gegenüber dem Gläubiger verpflichtet, eine bestimmte Leistung an einen Dritten zu erbringen (§ 328). Die Vertragspartner können dabei vereinbaren, daß entweder nur der Gläubiger oder der Dritte oder auch beide berechtigt sind, die Leistung vom Schuldner zu fordern. Bei Sparkonten entscheidet nicht so sehr der Name des Begünstigten, als der Besitz des Sparbuches. Solche Verträge werden besonders häufig im Versicherungswesen abgeschlossen, z. B. Lebensversicherungsvertrag zugunsten eines Angehörigen. Hat der Dritte, wie i. d. R. bei der Lebensversicherung (§ 330) oder Bausparvertrag, ein selbständige Forderungsrecht, so muß er sich Einwendungen, die dem Versprechenden Schuldner gegenüber dem Versprechensempfänger (Gläubiger) aus dem Vertrag zustehen, entgegenhalten lassen, z. B. Nichtzahlung der Versicherungsprämie (§ 334). Soll die Leistung an den Dritten nach dem Tod des Gläubigers erfolgen, erwirbt der Dritte den Anspruch erst mit dessen Tod (§ 331).

Verträge zu Lasten Dritter gibt es nicht (*Ausnahme* → Testament, das aber kein Vertrag ist).

Vertragsfreiheit. Beim Abschluß eines → Vertrags sind die Vertragsparteien nicht an die *Vertragstypen* gebunden, die das BGB vorsieht (z. B. Kauf, Miete usw.); sie können dem Vertrag auch einen anderen Inhalt geben oder von den gesetzlichen Vertragstypen bei der Vertragsgestaltung abweichen (z. B. Leasing-, Baubetreuungs-, Filmbezugsvertrag). Zulässig sind insbes. sog. *gemischte Verträge,* die aus einer Kombination mehrerer gesetzlich geregelter Vertragstypen bestehen. *Beispiel:* Der *Krankenhausvertrag* setzt sich zusammen aus → Dienstvertrag, soweit es die Behandlung betrifft, aus → Kauf hinsichtlich der Verpflegung und aus → Miete bezüglich der Unterbringung des Patienten. Rechtlich werden solche Verträge nach den Bestimmungen eines Vertragstyps behandelt, wenn dieser überwiegt (Absorptionsprinzip). Z. B. bestimmt sich die Einnahme von Speisen in einem Gasthaus nach Kaufrecht; das (dienstrechtliche) Servieren der Speisen und die (mietrechtliche) Aufnahme im Gastraum treten als bloße Nebenleistungen zurück. Überwiegt kein Vertragstyp, so ist das anzuwendende Recht dem jeweils einschlägigen Vertrag zu entnehmen (Kombinationsgrundsatz). Die V. findet ihre Grenze in dem Genehmigungssystem des öffentlichen Rechts, den im BGB abschließend geregelten Verfügungen und Belastungen von Sachen bzw. Rechten (z. B. Grundstücke nur mit → Hypothek, → Grundschuld, → Rentenschuld), dem Verbot gesetz- oder sittenwidrigen Handelns und den → Allgemeinen Geschäftsbedingungen. *Beispiel:* Ein Miterbe kann nur über seinen Miterbenanteil im Ganzen, nicht über einzelne Nachlaßgegenstände verfügen, solange die Erbschaft nicht auseinandergesetzt ist (§ 2033).

Eine weitere Einschränkung der V. ergibt sich aus dem sog. *Abschluß(Kontrahierungs)zwang.* Ihm unterliegen insbes. *Monopolbetriebe* wie Post, Eisenbahn, Elektrizitäts- und Wasserwerke. Hier besteht die gesetzliche Verpflichtung zur Annahme eines Vertragsangebots. Bei Ablehnung kommt zwar kein Vertrag zustande; der Ablehnende

Vertragsstrafe (Konventionalstrafe)

ist aber zum → Schadensersatz verpflichtet. Schließlich kann zwar der Abschluß eines Vertrags den Parteien freigestellt, jedoch sein Inhalt gesetzl. festgelegt oder durch Hoheitsakt geschaffen werden (diktierter Vertrag), z. B. Zuweisung von Hausrat nach Scheidung durch Beschluß des Familiengerichts.

Vertragsstrafe (Konventionalstrafe). Gläubiger und → Schuldner können vereinbaren, daß letzterer eine Geldsumme für den Fall zu zahlen hat, daß er seine Verbindlichkeit nicht oder nicht ordnungsgemäß erfüllt. Die Strafe ist verwirkt, sobald der Schuldner in → Verzug kommt bzw., wenn die geschuldete Leistung in einem Unterlassen besteht, sobald er eine Zuwiderhandlung begeht (§ 339); Voraussetzung ist → Verschulden. Ist die Strafe für den Fall der → Nichterfüllung vereinbart, so kann der Gläubiger die Strafe *statt* der Erfüllung verlangen (z. B. Sänger tritt im Konzert nicht auf (§ 340 I). Ist dagegen die Strafe für den Fall versprochen, daß der Schuldner nicht ordnungsgemäß, insbes. nicht rechtzeitig erfüllt (die Ware verspätet liefert), dann kann der Gläubiger die verwirkte Strafe *neben* der Erfüllung verlangen (§ 341 I). Nimmt der Gläubiger die nicht ordnungsgemäße Erfüllung an, dann muß er sich das Recht auf die V. *ausdrücklich vorbehalten,* sonst erlischt der Anspruch (§ 341 III). Ist eine verwirkte Strafe unverhältnismäßig hoch, so kann der Schuldner eine gerichtliche Entscheidung auf Herabsetzung durch Urteil beantragen (§ 343 I). Der Richter entscheidet nach Billigkeit.

Ist ein Rechtsgeschäft wegen → Sittenwidrigkeit nichtig, kann auch keine V. verlangt werden. Im Mietrecht (§ 550 a), Verlöbnis (§ 1297 II) Ehe und Allgemeinen Geschäftsbedingungen (§ 11 Nr. 6 AGBG) kann eine V. nicht wirksam festgelegt werden.

Vertragsverletzung → positive Vertragsverletzung.

Vertrauensgrundsatz im Straßenverkehr bedeutet, daß sich jeder Verkehrsteilnehmer, der sich selbst korrekt verhält, darauf verlassen kann, daß auch die anderen erwachsenen Verkehrsteilnehmer die Verkehrsregeln befolgen, insbesondere ein begonnenes Verhalten fortsetzen werden (z. B. darf sich ein Kraftfahrer darauf verlassen, daß die ihm zustehende Vorfahrt eingeräumt oder ein erwachsener Fußgänger, der ihn gesehen hat und stehen bleibt, solange stehen bleiben wird, bis er vorbei gefahren ist). Gegenüber Kindern und Senioren muß man aber damit rechnen, daß sie etwas Unvorhergesehenes, Verkehrswidriges tun werden und sich darauf einstellen (absolut bremsbereit fahren).

Vertrauensinteresse (negatives Interesse): Ist jemand nicht aufgrund eines → Vertrages einem anderen zum → Schadensersatz verpflichtet, sondern aus anderen Gründen, z. B. → unerlaubter Handlung oder weil er selbst die Ungültigkeit eines Vertrages herbeigeführt hat, z. B. im Falle der → Anfechtung, so erstreckt sich der Umfang der Ersatzpflicht nur auf das *negative Interesse* des Gläubigers; der Gesetzgeber spricht vom „Vertrauensschaden"; dieser umfaßt z. B. bei der Anfechtung den Schaden, der sich daraus ergibt, daß der Geschädigte im Vertrauen auf die Gültigkeit des Vertrags Aufwendungen (Spesen) gemacht hat. Die jetzige Vermögenslage des Geschädigten wird mit der Lage verglichen, die bestehen würde, wenn das den Schaden verursachende Ereignis überhaupt nicht eingetreten wäre. Die Differenz zwischen den beiden Vermögenslagen hat der Schuldner auszugleichen. Gegensatz: → Schadensersatz wegen Nichterfüllung (Ersatz des positiven Interesses einschließlich des entgangenen Gewinns).

Vertreter → Stellvertretung.

Vertretung → Stellvertretung.

Vertretungszwang → Anwaltsprozeß.

Verwahrung. Durch → Vertrag zwischen Verwahrer und Hinterleger kann nach § 688 die Aufbewahrung einer beweglichen → Sache entgeltlich oder unentgeltlich übernommen werden; Entgeltlichkeit ist auch bei Fehlen einer Vereinbarung gegeben, wenn dies üblich ist; dann gegenseitiger Vertrag (§ 689); z. B. Aufbewahrung von Gütern in einer Lagerhalle, Wertpapiere in einem Depot, Waren bei Hinterlegung.

Hauptpflicht des Verwahrers ist die Gewährung von Raum und Übernahme der Obhut. Der Verwahrer haftet dem Hinterleger bei → Verschulden für Verschlechterung oder Verlust der verwahrten Sache (§§ 275 ff. bei unentgeltlicher, §§ 320 ff. bei entgeltlicher V.); im einzelnen → Vertrag. Ausnahme: Bei unentgeltlicher Verwahrung hat der Verwahrer nur für diejenige Sorgfalt einzustehen, welche er in eigenen Angelegenheiten anzuwenden pflegt (§§ 690, 277, also für grobe Fahrlässigkeit und Vorsatz). Hauptpflicht des Hinterlegers besteht bei entgeltlicher V. in der Bezahlung der Vergütung, die zur vereinbarten Zeit, sonst bei Beendigung der Aufbewahrung zu erfolgen hat (§ 699). Im übrigen ist der Verwahrer zur Rückgabe, der Hinterleger zum Ersatz von Aufwendungen verpflichtet (§ 693).

Der Vertrag endet mit Zeitablauf oder bei Rückforderung der Sache durch den Hinterleger; das Rückforderungsrecht kann der Hinterleger jederzeit, bei vereinbarter Vertragsdauer nur aus wichtigem Grund ausüben (§§ 695, 696).

Eine Sonderform ist die *Summenverwahrung,* § 700 (auch unregelmäßiger Verwahrungsvertrag genannt). Sie ist nur möglich bei vertretbaren Sachen, also solchen, die nach Zahl, Maß oder Gewicht

Verwaltungsakt

bestimmt werden (§ 91). *Beispiel:* Bankkonto. Die V. erfolgt hier in der Weise, daß der Verwahrer das Eigentum an den verwahrten Sachen erwirbt und seinerseits verpflichtet ist, nach Vertragsende Sachen von gleicher Art, Güte und Menge dem Hinterleger zurückzugeben; auf solche Verträge finden überwiegend die Vorschriften über → Darlehen Anwendung.

Die V. ist oft Nebenpflicht aus einem anderen Vertrag (Kauf, Kommission).

Verwaltungsakt. Als wichtigste Äußerung *öffentlichen* Verwaltungshandelns hat er dieselbe große Bedeutung wie eine private Willenserklärung. V. ist jede Verfügung, Entscheidung oder hoheitliche Maßnahme, die eine Behörde zur Regelung eines Einzelfalles auf dem Gebiet des öffentlichen Rechts trifft und die nach außen gerichtet ist (§ 35 VwVfG), z. B. Ablehnung einer Baugenehmigung. Kein V. sind → Auskünfte, Urteile, behördeninterne Anordnungen, Satzungen, Verordnungen. Ein V. wird mit Bekanntgabe an den Adressaten wirksam; schriftliche V. sind zu begründen. Nebenbestimmungen (Auflagen, Widerrufsvorbehalt) sind zulässig. Zusagen einer Behörde bedürfen, um wirksam zu sein, der Schriftform.

Verstößt ein V. gegen geltendes Recht, den Grundsatz fehlerfreier Ermessensausübung oder die Verhältnismäßigkeit, ist er *fehlerhaft* und kann vom Betroffenen angegriffen werden: durch *Widerspruch* (§§ 68 ff. VwGO) binnen 1 Monats ab Bekanntgabe; der ergehende Widerspruchsbescheid kann mit *Klage* innerhalb 1 Monats nach Zustellung zum Verwaltungsgericht angefochten werden (§ 42 VwGO). Gegen sein Urteil ist → Berufung binnen 1 Monats zum Oberverwaltungsgericht (§ 124 VwGO) oder Verwaltungsgerichtshof, dagegen → Revision zum Bundesverwaltungsgericht (§ 133 VwGO) möglich; letztere ist schriftlich einzulegen und binnen 1 weiteren Monats zu begründen. Widerspruch und Anfechtungsklage haben aufschiebende Wirkung; diese entfällt, wenn die sofortige Vollziehung von der erlassenden Behörde oder vom Verwaltungsgericht angeordnet ist (§ 80 VwGO).

Daneben gibt es als formlose Rechtsbehelfe Gegenvorstellung, Dienstaufsichts- und Aufsichtsbeschwerde (form- und fristlos).

Satzungen und Verordnungen können nur durch Klage zum Oberverwaltungsgericht überprüft werden (§ 47 VwGO): *Normenkontrolle.*

→ *Nichtig* ist ein V., wenn die erlassende Behörde nicht genannt, die vorgeschriebene Aushändigung der Urkunde unterblieben ist, die Behörde unzuständig war, der V. auf eine Straftat oder Ordnungswidrigkeit gerichtet ist, gegen die → guten Sitten verstößt oder unausführbar ist.

Ist ein V. vorteilhaft, aber rechtswidrig, kann er nur dann *zurückgenommen* werden, wenn das Vertrauen des Bürgers in den Bestand des V. nicht schutzwürdiger ist (er z. B. den V. durch unwahre Angaben erschlichen hat oder noch keine erheblichen Aufwendungen im Vertrauen auf die Gültigkeit des V. gemacht hat). Hat der Bürger ihm gewährte Leistungen verbraucht oder eine Vermögensverfügung getroffen, die er nicht mehr oder nur unter unzumutbaren Nachteilen rückgängig machen kann, darf der V. nicht zurückgenommen werden.

Ist ein V. nachteilig für den Bürger, kann er jederzeit *widerrufen* werden. Gleiches gilt, wenn Auflagen etc. nicht erfüllt worden sind.

Verwaltungsbeirat. Zur Unterstützung des Verwalters von → Wohnungseigentum und seiner Kontrolle kann ein aus 3 Wohnungseigentümern bestehender V. gewählt werden.

Verwaltungsgerichte → Verwaltungsakt. In ehem. DDR sind bis zur Schaffung einer selbständigen Verwaltungsgerichtsbarkeit die Kreis- und Bezirksgerichte zuständig. In ganz Berlin gilt West-Recht.

Verwaltungsvertrag. Eine Behörde kann, statt einen → Verwaltungsakt zu erlassen, einen V. mit dem Adressaten schließen (§ 54 VwVfG). Der schriftlich abzufassende V. ist bei Gesetz- und Sittenverstoß nichtig. Für Streitigkeiten ist das Verwaltungsgericht zuständig (z. B. Baugenehmigung gegen Spende).

Verwandtschaft ist von Bedeutung für → Unterhaltpflicht, → gesetzliche Erbfolge, → Pflichtteil, → Zeugnisverweigerungsrecht. Personen, die voneinander abstammen (Vater-Sohn), sind in gerader Linie, Personen, die von derselben dritten Person abstammen (Geschwister), sind in der Seitenlinie miteinander verwandt. Der Grad der V. bestimmt sich nach der Zahl der sie vermittelnden Geburten (§ 1589): Vater-Sohn gerade Linie 1. Grad; Bruder-Schwester Seitenlinie 2. Grad; Tante-Nichte Seitenlinie 3. Grad. Auch durch → Adoption entsteht V. gerader Linie.

Verwarnung im Straßenverkehr ohne oder mit Verwarnungsgeld von DM 5.– bis 75.– nur zulässig, wenn Täter sich nach Belehrung über sein Weigerungsrecht einverstanden erklärt und die Geldbuße sofort oder binnen 1 Woche zahlt. Ist er nicht einverstanden, ergeht i. d. R. ein → Bußgeldbescheid nach dem Katalog vom 4. 7. 89, BGBl. I 1305.

Verwarnung mit Strafvorbehalt bedeutet, daß in einem Strafurteil bei günstiger Täterprognose und besonderen Tatumständen eine Strafe zwar festgesetzt wird, ihre Vollstreckung aber nur er-

Verwendungen

folgt, wenn der Verurteilte innerhalb der gleichzeitig festgesetzten Bewährungszeit (1 bis 3 Jahre) erneut straffällig wird oder seine Auflagen nicht erfüllt; steht er die Bewährung durch, bleibt es bei dem formellen Strafausspruch. V. gem. § 59 StGB gegen Erwachsene nur bei zu verhängenden Geldstrafen bis zu 180 Tagessätzen.

Verwendungen → Aufwendungen.

Verwertungsgesellschaft z.B. für Urheberrechte (GEMA bei Musik) ist eine private → Gesellschaft (GmbH), die Nutzungs-, Einwilligungs- und Vergütungsansprüche für Rechnung des Schutzberechtigten wahrnimmt. Ziel ist die gemeinsame Auswertung auf Grund eines Berechtigungsvertrags. Jede V. untersteht der Aufsicht des Bundespatentamtes und benötigt eine Erlaubnis.

Verwirkung ist ein Sonderfall des Grundsatzes von → Treu und Glauben. Danach kann ein Anspruch nicht mehr geltend gemacht werden, wenn zwar noch keine → Verjährung eingetreten ist, aber die Geltendmachung längere Zeit unterblieben ist und Umstände die verspätete Geltendmachung treuwidrig sein lassen (z.B. wenn der → Schuldner aus dem Verhalten des Gläubigers schließen konnte, daß dieser den Anspruch nicht mehr geltend machen werde). Jedoch sind strenge Maßstäbe an diesen Grundsatz anzulegen, da sonst faktisch eine Umgehung der Vorschriften über die → Verjährung eintritt. Der Gedanke der V. gilt auch für Gestaltungsrechte, die keiner Verjährung unterliegen, wie z.B. → Rücktritt →, Mahnung →, Kündigung →, Anfechtung.

Verwirkungsklausel bedeutet, daß der Schuldner alle seine Rechte aus dem Vertrag verlieren soll, wenn er seine Leistung schuldhaft nicht oder nicht rechtzeitig erbringt. Die V. gilt im Zweifel als Rücktrittsvorbehalt (§ 360); → Abzahlungsgeschäft.

Verzicht → Erlaßvertrag.

Verzug ist ein Fall der Leistungsstörung in einem → Schuldverhältnis (statt → Unmöglichkeit und → positiver Vertragsverletzung). Man unterscheidet *Schuldner- und Gläubigerverzug*. Letzterer, liegt vor, wenn der Gläubiger die ihm angebotene Leistung nicht annimmt (§ 293). Der Schuldner hat während des Gläubigerverzugs nur noch Vorsatz und grobe Fahrlässigkeit (→ Verschulden) zu vertreten (§ 300); wird der gelieferte, aber vom Käufer nicht abgenommene PKW auf der Rückfahrt infolge leichter Fahrlässigkeit des Verkäufers beschädigt, hat dieser trotzdem den vollen Kaufpreisanspruch, während der Käufer den beschädigten PKW abnehmen muß. Außerdem kann der Schuldner Ersatz für Mehraufwendungen vom Gläubiger verlangen, die er für das erfolglose Angebot sowie für

Aufbewahrung und Erhaltung des geschuldeten Gegenstandes machen mußte (§ 304).

Schuldnerverzug (d. h. Verzögerung der Leistung durch den → Schuldner) tritt ein, wenn die von einer → Partei im Rahmen eines Schuldverhältnisses zu erbringende Leistung fällig, aber noch nicht erbracht ist und die andere Partei durch eine *Mahnung* zur Leistung auffordert (§ 284 I 1). Der Mahnung steht die Zustellung einer Klage oder eines Mahnbescheides gleich (§ 284 I 2). Der Schuldner kommt *ohne Mahnung* in V., wenn für die Leistung eine Zeit nach dem Kalender „Lieferung am 20. März", „Lieferung noch im Laufe des Juli", nicht aber bei „Lieferung eine Woche nach Abruf" bestimmt ist und er nicht zur bestimmten Zeit leistet (§ 284 II 1). Voraussetzungen für den Schuldnerv. sind demnach: a) *Fälligkeit* und *Wirksamkeit* der zu erbringenden Leistung. Letzteres bedeutet, daß der Leistung keine dauernde Einrede entgegenstehen darf, wie z. B. die → Verjährung; ferner muß der Gläubiger die Leistung unbeschränkt fordern können, was nicht der Fall ist bei einer → unvollkommenen nicht einklagbaren Verbindlichkeit. b) *Mahnung* des Gläubigers, die an keine → Form gebunden ist, dem Schuldner aber zugehen muß, (die wiederholte Übersendung einer Rechnung). Bei kalendermäßig fixierter Leistung oder nach Kündigung ist Mahnung entbehrlich. c) Nachholbarkeit der Leistung; ist sie das nicht, so liegt → Unmöglichkeit vor. *Beispiel:* Kartenverkauf für ein bestimmtes Fußballspiel; nach dem Spiel hat die Lieferung von Karten keinen Sinn mehr. d) Verschulden des Schuldners oder seines Erfüllungsgehilfen an der verspäteten Leistung (§ 285). Nicht zu vertreten ist eine zufällige Verzögerung (z. B. plötzliche schwere Erkrankung).

Die Folge des V. ist, daß der Schuldner dem Gläubiger den durch den V. entstehenden → Schaden ersetzen muß (§ 286 I). Dieser Anspruch tritt *neben* den bestehenbleibenden Erfüllungsanspruch. Wird eine Geldsumme geschuldet, so ist sie während der Dauer des V. mit 4% pro Jahr (unter Kaufleuten mit 5%) zu verzinsen; kann der Gläubiger aus einem anderen Rechtsgrund (z. B. aufgrund vertraglicher Vereinbarung) höhere Zinsen verlangen, so sind diese zu entrichten (§ 288 I). Während des V. haftet der Schuldner auch für zufällige Unmöglichkeit, es sei denn, der Schaden wäre auch bei rechtzeitiger Leistung eingetreten (§ 287, 2). *Beispiel:* Verkäufer liefert trotz Fälligkeit und Mahnung die Kaufsache nicht an den Käufer; die Sache wird beim Verkäufer durch Brand zerstört. Letzterer haftet für den Untergang und muß Schadensersatz leisten, es sei denn, der Käufer wohnt im selben Haus, in dem der Brand ausgebrochen ist, die Sache wäre also auch zerstört worden, wenn sie schon in der Wohnung des Käufers gestanden hätte.

Hat infolge des V. die Leistung für den Gläubiger kein Interesse

Videotext

mehr, so kann dieser sie ablehnen und → Schadensersatz wegen Nichterfüllung verlangen (§ 286 II), z. B. Lieferung des für ein Familienfest bestimmten Blumenschmucks.

Eine Sonderbestimmung gilt für den V. beim *gegenseitigen Vertrag*, (z. B. → Kauf, Miete, Werkvertrag). Nach § 326 muß hier der Gläubiger dem in V. befindlichen Schuldner eine *angemessene Frist* zur Bewirkung der Leistung (= *Nachfrist*) setzen und *zugleich erklären*, daß er nach Fristablauf die Annahme der Leistung ablehne. Erfolgt die Leistung nicht innerhalb der Frist, so kann der Gläubiger → Schadensersatz wegen Nichterfüllung verlangen oder vom Vertrag zurücktreten (→ Rücktritt); der Anspruch auf Erfüllung ist dagegen ausgeschlossen. Ist die Leistung bis Fristablauf nur teilweise nicht bewirkt, so hat der Gläubiger dieselben Rechte, wenn die teilweise Erfüllung des Vertrages für ihn kein Interesse hat (§ 326 I 3). *Beispiel:* Der gekaufte Anzug wird trotz Fälligkeit und Mahnung nicht geliefert. Der Verkäufer befindet sich in V.; Käufer setzt Nachfrist und erklärt, daß er nach ihrem Ablauf die Lieferung nicht mehr entgegennehme. Wird bis Fristablauf nur das Sakko geliefert, kann Käufer trotzdem Schadensersatz wegen Nichterfüllung des ganzen Vertrags verlangen oder zurücktreten.

Die Dauer der Nachfrist bestimmt sich nach den Umständen des Einzelfalles und den Interessen des Gläubigers. Zugleich mit der Fristsetzung muß die *Ablehnungsandrohung* unzweifelhaft erfolgen; hier sind strenge Anforderungen zu stellen. Einer Nachfrist bedarf es nicht, wenn durch den V. die Erfüllung des Vertrages für den Gläubiger kein Interesse mehr hat; hier genügt die Ablehnung die sofort in der Form der Rücktrittserklärung oder Schadensersatzforderung erfolgen kann (§ 326 II). *Beispiel:* Kauf eines Faschingskostüms; Lieferung am Aschermittwoch ist für Käufer ohne Interesse.

Videotext → Bildschirmtext.

Viehkauf → Kauf.

VOB (Verdingungsordnung für Bauleistungen) → Werkvertrag.

Volljährigkeit tritt ein mit Vollendung des 18. Lebensjahres (§ 2). Am 18. Geburtstag ist der Bürger voll → geschäftsfähig, kann Willenserklärungen abgeben, entgegennehmen, → Verträge schließen, → Wechsel unterschreiben, Kredite aufnehmen, ist aktiv und passiv wahlfähig sowie heiratsfähig. Anstelle der Entmündigung und Vormundschaft Volljähriger gelten ab 1. 1. 92 die Vorschriften des → Betreuungsgesetzes vom 12. 9. 90, BGBl. I 2002.

Vollkaufmann ist ein Kaufmann, der ein Grundhandelsgewerbe von einigem Umfang nach § 1 II HGB betreibt, auch wenn er nicht im Handelsregister eingetragen ist (z. B. An- und Verkauf von Waren). Nur er führt eine Firma, Handelsbücher, Bilanzen, kann → Prokura erteilen, sich mündlich verbürgen und hat beim → Kauf eine sofortige Untersuchungs- und Rügepflicht.

Vollmacht ist die durch → Rechtsgeschäft erteilte Befugnis, im Namen eines anderen für ihn auf seine Rechnung rechtsgeschäftliche Handlungen vorzunehmen (→ Stellvertretung). Die V. wird erteilt durch Erklärung ggü. dem zu Bevollmächtigenden oder demjenigen, demgegenüber die Vertretung stattfinden soll. Sie ist grundsätzlich formfrei (§ 167); *Ausnahme:* die unwiderrufliche V. zum Abschluß eines Grundstückskaufs bedarf der notariellen Beurkundung. Die V. erlischt a) wenn das Geschäft, für das sie erteilt wurde, erledigt ist; b) mit Fristablauf, wenn sie für einen bestimmten Zeitraum erteilt wurde; c) durch Widerruf, der in der gleichen Weise zu erfolgen hat, wie die Erteilung (§ 168); d) durch Erlöschen des zugrundeliegenden Rechtsverhältnisses (z. B. Kündigung des Arbeitvertrages, Tod des Beauftragten). Ist sie durch Erklärung ggü. einem Dritten erteilt, so bleibt sie diesem ggü. in Kraft, bis ihm der Vollmachtsgeber ihr Erlöschen anzeigt (§ 170). *Beispiel:* Erklärt A ggü. dem B, daß er den C zum Inkasso bevollmächtigt habe, so kann B auf das Bestehen der Vollmacht vertrauen, bis A ihm Gegenteiliges mitteilt, es sei denn, B wußte oder hätte erkennen müssen, daß A die Vollmacht ggü. C widerrufen hat. Das gleiche gilt, wenn der Bevollmächtigte eine *Vollmachtsurkunde* dem Dritten vorlegt, bis zur Rückgabe oder zur Kraftloserklärung der Urkunde (§ 172). Wer *Kontovollmacht* hat, kann den Kontoinhaber nicht über den Bestand des Guthabens hinaus verpflichten.

Auch wenn eine ausdrückliche Bevollmächtigung nicht vorliegt, können Vertretungshandlungen ggü. dem Vertretenen wirksam sein, wenn sog. *Duldungs-* oder *Scheinvollmacht* vorliegt. Duldungsvollmacht: wenn der Vertretene zwar keinen Bevollmächtigungswillen hat, jedoch weiß und duldet, daß ein anderer für ihn handelt; Scheinvollmacht: wenn nach den äußeren Umständen der Geschäftsgegner nach den Grundsätzen von → Treu und Glauben annehmen konnte, daß der Vertretene das Verhalten des Vertreters kannte und billigte. *Beispiel:* ein im Laden (Verkaufsraum) beschäftigter Angestellter eines Geschäfts gilt als zum Abschluß von Kaufverträgen über die im Laden geführten Waren berechtigt (§ 56 HGB).

Vollmacht über den Tod hinaus ist zulässig. Sie bindet jeden einzelnen Erben bis zum Widerruf durch ihn. → Vollmacht.

Vollrausch. Wer sich vorsätzlich oder fahrlässig durch Rauschmittel oder Alkohol in einen seine Schuldfähigkeit ausschließenden Zu-

Vollstreckung

stand versetzt und dann eine Straftat begeht, wird nur wegen des Rauschzustandes mit Freiheitsstrafe bis zu 5 Jahren bestraft. Hat der Täter beim Sichberauschen aber gewußt oder mußte er (infolge früherer Vorkommnisse) damit rechnen, daß er im Rausch eine strafbare Handlung begehen wird, wird er trotz Schuldunfähigkeit wegen der eigentlichen Straftat bestraft (§ 323a StGB). → Rauschtat.

Vollstreckung → Zwangsvollstreckung.

Vollstreckungsabwehrklage. Mit ihr macht der Schuldner die im Prozeß noch nicht bekannten → Einwendungen gegen den im Urteil zugunsten seines Gläubigers festgestellten Anspruch geltend (§ 767 ZPO). Antrag: die → Zwangsvollstreckung für unzulässig zu erklären. Zuständig ist das Prozeßgericht 1. Instanz.

Vollstreckungsbescheid ist der für vollstreckbar erklärte → Mahnbescheid (§ 699 ZPO).

Vollstreckungserinnerung. Die Erinnerung (§ 766 ZPO) richtet sich gegen das Verhalten der Vollstreckungsorgane (Gerichtsvollzieher, Vollstreckungsgericht), gegen die Art und Weise der Vollstreckung (z. B. → Überpfändung). Sie ist schriftlich oder zu Protokoll der Geschäftsstelle des Vollstreckungsgerichts einzulegen. Gegen dessen Beschluß findet → sofortige Beschwerde zum Landgericht statt (§ 793 ZPO); gegen dessen Entscheidung sofortige weitere Beschwerde zum OLG.

Vollstreckungsgericht → Amtsgericht.

Vollstreckungsschutz wird auf Antrag vom Prozeßgericht in einem vorläufig vollstreckbaren Urteil dadurch gewährt, daß die → Zwangsvollstreckung entweder überhaupt ausgeschlossen (§ 712 ZPO) oder nur gegen → Sicherheitsleistung zugelassen (§ 709 ZPO) oder dem Schuldner gestattet wird, die Vollstreckung durch eigene Sicherheitsleistung abzuwenden (§ 711 ZPO). Während einer Zwangsvollstreckung kann das Vollstreckungsgericht auf Antrag eine Vollstreckungsmaßnahme (z. B. Beschlagnahme) aufheben, untersagen oder einstweilen einstellen, falls sonst eine unzumutbare Härte gegeben wäre (§ 765a ZPO). Auch kann die Verwertung (→ Versteigerung) einer gepfändeten Sache aufgehoben werden (§ 813a).

Vollstreckungsvoraussetzungen: Rechtskräftiges oder für vorläufig vollstreckbar erklärtes *Urteil* (§§ 704, 708 ff., 794 ZPO), *Vollstreckungsklausel* (Stempel der Geschäftsstelle des Gerichts 1. Instanz, § 725 ZPO) und *Zustellung* von Urteil und Klausel an den Gegner (§ 750 ZPO), ferner Fälligkeit der Forderung, Sicherheitsleistung (wenn die Vollstreckung im Urteil davon abhängig gemacht worden ist) und Abwarten der gesetzlichen Schonfristen (§§ 750 III, 798, 798a ZPO).

Vollzugsgeschäft ist das Rechtsgeschäft, durch welches die im Verpflichtungsgeschäft (z. B. Kaufvertrag) eingegangenen Vereinbarungen vollzogen, also erfüllt werden; → Verfügung.

Volontärvertrag. Der V. kommt dem → Ausbildungsvertrag nahe, doch hat der Volontär eine selbständigere Stellung als der Auszubildende (Lehrling). Der Volontär erwirbt lediglich Kenntnisse, Fähigkeiten oder Erfahrungen, durchläuft aber keine geordnete Ausbildung. *Beispiel:* Studierende der Betriebswirtschaft verdingen sich während der Semesterferien als Volontäre in einer Bank. Sofern nicht ein Arbeitsverhältnis vorliegt, gelten im wesentlichen die gleichen Bestimmungen wie für den → Ausbildungsvertrag (§ 19 Berufsbildungsgesetz).

Voraus. Der Ehegatte als → gesetzlicher Erbe erhält außer seinem Erbteil den Hausrat und die Hochzeitsgeschenke (§ 1932); neben Kindern allerdings nur, soweit er sie zur Führung eines ordnungsgemäßen Haushalts benötigt.

Vorausklage, Einrede der → Bürgschaft.

Vorausvermächtnis ist die → letztwillige Zuwendung eines einzelnen Gegenstandes an einen Erben, den er zusätzlich zu seinem Erbteil erhält und der nicht für Nachlaßverbindlichkeiten haftet (§ 2150). Auf den Gegenstand, der an der Haftung für Nachlaßverbindlichkeiten nicht teilnimmt, hat der Erbe einen schuldrechtlichen Anspruch, der erfüllt werden muß.

Vordatierter Scheck ist voll wirksam, kann aber jederzeit, auch vor dem Ausstellungsdatum, vorgelegt werden (Art. 28 ScheckG).

Vorerbe ist der durch letztwillige Verfügung eingesetzte Erbe, der in seiner → Verfügung über den Nachlaß durch Einsetzung eines → Nacherben beschränkt ist: er darf nicht über Grundstücke, Rechte an ihnen und nicht unentgeltlich über Nachlaßgegenstände verfügen; tut er es trotzdem und stimmt der Nacherbe nicht zu, ist beim Eintritt des *Nacherbfalles* (Übergang des Nachlasses auf den Nacherben, wann der Erblasser es bestimmt hat, sonst beim Tod des V.) die Verfügung unwirksam und kann vom Nacherben zurückgefordert werden (§ 2113); um einen → gutgläubigen Erwerb Dritter zu verhindern, wird der Nacherbe im → Erbschein und Grundbuch (§ 51 GBO) eingetragen. Geld hat der V. → *mündelsicher* anzulegen, ein → Inventar zu errichten, Auskunft und Rechnung zu legen und Schäden zu ersetzen. Die Nutzungen gebühren dem V. Mit Ausnahme des Verbotes unentgeltlicher Verfügung kann der Erblasser den V. von den genannten Beschränkungen befreien; so immer bei Bestimmung des Ehegatten zum V. (sog. *befreiter V.*) oder Einsetzung des Nacherben auf den sog. Überrest.

Vorgesellschaft. Im Gründungsstadium (ab Gesellschaftsvertrag bis zur Rechtsfähigkeit) werden für eine Gesellschaft bereits alle Normen ihrer künftigen Rechtsform angewandt, soweit sie nicht ausdrücklich die Rechtsfähigkeit betreffen. Tritt in der Zwischenzeit kein wesentlicher Mitgliederwechsel ein, ist die nachfolgende → juristische Person mit der V. identisch und haftet für alle ihre → Verbindlichkeiten; lediglich das Grundbuch wird berichtigt. *Ausnahme:* ist die V. bei einem Verein mit mitgliederbeschränktes Gründungskonsortium (= BGB-Gesellschaft), haftet der spätere e. V. nur für die zur Gründung erforderlichen Rechtsgeschäfte. Wer für eine → GmbH im Gründungsstadium handelt, haftet persönlich aus dem betreffenden → Rechtsgeschäft (§ 11 GmbHG); die Haftung erlischt mit Eintragung der GmbH in das Handelsregister.

Vorkauf → Kauf (Anm.: V 1).

Vorläufige Betreuung, vorläufiger Einwilligungsvorbehalt und vorläufige Unterbringung durch einstweilige Anordnung des Vormundschaftsgerichts (§§ 69 f., 70h FGG), wenn dringende Gründe dafür vorliegen, daß ein Volljähriger auf Grund psychischer, körperlicher, geistiger oder seelischer Behinderung seine Angelegenheiten nicht selbst zu besorgen vermag, ein ärztliches Zeugnis hierüber vorliegt und der Betroffene angehört worden ist. Dauer: 6 Monate bis 1 Jahr (bei vorläufiger Unterbringung: 6 Wochen bis 3 Monate).

Vorläufige Deckungszusage → Versicherungsvertrag.

Vorlegungsfrist. Ein Inlandsscheck muß binnen 8 Tagen (Auslandsscheck 20 Tagen) nach Ausstellung dem Bezogenen (Bank) vorgelegt werden, sonst geht das Rückgriffsrecht (Art. 40 ScheckG) verloren. → Wechsel.

Vorleistungspflicht. Bei einem → Vertrag sind die von den → Parteien zu erbringenden Leistungen i. d. R. gleichzeitig fällig; z. B. beim Kauf: Übergabe der Kaufsache und Übergabe des Geldes; man spricht von → Zug-um-Zug-Leistung. Es kann jedoch auch ein Vertragspartner *vorleistungspflichtig* sein, z. B. der Werkunternehmer beim → Werkvertrag (§ 641), dem ein Anspruch auf Vergütung erst zusteht, wenn der Besteller das Werk abgenommen hat. Eine V. kann von den Vertragsparteien immer *vereinbart* werden.

Vormerkung. Die V. (§ 883) sichert den schuldrechtlichen → Anspruch auf Einräumung, Aufhebung oder inhaltliche Änderung eines Grundstücksrechts oder dessen Rangstelle im Grundbuch (Auflassungs-, Löschungs-V.). Sie wird im Grundbuch auf Grund der Bewilligung des betroffenen Eigentümers oder → einstweiliger Verfügung eingetragen und bewirkt, daß → Verfügungen des Verkäufers nach dem Grundstückskaufvertrag dem Erwerber gegenüber unwirksam sind. Der Vormerkungsberechtigte kann von dem Dritten, der nach Eintragung der V. ein Recht am Grundstück erworben hat, die Zustimmung zur Änderung des Grundbuchs zu seinen Gunsten verlangen.

Vormundschaft ist die *allgemeine* Fürsorge (anders → Pflegschaft) für die persönlichen und Vermögensangelegenheiten einer natürlichen → Person *(Mündel)*. Das BGB kennt nur noch V. über *Minderjährige* (→ Geschäftsfähigkeit), soweit diese nicht unter elterlicher Gewalt stehen (weil z. B. beide Eltern tot sind oder ihnen das elterliche Sorgerecht wegen Gefährdung des Wohles des Kindes entzogen ist), und statt V. über *Volljährige,* wenn sie wegen Geisteskrankheit, Geistesschwäche, Verschwendungs-, Rauschgift- oder Trunksucht entmündigt waren (§§ 1773, 1896) ab 1. 1. 92 die → Betreuung (§§ 1896 ff.; §§ 64 ff. FGG).

Die V. wird durch das *V.gericht* angeordnet; erst mit der Bestellung entsteht das Recht des Vormunds zur → *Stellvertretung* in Angelegenheiten des Mündels. Kraft Gesetzes tritt die V. jedoch ein bei der Geburt eines nichtehelichen Kindes, dessen Mutter noch nicht volljährig (→ Volljährigkeit) ist, § 1791 c. Vormund wird in diesen Fällen das → Jugendamt (= Amtsvormundschaft); diese Regelung gilt jedoch nicht, wenn dem Kind bereits vor der Geburt ein Vormund bestellt worden ist.

Die Vertretungsmacht eines Vormunds steht unter Aufsicht des V.gerichts (§ 1837); er hat diesem jährlich über seine Vermögensverwaltung Rechnung zu legen (§ 1840). Für bestimmte Arten von → Rechtsgeschäften bedarf der Vormund der Genehmigung des V.gerichts, z. B. für Grundstücksgeschäfte, Ausschlagung einer Erbschaft, Abschluß eines Ausbildungsvertrags oder → Arbeitsvertrags für mehr als 1 Jahr, Kreditaufnahme u. a. (§§ 1821, 1822). Der Vormund haftet dem Mündel für jeden aus einer schuldhaften Pflichtverletzung entstandenen Schaden (§ 1833), hat aber einen Vergütungsanspruch aus dem Mündelvermögen. Schenkungen hieraus sind nichtig (§ 1804). Die V. endet bei Volljährigkeit, Aufhebung der Entmündigung, Adoption, Entlassung des Vormunds (nicht bei Heirat des Mündels).

Vorratspfändung

Vorratspfändung ist bei Lohnpfändung für Unterhaltsansprüche sowie für Renten wegen Körperverletzung oder Gesundheitsbeschädigung zulässig; sie kann für die künftig fällig werdenden Ansprüche auch das künftige Arbeitseinkommen des Schuldners erfassen (§ 850d III ZPO).

Vorruhestandsregelung. Beamte, Richter und Soldaten können mit mindestens 20jähriger Dienstzeit und nach Vollendung des 55. Lebensjahres Beurlaubung ohne Dienstbezüge bis zum Beginn des Ruhestandes beantragen. – Arbeitnehmer, die mit 58 Jahren aus dem Erwerbsleben ausscheiden, erhalten vom Arbeitgeber Vorruhestandsgeld von 65% ihres Bruttoverdienstes (falls vereinbart oder durch Tarifvertrag geregelt); Kranken- und Rentenversicherung laufen weiter. – Entfällt im Zuge der Rentenreform ab 1992.

Vorsatz → Verschulden.

Vorschuß ist weder → Abschlagzahlung, noch Anzahlung, sondern Zahlung auf künftig fällig werdende Leistungen, die mit der Gesamtforderung verrechnet wird.

Vorsorgeaufwendungen → Sonderausgaben.

Vorsorgende Betreuungsverfügung (§ 1910a). Im Rahmen einer → Betreuung muß den Vorschlägen des zu Betreuenden entsprochen werden, wenn sie seinem Wohl nicht zuwiderlaufen. Aber auch solchen Wünschen und Vorschlägen des Betreuten ist nachzukommen, die er als Volljähriger *vor* der Bestellung des Betreuers geäußert hat; diese vorsorgende Betreuungsverfügung hat schriftlich zu erfolgen und ist von jedem Finder abzuliefern. Inhalt: Benennung eines Betreuers, Ersatzbetreuers, Regelung seiner Vergütung, Anordnungen über die Vermögensverwaltung oder Verzicht auf lebensverlängernde Maßnahmen (sog. *Patiententestament*).

Vorsorgeuntersuchung ist eine kostenfreie Leistung der Krankenversicherung und der Sozialhilfe zur Früherkennung von Krankheiten, Untersuchung von Kindern bis zum 6. Lebensjahr auf Entwicklungsstörungen, von Frauen ab dem 20. und von Männern ab dem 45. Lebensjahr auf Krebs. Ab 1. 1. 89 können sich vom 35. Lebensjahr an die Versicherten alle 2 Jahre auf Herz-, Kreislauf-, Nierenerkrankungen und Diabetes (Zucker) untersuchen lassen; Versicherte vom 12.–20. Lebensjahr können jedes Halbjahr eine zahnmedizinische Vorsorgeuntersuchung durchführen lassen.

Vorteilsausgleichung → Schadensersatz.

Vorvertrag → Vertrag.

Vorweggenommene Erbfolge → Erbverzicht gegen Abfindung.

Vorzeitiger Erbausgleich → Erbersatzanspruch.

Vorzeitiger Zugewinnausgleich → Zugewinnausgleich.

Vorzugsaktien gewähren bestimmte Vorrechte, z. B. auf erhöhte → Dividende (§ 11 AktG). Aktien ohne Stimmrecht können nur als V. ausgegeben werden (§ 12 I 2 AktG).

Vorzugsweise Befriedigung. Klage auf v. B. kann erheben, wer an dem der Pfändung unterliegenden Gegenstand ein Recht (insbesondere ein eigenes Pfandrecht) hat. Folge: wird die Sache versteigert, wird er vor dem die Versteigerung betreibenden Gläubiger befriedigt (§ 805 ZPO).

W

Waffenbesitz. Der Erwerb von Schußwaffen (und Munition) sowie der Besitz bedürfen einer Erlaubnis, die durch eine *Waffenbesitzkarte* nachgewiesen wird. Die Erwerbserlaubnis gilt für 1 Jahr, die Besitzerlaubnis unbegrenzt. Waffenbesitzkarte und *Munitionserwerbsschein* sind zu versagen, wenn der Antragsteller noch nicht 18 Jahre alt ist, die erforderliche Zuverlässigkeit, Sachkunde oder körperliche Eignung nicht besitzt oder ein Bedürfnis nicht nachweisen kann. Das Führen von Schußwaffen ist von der Erteilung eines *Waffenscheins* abhängig (für maximal 3 Jahre), die nur beim Nachweis einer Haftpflichtversicherung gegeben wird.

Verboten sind Herstellung, Erwerb und Besitz bes. gefährlicher Schußwaffen (z. B. abgesägte Schrotflinte), Spring-, Fallmesser, Totschläger, Schlagring, Molotow-Coctails etc.

Wahlschuld, wenn jemand mehrere Leistungen in der Weise schuldet, daß nur die eine oder die andere zu erbringen ist. Schuldner hat im Zweifel die Wahl.

Waisengeld erhalten eheliche, nichteheliche, adoptierte Kinder von Beamten in Höhe von 12% (Halbwaisen) und 20% (Vollwaisen) des Ruhegehalts, das der Verstorbene am Todestag erhalten hat bzw. hätte. Waisen- und – Witwengeld dürfen das Ruhegehalt nicht übersteigen. W. wird auch an Kinder (einschließlich Pflegekinder, Stiefkinder, Enkel und Geschwister) eines Landwirts gezahlt, die er in seinen Haushalt aufgenommen oder überwiegend unterhalten hat und die nicht selbst Landwirte sind, wenn er bis zu seinem Tod oder 60. Lebensjahr 60 Monatsbeiträge zur Altershilfe für Landwirte gezahlt hat. → Hinterbliebenenversorgung.

Waisenrente

Waisenrente → Hinterbliebenenversorgung in der Sozialversicherung (und Kriegsopferversorgung). Anspruch auf *Halbwaisenrente* haben leibliche, adoptierte, Stief- und Pflegekinder sowie die im Haushalt des verstorbenen Versicherten aufgenommenen Enkel und Geschwister, wenn sie noch einen unterhaltsverpflichteten Elternteil haben und der Verstorbene 5 Jahre → Wartezeit erfüllt hat. *Vollwaisenrente,* wenn beide Eltern verstorben sind und einer die 5jährige Wartezeit erfüllt hat. W. wird bis zum 18. Lebensjahr gezahlt; bis zum 27. Lebensjahr bei andauernder Schul- und Berufsausbildung, freiwilligem → sozialem Jahr, Behinderung, → Zivil- oder Wehrdienst. Für W. gilt ein → Freibetrag von DM 676.– (für 1990); übersteigendes Einkommen wird zu 40% angerechnet.

Wandelschuldverschreibung ist ein → Wertpapier, in dem der Gläubiger ein Umtausch- oder Bezugsrecht auf Aktien besitzt (§ 221 AktG). Sie gibt Sicherheit, Verzinsung und Teilnahme am Unternehmensgewinn. Wird meist als → Inhaberschuldverschreibung ausgegeben.

Wandelung → Gewährleistung.

Warenprobe → Kauf (Anm.: V 3, 4); → unbestellte Waren.

Warentermingeschäft → Börsentermingeschäft, → Differenzgeschäft.

Warenwechsel (→ Wechsel) sichert meist eine Warenlieferung. Die Wechselforderung tritt neben die bestehenbleibende Kaufforderung, die bis zur Fälligkeit des W. gestundet ist. W. sind diskontfähig, so daß der Lieferant durch Einreichung des W. zum Diskont bei seiner Bank sich Bargeld beschaffen kann.

Warenzeichen (G 2. 1. 68, BGBl. I 29) helfen als Kennzeichen, Wort- oder Bildzeichen (z. B. Mercedes-Stern) die Waren der Gewerbetreibenden voneinander zu unterscheiden. Hat das W. eine flächige oder plastische Form und stellt es nicht die Ware selbst dar (dann → Gebrauchs- oder → Geschmacksmuster), wird es durch Eintragung in die Zeichenrolle des Patentamts geschützt. Auf Widerspruch wird die Eintragung bei Verwechslungsgefahr verweigert; gegen den Beschluß binnen 1 Jahres Klage zum Landgericht gegen den Widersprechenden auf Eintragung. Schutzdauer 10 Jahre mit beliebiger Verlängerung.

Wartezeit (→ Versicherungszeit). Ihr Nachweis ist Voraussetzung für eine Rente der → Sozialversicherung.
    Ab 1992 beträgt die W. (§§ 50 ff. SGB VI).
    a) bei der Regelaltersrente 5 Jahre (ausgefüllt mit Beitragszeiten

wie Pflichtbeitragszeiten, Kindererziehungszeiten, freiwilligen Beiträgen, Ersatzzeiten wie Kriegsdienst/Kriegsgefangenschaft/Verfolgung/Vertreibung und mit Zeiten aus durchgeführtem → Versorgungsausgleich)

b) bei Altersrente für langjährig Versicherte 35 Jahre (ausgefüllt wie bei a) plus beitragsfreien Zeiten und Pflegezeiten)

c) bei Altersrente für Schwerbehinderte, Berufs- oder Erwerbsunfähige 35 Jahre

d) bei Altersrente wegen Arbeitslosigkeit 15 Jahre

e) bei Altersrente für Frauen 15 Jahre

f) bei Altersrente für Bergleute 25 Jahre

g) bei Berufsunfähigkeitsrente 5 Jahre

h) bei Erwerbsunfähigkeitsrente 5 Jahre

i) bei Erwerbsunfähigkeitsrente für Behinderte 20 Jahre.

j) bei Rente wegen Tod 5 Jahre.

Ist die allgemeine Wartezeit von 5 Jahren nicht erfüllt, *gilt* sie als erfüllt, wenn der Versicherte bis zum 65. Lebensjahr eine → Berufs-, oder → Erwerbsunfähigkeitsrente oder → Erziehungsrente bezogen hat.

Ohne Erreichen dieser Mindestfristen ist die W. *vorzeitig* erfüllt, wenn der Versicherte wegen Arbeitsunfall, Wehr-, Zivildienstbeschädigung oder Gewahrsam in seiner Erwerbsfähigkeit gemindert oder verstorben ist. Er muß z. Z. des Arbeitsunfalls versicherungspflichtig gewesen sein oder in den letzten 2 Jahren zuvor mindestens 1 Jahr Pflichtbeiträge gezahlt haben; das gilt auch, wenn der Versicherte vor Ablauf von 6 Jahren nach dem Ende seiner Ausbildung erwerbsunfähig geworden oder gestorben ist (§§ 53, 245 SGB VI).

Wechsel. I. Der W. ist ein schuldrechtliches Wertpapier, das in bestimmter Form ausgestellt, ausdrücklich als „Wechsel" bezeichnet werden sowie abstrakt und unbedingt auf Zahlung einer bestimmten Geldsumme lauten muß. Der W. kommt in zwei Formen vor; als *gezogener W.* (Tratte) und als *eigener W.* (Solawechsel). Der gezogene W. enthält eine *Zahlungsanweisung;* am W. sind also mindestens drei Personen beteiligt; der *Aussteller* (Trassant), der zur Zahlung anweist, der *Bezogene* (Trassat), der zur Zahlung angewiesen wird, und der *W.nehmer* (Remittent), an den gezahlt werden soll. Der eigene W. enthält ein *Zahlungsversprechen* und damit nur zwei notwendige Beteiligte, nämlich den Aussteller (der die Zahlung zugleich verspricht) und den W.nehmer. In der Praxis überwiegt bei weitem die *Tratte,* die nach Art. 1 WG, um eine gültige W.verbindlichkeit zu begründen, folgenden Formerfordernissen genügen muß: 1.) *Bezeichnung* als „Wechsel" in der Urkunde (W.klausel); 2.) die *unbedingte Anweisung* eine bestimmte Geldsumme zu bezahlen; (ein Warenw. ist daher

Wechsel

ausgeschlossen); 3.) die Unterschrift des *Ausstellers*, 4.) die Angabe des *Bezogenen;* 5.) die Angabe des *W.nehmers*, die üblicherweise in der Formel „an die Order des Herrn X" vorgenommen wird; 6.) die *Verfallzeit;* hier bestehen 4 Möglichkeiten: a) Fälligkeit „bei Sicht", also bei Vorlage *(Sichtw.)*, b) Fälligkeit eine bestimmte Zeit „nach Sicht", also z. B. 8 Tage nach Vorlage *(Nachsichtw.)*, c) Fälligkeit eine bestimmte Zeit nach der Ausstellung, z. B. „heute in vier Wochen" *(Datow.)*, d) schließlich ist auch die Angabe eines bestimmten Fälligkeitstages möglich *(Tagw.)*, wobei der Tag genau bestimmt sein muß („Weihnachten 1974" genügt nicht, da zwei Tage). Fehlt die Angabe der Verfallszeit, so gilt der W. als Sichtw. (Art. 2 II WG); 7.) die Angabe des *Zahlungsortes* (fehlt sie, so gilt ein beim Namen des Bezogenen angegebener Ort als Zahlungsort, Art 2 III WG; fehlt auch dort eine Angabe, ist der W. nichtig); 8.) die Angabe von *Tag* und Ort der *Ausstellung* (ein Ausstellungsort muß dann nicht angeführt werden, wenn beim Namen des Ausstellers ein Ort angegeben ist, da dann dieser als Ausstellungsort gilt, Art. 2 IV WG). Fehlt ein wesentliches Formerfordernis, so ist kein gültiger W. vorhanden (Art. 2 I WG); doch ist Ergänzung möglich und der W. dann zunächst ein sog. *Blankowechsel.*

Beispiel: Es ist zulässig, daß jemand einen W. unterschreibt, die Ausfüllung einzelner Teile, wie Wechselsumme oder Verfalltag aber dem legitimierten Inhaber überläßt.

II. 1. Die *Übertragung* des W. ist schon vor dem Verfalltag möglich zum Zweck der Verwertung. Eine Übertragung durch Zession (→ Abtretung) ist zwar möglich und beim Rektawechsel (→ Rektapapier) die einzig zulässige Form; doch ist sie praktisch ohne Bedeutung. Der W. ist nämlich in aller Regel ein → Orderpapier und wird in diesem Fall durch *Indossament* übertragen (§ 11 I WG). Das Indossament (I.) ist die Bestimmung eines anderen Gläubigers durch Unterschrift des Inhabers auf der Rückseite des W., z. B. „Für mich an die Order des Herrn B; (Unterschrift) A" oder noch einfacher „an Herrn B, (Unterschrift) A" oder bloße Unterschrift (Blankoindossament). Die Zahl der I.e ist nicht beschränkt, doch müssen sie eine *durchgehende* Kette bilden, die beim Remittenten beginnt (also von A an B, von B an C usw.) und beim letzten W.inhaber aufhört. Ist die Kette unterbrochen, so sind die nachfolgenden I.e nichtig (→ Nichtigkeit). Keine Unterbrechung liegt vor, wenn zwar nicht der letzte Indossatar, aber dessen Rechtsnachfolger (z. B. Erbe) den W. weiter indossiert; das scheinbar fehlende Glied wird hier durch die Rechtsnachfolge geschlossen.

2. Durch I. gehen die Rechte aus dem W. auf den Indossatar über und zwar auch dann, wenn der Veräußerer nicht Eigentümer des W.s war (Gutglaubensschutz, Art. 16 II WG), es sei denn, dem

Indossatar war der Mangel der Verfügungsbefugnis bekannt oder infolge grober Fahrlässigkeit (→ Verschulden) unbekannt.

Durch I. entsteht auch ein neuer Schuldner, weil jeder, der den W. weiter indossiert, den nach ihm folgenden Indossataren für die Einlösung des W.s haftet (= *Garantiefunktion);* wenn also der Bezogene am Verfalltag den W. nicht zahlt, kann der letzte Indossatar, der den W. in Händen hat, von allen Vormännern Zahlung verlangen. Ein Indossant kann jedoch seine Haftung aus dem W. ggü. den Nachmännern ausschließen, indem er das I. mit einem entsprechenden Zusatzversieht, meist →„ohne Obligo" (Art. 15 II WG).

3. Statt des *Namensindossaments,* in dem der Name des Indossatars angegeben ist, kann der W. auch mit einem *Blankoindossament* versehen werden, in dem der Name des Indossatars freigelassen ist. Dann gilt jeder Besitzer des W. als legitimierter W.gläubiger, soferne er bei Erwerb des W. gutgläubig war, also nicht wußte, daß ihm die Rechte aus dem Papier nicht zustehen (Art. 16 I WG).

III. In der *Tratte* verpflichtet sich primär nicht der Aussteller zur Zahlung, sondern ein Dritter – der Bezogene – soll den W. einlösen. Um sich wechselrechtlich zu binden, muß er eine Erklärung auf den W. setzen (*Akzept*); dies muß schriftlich (→ Form) auf dem W. selbst erfolgen und vom Bezogenen oder dessen Vertreter (→ Stellvertretung) stammen. Wirkung: Bezogener haftet nunmehr wechselmäßig *jedem Wechselberechtigten,* auch dem Aussteller (Art. 28 II WG).

IV. 1. *Zahlung aus dem W.* kann erst am Verfalltage, wenn dieser ein gesetzlicher Feiertag ist, am nächsten Werktag verlangt werden (Art. 72 WG). Der W. muß zur Zahlung *vorgelegt (präsentiert)* werden, da nur dem W.inhaber W.rechte zustehen, was der → Schuldner überprüfen können muß. Vorlegung hat am Zahlungsort zu erfolgen, W.schuld ist also → *Holschuld.* Der W. muß außerdem spätestens am 2. Werktag nach dem Zahlungstag vorgelegt werden, andernfalls ein gültiger Protest (vgl. 2) nicht mehr möglich ist (Art. 38 WG). Eine Besonderheit gilt für den *Sichtw.,* der ja keinen Verfallstag enthält, sondern bei Vorlage fällig ist; ein Sichtw. muß grunds. innerhalb 1 Jahres nach Ausstellung vorgelegt werden, wenn nicht der Aussteller eine andere Vorlegungsfrist bestimmt hat.

Wird der W. vorgelegt, so braucht der Schuldner nur die *formale,* sich aus dem W. ergebende Legitimation des W.-Inhabers nachzuprüfen; liegt sie vor, so befreit die Zahlung des gutgläubigen (Art. 40 WG) Schuldner von seiner Verbindlichkeit, gleichgültig, ob der Inhaber der *materiell* Berechtigte war oder nicht. Der Schuldner muß nur *gegen Aushändigung* des W., also → Zug um Zug zahlen (Art. 39 I WG). Aus dem Wechsel sind zu zahlen die W.-Summe, 6% Zinsen, die Auslagen (Protestkosten) und eine Provision von ⅓ (Art. 48, 49 WG). Einwendungen, die dem in Anspruch genommenen W.-

Wechsel

Schuldner gegen den Aussteller oder einen früheren W.-Inhaber zustehen, können einem gutgläubigen Inhaber nicht entgegengehalten werden (Art. 17 WG).

2. Zahlt der Akzeptant bei Vorlage am Verfalltag nicht oder nimmt der Bezogene den W. nicht an, kann der Inhaber bei den übrigen Wechselschuldnern → *Rückgriff* nehmen. Dasselbe gilt, wenn während der Laufzeit des W. der Bezogene seine Zahlungen eingestellt hat, fruchtlos bei ihm gepfändet oder der Konkurs über sein Vermögen eröffnet wurde (Art. 43 WG). Formelle Voraussetzung ist die Erhebung eines *Protestes,* d. h. die öffentliche Beurkundung der zum Rückgriff berechtigenden Tatsachen (Art. 44 WG). Als beurkundende Personen kommen in Betracht Notare, gerichtsbekannte Gerichtsvollzieher und Postbeamte.

Der Protest mangels Annahme muß binnen 1 Jahres (Art. 44 II WG), mangels Zahlung an einem der beiden auf den Zahltag folgenden Werktage (bei Sichtwechsel innerhalb 1 Jahres) erfolgen. Ist der Protest verspätet oder nicht in richtiger Form erhoben, so geht dadurch der Rückgriff gg. alle Vormänner verloren (Art. 53 WG), es sei denn, die Fristversäumung ist auf höhere Gewalt zurückzuführen (Art. 54 WG); es haftet nur noch der Akzeptant.

Ein Rückgriffsrecht *ohne Protest* besteht dann, wenn über das Vermögen des Bezogenen der Konkurs eröffnet oder wenn der Protest von einem Rückgriffschuldner erlassen ist (Art. 46 WG).

3. Ein weiterer Haftungsgrund aus dem W. ist die *Wechselbürgschaft (Aval).* Die Bürgschaftserklärung muß auf den W. oder einen Anhang gesetzt werden (Art. 31 I WG). Der Bürge übernimmt alle Pflichten dessen, für den er sich verbürgt, also z. B. des Akzeptanten (Bezogenen). Die W.bürgschaft begründet eine *selbständige* Verpflichtung; die Haftung ist also größer als bei der → Bürgschaft nach dem BGB. Zahlt der Bürge, so erwirbt er alle Rechte aus dem W. gegen den, für den er sich verbürgt hat und gg. dessen Vormänner (Art. 32 III WG).

4. Die Ansprüche aus dem W. unterliegen einer kurzen → Verjährung. So verjähren a) Ansprüche gg. den Akzeptanten in 3 Jahren vom Verfalltag an (Art. 70 I WG), b) Ansprüche des W.inhabers gg. Rückgriffschuldner in 1 Jahr vom Tag des rechtzeitig erhobenen Protestes, bei Protesterlaß vom Verfalltag an (Art. 70 II WG), c) Ansprüche desjenigen, der den W. eingelöst, also anstelle des Bezogenen gezahlt hat, gg. die übrigen Rückgriffsverpflichteten in 6 Monaten vom Tag der Einlösung an (Art. 70 III WG). Trotz Verjährung kann der W.inhaber einen klagbaren Anspruch gegen Aussteller und Akzeptanten (nicht gg. Indossanten) haben, soweit diese zum Schaden des Inhabers bereichert sind (Art. 89 WG).

Ansprüche aus dem W. können gerichtlich im sog. *Wechselprozeß* oder Wechselmahnbescheid geltend gemacht werden, eine Verfahrensart, in der beonders rasch entschieden wird (§§ 602–605 ZPO).

Wechselreiterei, wenn ein → Wechsel von verschiedenen Personen gegenseitig gezogen und angenommen wird, ohne daß eine Forderung zugrundeliegt. Auch durch Austausch von Indossamenten (→ Wechsel) ist W. möglich. Das Inverkehrbringen solcher Wechsel trotz Zahlungsunfähigkeit ist als Betrug strafbar, die Wechselverbindlichkeit wegen → Sittenwidrigkeit (§ 138) nichtig.

Wegnahmerecht des Mieters → Miete, § 547a (Anm.: IV, VI). Ebenso ist der Pächter (§ 581 II), Besitzer (§ 997) und Vorerbe (§ 2125) berechtigt.

Weitere Beschwerde Ist das gegen eine Beschwerdeentscheidung gegebene → Rechtsmittel, wenn sie das Gesetz ausdrücklich zuläßt (im Zivilporzeß nur bei neuem selbständigem Beschwerdegrund, § 568 II ZPO; im Strafprozeß nur bei Haft oder einstweiliger Unterbringung, § 310 StPO).

Werbungskosten sind Aufwendungen zum Erwerb, der Sicherung und Erhaltung der → Einnahmen (§ 9 EStG) z. B. Schuldzinsen, Absetzung für Abnutzung, Grundsteuer, Kaminkehrerkosten, Beiträge zu Berufsverbänden, Fahrtkosten, Arbeitsunfall-Aufwendungen, doppelte Haushaltsführung, Arbeitsmittel, Kilometerpauschale, Kosten eines Verkehrsunfalls auf dem Weg zwischen Wohnung und Arbeit (bei PKW ist auch der → merkantile Minderweert abzuziehen), Darlehenszinsen auch bei Familiendarlehen (sofern die Zinsen tatsächlich und fortlaufend gezahlt werden). Nicht abzugsfähig sind Aufwendungen für die Substanz selbst (Lebenshaltungskosten). W. werden von den → Einnahmen abgezogen; der Überschuß oder Verlust bildet die → Einkünfte.

Werkdienstwohnung → Miete (Anm.: V).

Werklieferungsvertrag → Werkvertrag (Anm.: 9).

Werkmietwohnung → Miete (Anm.: V).

Werkvertrag. 1. Der W. ist ein gegenseitiger → Vertrag, durch den sich ein Vertragspartner verpflichtet, ein *bestimmtes Arbeitsergebnis,* nämlich das versprochene Werk zu liefern (= *Unternehmer),* während der andere Vertragspartner (= *Besteller)* die Zahlung der vereinbarten Vergütung verspricht (§ 631). Während der → Dienstvertrag auf das bloße Tätigwerden, ist der W. auf ein bestimmtes Ergebnis gerichtet. Beim → Kauf liefert der Verkäufer eine Sache, die er selbst angeschafft oder gefertigt hat, während beim W. das Werk aus vom

Werkvertrag

Besteller gelieferten Stoffen gefertigt wird; sonst Werklieferungsvertrag (Herstellung aus Stoffen, die der Unternehmer beschafft) s. unten 9, über den Architektenvertrag 10.

2. Den beim W. geschuldeten Erfolg hat der Unternehmer selbst oder durch seine Angestellten herbeizuführen, wobei er die Gefahr für das Gelingen zu tragen hat (§§ 631, 276, 278). Gegenüber dem Besteller obliegt dem Unternehmer eine Fürsorgepflicht (§ 618 analog; → Arbeitsvertrag). Der Umfang des Erfolges hängt von der getroffenen Vereinbarung ab; doch erstreckt er sich grunds. nur auf die ordnungsgemäße Ausführung des vereinbarten Werkes, nicht darüber hinaus. *Beispiel:* Die Verpflichtung des eine Operation vornehmenden Arztes erstreckt sich auf deren fachgerechte Durchführung; nicht wird dadurch die Besserung der Krankheit oder gar die Heilung des Patienten garantiert.

3. Die wesentlichen *Vertragspflichten des Unternehmers* sind: Herstellung des versprochenen Werkes, das auch in der Bearbeitung einer → Sache oder einem durch sonstige Arbeit herbeizuführenden Erfolg bestehen kann (§ 631 I, II). Das Werk muß die *zugesicherten Eigenschaften* besitzen und darf nicht mit Fehlern behaftet sein, die den Wert oder Gebrauch des Werkes zu dem vertraglich vorausgesetzten Zweck mindern (§ 633). Zugesichert ist eine Eigenschaft nicht schon bei allgemeinen Anpreisungen (z. B. „Herstellung aus besten Stoffen"), sondern nur bei Angabe konkreter Tatsachen, die nach allgemeiner Auffassung Einfluß auf *Wertschätzung* oder *Brauchbarkeit* des Werkes ausüben (z. B. Zusicherung, daß ein Regenmantel wasserundurchlässig ist). Das Werk muß ferner *rechtzeitig* hergestellt (§ 636) und, soweit es sich um bewegliche Sachen handelt, dem Besteller überbracht werden. Außerdem bestehen noch Nebenpflichten des Unternehmers, wie z. B. die sorgfältige Aufbewahrung der vom Besteller gelieferten Materialien, aus denen das Werk hergestellt wird.

4. *Hauptpflichten des Bestellers* sind die Bezahlung der vereinbarten Vergütung (§ 631, I) und die *Abnahme* des vertragsmäßig hergestellten Werkes (§ 640, I). „Abnahme" bedeutet Entgegennahme unter Billigung. Ist bei Vertragsschluß keine Regelung über die Vergütung getroffen, so gilt eine solche stillschweigend als vereinbart, wenn sie üblich ist; das gilt auch für die Höhe der (taxenmäßigen) Vergütung (§ 632). Ist die Abnahme des Werkes nach dessen Beschaffenheit nicht möglich (z. B. Anlage eines Ziergartens), so tritt anstelle der Abnahme die Vollendung des Werkes (§ 646). Die Abnahme ist für die Fälligkeit der Vergütung, den Verjährungsbeginn und den Übergang des Risikos auf den Besteller von Bedeutung. Außerdem können sich auch noch Nebenpflichten des Bestellers ergeben, wie z. B. Bereitstellung von Arbeitsraum, wenn das Werk beim Besteller gefertigt wird.

5. *Rechtsbehelfe des Bestellers,* wenn das Werk mangelhaft ist oder eine zugesicherte Eigenschaft nicht hat: a) Beseitigung des Mangels (§ 633 II); der Unternehmer kann die Nachbesserung nur verweigern, wenn sie einen unverhältnismäßigen Aufwand erfordern würde (§ 633 II 2). Ist der Unternehmer mit der Beseitigung des Mangels in → Verzug, so kann der Besteller den Mangel selbst beseitigen und Ersatz der erforderlichen Aufwendungen verlangen (§ 633 III). Zur Beseitigung des Mangels kann der Besteller dem Unternehmer eine *angemessene* Frist setzen unter gleichzeitiger Erklärung, daß er nach Fristablauf die Beseitigung des Mangels (= *Nachbesserung)* ablehne (§ 634 I 1). Zeigt sich der Mangel schon vor Ablieferung des Werkes, so kann der Besteller die Frist sofort bestimmen; sie darf in diesem Fall jedoch nicht vor der zur Ablieferung des Werks vereinbarten Termin ablaufen (§ 634 I 2). b) Nach erfolglosem Fristablauf Wandelung (= Rückgängigmachung des Vertrages) oder Minderung (= Herabsetzung der vereinbarten Vergütung) (§ 634 I 3). Die Wandelung oder Minderung kann ohne Fristsetzung verlangt werden, wenn die Beseitigung des Mangels nicht möglich ist oder vom Untern. verweigert wird (§ 634 II). Ein Anspruch auf Wandelung besteht nicht (wohl aber auf Minderung), wenn der Mangel den Wert oder die Tauglichkeit des Werkes nur *unwesentlich* herabsetzt (§ 634 III). c) → Schadensersatz wegen Nichterfüllung infolge verspäteter Herstellung (aber erst nach Ablauf einer Nachfrist, § 636) oder, wenn der Mangel auf einem vom Untern. zu *vertretenden Umstand* beruht (§ 635). Der Untern. hat den Mangel zu vertreten, wenn er ihn durch eigenes oder seines → Erfüllungsgehilfen vorsätzliches oder fahrlässiges Verhalten verursacht hat, § 276 (→ Verschulden). Ein Haftungsausschluß des Unternehmers kann vereinbart werden; die Vereinbarung ist ungültig, wenn der Untern. einen Mangel des Werkes *arglistig verschweigt* (§ 637). d) Anstelle der Rechtsbehelfe a)–c) *Erfüllungsanspruch,* d. h. der Besteller kann die Abnahme des Werkes verweigern und dessen *Neuherstellung* verlangen.

Bei Bauverträgen enthält die *Verdingungsordnung für Bauleistungen* (VOB vom 19. 7. 90, BAnz. Nr. 132a) wichtige Sonderregelungen; z. B. verjähren danach die Ansprüche aus Arbeiten an Bauwerken bereits nach 2 Jahren (vgl. dagegen unten 9.). Die VOB stellt jedoch keine gesetzl. Regelung dar, sondern ist eine Art → allgemeiner Geschäftsbedingungen; sie kann daher nur Anwendung finden, wenn der Bauvertrag auf sie Bezug nimmt, was jedoch meist der Fall ist (→ Formularverträge).

6. Die *Rechte des Unternehmers* bestehen in dem Anspruch auf Abnahme des Werkes, Zahlung der bei Abnahme fälligen Vergütung (§ 641), und folgenden Sonderrechten: a) Wenn für die Herstellung

Werkvertrag

des Werkes eine *Handlung des Bestellers* erforderlich ist (z. B. die Anlieferung des Stoffes), der Besteller aber diese Handlung nicht vornimmt, so daß er dadurch in → Verzug kommt, so kann der Untern. eine angemessene Entschädigung verlangen; diese richtet sich einerseits nach der Höhe der vereinbarten Vergütung, andererseits nach den Aufwendungen, die sich der Untern. durch das Nichtfertigen des Werkes erspart (§ 642). Er kann dem Besteller auch eine Frist zur Nachholung der Handlung setzen mit der Erklärung, daß er nach Ablauf der Frist den Vertrag kündige (§ 643). b) Während die Gefahrtragung (→ Kauf) bis zur fristgerechten Abnahme des Werkes beim Untern. liegt, geht das Risiko auf den Besteller über, sobald letzterer in → Verzug der Annahme gerät; bei Vernichtung des fertiggestellten Werkes durch Brand muß also der Werklohn gezahlt werden (§ 644). c) Ist die Vollendung des Werkes nicht möglich, weil die vom Besteller gelieferten Stoffe mangelhaft sind oder unrichtige Anweisungen hinsichtlich der Herstellung erteilt hat, kann der Untern. eine *Teilvergütung* deren Höhe sich nach der bisher geleisteten Arbeit bestimmt sowie Ersatz der geleisteten Auslagen verlangen (§ 645). d) Der Untern. hat hinsichtlich seiner Forderungen aus dem W. ein → *Pfandrecht* an den im Eigentum des Bestellers befindlichen Sachen, die anläßlich der Herstellung oder Ausbesserung des Werkes in seinen Besitz gelangt sind (§ 647). Ein gutgläubiger Erwerb des Pfandrechts ist nicht möglich (§§ 1257, 1207). e) Soweit der Untern. ein Bauwerk oder Teile davon errichtet, kann er zur Sicherung seiner vertraglichen Forderungen die Einräumung einer *Sicherungshypothek* am Baugrundstück des Bestellers verlangen (§ 648).

7. Der Besteller ist berechtigt, das Vertragsverhältnis jederzeit bis zur Vollendung des Werkes durch → *Kündigung* zu beenden. In diesem Fall kann der Untern. die volle Vergütung verlangen; er muß sich das anrechnen lassen, was er durch die Beendigung des Vertrages an Aufwendungen erspart oder durch anderweitigen Einsatz seiner Arbeitskraft erwirbt (§ 649).

8. Die → *Verjährung* der Unternehmeransprüche erfolgt in 2 bzw. 4 Jahren, nach § 196, da der Untern. meist Kaufmann oder Handwerker sein wird. Die Gewährleistungsansprüche des Bestellers, also Nachbesserung, Wandelung, Minderung, Schadensersatz, verjähren – sofern der Mangel vom Untern. nicht arglistig verschwiegen wurde (dann in 30 Jahren) – in 6 Monaten, bei Arbeiten an einem Grundstück in 1 Jahr, bei Bauwerken (Hoch- und Tiefbauten) in 5 Jahren, meist in 2 Jahren nach VOB (siehe oben). Die Verjährung beginnt mit der Abnahme des Werkes, kann jedoch durch Vertrag verlängert werden (§ 638).

9. Eine besondere Form des W. ist der *Werklieferungsvertrag* (§ 651), wenn der Untern. das Werk aus einem Stoff herstellt, den er

selbst beschafft hat, der also *nicht* vom Besteller geliefert wurde. Kein Werklieferungsvertrag dagegen, wenn Untern. bloß Zutaten liefert (§ 651 II). *Beispiel:* Werklieferungsvertrag, wenn der Schneider den Stoff für den bei ihm bestellten Anzug selbst beschafft; Werkvertrag, wenn Besteller den Stoff liefert, der Schneider dagegen nur Knöpfe, Garn usw.

a) Ist das bestellte Werk eine *vertretbare* → Sache also eine bewegliche Sache, die im Verkehr nach Zahl, Maß oder Gewicht bestimmt wird (§ 91 *Beispiel:* Möbel, die nicht nach einer besonderen Beschreibung des Bestellers, sondern nach allgemein gültigen Regeln des Schreinerhandwerks herzustellen sind.), sind ausschließlich die Vorschriften über den → Kauf anzuwenden. b) Ist das bestellte Werk eine *unvertretbare Sache,* also unbeweglich (Gebäude) oder nach besonderen Wünschen und Vorstellungen des Bestellers hergestellt (*Beispiel:* Maßanzug), richtet sich die Übertragung und Übereignung des Werks sowie die Haftung für → Rechtsmängel durch den Untern. nach den Vorschriften über den → Kauf, während sich die Herstellungspflicht und die Haftung für Werkmängel durch den Untern. bzw. die Abnahme- und Vergütungspflicht des Bestellers nach Werkvertragsrecht (s. o. 3, 4) bestimmen (§ 651 I 2).

10. Bei manchen → Rechtsgeschäften ist zweifelhaft, ob sie als → Dienst- oder Werkvertrag anzusehen sind. *Beispiel:* Vertrag zwischen dem *Architekten* und dem *Bauherrn.* Er ist Werkvertrag, auch wenn dem Architekten neben der Erstellung der Pläne noch die Bauleitung und Bauaufsicht übertragen sind, da die Verwirklichung der eigenen Baupläne als unmittelbarer Teil des Gesamtwerkes anzusehen ist. Sind dem Architekten dagegen nur Bauleitung und (oder) Bauaufsicht übertragen, so ist sein Vertrag als Dienstvertrag anzusehen. Die Vertragspartner können jedoch auch in diesem Fall die Anwendung des Werkvertragsrechts vereinbaren. Über Arzt- und Anwaltsvertrag → Dienstvertrag, über Krankenhausvertrag → Vertragsfreiheit.

Wertpapier wird eine Urkunde genannt, in der ein privates Recht derart verbrieft ist, daß zur Ausübung des Rechts der Besitz der Urkunde erforderlich ist. Wichtigste W.e sind die → Orderpapiere, vgl. → Inhaber-, → Rektapapier (z. B. → Scheck, → Wechsel, → Aktien, → Inhaberschuldverschreibungen). Kein W. ist das → Legitimationspapier und die reinen Beweisurkunden.

Wertsicherungsklauseln sind häufig in → Mietverträgen enthalten. Sie sollen gewährleisten, daß die Miete auf Verlangen einer Vertragspartei ständig der allgemeinen Preis- und Geldwertentwicklung angepaßt bleibt. So wird häufig vereinbart, daß bei bestimmter Erhöhung der Beamtengehälter oder des Goldpreises oder der Lebenshaltungskosten ein neuer Mietzins festzusetzen ist. Nach § 3 Währungsgesetz sind jedoch W. grundsätzlich nur zulässig, wenn sie von der zuständigen Landeszentralbank im Einzelfall genehmigt sind. Die Richtlinien der Bundesbank (vom 9. 6. 78, BAnz. Nr. 109) setzen hierfür eine mindestens 10jährige Vertragsdauer voraus. Gleitklauseln, nach denen sich die Miete bei Eintritt bestimmter Voraussetzungen *automatisch,* also ohne neue Vereinbarung zwischen Mieter und Vermieter erhöht, sind unzulässig.

Wettbewerbsbeschränkung. Das Gesetz gegen W. betrifft nur → Kartelle.

Wettbewerbsverbot ist eine berufliche Beschränkung zugunsten anderer Unternehmer derselben Branche. Ein gesetzliches W. besteht für Handlungsgehilfen (§ 60 HGB), den Vorstand einer AG (§ 88 AktG) und einer Genossenschaft sowie den Geschäftsführer einer GmbH; während ihrer Tätigkeit in dem Unternehmen dürfen sie ohne Einwilligung des Arbeitgebers (Aufsichtsrat) weder ein Handelsgewerbe betreiben noch im gleichen Geschäftszweig tätig sein. Auch OHG-Mitglieder und → Komplementäre einer KG dürfen ohne Einwilligung der anderen Gesellschafter weder selbst konkurrierend tätig werden, noch sich an einem Konkurrenzunternehmen beteiligen (§ 112 HGB). → Kommanditisten trifft dieses W. nicht. Für Handelsvertreter vgl. § 90a HGB. Ein W. kann daneben durch Vertrag vereinbart werden. Für die Zeit nach dem Ausscheiden aus einer Firma ist es nur dann bindend, wenn eine Entschädigung gezahlt wird, die pro Jahr des W. mindestens die Hälfte der von dem Betroffenen zuletzt bezogenen Vergütung erreichen muß (§§ 74ff. HGB).

Das gilt auch für die sog. *Mandantenschutzklausel* (kein Tätigwerden eines ausscheidenden angestellten Steuerberaters für bisherige Mandanten des Arbeitgebers).

Die Verletzung des W. führt zum Schadensersatz bzw. fristloser Kündigung.

Wette → unvollkommene, nicht einklagbare Verbindlichkeit.

Wichtiger Grund → Kündigung.

Widerklage kann von einem Beklagten gegen den Kläger in demselben Verfahren erhoben werden, wenn Klage und W. rechtlich zusammenhängen und dasselbe Gericht zuständig ist. Die W. kann mündlich erhoben werden. Unzulässig in Urkundenprozessen, Ehe- und Kindschaftssachen sowie bei → Arrest und → einstweiliger Verfügung. Im → Privatklageverfahren kann der Beschuldigte gegen den Verletzten W. erheben, wenn es sich um zusammenhängende Privatklagedelikte handelt.

Widerrechtlichkeit → Rechtswidrigkeit.

Widerruf → Testament → Schenkung → Strafaussetzung zur Bewährung.

Widerspruch im Grundbuch. Der W. (§ 899) dient dem Schutz des wahren Berechtigten bei unrichtigen Eintragungen im Grundbuch. Stimmt eine Eintragung mit den tatsächlichen Rechtsverhältnissen nicht überein, verhindert die Eintragung eines W., daß ein Dritter gutgläubig zum Nachteil des wahren Berechtigten Rechte am Grundstück erwirbt. *Beispiel:* eine → Hypothek ist im Grundbuch eingetragen, die Einigung der Parteien über die Hypothekenbestellung ist jedoch wegen → Anfechtung nichtig. Mit Bewilligung des Hypothekengläubigers oder durch → einstweilige Verfügung wird ein Widerspruch eingetragen und der gutgläubige Erwerb der Hypothek durch einen Dritten verhindert (§ 892).

Widerspruch im Zivilprozeß ist ein Rechtsbehelf gegen einen → Mahnbescheid (§ 694 ZPO), Teilungsplan (im Verteilungsverfahren nach Zwangsvollstreckung stellt das Amtsgericht einen Plan über die Verteilung des Versteigerungserlöses auf, § 876 ZPO), Arrestbeschluß bzw. → einstweilige Verfügung (§§ 936, 924 ZPO), Vollstreckbarerklärung eines Schiedsspruches (§ 1042c II ZPO), Verpflichtung zum Offenbarungseid (§ 900 V ZPO) und Zwangsvollstreckung trotz anderweitiger Sicherung des Gläubigers (§ 777 ZPO). W. ferner im Löschungsverfahren über ein → Gebrauchsmuster und bei Anmeldung und Löschung eines → Warenzeichens.

Widerspruchsklage. Mit ihr beantragt der Kläger, die → Zwangsvollstreckung in einen ihm gehörenden Gegenstand einzustellen bzw. für unzulässig zu erklären, weil er nicht (mehr) der Schuldner des pfändenden Gläubigers ist (§ 771 ZPO). Zuständig ist das → Vollstreckungsgericht. Hat die Klage Erfolg, werden bereits getroffene Vollstreckungsmaßnahmen aufgehoben.

Widerspruchsverfahren (§§ 68 ff. VwGO) → Verwaltungsakt.

Wiederaufnahme eines rechtskräftig abgeschlossenen Gerichtsverfahrens ist möglich bei schweren Verfahrensfehlern (§§ 579 ff. ZPO, § 79 ArbGG, § 134 FGO, §§ 179, 180 SGG, § 153 VwGO) durch Erhebung der W.-Klage vor dem Gericht 1. Instanz binnen 1 Monats ab Kenntnis von dem Anfechtungsgrund. Im Strafrecht kann die W. nur auf neue Tatsachen oder Beweismittel gestützt werden (Falschurkunde, Falschaussage, neue Gutachten, §§ 359 ff. StPO); die W. kann vom Verurteilten, nach seinem Tod von seinem Ehegatten, geradlinigen Verwandten und Geschwistern durch einen von einem Rechtsanwalt unterzeichneten Schriftsatz oder zu Protokoll der Geschäftsstelle beantragt werden. Gegen eine Bußgeldentscheidung ist die W. auf Grund neuer Tatsachen nur zulässig, wenn die Geldbuße mehr als DM 200.– beträgt und seit Rechtskraft noch keine 5 Jahre verstrichen sind (§ 85 OWiG).

Wiedereinsetzung in den vorigen Stand. Wird eine prozessuale Frist (z. B. Berufung) versäumt, treten Nachteile ein, die durch W. beseitigt werden. Vorausgesetzt ist eine schuldlose Versäumung (§ 233 ZPO; § 44 StPO; § 22 FGG; § 60 VwGO; § 56 FGO; § 67 SGG; § 123 PatG); nur im Zivilprozeß gilt das Verschulden gesetzlicher Vertreter oder Prozeßbevollmächtigter als Verschulden der Partei (also keine W.). Der Antrag auf W. ist binnen 1 Woche ab Wegfall des Hindernisses bei dem Gericht, bei dem die Frist zu wahren war, zu stellen, das Hindernis und die Schuldlosigkeit glaubhaft zu machen und zugleich die versäumte Prozeßhandlung (Berufung) nachzuholen. Die ablehnende Entscheidung ist mit → Berufung und → Revision anfechtbar, wenn durch Endurteil entschieden wird; in Strafsachen immer mit → sofortiger Beschwerde.

Im *Steuerrecht* ist Antrag auf W. binnen 1 Monats, im *finanzgerichtlichen* Verfahren binnen 2 Wochen ab Wegfall des Hindernisses ebenfalls unter Nachholung der versäumten Handlung (spätestens innerhalb 1 Jahres seit dem Ende der versäumten Frist) zu stellen.

Wiederkauf → Kauf (Anm.: V 2).

Wiederkehrschuldverhältnis → Dauerschuldverhältnis.

Wiedervereinigung der beiden Teile Deutschlands ab 3. 10. 1990 durch Gesetz zum Einigungsvertrag vom 23. 9. 1990, BGBl. II 885, Einigungsvertrag vom 31. 8. 1990, BGBl. II 889 und Vereinbarung vom 18. 9. 1990, BGBl. II 1239. Zum 1. 7. 1990 wurde bereits die *Wirtschafts-, Währungs- und Sozialunion* durch G 25. 6. 90, BGBl. II 518 eingeführt. Am 1. 10. 1990 haben die 4 Alliierten die ihnen nach dem 2. Weltkrieg vorbehaltenen Rechte ausgesetzt und Deutschland in die *volle Souveränität* entlassen.

Wiederverheiratungsklausel ist eine testamentarische Bedingung für den Vermögensübergang vom überlebenden Ehegatten auf den → Nacherben (meist die Kinder) im Fall seiner Wiederheirat.

Wildschaden, der an einem in einem Jagdbezirk liegenden Grundstück und seinen Erzeugnissen von wildlebenden Tieren (z. B. Fasan, Rehwild; nicht Hasen) verursacht wird, ist dem Eigentümer von der örtlichen Jagdgenossenschaft, in Eigenjagdbezirken vom Jagdausübungsberechtigten bzw. Jagdpächter ohne Rücksicht auf Verschulden zu ersetzen. Kein Schadensersatz, wenn der Grundstückseigentümer bei wertvollen Anlagen (z. B. Weinberg) zumutbare Schutzvorrichtungen (Zäune) nicht angebracht hat oder den Schaden nicht innerhalb 1 Woche ab Kenntnis dem örtlich zuständigen Forstamt angezeigt hat.

Willenserklärung. Eine oder mehrere W. sind notwendiger Bestandteil eines jeden → Rechtsgeschäfts. Der Erklärende muß beabsichtigen, eine Änderung der derzeitigen Rechtslage herbeizuführen, d. h. sein Wille muß *rechtsgeschäftlicher* Art sein. Willensbildung und Willenserklärung sind zu trennen. Handlungs- und Erklärungswille müssen gegeben sein. Die Erklärung muß nach außen für den Erklärungsempfänger klar erkennen lassen, was gewollt ist. Ein *geheimer Vorbehalt,* das Erklärte nicht zu wollen berührt die Wirksamkeit der Erklärung nicht, es sei denn, der Erklärungsempfänger kannte den Vorbehalt; dann ist die Erklärung nichtig (→ Nichtigkeit), § 116. Eine W. kann auch *stillschweigend,* durch schlüssiges Handeln abgegeben werden, das nach der Verkehrsauffassung auf einen rechtsgeschäftlichen Willen schließen läßt (Erklärungswille). *Beispiel:* Jemand erhält ein Buch zur Ansicht übersandt; er kann seine Erwerbsabsicht dadurch kundtun, daß er seinen Namen in das Buch schreibt.

Eine W., die einem anderen ggü. abzugeben ist, (z. B. → Anfechtung), wird erst wirksam, wenn sie letzterem zugeht. Wird sie in Abwesenheit des Erklärungsempfängers abgegeben, so gilt sie als zugegangen, wenn sie so in den Machtbereich des Empfängers gelangt ist, daß bei gewöhnlichen Verhältnissen damit zu rechnen war, daß er von ihr Kenntnis nehmen konnte, z. B. bei Einwurf in den Briefkasten, sobald mit Leerung gerechnet werden kann (§ 130). Als Zugang gilt auch die Zustellung durch einen Gerichtsvollzieher (§ 132). Ein *Widerruf,* der vor oder gleichzeitig mit der Erklärung zugeht, macht sie unwirksam (§ 130 I). Bezüglich Übermittlung der Erklärg. durch einen Dritten → Bote. → Scheingeschäft, Scherzgeschäft. Bei → Geschäftsunfähigen muß die W. dem gesetzlichen Vertreter zugehen; ebenso bei beschränkt Geschäftsfähigen, falls sie nicht lediglich einen rechtlichen Vorteil enthält (§ 131).

Willensmängel werden durch → Anfechtung beseitigt.

Wirtschaftsgeld (Haushaltsgeld) → Unterhaltpflicht, Ehegatten.

Witwen(-r)geld erhält die Witwe eines Beamten, wenn die Ehe länger als 3 Monate gedauert, nicht zum Zwecke der Versorgung der Witwe und vor dem 65. Lebensjahr des Beamten erfolgt ist, in Höhe von 60% des → Ruhegehalts, das der Verstorbene erhalten hat oder hätte. Kürzung des W., wenn die Witwe 20 Jahre jünger als der Verstorbene war. Bei Wiederheirat Abfindung in Höhe von 24 Monatsbeträgen.

Witwen(-r)rente. Ab 1992 besteht Anspruch auf die *kleine W.* (25% der → Erwerbsunfähigkeitsrente des Verstorbenen plus → Zurechnungszeit), wenn der überlebende Gatte nicht wieder geheiratet hat, der Verstorbene 5 Jahre Wartezeit mit Beitragsersatzzeiten und Zeiten aus einem → Versorgungsausgleich ausgefüllt hat. Anspruch auf die *große W.* (60%) bei Erziehung eines eigenen oder Kindes des Verstorbenen unter 18 Jahren (bei behindertem Kind auch danach) oder Vollendung des 45. Lebensjahres oder Berufs- bzw. Erwerbsunfähigkeit. Hat der überlebende Gatte wieder geheiratet und wurde diese Ehe aufgelöst oder für nichtig erklärt, besteht Anspruch auf W. nach dem vorletzten Ehegatten, auf den Leistungen aus der letzten Ehe angerechnet werden. Im übrigen wird die W. voll gezahlt, wenn die eigene Rente oder eigenes Einkommen mtl. DM 1013.– (für 1990) nicht übersteigt. Dieser → Freibetrag erhöht sich für jedes waisenrentenberechtigte Kind mtl. um DM 215.– (für 1990); liegt das eigene Einkommen darüber, werden 40% des übersteigenden Betrages auf die W. angerechnet.

Wohnbesitz → Wohnungseigentum.

Wohngeld wird auf Antrag des Haushaltungsvorstandes bei der Wohngeldstelle seiner Gemeinde zur wirtschaftlichen Sicherung angemessenen und familiengerechten Wohnens als Zuschuß gewährt (G 8. 1. 91, BGBl. I 13).

Mietzuschuß können beantragen Mieter, Untermieter, Wohnheiminsassen, Wohnbesitzberechtigte, Miteigentümer (die im eigenen Mehrfamilienhaus wohnen).

Lastenzuschuß können beantragen Eigenheimbesitzer, Eigentümer einer landwirtschaftlichen Nebenerwerbstelle, einer Eigentumswohnung oder Dauerwohnberechtigte.

Voraussetzung ist, daß es sich um Aufwendungen für eigengenutzten Wohnraum (Miete, Heizung, Kapitaldienst) handelt. Die Zuschüsse richten sich nach Höchstsätzen, diese nach Einwohnerzahlen der Gemeinden, Haushaltsgrößen, Alter und Ausstattung der Wohnung (Tabelle zu § 8 WoGG). Der Antragsteller muß bedürftig sein d. h. keine Vermögensteuer zahlen (Bruttoeinkommen aller Familienmitglieder minus Werbungskosten und Freibeträge); das Familieneinkommen darf die in der Anlage zur VO vom 19. 4. 91, BGBl. I 1006 genannten Beträge nicht übersteigen. Nicht angerechnet werden insbesondere Geburts- und Heiratsbeihilfen bis zu DM 700.–, Sozialleistungen, Leistungen zur Berufsbildung, Jubiläumszuwendungen, Kindergeld- und Übergangsgelder; für jedes Kind unter 12 Jahren wird zusätzlich ein Freibetrag von DM 1200.– abgesetzt; Kindeseinnahmen bis zum 25. Lebensjahr, die DM 1200.– nicht übersteigen, bleiben unberücksichtigt; bei Erwachsenenein-

künften nach dem 62. Lebensjahr wird ein Freibetrag von DM 2400.–
gewährt, Schwerbeschädigten ein solcher bis DM 3000.– (pro Jahr).
Zusätzlich bleiben von dem grundsätzlich anzurechnenden Einkommen 6% unberücksichtigt, bei Sozialversicherten oder Einkommen-
steuerpflichtigen 12,5% und bei einem sozialversicherten Familien-
mitglied 30%. Das W. beträgt für Alleinstehende maximal DM
625.– pro Monat, für einen 4 Personen Haushalt maximal DM
1130.– pro Monat; Zuschußdauer 12 Monate. Wiederholung des Antrags auf W. ist zulässig. Auszahlende Stelle ist die Wohnsitzgemeinde. Bei Ablehnung Widerspruch und Klage, jeweils binnen 1 Monats
ab Zustellung der negativen Entscheidung, gegen das ergehende Urteil Berufung (falls vom Gericht zugelassen).

In ehem. DDR beträgt das W. 50% der anerkannten laufenden
Aufwendungen für eine Unterkunft i. S. des BundessozialhilfeG.
Überleitung durch VO 17. 12. 90, BGBl. I 2830.

Wohnsitz ist der zentrale Mittelpunkt der Lebensinteressen (§ 7).
Doppelwohnsitz ist zulässig. Unverheiratete minderjährige Kinder
teilen den W. ihres gesetzlichen Vertreters, dem das Personensorge-
recht zusteht. Er ist für die gegen den Schuldner zu erhebenden
Klagen (§§ 12, 13 ZPO) und den → Leistungsort maßgebend. Soldaten haben ihren W. am Standort.

Wohnungsbauprämie. Zur Förderung des Wohnungsbaues erhalten Bausparer für Beiträge an Bausparkassen eine staatliche Prämie, sofern sie ihre Aufwendungen nicht zu 50% als Sonderausgaben
vom Gesamtbetrag der Einkünfte absetzen (*Freibetrag kann auf* →
Lohnsteuerkarte eingetragen werden). Die W. beträgt 10% der Aufwendungen insgesamt höchstens aus DM 800.– jährlich (bei Eheleuten DM 1600.–), falls nicht die Einkommensgrenze von DM 27000.–
(bei Eheleuten DM 54000.–) überschritten ist. Ferner darf über das
Bausparguthaben 7 Jahre nicht verfügt werden. Die W. wird vom
zuständigen Finanzamt festgesetzt, der Bausparkasse mitgeteilt, aber
erst bei Zuteilungsreife des Bausparvertrages an die Bausparkasse
ausgezahlt, bei der die Erstattung beantragt werden muß.

In ehem. DDR erhöhen sich bis 1993 die prämienbegünstigten
Aufwendungen um DM 1200.–, bei Eheleuten um DM 2400.– und
der Prämiensatz um 5%.

Wohnungseigentum. Nach dem Gesetz über das Wohnungseigentum und das Dauerwohnrecht vom 15. 3. 1951 (BGBl. I 175)
besteht die Möglichkeit, Sondereigentum an Teilen eines Hauses zu
begründen. Darin liegt eine Abweichung von § 94 BGB, wonach ein
Haus wesentlicher Bestandteil des Grundstückes ist, auf dem es
steht, und deshalb nicht Gegenstand besonderer Rechte sein kann.

Wohnungseigentum

Das Sondereigentum besteht an Wohn- und Geschäftsräumen (bei letzteren *Teileigentum* genannt) sowie an den hierzu gehörenden Bestandteilen (z. B. Balkon); in Verbindung dazu steht ein *Miteigentumsanteil* am Grundstück und allen Anlagen, die für Bestand des Hauses und den gemeinsamen Gebrauch der Wohnungseigentümer erforderlich sind, wie z. B. Dach, Treppenhaus, Fundamente (§§ 1, 5 WEG). Das W. wird durch → Vertrag der einzelnen Eigentümer oder durch Teilung eines vorherigen Alleineigentums (§§ 3, 8 WEG) begründet; erforderlich hierzu sind *Auflassung* (dingliche Einigung) und *Eintragung* im Grundbuch (§ 4 WEG). Auch der Verpflichtungsvertrag sowohl für Erwerb als auch für die Einräumung von Sondereigentum bedarf der *notariellen Beurkundung* (→ Form). Für jeden Miteigentumsanteil und das damit verbundene Sondereigentum wird ein eigenes Grundbuchblatt angelegt (§ 7 WEG).

Jeder Eigentümer kann über das W. frei disponieren, es also verkaufen, belasten oder vermieten; nach § 12 WEG kann die Veräußerung an die Zustimmung der übrigen Eigentümer gebunden werden. Für die Miteigentümer untereinander gilt das Recht der → *Gemeinschaft*. Hinsichtlich der Nutzung des Sondereigentums ist der Wohnungseigentümer frei, muß jedoch dem Gemeinschaftsverhältnis Rechnung tragen (§§ 13, 14 WEG). Für die Regelung der gemeinschaftlichen Verwaltung und Aufbringung der erforderlichen Kosten gelten die Vereinbarungen der → Gemeinschaft; es ist ein *Verwalter* zu bestellen, der mindestens einmal jährlich eine Eigentümerversammlung einberufen muß. Da der Verwalter beim Erstverkauf der Wohnungen häufig vom Verkäufer gestellt wird, darf die Bestellung längstens 5 Jahre erfolgen, um zu lange andauernde Einflußmöglichkeiten des Verkäufers zu vermeiden. Die wiederholte Bestellung des Verwalters ist zwar zulässig, jedoch nur durch Beschluß der Wohnungseigentümer. Bei wichtigem Grund kann er von der Eigentümerversammlung vorzeitig abberufen werden. Bei hartnäckigen Verstößen eines Eigentümers gg. die Gemeinschaftspflichten können die übrigen von ihm die Veräußerung seines W. verlangen (§§ 18 ff. WEG). Über Anfechtung von Eigentümerbeschlüssen (Frist 1 Monat) und sonstige Streitigkeiten aus dem Gemeinschaftsverhältnis entscheidet das Amtsgericht im Verfahren der freiwilligen Gerichtsbarkeit (§§ 43 ff. WEG); die diesbezüglichen Zahlungsansprüche können auch durch → Mahnbescheid geltend gemacht werden.

Ein Grundstück kann auch in der Weise belastet werden, daß der Berechtigte unter Ausschluß des Eigentümers eine bestimmte Wohnung eines Hauses bewohnen oder sonst nutzen darf (= *Dauerwohnrecht*, bei gewerblichen Räumen Dauernutzungsrecht genannt, §§ 31 ff. WEG). Dieses Recht ist ebenfalls im Grundbuch einzutragen, es erlaubt dem Berechtigten auch die Vermietung der entsprechenden Wohnung, ist vererblich und veräußerlich.

Seit 23. 3. 76 ist neben das W. der *Wohnbesitz* getreten. Neben dem Mietvertrag, durch den ein Dauerwohnrecht begründet wird, erwirbt der Mieter einer Wohnbesitzwohnung einen Anteil an einem zweckgebundenen Vermögen, den sog. Wohnbesitzbrief, den er mit Zustimmung des Bauträgers veräußern kann. Der Wohnbesitzer kann fehlende Eigenleistungen nachsparen. Auf Antrag von mehr als der Hälfte aller Wohnbesitzberechtigten (erstmals 7 Jahre nach Erstellung der Wohnungen) ist der Wohnbesitz in W. umzuwandeln.

Wohnungsrecht kann zur Sicherung eines Anspruchs, ein Gebäude ganz oder teilweise unter Ausschluß des Eigentümers zu nützen, als → Dienstbarkeit im Grundbuch eingetragen werden. Der Eintrag wirkt gegen jeden zukünftigen Erwerber (§ 1093). W. wird im Rahmen der Übergabe eines Hofes in Altenteilverträgen oft vereinbart, ferner bei vorweggenommener Erbfolge.

Wohnungsvermittlung → Mäklervertrag.

Wucher → Sittenwidrigkeit.

Z

Zahlenlotto → unvollkommene, nicht einklagbare Verbindlichkeiten.

Zahlungsempfänger → Akkreditiv.

Zahnersatz. Im Rahmen der ab 1. 1. 1989 geltenden Gesundheitsreform soll der Zuschuß der Krankenkassen für alle, die regelmäßig Zahnvorsorge betreiben, 70% für zahntechnisch einfachen Ersatz, 60% für mittleren und 50% für aufwendigen Ersatz betragen. Wird keine Zahnvorsorge betrieben, verringert sich ab 1991 der Krankenkassenzuschuß um jeweils 10%. Für die Kosten des Z. gilt grundsätzlich das Kostenerstattungsprinzip, wonach der Patient das Arzthonorar verauslagen muß. Befreiung von der Zuzahlungspflicht in Härtefällen auf Antrag möglich. In ehem. DDR werden bis 30. 6. 92 80% der Kosten für Z. erstattet.

Zedent → Abtretung.

Zeitbestimmung ist das Festsetzen eines Anfangs- oder Endtermins im Rahmen rechtsgeschäftlicher Beziehungen (§ 163).

Zeitbürgschaft ist eine → Bürgschaft für alle *bestehenden* Ansprüche eines Gläubigers (Bank) bis zu einem bestimmten Höchstbetrag und dem Zusatz: „befristet bis zum . . .". Soll für *künftige* Ansprüche gebürgt werden, handelt es sich um eine unbefristete Bürgschaft für diejenigen Forderungen, die bis zu dem vereinbarten Termin entstanden sind.

Zeitrente. Besteht die Aussicht, daß eine Minderung der Erwerbsfähigkeit behoben wird, werden → Berufs- und → Erwerbsunfähigkeitsrente nur auf Zeit gezahlt. Das gilt, wenn die Minderung oder Aufhebung der Erwerbsfähigkeit auch auf der Arbeitsmarktlage beruht; Befristung für maximal 3 Jahre nach Rentenbeginn; unbefristete Rente, wenn der Versicherte innerhalb von 2 Jahren nach Rentenbeginn das 60. Lebensjahr vollendet.

Zerrüttung (Voraussetzung für → Ehescheidung), wenn die Ehe gescheitert ist, d. h. die eheliche Gemeinschaft nicht mehr besteht und nicht erwartet werden kann, daß sie wieder hergestellt werden wird.

Zession → Abtretung.

Zessionar → Abtretung.

Zeugnis → Arbeitsvertrag.

Zeugnisverweigerungsrecht. Als Zeuge braucht nicht auszusagen, wer mit einem Beteiligten verlobt, bis zum 3. Grad verwandt, verheiratet oder bis zum 2. Grad verschwägert ist; diese Personen sind über ihr Z. zu belehren (vor der Vernehmung); werden sie ohne Belehrung vernommen, ist ihre Aussage für das Urteil nicht verwertbar. Ferner haben Geistliche, Anwälte, Notare, Buchprüfer, Steuerberater, Ärzte, Apotheker, Abgeordnete, Redakteure, Sendeleiter und Journalisten ein Z.; es entfällt, wenn sie von ihrer Schweigepflicht entbunden sind.

Zinsen sind die Gegenleistung für die Überlassung einer Kapitalsumme auf eine bestimmte Zeit → Darlehen. Die Zahlung von Z. ist eine *Nebenpflicht;* die Hauptpflicht ist rechtzeitige Rückzahlung des überlassenen Kapitals. Daher sind die sog. Mietzinsen keine Z. im rechtl. Sinne, da die Mietzahlung Hauptpflicht bei der Erfüllung des → Mietvertrags ist.

Die Höhe der Z. berechnet sich nach der Dauer der Kapitalüberlassung und in einem bestimmten Bruchteil dieses Kapitals. Die Formel lautet: Kapital × Zinssatz × Tage geteilt durch 100 × 360; *Beispiel:* Ein Betrag von 400 DM wird bei einem Zinssatz von 4% auf 180 Tage überlassen; 400 × 4 × 180 : 100 × 360 = 8; die Zinsen betragen demnach 8 DM. Ein Zinsanspruch kann aufgrund Vereinbarung, oder kraft Gesetzes entstehen; letzteres ist insbes. nach § 288 beim *Schuldnerverzug* (→ Verzug) sowie Rechtshängigkeit einer Klage wegen Geldforderung der Fall (§ 291, sog. Prozeßzinsen), bei Kaufleuten schon ab Fälligkeit (§ 353 HGB).

Der gesetzl. Zinssatz (Zinsfuß) beträgt 4% (§ 246), für beiderseitige Handelsgeschäfte von → Vollkaufleuten 5% (§ 352 HGB), für Forderungen aus einem → Wechsel oder → Scheck 2% über dem jeweiligen Diskontsatz der Deutschen Bundesbank, mindestens jedoch 6% (Ges. über Wechsel- und Scheckzinsen v. 3. 7. 1925). Ist kein bestimmter Zinssatz vereinbart, so gelten 4% als abgemacht (§ 246). Die Höhe einer Zinsvereinbarung findet ihre Grenze im Verbot des Wuchers (→ Sittenwidrigkeit).

Eine *im voraus* getroffene Vereinbarung, daß fällige Z. wieder Z. tragen sollen *(Zinseszins)*, ist nach § 248 I nichtig (→ Nichtigkeit). *Ausnahmen* gelten für Bank- und Sparkasseneinlagen (§ 248 II) sowie für den Überschuß eines → Kontokorrents (§ 355 HGB).

Zu steuerlichen Zinsen → Strafzinsen.

Zinsabschlagsteuern. Ebenso wie Einkünfte aus Dividenden mit 25% zu versteuern sind, wird ab 1. 1. 1993 auch auf die sonstigen Kapitalerträge (z. B. Pfandbriefzinsen) ein *Zinsabschlag* von 30–35% erhoben. Dieser wird von dem die Zinsen auszahlenden Kreditinstitut einbehalten. Ausländer sind hiervon befreit (es sei denn, sie tätigen sog. → *Tafelgeschäfte*, d. h. sie kaufen bar und anonym und ohne Depot Wertpapiere). Im Gegenzug wird der *Sparerfreibetrag* auf DM 6000.– für Ledige und DM 12000.– für Verheiratete angehoben. Erteilt der Steuerpflichtige seiner Bank einen sog. *Freistellungsauftrag,* wird kein Zinsabschlag erhoben. Dieser lautet:

„Hiermit erteile ich Ihnen den Auftrag, meine bei Ihnen anfallenden Zinseinnahmen vom Steuerabzug bis zur Höhe des für mich geltenden Sparerfreibetrages von DM … bis auf Widerruf freizustellen. Ich versichere, daß der Freistellungsauftrag meinen Sparerfreibetrag nicht übersteigt."

Dieser Auftrag steht dem Finanzamt auf Wunsch zur Nachprüfung zur Verfügung.

Zinseszins → Zinsen.

Zinsgutschein → Kupon.

Zivildienst ist der von Kriegsdienstverweigerern anstelle der Wehrpflicht zu leistende Ersatzdienst. Er wird in staatlichen Zivildienstgruppen oder von Zivildienstverweigerern in Kranken-, Heil-, oder Pflegeanstalten geleistet. Der Z. dauert um 3 Monate länger als der Grundwehrdienst für Wehrpflichtige (daher z. Zt. 15 Monate). Wer aus Gewissensgründen am Z. gehindert ist, darf statt dessen in einem sozialen Beruf tätig werden.

Zubehör

Zubehör sind bewegliche, *körperlich selbständige* → Sachen, die jedoch in ihrer *wirtschaftlichen Bedeutung* einer anderen Sache (der Hauptsache) *untergeordnet,* also dieser zu dienen bestimmt sind (§ 97). Diese Bestimmung muß eine *dauernde* sein; vorübergehende Benutzung begründet keine Zubehöreigenschaft. *Beispiel:* Z. = Einrichtung einer Gastwirtschaft; Maschinen auf Fabrikgrundstück, wenn die Fabrik schon in Betrieb ist; Pferde einer Brauerei; kein Z. = Waren oder Fertigfabrikate einer Fabrik.

Das Z. ist zwar sachlich selbständig, aber oft mit dem rechtl. Schicksal der Hauptsache verbunden. So erstreckt sich ein Grundstückskauf auch auf das Z. (§ 314); gleiches gilt für die Eigentumsübertragung (§ 926), die Hypothekenhaftung (§ 1120) und die Zwangsversteigerung (§§ 20 II, 55 I ZVG, 865 ZPO).

Zufallshaftung → Schadensersatz.

Zugabe ist eine unentgeltliche Zuwendung die neben der vereinbarten Leistung gewährt wird. Z. ist nach § 1 der Verordnung vom 9. 3. 1932, RGBl. I 121 verboten. Verstöße sind unlauterer Wettbewerb und bei vorsätzlichem Handeln mit Strafe bedroht. Bei → Verschulden bestehen Ansprüche auf → Schadensersatz (§§ 2, 3 ZugabeVO). *Ausnahmen* gelten für kleine Z., wie z. B. Kundenzeitschriften, zulässige → Rabatte oder Reklameartikel und Kostproben; jedoch darf auf die Unentgeltlichkeit dieser Zuwendungen nicht besonders hingewiesen werden (§ 1 III ZugabeVO). → Draufgabe.

Zugangsfaktor → Rentenformel.

Zugesicherte Eigenschaft → Kauf (Anm.: III b), Werkvertrag (Anm.: 3).

Zugewinn Ist der Unterschiedsbetrag zwischen dem Vermögen, das jeder Ehegatte zu Beginn der Ehe und bei Aufhebung des Güterstandes der → Zugewinngemeinschaft besitzt. Voraussetzung ist, daß kein anderer Güterstand notariell vereinbart ist. Der Z. wird bei Scheidung oder Tod ausgeglichen.

Zugewinnausgleich. Leben Eheleute im Güterstand der → Zugewinngemeinschaft und wird die Eheauflösung beendet, ermittelt jeder Ehegatte sein Anfangsvermögen z. Z. der Eheschließung und z. Z. der Eheauflösung; die Differenz ist der jeweilige → Zugewinn, der höchstens Null sein kann. Der Ehegatte, der keinen oder einen geringeren Zugewinn erzielt hat, hat einen Ausgleichsanspruch in Höhe der Hälfte des Überschusses zwischen beiden Zugewinnen (§§ 1372, 1378). Der Anspruch verjährt in 3 Jahren. Durch notariellen Ehevertrag kann eine andere Berechnung oder Ausgleichsquote vereinbart werden; wird der Z. ganz ausgeschlossen, tritt Gütertrennung ein. In Härtefällen kann der Z. zurückgestellt werden, das Familiengericht Stundung oder Sicherheitsleistung beschließen (§§ 1382, 1383). Immer besteht ein gegenseitiger *Auskunftsanspruch* (§ 1379).

Leben die Eheleute seit mehr als 3 Jahre getrennt, oder verletzt einer seine ehelichen Pflichten (Unterhalt, Auskunft über sein Vermögen) oder gefährdet er den Z., kann Klage auf *vorzeitigen* Z. erhoben werden (§ 1385).

Wird die Ehe durch Tod aufgelöst und liegt kein → Testament vor, erfolgt kein Z., sondern der → gesetzliche Erbteil des Überlebenden (§ 1931) wird automatisch pauschal um ¼ erhöht (§ 1371).

Haben Verlobte im Hinblick auf ihre spätere Ehe erhebliche Leistungen erbracht, um auf dem Grundstück eines von ihnen ein Familienheim zu errichten, kann dem anderen neben dem Z. ein weiterer Ausgleichsanspruch zustehen, wenn die Ehe später scheitert.

Zugewinngemeinschaft. Dieser (gesetzliche) Güterstand tritt ein, wenn die Eheleute keine andere Vereinbarung über das Schicksal ihres Vermögens getroffen haben (§ 1363). Jeder verwaltet sein Vermögen allein, die Vermögensmassen bleiben getrennt. Wird gemeinsam Eigentum gebildet (Haus), muß die Beteiligung vereinbart und im Grundbuch eingetragen werden (entweder BGB → Gesellschaft oder → Bruchteilsgemeinschaft).

Kein Ehegatte kann über sein Vermögen im ganzen (ab 80%) oder Haushaltsgegenstände verfügen (§§ 1365, 1367); Verträge sind schwebend unwirksam; verweigert der andere Gatte die Genehmigung, ist der Vertrag nichtig (§ 1366) und der nicht genehmigende Gatte kann übergebene Gegenstände im Klageweg herausverlangen (§ 1368) → Veräußerungsverbot. *Ausn.:* der Erwerber hat nicht gewußt, daß es sich um nahezu das ganze Vermögen des veräußernden Ehegatten handelt. Beim Tod eines Ehepartners ist der unentgeltliche Erwerb des anderen Ehegatten in Höhe der Ausgleichsforderung von der → Erbschaftsteuer befreit. Regelung in ehem. DDR → Güterstand.

Zug-um-Zug-Leistung. Wird eine Forderung vor Gericht eingeklagt und verweigert der Beklagte die Leistung wegen eines vom Gericht festgestellten → Zurückbehaltungsrechts so hat dies nicht die Abweisung der Klage, sondern die Verurteilung des Beklagten zur Leistung Z. u. Z. zur Folge. Der Gläubiger kann aus einem solchen Urteil erst vollstrecken, wenn er vorher oder zumindest gleichzeitig die ihm obliegende Leistung anbietet oder der Schuldner im Annahmeverzug ist (→ Verzug).

Dasselbe gilt beim → Rücktritt von einem Vertrag. Auch hier haben beide Seiten die empfangenen Leistungen einander Z. u. Z.

Zurechnungsfähigkeit

zurückzugewähren. Wird die Einrede des nicht erfüllten Vertrags beim gegenseitigen Vertrag erhoben, also ein → Zurückbehaltungsrecht geltend gemacht, gilt dasselbe.

Zurechnungsfähigkeit → Verschulden.

Zurechnungszeit → Versicherungszeiten. Sie wird bei einer Rente wegen → Berufsunfähigkeit oder → Erwerbsunfähigkeit und bei Hinterbliebenenrenten bis zur Vollendung des 60. Lebensjahres hinzugerechnet, wenn der Versicherte bei Eintritt des Versicherungsfalles dieses Alter noch nicht erreicht hat, wobei die Zeit zwischen dem 55. und dem 60. Lebensjahr nur zu ⅓ angerechnet wird (§ 59 SGB VI).

Zurückbehaltungsrecht. Hat der → Schuldner aus *demselben rechtlichen Verhältnis,* auf dem seine Verpflichtung beruht, einen fälligen Gegenanspruch gegen den Gläubiger, so kann er grunds. die geschuldete Leistung verweigern, bis der andere Teil die Gegenleistung erbringt (§ 273). Der Unterschied zur → Aufrechnung besteht darin, daß letztere nur möglich ist, wenn gleichartige Leistungen (z. B. in beiden Fällen Geld) geschuldet werden. Voraussetzung für das allgemeine Z. ist *Fälligkeit* des Gegenanspruchs sowie ein *innerer natürlicher wirtschaftlicher Zusammenhang* bei der Ansprüche (sog. *Konnexität*); *Beispiel:* Verwechslung von Mänteln an einer Garderobe, der fremde Mantel muß nur gegen Herausgabe des eigenen zurückgegeben werden.

Ein Z. besteht auch ggü. dem Anspruch des Eigentümers auf Herausgabe eines Gegenstands, soferne ein Gegenanspruch auf Ersatz von Verwendungen gegeben ist (§ 273 II, § 1000). *Beispiel:* Fütterungskosten für einen zugelaufenen Hund. Das Z. hinsichtlich gemachter Verwendungen besteht jedoch nicht, wenn die herauszugebende Sache durch eine vorsätzliche → unerlaubte Handlung erlangt wurde (z. B. durch Diebstahl).

Das Z. kann durch Gesetz oder → Vertrag (z. B. im Mietvertrag), nicht aber durch → allgemeine Geschäftsbedingungen (§ 11 Nr. 2b AGBG) ausgeschlossen sein; es darf durch Sicherheitsleistung des → Gläubigers abgewendet werden, nicht jedoch durch eine → Bürgschaft (§ 273 III). Ein Z. ist nur zu berücksichtigen, wenn der Schuldner sich darauf beruft (→ Einrede). Wird es aber geltend gemacht, so gerät der Schuldner trotz Nichtleistung nicht in → Verzug. Wird im Prozeß gegen die Klage des Gläubigers ein Z. geltend gemacht, so hat dies nicht Klageabweisung, sondern Verurteilung zur Leistung → *Zug um Zug* zur Folge; → Vollstreckung ist erst nach Anbieten der eigenen Leistung zulässig (§§ 274 BGB; §§ 726 II, 756, 765 ZPO).

Beim *gegenseitigen* → *Vertrag* besteht ein Z. nach § 320 in der Form, daß der eine Vertragspartner die ihm obliegende Leistung, sofern er nicht vorleistungspflichtig ist (z. B. Mietzinsen) solange verweigern kann, bis der andere Teil die Gegenleistung erbracht hat *(Einrede des nicht erfüllten Vertrages)*. Diese Einrede steht aber nur dem zu, der selbst vertragstreu, also leistungsbereit ist. Wird die Einrede im Prozeß erhoben, so hat dies ebenfalls Verurteilung zur Leistung Zug um Zug zur Folge.

Eine Besonderheit gilt für das *kaufmännische Z.* auf Grund gegenseitiger Ansprüche aus beiderseitigen Handelsgeschäften. *Beispiel:* Vertrag zwischen Groß- und Einzelhändler über Lieferung von Waren. Dieses Z. setzt keine Konnexität voraus und gibt über die bloße Zurückbehaltung hinaus ein Recht auf Befriedigung entsp. den Bestimmungen über den Pfandverkauf beim → Pfandrecht (§§ 369 ff. HGB), sowie ein → Absonderungsrecht im → Konkurs (§ 49 I 4 KO).

Zusammentreffen (von Leistungen) mit Sozialversicherungsleistungen. Treffen mehrere Renten aus eigener Versicherung zusammen, wird nur die höchste gezahlt. Beim Z. von großer und kleiner → Witwen(r)rente wird nur die große gezahlt. Besteht Anspruch auf mehrere → Waisenrenten, wird nur die höchste gezahlt, bei mehreren gleich hohen die zuerst beantragte. Eine bei Wiederheirat gezahlte Abfindung wird von der wiederauflebenden Rente nach dem vorletzten Ehegatten einbehalten. Beim Z. von Rente aus der Rentenversicherung mit Verletztenrente wird die Rente bei Überschreiten gewisser Grenzbeträge gekürzt, während die Verletztenrente voll gezahlt wird; gleiches gilt beim Z. von Hinterbliebenenrente in der Rentenversicherung und aus der Unfallversicherung. Treffen Berufs- und Erwerbsunfähigkeitsrente mit Arbeitslosengeld zusammen, wird dieses auf die Rente angerechnet, ebenso ein Vorruhestandsgeld, ebenso Arbeitslohn. Treffen Hinterbliebenenrenten oder Erziehungsrenten mit Einkommen zusammen, wird dieses bis zu einer bestimmten Höhe auf die Rente angerechnet, bei Witwen(r)renten nicht in den ersten 3 Monaten nach dem Sterbemonat. Wenn neben Altersgeld (für Landwirte) Renten- oder Unfallversicherungsrente bezogen wird, wird das Altersgeld um diesen Betrag, höchstens um ¼ gekürzt. Auch beamtenrechtliche Versorgungsbezüge werden um gleichzeitig bezogene Renten gekürzt.

Zusammenveranlagung von Ehegatten (§ 26 b EStG) findet statt, wenn sie sich gegenüber dem Finanzamt dafür entscheiden, daß die beiderseitigen Einkünfte zusammengerechnet und beide als ein Steuerpflichtiger behandelt werden. Sinnvoll vor allem bei nur einem Alleinverdiener.

Z. auch bei Vermögensteuer (§ 14 VStG); ferner von Eheleuten

Zuschlag

und Kindern bei Haushaltsgemeinschaft. Die steuerlichen → Freibeträge und → Freigrenzen werden mit der Anzahl der zusammen veranlagten Steuerpflichtigen vervielfacht.

Zuschlag. Bei einer *privaten* Versteigerung bedeutet Z. Annahme des höchsten Gebotes. Der Z. führt zu einem Vertrag zwischen dem Meistbietenden und dem Auktionator, der durch Übereignung und Zahlung des Versteigerungspreises + Provision erfüllt wird. Ebenso bei *öffentlicher* Versteigerung Vertrag zwischen Meistbietenden und Staat (§ 817 ZPO). In der → *Zwangsversteigerung* ist der Z. ein Beschluß des Versteigerungsgerichts, mit dessen Verkündung das Eigentum am Grundstück + Zubehör auf den Ersteigerer übergeht, der das Bargebot entrichten muß. Aus dem Z. findet Zwangsräumung und Herausgabe der ersteigerten Sache statt. In bestehende Miet- oder Pachtverträge tritt der Ersteigerer ein. Gegen den Z.: sofortige Beschwerde.

Zusenden von Waren → Kauf (Anm. IIc, Versendungskauf), unbestellte Waren.

Zusicherung → Kauf → Werkvertrag.

Zustellungsbevollmächtigter → Ersatzzustellung.

Zustimmung Ist die Erklärung des Einverständnisses mit einem von einer anderen Person abgeschlossenen Rechtsgeschäft (z. B. der Eltern zu Verträgen ihrer minderjährigen Kinder), § 182. Wird die Z. vorher erteilt = Einwilligung, wenn nachträglich = Genehmigung; letztere heilt rückwirkend und ist unwiderruflich (§§ 184, 185), aber anfechtbar.

Zuzahlungen. Nehmen Versicherte Leistungen der → Krankenversicherung in Anspruch, haben sie ab 1. 1. 89 folgende Z. als Eigenanteil zu leisten:

a) bei Arzneimitteln mit Festbeträgen keine Z.

b) bei Arzneien ohne Festbeträge: Z. (wenn die sog. Überforderungsklausel gilt) in Höhe von maximal 2% des Bruttoeinkommens im Jahr (bei über DM 54900.–: 4%); sofern keine Befreiung genehmigt ist, sind je 3.– DM (ab 1992: 15%, maximal 15.– DM) je Arznei zu entrichten.

c) Fahrtkosten zur stationären Behandlung: DM 20.–.

d) Fahrtkosten zur ambulanten Behandlung: ganz.

e) Fahrtkosten beim Transport in Rettungs- und Krankenwagen: DM 20.–.

f) Heilmittel (z. B. Massagen): 10%.

g) bei stationären Vorsorge- und Rehabilitationsmaßnahmen: DM 10.– pro Tag.

h) bei → Zahnersatz mit Vorsorgebonus 30% bei einfachem, 40% bei mittlerem und 50% bei aufwendigem Ersatz (nach 10 Jahren regelmäßiger Zahnpflege nur 25–45%).

i) Bei Zahnersatz ohne Vorsorgebonus 40–60%.

j) bei Krankenhausaufenthalt: 5.– DM täglich für längstens 14 Tage im Jahr (ab 1991 DM 10.–).

k) bei Hilfsmitteln: keine Z.

l) Brillengläser zahlt die Kasse, zum Gestell DM 20.–.

m) Kuren: DM 10.– pro Tag.

n) Kieferorthopädische Behandlung: 20% der Kosten; bei mindestens 2 versicherten Kindern im Haushalt je Kind 10%.

Von Z. (*Ausn.:* im Krankenhaus) sind *befreit:*

a) alleinstehende Versicherte mit nicht mehr als DM 1400.– monatliches Einkommen, von nicht mehr als DM 840.– in ehem. DDR; der Freibetrag steigt mit der Zahl der Familienmitglieder;

b) Sozialhilfeempfänger;

c) Arbeitslosenhilfeempfänger und BAFöG-Geförderte;

d) Heimbewohner;

e) Kinder bis zu 18 Jahren (*Ausn.:* Zahnersatz und Fahrtkosten).

In ehem. DDR beträgt die Z. bis 30. 6. 91 null, bis 30. 6. 92 DM 5.– je Tag bzw. 5% der Kosten. Behandlungskosten bis 30. 6. 91 werden erstattet, bis 30. 6. 92 noch 90–95%. Für Arzneimittel beträgt die Z. vom 1. 7.–31. 12. 91 DM 1,50.–. Fahrtkosten trägt die Krankenkasse bis 30. 6. 91 voll, bis 30. 6. 92 den über DM 10.– liegenden Betrag. Z. bei Kuren bis 30. 6. 92: DM 5.– pro Tag.

Zwangsvergleich im Konkurs → Vergleich.

Zwangsversteigerung ist die wichtigste Art der → Zwangsvollstreckung in → Immobilien, Schiffe und Flugzeuge. Zuständig ist das Amtsgericht. Nach Anordnung der Z. wird ein Z.-Vermerk im Grundbuch eingetragen (der als Veräußerungsverbot einen gutgläubigen Erwerb Dritter verhindert) und ein Versteigerungstermin bestimmt, in ihm der Zuschlag erteilt und der Erlös verteilt. Es nehmen der Schuldner und alle seine Gläubiger teil, denen ein im Grundbuch eingetragenes Recht am Grundstück zusteht. Im Termin wird das → geringste Gebot verlesen (§§ 44 ff. ZVG). Zugelassen werden nur Gebote, die das → Mindestgebot erreichen. Eine Bietungsvollmacht muß öffentlich beglaubigt sein. Dem → Meistgebot wird der → Zuschlag erteilt (§ 81 ZVG), im ersten Versteigerungstermin aber nur, wenn es die Hälfte des Grundstückswertes erreicht. Mit Verkündung des Zuschlags erwirbt der Ersteher Eigentum (§ 90 ZVG). Er muß das → Bargebot zahlen. Die dem die Z. betreibenden Gläubiger nachrangigen Grundpfandrechte erlöschen und setzen sich am Versteigerungserlös fort. Dieser wird im Verteilungsverfahren

Zwangsvollstreckung

nach einem Teilungsplan verteilt (§§ 106 ZVG, 874 ZPO); in ihm werden die berechtigten Gläubiger nach ihrem Rang aufgeführt und der Erlös dementsprechend in bar ausgezahlt (§ 117 ZVG). Wird gegen den Teilungsplan *Widerspruch* im Termin erhoben (§§ 115 ZVG, 876 ZPO), wird der Teilungsplan nur ausgeführt, wenn der widersprechende Gläubiger dem Gericht nicht binnen 1 Monats ab dem Verteilungstermin nachweist, daß er gegen die anderen Gläubiger Klage erhoben hat (§ 879 ZPO).

Zwangsvollstreckung → Vollstreckung → Pfändung. Sie setzt Titel, Klausel, Zustellung, Antrag und Kostenvorschuß voraus. Sie erfolgt

a) in bewegliche Sachen durch Inbesitznahme durch Gerichtsvollzieher und Versteigerung (§§ 808, 814 ZPO);

b) in Forderungen und Rechte durch Pfändungs- und Überweisungsbeschluß des Vollstreckungsgerichts (§§ 829, 835, 857 ZPO);

c) in Hypotheken durch Pfändungsbeschluß, Wegnahme des Hypothekenbriefes bzw. Eintragung im Grundbuch und Überweisungsbeschluß (bei Buchhypotheken Eintragung im Grundbuch), §§ 830, 837 ZPO;

d) in Immobilien durch Zwangsversteigerung, Zwangsverwaltung oder Eintragung einer Zwangshypothek (§ 866 ZPO);

e) zur Herausgabe von Sachen durch Wegnahme seitens Gerichtsvollzieher beim Besitzer (§ 883 ZPO);

f) zur Erreichung von Handlungen oder Unterlassungen: Willenserklärungen gelten mit Rechtskraft des Urteils als abgegeben; vertretbare Handlungen darf der Gläubiger auf Urteil des Prozeßgerichts 1. Instanz gegen Kostenersatz von anderen Personen vornehmen lassen; nicht vertretbare (höchstpersönliche) Leistungen werden durch Ordnungsgeld (bis DM 50000.–) oder Ordnungshaft (bis 6 Monate) erzwungen; Unterlassungen werden durch Haft bis zu 2 Jahren oder Ordnungsgeld bis zu DM 500000.– durchgesetzt.

Zweckentfremdung von Wohnraum (z. B. Umwandlung in Anwaltskanzlei; in Schlafstellen für Ausländer) ist von der Genehmigung des Wohnungsamtes abhängig; wird ausreichender Ersatzwohnraum geschaffen, wird die Genehmigung erteilt. Ferner gilt Zweck- und Preisbindung für Wohnungen, die mit öffentlichen Mitteln gebaut sind, sog. **Sozialwohnungen.** Auch sie dürfen nicht zweckentfremdet genutzt werden. Ob bloßes Leerstehenlassen Z. darstellt; ist umstritten. Bei Umwandlung einer Sozialwohnung in Eigentumswohnung hat der Mieter ein → Vorkaufsrecht; ein Dritterwerber kann sich dem Mieter gegenüber nicht auf Eigenbedarf berufen und ihn deshalb nicht kündigen, solange die Förderung durch öffentliche Mittel dauert.

Zweitwohnungssteuer setzen z. B. Fremdenverkehrsgemeinden fest, wenn auswärts Wohnende eine 2. (Ferien-)Wohnung kaufen, aber nur selten benützen. Z. ist in Bayern verboten.

Zwischenfinanzierung (Zwischenkredit). Eine Z. ist häufig bei Durchführung eines Bauvorhabens erforderlich, da viele Kreditinstitute die zum Bau benötigten Gelder erst bei Fertigstellung des Gebäudes oder nach Baufortschritt oder (wie Bausparkassen) erst nach einer bestimmten Wartezeit oder abzüglich eines → Disagios auszahlen. Ein Zwischenkredit ist dadurch zu erlangen, daß der Bauherr auf seinem Grundstück die zur Sicherung der Baufinanzierung erforderlichen Hypotheken oder Grundschulden schon vor Auszahlung der Kredite eintragen läßt. Da die Darlehensforderung bereits mit Abschluß des Vertrages (§ 607) entsteht, ist die Bank durch das ihr zustehende Grundpfandrecht gesichert und kann (an den Bauherrn) auszahlen. Der Darlehensnehmer hat die Z. (z. B. eines Disagios) mit höheren → Zinsen zu bezahlen; Tilgungsraten werden zuerst auf den Zwischenkredit und danach auf das eigentliche Darlehen angerechnet.

Zwischenkredit → Zwischenfinanzierung.

Zwischenschein ist ein → Wertpapier, in dem die sich aus → Aktien ergebenden Mitgliedschaftsrechte vorläufig verbrieft werden. Z. werden vor Ausgabe von Aktien erteilt, z. B. weil die Einlagen noch nicht voll bezahlt sind. Sie müssen auf einen bestimmten Namen lauten, nicht auf den jeweiligen Inhaber (§§ 8 IV, 10 III, IV AktG) und werden durch → Indossament übertragen (§ 68 V AktG).

Zwischenzins → Diskont.

Mit Einigungsvertrag

Creifelds
Rechtswörterbuch

Den Klassiker unter den juristischen Wörterbüchern gibt es jetzt wieder neu. Der »Creifelds« stellt in lexikalischer Form über **10.000 Rechtsbegriffe** aus allen Gebieten zusammen und erläutert diese wie immer präzise, kompetent und leicht verständlich.

Der **interessierte Bürger** findet zuverlässigen Rat und nützliche Hinweise, der **Jurist** rasche Orientierung. Vor allem ist das Werk aber auch ein idealer Begleiter für die Bürger und Juristen in den **neuen Bundesländern** auf häufig noch unvertrautem Terrain. Schließlich ist der »Creifelds« eine **hervorragende Lernhilfe** für alle Jurastudenten, denen er die Möglichkeit gibt, sich bei allen unbekannten oder unklaren Begriffen in kürzester Zeit über deren Definition und rechtliche Einordnung zu informieren.

Fundstellenhinweise auf **Rechtsprechung und Spezialliteratur** helfen zusätzlichen Informationen nachzugehen. Die Behandlung der rechtlichen Formen und Zusammenhänge wird ergänzt durch wichtige Begriffe aus den Grenzbereichen von **Recht, Wirtschaft und Politik**, deren Rechtsgrundlagen dargestellt werden.

Der **Anhang enthält nützliche Übersichten**, z.B. über den Weg der Gesetzgebung, das Gerichtswesen, Rechtsmittelzüge, die gesetzliche Erbfolge und die Rentenversicherung.

Hoch aktuell

ist die Neuauflage des Creifelds mit über **300 neuen Stichwörtern** sowie weit über **1000 Änderungen und Ergänzungen**. Dabei steht naturgemäß die Wiedervereinigung Deutschlands im Vordergrund. Der Einigungsvertrag, Sonderregelungen für die neuen Bundesländer sowie die lebhafte Tätigkeit des Gesetzgebers sorgten für **zahlreiche Neuerungen**.

Schwerpunkte der 11. Auflage bilden deshalb neben der **Rechtsangleichung in Ost- und West-Deutschland** die neuen Gesetze

● zum Betreuungsrecht ● zur Produkthaftung ● zur Kinder- und Jugendhilfe ● zum Kreditvertrag ● zur Adoptionsvermittlung ● zum Ausländerrecht ● zum Embryonenschutz ● zur Gentechnik ● zur Umwelthaftung.

Durch Beschränkung auf das Wesentliche ist es gelungen, den Charakter eines besonders handlichen Nachschlagewerkes zu wahren.

Begründet von Dr. Carl Creifelds, Senatsrat a. D., München.

Herausgegeben von Prof. Dr. h. c. Hans Kauffmann, Ministerialdirigent und Leiter des Bayerischen Landesjustizprüfungsamtes a.D., München.

Bearbeiter: Dr. Dieter Guntz, Vors. Richter am OLG München, Paul Henssler, Steuerberater, Leiter der Akademie für Wirtschaftsberatung, Bad Herrenalb, Prof. Dr. h. c. Hans Kauffmann, Ministerialdirigent und Leiter des Bayerischen Landesjustizprüfungsamtes a. D., München, Prof. Friedrich Quack, Richter am BGH, Heinz Ströer, Ministerialdirektor a.D., München, Walter Weidenkaff, Vors. Richter am Landgericht München I

11., neubearbeitete Auflage. 1992
XV, 1462 Seiten. In Leinen DM 74,–
ISBN 3-406-35830-6

VERLAG C.H. BECK